U0216120

吉林人民出版社

简体字本二十六史

旧唐书

卷二一八——卷五〇

（二）

［后晋］　刘　昫等　撰

廉湘民等　标点

旧唐书卷二八
志第八

音乐一

乐者,太古圣人治情之具也。人有血气生知之性,喜怒哀乐之情。情感物而动于中,声成文而应于外。圣王乃调之以律度,文之以歌颂,荡之以钟石,播之以弦管,然后可以涤情灵,可以祛怨思。施之于邦国,则朝廷序;施之于天下,则神祇格;施之于宾宴,则君臣和;施之于战阵,则士民勇。

三五之代,世有厥官,故虞廷振干羽之容,周人立弦诵之教。洎苍精道丧,战国尘飞,礼乐出于诸侯,《雅》、《颂》沦于衰俗。齐竽燕筑,俱非嶰绎之音;东缶西琴,各写哇淫之状。乃至播鼗入汉,师挚寝弦、延陵有自郐之讥,孔子起闻《韶》之叹。及始皇一统,傲视百王。钟鼓满于秦宫,无非郑、卫;歌舞陈于汉庙,并匪《咸》、《韶》。而九成、六变之容,八佾、四悬之制,但存其数,罕达其情。而制氏所传,形容而已。武、宣之世,天子弘儒,采夜诵之诗,考从臣之赋,朝吟兰殿,暮奏竹宫,乃命协律之官,始制礼神之曲。属河间好古,遗籍充庭,乃约《诗》、《颂》而制乐章,体《周官》而为舞节。自兹相袭,代易其辞,虽流管磬之音,恐异《茎》、《英》之旨。其后卧听桑、濮,杂以《兜离》,孤竹、空桑,无复旋宫之义;崇牙树羽,惟陈备物之仪。烦手即多,知音盖寡。

自永嘉之后,咸、洛为墟,礼坏乐崩,典章殆尽。江左掇其遗散,尚有治世之音。而元魏、宇文,代雄朔漠,地不传于清乐,人各习其

旧风。虽得两京工胥,亦置四厢金奏,殊非入耳之玩,空有作乐之
名。隋文帝家世士人,锐兴礼乐,践祚之始,诏太常卿牛弘、祭酒辛
彦之增修雅乐。弘集伶官,措思历载无成,而郊庙侑神,黄钟一调而
已。开皇九年平陈,始获江左旧工及四悬乐器,帝令廷奏之,叹曰:
"此华夏正声也,非吾此举,世何得闻。"乃调五音为五夏、二舞、登
歌、房中等十四调,宾、祭用之。隋氏始有雅乐,因置清商署以掌之。
既而协律郎祖孝孙依京房旧法,推五音十二律为六十音,明六之,
有三百六十音,旋相为宫,因定庙乐。诸儒论难,竟不施用。隋世雅
音,惟清乐十四调而已。隋末大乱,其乐犹全。

　　高祖受禅,擢祖孝孙为吏部郎中,转太常少卿,渐见亲委。孝孙
由是奏请作乐,时军国多务,未遑改创,乐府尚用隋氏旧文。武德九
年,始命孝孙修定雅乐,至贞观二年六月奏之。太宗曰:"礼乐之作,
盖圣人缘物设教,以为撙节,治之隆替,岂此之由?"御史大夫杜淹
对曰:"前代兴亡,实由于乐。陈将亡也,为《玉树后庭花》;齐将亡
也,而为《伴侣曲》,行路闻之,莫不悲泣,所谓亡国之音也。以是观
之,盖乐之由也。"太宗曰:"不然,夫音声能感人,自然之道也,故欢
者闻之则悦,忧者听之则悲。悲欢之情,在于人心,非由乐也。将亡
之政,其民必苦,然苦心所感,故闻之则悲耳。何有乐声哀怨,能使
悦者悲乎?今《玉树》、《伴侣》之曲,其声具存,朕当为公奏之,知公
必不悲矣。"尚书右丞魏徵进曰:"古人称:'礼云礼云,玉帛云乎哉!
乐云乐云,钟鼓云乎哉!'乐在人和,不由音调。"太宗然之。

　　孝孙又奏:陈、梁旧乐,杂用吴、楚之音;周、齐旧乐,多涉胡戎
之伎。于是斟酌南北,考以古音,作为大唐雅乐。以十二律各顺其
月,旋相为宫。按《礼记》云,"大乐与天地同和",故制十二和之乐,
合三十一曲,八十四调。祭圆丘以黄钟为宫,方泽以林钟为宫,宗庙
以太簇为宫。五郊、朝贺、飨宴,则随月用律为宫。初,隋但用黄钟
一宫,惟扣七钟,余五钟虚悬而不扣。及孝孙建旋宫之法,皆遍扣
钟,无复虚悬者矣。祭天神奏《豫和》之乐,地祇奏《顺和》,宗庙奏
《永和》。天地,宗庙登歌,俱奏《肃和》。皇帝临轩,奏《太和》。王公

出入，奏《舒和》。皇帝食举及饮酒，奏《休和》。皇帝受朝，奏《政和》。皇太子轩悬出入，奏《承和》，元日、冬至皇帝礼会登歌，奏《昭和》。郊庙俎入，奏《雍和》。皇帝祭享酌酒、读祝文及饮福、受胙，奏《寿和》。五郊迎气，各以月律而奏其音。又郊庙祭享，奏《化康》、《凯安》之舞。《周礼》旋宫之义，亡绝已久，时莫能知，一朝复古，自此始也。

及孝孙卒后，协律郎张文收复采《三礼》，言孝孙虽创其端，至于郊禋用乐，事未周备。诏文收与太常掌礼乐官等更加厘改。于是依《周礼》，祭昊天上帝以圜钟为宫，黄钟为角，太族为徵，姑洗为羽，奏《豫和》之舞。若封太山，同用此乐。若地祇方丘，以函钟为宫，太族为角，姑洗为徵，南吕为羽，奏《顺和》之舞。禅梁甫，同用此乐。祫禘宗庙，以黄钟为宫，大吕为角，太簇为徵，应钟为羽，奏《永和》之舞。五郊、日月星辰及类于上帝，黄钟为宫，奏《豫和》之曲。大蜡、太报，以黄钟、太簇、姑洗、蕤宾、夷则、无射等调奏《豫和》、《顺和》、《永和》之曲。明堂、雩，以黄钟为宫，奏《豫和》之曲。神州、社稷、藉田，宜以太簇为宫，雨师以姑洗为宫，山川以蕤宾为宫，并奏《顺和》之曲。飨先妣，以夷则为宫，奏《永和》之舞。大飨宴，奏姑洗、蕤宾二调。皇帝郊庙，食举，以月律为宫，并奏《休和》之曲。皇帝郊庙出入，奏《太和》之乐，临轩出入，奏《舒和》之乐，并以姑洗为宫。皇帝大射，姑洗为宫，奏《驺虞》之曲。皇太子奏《狸首》之曲。皇太子轩悬，姑洗为宫，奏《永和》之曲。凡奏黄钟，歌大吕；奏太簇，歌应钟；奏姑洗，歌南吕；奏蕤宾，歌林钟；奏夷则，歌中吕；奏无射，歌夹钟。黄钟、蕤宾为宫，其乐九变；大吕、林钟为宫，其乐八变；太簇、夷则为宫，其乐七变；夹钟、南吕为宫，其乐六变；姑洗、无射为宫，其乐五变；中吕、应钟为宫，其乐四变。天子十二钟，上公九，侯伯七，子男五，卿六，大夫四，士三。及成，奏之，太宗称善，于是加级颁赐各有差。

十四年，敕曰："殷荐祖考，以崇功德，比虽加以诚洁，而庙乐未称。宜令所司详诸故实，制定奏闻。"八座议曰："七庙观德，义冠于宗祀；三祖在天，式章于严配。致敬之情允洽，大孝之道宜宣。是以八佾具陈，肃仪形于缀兆；四悬备展，被鸿徽于雅音。考作乐之明义，择皇王之令典，前圣所履，莫大于兹。伏惟皇帝陛下，天纵感通，率由冥极。孝理昭懿，光被于八埏；爱敬纯深，追崇于百叶。永言锡祚，斯弘颂声。钟律革音，播铿锵于飨荐；羽籥成列，申蹈厉于蒸尝。爰诏典司，乃加隆称，循声核实，敬阐尊名。窃以皇灵滋庆，浚源长委，迈吞燕之生商，轶扰龙之肇汉，盛韬光于九二，渐发迹于三分。高祖缩地补天，重张区宇，反魂骨肉，再造生灵。恢恢帝图，与二仪而合大；赫赫皇道，共七曜以齐明。虽复圣迹神功，不可得而窥测；经文纬武，敢有寄于名言。敬备乐章，式昭彝范。皇祖弘农府君、宣简公、懿王三庙乐，请同奏《长发》之舞。太祖景皇帝庙乐，请奏《大基》之舞。世祖元皇帝庙乐，请奏《大成》之舞。高祖大武皇帝庙乐，请奏《大明》之舞。文德皇后庙乐，请奏《光大》之舞。七庙登歌，请每室别奏。"制可之。

二十三年，太尉长孙无忌、侍中于志宁议太宗庙乐曰："《易》曰：'先王作乐崇德，殷荐之上帝，以配祖考。'请乐名《崇德》之舞。"制可之。后文德皇后庙，有司据礼停《光大》之舞，惟进《崇德》之舞。

光宅三年九月，高宗庙乐，以《钧天》为名。中宗庙乐，奏《太和》之舞。开元六年十月敕，睿宗庙奏《景云》之舞。

二十九年六月，太常奏："准十二年东封太山日所定雅乐，其乐曰《元和》六变，以降天神；《顺和》八变，以降地祇；皇帝行，用《太和》之乐。其封太山也，登歌、奠玉币，用《肃和》之乐；迎俎，用《雍和》之乐；酌福、饮福用《福和》之乐；送文、迎武，用《舒和》之乐；亚献、终献、用《凯安》之乐；送神，用夹钟宫《元和》之乐。禅社首也，送神用林钟宫《顺和》之乐。享太庙也，迎神用《永和》之乐；献祖宣皇帝酌献用《光大》之舞，懿祖光皇帝酌献用《长发》之舞，太祖景皇帝酌献用《大政》之舞，世祖元皇帝酌献用《大成》之舞，高祖神尧皇帝酌献用《大明》之舞，太宗文皇帝酌献用《崇德》之舞，高宗皇大帝酌献用《钧天》之舞，中宗孝和皇帝酌献用《太和》之舞，睿宗大圣贞皇帝酌献用《景云》之舞;彻豆,用《雍和》之舞;送神,用黄钟宫《永和》之乐。臣以乐章残缺,积有岁时。自有事东巡,亲谒九庙,圣情慎礼,精祈感通,皆祠前累日考定音律。请编入史册,万代施行。"下制曰:"王公卿士,爰及有司,频诣阙上言,请以'唐乐'为名者,斯至公之事,朕安得而辞焉。然则《大成》、《大韶》、《大护》、《大夏》皆以大字表其乐章,今之所定,宜曰《大唐乐》。"皇祖弘农府君至高祖大武皇帝六庙,贞观中已诏颜师古等定乐章舞号。洎今太常寺又奏有司所定献祖宣皇帝至睿宗圣贞皇帝九庙酌献用舞之号。

天宝元年四月,命有司定玄元皇帝庙告享所奏乐,降神用《混成》之乐,送神用《太一》之乐。

宝应三年六月,有司奏:玄宗庙乐请《广运》之舞,肃宗庙乐请奏《惟新》之舞。大历十四年,代宗庙乐请奏《保大》之舞。永贞元年十月,德宗庙乐请奏《文明》之舞。元和元年,顺宗庙乐请奏《大顺》之舞。元和十五年,宪宗庙乐请奏《象德》之舞。穆宗庙乐请奏《和宁》之舞。敬宗庙乐请奏《大钧》之舞。文宗庙乐请奏《文成》之舞。武宗庙乐请奏《大定》之舞。

贞观元年,宴群臣,始奏《秦王破阵》之曲。太宗谓侍臣曰:"朕昔在藩,屡有征讨,世间遂有此乐,岂意今日登于雅乐。然其发扬蹈厉,虽异文容,功业由之,至有今日,所以被于乐章,示不忘于本也。"尚书右仆射德彝进曰:"陛下以圣武戡难,立极安人,功成化定,陈乐象德,实弘济之盛烈,为将来之壮观。文容习仪,岂得为比。"太宗曰:"朕虽以武功定天下,终当以文德绥海内。文武之道,各随其时,公谓文容不如蹈厉,斯为过矣。"德彝顿首曰:"臣不敏,不足以知之。"其后令魏徵、虞世南、褚亮、李百药改制歌辞,更名《七德》之舞,增舞者至百二十人,被甲执戟,以象战阵之法焉。

六年,太宗行幸庆善宫,宴从臣于渭水之滨,赋诗十韵。其宫即太宗降诞之所。车驾临幸,每特感庆,赏赐闾里,有同汉之宛、沛焉。于是起居郎吕才以御制诗等于乐府,被之管弦,名为《功成庆善乐》

之曲,令童儿八佾,皆进德冠、紫褥褶,为《九功》之舞。冬至享宴,及国有大庆,与《七德》之舞偕于庭。

七年,太宗制《破阵舞图》:左圆右方,先偏后伍,鱼丽鹅贯,箕张翼舒,交错屈伸,首尾回互,以象战阵之形。令吕才依图教乐工百二十人,被甲执戟而习之。凡为三变,每变为四阵,有来往疾徐击刺之象,以应歌节,数日而就,更名《七德》之舞。癸巳,奏《七德》、《九功》之舞观者见其抑扬蹈厉,莫不扼腕踊跃,凛然震竦。武臣列将咸上寿云:"此舞皆是陛下百战百胜之形容。"群臣咸称万岁。蛮夷十余种自请率舞,诏许之,久而乃罢。

十四年,有景云见,河水清。张文收采古《朱雁》、《天马》之义,制《景云河清歌》,名曰宴乐,奏之管弦,为诸乐之首,元会第一奏者是也。

永徽二年十一月,高宗亲祀南郊,黄门侍郎宇文节奏言:"依仪,明日朝群臣,除乐悬,请奏《九部乐》。"上因曰:"《破阵乐舞》者,情不忍观,所司更不宜设。"言毕,惨怆久之。显庆元年正月,改《破阵乐舞》为《神功破阵乐》。

二年,太常奏《白雪》琴曲。先是,上以琴中雅曲,古人歌之,近代已来,此声顿绝,虽有传习,又失宫商,令所司简乐工解琴笙者修习旧曲。至是太常上言曰:"臣谨按《礼记》、《家语》云:舜弹五弦之琴,歌《南风》之诗。是知琴操曲弄,皆合于歌。又张华《博物志》云:'《白雪》,是大帝使素女鼓五十弦瑟曲名'。又楚大夫宋玉对襄王云:"有客于郢中歌《阳春白雪》国中和者数十人。'是知《白雪》琴曲,本宜合歌,以其调高,人和遂寡。自宋玉以后,迄今千祀,未有能歌《白雪曲》者。臣今准敕,依于琴中旧曲,定其宫商,然后教习,并合于歌。辄以御制《雪诗》为《白雪》歌辞。又按古今府,奏曲之后,皆别有送声,君唱臣和,事彰前史。辄取侍臣等奉和雪诗以为送声,各十六节,今悉教讫,并皆谐韵。"上善之,乃付太常编于乐府。六年二月,太常丞吕才造琴歌《白雪》等曲,上制歌辞十六首,编入乐府。

六年三月,上欲伐辽,于屯营教舞,召李义府、任雅相、许敬宗、许圉师、张延师、苏定方、阿史那忠、于阗王休阇、上官仪等，赴洛城门观乐。乐名《一戎大定乐》。赐观乐者杂彩有差。

麟德二年七月，制曰："国家平定天下，革命创制，纪功旌德，久被乐章。今郊祀四悬，犹用于戚之舞，先朝作乐，韬而未伸。其享宴等所奏宫悬，文舞宜用《功成庆善》之乐，皆著履执拂，依旧服裤褶、童子冠。其武舞宜《神功破阵》之乐，皆被甲持戟，其执纛之人，亦著金甲。人数并依八佾，仍量加萧、笛、歌鼓等，并于悬南列坐，若舞即与宫悬合奏。其宴乐内二色舞者，仍依旧别设。"

上元三年十一月敕："供祠祭《上元舞》，前令大祠享皆将陈设，自今己后，圆丘方泽，太庙祠享，然后用此舞，余祭并停。"

仪凤二年十一月六日，太常少卿韦万石奏曰："据《贞观礼》，郊享日文舞奏《豫和》、《顺和》、《永和》等乐，其舞人著委貌冠服，并手执籥翟。其武舞奏《凯安》，其舞人并著平冕，手执干戚。奉麟德三年十月敕，文舞改用《功成庆善乐》，武舞改用《神功破阵乐》，并改器服等。自奉敕以来，为《庆善乐》不可降神，《神功破阵乐》未入雅乐，虽改用器服，其舞犹依旧，迄今不改。事既不安，恐须别有处分者。"以今月六日录奏，奏敕："旧文舞、武舞，既不可废，并器服总宜依旧。若悬作《上元舞》日，仍奏《神功破阵乐》及《功成庆善乐》，并殿庭用舞，并须引出悬外作。其安置舞曲，宜更商量作安稳法。并录《凯安》六变法象奏闻。"万石又与刊正官等奏曰：

谨按《凯安舞》是贞观中所造武舞，准《贞观礼》及今礼，但郊庙祭享奏武舞之乐即用之。凡有六变：一变象龙兴参野，二变象克靖阙中，三变象东夏宾服，四变象江淮宁谧，五变象獫狁袭伏，六变复位以崇，象兵还振旅。谨按《贞观礼》，祭享日武舞准作六变，亦如周之《大武》，六成乐止。按乐有因人而作者，则因人而止。如著成数者，数终即止，不得取行事赊促为乐终早晚，即礼云三阕、六成、八变、九变是也。今礼奏武舞六成，而数终未止。既非师古，不可依行。其武舞《凯安》，望请依古礼及《贞观礼》，六成乐止。

立部伎内《破阵乐》五十二遍，修入雅乐，只有两遍，名曰《七德》。立部伎内《庆善乐》七遍，修入雅乐，只有一遍，名曰《九功》。《上元舞》二十九遍，今入雅乐，一无所减。每见祭享日三献已终，《上元舞》犹自未毕，今更加《破阵乐》、《庆善乐》，兼恐酌献已后，歌舞更长。其雅乐内《破阵乐》、《庆善乐》及《上元舞》三曲，并望修改通融，令长短与礼相称，冀望久长安稳。

《破阵乐》有象武事，《庆善乐》有象文事。按古六代舞，有《云门》、《大咸》、《大夏》、《大韶》，是古之文舞；殷之《大濩》，周之《大武》，是古之武舞。依古义，先儒相传，国家以揖让得天下，则先奏文舞；若以征伐得天下，则先奏武舞。望应用二舞日，先奏《神功破阵乐》，次奏《功成庆善乐》。

先奉敕于圆丘、方泽、太庙祠享日，则用《上元》之舞。臣据见行礼，欲于天皇酌献降复位已后，即作《凯安》，六变乐正，其《神功破阵乐》、《功成庆善乐》、《上元》之舞三曲，待修改讫，以次通融作之，即得与旧乐前后不相妨破。若有司摄行事日，亦请据行事通融。

从之。

三年七月，上在九成宫咸亨殿宴集，有韩王元嘉、霍王元轨及南北军将军等。乐作，太常少卿韦万石奏称："《破阵乐舞》者，是皇祚发迹所由，宣扬宗祖盛烈，传之于后，永永无穷。自天皇临驭四海，寝而不作，既缘圣情感怆，群下无敢关言。臣忝职乐司，废缺是惧。依礼，祭之日，天子亲总干戚以舞先祖之乐，与天下同乐之也。今《破阵乐》久废，群下无所称述，将何以发孝思之情？"上矍然改容，俯遂所请，有制令奏乐舞，即毕，上歔欷感咽，涕泗交流，臣下悲泪，莫能仰视。久之，顾谓两王曰："不见此乐，垂三十年，乍此观听，实深哀感。追思往日，王业艰难勤苦若此，朕今嗣守洪业，可忘武功？古人云：'富贵不与骄奢期，骄奢自至。'朕谓时见此舞，以自诫勖，冀无盈满之过，非为欢乐奏陈之耳。"侍宴群臣咸呼万岁。

调露二年正月二十一日，则天御洛城南楼赐宴，太常奏《六合还淳》之舞。

长寿二年正月,则天亲享万象神宫。先是,上自制《神宫大乐》,舞用九百人,至是舞于神宫之庭。

景龙二年,皇后上言:"自妃主及五品以上母妻,并不因夫子封者,请自今迁葬之日,特给鼓吹,宫官亦准此。"侍御史唐绍上谏曰:"窃闻鼓吹之作,本为军容,昔黄帝涿鹿有功,以为警卫。故㭲鼓曲有《灵夔吼》、《雕鹗争》、《石坠崖》、《壮士怒》之类。自昔功臣备礼,适得用之。丈夫有四方之功,所以恩加宠锡。假如郊祀天地,诚是重仪,惟有宫悬,本无案架。故知军乐所备,尚不洽于神祇;钲鼓之音,岂得接于闺阃。准式,公主王妃已下葬礼,惟有团扇、方扇、彩帷、锦障之色,加至鼓吹,历代未闻。又准令,五品官婚葬,先无鼓吹,惟京官五品,得借四品鼓吹为仪。令特给五品已上母妻,五品官则不当给限,便是班秩本因夫子,仪饰乃复过之,事非伦次,难为定制,参详义理,不可常行。请停前敕,各依常典。"上不纳。

延载元年正月二十三日,制《越古长年乐》一曲。

玄宗在位多年,善音乐,若宴设酺会,即御勤政楼。先一日,金吾引驾仗北衙四军甲士,未明陈仗,卫尉张设,光禄造食。候明,百僚朝,侍中进中严外辨,中官素扇,天子开帘受朝,礼毕,又素扇垂帘,百僚常参供奉官、贵戚、二王后、诸蕃酋长,谢食就坐。太常大鼓,藻绘如锦,乐工齐击,声震城阙。太常卿引雅乐,每色数十人,自南鱼贯而进,列于楼下。鼓笛鸡娄,充庭考击。太常乐立部伎、坐部伎依点鼓舞,间以胡夷之伎。日旰,即内闲厩引蹀马三十匹,《倾杯乐曲》,奋首鼓尾,纵横应节。又施三层板床,乘马而上,扑转如飞。又令宫女数百人自帷出击雷鼓,为《破阵乐》、《太平乐》、《上元乐》,虽太常积习,皆不如其妙也。若《圣寿乐》,则回身换衣,作字如画。又五方使引大象入场,或拜或舞,动容鼓振,中于音律,竟日而退。玄宗又于听政之暇,教太常乐工子弟三百人为丝竹之戏,音响齐发,有一声误,玄宗必觉而正之,号为皇帝弟子,又云梨园弟子,以置院近于禁苑之梨园。太常又有别教院,教供奉新曲。太常每凌晨,彭笛乱发于太乐别署。教院廪食常千人,宫中居宜春院。玄宗又制新曲四十余,又新制乐谱。每初年望夜,又御勤政楼,观灯作乐,贵臣戚里,借看楼观望。夜阑,太常乐府县散乐毕,即遣宫女于楼前缚架出眺歌舞以娱之。若绳戏竿木,诡异巧妙,固无其比。

天宝十五载,玄宗西幸,禄山遣其逆党载京师乐器乐伎衣尽入洛城。寻而肃宗克复两京,将行大礼,礼物尽阙。命礼仪使太常少卿于休烈使属吏与东京留台领,赴于朝廷,诏给钱,使休烈造伎衣及大舞等服,于是乐工二舞始备矣。

乾元元年三月十九日,上以太常旧钟磬,自隋已来,所传五声,或有差错,谓于休烈曰:"古者圣人作乐,以应天地之和,以合阴阳之序。和则人不夭札,物不疵疠。且金石丝竹,乐之器也。比亲享郊庙,每听乐声,或宫商不伦,或钟磬失度。可尽供钟磬,朕当于内自定。"太常进入,上集乐工考试数日,审知差错,然后令再造及磨刻。二十五日,一部先毕,召太常乐工,上临三殿亲观考击,皆合五音,送太常。二十八日,又于内造乐章三十一章,送太常,郊庙歌之。

贞元三年四月,河东节度使马燧献《定难曲》,御麟德殿,命阅试之。十二年十二月,昭义军节度使王虔休献《继天诞圣乐》。十四年二月,德宗自制《中和舞》,又奏《九部乐》及禁中歌舞,伎者十数人,布列在庭,上御麟德殿会百僚观新乐诗,仍令太子书示百官。贞元十六年正月,南诏异牟寻作《奉圣乐舞》,因韦皋以进。十八年正月,骠国王来献本国乐。

大和八年十月,宣太常寺,准《云韶乐》旧用人数,令于本寺阅习进来者。至开成元年十月,教成。三年,武德司奉宣索《云韶乐县图》二轴进之。

大和三年八月,太常礼院奏:

> 谨按凯乐,鼓吹之歌曲也。《周官·大司乐》:"王师大献,则奏凯乐。"注云:"献功之乐也。"又《大司马》之,"班师有功,则凯乐献于社。"注云:"兵乐曰凯。"《司马法》曰:"得意则凯乐,所以示喜也。"《左氏传》载晋文公胜楚,振旅凯入。魏、晋已

来鼓吹曲章,多述当时战功。是则历代献捷,必有凯歌。太宗平东都,破宋金刚,其后苏定方执贺鲁,李勣平高丽,皆备军容凯歌入京师。谨检《贞观》、《显庆》、《开元礼》书,并无仪注。今参酌今古,备其陈设及奏歌曲之仪如后。

凡命将征讨,有大功献俘馘者,其日备神策兵卫于东门外,如献俘常仪。其凯乐用铙吹二部,笛、筚篥、箫、笳、铙、鼓,每色二人,歌工二十四人。乐工等乘马执乐器,次第陈列,如卤簿之式。鼓吹令丞前导,分行于兵马俘馘之前。将入都门,鼓吹振作,迭奏《破阵乐》等四曲。《破阵乐》、《应圣期》两曲,太常旧有辞。《贺朝欢》、《君臣同庆乐》,今撰补之。《破阵乐》:"受律辞元首,相将讨叛臣。咸歌《破阵乐》,共赏太平人。"《应圣期》:"圣德期昌运,雍熙万宇清。乾坤资化育,海岳共休明。辟土忻耕稼,销戈遂偃兵。殊方歌帝泽,执贽贺升平。"《贺朝欢》:"四海皇风被,千年德水清。戎衣更不著,今日告功成。"《君臣同庆乐》:"主圣开昌历,臣忠奏大猷。君看偃革后,便是太平秋。"候行至太社及太庙门,工人等下马,陈列于门外。按《周礼·大司乐》注云:"献于祖。"《大司马》云:"先凯乐献于社。"谨详礼仪,则社庙之中,似合奏乐。伏以尊严之地,铙吹哗欢,既无明文,或乖肃敬。今请并于门外陈设,不奏歌曲。候告献礼毕,复导引奏曲如仪。至皇帝所御楼前兵伏旌门处二十步,乐工皆下马徐行前进。兵部尚书介胄执钺,于旌门内中路前导。《周礼》:"师有功,则大司马左执律,右秉钺,以先凯乐。"注云:"律所以听军声,钺所以为将威。"今吹律听声,其术久废,惟请秉钺,以存礼文。次协律郎二人,公服执麾,亦于门下分导。鼓吹令丞引乐工等至位立定。太常卿于乐工之前跪,具官臣某奏事,请奏凯乐。协律郎举麾,鼓吹大振作,遍奏《破阵乐》等四曲。乐阕,协律郎偃,太常卿又跪奏凯乐毕。兵部尚书、太常卿退,乐工等并出旌门外讫,然后引俘馘入献及称贺如别仪。别有献俘馘仪注。俟俘囚引出方退。

请宣付当司,编入新礼,仍令乐工教习。

依奏。

旧唐书卷二九

志第九

音乐二

　　高祖登极之后,享宴因隋旧制,用九部之乐,其后分为立坐二部。今立部伎有《安乐》、《太平乐》、《破阵乐》、《庆善乐》、《大定乐》、《上元乐》、《圣寿乐》、《光圣乐》,凡八部。

　　《安乐》者,后周武帝平齐所作也。行列方正,象城郭,周世谓之城舞。舞者八十人,刻木为面,狗喙兽耳,以金饰之,垂线为发,画猰皮帽,舞蹈姿制,犹作羌胡状。

　　《太平乐》,亦谓之五方师子舞。师子鸷兽,出于西南夷、天竺、师子等国。缀毛为之,人居其中,像其俯仰驯狎之容。二人持绳秉拂,为习弄之状。五师子各立其方色,百四十人歌《太平乐》,舞以足,持绳者服饰作昆仑象。

　　《破阵乐》,太宗所造也。太宗为秦王之时,征伐四方,人间歌谣《秦王破阵乐》之曲。及即位,使吕才协音律,李百药、虞世南、褚亮、魏徵等制歌辞。百二十人披甲持戟,甲以银饰之。发扬蹈厉,声韵慷慨,享宴奏之,天子避位,坐宴者皆兴。

　　《庆善乐》,太宗所造也。太宗生于武功之庆善宫,既贵,宴宫中,赋诗,被以管弦。舞者六十人,衣紫大袖裙襦,漆髻皮履。舞蹈安徐,以象文德洽而天下安乐也。

　　《大定乐》,出自《破阵乐》。舞者百四十人,被五彩文甲,持槊。歌和云,"八纮同轨乐",以象平辽东而边隅大定也。

《上元乐》，高宗所造。舞者百八十人，画云衣，备五色，以象元气，曰"上元"。

《圣寿乐》，高宗武后所作也。舞者百四十人，金铜冠，五色衣。舞之行列必成字，十六变而毕。有"圣超千古，道泰百王，皇帝万年，宝祚弥昌"字。

《光圣乐》，玄宗所造也。舞者八十人，鸟冠，五彩画衣，兼以《上元》、《圣寿》之容，以歌王迹所兴。

自《破阵舞》以下，皆雷大鼓，杂以龟兹之乐，声振百里，动荡山谷。《大定乐》加金钲，惟《庆善舞》独用西凉乐，最为闲雅。《破阵》、《上元》、《庆善》三舞，皆易其衣冠，合之钟磬，以享郊庙。以《破阵》为武舞，谓之《七德》；《庆善》为文舞，谓之《九功》。自武后称制，毁唐太庙，此礼遂有名而亡实。

《安乐》等八舞，声乐皆立奏之，乐府谓之立部伎，其余总谓之坐部伎。则天、中宗之代，大增造坐立诸舞，寻以废寝。

坐部伎有《宴乐》、《长寿乐》、《天授乐》、《鸟歌万寿乐》、《龙池乐》、《破阵乐》，凡六部。

《宴乐》，张文收所造也。工人绯绫袍，丝布裤。舞二十人，分为四部：《景云乐》，舞八人，花锦袍，五色绫裤，云冠，乌皮靴；《庆善乐》，舞四十人，紫绫袍，大袖，丝布裤，假髻；《破阵乐》，舞四人，绯绫袍，锦衿襟，绯绫裤；《承天乐》，舞四人，紫袍，进德冠，并铜带。乐用玉磬一架，大方响一架，挡筝一，卧箜篌一，小箜篌一，大琵琶一，大五弦琵琶一，小五弦琵琶一，大笙一，小笙一，大筚篥一，小筚篥一，大箫一，小箫一，正铜拔一，和铜拔一，长笛一，短笛一，楷鼓一，连鼓一，兆华鼓一，桴鼓一，工歌二。此乐惟《景云舞》仅存，余并亡。

《长寿乐》，武太后长寿年所造也。舞十有二人，画衣冠。

《天授乐》，武太后天授年所造也。舞四人，画衣五采，凤冠。

《鸟歌万岁乐》，武太后所造也。武太后时，宫中养鸟能人言，又常称万岁，为乐以象之。舞三人，绯大袖，并画鹦鹉，冠作鸟像。今案岭南有鸟，似鹦鹉而稍大，乍视之，不相分辨，笼养久，则能言，无不通,南人谓之吉了,亦云料。开元初,广州献之,言音雄重如丈夫,委曲识人情,慧于鹦鹉远矣,疑即此鸟也。《汉书·武帝本纪》书南越献驯象,能言鸟。注《汉书》者,皆谓鸟为鹦鹉。若是鹦鹉,不得不举其名,而谓之能言鸟。鹦鹉,秦、陇尤多,亦不足重。所谓能言鸟,即吉了也。北方常言,鸜鹆逾领乃能言,传者误矣。岭南甚多鸜鹆,能言者非鸜鹆也。

《龙池乐》,玄宗所作也。玄宗龙潜之时,宅在隆庆坊,宅南坊人所居,变为池,望气者亦异焉。故中宗季年,泛舟池中。玄宗正位,以坊为宫,池水逾大,弥漫数里,为此乐以歌其祥也。舞十有二人,人冠饰以芙蓉。

《破阵乐》,玄宗所造也。生于立部伎《破阵乐》。舞四人,金甲胄。

自《长寿乐》已下皆用龟兹乐,舞人皆著靴,惟《龙池》备用雅乐,而无钟磬,舞人蹑履。

《清乐》者,南朝旧乐也。永嘉之乱,五都沦覆,遗声旧制,散落江左。宋、梁之间,南朝文物,号为最盛,人谣国俗,亦世有新声。后魏孝文、宣武,用师淮、汉,收其所获南音,谓之《清商乐》。隋平陈,因置清商署,总谓之《清乐》,遭梁、陈亡乱,所存盖鲜。隋室已来,日益沦缺。武太后之时,犹六十三曲,今其辞存者,惟有《白雪》、《公莫》、《巴渝》、《明君》、《凤将雏》、《明之君》、《铎舞》、《白鸠》、《白纻》、《子夜》、《吴声四时歌》、《前溪》、《阿子》及《欢闻》、《团扇》、《懊恼》、《长史》、《督护》、《读曲》、《乌夜啼》、《石城》、《莫愁》、《襄阳》、《栖乌夜飞》、《估客》、《杨伴》、《雅歌》、《骁壶》、《常林欢》、《三洲》、《采桑》、《春江花月夜》、《玉树后庭花》、《堂堂》、《泛龙舟》等三十二曲。《明之君》、《雅歌》各二首,《四时歌》四首,合三十七首。又七曲有声无辞,《上林》、《凤雏》、《平调》、《清调》、《瑟调》、《平折》、《命啸》,通前为四十四曲存焉。

《白雪》,周曲也。

《平调》、《清调》、《瑟调》，皆周房中曲之遗声也。汉世谓之三调。

《公莫舞》，晋、宋谓之巾舞。其说云：汉高祖与项籍会于鸿门，项庄剑舞，将杀高祖。项伯亦舞，以袖隔之，且云公莫害沛公也。汉人德之，故舞用巾，以象项伯衣袖之遗式也。

《巴渝》，汉高帝所作也。帝自蜀汉伐楚，以版楯蛮为前锋，其人勇而善斗，好为歌舞，高帝观之曰："武王伐纣歌也。"使工习之，号曰《巴渝》。渝，美也。亦云巴有渝水，故名之。魏、晋改其名，梁复号《巴渝》，隋文废之。

《明君》，汉元帝时，匈奴单于入朝，诏王嫱配之，即昭君也。及将去，入辞，光彩射人，耸动左右，天子悔焉。汉人怜其远嫁，为作此歌。晋石崇妓绿珠善舞，以此曲教之，而自制新歌曰："我本汉家子，将适单于庭，昔为匣中玉，今为粪上英。"晋文王讳昭，故晋人谓之《明君》。此中朝旧曲，今为吴声，盖吴人传受讹变使然。

《凤将雏》，汉世旧歌曲也。

《明之君》，本汉世《鞞舞曲》也。梁武时，改其辞以歌君德。

《铎舞》，汉曲也。

《白鸠》，吴朝《拂舞曲》也。杨泓《拂舞序》曰："自到江南，见《白符舞》，或言《白凫鸠》，云有此来数十年。察其辞旨，乃是吴人患孙皓虐政，思属晋也。"隋牛弘请以鞞、铎、巾、拂等舞陈之殿庭，帝从之，而去其所持巾拂等。

《白纻》，沈约云：纻本吴地所出，疑是吴舞也。梁帝又令约改其辞，其《四时白纻》之歌，约集所载是也。今中原有《白纻曲》，辞旨与此全殊。

《子夜》，晋曲也。晋有女子夜造此声，声过哀苦，晋日常有鬼歌之。

《前溪》，晋车骑将军沈玩所制。

《阿子》及《欢闻》，晋穆帝升平初，歌毕，辄呼"阿子汝闻否"，后人演其声以为此曲。

《团扇》，晋中书令王珉与嫂婢有情，爱好甚笃。嫂捶挞婢过苦，婢素善歌，而珉好捉白团扇，故云："团扇复团扇，持许自遮面。憔悴无复理，羞与郎相见。"

《懊侬》，晋隆安初民间讹谣之曲。歌云："春草可揽结，女儿可揽撷。"齐太祖常谓之《中朝歌》。

《长史变》，晋司徒左长史王廞临败所制。

《督护》，晋、宋间曲也。彭城内史徐逵之为鲁轨所杀，徐，宋高祖长婿也。使府内直督护丁旿殡敛之。其妻呼旿至阁下，自问敛逵之事，每问辄叹息曰："丁督护！"其声哀切，后人因其声广其曲焉。今歌是宋孝武帝所制，云："督护上征去，侬亦恶闻许。愿作石尤风，四面断行旅。"

《读曲》，宋人为彭城王义康所制也，有死罪之辞。

《乌夜啼》，宋临川王义庆作也。元嘉十七年，徙彭城王义康于豫章。义庆时为江州，至镇，相见而哭，为帝所怪，征还宅，大惧。妓妾夜闻乌啼声，扣斋阁云："明日应有赦。"其年更为南兖州刺史，作此歌。故其和云："笼窗窗不开，乌夜啼，夜夜望郎来。"今所传歌似非义庆本旨。辞曰："歌舞诸少年，娉婷无种迹。菖蒲花可怜，闻名不相识。"

《石城》，宋臧质所作也。石城在竟陵，质尝为竟陵郡，于城上眺瞩，见群少年歌谣通畅，因作此曲。歌云："生长石城下，开门对城楼。城中美年少，出入见依投。"

《莫愁乐》，出于《石城乐》。石城有女子名莫愁，善歌谣，《石城乐》和中复有"莫愁"，故歌云："莫愁在何处？莫愁石城西。艇子打雨桨，催送莫愁来。"

《襄阳乐》，宋随王诞之所作也。诞始为襄阳郡，元嘉二十六年，仍为雍州，夜闻诸女歌谣，因作之。故歌和云："襄阳来夜乐。"其歌曰："朝发襄阳来，暮至大堤宿。大堤诸女儿，花艳惊郎目。"裴子野《宋略》称："晋安侯刘道彦雍州刺史，有惠化，百姓歌之，号《襄阳乐》。"其辞旨非也。

《栖乌夜飞》，沈攸之元徽五年所作也。攸之未败之前，思归京师，故歌和云："日落西山还去来！"

《估客乐》，齐武帝之制也。布衣时常游樊、邓，追忆往事而作歌曰："昔经樊、邓役，阻潮海根渚。感忆追往事，意满情不叙。"使太乐令刘瑶教习，百日无成。或启释宝月善音律，帝使宝月奏之，便就。敕歌者常重为感忆之声。梁改其名为《商旅行》。

《杨伴》，本童谣歌他。齐隆昌时，女巫之子曰杨白文，随母入内，及长，为后所宠。童谣云："杨婆儿，共戏来。"而歌语讹，遂成杨伴儿。歌云："暂出白门前，杨柳可藏乌。欢作沉水香，侬作博山炉。"

《骁壶》，疑是投壶乐也。投壶者谓壶中跃矢为骁壶，今谓之骁壶者是也。

《常林吹》，疑是宋、梁间曲。宋、梁世，荆、雍为南方重镇，皆皇子为之牧，江左辞咏，莫不称之，以为乐土，故随王作《襄阳》之歌，齐武帝追忆樊、邓。梁简文乐府歌云："分手桃林岸，送别岘山头。若欲寄音信，汉水向东流。"又曰："宜城投音豆酒今行熟，停鞍系马暂栖宿。"桃林在汉水上，宜城在荆州北。荆州有长林县。江南谓情人为欢。"常""长"声相近，盖乐人误谓"长"为"常"。

《三洲》，商人歌也。商人数行巴陵三江之间，因作此歌。

《采桑》，因《三洲曲》而生此声也。

《春江花月夜》、《玉树后庭花》、《堂堂》，并陈后主所作。叔宝常与宫中女学士及朝臣相和为诗，太乐令何胥又善于文咏，采其尤艳丽者以为此曲。

《泛龙舟》，随炀帝江都宫作。

余五曲，不知谁所作也。

其辞类皆浅俗，而绵世不易，惜其古曲，是以备论之。其他集录所不见，亦阙而不载。

当江南之时，《巾舞》、《白纻》、《巴渝》等衣服各异。梁以前舞人并二八，梁舞省之，咸用八人而已。令工人平巾帻，绯裤褶。舞四人，碧轻纱衣，裙襦大袖，画云凤之状，漆鬟髻，饰以金铜杂花，状如雀钗,锦履。舞容闲婉,曲有姿态。沈约《宋书》志江左诸曲哇淫,至今其声调犹然。观其政已乱,其俗已淫,既怨且思矣,而从容雅缓,犹有古士君子之遗风,他乐则莫与为比。

乐用钟一架,磬一架,琴一,三弦琴一,击琴一,瑟一,秦琵琶一,卧箜篌一,筑一,筝一,节鼓一,笙二,笛二,箫二,篪二,叶二,歌二。

自长安已后,朝廷不重古曲,工伎转缺,能合于管弦者,唯《明君》、《杨伴》、《骁壶》、《春歌》、《秋歌》、《白雪》、《堂堂》、《春江花月》等八曲。旧乐章多或数百言,武太后时,《明君》尚能四十言,今所传二十六言,就之讹失,与吴音转远。刘贶以为宜取吴人使之传习。以问歌工李郎子,李郎子北人,声调已失,云学于俞才生。才生,江都人也。今郎子逃,《清乐》之歌阙焉。又闻《清乐》唯歌一曲,辞典而音雅,阅旧记,其辞信典。汉有《盘舞》,今隶《散乐》部中。又有《幡舞》、《扇舞》,并亡。

自周、隋已来,管弦杂曲将数百曲,多用西凉乐,鼓舞曲多用龟兹乐,其曲度皆时俗所知也。惟弹琴家犹传楚、汉旧声,及《清调》、《瑟调》,蔡邕杂弄,非朝廷郊庙所用,故不载。

《西凉乐》者,后魏平沮渠氏所得也。晋、宋末,中原丧乱,张轨据有河西,苻秦通凉州,旋复隔绝。其乐具有钟磬,盖凉人所传中国旧乐,而以羌胡之声也。魏世共隋咸重之。工人平巾帻,绯褶。白舞一人,方舞四人。白舞今阙。方舞四人,假髻,玉支钗,紫丝布褶,白大口裤,五采接袖,乌皮靴。乐用钟一架,磬一架,弹筝一,搊筝一,卧箜篌一,竖箜篌一,琵琶一,五弦琵琶一,笙一,萧一,筚篥一,小筚篥一,笛一,横笛一,腰鼓一,齐鼓一,檐鼓一,铜拔一,贝一。编钟今亡。

《周官》:"鞮师掌教《靺乐》,祭祀则帅其属而舞之,大享亦如之。"《靺》,东夷之乐名也。举东方,则三方可知矣。又有"鞮鞻氏掌四夷之乐,与其声歌,祭祀则歋而歌之,宴亦如之"。作先王乐者,贵能包而用之。纳四夷之乐者,美德广之所及也。东夷之乐曰《靺离》，南蛮之乐曰《任》，西戎之乐曰《禁》，北狄之乐曰《昧》。《离》，言阳气始通，万物离地而生也。《任》，言阳气用事，万物怀任也。《禁》，言阴气始通，禁止万物之生长也。《昧》，言阴气用事，万物众形暗昧也。其声不正，作之四门之外，各持其方兵，献其声而已。自周之衰，此礼寻废。

后魏有曹婆罗门，受龟兹琵琶于商人，世传其业，至孙妙达，尤为北齐高洋所重，常自击胡鼓以和之。周武帝聘虏女为后，西域诸国来媵，于是龟兹、疏勒、安国、康国之乐，大聚长安。胡儿令羯人白智通教习，颇杂以新声。张重华时，天竺重译贡乐伎，后其国王子为沙门来游，又传其方音。宋世有高丽、百济伎乐。魏平拓跋，亦得之而未具。周师灭齐，二国献其乐。隋文帝平陈，得《清乐》及《文康礼毕曲》，列九部伎，百济伎不预焉。炀帝平林邑国，获扶南工人及其匏琴，陋不可用，但以《天竺乐》转写其声，而不齿乐部。西魏与高昌通，始有高昌伎。我太宗平高昌，尽收其乐，又造《宴》后而去《礼毕曲》。今著令者，惟此十部。虽不著令，声节存者，乐府犹隶之。德宗朝，又有骠国亦遣使献乐。

《高丽乐》，工人紫罗帽，饰以鸟羽，黄大袖，紫罗带，大口裤，赤皮靴，五色绦绳，舞者四人，椎髻于后，以绛抹额，饰以金珰。二人黄裙襦，赤黄裤，极长其袖，乌皮靴，双双并立而舞。乐用弹筝一，搊筝一，卧箜篌一，竖箜篌一，琵琶一，义觜笛一，笙一，箫一，小筚篥一，大筚篥一，桃皮筚篥一，腰鼓一，齐鼓一，檐鼓一，贝一。武太后时尚二十五曲，今惟习一曲，衣服亦变浸衰败，失其本风。

《百济乐》，中宗之代，工人死散。岐王范为太常卿，复奏置之，是以音伎多阙。舞二人，紫大袖裙襦，章甫冠，皮履。乐之存者，筝、笛、桃皮筚篥、箜篌、歌。

此三国，东夷之乐也。

《扶南乐》，舞二人，朝霞行缠，赤皮靴。隋世全用《天竺乐》，今其存者，有羯鼓、都昙鼓、毛员鼓、箫、笛、筚篥、铜拔、贝。

《天竺乐》，工人皂丝布头巾，白练襦，紫绫裤，绯帔。舞二人，辫发,朝霞袈裟,行缠,碧麻鞋。袈裟,今僧衣是也。乐用铜鼓,羯鼓、毛员鼓、都昙鼓、筚篥、横笛、凤首箜篌、琵琶、铜拔、贝。毛员鼓、都昙鼓今亡。

《骠国乐》,贞元中,其王来献本国乐,凡一十二曲,以乐工三十五人来朝。乐曲皆演释氏经论之辞。

此三国,南蛮之乐。

《高昌乐》,舞二人,白袄锦袖,赤皮靴,赤皮带,红抹额。乐用答腊鼓一,腰鼓一,鸡娄鼓一,羯鼓一,箫二,横笛二,筚篥二,琵琶二,五弦琵琶二,铜角一,箜篌一。箜篌今亡。

《龟兹乐》,工人皂丝布头巾,绯丝布袍,锦袖,绯布裤。舞者四人,红抹额,绯袄,白裤帑,乌皮靴。乐用竖箜篌一,琵琶一,五弦琵琶一,笙一,横笛一,箫一,筚篥一,毛员鼓一,都昙鼓一,答腊鼓一,腰鼓一,羯鼓一,鸡娄鼓一,铜拔一,贝一。毛员鼓今亡。

《疏勒乐》,工人皂丝布头巾,白丝布裤,锦襟褾。舞二人,白袄,锦袖,赤皮靴,赤竖皮带。乐用箜篌、琵琶、五弦琵琶、横笛、箫、筚篥、答腊鼓、腰鼓、羯鼓、鸡娄鼓。

《康国乐》,工人皂丝布头巾,绯丝布袍,锦领。舞二人,绯袄,锦领袖,绿绫浑裆裤,赤皮靴,白裤帑。舞急转如风,俗谓之胡旋。乐用笛二,正鼓一,和鼓一,铜拔一。

《安国乐》,工人皂丝布头巾,锦褾领,紫袖裤。舞二人,紫袄,白裤帑,赤皮靴。乐用琵琶、五弦琵琶、箜篌、箫、横笛、筚篥、正鼓、和鼓、铜拔、箜篌。五弦琵琶今亡。

此五国,西戎之乐也。

南蛮、北狄国俗,皆随发际断其发,今舞地,咸用绳围首,反约发杪,内于绳下。又有新声河西至者,号胡音声,与《龟兹乐》、《散乐》俱为时重,诸乐咸为之少寝。

《北狄乐》,其可知者鲜卑、吐谷浑、部落稽三国,皆马上乐也。鼓吹本军旅之音,马上奏之,故自汉以来,《北狄乐》总归鼓吹署。后魏乐府始有北歌,即《魏史》所谓《真人代歌》是也。代都时,命掖庭宫女晨夕歌之。周、隋世，与《西凉乐》杂奏。今存者五十三章，其名目可解者六章：《慕容可汗》、《吐谷浑》、《部落稽》、《巨鹿公主》、《白净王太子》、《企喻》也。其不可解者，咸多可汗之辞。按今大角，此即后魏世所谓《簸逻回》者是也，其曲亦多可汗之辞。北虏之俗，皆呼主为可汗。吐谷浑又慕容别种，知此歌是燕魏之际鲜卑歌，歌音辞虏，竟不可晓。梁有《巨鹿公主》辞歌，似是姚苌时歌，其辞华音，与北歌不同。梁乐府鼓吹又有《大白净皇太子》、《少白净皇太子》、《企喻》等曲。隋鼓吹有《白净皇太子》曲，与北歌校之，其音皆异。开元初，以问歌工长孙元忠，云自高祖以来，代传其业。元忠之祖，受业于侯将军，名贵昌，并州人也，亦世习北歌。贞观中，有诏令贵昌以其声教乐府。元忠之家世相传如此，虽译者亦不能通知其辞，盖年岁久远，失其真矣。丝桐，惟琴曲有胡笳声大角，金吾所掌。

《散乐》者，历代有之，非部伍之声，俳优歌舞杂奏。汉天子临轩设乐，舍利兽从西方来，戏于殿前，激水成比目鱼，跳跃嗽水，作雾翳日，化成黄龙，修八丈，出水游戏，辉耀日光。绳系两柱，相去数丈，二倡女对舞绳上，切肩而不倾。如是杂变，总名百戏。江左犹有《高纻紫鹿》、《跂行鳖食》、《齐王卷衣》、《筄鼠》、《夏育扛鼎》、《巨象行乳》、《神龟笮戏背负灵岳》、《桂树白雪》、《画地成川》之伎。晋成帝咸康七年，散骑侍郎顾臻表曰："末世之乐，外方之观，逆行连倒。四海朝觐帝庭，而足以蹈天，头以履地，反天地之顺，伤彝伦之大。"乃命太常悉罢之。其后复《高纻紫鹿》。后魏、北齐，亦有《鱼龙辟邪》、《鹿马仙车》、《吞刀吐火》、《剥车剥驴》、《种瓜拔井》之戏。周宣帝征齐乐并会关中。开皇初，散遣之。大业二年，突厥单于来朝洛阳宫，炀帝为之大合乐，尽通汉、晋、周、齐之术，胡人大骇。帝命乐署肄习，常以岁首纵观端门内。

大抵《散乐》杂戏多幻术，幻术皆出西域，天竺尤甚。汉武帝通西域，始以善幻人至中国。安帝时，天竺献伎，能自断手足，刳剔肠胃，自是历代有之。我高宗恶其惊俗，敕西域关令不令入中国。苻

坚尝得西域倒舞伎。睿宗时,婆罗门献乐,舞人倒行,而以足舞于极
铦刀锋,倒植于地,低目就刃,以历脸中,又植于背下,吹筚篥者立
其腹上,终曲而亦无伤。又伏伸其手,两人蹑之,旋身绕手,百转无
已。汉世有《橦木》,又有《盘舞》。晋世加之以杯,谓之《杯盘舞》。乐
府诗云,"妍袖陵七盘",言舞用盘七枚也。梁谓之《舞盘伎》。梁有
《长跻伎》、《掷倒伎》、《跳剑伎》、《吞剑伎》,今并存。又有《舞轮伎》,
盖今戏车轮者。《透三峡伎》,盖今《透长飞梯》之类也。《高絙伎》,
盖今之戏绳者是也。梁有《猕猴幢伎》,今有《缘竿》,又有《猕猴缘
竿》,未审何者为是。又有《弄椀珠伎》、《丹珠伎》。

歌舞戏,有《大面》、《拨头》、《踏摇娘》、《窟礧子》等戏。玄宗以
其非正声,置教坊于禁中以处之。

《婆罗门乐》,与四夷同列。《婆罗门乐》用漆筚篥二,齐鼓一。

《散乐》,用横笛一,拍板一,腰鼓三。其余杂戏,变态多端,皆不
足称。

《代面》出于北齐。北齐兰陵王长恭,才武而面美,常著假面以
对敌。尝击周师金墉城下,勇冠三军,齐人壮之,为此舞以效其指麾
击刺之容,谓之《兰陵王入阵曲》。

《拨头》出西域。胡人为猛兽所噬,其主求兽杀之,为此舞以像
之。

《踏摇娘》,生于隋末。隋末河内有人貌恶而嗜酒,常自号郎中,
醉归必殴其妻。其妻美色,善歌,为怨苦之辞。河朔演其曲而被之
弦管,因写其夫之容。妻悲诉,每摇顿其身,故号《踏摇娘》。近代优
人颇改其制度,非旧旨也。

《窟礧子》,亦云《魁礧子》,作偶人以戏。善歌舞,本丧家乐也。
汉末始用之于喜会。齐后主纬尤所好。高丽国亦有之。

八音之属,协于八节。匏,瓠也,女娲氏造。列管于匏上,内簧
其中,《尔雅》谓之巢。大者得曰竽,小者曰和。竽,煦也,立春之气,
煦生万物也。竽管三十六,宫管在左。和管十三,宫管居中。今之

竽、笙,并以木代匏而漆之,无复音矣。荆、梁之南,尚存古制云。

管三孔曰籥,春分之音,万物振跃而动也。

箫,舜所造也。《尔雅》谓之茭。音交。大曰箫,二十三管,修尺四寸。

笛,汉武帝工丘仲所造也。其元出于羌中。短笛,修尺有咫。长笛、短笛之间,谓之中管。

篪,吹孔有觜如酸枣。横笛,小篪也。汉灵帝好胡笛,五胡乱华,石遵玩之不绝音。《宋书》云:有胡篪出于胡吹,则谓此。梁胡吹歌云:"快马不须鞭,反插杨柳枝。下马吹横笛,愁杀路傍儿。"此歌舞元出北国。之横笛皆去觜,其加觜者谓之义觜笛。

筚篥,本名悲篥,出于胡中,其声悲。亦云:胡人吹之以惊中国马云。

柷,众也。立夏之音,万物众皆成也。方面各二尺余,傍开员孔,内手于中,击之以举乐。敔,如伏虎,背皆有鬣二十七,碎竹以击其首而逆刮之,以止乐也。

舂牍,虚中如筒,无底,举以顿地如舂杵,亦谓之顿相。相,助也,以节乐也。或谓梁孝王筑睢阳城,击鼓为下杵之节。《睢阳操》用舂牍,后世因之。

拍板,长阔如手,厚寸余,以韦连之,击以代杖。

琴,伏羲所造。琴,禁也,夏至之音,阴气初动,禁物之淫心。五弦以备五声,武王加之为七弦。琴有十二柱,如琵琶。击琴,柳恽所造。恽尝为文咏,思有所属,摇笔误中琴弦,因为此乐。以管承弦,又以片竹约而束之,使弦急而声亮,举竹击之以为节曲。

瑟,昔者大帝使素女鼓五十弦瑟,悲不能自止,破之为二十五弦。大帝,太昊也。

筝,本秦声也。相传云蒙恬所造,非也。制与瑟同而弦少。案京房造五音准,如瑟,十三弦,此乃筝也。杂乐筝并十有二弦,他乐皆十有三弦。轧筝,以片竹润其端而轧之。

筑,如筝,细颈,以竹击之,如击琴。《清乐》筝,用骨瓜长寸余以

代指

琵琶，四弦，汉乐也。初、秦长城之役，有弦鼗而鼓之者。及汉武帝嫁宗女于乌孙，乃裁筝、筑为马上乐，以慰其乡国之思。推而远之曰琵，引而近之曰琶，言其便于事也。今《清乐》奏琵琶，俗谓之"秦汉子"，圆体修颈而小，疑是弦鼗之遗制。其他皆充上锐下，曲项，形制稍大，疑此是汉制。兼似两制者，谓之"秦汉"，盖谓通用秦、汉之法。《梁史》称侯景之将害简文也，使太乐令彭隽赍曲项琵琶就帝饮，则南朝似无。曲项者，亦本出胡中。五弦琵琶，稍小，盖北国所出。《风俗通》云：以手琵琶之，因为名。按旧琵琶皆以木拨弹之，太宗贞观中始有手弹之法，今所谓搊琵琶者是也。《风俗通》所谓以手琵琶之，乃非用拨之义，岂上世固有搊之者耶？

阮咸，亦秦琵琶也，而项长过于今制，列十有三柱。武太后时，蜀人蒯明于古墓中得之，晋《竹林七贤图》阮咸所弹与此类，因谓之阮咸。咸，晋世实以善琵琶知音律称。

箜篌，汉武帝使乐人侯调所作，以祠太一。或云侯辉所作，其声坎坎应节，谓之坎侯，声讹为箜篌。或谓师延靡靡乐，非也。旧说亦依琴制，今按其形，似瑟而小，七弦，用拨弹之，如琵琶。竖箜篌，胡乐也，汉灵帝好之。体曲而长二十有二弦，竖抱于怀，用两手齐奏，俗谓之擘箜篌。凤首箜篌，有项如轸。

七弦，郑善子作，开元中进。形如阮咸，其下缺少而身大，傍有少缺，取其身便也。弦十三隔，孤柱一，合散声七，隔声九十一，柱声一，总九十九声，随调应律。

太一，司马绍开元中进。十二弦，六隔，合散声十二，隔声七十二。弦散声应律吕，以隔声旋相为宫，合八十四调。令编入雅乐宫县内用之。

六弦，史盛作，天宝中进。形如琵琶而长，六弦，四隔，孤柱一，合散声六，隔声二十四，柱声一，总三十一声，隔调应律。

天宝乐，任偃作，天宝中进。类石幢，十四弦，六柱。黄钟一均足倍七声，移柱作调应律。

埙，曛也，立秋之音，万物将曛黄也。埏土为之，如鹅卵，凡六孔，锐上丰下。上大者《尔雅》谓之叫。

缶，如足盆，古西戎之乐，秦俗应而用之。其形似覆盆，以四杖击之。秦、赵会于渑池，秦王击缶而歌。八缶，康永泰初司马滔进《广平乐》，盖八缶具黄钟一均声。

钟，黄帝之工垂所造。钟，种也。立秋之音，万物种成也。大曰镈，镈亦大钟也。《尔雅》谓之镛。小而编之曰编钟，中曰剽，小曰栈。

錞于，圆如碓头，大上小下，县以笼床，芒筩将之以和鼓。沈约《宋书》云，"今人间时有之"，则宋日非庭庭所用。后周平蜀获之，斛斯徵观曰："錞于也。"依于宝《周礼注》试之，如其言。

铙，木舌，摇之以和鼓。

梁有铜磬，盖今方响之类。方响，以铁为之，修八寸，广二寸，圆上方下。架如磬而不设业，倚于架上以代钟磬。人间所用者才三四寸。

铜拔，亦谓之铜盘，出西戎及南蛮。其圆数寸，隐起若浮沤，贯之以韦皮，相击以和乐也。南蛮国大者圆数尺。或谓南齐穆士素所造，非也。

钲，如大铜叠，县而击之，节鼓。

铜鼓，铸铜为之，虚其一面，覆而击其上。南夷扶南、天竺类皆如此。岭南豪家则有之，大者广丈余。

磬，叔所造也。磬，劲也，立冬之音，万物皆坚劲。《书》云，"泗滨浮磬"，言泗滨石可为磬；今磬石皆出华原，非泗滨也。登歌磬，以玉为之，《尔雅》谓之馨。

鼓，动也，冬至之音，万物皆含阳气而动。雷鼓八面以祀天，灵鼓六面以祀地，路鼓四面以祀鬼神。夏后加之以足，谓之足鼓；殷人贯之以柱，谓之楹鼓；周人县之，谓之县鼓；后世从殷制建之，谓之建鼓。晋鼓六尺六寸，金奏则鼓之。傍有鼓，谓之应鼓，以和大鼓。小鼓有柄曰鞞，摇之以和鼓，大曰鞉。腰鼓，大者瓦，小者木，皆广首而纤腹，本胡鼓也。石遵好之，与横笛不去左右。齐鼓，如漆桶，大一头,设齐于鼓面如麝脐,故曰齐鼓。檐鼓,如小瓮,先冒以革而漆之。羯鼓,正如漆桶,两手具击,以其出羯中,故号羯鼓,亦谓之两杖鼓。都昙鼓,似腰鼓而小,以槌击之。毛员鼓,似都昙鼓而稍大。答腊鼓,制广羯鼓而短,以指揩之,其声甚震,俗谓之揩鼓。鸡娄鼓,正圆,而手可击之处,平可数寸。正鼓、和鼓者,一以正,一以和,皆腰鼓也。节鼓,状如博局,中间员孔,适容其鼓,击之节乐也。

抚拍,以韦为之,实之以糠,抚之节乐也。

金、石、丝、竹、匏、土、革、木,谓之八音。金木之音,击而成乐。今东夷有管木者,桃皮是也。西戎有吹金者,铜角是也。长二尺,形如牛角。贝,蠡也,容可数升,并吹之以节乐,亦出南蛮。桃皮,卷之以为筚篥。衔叶,衔叶而啸,其声清震,橘柚尤善。四夷丝竹之量,国异其制,不可详尽。《尔雅》:琴二十弦曰离,瑟二十七弦曰丽。汉世有洞箫,又有管,长尺围寸而并漆之,宋世有绕梁,似卧箜篌,今并亡矣。今世又有篪,其长盈寻,曰七星,如筝稍小,曰云和,乐府所不用。

周天子宫县,诸侯轩县,大夫曲县,士特县。故孔子之堂,闻金石之音;魏绛之家,有钟磬之声。秦、汉之际,斯礼无闻。汉丞相田蚡,前庭罗钟磬,置曲旃。光武又赐东海恭王钟簴之乐。即汉世人臣,尚有金石。汉乐歌云,"高张四县,神来宴飨",谓宫县也。制氏在太乐,能记铿锵鼓舞。河间王著《乐记》,八佾之舞与制氏不甚远,又舞八佾之明文也。《汉仪》云,高庙撞千石之钟十枚,即《上林赋》所谓"撞千石之钟,立万石之簴钜"。钟当十二,而此十枚,未识其义。议者皆云汉世不知用宫县,今案汉章、和世用旋宫,汉世群儒,备言其义,牛弘、祖孝孙所由准的也。又河间王博采经籍,与制氏不殊,知汉世之乐,为最备矣。魏、晋已来,但云四厢金石,而不言其礼,或八架,或十架,或十六架。梁武始用二十六架。贞观初增三十六架,加鼓吹熊罴案十二于四隅。后魏、周、齐皆二十六架。建德中,复梁三十六架。隋文省,炀帝又复之。

乐县,横曰簨,竖曰簴。饰簨以飞龙,饰跗以飞廉,钟簴以挚兽,磬簴以挚鸟，上列树羽，傍垂流苏，周制也。县以崇牙，殷制也。饰以博山，后世所加也。宫每架金博山五，轩县三鼓，承以花跌，覆以华盖，上集翔鹭。隋氏二十架，先置建鼓于四隅，镈钟方六面各三。依其辰位，杂列编钟、磬各四架于其间。二十六架，则编钟十二架，磬亦如之。轩县九架，镈钟三架，在辰丑申地，编钟、磬皆三架。设路鼓二于县内戌巳地之北。地柷敔于四隅，舞人立其中。錞于、铙、铎、抚拍、舂牍，列于舞人间。唐礼，天子朝庙用三十六架。高宗成蓬莱宫，充庭七十二架。武后迁都，乃省之。皇后庙及郊祭二十架，同舞八佾。先圣庙及皇太子庙并九架，舞六佾。县间设柷敔各一，柷于左，敔于右。錞于、抚拍、顿相、铙、铎，次列于路鼓南。舞人列于县北。登歌二架，登于堂上两楹之前。编在东，编磬在西。登歌工人坐堂上，竹人立堂十，所谓"琴瑟在堂，竽笙在庭"也。殿庭加设鼓吹于四隅。

宴享陈《清乐》。架对列于左右厢，设舞筵于其间。旧皇后庭但设丝管，大业尚侈，始置钟磬，犹不设镈钟，以镈磬代。武太后称制，用钟，因而莫革。乐县，庭庙以五彩杂饰，轩县以朱，五郊则各从其方色。每先奏乐三日，太乐令宿设县于庭，其日率工人入居其次。协律郎举麾，乐作；仆麾，乐止。文舞退，武舞进。若常享会，先一日具坐、立部乐名封上，请所奏御注而下。及会，先奏坐部伎，次奏立部伎，次奏蹀马，次秦《散乐》而毕矣。

广明初，巢贼千纪，舆驾播迁，两都覆圮，宗庙悉为煨烬，乐工沦散，金奏几亡。及僖还宫，购募钟县之器，一无存者。昭宗即位将亲谒郊庙，有司请造县乐，询于旧工，皆莫知其制度。修奉乐县使宰相张浚悉集太常乐胥详酌，竟不得其法。时太常博士殷盈孙深于典故，乃案《周官·考功记》之文，究其栾、铣、于、鼓、钲、舞、甬之法，沉思三四夕，用算法乘除，镈钟之轻重高低乃定。悬下编钟，正黄钟九寸五分，下至登歌倍应钟三寸三分半，凡四十八等。口项之量，径衡之围，悉为图，遣金工依法铸之，凡二百四十口。铸成，张浚求知声者处士萧承训、梨园乐工陈敬言与太乐李令从周，令先校定石磬，合而击拊之，八音克谐，观者耸听。浚既进呈，昭宗陈于殿庭以试之。时以宗庙焚毁之后，修奉不及，乃权以少府监厅为太庙。其庭甚狭，议者论县乐之架不同。浚奏议曰：

臣伏准旧制，太庙含元殿并设宫县三十六架，太清宫、南北郊、社稷及诸殿庭，并二十架。今修奉乐悬，太庙合造三十六架，臣今参议，请依古礼用二十架。伏自兵兴已来，雅乐沦缺，将为修奉，事实重难。变通宜务于酌中，损益当循于宁俭。

臣闻诸旧史，昔武王定天下，至周公相成王，始暇制乐。魏初无乐器及伶人，后稍得登歌会举之乐。明帝大明末，诏增益之。咸和中，鸠集遗逸，尚未有金石之音。至孝武太元中，四厢石始备，郊祀犹不举乐。宋文帝元嘉九年，初调金石。二十四年，南郊始设登歌，妙舞亦阙。孝武建元中，有司奏郊庙宜设备乐，始为详定。故后魏孝文太和初，司乐上书，陈乐章是有阙，求集群官议定，广修器数，正立名品。诏虽行之，仍有残缺。隋文践祚，太常议正雅乐，九年之后，惟奏黄钟一宫，郊庙止用一调。据礼文，每一代之乐，二调并奏，六代之乐，凡十二调。其余声律，皆不复通。高祖受隋禅，军国多务，未遑改创，乐府尚用隋氏旧文。武德九年，命太常考正雅乐。贞观二年，考毕上奏。盖其事体大，故历代不能速成。

伏以俯逼郊天，式修雅乐，必将集事，须务相时。今者帑藏未充，贡奉多阙，凡阙货刀，不易方圆，制度之间，亦宜撙节。臣伏惟《仪礼》宫悬之制，陈镈钟二十架，当十二辰之位。甲、丙、庚、壬，各设编钟一架；乙、丁、辛、癸，各设编磬一架，合为二十架。树建鼓于四隅，当乾、坤、艮、巽之位，以象二十四气。宗庙、殿庭、郊丘、社稷，皆用此制，无闻异同。周、汉、魏、晋、宋、齐六朝，并只用二十架。隋氏平陈，检梁故事，乃设三十六架。国初因之不改。高宗皇帝初成蓬莱宫，充庭七十二架，寻乃省之。则簨簴架数太多，本近于侈。止于二十架，正协礼径。兼今太庙之中，地位甚狭，百官在列，万舞充庭，虽三十六架具存，亦施为不得。庙庭难容，未易开广，乐架不可重沓铺陈。今请依周、汉、魏、晋、宋、齐六代故事，用二十架。

从之。古制，雅乐宫县之下，编钟四架，十六口。近代用二十四口，正声十二，倍声十二，各有律吕，凡二十四声。登歌一架，亦二十四钟。雅乐沦灭，至是复全。

旧唐书卷三〇
志第一〇

音乐三

　　贞观二年,太常少卿祖孝孙既定雅乐,至六年,诏褚亮、虞世南、魏徵等分制乐章。其后至则天称制,多所改易,歌辞皆是内出。开元初,则中书令张说奉制所作,然杂用贞观旧词。自后郊庙歌工乐师传授多缺,或祭用宴乐,或郊称庙词。二十五年,太常卿韦绦令博士韦逌、直太乐尚冲、乐正沈元福、郊社令陈虔申怀操等,铨叙前后所行用乐章为五卷,以付太乐、鼓吹两署,令工人习之。

　　时太常旧相传有宫、商、角、徵、羽《宴乐》五调歌词各一卷,或云贞观中侍中杨仁恭妾赵方等所铨集,词多郑、卫,皆近代词人杂诗,至缘又令太乐令孙玄成更加整比为七卷。又自开元已来,歌者杂用胡夷里巷之曲,其孙玄成所集者,工人多不能通,相传谓为法曲。

　　今依前史旧例,录雅乐歌词前后常行用者,附于此志。其五调法曲,词多不经,不复载之。

　　冬至祀昊天于圆丘乐章八首

　　贞观二年,祖孝孙定雅乐。贞观六年,褚亮、虞世南、魏徵等作此词,今行用。

　　降神用《豫和》

　　上灵眷命兮膺会昌,盛德殷荐叶辰良。景福降兮圣德远,玄化穆兮天历长。

皇帝行用《太和》

穆穆我后，道应千龄。登三处大，得一居贞。礼唯崇德，乐以和声。百神仰止，天下文明。

登歌奠玉帛用《肃和》

闾阳播气，甄耀垂明。有赫圆宰，深仁曲成。日丽苍璧，烟开紫营。聿遵虔享，式降鸿祯。

迎俎入用《雍和》

钦惟大帝，载仰皇穹。始命田烛，爰启郊宫。《云门》骇听，雷鼓鸣空。神其介祀，景祚斯融。

酌献饮福用《寿和》

八音斯奏，三献毕陈。宝祚惟永，晖光日新。

送文舞出迎武舞入用《舒和》

叠璧凝影皇坛路，编珠流彩帝郊前。已奏黄钟歌大吕，还符宝历祚昌年。

武舞作《凯安》

昔在炎运终，中华乱无象。酆郊赤乌见，邙山黑云上。大赍下周车，禁暴开殷纲。幽明同叶赞，鼎祚齐天壤。

送神用《豫和》

歌奏毕兮礼献终，六龙驭兮神将升。明德感兮非黍稷，降福简兮祚休徵。

又郊天乐章一首_{太乐旧有此辞，不详所起。}

送神用《豫和》

频蘩礼著，黍稷诚微。音盈凤管，彩驻龙旗。洪歆式就，介福攸归。送乐有阕，灵驭遄飞。

则天大圣皇后大享昊天乐章十二首_{御撰}

第一

太阴凝至化，贞耀蕴轩仪。德迈娥台敞，仁高姒幄披。扪天遂启极，梦日乃升曦。

第二

瞻紫极,望玄穹。翘至恳,罄深衷。听虽远,诚必通。垂厚泽,降云宫。

第三

乾仪混成冲邃,天道下济高明。闾阳晨披紫阙,太一晓降黄庭。圆坛敢申昭报,方壁冀展虔情。丹襟式敷衷恳,玄鉴庶察微诚。

第四

巍巍睿业广,赫赫圣基隆。菲德承先顾,祯符萃眇躬。铭开武岩侧,图荐洛川中。微诚讵幽感,景命忽昭融。有怀惭紫极,无以谢玄穹。

第五

朝坛雾卷,曙岭烟沉。爰设筐币,式表诚心。筵辉丽璧,乐畅和音。仰惟灵鉴,俯察翘襟。

第六

昭昭上帝,穆穆下临。礼崇备物,乐奏锵金。兰羞委荐,桂醑盈斟。敢希明德,聿馨庄心。

第七

镈浮九酝,礼备三周。陈诚菲奠,契福神猷。

第八

奠璧郊坛昭大礼,锵金拊石表虔诚。始奏《承云》娱帝赏,复歌《调露》畅《韶英》。

第九

荷恩承顾托,执契恭临抚。庙略静边荒,天兵曜神武。有截资先化,无为遵旧矩。祯符降昊穹,大业光寰宇。

第十

肃肃祀典,邕邕礼秩。三献已击,九成斯毕。爰撤其俎,载迁其实。或升或降,唯诚唯质。

第十一

礼终肆类,乐阕九成。仰惟明德,敢荐非馨。顾惭菲奠,久驻云軿。瞻荷灵泽,悚恋兼盈。

第十二

式乾路,辟天扉。回日驭,动云衣。登金阙,入紫微。望仙驾,仰恩徽。

景龙三年中宗亲祀昊天上帝乐章十首

降神用《豫和》

天之历数归睿唐,顾惟菲德钦昊苍。选吉日兮表殷荐,冀神鉴兮降闿阳。

皇帝行用《太和》圜钟宫

恭临宝位,肃奉瑶图。恒思解网,每轸泣辜。德惭巢燧,化劣唐虞。期我良弼,式赞嘉谋。

告谢圆钟宫

得一流玄泽,通三御紫宸。远叶千龄运,遐销九域尘。绝瑞骈阗集,殊祥络绎臻。年登庆西亩,稔岁贺盈囷。

登歌用《肃和》无射均之林钟羽

悠哉广覆,大矣曲成。九玄著象,七曜甄明。珪璧是奠,醍醐斯盈。作乐崇德,爰畅《咸》《英》。

迎俎用《雍和》圆钟均之黄钟羽

郊坛展敬,严配因心。孤竹萧管,空桑瑟琴。肃穆大礼,铿锵八音。恭惟上帝,希降灵歆。

酌献用《福和》圆钟宫

九成爰奏,三献式陈。钦承景福,恭托明禋。

中宫助祭升坛用函钟宫

坤元光至德,柔训阐皇风。《苤苢》其声远,《螽斯》美化隆。睿范超千载,嘉猷备六宫。肃恭陪盛典,钦若荐禋宗。

亚献用函钟宫用登歌乐

三灵降飨,三后配神。虔敷藻奠,敬展郊禋。

送文舞出迎武舞入用《舒和》圆钟均之中吕商

已陈粢盛敷严祀,列奏笙镛协雅声。璇图宝历欣宁谧,晏俗淳风乐太平。

武舞作用《凯安》圆钟均之无射徵

堂堂圣祖兴，赫赫昌基泰。戎车盟津偃，玉帛涂山会。舜日启祥晖，尧云卷征旆。风猷被有截，声教覃无外。

开元十一年玄宗祀昊天于圆丘乐章十一首

降神用《豫和》圜钟宫三成，黄钟角一成，太簇徵一成，姑洗羽一成，已上六变词同。

至矣丕构，蒸哉太平。授牺膺箓，复禹继明。草木仁化，《凫鹥》颂声。祀宗陈德，无愧斯诚。

迎神用《歆和》

崇禋已备，粢盛聿修。洁诚斯展，钟石方遒。

皇祖光皇帝室酌献用《长发》黄钟宫。词同贞观《长发》。

太祖景皇帝室酌献用《大基》太簇宫。词同贞观《大基》。

代祖元皇帝室酌献用《大成》姑洗宫。词同贞观《大成》。

高祖神尧皇帝室酌用《大明》蕤宾宫。词同贞观《大明》。

太宗文武圣皇帝室酌献用《崇德》夷则宫。词同贞观《崇德》。

高宗天皇太帝室酌献用《钧天》黄钟宫。词同光宅《钧天》。

懿宗孝敬皇帝室酌献用《承和》黄钟宫。

金相载穆，玉裕重晖。养德清禁，承光紫微。乾宫候色，震象增威。监国方永，宾天不归。孝友自衷，温文性与。龙楼正启，鹤驾斯举。丹扆流念，鸿名式序。中兴考室，永陈彝俎。

皇帝饮福用《延和》黄钟宫。

巍巍累圣，穆穆重光。奄有区夏。祚启隆唐。百蛮饮泽，万国来王。本枝亿载，鼎祚逾长。

皇帝行用《太和》

郊坛齐帝，礼乐祠天。丹青寰宇，宫徵山川。神祇毕降，行止重旋。融融穆穆，纳祉洪延。

登歌奠玉帛用《肃和》

止奏潜聆，登仪宿转。大玉躬奉，参钟首奠。簠簋聿升，牺牲递荐。昭事颙若，存存以俔。

迎俎入用《雍和》

烂云普洽,律风无外。千品其凝,九宾斯会。禋樽晋烛,纯牺涤汰。玄覆攸广,鸿休汪泞。

皇帝酌献天神用《寿和》

六变爰阕,八阶载虔。佑我皇祚,于万斯年。

酌献配座用《寿和》。

于赫圣祖,龙飞晋阳。底定万国,奄有四方。功格上下,道冠农黄。郊天配享,德合无疆。

饮福酒用《寿和》

崇崇太畤,肃肃严禋。粢盛既洁,金石毕陈。上帝来享,介福爰臻。受厘合福,宝祚惟新。

送文舞出迎武舞入用《舒和》

祝史正辞,人神庆叶。福以德昭,享以诚接。六艺云备,百礼斯浃。祀事孔明,祚流万叶。

武舞用《凯安》

馨香惟后德,明命光天保。肃和崇圣灵,陈信表皇道。玉戚蹈厉,金匏既静好。

礼毕送神用《豫和》

大号成命,《思文》配天。神光盼蠁,龙驾言旋。眇眇阊阖,昭昭上玄。俾昌而大,于万斯年。

皇帝还大次用《太和》

六成既阕,三荐云终。神心具醉,圣敬逾崇。受厘皇邸,回跸帷宫。穰穰之主,永永无穷。

玄宗开元十三军泰山祀天乐章十四首

中书令燕国公张说作,今行用。

降神用《豫和》六变夹钟宫之一

款泰坛,柴泰清。受天命,报天成。竦皇心,荐乐声。志上达,歌下迎。

夹钟宫之二

亿上帝,临下庭。骑日月,陪列星。嘉视信,大糈馨。澹神心,醉皇灵。

夹钟宫之三

相百辟,贡八荒。九歌叙,万舞翔。肃振振,锵皇皇。帝欣欣,福穰穰。

黄钟宫

高在上,道光明。物资始,德难名。承眷命,牧苍生。寰宇谧,太阶平。

太簇徵

天道无亲,至诚与邻。山川遍礼,宫徵惟新。玉帛非盛,聪明会贞。正斯一德,通乎百神。

姑洗羽

飨帝飨亲,维孝维圣。缉熙懿德,敷扬成命。华夷志同,笙镛礼盛。明灵降止,感此诚敬。

迎送皇帝用《太和》

孝敬中发,和容外彰。腾华照宇,如升太阳。贞璧就奠,玄灵垂光。礼乐具举,济济洋洋。

登歌奠玉帛用《肃和》羽调

奠祖配天,承天享帝。百灵咸秩,四海来祭。植我苍璧,布我玄制。华日徘徊,神灵容裔。

迎俎入用《雍和》

俎豆有馥,粢盛洁丰。亦有和羹,既戒既平。鼓钟管磬,肃唱和鸣。皇皇后祖,赍我思成。

酌献用《寿和》黄钟宫调

蒸蒸我后,享献惟寅。躬酌郁鬯,跪奠明神。孝莫孝乎配上帝于亲,敬莫敬乎教天下为臣。

皇帝饮福用《寿和》

皇祖严,配享皇天。皇降嘏天子万年。

送文舞出迎武舞入用《舒和》商调

六钟翕协六变成,八佾傞傞八风生。乐《九韶》兮人神感,美《七德》兮天地清。

终献亚献用《凯安》

列祖顺三灵,文宗威四海。黄钺诛群盗,朱旗扫多罪。戢兵天下安,约法人心改。大哉干羽意,长见风云在。

送神用《豫和》夹钟宫调

礼乐终,烟燎上。怀灵惠,结皇想。归风疾,回风爽。百福来,众神往。

正月上辛祈谷于南郊乐章八首贞观中褚亮作,今行用。

降神用《豫和》词同冬至圆丘

皇帝行用《太和》词同冬至圆丘

登歌奠玉帛用《肃和》《贞观礼》,祀感帝用此词,显庆已后,词同冬至圆丘。

履艮斯绳,居中体正。龙运垂祉,昭符启圣。式事严禋,聿怀嘉庆。惟帝永锡,时皇休命。

迎俎用《雍和》

殷荐乘春,太坛临曙。八簋盈和,六瑚登御。嘉稷匪歆,德馨斯饫。祝嘏无易,灵心有豫。

皇帝酌献饮福酒用《寿和》词同冬至圆丘

送文舞出迎武舞入用《舒和》

玉帛牺牲申敬享,金丝戚羽盛音容。庶俾亿龄提景福,长欣万宇洽时邕。

武舞用《凯》词同冬至圆丘

送神用《豫和》词同冬至圆丘

季秋享上帝于明堂乐章八首贞观中褚亮等作,今行用。

降神用《豫和》词同冬至圆丘

皇帝行用《太和》词同冬至圆丘

登歌奠玉帛用《肃和》

象天御宇,乘时布政。严配申虔,宗禋殿敬。樽罍盈列,树羽交映。玉币通诚,祚隆皇圣。

迎俎用《雍和》

八牖晨披,五精朝奠。雾凝璇筐,风清金县。神涤备全,明粢丰衍。载结彝俎,陈诚以荐。

皇帝酌献饮福用《寿和》<small>词同冬至圆丘</small>

送文舞出迎武舞入用《舒和》

御宸合宫承宝历,席图重馆奉明灵。偃武修文九围泰,沉烽静柝八荒宁。

武舞用《凯安》<small>词同冬至圆丘</small>

送神用《豫和》<small>词同冬至圆丘</small>

则天大圣皇后享明堂乐章十首<small>御撰</small>

外辨将出

总章陈昔典,衢室礼惟神。宏规则天地,神用叶陶钧。负扆三春旦,充庭万宇宾。顾己诚虚薄,空惭驭兆人。

皇帝行用黄钟宫

仰膺历数,俯顺讴歌。远安迩肃,俗阜时和。化光玉镜,讼息金科。方兴典礼,永戢干戈。

皇嗣出入升降

至人光俗,大孝通神,谦以表性,恭惟立身。洪规载启,茂典方陈。誉隆三善,祥开万春。

迎送王公

千官肃事,万国朝宗。载延百辟,爰集三宫。君臣得合,鱼水斯同。睿图方永,周历长隆。

登歌用大吕均无射羽

礼崇宗祀,志表严禋。笙镛合奏,文物惟新。敬遵茂典,敢择良辰。洁诚斯著,奠谒方申。

配飨

笙镛间鸣玉,文物昭清晖。粹影临芳奠,休光下太微。孝思期有感,明洁庶无违。

宫音

履艮苞群望,居中冠百灵。万方资广运,庶品荷栽成。神功谅匪测,盛德实难名。藻奠申诚敬,恭祀表惟馨。

角音

出震位,开平秩。扇条风,乘甲乙。龙德盛,鸟星出。荐珪筐,陈诚实。

徵音

赫赫离精御炎陆,滔滔炽景开隆暑。冀延神鉴俯兰樽,式表虔襟陈簋俎。

商音

律中夷则,序应收成。功宣建武,仪表惟明。爰申礼奠,庶展翘诚。九秋是式,百谷斯盈。

羽音

葭律肇启隆冬,苹藻攸陈飨祭。黄钟既陈玉烛,红粒方殷稔岁。

孟夏雩祀上帝于南郊乐章八首贞观中褚亮等作,今行用。

降神用《豫和》词同冬至圆丘

皇帝行用《太和》词同冬至圆丘

登歌奠玉帛用《肃和》

朱鸟开辰,苍龙启映。大帝昭飨,群生展敬。礼备怀柔,功宣舞咏。旬液应序,年祥叶庆。

迎俎用《雍和》

绀筵分彩,瑶图吐绚。风管晨凝,云歌晓啭。肃事苹藻,虔申桂奠。百谷斯登,万箱攸荐。

皇帝酌献饮福酒用《寿和》词同冬至圆丘

送文舞出迎武舞入用《舒和》

凤曲登歌调令序,龙雩集舞泛祥风。彩眊云回昭睿德,朱千电发表神功。

武舞用《凯安》词同冬至圆丘

送神用《豫和》词同冬至圆丘

又雩祀乐章二首大乐旧有此词，不详所起，或元开元初造。

降神用《豫和》

鸟纬迁序，龙星见辰。纯阳在律，明德崇禋。五方降帝，万宇安人。恭以致享，肃以迎神。

送神用《豫和》

祀遵经设，享缘诚举。献毕于樽，撤临于俎。舞止干戚，乐停祝敬。歌以送神，神还其所。

祀五方上帝于五郊乐章四十首贞观中魏徵等作，今行用。

祀黄帝降神奏宫音

黄中正位，含章居贞。既彰六律，兼和五声。毕陈万舞，乃荐斯牲。神其下降，永祚休平。

皇帝行用《太和》词同冬至圆丘

登歌奠玉帛用《肃和》

渺渺方舆，苍苍圆盖。至哉枢纽，宅中图大。气调四序，风和万籁。祚我明德，时雍道泰

迎俎用《雍和》

金县夕肆，玉俎朝陈。飨荐黄道，芬流紫辰。乃诚乃敬，载享载禋。崇荐斯在，惟皇是宾。

皇帝酌献饮福用《寿和》词同冬至圆丘

送文舞出迎武舞入用《舒和》

御征乘宫出郊甸，安歌率舞递将迎。自有《云门》符帝赏，犹持雷鼓答天成。

武舞用《凯安》词同冬至圆丘

送神用《豫和》词同冬至圆丘

祀青帝降神用角音

鹤云旦起，鸟星昏集。律候新风，阳开初蛰。至德可飨，行潦斯挹。锡以无疆，蒸人乃粒。

皇帝行用《太和》词同冬至圆丘

登歌奠玉帛用《肃和》

玄鸟司春,苍龙登岁。节物变柳,光风转蕙。瑶席降神,朱弦飨帝。诚备祝嘏,礼殚圭币。

迎俎用《雍和》

大乐稀音,至诚简礼。文物斯建,声名济济。六变有成,三登无体,乃眷丰洁,恩覃恺悌。

皇帝酌献饮福用《寿和》_{词同冬至圆丘}

送文舞出迎武舞入用《舒和》

笙歌龠舞属年韶,鹭鼓凫钟展时豫。《调露》初迎绮春节,《承云》遽践苍霄驭。

武舞用《凯安》_{词同冬至圆丘}

送神用《豫和》_{词同冬至圆丘}

祀赤帝降神用《徵音》

青阳告谢,朱明戒序。延长是祈,敬陈椒醑。博硕斯荐,笙镛备举。庶尽肃恭,非馨稷黍。

皇帝行用《太和》_{词同冬至圆丘}

登歌奠玉帛用《肃和》

离位克明,火中宵见。峰云暮起,景风晨扇。木槿初荣,含桃可荐。芬馥百品,铿锵三变。

迎俎用《雍和》

昭昭丹陆,奕奕炎方。礼陈牲币,乐备篪簧。琼羞溢俎,玉醑浮觞。恭惟正直,歆此馨香。

皇帝酌献饮福用《寿和》_{词同冬至圆丘}

送文舞出迎武舞入用《舒和》

千里温风飘绛羽,十枚炎景胜朱干。陈觞荐俎歌三献,拊石抨金会七盘。

武舞用《凯安》_{词同冬至圆丘}

送神用《豫和》_{词同冬至圆丘}

祀白帝降神用《商音》

白藏应节,天高气清。岁功既阜,庶类收成。万方静谧,九土和平。馨香是荐，受祚聪明。

皇帝行用《太和》<small>词同冬至圆丘</small>

登歌奠玉帛用《肃和》

金行在节，素灵居正。气肃霜严，林凋草劲。豺祭隼击，潦收川镜。九谷已登，万厢流咏。

迎俎用《雍和》

律应西成，气躔南吕。珪币咸列，笙竽备举。苾苾兰羞，芬芬桂醑。式资宴贶，用调霜序。

皇帝酌献饮福用《寿和》<small>词同冬至圆丘</small>

送文舞出迎武舞入用《舒和》

璇仪气爽惊缇龠，玉吕灰飞含素商。鸣鞞奏管芳羞荐，会舞安歌葆旴扬。

武舞用《凯安》<small>词同冬至圆丘</small>

送神用《豫和》<small>词同冬至圆丘</small>

祀黑帝降神用《羽音》

严冬季月，星回风厉。享祀报功，方祈来岁。

皇帝行用《太和》<small>词同冬至圆丘</small>

登歌奠玉帛用《肃和》

律周玉琯，星回金度。次极阳乌，纪穷阴兔。火林霰雪，汤泉凝冱。八蜡已登，三农息务。

迎俎用《雍和》

阳月斯纪，应钟在候。载洁牲牷，爰登俎豆。既高既远，无声无臭。静言格思，惟神保佑。

皇帝酌献饮福用《寿和》<small>词同冬至圆丘</small>

送文舞出迎武舞入用《舒和》

执籥持羽初终曲，朱干玉钺始分行。《七德》《九功》咸已畅，明灵降福具穰穰。

武舞用《凯安》<small>词同冬至圆丘</small>

送神用《豫和》<small>词同冬至圆丘</small>

又五郊乐章十首太乐旧有此词,不详所起。

黄郊迎神

朱明季序,黄郊王辰。厚以载物,甘以养人。毓金为体,禀火成身。宫式式奏,奏以迎神。

送神

春末冬暮,徂夏杪秋。土王四月,时季一周。黍稷已享,笾豆宜收。送神有乐,神其赐休。

青郊迎神

缇幕移候,青郊启蛰。淑景迟迟,和风习习。璧玉宵备,旌旄曙立。张乐以迎,帝神其入。

送神

文物流彩,声明动色。人竭其恭,灵昭其饬。歆荐无已,垂祯不极。送礼有章,惟神还轼。

赤郊迎神

青阳节谢,朱明候改,靡草雕华,含桃流彩。簨列钟磬,筵陈脯醢,乐以迎神,神其如在。

送神

炎精式降,苍生攸仰。羞列豆笾,酒陈牺象。昭祀有应,宜其不爽。送乐张音,惟灵之往。

白郊迎神

序移玉律,节应金商。天严杀气,吹警秋方。楢燎既积,稯奠并芳。乐以迎奏,庶降神光。

送神

祀遵五礼,时属三秋。人怀肃敬,灵降祯休。奠歆旨酒,荐享珍羞。载张送乐,神其上游。

黑郊迎神

玄英戒序,黑郊临候。掌礼陈彝,司筵执豆。寒雾敛色,沍泉凝漏。乐以迎神,八音斯奏。

送神

北郊时冽,南陆辉处。奠本虔诚,献弥恭虑。上延祉福,下承欢豫。广乐送神,神其整驭。

祀朝日乐章八首贞观中作,今行用。

降神用《豫和》词同冬至圆丘

皇帝行用《太和》词同冬至圆丘

登歌奠玉帛用《肃和》

惟圣格天,惟明飨日。帝郊肆类,王宫戒吉。圭奠春舒,钟歌晓溢。礼云克备,斯文有秩。

迎神用《雍和》

晨仪式荐,明祀惟光。神物爰止,灵晖载扬。玄端肃事,紫幄兴祥。福履攸假,于昭令王。

皇帝酌献饮福用《寿和》词同冬至圆丘

送文舞出迎武舞入用《舒和》

崇牙树羽延《调露》,旋宫扣律掩《承云》。诞敷懿德昭神武,载集丰功表睿文。

武舞用《凯安》词同冬至圆丘

送神用《豫和》词同冬至圆丘

又祀朝日乐章二首太乐旧有此辞,不详所起。

迎神

太阳朝序,王宫有仪。蟠桃彩驾,细柳光驰。轩祥表合,汉历彰奇。礼和乐备,神其降斯。

送神

五齐兼饬,百羞具陈。乐终广奏,礼毕崇禋。明鉴万宇,昭临兆人。永流洪庆,式动曦轮。

祀夕月乐章八首贞观中作,今行用。

降神用《豫和》词同冬至圆丘

皇帝行用《太和》词同冬至圆丘

登歌奠玉帛用《肃和》

测妙为神,通微曰圣。坎祀贻则,郊禋展敬。璧荐登光,金歌动暎。以载嘉德，以流曾庆。

迎俎用《雍和》

昒晨争举，天宗礼辟。夜典凉秋，阴明湛夕。有酹斯旨，有牲斯硕。穆穆其晖，穰穰是积。

皇帝酌献饮福用《寿和》词同冬至圆丘

送文舞出迎武舞入用《舒和》

合吹八风金奏动，分容万舞玉鞘惊。词昭茂曲光前烈，夕曜乘表盛明。

武舞用《凯安》词同冬至圆丘

送神用《豫和》词同冬至圆丘

蜡百神乐章八首贞观中作，今行用

降神用《豫和》词同冬至圆丘

皇帝行用《太和》词同冬至圆丘

登歌奠玉帛用《肃和》

序迫岁阴，日躔星纪。爰稽茂典，聿崇清祀。绮币霞舒，瑞土虹起。百礼垂裕，万灵荐祉。

迎俎用《雍和》

缇龠劲序，玄英晚候。姫蜡开仪，幽歌入奏。蕙馥雕俎，兰芬玉酎。大飨明祇，永绥多佑。

皇帝酌献饮福用《寿和》词同冬至圆丘

送文舞出迎武舞入用《舒和》

经纬两仪文化洽，削平万域武功成。瑶弦自乐乾坤泰，玉戚长欢区县宁。

武舞用《凯安》词同冬至圆丘

送神用《豫和》词同冬至圆丘

又蜡百神乐章二首太乐旧有此词，不详所起。

迎神今不行用

八蜡开祭，万物咸祀。上极天维，下穷坤纪。鼎俎流馥，樽彝荐美。有灵有祇，咸希来止。

送神今不行用

十旬欢洽，一日祠终。澄彝拂俎，报德酬功。虑虔容肃，礼缛仪丰。神其降祉，整驭随风。

夏至祭皇地祇于方丘乐章八首贞观中褚亮等作

迎神用《顺和》

万物资以化，交泰属升平。易从业惟简，得一道斯宁。具仪光玉帛，送舞变《咸英》。黍稷良非贵，明德信惟馨。

皇帝行用《太和》词同冬至圆丘

登歌奠玉帛用《肃和》

至矣坤德，皇哉地祇。开元统纽，合大承规。九宫肃列，六典相仪。永言配命，长保无亏。

迎俎用《雍和》

柔而能方，直而能敬。厚载以德，大亨以正。有涤斯牷，有馨斯盛。介兹景福，祚我休庆。

皇帝酌献饮福用《寿和》词同冬至圆丘

送文舞出迎武舞入用《舒和》

玉币牲牷分荐享，羽旄干戚递成容。一德惟宁两仪泰，三才保全四时邕。

武舞用《凯安》词同冬至圆丘

送神用《顺和》

阴祇叶赞，厚载方贞。牲币具举，箫管备成。其丰礼肃，其德惟明。神之听矣，式鉴虔诚。

则天皇后永昌元年大享拜洛乐章十五首御撰

设礼用《昭和》

九玄眷命，三圣基隆。奉成先旨，明台毕功。宗祀展敬，冀表深衷。永昌帝业，式播淳风。

《致和》

神功不测兮运阴阳。包藏万宇兮孕八荒。天符既出兮帝业昌。愿临明祀兮降祯祥。

《咸和》

坎泽祠容备举，坤坛祭典爰伸。灵睠遥行秘躅，嘉贶荐委殊珍。肃礼恭禋载展，翘襟恳志逾殷。方期交际悬应，下一句逸。

乘舆初行用《九和》

祗荷坤德，钦若乾灵。惭惕罔实，兴居匪宁。恭崇礼则，肃奉仪形。惟凭展敬，敢荐非馨。

拜洛

菲躬承睿顾，薄德忝坤仪。乾乾遵后命，翼翼奉先规。抚俗勤虽切，还淳化尚亏。未参弘至道，何以契明祇？

受图用《显和》

顾德有惭虚菲，明祇屡降祯符。汜水初呈秘象，温洛荐表昌图。玄泽流恩载洽，丹襟荷渥增愉。

登歌用《昭和》

舒阴致养，合大资生。德以恒固，功由永贞。升歌荐序，垂币翘诚。虹开玉照，凤引金声。

迎俎用《敬和》

兰俎既升，苹羞可荐。金石载设，《咸》、《英》已变，林泽斯总，山川是遍。敢用敷诚，实惟忘倦。

酌献用《钦和》

送文舞出迎武舞入用《齐和》

沉潜演贶分三极，广大凝祯总万方。既荐羽旌文化启，还呈干戚武威扬。

武舞用《德和》

夕惕司龙契，晨兢当凤扆。崇儒习旧规，偃霸循先旨。绝壤飞冠盖，遐区丽山水。幸承三圣余，忻属千年始。

撤俎用《禋和》

百礼崇容，千官肃事。灵降舞兆，神凝有粹。奠享咸周，威仪毕备。奏《夏》登列，歌《雍》撤肆。

辞神用《通和》

皇皇灵眷，穆穆神心。暂动凝质，还归积阴。功玄枢纽，理寂高深。衔恩佩德，耸志翘襟。

送神用《归和》

言旋云洞兮蹑烟途，永宁中宇兮安下都。苞涵动植兮顺荣枯，长贻宝贶兮赞璇图。

又《归和》

调云阕兮神座兴，骖云驾兮俨将升。腾绛霄兮垂景佑，翘丹悫兮荷休征。

睿宗太极元年祭皇地祇于方丘乐章八首 不详撰者

迎神用《顺和》黄钟宫三变，太簇角一变，姑洗徵一变，南吕羽一变。

坤厚载物，德柔垂祉。九域咸雍，四溟为纪。敬因良节，虔修阴祀。广乐式张，灵其降止。

金奏 新加太簇宫

坤元至德，品物资生。神凝博厚，道叶高明。列镇五岳，环流四瀛。于何不载，万宝斯成。

皇帝行用《太和》词同贞观冬至圆丘，黄钟宫。

登歌奠玉帛用《肃和》词同贞观太庙《肃和》，应钟均之夷则。

迎俎及酌献用《雍和》词同贞观太庙雍和。

送文舞出迎武舞入用《舒和》词同皇帝朝群臣舒和

武舞用《凯和》词同贞观冬至圆丘

送神用《顺和》林钟宫

乐备金石，礼光樽俎。大享爰终，洪休是举。雨零感节，云飞应序。缨绂载辞，皇灵具举。

玄宗开元十一年祭皇地祇于汾阴乐章十一首

迎神用《顺和》林钟以下各再变

林钟宫 黄门郎韩思复作

大乐和畅，殷荐明神。一降通感，八变必臻。有求斯应，无德不亲。降灵醉止，休征万人。

太簇角 中书侍郎卢从愿作

坤元载物，阳乐发生。播殖资始，品汇咸亨，列俎棋布，方坛砥
平。神歆禋祀，后德惟明。

姑洗徵<small>司勋郎中刘晃作</small>

大君出震，有事郊禋。斋戒既肃，馨香毕陈。乐和礼备，候暖风
春。恭惟降福，实赖明神。

南吕羽<small>礼部侍郎韩休作</small>

于穆浚哲，维清缉熙。肃事昭配，永言孝思。涤濯静嘉，馨香在
兹。神之听之，用受福厘。

皇帝行用《太和》黄钟宫<small>吏部尚书王晙作</small>

于穆圣皇，六叶重光。太原刻颂，后土疏场。宝鼎呈符，歆云降
祥。礼乐备矣，降福穰穰。

登歌奠玉帛用《肃和》　蕤宾均之夹钟羽<small>刑部侍郎崔玄晔作</small>

聿修严配，殿事禋宗。祥符宝鼎，礼备黄琮。祝词以信，明德惟
聪。介兹景福，永永无穷。

迎俎用《雍和》　黄钟均之南吕羽<small>保州刺史贾曾作</small>

蠲我涤馔，洁我萱芳。有豆孔硕，为羞既臧。至诚无昧，精意惟
芳。神其醉止，欣欣乐康。

酌献饮福用《寿和》　黄钟宫<small>礼部尚书苏颋作</small>

礼物斯备，乐章乃陈。谁其作主，皇考圣真。对越在天，圣明佐
神。窅然汾上，厚泽如春。

送文舞出迎武舞入用《舒和》　太簇宫<small>太常少卿何鸾作</small>

乐奏云阕，礼章载虔。禋宗于地，昭假于天。惟馨荐矣，既醉歆
焉。神之降福，永永万年。

武舞用《凯安》黄钟均之林钟徵<small>主爵郎中蒋挺作</small>

维岁之吉，维辰之良。圣君绂冕，肃事坛场。大礼已备，大乐斯
张。神其醉止，降福无疆。

送神用《顺和》<small>尚书右丞源光裕作</small>

方丘既膳，嘉飨载谧。齐敬毕诚，陶匏贵质。秀簠丰荐，芳俎盈
实。永永福流，其升如日。

玄宗开元十三年禅社首山祭地祇乐章八首

迎神用《顺和》太常少卿贺知章作

至哉含柔德，万物资以生。常顺称厚载，流谦通变盈。圣心事能察，层庙陈厥诚。黄祇俨如在，泰折俟咸亨。

皇帝行用《太和》

肃我成命，于昭黄祇。裘冕而祀，陟降在斯。五音克备，八变聿施。缉熙肆靖，厥心匪离。

登歌奠玉帛用《肃和》

黄祇是祇，我其夙夜，寅畏诚洁，遑遑宁舍。礼以琼玉，荐厥茅藉。念兹降康，胡宁克暇。

迎俎入用《雍和》

夙夜宵密，不敢宁宴。五齐既陈，八音在县。粢盛以洁，房俎斯荐。惟德惟馨，尚兹克偏。

皇帝初献用《寿和》

惟以明发，有怀载殷。乐盈而反，礼顺其禋。立清以献，荐欲是亲。于穆不已，哀对斯臻。

皇帝饮福用《福和》

穆穆天子，告成岱宗。大裘如濡，执珽有颙。乐以平志，礼以和容。上帝临我，云胡肃邕。

皇帝还宫用《太和》

昭昭有唐，天俾万国，列祖应命，思宗顺则。申锡无疆，宗我同德。曾孙继绪，享神配极。

送神用《灵具醉》代《顺和》，侍中源乾曜作。

灵具醉，杳熙熙。灵将往，眇禔禔。顾明德，吐正词。烂遗光，流祯祺。

祭神州于北郊乐章八首贞观中褚亮作

迎神用《顺和》词同夏至方丘

皇帝行用《太和》词同冬至圆丘

登歌奠玉帛用《肃和》

大矣坤仪,至哉神县。包含日域,牢笼月窟。露洁三清,风调六变。皇祇届止,式歆恭荐。

迎俎用《雍和》

泰折严享,阴郊展敬。礼以导神,乐以和性。黝牲在列,黄琮俯映。九土既平,万邦贻庆。

皇帝酌献饮福用《寿和》词同冬至圆丘

送文舞出迎武舞入用《舒和》

坤道降祥和庶品,灵心载德厚群生。水土既调三极泰,文武毕备九区平。

武舞用《凯安》词同冬至圆丘

送神用《顺和》词同冬至圆丘

又祭神州乐章二首太乐旧有此词,不详所起。

迎神

黄舆厚载,赤寰归德。含育九区,保安万国。诚敬无怠,禋祀有则。乐以迎神,其仪不忒。

送神

神州阴祀,洪恩广济。草树沾和,飞沉沐惠。礼修鼎俎,奠歆瑶币。送乐有章,灵轩其逝。

祭太社乐章八首贞观中褚亮等作

迎神用《顺和》词同夏至方丘

皇帝行用《太和》词同冬至圆丘

登歌奠玉帛用《肃和》

后土凝德,神功叶契。九域底平,两仪交际。戊期应序,阴墉展币。灵车少留,俯歆樽桂。

迎俎用《雍和》

美报崇本,严恭展事。受露疏坛,承风启地。洁粢登俎,醇牺入馈。介福远流,群生毕遂。

皇帝酌献饮福用《寿和》词同冬至圆丘

送文舞出迎武舞入用《舒和》

神道发生敷九稼,阴阳乘仁畅八埏。纬武经文陶景化,登祥荐祉启丰年。

武舞用《凯安》词同冬至圆丘.

送神用《顺和》词同冬至圆丘

又太社乐章二首太乐旧有此词,不详所起。

迎神

烈山有子,后土有臣。播种百谷,济育兆人。春官缉礼,宗伯司禋。戊为土日,迎享兹辰。

送神

告祥式就,酬功载毕。亲地尊天,礼文经术。觊征令序,福流初日。神驭爰归,祠官其出。

享先农乐章贞观中褚亮等作

迎神用《咸和》

粒食伊始,农之所先。古今攸赖,是曰人天。耕斯帝藉,播厥公田。式崇明祀,神其福焉。

皇帝行用《太和》词同冬至圆丘

登歌奠玉帛用《肃和》

尊彝既列,瑚簋有荐。歌工载登,币礼斯奠。肃肃享祀,颙颙缨弁。神之听之,福流寰县。

迎俎用《雍和》

前夕亲牲,质明奉俎。沐芳整弁,其仪式序。盛礼毕陈,嘉乐备举。歆我懿德,非馨稷黍。

皇帝酌献饮福用《寿和》词同冬至圆丘

送文舞出迎武舞入用《舒和》

羽籥低昂文缀已,干戚蹈厉武行初。望岁祈农神所听,延详介福岂云虚。

武舞用《凯安》词同冬至圆丘

送神用《承和》

又享先农乐章一首太乐旧有此词,不详所起。

送神用《承和》

三推礼就,万庚祈凝。飨宾志远,荐衮惟兴。降歆肃荐,垂佑祖膺。送神有乐,神其上升。

享先蚕乐章五首显庆中,皇后亲蚕,奉敕内出此词。

迎神用《永和》亦曰《顺德》

芳春开令序,韶苑畅和风。惟灵申广佑,利物表神功。绮会周天宇,黼黻藻寰中。庶几承庆节,歆奠下帷宫。

皇后升坛用《肃和》

明灵光至德,深功掩百神。祥源应节启,福绪逐年新。万宇承恩覆,七庙仁恭禋。于兹申至恳,方期远庆臻。

登歌奠币用《展敬》

霞庄列宝卫,云集动和声。金卮荐绮席,玉币委芳庭。因心馨丹款,先已励苍生。所冀延明福,于兹享至诚。

迎俎用《洁诚》

桂筵开玉俎,兰圃荐琼芳。八音调凤律,三献奉鸾觞。洁粢申大享,庭宇冀降祥。神其覃有庆,锡福永无疆。

饮福送神用《昭庆》

仙坛礼既毕,神驾俨将升。仁属深祥启,方期庶绩凝。虔诚资宇内,务本勖黎蒸。灵心昭备享,率土洽休征。

皇太子亲释奠乐章五音

迎神用《承和》亦曰《宣和》

圣道日用,神几不测。金石以陈,弦歌载陟。爰释其菜,非馨于稷。来顾来享,是宗是极。

皇太子行用《承和》

万国以贞光上嗣,三善茂德表重轮。视膳寝门遵要道,高辟崇贤引正人。

登歌奠币用《肃和》

粤惟上圣,有纵自天。帝周万物,俯应千年。旧章允著,嘉贽孔虔。王化兹首,儒风是宣。

迎俎用《雍和》

堂献瑶筐,庭敷璆县。礼备其容,乐和其变。肃肃亲享,雍雍执奠。明礼惟馨,苹蘩可荐。

送文舞出迎武舞入用《舒和》

隼集龟开昭圣列,龙蹲凤跱肃神仪。尊儒敬业宏图阐,纬武经文盛德施。

武舞用《凯安》词同冬至圆丘

送神用《承和》词同迎神

又享孔庙乐章二首太乐旧有此词,不详所起。

迎神

通吴表圣,问老探贞。三千弟子,五百贤人。亿龄规法,万载祠禋。洁诚以祭,奏乐迎神。

送神

醴溢牺象,羞陈俎豆。鲁壁类闻,泗州如觏。里校覃福,胄筵承佑。雅乐清音,送神其奏。

享龙池乐章十首

第一章紫微令姚崇作也

恭闻帝里生灵沼,应报明君鼎业新。既叶翠泉光宝命,还符白水出真人。此时舜海潜龙跃,北地尧河带马巡。独有前池一小雁,叨承旧惠入天津。

第二章左拾遗蔡孚作

帝宅王家大道边,神马龙龟涌圣泉。昔日昔时经此地,看来看去渐成川。歌台舞榭宜正月,柳岸梅洲胜往年。莫言波上春云少,只为从龙直上天。

第三章太府少卿沈佺期作

龙池跃龙龙已飞,龙德先天天不违。池开天汉分黄道,龙向天门入紫微。邸第楼台多气色,君王凫雁有光辉。为报寰中百川水,来朝上地莫东归。

第四章黄门侍郎卢怀慎作

代邸东南龙跃泉，清漪碧浪远浮天。楼台影就波中山，日月光疑镜里悬。雁沼回流成舜海，龟书荐祉应尧年。大川既济惭为楫，报德空思奉细渭。

第五章殿中监姜皎作

龙池初出此龙山，常经此地谒龙颜。日日芙蓉生夏水，年年杨柳变春湾。尧坛宝匣余烟雾，舜海渔舟尚往还。愿以飘飖五云影，从来从去九天间。

第六章吏部尚书崔日用作

龙兴白水汉兴符，圣主时乘运斗枢。岸上莘茸五花树，波中的砾千金珠。操环昔闻迎夏启，发匣先来瑞有虞。风色云光随隐见，赤云神化象江湖。

第七章紫微侍郎苏颋作

西京凤邸跃龙泉，佳气休光钟在天。轩后雾图今已得，秦王水剑昔常传。恩鱼不似昆明钓，瑞鹤长如太液仙。愿侍巡游同旧里，更闻萧鼓济楼船。

第八章黄门侍郎李乂作

星分邑里四人居，水浒源流万顷余。魏国君王称象处，晋家藩邸化龙初。青蒲暂似游梁马，绿藻还疑宴镐鱼。自有神灵滋液地，年年云物史官书。

第九章工部侍郎姜晞作

灵沼萦回邸第前，浴日涵春写曙天。始见龙台升凤阙，应如霄汉起神泉。石匮渚傍还启圣，桃李初开更有仙。欲化帝图从此受，正同河变一千年。

第十章兵部郎中裴璀作

乾坤启圣吐龙泉，泉水年年胜一年。始看鱼跃方成海，即睹龙飞利在天。洲渚遥将银汉接，楼台直与紫微连。休气荣光常不散，悬知此地是神仙。

旧唐书卷三一
志第一一

音乐四

享太庙乐章十三首贞观中魏徵、褚亮等作

迎神用《永和》黄钟宫三成，大吕角二成，太簇一成，应钟羽二成，总九变同用。

于穆烈祖，弘此丕基。永言配命，子孙保之。百神既洽，万国在兹。是用孝享，神其格思。

皇帝行用《太和》词同冬至圆丘

登歌酌鬯用《肃和》夹钟均之黄钟羽

大哉至德，允兹明圣。格于上下，聿遵诚敬。喜乐斯登，鸣球以咏。神其降止，式隆景命。

迎俎用《雍和》

崇兹享祀，诚敬兼至。乐以感灵，礼以昭事。粢盛咸洁，牲牷孔备。永言孝思，庶几不匮。

皇祖宣简公酌献用《长发》无射宫

睿哲惟唐，长发其祥。帝命斯佑，王业克昌。配天载德，就日重光。本枝百代，申锡无疆。

皇祖懿王酌献用《长发》同前词，黄钟宫。

太祖景皇帝酌献用《大基》太簇宫

猗欤祖业，皇矣帝先。翦商德厚，封唐庆延。在姬犹稷，方晋逾宣。甚我鼎运，于万斯年。

　　　　世祖元皇帝酌献用《大成》姑洗宫

周穆王季，晋美帝文。明明盛德，穆穆齐芬。藏用四履，屈道三分。
铿锵钟石，载纪鸿勋。

　　　　高祖大武皇帝酌献用《大明》蕤宾宫

五纪更运，三正递升。勋华既没，禹汤勃兴。神武膺代，灵睠是膺。
望云彰德，察纬告徵。

上纽天维，下安地轴。征师涿野，万国咸服。偃伯灵台，九官允穆。
殊域委贽，怀生介福。

大礼既饰，大乐已和。黑章扰囿，赤字浮河。功宣载籍，德被咏歌。
克昌厥后，百禄是荷。

　　　　皇帝饮福用《寿和》

八音斯奏，三献毕陈。宝祚惟永，晖光日新。

　　　　送文舞出迎武舞入用《舒和》

圣敬通神光七庙，灵心荐祚和万方。严禋克配鸿基远，明德惟馨凤
历昌。

　　　　武舞用《凯安》词同冬至圆丘

　　　　彻俎用《雍和》

于穆清庙，聿修严祀。四县载陈，三献斯止。笾豆彻荐，人祇介祉。
神惟格思，锡祚不已。

　　　　送神用《永和》

肃肃清祀，蒸蒸孝思。荐享昭备，虔恭在兹。雍歌彻俎，祝嘏陈辞。
用光武至，永固鸿基。

　　　　又享太庙乐章五首永徽已后续撰，不详撰者。

　　　　太宗文皇帝酌献用《崇德》夷则宫，永徽元年造。

五运改卜，千龄启圣。彤云晓聚，黄星夜映。叶阐珠囊，基开玉镜。
后为图开。下临万宇，上齐七政。雾开三象，尘清九服。海濂星晖，远
安迩肃。天地交泰，华夷辑睦。翔咏归仁，中外禔福。绩逾黜夏，勋
高夐商。武陈《七德》，刑设三章。祥禽巢阁，仁兽游梁。十年惟永，
景福无疆。

高宗天皇大帝酌献用《钧天》黄钟宫，光宅元年造。

承天抚箓，纂圣登皇。遐清万宇，仰协三光。功成日用，道济时康。
璇图载永，宝历斯昌。

日月扬晖，烟云烂色。河岳修贡，神祇效职。舜风攸偃，尧曦先就。
睿感通寰，孝思浃宙。

奉扬先德，虔遵曩狩。展义天扃，飞英云岫。化逸王表，神凝帝先。
乘云厌俗，驭日登玄。

中宗孝和皇帝酌献用《太和》太簇宫，景云元年造。

广乐既备，嘉荐既新。述先惟德，孝飨惟亲。七献具举，五齐毕陈。
锡兹祚福，于万斯春。

睿宗大圣真皇帝酌献用《景云》黄钟宫，开元四年造。

惟睿作圣，惟圣登皇。精感耀魄，时膺会昌。舜惭大孝，尧推让王。
能事斯极，振古谁方。

文明履运，车书同轨。巍巍赫赫，尽善尽美。衢室凝旒，大庭端扆。
释负之寄，事光复子。

脱屣高天，登遐上玄。龙湖超忽，象野芊绵。游衣复道，荐果初年。
新庙奕奕，明德配天。

皇祖宣皇帝酌用《光大》无射宫，旧章乐宣、光二宫同用《长发》，其词亦同。开元十年，始定宣皇帝用《光大》，词更别造。

大业龙祉，徽音骏尊。潜居皇德，赫嗣天昆。辰仪宗祖，重诚孝孙。
春秋无极，享奏存存。

又享太庙乐章三首太乐旧有此词，不详所起。

迎神黄钟宫、大吕角、太簇徵、应钟羽，并同此词。

七庙观德，百灵攸仰。俗荷财成，物资含养。道光执契，化笼提象。
肃肃雍雍，神其来享。

金奏无射宫，次迎神。

肃肃清庙，巍巍盛唐。配天立极，累圣重光。乐和管磬，礼备蒸尝。
永惟来格，降福无疆。

送神

五声备奏,三献终祠。车移凤辇,旆转红旗。礼周笾豆,诚效虔祗。皇灵徙跸,簪绅拜辞。

则天皇后享清庙乐章十首

第一

建清庙,赞玄功。择吉日,展禋宗。乐已变,礼方崇。望神驾,降仙宫。

第二

降周创业,宝命惟新。敬宗茂典,爰表虔禋。声明已备,文物斯陈。肃容如在,恳志方申。

第三　登歌

肃敷大礼,上谒尊灵。敬陈筐币,载表丹诚。

第四　迎神

敬奠苹藻,式罄虔襟。洁诚斯展,仁降灵歆。

第五　饮福

爰陈玉醴,式奠琼浆。灵心有穆,介福无疆。

第六　送文舞

帝图草创,王业初开。功高佐命,业赞云雷。

第七　迎武舞

赫赫玄功补穹壤,皇皇至德洽生灵。开基拨乱妖氛廓,佐命宣威海内清。

第八　武舞作

荷恩承顾托,执契恭临抚。庙略静边荒,天兵耀神武。

第九　彻俎

登歌已阕,献礼方周。钦承景福,肃奉鸿休。

第十　送神

大礼言毕,仙卫将归。莫申丹恳。空瞻紫微。

中宗孝和皇帝神龙元年享太庙乐章二十首不详撰之所出

迎神用《严和》黄钟宫三成,大吕角三成,太簇徵三成,应钟羽二成,同用此词。

肃肃清庙,赫赫玄猷。功高万古,化奄十洲。中兴丕业,上荷天休。
祗奉先构,礼被怀柔。

皇帝行用《升和》黄钟宫

顾惟菲薄,纂历应期。中外同轨,夷狄来思。乐用崇德,礼以陈词。
夕惕若厉,钦奉宏基。

登歌裸鬯用《虔和》大吕均之无射羽

礼标荐鬯,肃事祠庭。敬申如在,敢托非馨。

送文舞出迎武舞入用《同和》太簇同

惟圣配天敷盛礼,惟天为大阐洪名。恭禋展敬光先德,苹藻申虔表
志诚。

武舞用《宁和》林钟徵

炎驭失天纲,土德承天命。英猷被寰宇,懿躅隆帮邦政。七德已绥
边,九夷咸底定。景化覃遐迩,深仁洽翔泳。

彻俎用《恭和》大吕均之无射羽

礼周三献,乐阕九成。肃承灵福,悚惕兼盈。

送神用《通和》黄钟宫

祠容既毕,仙座爰兴。停停凤举,霭霭云升。长隆宝运,永锡休征。
福覃贻厥,恩被黎蒸。

皇后助享皇后行用《正和》黄钟宫,词同贞观中宫朝会《正和》

登歌奠鬯用《昭和》大吕均之无射羽

道洽二仪交泰,时休四宇和平。环佩肃于庭实,钟石扬乎颂声。

皇后酌献饮福用《诚敬》黄钟宫

顾惟菲质,忝位椒宫。虔奉苹藻,肃事神宗。敢申诚洁,庶罄深衷。
睟容有裕,灵享无穷。

彻俎用《肃和》大吕均之无射羽

月礼已周,云和将变。爰献其醑,载迁其奠。明德逾隆,非馨是荐。
泽沾动植,仁覃宇县。

送神用《昭感》黄钟羽

铿锵《韶护》,肃穆神容。洪规赫赫,祠典雍雍。已周三献,将乘六龙。

虔诚有托,恳志无从。

　　玄宗开元七年享太庙乐章十六首^{特进、行尚书、左丞相、燕国公张}
^{说作。}

　　　迎神用《永和》三章

肃九室,谐八音。歌皇慕,动神心。礼宿设,乐妙寻。声明备,裸奠
临。

律迨气,音入玄。依玉几,御黼筵。聆忾息,优周旋。《九韶》遍,百
福传。

信工祝,永颂声。来祖考,听和平。相百辟,贡九瀛。神休委,帝孝
成。

　　　皇帝行用《太和》一章

时文圣后,清庙肃邕。致诚勤荐,在貌思恭。玉节《肆夏》,金锵五钟。
绳绳云步,穆穆天容。

　　　登歌酌瓒用《肃和》一章

天子孝享,工歌溥将。躬裸郁鬯,乃焚萧芗。臭以达旨,声以求阳。
奉时蒸尝,永代不忘。

　　　迎俎用《雍和》二章

在涤嘉豢,丽碑敬牲。角握之牡,色纯之骍。火传阳燧,水溉阴精。
太公胖俎,傅说和羹。

俎豆有馥,赍盛洁丰。亦有和羹,既戒既平。鼓钟管磬,肃唱和鸣。
皇皇后祖,来我思成。

　　　皇帝酌醴齐用《文舞》章

圣暮九德,真言五千。庆集昌胄,符开章先。高文杖钺,克配彼天。
三宗握镜,六合焕然。

帝其承祀,率礼罔愆。图书雾出,日月清悬。舞形德类,咏谥功传。
黄龙蜿蟺,采云蹁跹。

五行气顺,八佾风宣。介此百禄,于皇万年。

　　　献祖宣皇帝室奠献用《光大》之舞一章

肃肃艺祖,滔滔浚源。有雄玉剑,作镇金门。玄王贻绪,后稷谋孙。

肇禋九庙,四海来尊。

懿祖光皇帝室奠献用《长发》之舞一章

具礼崇德,备乐承风。魏推幢主,周赠司空。不行而至,无成有终。
神兴王业,天归帝功。

太祖景皇帝室奠献用《大政》之舞一章

于赫元命,权舆帝文。天齐八柱,地半三分。宗庙观德,笙镛乐勋,
封唐之兆,成天下君。

代祖元皇帝室奠献用《大成》之舞一章

帝舞季历,龙圣生昌。后歌有娇,贻炎孕黄。天地合德,日月齐光。
肃邕孝享,祚我万方。

高祖神尧皇帝室奠献用《大明》之舞一章

赤精乱德,四海困穷。黄旗举义,三灵会同。早望春雨,云披大风。
溥天来祭,高祖之功。

太宗文武圣皇帝室奠献用《崇德》之舞一章

皇合一德,朝宗百神。削平天下,大拯生人。上帝配食,单于入臣。
戎歌陈舞,晔晔震震。

高宗天皇大帝室奠献用《钧天》之舞一章

高皇迈道,端拱无为。化怀獯鬻,兵赋勾骊。礼尊封禅,乐盛来仪。
合位娲后,同称伏羲。

中宗孝和皇帝室奠献用《文和》之舞一章

退居江水,郁起丹陵。礼物还旧,朝章中兴。龙图友及,骏命恭膺。
鸣球香瓒,大糦是承。

睿宗大圣真皇帝室奠献用《景云》之舞一章

景云霏烂,告我帝符。噫帝冲德,与天为徒。笙镛遥远,俎豆虚无。
春秋孝献,回复此都。

又享太庙乐章十四首

玄宗至道大圣大明孝皇帝室奠献用《广运》之舞一章_{司徒兼中书令、汾阳郡王郭子仪撰。}

于赫皇祖,昭明有融。惟文之德,惟武之功。河海静谧,车书混同。

虔恭孝飨，穆穆玄风。

　　肃宗文明武德大圣大宣孝皇帝室奠献用《惟新》之舞一章_{吏部}尚书、平章事、彭城郡公刘晏撰。

汉祚惟永，神功中兴。风驱氛侵，天覆黎蒸。三光再朗，庶绩其凝。重熙累叶，景命是膺。

　　皇帝饮福受脉用《福和》一章

备礼用乐，崇亲致尊。诚通慈降，敬彻爱存。献怀称寿，崒感承恩。皇帝孝德，子孙千亿。大包天域，长亘不极。

　　送文舞出迎武舞入用《舒和》一章

六钟翕协六变成，八佾倘佯八风生。乐《九韶》兮人神感，美《七德》兮天地清。

　　亚献终献行事武舞用《凯安》四章

瑟彼瑶爵，亚维上公。室如屏气，门不容躬。礼殷其本，乐执其中。圣皇永慕，天地幽通。

礼匝三献，乐遍九成。降循轩陛，仰歆皇情。福与仁合，德因孝明。百年神畏，四海风行。

总总干戚，填填鼓钟。奋场增气，坐作为容。离若鸳鸟，合如战龙。万方观德，肃肃邕邕。

烈祖顺三灵，文宗威四海。黄钺诛群盗，朱旗扫多罪。戢兵天下安，约法人心改。大哉干羽意，长见风云在。

　　彻豆登歌一章

上笙磬，彻豆笾。廓无响，窅入玄。主在室，神在天。情余慕，礼罔愆。喜黍稷，屡丰年。

　　送神用《永和》一章

眇嘉乐，授灵爽。感若来，思如往。休气散，回风上。返寂寞，还惚恍。怀灵贺，结空想。

　　代宗睿文孝武皇帝室奠献用《保大》之舞一章_{尚父郭子仪撰。}

于穆文考，圣神昭彰。《箫》《勺》群慝，含光远方。万物茂遂，九夷宾王。愔愔《云》《韶》，德音不忘。

德宗神武孝文皇帝室奠献用《文明》之舞一章尚书左丞、平章事郑余庆撰。

开邸除暴，时迈勋尊。三元告命，四极骏奔。金枝翠叶，辉烛瑶琨。象德亿载，贻庆汤孙。

顺宗至德大圣大安孝皇帝献用《大顺》之舞一章中书侍郎、平章事郑絪撰。

于穆时文，受天明命。允恭玄默，化成理定。出震嗣德，应乾传圣。猗欤缉熙，千亿流庆。

宪宗圣神章武孝皇帝室奠献用《象德》之舞一章中书侍郎、平章事段文昌撰。

肃肃清庙，登显至德。泽周八荒，兵定四极。生物咸遂，群盗灭息。明圣钦承，子孙千亿。

仪坤庙乐章十二首

迎神用《永和》林钟宫散骑常侍、昭文馆学士徐彦伯作。

猗若清庙，肃肃荧荧。国荐严祀，坤舆淑灵。有几在室，有乐在庭。临兹孝享，百禄惟宁。

金奏夷则宫，不详作者。一本无此章。

阴灵效祉，轩曜降精。祥符淑气，庆集柔明。瑶俎既列，雕桐发声。徽猷永远，比德皇英。

皇帝行用《太和》黄钟宫左谕德、昭文馆学士邱说撰。

孝哉我后，冲乎乃圣。道映重花，德辉文命。慕深视箧，情殷抚镜。万国移风，兆人承庆。

酌献登歌用《肃和》中吕均之太簇一云蕤宾均之夹钟羽，太子洗马、昭文馆学士齐贤作。

裸圭既濯，郁鬯既陈。昼幂云举，黄流玉醇，仪充献酌，礼盛众禋。地察惟孝，愉焉飨亲。

迎俎用《雍和》姑洗羽太中大夫、昭文馆学士郑善玉作。

酌郁既灌，取萧方爇。笾豆静器，簠簋芬铋。鱼腊荐美，牲牷表洁。是戢是将，载迎载列。

肃明皇后室酌献用《昭升》林钟宫，礼部尚书、昭文馆学士薛稷作。

阳灵配德，阴魄昭升。尧坛凤下，汉室龙兴。倪天作对，前旒是凝。
化行南国，道盛西陵。

造舟集灌，无德而称。我粢既洁，我醴既澄。阴阴灵庙，光灵若凭。
德馨惟飨，孝思蒸蒸。

昭成皇后室酌献用《坤贞》不详作者

乾道既亨，坤元以贞。肃雍攸在，辅佐斯成。外睦九族，内光一庭。
克生睿哲，祚我休明。

钦若徽范，悠哉淑灵。建兹清宫，于彼上京，缩茅以献，洁秬惟馨。实
受其福，期乎忆龄。

饮福用《寿和》黄钟宫，太子詹事、崇文馆学士徐坚作。

于穆清庙，肃雍严祀。合福受厘，介以繁祉。

送文舞出迎武舞入用《舒和》南吕商，银青光禄大夫、崇文馆学士胡
雄作。

送文迎武递参差，一始一终光圣仪。四海生人歌有庆，千龄孝享肃
无亏。

武舞用《安和》太簇徵，秘书少监、崇文馆学士刘子玄作。

妙算申帷幄，神谋出庙庭。两阶文物备，《七德》武功成。校猎长杨
苑，屯军细柳营。将军献凯入，歌舞溢重城。

彻俎用《雍和》蕤宾均之夹钟羽，银青光禄大夫、崇文馆学士员半千
作。

孝享云毕，维彻有章。云感玄羽，风凄素商。瞻望神座，只恋匪遑。
礼终乐阕，肃雍锵锵。

送神用《永和》林钟宫，金紫光禄大夫、崇文包学士祝钦明作。

閟宫实实，清庙微微。降格无象，馨香有依。式昭纂庆，方融嗣徽。
明禋是享，神保聿归。

又仪坤庙乐章二首太乐又有一本，与前本略同，二章不同如左，不详
撰者。

迎神一本有此章，而无徐彦伯之词

月灵降德，坤元授光。娥英比秀，姒妫均芳。瑶台荐祉，金屋延祥。
迎神有乐，歆此嘉芳。

送神一本有此章，而无祝钦明之词也

玉帛仪大，金丝奏广。灵应有孚，冥征不爽。降彼休福，歆兹禋享。
送乐有章，神麾其上。

昭德皇后室酌献用《坤元》乐章九首内出

迎神用《永和》

穆清庙，荐严禋。昭礼备，知乐新。望灵光，集元辰。祚无极，
享万春。

登歌酌鬯用《肃和》

诚心达，娱乐分。升萧背，郁氛氲。茅既缩，鬯既熏。后来思，福如
云。

迎俎用《雍和》

我将我享，尽明而诚。载芬黍稷，载涤牺牲。懿矣元良，万邦以贞。
心乎爱敬，若睹容声。

酌献用《坤元》

于穆先后，俪圣称崇。母临万宇，道被六宫。昌时协庆，理内成功。
殷荐明德，传芳国风。

送文舞出迎武舞入用《舒和》

金枝羽部缀清歌，瑶堂肃穆笙磬罗，谐音遍响合明意，万类昭融灵
应多。

武舞用《凯安》

辰位列四星，帝功参十乱。进贤勤内辅，扈跸清多难。承天厚载均，
并曜宵光灿。留徽蔼前躅，万古披图焕。

彻俎用《雍和》

公尸既起，享礼载终。称歌进彻，尽敬由衷。泽流惠下，大小咸同。

送神用《永和》

昭事终，幽享余。移月御，返仙居。璇庭寂，灵幄虚。顾徘徊，感皇
储。

孝敬皇帝庙乐章九首

迎神用《永和》,词同贞观太庙《永和》。

皇帝行用《太和》,词同贞观太庙《太和》。

登歌酌鬯用《肃和》,词同贞观太庙《肃和》。

迎俎用《雍和》,词同贞观太庙《雍和》。

酌献用《承光》,词同中宗享孝敬《承光》。

送文舞出迎武舞入用《舒和》,词同太庙。

武舞用《凯安》,词同太庙。

彻俎用《雍和》,词同迎俎。

送神用《永和》,词同太庙。

享隐太子庙乐章六首 贞观中撰。

迎神用《诚和》。

道闳鹤关,运缠鸠里。门集大命,俾歆嘉祀。礼亚六瑚,诚殚二簋。
有诚颙若,神斯戾止。

登歌奠玉帛用《肃和》

岁肇春宗,乾开震长。瑶山既寂,庆园斯享。玉肃其事,物昭其象。
弦诵成风,笙歌合响。

迎俎用《雍和》

明典肃陈,神居邃启。春伯联事,秋官相礼。有来雍雍,登歌济济。
缅惟主鬯,庶歆芳醴。

送文舞出迎武舞入用《舒和》

三县已判歌钟列,六佾将开羽镞分。尚想燕飞来蔽日,终疑鹤影降
凌云。

武舞用《凯安》

天步昔将开,商郊初欲践。抚戎金阵廊,贰机瑶图阐。鸡戟遂崇仪,
龙楼期好善。弄兵骤震业,启圣隆禋典。

送神用《诚和》词同迎神

隐太子庙乐章二首 太乐旧有此词,不详所出。

迎神

苍震有位,黄离蔽明。江充祸结,庆据灾成。衔冤昔痛,赠典今荣。
享灵有秩,奉乐以迎。

送神

皇情悼往,祀仪增设。钟鼓铿锽,羽旄昭晰。掌礼云备,司筵告彻。
乐以送神,灵其鉴阒。

章怀太子庙乐章六首神龙初作

迎神第一姑洗宫

副君昭象,道应黄离。铜楼备德,玉裕成规。仙气霭霭,灵从师师。
前驱戾止,控鹤来仪。

登歌酌鬯第二南吕均之蕤宾羽

忠孝本著,羽翼先成。寝门昭德,驰道为程。币帛有典,容卫无声。
司存既肃,庙享惟清。

迎俎及酌献第三大吕羽

通三锡胤,明两承英。太山比赫,伊水闻笙。宗祧是寄,礼乐其亨。
嘉辰荐俎,以发声明。

送文舞出迎武舞入第四蕤宾商

羽籥崇文礼以毕,干铖奋武事将行。用舍由来其有致,壮志宣威乐
太平。

武舞作第五夷则角

绿林炽炎历,黄虞格有苗。沙尘惊塞外,帷幄命嫖姚。《七德》干戈
止,三边云雾消。宝祚长无极,歌舞盛今朝。

送神第六词同隐庙

懿德太子庙乐章六首神龙初作

迎神第一姑洗宫

甲观昭祥,画堂升位。礼绝群后,望尊储贰。启诵惭德,庄丕掩粹。
伊浦凤翔,缑峰鹤至。

登歌酌鬯第二南吕均之蕤宾羽

誉阐元储,寄崇明两。玉裕虽晦,铜楼可想。弦诵辍音,笙歌罢响。
币帛言设,礼容无爽。

迎俎酌献第三_{大吕羽}

雍雍盛典，肃肃灵祠。宾天有圣，对日无期。飘遥羽服，掣曳云旗。眷言主鬯，心乎怆兹。

送文舞出迎武舞入第四_{蕤宾商}

八音协奏陈金石，六佾分行整礼容。沧溟赴海还称少，素月开轮即是重。

武舞作第五_{夷则角}

隋季昔云终，唐年初启圣。纂戎将禁暴，崇儒更敷政。威略静三边，仁恩覃万姓。

送神第六_{词同隐庙}

节愍太子庙乐章六首_{景云中作}

迎神第一_{姑洗宫}

储后望崇，元良寄切。寝门是仰，驰道不绝，仙袂云会，灵旗电晰。煌煌而来，礼物攸设。

登歌酌鬯第二_{南吕均之蕤宾羽}

灼灼重明，仰承元首。既贤且哲，惟孝与友。惟孝虽遥，灵规不朽。祀因诚致，备洁玄酒。

迎俎及酌献第三_{大吕羽}

嘉荐有典，至诚莫骞。画梁云亘，雕俎星联。乐器周列，礼容备宣。依稀如在，若未宾天。

送文舞出迎武舞入第四_{蕤宾商}

邕邕阐化凭文德，赫赫宣威藉武功。既执羽旄先拂吹，还持玉钺更挥空

武舞作第五_{夷则角}

武德谅雄雄，由来扫寇戎。剑光挥作电，旗影列成虹。雾廓三边静，波澄四海同。睿图今已盛，相共舞皇风。

送神第六_{词同隐太子庙}

则天大圣皇后崇先庙乐章一首_{御撰}

先德谦挥冠昔，严规节素超今。奉国忠诚每竭，承家至孝纯深。追

崇惧乖尊意,显号恐玷徽音。既迫王公屡请,方乃俯遂群心。有限无由展敬,奠醑每阙亲斟。大礼虔申典册,蘋藻敬荐翘襟。

褒德庙乐章五首_{神龙中为皇后韦氏祖考所立,祠并出内。}

迎神用《昭德》_{姑洗宫二成}

道赫梧宫,悲盈蒿里。爰畅徽烈,载敷嘉祀。享洽四时,规陈二篚。灵应昭格,神其庶止。

登歌用《进德》_{南吕均之蕤宾羽}

涂山懿戚,妫汭崇姻。祠筵肇启,祭典方申。礼以备物,乐以感神。用隆敦叙,载穆彝伦。

俎入初献用《褒德》_{大吕角}

家著累仁,门昭积善。瑶簴既列,金县式展。

武舞作

昭昭竹殿开,奕奕兰宫启。懿范隆丹掖,殊荣辟朱邸。六佾荐徽容,三篚陈芳醴。万古覃贻厥,分圭崇祖祢。

亚献及送神用《彰德》

名隆五岳,秩映三台。严祠已备,睟影方回。

旧唐书卷三二
志第一二

历　一

太古圣人，体二气之权舆，赜三才之物象，乃创纪以穷其数，画卦以通其变，而纪有大衍之法，卦有推策之文，由是历法生焉。殷人用九畴五纪之书，《周礼》载冯相、保章之职，所以辨三辰之躔次，察九野之吉凶。历代畴人，迭相传授，盖推多之成法，协用之旧章。暨秦氏焚书，遗文残缺，汉兴作者，师法多门，虽同征钟律之文，共演蓍龟之说，而建元或异，积蔀相悬，旁取证于《春秋》，强乱疑于《系》、《象》，靡不扬眉抵掌，谓甘、石未称日官；运策播精，言裨、梓不知天道。及至清台视祲，黄道考祥，言缩则盈，少中多否，否则矫云差算，中则自负加时。章、亥不生，凭何质证？

高齐天保中，六月日当蚀朔，文宣先期问候官蚀何时，张孟宾言蚀申，郑元伟、董峻言蚀辰，宋景业蚀巳。是日蚀于申酉之间，言皆不中时，景业造《天保历》则疏密可知矣。昔邓平、落下闳造汉《太初历》，非之者十七家。后刘洪、蔡伯喈、何承天、祖冲之，皆数术之精粹者，至于宣考历书之际，犹为横议所排。斯道寂寥，知音盖寡。所以张胄玄佩印而沸腾，刘考孙舆棺而恸哭，俾诸后学，益用为疑。以臣折衷，无如旧法。

高祖受隋禅，傅仁均首陈七事，言戊寅岁时正得上元之首，宜定新历，以符禅代，由是造《戊寅历》。祖孝孙、李淳风立理驳之，仁均条答甚详，故法行于贞观之世。高宗时，太史奏旧历加时浸差，宜有改定。乃诏李淳风造《麟德历》。初，隋末刘焯造《皇极历》，其道不行。淳风约之为法，时称精密。天后时，瞿昙罗造《光宅历》。中宗时，南宫说造《景龙历》。皆旧法之所弃者，复取用之。徒云革易，宁造深微，寻亦不行。开元中，僧一行精诸家历法，言《麟德历》行用既久，晷纬渐差。宰相张说言之，玄宗召见，令造新历。遂与星官梁令瓒先造《黄道游仪图》，考校七曜行度，准《周易》大衍之数，别成一法，行用垂五十年。肃宗时，韩颖造《至德历》。代宗时，郭献之造《五纪历》。德宗时，徐承嗣造《正元历》。宪宗时，徐昂造《观象历》。其法今存，而无计蔀章之数，或异前经，而察敛启闭之期，何殊旧法。至论征验，罕及研精。绵代流行，示存经法耳。

前史取傅仁均、李淳风、南宫说、一行四家历，为《历志》四卷。近代精数者，皆以淳风、一行之法，历千古而无差，后人更之，要立异耳，无逾其精密也。《景龙历》不经行用，世以为非，今略而不载。但取《戊寅》、《麟德》、《大衍》三历法，以备此志，示于畴官尔。

戊寅历经

日，自入立秋，初日加四千八十分，后日减七十六分，置初日所加之分，计后日减之数以减之。讫，余以行分法约之，为日数。及加平见日及分，满行分法，又去之，从日一，为定见日及分。后皆放此。毕于秋分。自入寒露，日减一百二十七分，减若不足，即一日加行分法，及减之，为定见日及分。后皆放此。毕于立冬。自入小雪，毕于大雪，均减八日。初见去日十四度。

荧惑

平见：入冬至，初日减一万六千三百五十四分，后日减五百四十五分，毕于小寒。自入大寒，日加四百二十六分，毕于启蛰。自入雨水，毕于谷雨，均加二十九日。入立夏，初日加一万九千三百九十二分，后日减二百一十三分，毕于大暑。自入立秋，依平。自入处暑，日减一百八十四分，毕于立冬。自入小雪，毕于大雪，均减二十五日。初见去日十七度。

镇星

平见：入冬至，初日减四千八百一十四分，后日加七十九分，毕于气尽。自入小寒，毕于大寒，均减九日。入立春，均减八日。入启蛰，均减七日，入雨水，均减六日。入春分，均减五日。入清明，均减四日。入谷雨，毕芒种，均减三日。入夏至，毕十日内，均减二日。十日外，入小暑，毕五日内，均减一日。五日外，毕于气尽，依平。自入大暑，日加一百八十一分，毕于立秋。自入处暑，均加九日。自入白露，初日加六千二分，后日减一百三十三分，毕于寒露。自入霜降，日减七十九分，毕于大雪。初见去日十七度。

太白

晨平见：入冬至，依平。自入小寒，日加六十六分，毕于大寒。自入立春，毕于立夏，均加三日。自入小满，初日加一千九百六十四分，后日减六十分，毕于芒种。自入夏至，依平。自入小暑，减六十分，毕于大暑。自入立秋，毕于立冬，均减三日。自入小雪，初日减一千九百六十四分，后日减六十六分，毕大寒。

夕平见：入冬至，日减一百分，毕于立春。自入启蛰，毕于春分，均减九日。自入清明，初日减五千九百八十六分，后日减一百分，毕于小满。自入芒种，依平。自入夏至，日加一百分，毕于立秋。自入处暑，毕于秋分，均加九日。自入寒露，初日加五千九百八十六分，后日减一百分，毕于小雪。自入大雪，依平。初见去日十一度。

辰星

晨平见：入冬至，均减四日。自入小寒，毕于大寒，依平。自入立春，毕启蛰，减三日。其在启蛰气内，去日一十八度外、四十度内，晨无木、土、金一星已上者，不见也。自入雨水，毕于立夏，应见不见。其在立夏气内，去日度如前，晨有木、火、土、金一星已上者，亦见之。自入小满，毕于寒露，依平。自入霜降，毕于立冬，加一日。自入小雪，毕于大雪十二日，依平。若在大雪十三日，即减一日；在十四日，减二日；在十五日，减三日，在十六日，减四日。

夕平见：入冬至，毕于清明，依平。自入谷雨，毕于芒种，减二日。自入夏至，毕于大暑，依平。自入立秋，毕于霜降，应见不见。其在立秋及霜降二气之内,夕有星去日如前之者,亦见。自入立冬,毕于大雪,依平。初见去日十七度。

行五星法

各置星定见之前夜半日所在宿度算及分,各以定见去朔日算及一分加之。小分满法十四分,从行分一。行分满法六百七十六分,从度一。又以星初见去日度数,晨减夕加之。命度以次,即星初见所在度及分。自此已后,皆弃此小分也。

求次日术

各加一日所行度及分。其火、金之行而有小分者,各以日率为母。小分满其母,去从行分一。行分满法,去从度一。其行有益疾迟者,副置一日行分。各以其分疾益迟,犹乃加之。留者因前,退则减之,伏不注度。顺行出斗去其分,行入斗先加分。讫,皆以二十六副行分为度分。

岁星

初见:顺,日行一百七十六分五十秒,日益迟一分。一百一十四日行十九度二百九分。而留,二十八日。乃退,日九十七分。八十四日退十二度五十分。又留,二十六日五百九十六,小分七四分。即以初定见日分而加之,若满行分法,即去之,从月去之,从一日。乃顺,初日行六十分,日益疾一分。一百十四日行十九度四百三十七分而伏。

荧惑

初见:入冬至,初率二百四十一日行一百六十三度。已后二日损日及度各一。尽一百二十八日,率一百七十七日行九十九度。毕一百六十一日皆同。已后三日损日及度各一。尽一百八十二日,率一百七十日行九十二度。毕一百八十八日皆同。已后三日益日及度各一。尽二百二十七日,率一百八十三日行一百五度。已后二日益日及度各一。尽二百四十九日,率一百九十四日行一百一十六度。已后一日益日及度各一。尽三百一十日,率二百五十五日行一百七十七度。毕三百三十七日皆同。已后二日损。尽三百六十五日,复二百四十一日行一百六十三度。

　　见：入小寒已后，三日去日率一，毕于启蛰。自入雨水，毕于立夏，均去日率二十。自入小满，初去日率二十。以次三日去十九，日日去十八。以次三日去一日，毕于小暑，即依平，为定日之率。若入处暑，毕于秋分，皆去度率六，各依冬至，后日数而损益之，又依所入之气以减之，名为前疾。日数及度数之率，若初行。入大寒，毕于大暑，皆差行，日益迟一分。其余皆平行。若入白露，毕于秋分，初日行半度，四十日行二十度。即去日率四十，度率二十，别为半度之行，讫，然后求平行之分以续之。平行分者，置定行度率，以分法乘之，以定日率除之，所得即平行一日之分，不尽为小分。求差行者，置日率之数，减一。讫，又半之，加平行一日之分，为初日行分。各尽其日度而迟。初日行三百二十六分，日益迟一分半，六十日行二十五度五分。其前疾去度六者，此迟初日加六十七分，小分三十六。小分满六十，去之，从行分一，即六十日行三十一度，分同。而留，十二日。前去日分日于二留，奇后从后留。乃退，日一百九十二分，六十日退十七度二十八分。又留，十二日六百二十六分，小分三十。亦如初定见之分，满去如前。又顺，后迟，初日行二百三十八分，日益疾一分半，六十日行二十五度三十五分。此迟在立秋至秋分者，加一日，行六十七、小分三十六。满去如前，即六十日行三十一度。分同也。而后疾。入冬至，初率二百一十四日行一百三十六度。已后一日损日及度各一。尽三十七日，率一百七十七日行九十九度。已后二日损日及度各一。尽五十七日，率一百六十七日行八十九度。毕七十九日皆同。已后三日益日及度各一。尽一百三十日，率一百八十四日行一百六度。已后二日益日及度各一。尽一百四十四日，率一百九十一日行一百一十三度。已后一日益日及度各一。尽一百九十日，率二百三十七日行一百五十九度。已后一日益日及度各一。尽二百一十日，率二百六十七日行一百八十九度。毕二百五十九日皆同。已后二日损日及度各一。尽三百六十五日，复率二百一十四行一百三十六度。后迟加六度者，此后疾去度率六，为定度。各依冬至后日数而损益之，为后疾日及度之率。若入立夏，于夏至，日行半度，尽六十日，行三十度。若入小暑，于大暑，尽四十日，行二十度。皆去日及度之率，别为半度之行,讫,然后求平行之分以续之。各尽其日度而伏。

镇星

初见:顺,日行六十分,八十三日行七度二百四十八分。而留,三十八日。乃退,日四十一分,一百日退六度四十四分。又留,三十七日六十一分小分四。亦以初定见日分加之。满去如前。乃顺,日行六十分,八十三日行七度二百四十分而伏。

太白

晨初见:乃退,日一度半,十日退十五度。而留,九日。乃顺迟,差行。先迟,日益疾八分,四十日行三十度。若此迟入大雪已后,毕于小满,即依此为定而求行分。自入芒种,十日减一度为定度,毕于夏至。自入小暑,毕于霜降,均减三度。自入立冬,初日减三度,后十日减一度,毕于霜降、小雪,皆为定度。求一日行分者,以行分法乘定度,以四十余之,为平分,不尽为小分。又以四乘三十九,以减平分,为初日行分。平行,日一度,十五日行十五度。若此平行入小寒后,十日益日及度各一,毕于启蛰。自入雨水之气,皆二十一日行二十一度。自入春分后,十日减一,毕于立夏,即十五日。自入处暑,毕于寒露,即无此平行。自入霜降,即四日益一,毕于大雪,后十五日行十五度。疾,百七十日行二百四度。前顺迟减度者,计所减之数,以益此度为定度。求一日行度及分者,以百七十日减度数,余行以分法乘,以百七十余之,所得为之日平行度分。晨伏东方。

夕初见:顺疾,百七十日行二百。毕于立夏,依此顺疾。入冬至已后,毕于立夏,依此率为定。自入小满,六日加一度。自入大暑初,毕于芒种,自入夏至,毕于小暑,均五度。自入大暑,初加五度,后三日减一度,毕于气尽。自入立秋,毕于大雪,还依本率,从白露毕春分,皆差行。先疾,日益迟一分半。自入清明,毕于处暑,并平行,同晨疾,求差行者,半一百六十九,乃以一分半乘之,以加平行分,为初日行度分也。平行,日一夜,十五日行十五度。此平行入冬至后,十日减日及度各一,毕于立春。自入启蛰,毕于芒种,皆均九日行九度。自入夏至后,五日益一,毕于小暑。自入大暑,毕于气尽,皆十五日行十五度。自入立秋后,六日一,毕于小雪。自入大雪,毕于气尽,皆十五日行十五度者也。顺迟,差行。先疾,日益迟八分,四十日行三十度。前加度者,此依数减之,求一日行分,如晨迟准减者为加之。又留,九日。乃退,日半度,十日退五度,而夕伏西方。

辰星

晨初见:留,六日。顺迟,日行一百六十九分,四日行一度。若初见入大寒,毕于启蛰之内,即不须此迟行。平行,日一度,十日行十度。此平行若入大寒已后,二日去日及度各一,毕于二十日,日及度俱尽,即无此平行。疾,日行一度六百九十分,十日行十九度六分。前无迟行者,此疾日减二百三分,十日行十七度四分。晨伏东方。

夕初见:顺疾,日行一度六百九分,十日行十九度六分。此疾者,入小暑毕于处暑之内,日减二百三分,十日行十六度四分。平行,日一度,十日行十度。此平行若入大暑已后,于二日去日及度各一。毕于二十日,日及度俱尽,即无此平行。迟,日行一百六十九分,四日行一度。若疾减二百三分者,即不须此迟行。又留,六日九分。夕伏西方。

推交会

交会法:一千二百七十四万一千二百五分。

交分法:六百三十七万六百二十九分。

朔差:一百八万五千四百九十二分。

望分:六百九十一万三千三百五十分。

交限:五百八十二万七千八百五十八分。

望差:五十四万二千七百四十七一分。

外限:六百七十六万七百八十二九分。

中限:一千二百三十五万一千二十五八分。

内限:一千二百一十九万八千四百五十八七分。

交时法:二万九千一十八。

推交分术

置入上元已来积月,以交会法去之。余,以朔差乘之,满交会法,又去之。仁均本术,武德年加交差七百七十五万五千一百六十四分。余为所求年天正朔入平交分。求平交分术,以望分加之,满去如前,为平分。次月平分术,其朔望,入冬至气内,依平为定。若入小寒已后,日加气差一千六百五十分,毕于立春。自入启蛰,毕于清明,均加七

万六千一百分。后日减一千六百五十分,毕于小满。置初日所加之分,
计后日减之数以减之,余以加平交分。自入芒种,毕于夏至,依平为定。
加之,满交会法,即去。余为定交分。其朔入灾交,若入小寒,毕于雨水,
及立夏,毕于小满,值盈二时已下,皆半气差而加之。二时已上,皆不加。其朔
入时交分,如望差分已下,外限已上,有星伏,木土去见十日外,火去见四十日
外,金星伏去见二十二日外。有一星者,不加气差。其朔望,入小暑已后,
日减气差一千二百分,毕于处暑。自入白露,毕于霜降,均减九万五
千八百二十分。自入立冬,初日减六万三千三百分,后日减二千一
百一十分,毕于小雪。置初日所减之分,计后日减之数以减之,余以减平交
分也。自入大雪,亦依平为定。减若不足者,加交会法,乃减之。余
为定交分。其朔入交分,如交限内限已上,交分中限已下,有星伏如前者,不
减气差。

　　推道在内外及先后去交术其定交分不满交分法者,为在外道。
满去之,余为在内道。其余如望差已下,即是去先交分。以时法约之得
一,为去先交时数。交限已上,即以减交分法。余为去后交分,亦以时法约
之,为时数。望则月蚀也。其朔在内道者,朔则日蚀。或虽在内道去交
而远,在外道去交而近,亦为蚀也。

　　推月蚀加时术
　　置有蚀之望定小余。若入历一日,即减二百八十。入十五日,
即加之。若入十四日,即加五百五十。入二十八日,即减之。自入
诸日,值盈皆加二百八十。值缩皆减之,为定余。乃以十二乘之,以
时法六千五百三除之,所得为半辰之数。命以子半起算外,即所在
辰。初命子半以一算,自后皆以二算为一辰。不尽为时余。若时余在辰
半之前者,乃倍之;如法无所得,为辰初。又以三因之,如法得一,名
为强;若得强,若得二强,即名半强少弱。若倍之,如法得一,为少。
凡四分一为少,二为半,三为太。又不尽者,三之,如法得一,名为强;若
得二强者,即名为半弱。若时余在辰半之,后者亦倍之。如法无所得,为
正在辰半。以三因之,如法得二,名为强,即名半强;若得二强,即名
太弱。若倍之,如法得一,为太。不尽者,又三之,如法得一,为强,
即名太强;若得者,又二强者,为辰末,亦可前辰名之。月在冲上蚀,

日出后入前各一时半外，不注蚀。

推日蚀加时术

置有蚀之朔定小余。若入历一日，即减三百。入十五日，即加之。若入十四日，即加五百五十。入二十八日，即减之以为定。自后不入四时加减之限。春三月，内道，去交四时已上，入历，值盈加二百八十，值缩反减之。夏三月，内道，值盈加二百八十，值缩反减之。秋三月，内道，去交十一时已下，值盈加二百八十，值缩不加；十一时已上，值盈加五百五十，值缩不加一百八十。冬三月，内道，去交五时已下，值盈加二百八十，缩不加。皆为定余。乃以十二乘之，以时法除之，所得半辰之数，命以子半起算外，即所在辰。命蚀如前法。不尽为时余，别置为副。若入仲辰半前，即以副减法，余为差率。若在半后，即退其半辰，还以法加余，即以副为差率。若入季辰半前，即以法加副，而为差率。若在半后，即其半辰，还以法加余，乃倍法以加副，而为差率。若入孟辰半前，即三因其法，而以副减之，余为差率。若半后，即退其半辰，还以法加余，又以法加副，乃三因其法而以副减之，为差率。又置去交时数，三已下加二三，六已下加九，九已下加一，九已上依数，十二以上从十二，以乘差率，若在季辰半后，孟辰半前，去交六时以上者，皆从其六，以乘差率。六时已下，自依数，不须加。如十四得一，为时差。子半至卯半，至酉半，以时余加之；卯至午半，酉至子半，以减时余。加之若满时法者，乃去之，加于辰，即进之于前也。减之若不足者，减半辰，加时法，乃减之，即退之于后也。余为定时余。乃如月蚀法，子午卯酉为仲，辰戌丑未为季，寅申巳亥为孟。日出前后各一时半外，不注日蚀。

推内道日不蚀术

夏五月朔，加时在南方三辰，先交十三时外，六月朔，后交十三时外者，不蚀。启蛰毕清明，先交十三时外，值缩，加时在未巳酉者，亦不蚀。入处暑，毕寒露，后交十三时，值盈，加时在巳巳东者，亦不蚀。

推外道日蚀术

不问交之先后，但去交一时内者，皆蚀也。若先交二时内者，值盈二时外者，亦蚀。若后交二时内，值缩二时外者，亦蚀。其夏去交二时在南方三辰者，亦蚀。若去分至十二时内，去交六时内者，亦蚀。若去交春分三日内，后交二时内者，亦蚀。秋分三日内，先交二时内者，亦蚀。诸去交三时内，星伏如前者，亦蚀。

推月蚀分术

置去交分。其在冬，先后交皆去不蚀分二时之数。若在于春，先交去半时，后交去二时。夏即依定。若在于秋，先交去二时，后交去半时。若不足去者，蚀既，乃以三万六千一百八十三为法除之，所得为不蚀分。不尽者，半法已上为半强，已下为半弱，而以减十五，余为蚀之大分。

推月蚀所起术

若在外道，初起东北，蚀甚西北。若在内道，初起东南，蚀甚西南。十三分已上，正东起。推皆据正南而言。

推日蚀分术

置去交分。若入冬至已后，毕于立春，皆均减十二万八百，余为不蚀分。不足减者，反以交分减之，余为不蚀分。亦减望差为定法。其后交值缩者，直以望差为定法，不须减之。自入启蛰，初日减二十二万八百分，后日减一千八百一十分，置初日所减之分，计后日减之数以减之，余以减交分。毕于芒种。自入夏至，日减二千四百分，毕于白露。自入秋分，毕于大雪，皆均减二十二万八百分。但不足减者，皆如前，反以交分减之，讫，皆为不蚀。若入冬至，毕于小寒，不蚀分依定。若入大寒，毕于立夏，后去交五时外，皆去不蚀分一时。时差值减者，先交减之，后交加之。不足减者，蚀既。时差值加者，先交加之，后交减之。不足减者，蚀既。乃为定分，以十五乘之，以定法除之，所得为不蚀分。不尽者，半法已上为半强，已下为半弱，而以减十五，余为蚀之大分也。

推日蚀所起术

若在，初起西南，蚀甚东南。若在内道，外道初起西北，甚东北。

十三度已上，西起。亦据正南而言。

日出日入

	日出	日入
冬至	辰一十四分之二十	申七刻十二分
小寒	辰十三分	申七刻十九分
大寒	卯八刻七分	酉一分
立春	卯七刻十一分	酉二十分
启蛰	卯六刻十分	酉一刻二十二分
雨水	卯五刻五分	酉三刻三分
春分	卯三刻二十二分	酉四刻十分
清明	卯二刻十五分	酉五刻十七分
谷雨	卯一刻十一分	酉六刻二十一分
立夏	卯十二分	酉七刻二十分
小满	寅八刻一分	戌七分
芒种	寅七刻十四分	戌十八分
夏至	寅七刻十二分	戌二十分
小暑	寅七刻	戌十八分
大暑	寅八刻	戌
立秋	卯十一分	酉七刻二十一分
处暑	卯一刻十一分	酉六刻二十一分
白露	卯七刻十分	酉一刻二十二分
立冬	卯七刻十一分	酉二十分
小雪	卯七刻七分	酉一分
大雪	辰十三分	申七刻十九分

求日出入所在术

以所入气辰刻及分，与后气辰刻及分相减。余乘入气日算，以十五除之。所得以加减所入气为定日出入。从冬至至夏至，日出减之，日入加之。从夏至至冬至，日出加之，日入减之。入余为定刻及分。

武德九年五月二日校历人前历博士臣南宫子明

校历人前历博士臣薛弘疑

校历人算历博士臣王孝通

监校历大理卿清河县公崔善为

夜漏半

右依武德元年经,加于漏刻日出没二十四气下。

推月蚀加时术

右加有蚀之望,以百刻乘定小余,日法而一,以课所近气不满夜半者,命日以甲子算上注历。

推月蚀亏初复满先造每箭更筹用刻

倍月蚀日所入气夜漏半,二十五而一,为筹刻分,亦注于历下。

月蚀分用刻率置月蚀分

蚀一分用三刻	二分用四刻	三分用十刻	四分用六刻	五分用八刻
六分用九刻	七分用十刻	八分用十刻	九分用十三刻	十分用十四刻
十一分用十五刻	十二分用十六刻	十三分用十八刻	十四分用十九刻	既用二十刻

推日月蚀加时定刻术

置日月蚀加时定余。在辰半后者,加时法于时余,以二十五乘之,三万九千一十八而一刻,命刻算外,即所入辰刻。

求亏初复满术

置蚀分,用刻率副之,以乘所入历损益率,四千五十七而一。值盈或损加,值缩,依其损益,副为蚀定用刻数,乃六乘之,十而一,以减蚀加时辰刻,为亏初。丈四乘余之用刻数,十而一,以加蚀加时辰刻,为复满。

求所蚀夜初甚末更筹刻术

因其日日所入辰残刻及分,依次加辰刻及分,至蚀初辰刻及分,减二刻十二分,从其更用刻及分除之,不满更,即初蚀更筹。依所求得至甚刻加之,命即甚。依求得甚后刻数加之,命即末更筹刻及分。日出前复满,日入后初亏,皆不注蚀。

二十四气	日出	日入	夜漏半	一更	一筹
冬至	辰二十四分之二十	申七刻十二分	二十七刻十二分	十一刻	二刻四分
小寒同大雪	辰十三分	申七刻十九分	二十七刻五分	十刻二十一分	二刻四分
大寒同小雪	卯八刻七分	酉入一分	二十六刻十五分	十刻十五分	二刻二分
立春同立冬	卯七刻十一分	酉二十一分	二十五刻十九分	十刻七分	二刻一分
启蛰同霜降	卯六刻十分	酉二十二分	二十四刻十八分		
雨水同寒露	卯五刻五分	酉三分	二十三刻十三分	九刻十分	一刻二十三分
春分同秋分	卯三刻二十二分	酉四刻十分	二十二刻十分	八刻二十一分	一刻十八分
清明同白露	卯二刻十五分	酉五刻十七分	二十刻十二分	八刻八分	一刻十六分
谷雨同处暑	卯一刻二分	酉六刻二十一分	十九刻九分	七刻二十一分	一刻十四分
立夏同立秋	卯十分	酉七刻二十一分	十八刻	七刻十六分	一刻十二分
小满同大暑	寅八刻一分	戌七分	十八刻一分	七刻五分	一刻
芒种同小暑	寅七刻十四分	戌十八分	十七刻十四分	七刻	一刻九分
夏至	寅七刻十二分	戌二十分	十七刻十二分	七刻	一刻九分

旧唐书卷三三
志第一三

历　二

麟德甲子元历

上元甲子，距今大唐麟德元年甲子，岁积二十六万九千八百八十算。

推法：一千三百四十。

期实：四十八万九千四百二十八。

旬周：六十。

推气序术

置入甲子元积算距今所求年，以期乘之，为期总。满法得一为积日，不满为小余。旬去积日，不尽为大余。命大余起甲子算外，即所求年天正中气冬至恒日及大小余。天正建子，律气所由，故阴阳发敛，皆从其时为自。

求恒次气术

因冬至大小余，加五大余十五、小余二百九十二、小分六之五。小分满，从小余；小余满总法之，从大余一。大余满旬周之。以次转加，而命各得其所求。他皆仿此。凡气余朔大余为日，小余为辰也。

求土王

置清明、小暑、寒露、小寒、大寒小余，各加大余十二、小余二百四十四、小分八。互乘气小今通之，加八。若满三十，去，从小余一。凡分余相并不同者，互乘而并之。毋相乘为法。其并满法一为全，此即齐同之术。小余满总法，从命如前，即各其气从土王日。

没法：一千七百五十七。没分：十二万二千三百五十七。

　　求没日术

以九十乘有没气小余，十五乘小分，从之，以减没分，余，法得一，为日。不尽，余，以日数加其气大余。去命如前，即其气内没日也。<small>小气余一千四十已上，其气有没者，勿推也。没余皆尽者为减。</small>求次没：因前没加日六十九，余一千一百四，余满没从日一，因而命之，以气别日。

盈朔实：三万九千九百三十三。

朒朔实：三万九千二百二十。

恒朔实：三万九千五百七十一。

　　推朔端

列期总，以恒朔实除之为积月，不满为闰余。满总法为闰日，不满为闰辰。以闰日减冬至大余，辰减小余，即所求年天正月恒朔大小余。命大余以甲子算外，即其日也。<small>天正者，日南至之月也。恒朔者，不朒不盈之常数也。凡减者，小余不足减，退大余一，如总法而减之。大余不足减者，加旬周，乃减之。其须减分奇者，退分余一，如其法而减，以其在宿度游实不足减者，如在宿过周连余及奇，乃减之。皆故此耳。</small>以天正恒朔小余加闰余，以减期总，余为总实。

　　求恒弦望术

因天正恒朔大小余，加大余十，小余五百一十二太，<small>凡四分一为少，二为半，三为太。</small>满法者，去命如前，即天正上弦恒日及大小余，以次转加，得望下弦及来月朔。<small>以次转加，去命如前，合得所求。他皆仿此。</small>因朔径求望，加大余十四，小余一百二十五分半。因朔径求下弦，加大余二十二，小余一百九十八少。因朔径次朔，加大余二十九，小余七百十一。半总：六百七十。辰率：三百三十五。

　　检律候术气目

中气	律名	日中影	陟降率	初候	次候	末候
冬至	黄钟	一丈二尺七寸五分	陟四寸一分	虎始交	芒始生	荔挺出

小寒		一丈二尺二寸八分	陟二尺一寸三分	蚯蚓结	麋角解	水泉动
大寒	大吕	一丈一尺一寸五分	陟一尺五寸二分	雁北向	鹊始巢	雉始雊
立春		九尺六寸二分	陟一尺五寸五分	鸡始乳	东风解冻	蛰虫始振
启蛰	太簇	八尺七寸	陟一尺五寸三分	鱼上冰	獭祭鱼	鸿雁来
雨水		六尺五寸四分	陟二尺二寸一分	始雨水	桃始花	仓庚鸣
春分	夹钟	五尺三寸三分	陟一尺九分	鹰化为鸠	玄鸟至	雷始发声
清明		四尺三寸四分	陟九寸四分	始雷	蛰虫咸动	
谷雨	姑洗	三尺三寸	陟八寸一分	桐始华	田鼠化为鴽	虹始见
立夏		三尺四寸九分	陟五寸一分	萍始生	戴胜降于桑	蝼蝈鸣
小满	中吕	一尺九寸八分	陟三寸四分	蚯蚓出	王瓜生	苦菜秀
芒种		一尺六寸四分	陟一寸五分	靡草死	小暑至	螳螂生
夏至	蕤宾	一尺四寸九分	降一寸五分	鵙始鸣	反舌无声	鹿角解
小暑		一尺六寸四分	降三寸四分	蝉始鸣	半夏生	木槿荣
大暑	林钟	一尺九寸八分	降五寸一分	温风至	蟋蟀居壁	鹰乃学习

立秋		二尺四寸九分	降八寸一分	腐草为萤	土润溽暑	凉风至
处暑	夷则	三尺三分	降九寸四分	白露降	寒蝉鸣	鹰祭鸟
白露		四尺三寸四分	降一尺九分	天地始肃	暴风至	鸿雁来
秋分	南吕	五尺三寸三分	降一尺二寸一分	玄鸟归	群鸟养羞	雷始收声
寒露		六尺五寸四分	降一尺五寸三分	蛰虫坏户	气盛	阳气始衰
霜降	无射	八尺七分	降一尺五寸五分	水始涸	鸿雁来宾	雀入水为蛤
立冬		九尺六寸二分	降一尺五寸三分	菊有黄花	豺祭兽	水始冰
小雪	应钟	一丈一尺一寸五分	降一尺一寸三分	地始冻	野鸡入水为蜃	虹藏不见
大雪		一丈二寸八分	降四寸七分	冰益壮	地始坼	鹖鸟不鸣

求恒气初日影泛差术

见所求气陟降率,并后气率,半之,十五而一,为泛末率。又二率相减,余,十五而一,为总差。前少,以总差减泛末率;前多,以总差加泛末率。加减泛末率讫,即为泛初率。其后气无同率,因前末率即为泛初率。以总差减初率,余为泛末率。

求恒气初日影定差术

十五除总差,为别差为限。前少者,以限差加泛末率;前多者,以限差减泛初末率。加减泛初末率讫,即为定初末率,即恒气初日影定差。

求次日影差术

以别定差,前少者加初日影定差,前多者减初日影定差。加减初日影定差讫,即为次日影定差。以次积累岁,即各得所求。每气皆十五日为限。其有皆以十六除取泛末率及总差别差。

求恒气日中影定差术。

置其恒气小余,以半总减之,余为中后分。不足减者反减半总,余为中前分。置前后分,影定差乘之,总法而一,为变差。冬至后,午前以变差减气影,午后以变差加气影,夏至后,午前以变差加气影,午后以变差减气影。冬至一日,有减无加。夏至一日,有加无减。加减讫,各其恒气日中定影。

求次日中影术

迭以定差陟减降加恒气日中定影,各得次日中影。后汉及魏宋历,冬至日中影一丈二尺,夏至一尺五寸,于今并短。各须随时影校其陟降,及气日中影应二至率。他皆仿此。前求每日中影术,古历并无,臣等创立斯法也。

求律吕应日及加时术

十二律各以其月恒中气日加时,应列其气小余,六乘之,辰率而一,为半张之数,不尽,为辰余。命时起子算半,为加时所在辰。六乘辰余,如法得一为初,二为少弱,三为少,四为少强,五为半弱。若在辰半后者,得一为半强,二为太弱,三为太,四为太强,五为辰末。

求七十二候术

恒气日,即初候日也。加其大余五,余九十七,小分十一。三乘气小分加十一,满十八从小余一。满法,去命如前,即次候日。以次转加,得末候日。

求次气日、检盈虚术

进纲一十六　退纪一十七　秋分

泛差一十一　总辰一十二六十并平阙

秋分后春分前日行速,春分后秋分前日行迟。速为进纲,迟为退纪。若取其数,纲为名;用其时,春分为至。进日分前,退日分后。凡用纲纪,皆准此例。

气月中节	蹱差率	消息总	先后率	盈朒积
冬至子月中	益七百二十二	息初	先五十四	盈
小寒丑月中	益六百七十六	息七百二十二	先四十六	盈五十四
大寒丑月中	益五百一十四	息一千三百四十	先三十八	盈一百
立春寅月节	益五百一十四度七十分一十四	息一千八百五十四	先三十八	盈一百三十八
启蛰寅月	益六百一十八	息二千二百六十八	先四十六	盈一百七十六
雨水卯月节	益七百二十二	息二千九百八十六	先五十四	盈二百二十二
春分卯月中	损七百二十二	息三千七百八	先五十四	盈二百七十六
清明辰月节	损六百一十八	息二千九百八十六	后四十八	盈二百三十二
谷雨辰月中	损五百七十四	息二千三百六十八	后三十八	盈一百七十六
立夏巳月节	损五百一十四	息一千八百五十四	后三十八	盈一百三十六
小满巳月节	损六百一十八	息一千三百三十	后四十六	盈一百
芒种五月节	损七百七十分二十二秒	息七百二十二	后五十四	盈五十四
夏至午月中	益七百二十二	消初	先五十四	朒本

小暑未月节	益六百一十八	消七百二十二	先四十六	朒五十四
大暑未月中	益五百一十四	消一千三百四十	先三十八	朒一百
立秋申月节	益五百一十四	消一千八百五十四	先三十八	朒一百三十八
处暑申月中	益六百一十八	消一千三百六十八	先四十六	朒一百七十六
白露酉月节	益七百二十二	消二千九百八十六	先五十四	朒二百二十三
秋分酉月中	损七百二十二	消三千七百八	后五十四	朒二百一十六
寒露戌月节	损六百一十八	消二千九百八十六	后四十六	朒二百二十二
霜降戌月中	损五百一十四	消二千三百六十八	后三十八	朒一百七十六
立冬亥月节	损五百一十四	消一千八百五十四	后三十八	朒一百三十八
小雪亥月中	损六百一十八	消一千三百四十	后四十六	朒一百
大雪子月节	损七百二十二	消七百二十二	后五十四	朒五十四

见所在气躔差率，并后气率，半之，总辰乘之，纲纪而一，得气末率。各以泛差其纲纪，以同差辰也。又二率相减，余以总辰乘而纪除之，为总差。辰之纲纪除之，为别差。前少者，以总差减末率；前多者，以总差加末率。加减讫，为其气初日损益率。前多者，以别差日减；前少者，以别差日加。加减气初日损益率讫，即次日损益率。亦名每日躔差率。以次加减，得每日所求。各累所损益，随历定气损益

消息总,各为其日消息数。其后气无同率,及有数同者,皆因前少,以前末率为初率,加总差为末率,别差渐加初率,为每日率。前多者,总差减初率为末率,别差渐减为日率。其有气初未计会及纲纪所校多少不叶者,随其增损调而御之,使际会相准。

求气盈朒所入日辰术

冬夏二至,即以恒气为定。自外,各以气下消息数,息减消加其恒气小余,满若不足,进退其日。即其气朒日辰。亦因别其日,命以甲子,得所求。加之为盈气,减之为朒气,定其盈朒所在,故日定。凡推日月度及推发敛,皆依定气推之。若注历,依恒气日。

求定气恒朔弦望夜半后辰数术

各置其小余,三乘,如辰率而一,为夜半后辰数。

求每日盈朒积术

各置其气先后率与盈朒积,乃以先率后率加躔差率,盈朒积加消息总,亦如求消息法,即得每日入盈朒及先后之数。

求朔弦望恒日恒所入盈缩数术

各以总辰乘其所入定气日算朒朔弦望夜半后辰数,乃以所入定气夜半后辰数减之,余为辰总。其恒朔弦望与定气同日而辰多者,其朔弦望即在前气气末,而辰总时有多于进纲纪通数者,疑入后气之初也。以乘其气前多之末率、前少之初率,总辰而一,为总率。凡须相乘有分余者,母必通全子乘讫报母,异者齐同也。其前多者,辰总减纪乘总差,纲纪而一,为差。并于总率差,辰总乘之,倍总辰除之,以加总率。前少者,辰总再乘别差,总辰自辰承,倍而除之,以加总率,皆为总数。乃以先加后减其气盈朒为定积,凡分余不成全而不复须者,过半更不后夜无气也。以盈朒定积,盈加朒减其日小余,满若不足,进退之,各其入盈朒日及小余。若非朔望表交从者速粗举者,以所入定气日算乘先后率,加十五而一,先加减盈朒为定积。入气日十五算者,加十六而一。

历变周:四十四万三千七十七。

变奇率:十二。

历变日:二十七;变余,七百四十三;变奇,一。

月程法：六十三。

推历变术

以历变周去总实，余，以变奇率乘之，满变周又去之。不满者，变奇率约之，为变分。不尽，为变奇。分满总法为日，不满为余。命日算外，即所求年天正恒朔夜半入变日及余。以天正恒朔小余加之，即经辰所入。

求朔弦望经辰所入

因天正经辰所入日余奇，加日七、余五百一十二、奇九。奇满率成余。余，如总法为日，得上弦经辰所入。以次转加，得望、下弦及来月朔。所入满变日及余奇，则去之。凡相连去者，皆放于此。径求望者，加朔所入日十四、余一千二十五、奇六。径求次朔，加一日、余一千三百七、奇十一。

求朔望弦盈朒辰所入术

各以其日所入盈朒定积，盈加朒减其恒经辰所入，余即各所求。

变　日	离　差	离　程	增减率	迟速积
一日	九百八十五	退十一	增一百三十四	速初
二日	九百七十四	退十二	增一百一十七	速一百三十四
三日	九百六十二	退十四	增九十九	速二百五十一
四日	九百四十八	退十五	增七十八	速三百五十
五日	九百三十三	退十五	增五十六	速四百二十八
六日	九百一十八	退十六	增三十三	速四百八十四
七日	九百二	退十六	增初增九末减隐	速五百一十七
八日	八百八十六	退十六	减十四	速五百二十七
九日	八百七十	退十六	减三十八	速五百一十二
十日	八百五十四	退十五	减六十二	速四百七十四
十一日	八百四十九	退十二	减八十五	速四百一十七
十二日	八百二十六	退十一	减一百四	速三百二十七
十三日	八百一十五	退七	减一百二十七	速二百二十三

十四日	八百八	进二初减一百二十末增二十九	速二百二
十五日	八百十	进九 增一百二十八	迟二十九
十六日	八百一十九	进十三 增一百一十五	迟一百五十七
十七日	八百三十二	进十四 增九十五	迟二百七十二
十八日	八百四十六	进十五 增七十四	迟三百六十七
十九日	八百六十一	进十六 增五十二	迟四百四十一
二十日	八百七十七	进十六 增二十八	迟四百九十三
二十一日	八百九十三	进十六 增四初增四末减隐	迟五百二十一
二十二日	九百九	进十六 增二十	迟五百二十五
二十三日	九百二十五	进十六 减四十四	迟五百二十
二十四日	九百四十一	进十四 减六十八	迟四百六十一
二十五日	九百五十五	进十三 减八百九	迟三百九十三
二十六日	九百六十八	进十一 减一百八	迟三百四
二十七日	九百七十九	进六 减一百二十五	迟一百九十六
二十八日	九百八十五	平进五退五减一百四十四初减七十一末增入微	迟七十七

求朔弦望盈朒日辰入变迟速定数术

各列其所入日增减率，并后率而半之，为通率。又二率相减，余为率差。增者，以入余减总法，余乘率差，总法而一，并率差而半之。减者，半入余乘率差，亦总法而一，并以加于能率，入余乘之，总法而一，所得为经辰变。转半经辰变。速减迟加盈朒经辰所入余，为转余。应增者，减法；应减者，因余。皆以乘率差，总法而一，加于通率。变率乘之，总法而一，以速减迟加变率为定率。乃以定率增减迟速积为定。此法微密至当，以示算理通涂。若非朔望有交及欲考校速要者，但以入余乘增减率，总法而一，增减速为要耳。其后无同率者，亦因前率，应增者以通率为初数，半率差而减之；应减入余进退日者分为二日,随余初末,如法求之。所得并以加减变率为定。

七日	初七分	末一分	初一千一百九十一	末一百四十九
十四日	初七分	末二分	初一千四百一十二	末二百九十八
二十一日	初六分	末三分	初八百九十二	末四百四十六
二十八日	初五分	末四分	初七百四十三	末五百九十七

其入前件日余,如初数已下者为初,已上者以初数减总法,余为末之数。增减相反,约以九分为限。初虽少弱,而末微强,余差不多,理况兼举,皆今有杂差,各随其数。若恒算所求,七日与二十一日得初率,而末之所减,隐而不显。且数与平行止等,亦初末有数,而恒算所无。其十四日、二十八日既初末数存,而虚差亦显其数,数当去恒法不见。

求朔弦望盈朒所入日名及小余术

各以其所入变历速定数减迟加其盈朒小余。满若不足,进退其日。命以甲子算外,各其盈朒日反余。加其恒日,余者为盈;减其恒日,余者为朒。其日不动者,依恒朔日而定其小余,推拟日月行度。其定小余二十四已下,一千三百一十六已上者,其入气盈朒、入历迟速,皆须覆依本术推算,乘得从粗举速要之限。乃前朔后朔,迭相推校。盈朒之课,据实为准。损不侵朒,益不过盈。

求定朔月大小术

凡朔盈朒日名,即为定朔日名。其定朔日名,十干与来月同者大,不同者小。其月无中气者为闰月。其正月朔有定加时正月者,消息前后各一两月,以定月之大小。合亏在晦二者,弦望亦随事消息。凡置月朔,盈朒之极,不过频三。其或过者,观定小余延夜半者量。

检宿度术

| 斗二十六 及分 | 牛八 | 女十二 | 虚十 | 危十七 | 室十六 |
| 壁九北方 九十八度 | 奎十六 | 娄十二 | 胃十四 | 昴十一 | 毕十八 |

觜一	参九西方八十度	井三十	鬼三	柳十四	星七
张十八	翼十八	轸南方一百一十二度	角十三	亢九	玄十六
房五	心五	尾十八	箕东方七十五度		

　　前件周天二十八宿,相距三百六十五度,前汉唐都以浑仪赤道所量。其数常定,纮带天中,仪图所准。日月往来,随交损益。所入宿度,进退不同。

　　　　黄道宿度左中郎将贾逵检日月所去赤道不同,更铸黄道浑仪所检者。

斗二十四度	牛七度	女十一度	虚十六度
危十六度	室八十一度	壁十度北方九十六度宿分三百二十八	奎十七度
娄十三度	胃十四度	昴十一度	毕十六度
觜一度西方八十三度	参九	井三十度	鬼三度
柳十四度	星七度	张十六度	翼十九度
轸十八度南方一百九度	角十三度	亢九度	玄十六度
房五度	心五度	尾十八度	箕十度东方七十九度

　　臣等今所修撰讨论,更造木浑图交络调赋黄赤二道三百六十五度有奇,校量大率,与此符会。今历以步日行月及五星出入循此。其月行交络黄道,进退亦宜有别。每交辄差,不可详尽。今亦依黄道推步。

　　　　推日躔术

置冬至初日朓朒率,加总法,乘冬至小余,如总法而一,以减天宿度分。其余命起黄道斗十二度,宿次去之,经斗去宿分度,不满宿算外,即所求年冬至夜半所在宿度算及分。

求每定气初日夜半日所在定度术

各以其定气初日朓朒率,乘气定余,总法而一,进加退减余为分,以减定气日度及分,命以宿次如前,即其夜半度及春秋二分定气初日为进退之始,当平行一度。自余依进加退减度之。

求次日夜半日所在定度术

各因定气夜半所在为本,加度一。又以其日朓朒率,进加退减度分。满若不足,并依前例。去命如上,即得所求。其定朔弦望夜半日度,各随定气,以其日月名亦直而分别之。勘右依恒有余,从定恒行度,不用朓差。

求朔弦望定日夜辰所加日度术

各以其定小余为平分。又定小余乘其日所朓朒率,总法而一,乃进加退减其平分,以加其夜半日度,即各定辰所加。其与五星加减者,半其分;消息月朔者,应推月度所须,皆依本朔大小。若注历,依甲子乙丑各拟入。

推月离术求朔望定日辰月所在度术

各置朔弦望定辰所加日度及分。凡朔定辰所加为合朔,日月同度。上弦加度九十一、分四百一十七。望加度一百八十三、分八百三十四。下弦加度二百七十三、分一千二百五十一。讫,各半而十退之,为程度分。

求次月定朔夜半入变宿术

置天正恒朔夜半所入变日及余。定朔有进退一日者,进退一日,为定朔夜半所入。月大加二日,月小加一日。余皆五百九十六、奇十六。

求次日夜半所入变历术

因定朔夜半所入日算,加日一,满皆如前。其弦皆依前定日所在求之。

求变日定离程术

各以其日夜半入变余,乘离差,总法而一,为见差。以进加退减其日离程,为月每日所离定程。

求朔弦望之定日夜半月所在度术

各以其日定小余,乘所入变日离定程,总法而一,为夜半后分。满程法为度,余为度分。以减其日加辰所在度及分,命以黄道宿度,即其所求。次日夜半,各以离定程加朔弦望夜半所在分,满程法从度,去命以黄道宿度算外,则次日夜半月度。求晨昏度,以其日离定程乘其日夜刻,二百而一,为昏分,满程法为度。望前以昏、后以晨,加夜半度,得所求。其弦望以五乘定小余,程法一,为刻,即各其辰所入刻数。皆减其晨前刻,不尽为晨后刻。不满晨前刻者,从前日注历,伺候推。

总刻一百	辰刻八	辰刻分十二	刻分法七十二	定气名	
定气名	晨前刻及分	昏去中度	定气日度及分	黄道去极度	屈伸率	放敛差	
冬至	三十刻	八十二度二分	斗十二度	一百一十五度三分	申一三分	益十六	朒
小寒	二十九刻五十四分	八十三度	牛二度一千三百四小分	一百一十三度一分	申三七分	益十六	朒
大寒	二十九刻十八分	八十四度八分	女十一度二百五十七分四	一百一十度七分	申六一分	益二十二	朒
立春	二十八刻三十三分	八十七度七分	危五度五百五十三分	一百七度九分	申九四分	益九	朒
启蛰	二十七刻三十分	九十一度六分	室四度八百四十三分二	一百二度九分	申十七分半	益七	朒

雨水	二十六刻十八分	九十五度九分	壁一度一千一百四十六分一	九十七度三分	申十一八分	益三	朒
春分	二十五刻四分	一百度四分	奎七度八十分	九十一度三分	申十二二分半	损三	朒
清明	二十三刻五十四分	一百四度九分	娄五度三百八十一分五	八十五度三分	申十一分八分	损七	朒
谷雨	二十二刻四十二分	一百九度二分	胃七度六百七十四分四	七十九度七分	申十七分半	损九	朒
立夏	二十一刻三十九分	一百一十三度一分	昴七度九百六十九分二	七十四度七分	申九四分	损二十三	朒
小满	二十刻五十四分	一百一十六度	毕十一度一千二百六十分三	七十度九分	申六一分	损十六	朒
芒种	二十刻十八分	一百一十七度八分	参八度二百一十三分一	六十八度五分	申三七分	损十六	朒
夏至	二十刻	一百一十八度七分	井十五度五百六分	六十七度三分	屈一三分	益十六	盈
小暑	二十刻十八分	一百一十九度八分	井三十度七百九十八分五	六十八度五分	屈七分	益十六	盈
大暑	二十刻五十四分	一百一十六度	柳十一度一千九十一分四	七十度九分	屈六一分	益二十二	盈

节气							
立秋	二十一刻三十九分	一百一十三度一分	张六度三十四分三	七十四度一分	屈九二分	益九	盈
处暑	二十二刻四十二分	一百九度三分	翼四度三百三十七分二	七十七度七分	屈十七分半	益七	盈
白露	二十三刻五十四分	一百四度九分	翼十九度六百四十分一	八十五度三分	屈十一八分	益三	盈
秋分	二十五刻	一百度四分	轸十五度九百二十三	九十一度三分	屈十二二分半	损三	盈
寒露	二十六刻十八分	九十五度九分	角十三度一千二百一十五分五	九十七度三分	屈十一八分	损	盈
霜降	二十七刻三十分	九十一度六分	玄五度一百六十八分四	一百二度九分	屈十分半	损九	盈
立冬	二十八刻三十三分	八十七度七分	房四度四百六十一分三	一百七度	屈九四分	损二十三	盈
小雪	二十九刻十六分	八十四度八分	尾九度七百五十四分二	一百一十一度十分	屈六一分	损十六	盈
大雪	二十九刻五十四分	八十三度	箕六度一千三百三十七分一	一百一十四度一分	屈三七分	损十六	盈

求定气日昼夜漏刻及日出没术

倍其气晨前刻及分,满法从刻,为日不见漏。以减百刻,余为日
见漏。五刻昼漏刻,以昼漏刻减百刻,余为夜漏刻。以四刻十二分
加晨前漏刻,命起子初刻算外,即日出辰刻。以日见漏加日出刻辰,
以次如前,即日没所在辰刻。以二十五除从夜漏,得每更一筹之。以二刻
三十六分加日没辰刻,即甲辰刻,又以更筹数加之,得甲夜一筹数。以次累加,
满辰去命之,即五更夜筹所以当辰刻及也,以配二十一箭漏之法也。

求每日并屈申数术

每气准为一十五日,各置其气屈申率。每以发敛差损益之,差
漏十从率,分满十从率一,即各每日屈申率。各累计屈申率为刻分,
乃以一百八十乘刻分,泛差十一乘纲纪而除之,得为刻差,满法为
刻。随气所在,以申减屈加不见漏而半之,为晨前定刻。每求次日,
各如前法。时加其如始,随加辰日晚,以率课之。

求黄道去极每日差术

置刻差,三十而一为度。不满三约为分。申减屈加其气初黄道
度,即每日所求。

求昏旦去中星度术

每日求其昼漏刻数,以乘期实,二百乘总法而除之,得昏去中
星度。以减周天度,余为晨去中星度。以昏旦去中是度,加其辰日
所在,即各其日中宿度。其梗概粗举者,加其夜半日度,各其日中星宿度。

因求次日者,各置其四刻差,七十二乘之,二百八十八而一度。
冬至后加,夏至后减。随日加,各得每日去中度。晨昏所距日在黄
道中星准度,以赤道计之。其赤道同太初星距。

推游交术

终率:一千九十三万九千三百一十三。奇率:三百。

约终:三万六千四百六十四　　奇一百一十三。

交中:一万八千二百三十二　　奇五十六半。

交中日:二十七余二百八十四　　奇一百一十三。

中日:十三余八百一十二　　奇五十六半。

亏朔:三千一百六　　奇一百八十七。

实望：一万九千七百八十五　奇一百五十。

后准：一百五十二　奇九百三半。

前准：一万六千六百七十八　奇二百六十三。

　　　求月行入交表里术

　　置总实，以终率去之。不足去者，奇率乘之。满终率，又去之。不满者，奇率约之，为天正恒朔夜半入交分。不尽，为奇。以总法约入交分，为日。不尽，为余。命日算外，即天正恒朔夜半入交日算及余、奇。天正定朔有进退日者，依所进退一日，为朔所入。日不满中日及余、奇者，为月在外；满，去之。余皆一为月在内。大月加二日，小月加一日，余皆一千五十五、奇一百八十七。求次日，加一日，满中日者，皆去之，余为入次。一表一里，迭互入之。

交日	去交差	差积
一日	进十四	积元
二日余二百一十	进十三	十四
四已下者入蚀限		
三日	进十一半	二十七
四日	进十一半	三十八半
五日	进七	四十八
六日	进四	五十五
七日进二退二	五分四进强一退弱	五十七
八日	退二	六十六十又一分一分当日退
九日	退五	五十八
十日	退八	五十三
十一日	退十半	四十五
十二日	退十二半	三十四半
十三日余五百九	退十三半	二十二
十九已上入蚀限		
十四日	退十四少三退强三退弱	八半

求月入交去日道远近术

置所入日差，并后差半之，为通率。进，以入日余减总法，以乘差，总法而一，并差以半之。退者，半入余，以乘差，总法而一。皆加通率，为交定率。乃以入余乘定总法。乃进退差积，满十为度，不满为分，即各其日月去日道度数。每求日道宿度去极数，其入七日，余一千七十六、奇二十八少已下者，进，已上，尽全；余二百六十三、奇二百七十一大者，退入十四日，如交余奇已下者，退；其入已上，尽全；余五百二十七、奇二百四十二半者，进。而终其要为五分。初则七日四分，十四日三分；末则七日后一分，十四日后二分。虽初强末弱，差率有检，月道一度半强已下者，为沾黄道。当朔望，则有亏。遇五星在黄道者，则相侵掩。

求所在宿术

求夜半入交日十三算者及余，以减中日及余，不尽者，以乘其日离定程，总法而一，为离分，满程为度，以加其日夜半月所在宿度算及分，求次交准此，各得其定交所在度。置前后定交所宿度算及分，半之，即各表里极所在宿度及分。

求恒朔望泛交分野

因天正恒朔夜半入交分，以天正恒朔泛交分求望泛交，以实望加之。又加，得次月恒朔泛交分。满约终及奇，去之。次求次朔，以亏望加之。

求朔望入常交分术

以入气盈朒定积，盈加朒减其恒泛交分，满若不足，进退约终，即其常分交。

求朔望定交分术

以六十乘定迟速，以七百七十七降除之，所得为限数。速减迟加如常。其数朔入交月在日道里者，以所入限数减定迟速，余以减迟加其定交分。而出日道表者，为变交分。加减不出日道表，即依定交分求蚀分。其变交分出日道表三时半内者，检其前后月望入交分数多少，依其亏初复末定蚀术,注消息,以定蚀不。

求入蚀限术

其入交定分,如交中已下者,为月在外道;交中已上者,以交中减之,余为月在内。其分如后准已下、前准已上者,为入蚀限。望则月蚀,朔入限,月在里者,日蚀。入限如后准已下者,为交后分;前准已上者,反减交中,余为交前后分。以一百一十二约之,为交时。

求月蚀所在辰术

置望日不见刻,六十七乘之,十而一,所得,若蚀望定小余与之等已下,又以此得减总法余与之等已为蚀正见数定小余。如求律气应加时法,得加时所在辰月在冲辰蚀,若非正见者,于日出后日没前十二刻半内,求其初末以候之。又以半总减蚀定小余,不足减者半总加减讫,以六乘之,如辰率而一,命起子半算外,即月蚀所在辰。

求日蚀所在辰术

置有蚀朔定小余副之,以辰率除之,所得以艮、坤、巽、乾为次,命退算外。不满法者,半法减之。无可减者,为初;所减之余,为末。初则减法,各为差率。月在内道者,乃以十加去交时数而三除之,以乘差率,十四而一,为差。其朔在二分前后一气内,即以差为定。近冬至以去寒露、雨水,近夏至以去清明、白露气数倍之,又三除去交时数增之。近冬至,艮巽以加,坤乾以减;近夏至,艮巽以减、坤乾以加其差,为定差。艮坤加副,巽乾减副。月在外道者,三除去交时数,以乘差率,十四而一,为之差。艮坤以减副之,巽乾以加副,各加减副讫,为定副小余。如求律气应加时术,即日蚀所在辰及少太。其求入辰刻,以半辰刻乘朔,辰率而一,得刻及分。若蚀近朝夕者,以朔所入气日出没刻校蚀所在,知蚀见不之多少,所在辰为正见日月蚀既,在起复初末,亦或变常退于见前后十二刻半候之。

求月起复依蚀分后术

求月在日道表朔不应蚀准。朔在夏至初日,准去交前后二百四十八分为初准;已下,加时在午正前后七刻内者,蚀。朔去夏至前后,每一日损初准二分,毕于前后九十四日,各为每日变准。其朔去交如变准已下,加时如前者,蚀。

又以末准六十减初准及变准,余以十八约之,为刻准。以并午正前后七刻数为时准。加时准内去交分,如末准已下,并蚀。又置末准,每一刻加十八,为差准。每加时刻,去午前后如差准刻已下,去交分如差已下者,并蚀。自秋分至春分,去交如末准已下,加时南方三辰者,亦蚀。凡定交分在辰前后半时外者,虽入蚀准前为蚀。求月在日道里朔应蚀而不蚀准。朔在夏至日,去交一千三百七十三,为初准;已上,加时在午正前后十八刻内者,或不蚀。朔去夏至前后,每一日益初准一分半,毕于前后九十四日,各为每日变准。以初减变,余十而一,为刻准。以刻减午正前后十八刻,余,十而一为时准。其去交在变准已上,加时在准内者,或不蚀。

求月蚀分术

置去交前后定分,冬交前后,皆去二百二十四。春交后去一百,交前去二百。夏不问前后,去五十。秋交后去二百,交前去一百。不足去者,蚀既。有余者,以减后准,一百四而一。余半已下,为半弱;半已上,为半强。命以十五为限,得月蚀之大分。

求月蚀所起术

月在内道:蚀东方三辰,亏自月下邪南上,月从西而渐北,自东而渐南。蚀南方三辰,亏起左下,甚于正南,复于右下。蚀西方三辰。亏自南而渐东,月从北而渐西,起于月上,邪南而下。月在外道:蚀东方三辰,亏起自月下,邪北而上,亏自东而渐北,月从西渐南。蚀南方三辰;亏起左上,甚于正北复于右上。蚀西方三辰。亏自北而渐东,月从南而渐西,起于月上,邪北而上。凡蚀十二分已上,皆随黄道所在起复,于正傍逆顺上下每过其分。又道有升降,每各不同,各随时取正。

求日蚀分术

月在内道者,朔入冬至,毕朒雨水,及盈秋分,毕五十八秋分,毕大雪。皆以五百五十八为蚀差。自入朒春分已后,日损六分,毕于白露。置蚀去交前后定分,皆以蚀差减之。但去交分不足减者,皆反以减蚀差为不蚀余。自入朒小满,毕于小暑,加时在午正前后七刻外者,皆去不蚀余一时;三刻内,加不蚀余一时。朒大寒毕朒立春,交前五时外,大暑毕盈立冬,交后五时外,皆去不蚀余一时,五时内加一时。诸加时蚀差应减者,交后减之,交前加之。应加者,交后加之,交前减之。但不足减去者,蚀既。加减入不蚀限者,或不蚀。其月在外道者,冬至初日无蚀差。自后日益六分,累计以为蚀差,毕于朒雨水。自入朒春分,毕于盈白露,皆以五百二十二为蚀差。自入盈秋分已后,日损六分,毕于大雪。所损之余,为蚀差。以蚀差加去交定分,为蚀分,以减后准,余为不蚀分。各置其朔蚀差,十五约之,以减一百四,余为定法。不蚀分余,各如定法得一分。余半法已上,为半强;已下,为半弱。减十五,余为蚀之大分。

求日蚀所起术

日在内道:日蚀东方三辰,亏自日上近北而邪下,月渐西北,日渐东南。日蚀南方三辰,亏起右下,甚正北,复左下。月在南而渐东,日在北而渐西。日蚀西方三辰。月渐渐东北,日渐西南,亏自日下近西而邪上。日在外道:日蚀东方三辰,亏自日上近南而邪下,月渐东南,日渐西北。日蚀南方三辰,亏起右下,甚正北,南复左下。月在南而渐东,日在北而渐西。日蚀西方三辰。月渐西南,日渐东北,亏自日上近南而邪上。凡蚀十二分已上,起于正傍。各据黄道升降,以准其体。随其所处,每各不同。蚀有初末,动涉其时,随便益损,以定亏复所在之方也。

求日月蚀亏初及复末时刻术

置朔望所蚀大分数为率。四分已上,因增二。五分已上,因增三。九分已上,因增四。十三分已上,因增五。各为泛用刻率,副之。以乘所入率,副之。以乘所入变增减率,总法而一,应速增捐、减加,应迟依其赠减副,讫,为蚀定用刻数。乃四乘之,十而一,以减蚀甚辰刻,为亏初。又六乘之,十而一,加蚀甚辰刻,为复末。依其定加时所在辰刻加减命之,各其辰、其月蚀甚初末更筹。因其日月所入辰刻及分,依前定气所遇夜刻更筹术,求其初末及甚时更筹。

迦叶孝威等天竺法,先依日月行迟疾度,以推入交远近日蚀分加时,日月蚀亦为十五分。去交十五度、十四度、十三度,影亏不法蚀，自此已下，乃依验蚀。十二度十五分，蚀二分少强，以渐差降，自五度半已上，蚀既，十四分强。若五度无余分已下，皆蚀尽。又用前蚀多少，以定后蚀分余。若既，其后蚀度及分，即加七度以为蚀度。若望月蚀既，来月朔日虽入而不注蚀。若蚀半已下，五分取一分；若半已上，三分取一分，以加来月朔蚀度及分。若今岁日余度及分，然后可验蚀度分数多少。又云：六月依节一蚀。是月十五日是月蚀节，黑月尽是月蚀节，亦以吉凶之象，惊告王者奉顺正法，苍生福盛，虽时应蚀，由福故也，其蚀即退。更经六月，欲蚀之前，皆有先兆。月欲有蚀，先月形摇振，状若惊惧，月兔及侧月色黄如有忧状。自常晕，月初生时，光不显盛，或机细微。日欲有蚀，先日形摇振，极如惊惧状。或光色微昧，不赫盛，或黎掺。日月蚀先同候，光陨坠，或旦暮际有赤色起，如火烧，金银珠玉诸宝失光。或有阙尽如云入日，或有黑尽入月，鸟声细隐，乌不显亮，云交扰扰，光景浑乱，忽极令诸乳卒竭，月湿如汗状，日形段裂无光，犬嗥猫叫，虹见有声，三辰失阙，月时有缺，水赤色有腻。十四日、十五日，辟鸟圆集者，亦者蚀之先候。此等与中国法数稍殊，自外梗概相似也。

步五星术

五星奇率 皆百	总率	奇	伏分	奇
岁星木精	五十三万四百八十三	奇三十五	伏分三万四千三十一	奇二十二半
荧惑火精	一百四万五千八十	奇六十	伏分九万七千九十	奇三十
镇星土精	五十万六千六百二十三	奇二十九	伏分二万四千八百三十一	奇六十四半
太白金精	七十八万四百四十九	奇九	伏分五万六千二百二十四	奇五十四半

辰星水精　一十五万五　奇六十六　伏分一万一千　奇三十三
　　　　千二百七十　　　　　　六百九十九
　　　　八

五星终日　　　　　**余**　　　　　　**奇**
木终日三百九十八　余一千一百六十三　奇四十五
火终日七百七十七　余一千二百二十　奇六十
土终日三百七十八　余一百三　　　　奇二十九
金终日五百八十三　余一千二百二十九　奇九夕见伏二百五十六
　　　　　　　　　　　　　　　　　　日　晨见伏三百二十七
　　　　　　　　　　　　　　　　　　日　余奇同终分奇。
水终日一百一十五　余一千一百七十六　奇六十六夕见伏五十二
　　　　　　　　　　　　　　　　　　日　晨见伏六十三日
　　　　　　　　　　　　　　　　　　余奇同终分奇

　　　求五星平见术
　　各以伏分减总实,余以其星总率去之。不足去者,反减其余总
率。余以总法约之,为日,不尽为余奇,即所求年天正恒朔夜半后星
辰夕平见日算及余奇。天正定朔进退日者,进减退加一日为定朔夜半后
星平见日及余奇。其金水二星,先得夕平见,其满见伏日及余者去之,余为晨
平见日及余奇。命见日天正历月大小,以次去之,不满月者为入其
月,命日算外,即晨夕平见所在月日及余奇。
　　　求后平见在月日术
　　各以其星终日算及余奇,如前平见所在月日算及余奇。奇满奇
率,从余。余满总法,为日。去命如前,即后平见所在月日及余奇。
其金水二星,加夕得晨,加晨得夕。各半见余,以同半总。
　　　求五星常见术
　　各依其星平见所入恒气,计日损益。分满半总为日,不满为分,
以损益所加减。讫,余以加减讫平见日及分,即其常见日及分。星

目初见去日度，平见入气历。加减日。损益率。

岁星初见，去日十四度。见入冬至，毕小寒，均减六日。自入大寒已后，日损六十七分。见入春分初日，依平。自后日加八十九分。入立夏，毕小满，均加六日。自入芒种已后，日损八十九分。入夏至，毕立秋，均加四日。自入处暑已后，日损一百七十八分。入白露，初日依平均。自后日减五十二分。入小雪，毕大雪，均减六日。

荧惑初见，去日十七度。见入冬至，初日减二十七日。自后日损六百三分。入大寒，初日依平。自后日加四百二分。入雨水，毕谷雨，均加二十七日。入自立夏已后，日损一百九十八分。入立秋，依平。自入处暑已后，日减一百九十分。入小雪，毕大寒，均减二十七日。

镇星初见，去日十七度。见入冬至，初日减四日。自后日益八十九分。入大寒，毕春分，均减八日。自入清明已后，日损五十九分。入小暑，初日依平。自后日加八十九分。入白露，初日加八日。自后日损一百七十八分。入秋分，均加四日。自入寒露已后，日损五十九分。入小雪，日依平。自平后日减八十九分。

太白初见，去日十一度。夕见：入冬至，初日依平。自后日减一百分。入启蛰，毕春分，均减九日。自入清明已后，日损一百分。入芒种，依平。自入夏至已后，日加一百分。入处暑，毕秋分，均加九日。自入寒露已后，日损一百分。入大雪，依平。晨见：入冬至，依平。自入小寒已后，日加六十七分。入立春，毕立夏，均加三日。自入小满已后，日损六十七分。入夏至，依平。自入小暑已后，日减六十七分。入立秋，毕立冬，均减三日。自入小雪已后，日损六十七分。

辰星初见，去日十七度。夕见：入冬至，毕清明，依平。入谷雨，毕芒种，均减二日。入夏至，毕大暑，依平。入立秋，毕霜降，应见不见。其在立秋及霜降二气之内，多去日十八度外，三十六度内，有木火土金一星已上者，亦见。入立冬，毕大雪，依平。晨见：入冬至，均减四日。入小寒，毕大寒，依平。入立春，毕启蛰，均减三日。其在启蛰气内，去日度如前，晨无木火土金，一星已上者不见。入雨水，毕立夏，应见不见。其在立夏气内，去日度如前，晨有木火土金一星已上者，亦见。入小满，毕寒露,依平。入霜降,毕立冬,均加一日。入小雪,毕大雪,依平。

求五星定见术

各置其星常见日消息定数半之,息减消加常见日,即为定见日及分。五星休王光不同,喜怒盛衰大小尤异。苟变于常见或先后,今依日躔迟速考其行,度其格,以去日为之定准。

求星见所在度术

置星定见日夜半日所在宿度算及分,半其日躔差,率定见余,半总而一,进加退减定见余,以加夜半度分,乃以其星初见去日度数,晨减夕加之,即星初见辰所在。

宿度等及分行星术

各置其星初见日消息定数,半之,息加消减,其星初见行留日率。其土木二星不须加减,即依本术。其加减不满日者,与见通之。过半后一日,无半不后论。乃依行星日度之率,求日之行分。

求初见日后夜半星所在术

置其星定见余,以减半总,以其星初见行分乘之,半总而一,以顺加逆减星初见定辰所在度分。加之满法,减之不足,进退一度。依前命之算外,即星见后夜半所在宿度及分。自此已后,每依其星计日行度,所至日度及益疾,皆从夜半为始。辰有少,随所近也。

转求次日夜半星行所至术

各以其星一日所行度及分,顺逆加减之。其行有小分者,以日率为母。小分满母,去之,从行分一。行分满半总,去之,从度一。其行有益疾益迟者,副置一日行分。各以其差迟损乃加之,留者因前,逆则依减。顺行出斗去其分,逆行入斗先加分。讫,皆以程法约行分为度分,各得每日所至。其五星后顺留退所终日度,各依伏度,求其去日远近,消息日度之所在,以定伏日所在。若注历,其日度及金水等星,皆弃其分也。

求平行度及分术

置定度率,以总乘之,以有分者从之,以日率除之,所得,为一日行分。不尽小分满其行分。满半总为度。即是一日所行度及行分、小分。置定日率，减一日，以所差分乘之，二而一，为差率。益疾者以差率减平行分，益迟者以差率加平行分，即是初日所行度及分。

星名星行变日初行入气历行日率行度及度分率。损益率。

岁星：初顺，差行一百一十四日，行十八度五百九迟一分先疾，日益十四日。前留，二十六日。旋退西行，差行三十日，退六度十二分。先迟，日益疾二分。又退西行，差行四十二日，退六度十二分。先疾，日益迟二分。后留，二十五日。后顺，差行一百一十四日，行十八度五百九。先进迟，日益疾一分日尽而夕伏十四日。

荧惑：初顺，入冬至初日，率二百四十三日行一百六十五度。自后三日损日及度各三。小寒初日，二百三十五日行一百五十四度。自后二日损日及度各三。谷雨四日，平，毕小满九日。一百七十八日行一百度。自入小满九日已后，二日益日及度各一。夏至初日，平，毕六日。一百七十一日行九十三度。自入夏至六日已后，三日益日及度各一。立秋初日，一百八十四日行一百六度。自后一日益日及度各一。白露初日，二百一十四日行一百三十六度。自后五日益日及度各一。秋分初日，二百三十二日行一百五十四度。自后一日益日及度各一。寒露初日，二百四十七日行一百六十九度。自后五日益日及度各二。霜降五日，平，毕立冬十三日。二百五十九日行一百八十一度。自入立冬十三日已后，二日损日及度各一。复冬至初日，二百四十二日行一百六十五度。各依所入恒气，平者依率，自余计日损益，各为前疾日度定率。其前迟及留退入气有损益日度者，计日损益，皆同此疾之法，以为迟留旋退定日度之率也。

求变日率术

此疾，入大寒六日，损日率一，毕雨水。入春分，毕立夏，减日率十。入小满初，减日率十。后三日损所减一。毕芒种，依平。若入立秋，三日益日率一，毕处暑。入白露，毕秋分，均加率十。入寒露初，加率十。后一日半损所加一，毕气尽，依平。

求变度率术

此疾，若入大寒，毕于启蛰，立夏至大暑气尽，霜降毕小雪，皆加度率四。清明毕谷雨，加率度十二。初行入处暑，减日率六十，度率三十。别为初迟半度之行，行尽此日度，及来所减之余日度之率续为疾。入白露，毕秋分，四十四行二十度。皆为初迟半度之率。初行入大寒，毕大暑，差行，先疾，日益迟一分。各如上法，求其行分。其前迟后日率，既有增损，而益迟益疾若分，皆检括前疾末日行分，为前迟初日行分。以前迟平行分减之，余为前迟总差。后疾日分，为后迟末日行分。为后迟日行分减之，余为后总差。减为后别日差分。其不满者，皆调为小分。迟疾之际，行分衰杀不论。所差多者，依此推算。若所差不多者，各依本法。

前迟：顺，差行，入冬至，六十日行二十五度。先疾，日益。自入小寒已后，二迟二分，日损日及度各一。大寒初日，五十五日行二十度。自后三日益日及度各一。立春初日平。毕清明，六十日行二十五度。自谷雨气别减一气。立夏初日平。毕小满，六十日行二十二度。自入芒种，别益一度。夏至初日平。毕处暑，六十日行二十五度。自入白露已后，三日损一度。秋分初日，六十日行二十五度。自后一日益一，日半益一度。寒露初日，六十日行二十五度。自后二日损一度。立冬一日平。毕气，六十日行十七度。自大雪已后，五日益一度。大雪初日，六十日行二十度。自后三日益一度。

前留：十三日。前疾减日率一度，以其数分益此留及后迟日率。前疾加日率者，以其数分迟日率。旋退，西行，入冬至初日，六十三日退二十一度。自后四日益一度。小寒一日，六十三日退二十六度。自入小寒已后，三日半损一度。立春三日平。毕启蛰，六十二日退十七度。自入雨水已后，二日益日及度各一。雨水八日平。毕气尽，六十七日退二十一度。自入春分已后，一日损日及度各一。春分四日平。毕芒种，六十三日退七十度。自入夏至已后，六日损日及度各一。大暑初日平。毕气尽，五十八日退十二度。立秋初日平。毕气尽，五十七日退十一度。自入白露已后，二日益日及度各一。白露十二日平。毕秋分，六十三日退七十度。自入寒露已后，三日益日及度各一。寒露九日平。毕气尽，六十六日退二十度。自入露降已后，三日损日及度各一。霜降六日平。毕气尽，六十三日退十七度。自立冬已后，三日益日及度各一。立冬十一日平。毕气尽，六十七日退二十一度。自入小雪已后，二日损日及度各一。小雪八日平。毕气尽，六十三日退十七度。自入大雪已后，三日益一度。

后留：冬至留十三日。自后二日半益一日。大寒初平，毕气尽，留二十五日。自入立春已后，二日半日损一。雨水初，留十三日。自后三日益一日。清明初，留二十三日。自后一日损一日。清明十日平，毕气尽，留十五日。自入白露已后，二日损一日益一日。秋分十一日，无留。自入秋分十一日已后，一日益一日。霜降初日，留十九日。自后三日损一日。立冬三日平，毕大雪，留十三日。

后迟：顺，差行六十日行二十五度。先疾，日益疾二日。前后疾加度者，此迟依数减之为定度；前疾加度者，此迟入秋至立冬，减三度，入冬至减五度，复留定日纳十三日者，以所朒日数，加此迟日率也。

后疾：冬至初日，率二百一，一日行一百三十一度。自后一日损日及度各一。大寒八日，一百七十二日行九十四度。自入大寒八日已后，一日损日及度各一。启蛰，平。毕气尽，一百六十一日行八十三度。自入雨水已后，三日益日及度各一。谷雨三日，一百七十七日行九十九度。自入谷雨后，三日益日及度一。芒种十四日平。毕夏至，二百三十三日行一百五十度。自入夏至已后，十日益日及度各一。小暑五日，二百五十三日行一百七十五度。自入小暑已后，五日益日及度各一。大暑初日平，毕处暑，二百六十三日行一百八十五度。自入白露已后，二日损日及度各一。秋分一日，二百五十五日行一百七十七度。自入秋分一日已后，一日半复日及度各一。大雪初日，二百五十日行一百二十度。自入秋分，三日益日及度各一。冬至初日，复二百一十日行一百二十七度。其入恒气日度之率有损益者，计日损益，并同前疾之法，以为后疾定度之率。

求变日率术

其前迟定日朒六十，及退行定日朒六十三者，皆以所朒日数加此疾定日率，前迟定日盈六十三，后留定日盈六十三者，皆以所盈日数减此疾定日率。加减讫，即变日率。

求变度率术

其前迟定度朒二十五,退行定度盈十七,迟入秋分至冬至减度者,皆以所盈朒度数,加此疾定度率。前迟定度盈二十五,及退行定度朒十七者,皆以所盈朒度数,减此疾定度率。加减讫,即变度率。初行,入春分,毕谷雨,差行。先迟,日益疾一分。初行,入立夏,毕夏至,日行半度。六十六日行二十三度。小暑,五十日行二十五度。立秋毕气尽,二十日行十度,减率续行,并同前疾初迟法。损益依前,求其行分。各尽度而夕伏。

镇星:初顺,差行,八十三日行七度二百九十分。先疾,日益迟半分。前留,三十七日。旋退,西行,差行,五十一日退。三十分。先迟,日益疾少半。

太白:夕见,顺,入冬至毕立夏,入立秋毕大雪。一百七十二日行二百六度。自入小满后,十日益一度,为定疾。初入白露,毕春分,差行。疾,日益迟二分。自余平行。夏至毕小暑,一百七十二日行二百九度。自入大暑已后,五日损一度,毕气尽。平行:入冬至初日及大暑,各毕气尽。一十三日行一十三度。自入冬至后,十日损一,毕已后立春,入立秋,日益一,毕秋分。启蛰毕芒种,七日行七度。自入夏至后,五日益一,毕于小雪。寒露初日,三十三日行二十二度。自后六日损一,半于小雪。顺迟:差行,三十二日行三十度。先疾,日益迟八分。前疾加度疾加度过二百六度者,准数损此度。夕留,七日。夕退,西行,一十日退五度。日尽而夕伏。晨初退,西行,十日退五度。日退半度。晨留,七日。顺迟,差行,冬至毕立夏,大雪毕气尽。三十二日,先迟,日益疾八分。自入小满已后,率十日损一度,毕芒种。平行,冬至毕气尽,立夏毕气尽。一十三日行一十三度。日行一度。自入小寒已后,六日益日及度各一,毕于启蛰。入小满后,七日损日度各一,毕立秋。雨水初日,二十三日行二十三度。自后六日损日及度各一,毕于谷雨。处暑毕寒露,无此平行。自入霜降后,五日益日及度各一,毕大雪。前迟行损度不满三十度者,此疾依数益之。疾行,一百七十二日行二百六度。处暑毕寒露,差行,先迟,日益疾一分。余平行,行日尽而晨伏。

辰星:夕见,顺疾,一十二日行二十一度六分。日行一度五百三分。大暑毕处暑,一十二日行一十七度二分。日行一度二百八十分。平

行，七日行七度。自入大暑后，二日损日及度各一。入立秋，无此平行。顺
迟行，六日行二度四分。日行二百二十四分，前疾行十一度者，无此迟行。
日尽而夕伏。夕留，五日。晨见，留五日。顺迟行，六日行二度四分。
日行二百二十四分。自入大寒，毕于启蛰，无此迟行。平行，七日行七度。日
行一度。大寒巳后，二日损日及度各一。入立春，无此平行。顺疾行，一十二
日行二十一度六分。日行一度五百三分。前无迟行者，一十三日行十
七度十分。日行一度二百八十分。各日尽而晨伏。

凡五星终日分奇，皆于伏分消遁，故于行星更不别见。

武太后称制，诏曰："顷者所司造历，以腊月为闰。稽考史籍，便
紊旧章，遂令去岁之中，晦仍月见。重更寻讨，果差一日。履端举正，
属在于兹。宜改历于惟新，革前非于既往。可以今月为闰十月，来
月为正月。"是岁得甲子合朔冬至。于是改元圣历，以建子月为正，
建丑为腊，建寅为一月，命太史瞿昙罗造新历。至三年，复用夏时，
《光宅历》亦不行用。中宗反正，太史丞南宫说奏："《麟德历》加时浸
疏。又上元甲子之首，五星有入气加时，非合璧连珠之正也。"乃诏
说与司历徐保乂、南宫季友，更治《乙巳元历》。至景龙中，历成，诏
令施用。俄而睿宗即位，《景龙历》寝废不行。《麟德历经》今略载其
法大端。

母法一百两大演之数为母法。

旬周六十六甲之终数为旬周。

辰法八刻；分，三十三少半。以十二辰数除一百刻，得辰法。

期周三百六十五日；余，二十四；奇，四十八。一期之总日及余奇数为
期。

气法十五日；余，二十一；奇，八十五少半。以二十四气分期周，得气法。

候法五日；余，七；奇，二十八；小分，四。以七十二候分期周，得候法。

月法二十九日；余，十三；奇。为月法。

日法日舒月远乃舒一合朔之及余奇为日法。

望法十四日；余，七十六；奇，五十三。因为阴后限。二分月法得望法。亦

是月行阴历,后与朔望会交限。

　　弦法七日;余,三十八;奇,二十六半。四分月法,得弦法。

　　闰差十月;余,八十七;奇,七十六。月法去期周,余得闰差。

　　没数九十一;余,三十一;奇,十二。四分期周,余四分之得没数。

　　没法一;余,三十一;奇,十二。以旬周去期周,余四分之,得没法。

　　月周法二十七日;余,五十五;奇,四十五;小分,五十九。月行迟疾一周
之数,为月周法。

　　月差法一日;余,九十七;奇,六十;小分,四十一。以月周减月法,余得
月差。

　　周天法三百六十五度;余,二十五;奇,七十一;小分,十三。二十八宿总
度数、相距总数及余奇,为周天法。

　　交周法二十七日;余,二十一;奇,二十二;小,十六七分。日行阴阳一周
交于是日之数,为交周法。

　　交差法二日;余,三十一;奇,八十三;小分,八十三分。以交周法减月
法,得交差法。

　　交中法十三日;余,六十;奇,六十一;小分,三分半。二分交周,得交中
法。

　　阳前限十二日;余,四十四;奇,六十九;小分,十六七分。月行阳历,与
朔望会之限。

　　阳后限一日;余,十五;奇,九十一;小分,九十一六分半。月行阳历,后
与朔望会之限。

　　阴前限二十六日;余,五;奇,三十;小分,二十五半分。月行阴历,先与
朔望会之限。

　　木岁星合法三百九十八日;余,八十六;奇,七十九;小分,八十。

　　火荧惑合法七百七十九日;余,九十一;奇,五十五;小分,四十五。

　　土镇星合法三百七十八日;余,八;奇,四;小分,八十。

　　金太白合法五百八十三日;余,九十一;奇,七十七;小分,七十。

　　水辰星合法一百一十五日;余,八十七;奇,九十五;小分,七十。

　　太极上元,岁次乙巳,十一月甲子朔旦冬至之日,黄钟之始,夜
半之时,斗衡之末建于子中,日月如合璧,五星若连珠,俱起于星纪

牵牛之初踪。今大唐神龙元年,复岁次于乙巳,积四十一万四千三百六十算外。上验往古,年减一算。下求将来,年加一算。《乙巳元历》法积数,大约如此。其算经不录。

旧唐书卷三四
志第一四

历　三

《开元大衍历经》

演纪上元阏逢困敦之岁，距今开元十二年甲子岁，岁积九千六百六十六万一千七百四十算。

大衍步中朔第一

大衍通法：三千四十。

策实：一百一十一万三百四十三。

揲法：八万九千七百七十三。

灭法：九万一千三百。

策余：一万五千九百四十三。

用差：一万七千一百二十四。

挂限：八万七千一十八。

三元之策：一十五；余，六百六十四；秒，七。

四象之策：二十九；余，一千六百一十三。

中盈分：一千三百二十八；秒，十四。

爻数：六十。

象统：二十四。

推天正中气：以策实乘入元距所求积算，命曰中积分。盈大衍通法得一，为积日。不盈者，为小余。爻数去积日，不尽日为大余。数从甲子起算外，即所求年天正中气冬至日及小余也。

求次气:因天正中气大小余,以三元之策及余秒加之。其秒盈象统,从小余。小余满大衍通法,从大余。大余满爻数,去之。命如前,即次气恒日及余秒。凡率相因加者,下有余秒,皆以类相从。而满其法,则迭推之,用加上位。日盈爻数,去之也。

推天正合朔:以揲法去中积分。其所不尽,曰归余之卦。以减中积分,余为朔积分。乃如大衍通法而一,为日。不尽,为小余。日盈爻数,去之。不盈者,为大余。命以甲子算外,即所求年天正合朔经日及小余也。

求次朔及弦望:因天正经朔大小余,以四象之策及余加之。数除如法,即次朔经日及余也。又自经朔加一象之日七及余一千一百六十三少,得上弦。倍之,得望。参之,得下弦。四之,是谓一揲,复得后月之朔。凡四分一为少,二为半,三为太,四为全。加满其全数,去之,从上位。综中朔盈虚分,累益归余之卦,每其月闰衰。凡归余之卦五万六千七百六十以上,其岁有闰。因考其闰衰,满卦限以上,其月及合置闰。或有进退,皆以定朔无中气裁焉。

推没日:置有没之气恒小余,以象统乘之,内秒分,参而伍之,以减策实。余满策余,为日。不满,为没余。命起也。凡恒气小余,不满大衍通法,如中盈分半法已下,为有没之气。

推灭日:以有灭之朔经小余,减大衍通法。余,倍参伍乘之,用减灭法。余,满朔虚分,为日。不满,为灭余。命起经朔初日算外,即合朔后灭日也。凡经朔小余不满朔虚分者,为有灭之朔。

大衍步发敛术第二

天中之策:五;　余,二百二十二;　秒,三十一。　秒法:七十二。

地中之策:十八;余,一百六十五;　秒,八十六。　秒法:一百二十。

贞晦之策:三;　余,一百三十二;　秒,一百三。　秒法:如前。

辰法:七百六十。

刻法:三百四。

推七十二候:各因中节大小余命之,即初候日也。以天中之策及余秒加之，数除如法法，即次候日。又加，得末候日。凡发敛，皆以恒气。

推六十卦：各因中气大小余命之，公卦用事日也。以地之策及余秒累加之，数除如法，各次卦用事日。若以贞晦之策加诸侯卦，得十有二节之初外卦用事日。

推五行用事：各因四立大小余命之，即春木、夏火、秋金、冬水首用事日也。以贞晦之策及余秒，减四季中气大小余，即其月土始用事日。凡抽加减而有秒者，母若不齐，当令母互乘子。乃加减之。母相乘为法。

恒气月中节四月卦	初候	次候	末候	始卦	中卦	终卦
冬至十一月中坎初六	蚯蚓结	麋角解	水泉动	公中孚	辟复	侯屯内卦
小寒十二月节坎九二	雁北向	鹊始巢	野鸡始雏	侯屯外卦	大夫谦	卿睽
大寒十二月中坎六三	鸡始乳	鸷鸟厉疾	水泽腹坚	公升	辟临	侯小过内卦
立春正月节坎六四	东风解冻	蛰虫始振	鱼上冰	侯小过	大夫蒙	卿益
雨水正月中坎九五	獭祭鱼	鸿雁来	草木萌动	公渐	辟泰	侯需内卦
惊蛰二月节坎上六	桃始花	仓庚鸣	鹰化为鸠	侯需外卦	大夫随	卿晋
春分二月中震初九	玄鸟至	雷乃发声	始电	公解	辟大壮	侯豫内卦
清明三月节震六二	桐始华	鼠化为鴽	虹始见	侯豫外卦	大夫讼	卿蛊
谷雨三月中震六三	萍始生	鸣鸠拂羽	戴胜降桑	公革	辟史	侯旅内卦

节气						
立夏四月节震九四	蝼蝈鸣	蚯蚓出	王瓜生	侯旅外卦	大夫师	卿比
小满四月中震六五	苦菜秀	靡草生	小暑至	公小畜	辟乾	侯大有内卦
芒种五月节震上六	螳螂生	鹍始鸣	反舌无声	侯大有外卦	大夫家人	卿井
夏至五月中离六二	鹿角解	蜩始鸣	半夏生	公咸	辟姤	侯鼎内卦
小暑六月节离六二	温风至	蟋蟀居壁	鹰乃学习	侯鼎外卦	大夫丰	卿涣
大暑六月中离九三	腐草为萤	土润溽暑	大雨时行	公履	辟遁	侯恒内卦
立秋七月节离九四	凉风至	白露降	寒蝉鸣	侯恒外卦	大夫节	卿同人
处暑七月中离六五	鹰祭鸟	天地始肃	禾乃秀	公损	辟否	侯巽内卦
白露八月节离上九	鸿雁来	玄鸟归	群鸟养羞	侯巽外卦	大夫萃	卿大畜
秋分八月中兑初六	雷乃收声	蛰虫坯户	水始涸	公贲	辟观	侯归妹内卦
寒露九月节兑九二	鸿雁来宾	雀入大水为蛤	菊有黄花	侯归妹外卦	大夫无妄	卿明夷
霜降九月中兑六四	豺乃祭兽	草木黄落	蛰虫咸俯	公困	辟剥	侯艮内卦
立冬十月节兑九四	水始冰	地始冻	野鸡入大水为蜃	侯艮外卦	大夫既济	卿噬嗑
小雪十月中兑九五	虹藏不见	天气上腾地气下降	闭塞而成冬	公大过	辟坤	侯未济内卦

大雪十一　鹖鸟不　虎始交　荔挺出　侯未济　大夫寒　卿颐
月节兑上六　鸣　　　　　　　　　　　　　外卦

　　推发敛去朔：各置其月闰衰，以大衍通法约之，为日。不尽为
余，即其月中气去经朔日算及余秒也。求卦候者，各以天地之策及
余秒累加减之，中气之前以减，中气之后以加。得去经朔日算及余秒。

　　推发敛加时各置其小余，以六爻乘之，如辰法而一，为半辰之
数。不尽者，五之，三刻法除之，为刻。又不尽者，三约为分。此分满
刻，若令满象积为刻者，即置不尽之数，十之，九而一，为分。命辰起子半算
外，各其加时所在辰刻及分也。

大衍步日躔术第三

乾实：一百一十一万三百七十九太。

周天度：三百六十五。虚分七百七十九太。

岁差：三十六太。

定气	辰　数	盈缩分	前后数	损益率	朓朒积
冬至	一百七十三三分	盈二千三百五十三	先端	益一百七十八	朒初
小寒	一百七十五三分	盈一千八百四十五	先二千三百五十三	益一百三八	朒一百七十六
大寒	一百七十七一分	盈一千三百九十	先四千一百九十八	益一百四	朒三百一十四
立春	一百七十八八分	盈九百七十六	先五千五百八十八	益七十三	朒四百一十八
雨水	一百八十三分	盈五百八十八	先六千五百六十四	益四十四	朒四百九十一
惊蛰	一百八十一八分	盈二百一十四	先一千一百五十二	益十六	朒五百三十五

春分	一百八十三 五分	缩二百一 十四	先七千三 百六十六	损十六	朒五百五 十一
清明	一百八十四 九分	缩五百八 十八	先七千一 百五十二	损四十四	朒五百四 十五
谷雨	一百八十六 五分	缩九百七 十六	先六千五 百六十四	损七十三	朒四百九 十一
立夏	一百八十八 一分	缩一千三 百九十	先五千五 百八十八	损一百四	朒四百十 八
小满	一百八十九 九分	缩一千八 百四十五	先四千一 百九十八	损一百三 十八	朒三百十 四
芒种	一百九十一 九分	缩一千三 百五十二	先二千三 百五十三	损一百七 十六	朒一百七 十六
夏至	一百九十一 九分	缩二千三 百五十三	后端	益一百七 十六	朓初
小暑	一百八十九 九分	缩一千八 百四十五	后二千三 百五十三	益一百三 十八	朓一百七 十六
大暑	一百八十八 一分	缩一千三 百九十	后四千一 百九十八	益一百四	朓三百一 十四
立秋	一百八十六 五分	缩九十六	后五千五 百八十八	益七十三	朓四百一 十八
处暑	一百八十四 九分	缩五百八 十八	后六千五 百六十四	益四十四	朓四百九 十一
白露	一百八十三 五分	缩二百一 十四	后七千一 百五十二	益十六	朓五百三 十五
秋分	一百八十一 八分	盈二百一 十四	后七千三 百六十六	损十六	朓五百五 十一
寒露	一百八十 三分	盈五百八 十八	后七千一 百五十二	损四十四	朓五百四 十五

霜降	一百八十八八分	盈九百七十六	后六千五百六十四	损七十三	朒四百九十一
立冬	一百七十七一分	盈一千三百九十	后五千五百八十八	损一百四	朒四百一十八
小雪	一百七十五三分	盈一千八百四十五	后四千一百九十八	损一百三十八	朒三百一十四
大雪	一百七十三三分	盈一千八百五十三	后二千三百五十三	损一百七十六	朒一百七十六

求每日先后定数：以所入气并后气盈缩分，倍六爻乘之，综两气辰数除，入之，为末率。又列二气盈缩分，皆倍六爻乘之，各如辰数而一，以少减多，余为气差。加减末率，至后以差加，分后以差减。为初率。倍气差，亦六爻乘之，复综两气辰数以除之，为日差。半之，以加减初末，各为定率。以日差累加减气初定率，至后以差减，分后以差加。为每日盈缩分。乃驯积之，随所入气日加减气下先后数，各其日定。冬至后为阳复，在盈加之，在缩减之。夏至后为阴复，在缩加之，在盈减之。距四正前一气，在阴阳变革之际，不可相并，皆因前末为初率。以气差至前加之，分前减之，为末率。余依前率，各得所求。其朓朒亦放此求之，各得每日定数。其分不满全数，母又每气不同，当退法除之，用百为母，半已上从一，已下弃之。下求轨漏，余分不满准此。

推二十四气定日：冬夏至皆在天地之中，无有盈缩。余各以气下先后数，先减后加恒气小余。满若不足，进退其日。命从甲子算外，各其定日及余秒也。凡推日月行度及轨漏交蚀，并依定气。若注历即依恒气也。

推平朔四象：以定气相距置朔弦望经日大小余，以所入定气大小余及秒分减之，各其所入定气日算及余秒也。若大余少不足减者，加爻数，然后减之。其弦望小余有少半太，当以爻乘之，乃以气秒分减，退一加象统。小余不足减，退日算一，加大衍通法也。

求朔弦望经日入朓朒：各置其所入定气日算及余秒。减日算一,各以日差乘而半之,以加减其气初定率,前少,加之;前多,减之。以乘其所入定气日算及余秒。凡除者,先以母通全,内子,乃相乘,母相除之也。若忽微之数烦多而不甚相校者,过半收为全,不盈半法,弃之。所得以损益朒积,各为其日所入朓朒定数。若非朔望有交者,以十二乘所入日算。三其小余,辰法除而从之。以乘损益率,如定气辰数而一。所得以损益朓朒积,各为定数也。

赤道宿度

斗二十六　牛八　女十二　虚十及分　危十七　室十六　壁九
　　　　右北方七宿九十八度_{虚分七百七十九太}

奎十六　　娄十二胃十四　昴十一　　毕十七　觜一　　参十
　　　　右西方七宿八十一度

井三十三　鬼三　柳十五　星七　　　张十八　翼十八　轸十七
　　　　右南方七宿一百一十一度

角十三　　亢九　氐十五　房五　　　心五　　尾十八　箕十一
　　　　右东方七宿七十五度

前皆赤道度。其毕、觜、参及舆鬼四宿度数,与古不同,今并依天以仪测定,用为常数。纮带天中,仪极攸凭,以格黄道也。推黄道,准冬至岁差所在。每距冬至前后各五度为限。初数十二,每限减一,尽九限,终于四。殷二立之际,一度少强,依平。乃距春分前、秋分后,初限起四,每限增一,尽九限,终于十二,而黄道交复。计春分后、秋分前,亦五度为限,初数十二,尽九限,数终于四。殷二立之际,一度少强,依平前,秋分后,初限起四,乃距夏至前后,初限起四,尽九限,终于十二。皆累裁之,以数乘限度,百二十而一,得度。不满者,十二除为分。若以十除,则大分。十二为母,命以太半少及强弱。命曰黄赤道差数。二至前后,各九限,以差减赤道度,为黄道度。二分前后,各九限,以差加赤道度,为黄道度。若从黄道度反推赤道,二至前后各加之,二分前后须减之。

黄道宿度

斗二十牛七半女十一少虚十_{反差}危十七太室十七少壁九太

三半

　　　右北方九十七度<small>六虚之差十九太</small>

奎十七娄十二胃十四太昴十一　毕十六少觜一　　参九少
半　　太

　　　右西方八十二度

井三十鬼二太柳十四少星六太　张十八太翼十九少轸十八太

　　　右南方一百一十度半

角十三亢九半氐十五太房五　　心四太　尾十七　风星十少

　　　右东方七十五度少

　　前皆黄道度。其步日行月与五星出入，循此。<small>求此宿度，皆有余分。前后辈之成少、半、太，准为全度。若上考古下验将来，当据岁差。每移一度，各依术算，使得当时宿度及分，然可步日月五星，知其犯守也。</small>

　　推日度：以乾实去中积分。不尽者，盈大衍通法为度。不满，为度余。命起赤道虚九，去分。不满宿算外，即所求年天正冬至加时日所在度及余也。以三元之策累加之，命宿次如前，各得气初日加时赤道宿度。

　　求黄道日度：以度余减大衍通法。余以冬至日躔之宿距度所入限乘之，为距前分。置距度下黄赤道差，以大衍通法乘之，减去距前分。余，满百二十余，为定差。不满者，以象统乘之。复除，为秒分。乃以定差及秒减赤道宿度。余，依前命之，即天正冬至加时所在黄道宿度及余也。

　　求次定气：置岁差，以限数乘之，满百二十余，为秒分。不尽为小分。以加于三元之策秒分，因累而裁之，命以黄道宿次去之，各得定气加时日躔所在宿及余也。

　　求定气初日夜半日所在度：各置其气定小余，副之，以乘其日盈缩分，满大衍通法而一，盈加缩减其副，用减其日时度余，命如前，各其日夜半日躔行在。求次日，各因定气初日夜半度，累加一策，乃以其日盈缩分，盈加缩减度余，命以宿次，即半日所在度及余也。

大衍步月离术第四

转终分：六百七十万一千二百七十九。

转终日：二十七；余，一千六百八十五；秒，七十九。

转法：七十六。

转秒：八十。

推天正经朔入转以转终分去朔积分，不尽，以秒法乘，盈转终分又去之，余如秒法一而入转分。不尽为秒。入转分满大衍通法，为日。不满为余。命日算外，即所求年天正经朔加时入转日及余秒。

求次朔入转：因天正所入转差日一、转余二千九百六十七、秒分一，盈转终日余秒者去之。数除如前，即次日经朔加时所入。考上下弦望，求经朔四象术，循变相加，若以经朔望小余减之，各其日夜半所入转日及余秒。

终 日	转分	列衰	转积度	损益率	朓朒积
一 日	九百一十七	进十三	度初	益二百九十七	朓初
二 日	九百三十	进十三	十二度五	益二百五十九	朓二百九十七
三 日	九百四十三	进十三	二十四度二十五	益二百二十	朓五百五十六
四 日	九百五十六	进十四	三十六度五十四	益一百八十	朒七百七十六
五 日	九百七十	进十四	四十九度二十二	益一百三十九	朒九百五十六
六 日	九百八十四	进十六	六十二度四	益九十七	朒一千九十五
七 日	一千	进十八	七十五度	生初益四十八 损末六	朒一千一百九十二
八 日	一千一十八	进十九	八十八度十二	损六十四	朒一千二百三十四

九　日	一千三十七	进十四	一百一度四十二	损一百六	朒一千一百七十
十　日	一千五十一	进十四	一百十五度十五	损一百四十八	朒一千六十四
十一日	一千六十五	进十四	一百二十九度二	损一百八十八	朒九百六
十二日	一千七十九	进十三	一百四十二度三	损一百二十九	朒七百二十七
十三日	一千九十二	进十三	一百五十七度十八	损一百六十七	朒四百九十八
十四日	一千一百五十	进十退三	一百七十一度四十六	初损二百四十一 末益六十六	朒二百三十一
十五日	一千一百一十二	退十三	一百八十度十一	益二百八十九	朓六十六
十六日	一千九十九	退十三	二百度五十九	益二百五十	朓二百五十五
十七日	一千八十六	退十三	二百一十五度十八	益二百一十一	朓六百五
十八日	一千七十三	退十四	二百二九度四十	益一百七十二	朓八百一十六
十九日	一千五十九	退十四	二百四十三度四十九	益一百三十	朓九百八十七
二十日	一千四十五	退十七	二百五十七度四十四	益八十七	朓一千一百一十七
二十一日	一千二十八	退十八	一百七十一度二十五	初益三十六 末损一十八	朓一千二百四
二十二日	一千一十	退十八	二百八十四度六十五	损七十三	朓一千二百二十三

二十三日	九百九十二	退十四	二百九十八度十一	损一百一十六	朓一千一百四十九
二十四日	九百七十八	退十四	三百一十一度	损一百五十七	朓一千三十三
二十五日	九百六十四	退十四	三百二十四度十五	损一百九十八	朓八百七十六
二十六日	九百五十	退十三	三百三十六度五十七	损二百三十七	朓六百七十八
二十七日	九百三十七	退十三	三百三十九度十九	损二百七十六	朓四百四十一
二十八日	九百二十四	退七进六	三百六十一度四十四	初损一百六十五末益入后	朒一百六十五

求朔望入朓朒定数：各朔其所入日损益而半之，为通率。又二率相减为率差。前多者，以入余减大衍通法，余乘率差，盈大衍通法得一，并率差而半之。前少者，半入余，乘率差，亦如大衍通法除之，为加时转率。乃半之，以损益加时所入，余为转余。其转余，应益者，减法；应损者，因余。皆以乘率差，盈大衍通法得一，加于通法。转率乘之，大衍通法约之。以朓朒加转率为定率。乃以定率损益朓朒积为定数。其后无同率者，亦因前率，益者以通率为初数，半率差而减之。应通率，其损益入余进退日者，分为二日，随初末如法求之，所得并以损益转率。此术本出《皇极历》，以究算术之微率。若非朔望有交者，直以入余乘损益，如大衍通法而一，以损益朓朒为定数，各得所求。

七日初：二千七百一，约为大分八。末：三百三十九，约为大分一。

十四日初：二千三百六十三，约为大分七。末：六百七十七，约为大分二。

二十一日初：二千二十四日分，约为大分六。末：一千一十六，约为大分三。

二十八日初：一千六百八十六，约为大分五。末：一千三百五十四，约为大分四。

右以四象约转终日及余,均得六日二千七百一分。就全数约为大分,是为之八分。以减法,余为末数。乃四象驯变相加,各其所当之日初末数也。视入转余,如初数以下者,加减损益,因循前率;如初数以上,则反其衰,归于后率云。

求朔弦望定日及余:以入气、入转朓朒定数,同名相从,异名相消。乃以朓减朒加四象经小余。满若不足,进大余。命以甲子算外,各其定日小余。于名与后朔叶同者,月大。不同者,小;无中气者,为闰月。凡言夜半者,皆起晨前子正之中。若注历观弦望定小余,又盈晨初余数者,退一日。其望,小余虽满此数,若有交蚀,亏初起在晨初已前者,亦如之。又月行九道迟疾,则三大二小。以日行盈缩,累增损之,则各有四大三小,理数然也。若俯循常仪,当察加时早晚,随其所近而进退之,使不过三小。其正月朔,若有交加时三见消息,前后一两月,以定大小,令亏在晦二。

推定朔弦望夜半日所在度:各随定气次日以直日度及余分命焉。若以五星相加减者,以四约度余。乃列朔弦望小余,副之,以乘其盈缩分,如大衍通法而一,盈加缩减其副,以加其日夜半度余,命如前,各其日加时日躔所次。

推月九道度:凡合朔所交,冬在阴历,夏在阳历,月行青道。冬、夏至后,青道半交在春分之宿,殷黄道东。立冬、夏后,青道半交在立春之宿,殷黄道东南。至所冲之宿亦如之也。冬在阳历,夏在阴历,月行白道。冬至夏至后,白道半交在秋分之宿,殷黄道西。立北。至所冲之宿亦如之也。春在阳历,秋在阴历,月行朱道。春、秋分后,朱道半交在夏至之宿,殷黄道南。立春立秋后,朱道半交在立夏之宿,殷黄道西南。至所冲之宿亦如之也。春在阴历,秋在阳历,月行黑道。春、秋分后,黑道半交在冬至之宿,殷黄道北。立春立秋后,黑道半在立冬之宿,殷黄道东北。至所冲之宿亦如之也。四序离为八节,至阴阳之始交,皆以黄道相会,故月有九行。各视月交所入七十二候,距交初黄日每五度为限。交初交中同。亦初数十二,每限减一,数终于四,乃一度强,依平。更从四起,每限增一,终于十二而至半交,其去黄道六度。又自十二,每限减一,数终于四,亦一度强,依平。更从四起,每限增一,终于十二。复与日轨相会。

各累计其数,以乘限度,二百四十而一,得度。不满者,二十四除,为分。若以二十除之,则大分。十二为母,命以半太及强弱也。月为月行与黄道差数。距半交前后各九限,以差数为减;距正交前后各九限,以差数为加。此加减是出入六度,单与黄道相交之数也。若交赤道,则随气迁变不恒。计去冬至夏至以来候数,乘黄道所差,十八而一,为月行与赤道差数。凡日以赤道内为阴,赤道外为阳;月以黄道内为阴,黄道外为阳。故月行宿度春分交后行阴历,秋分交后行阳历,皆为同名;若入春分交后行阳历,秋分交后行阴历,皆为异名。其在同名,以差数为加者加之,减者减之;若在异名,以差数为加者减之,减者加之。皆以增损黄道度为九道定度。

推月九道平交入气:各以其月恒中气,去经朔日算及余秒,加其月经朔加时入交泛日及余秒,乃以减交经日及余秒,其余即各平交入其月恒中气日算及余秒也。满三元之策及余秒则去之,其余即平交入后月恒节气日算及余秒。因求次交者,以交终日及余加之。满三元之策及余秒,去之,不满者,为平交入其气日算及余秒。各以其气初先后数先加、后减其入余。满若不足,进退日算,即平交入定气日算及余秒也。

求平交入气朓朒定数:置所入定气日算,倍六爻乘之,三其小余,辰法除而从之,以乘其气损益率,如定气辰数而一,所得以损益其气朓朒积为定数也。

求平交入转朓朒定数:置所入定气余,加其日夜半入转余,以乘其日损益率,满大衍通法而一,所得以损益其日朓朒积,乃以交率乘之,交数而一,为定数。

求正交入气:置平交入气及入转朓朒定数,同名相从,异名相消。乃以朓减、朒加平交入气余,满若不足,进退日算,即为正交入定气日算及余也。

求正交加黄道宿度:置正交入定气余,副之,乘其日盈缩分,满大衍通法而一,所得以盈加缩减其副,以加其日夜半日度,即正交加时所在黄度及余也。

求正交加时月离九道宿度:以正交加时度余,减大衍通法。余以正交之宿距度所入限数乘之，为距前分。置距度下月道与黄道差，以大衍通法乘之，减去距前分，余满二百四十除，为定差。不满者，一退为秒。以定差及秒加黄道度，余，仍计去冬至夏至以来候数，乘定差，十八而一，所得依名同异而加减之，满若不足，进退其度，命如前，即正交加时月离所在九道宿度及余也。

推定朔弦望加时月所在度：各置其日加时日躔所在，变从九道，循次相加，凡合朔加时月行潜在日下，与太阳同度，是为离象。先置朔弦望时黄道日度，以正交加时所在黄道宿度减之，余以加其正交道加时九道宿度，命起正交宿度算外，即朔弦望时所当九道宿度也。其合朔加时若非正交，则日在黄道，月在九道，各入宿度，虽多少不同，考其去极，若应准绳，故云月行潜在日下，与太阳同度也。

以一象之度九十一、余九百五十四、秒二十二半为上弦，兑象。倍之而与日冲，得望，坎象。参之，得下弦，震象。各以加其所当九道宿度，秒盈象统从余，余满大衍通法从度。命如前，各其日加时月所在度及余秒也。综五位成数四十，以约度余，为分。不尽者，因为小分也。

推定朔夜半入转：恒视经朔夜半所入，若宝朔大余有进退者，亦加减转日，否则因经朔以定。径求次定朔夜半入转，因前定朔夜半所入，大月加转差日二，小月加日一，转余皆一千三百五十四秒分一。数除如前，即次月定朔夜半所入。

求次日：累加一日，去命如，各其夜半所入转日及余秒。

求每日月转定度：各以夜半入转余，乘列衰，如大衍通法而一，所得以进加退减其日转分，为月每所转定分，满转法为度也。

求朔弦望定日前夜半月所在度：各半列衰，减转分。退者，定余乘衰，以大衍通法除，并衰而半之；进者，半定余乘衰，定以大衍通法除，皆加所减。乃以定余乘之，盈大衍通法得一，以减加时月度及分。因夜半准此求转分以加之，亦得加时月度。若非朔望有交，直以定小余乘所入日转交分，如大衍通法而一，以减其日时月度，亦得所求。

求次日夜半月度：各以其日转定分加之，分满转法从度，命如前，即次日夜半月所在度及分。

推月晨昏度：各以所入转定分乘其日夜漏，倍百刻除，为晨分。以减转定分，余为昏分。分满转法，从度。以加夜半度，望前以昏加，望后以晨加。各得其日晨昏月所在度及分。

大衍步轨术第五

爻统：一千五百二十。

象损：四百八十。

辰刻：八；刻分，一百六十。

昏明刻：各二；刻分，二百四十。

定气	陟降率	消息衰	阳城日晷	漏刻	黄道去极度	距中宿度
冬至	降七十八	息空六十四	一丈二赤七寸一分五十	二十七刻二百四十	一百一十七度二十	八十二度二十七
小寒	降七十二	息十一九十一	一丈二赤三寸七十七	二十七刻一百三十五	一百一十四度	八十三度九十一
大寒	降五十三	息二十二四十二	一丈一赤二寸一分八十二	二十六刻三百八十	一百一十一度九十	八十四度七十七
立春	降三十四	息三十二十五	九赤七寸三分五十一	二十五刻四百七十五	一百八度	八十七度七十
雨水	降初限七十八	息三十五七十八	八赤二寸一分六	二十四刻四百八十	一百三度二十	九十一度三十九
惊蛰	降一	息三十九五十	六赤七寸三分八十四	二十三刻三百六十	九十七度三十	九十五度八十八

春分	陟五	息三十九六十五	五赤四寸三分十九	二十二刻二百三十	九十一度三十	一百度四十四五十
清明	陟初限	息三十八八十九	四赤三寸一分十一	二十一刻一百二十	八十五度三十	一百五度
谷雨	陟三十二	息三十三五十六	三赤三寸四十	二十刻十	七十九度四十	一百九度五十
立夏	陟五十二	息二十八三十八	二赤五寸三十	十九刻五	七十四度五十五	一百一十三度十九
小满	陟六十三	息二十一十一	一赤九寸五分七十六	十八刻一百	七十度七十	一百一十一度十二
芒种	陟六十四	息十十二	一赤六寸三	十七刻三百五十四	六十八度二十四	一百一十八度九十
夏至	陟六十四	消空五十一	一赤四寸七分七十九	十七刻二百五十	六十七度四十	一百一十八度六十三
小暑	降六十三	消十七十六	一赤六寸三	十七刻三百五十五	六十八度二十五	一百一十七度九十八
大暑	降五十二	消二十七十五	一赤九寸五分	十八刻一百	七十八度七十	一百一十六度十二
立秋	降三十二	消二十八九十一	二赤五寸三分三十一	十九刻五	七十四度五十五	一百一十三度十九

处暑	降初限九十九	消二十四七十六	三赤三寸三十七	二十刻十	七十九度五十	一百九度五十
白露	降五	消三十八九十	四赤三寸二分十一	二十一刻一百二十	八十五度三十	一百五度
秋分	陟一	消三十九六十六	五赤四寸三分十九	二十刻二百四十	九十一度	一百度四十四五十
寒露	陟初限一	消三十九五十	六赤七寸三分八十四	二十三刻三百六十	九十七度三十	九十五度八十八
霜降	陟三十四	消二十四九十八	八赤二寸一分六	二十四刻四百七十一	一百三度二十	九十一度三十九
立冬	陟五十三	消二十九七十二	九赤七寸三分五十一	二十五刻四百七十五	一百八度五	八十七度
小雪	陟七十二	消二十一七十	一丈一赤二寸一分八十二	二十六刻三百八十	一百一十一度九十	八十四度七十
大雪	陟七十八	消十一十三	一丈二赤二寸二分七十七	二十七刻二百四十五	一百一十四度	八十二度九十一

　　求每日消息定衰：各置其气消息衰，依定气日数，每日以陟降率陟减降加其分，满百从衰，不满为分。各得每日消息定衰及分。其距二分前后各一气之外，陟降不等，各每以三日为一限，损益如后。

　　雨水初日：降七十八。初限每日损十二，次限每日损八，次限每日损三，次限每日损二，末限每日损一。

清明初日：陟一。初限每日益一,次限每日益二,次限每日益三,次限每日益八,末限每日益十九。

处暑初日：降九十九。初限每日损十九,次限每日损八,次限每日损三,次限每日损二,末限每日损一。

寒露初日：陟一。初限每日益一,次限每日益二,次限每日益三,次限每日益八,末限每日益十二。

求前件四气：置初日陟降率,每日依限次损益之,各为每日率。乃递以陟减降加其气初日消息衰分,亦得每日定衰及分也。

推戴日之北每度晷数：南方戴日之下,正中无晷。自戴日之北一度,乃初数一千三百七十九。从此起差,每度增一,终于二十五度。又每度增二,终于四十度。又每度增六,终于四十四度,增六十八。每度增二,终于五十五度。又每度增十九,终于六十度,度增一百六十。又每度增三十三,终于六十五度。又每度增三十六,终于七十度。又每度增三十九,终于七十二度,增二百六十。又度增四百四十,又度增一千六十,又度增一千八百六十,又度增二千八百四十,又度增四千,又度增五千三百四十,而各为每度差。因累其差以递加初数,满百为分,分满十为寸,各为每度晷差。又每度晷差数。

求阳城日晷每日中常数：各置其气去极度,以极去戴日下度五十六,盈分八十二减半之,各得戴日之北度数及分。各以其消息定衰戴日北所直度分之晷差,满百为分,分满十为寸,各为每日晷差。乃递以息减消加其气初晷数,得每日中晷常数也。

求每日中晷定数：各置其日所在气定小余,以爻统减之,余为中后分。置前后分,以其日晷差乘之,如大衍通法而一,为变差。乃以变差加减其日中晷常数,冬至后,中前以差减,中后以差加。夏至后,中前以差加,中后以差减。冬至一日有减无加,夏至一日有加无减。各得每日中晷定数。

求每日夜半漏定数：置消息定衰,满象积为刻,不满为分。各递以息减消加其气初夜半漏,各得每日夜半漏定数。

求晨初余数：置夜半定漏全刻，以九千一百二十乘之，十九乘刻分从之，如三百而一，所得为晨初余数，不尽为小分。

求每日昼夜漏及日出入所在辰刻：各倍夜半之漏，为夜刻。以减百刻，余为昼刻。减昼五刻以加夜，即昼为见刻，夜为没刻。半没刻以半辰刻加之，命起子初刻算外，即日出辰刻。以见刻加之，命如前，即日入辰刻。置夜刻以五除之，得每更差刻，又五除之，得每筹差刻。以昏刻加日入辰刻，得甲夜初刻。又以更筹差加之，得次更一筹之数。以次累加，满辰刻去之，命如前，即得五夜更筹所当辰及分也。其夜半定漏，亦名晨初夜刻。

求每日黄道去极定数：置消息定衰，满百为度，不满为分，各递以息减消加其气初去极度，各得每日极定数。

求每日距中度定数：置消息定衰，以一万二千三百八十六乘之，如一万六千二百七十七而一，为每日度差。差满百为度，不满为分。各递以息加消减其气初距中度，各得每日距中度数。倍距中度以减周天度，五而一，所得为每更度差。

求每日昏明及每更中宿度所临：置其日所在赤道宿度，以距中度加之，命宿次如前，即得其日昏中所临宿度。以每更差度加之，命如前，即乙夜初中所临宿度及分也。

求九服所在每气初日中晷常数：置气去极度数相减，各为每气消息定数，因测所在冬夏至日晷长短，但测至即得，不必要须冬至。于其戴日之北度及分晷数中，校取长短，同者便为所在戴日北度数及分。气各以消定数加减之，因冬至后者每气以减，因夏至后者每气以加。各得每气戴日北度数及分。各因其气所直度分之晷数长短，即各为所在每定气初日中晷常数。其测晷有在表南者，亦据其晷尺寸长短，与戴日北每度晷数同者，因取其所直之度，去戴日北度数，反之，为去戴日南度，然后以消息定数加减。

求九服所在昼夜漏刻：冬夏至各于所在下水漏，以定当处昼夜刻数。乃相减，为冬夏至差刻。半之，以加减二至昼夜刻数，加夏至、减冬至。为春秋分定日昼夜刻数。乃置每气消息定数，以当处二至差刻数乘之，如二至去极差度四十七分，八十而一，所得依分前后加减二分初日昼夜漏刻，春分前秋分后，加夜减昼，春分后秋分前，加昼减夜。各得所在定气初日昼夜漏刻数。求次日者，置每日消息定衰，亦以差刻乘之，差度而一，所得以息减消加其气初漏刻，各得所求。其求距中度及昏明中宿日出入所在，皆依阳城法求，仍以差度而今有之，即得也。

又术：置所在春秋分定日中晷常数，与阳城每日晷数校取同者，因其日夜半漏，即为所在定春秋分初日夜半漏。求余气定日，每以消息定数，依分前后加刻分。春分前以加，分后以减；秋分前以减，分后以加。满象积为刻，不满为分，各为所在定气初日夜半定漏。

求次日：以消息定衰依阳城法求之，即得。此术究理，大体合通。但高山平川，视日不等。校其日晷，长短乃同。考其水漏，多少悬别。以兹参课，术为审也。

大衍步交会术第六

交终：八亿二千七百二十五万一千三百二十二。

交中：四万一千三百六十二；		秒，五千六百六十一。
终日：二十七；	余，六百四十五；	秒，一千三百二十二。
中日：十三；	余，一千八百四十二；	秒，五千六百六十一。
朔差日：二；	余，九百六十七；	秒，八千六百七十八。
望差日：一；	余，四百八十三；	秒，九千三百三十九。
望数日：十四；	余，二千三百二十六；	秒，五千。
交限日：十二；	余，一千三百五十八；	秒，六千三百二十二。

交率：三百四十三。

交数：四千三百六十九。

辰法：七百六十。

秒分法：一万。

推天正经朔入交：以终去朔积分，不尽，以秒分法乘。盈交终，又去之。余如秒法而一，为入交分。以尽，为秒。入交分满大衍通法，为日；不满，为余。命日算外，即所求年天正经朔加时入交泛日及余秒。

求次朔入交：因天正所入，加朔差日及余秒，盈终日及余秒者，去之。数除如前，即次月经朔加时所入。

求望：以望数日及余秒加之，去命如前，即得所求。若以经朔望小余减之，各其日夜半所入交泛日及余秒。

求定朔夜半入交：恒视经朔望夜半所入，定朔望大余。有进退者，亦加减交日。否则，因经为定，各得所求。求次定朔夜半入交：因前定朔夜半所入，大月加交差日二，月小加日一，余皆二千三百九十四、秒八千六百七十八。求次日：累加一日，数除如前，各其夜半所入交泛日及余秒。

求朔望入交常日：各以其日入气朓朒定数，朓减朒加其入交泛，余满大衍通法从日，即为入交常及余秒。

求朔望入交定日：各置其日入转朓朒定数，以交率乘之，如交数而一。所得以朓朒加入交常，余数如前，即为入交定日及余秒。

求月交入阴阳历：恒视其朔望入交定日及余秒，如中日及余秒已下者，为月入阳历，已上者，以中日及余秒去之，余为月入阴历。

阴阳历

爻　目	加减率	阴阳积	月去黄道度
少阳 少阴　初	加一百八十七	阳 阴　初	空
少阳 少阴　二	加一百七十一	阳 阴　二百八十七	一度六十七分
少阳 少阴　三	加一百三十七	阳 阴　三百五十八	二度一百一十八分
少阳 少阴　四	加一百一十五	阳 阴　五百五	四度二十五分
少阳 少阴　五	加七十五	阳 阴　六百二十	五度二十八分
少阳 少阴　上	加二十七	阳 阴　六百九十五	五度九十五分

老阳 老阴 初	减二十七	阳 阴 七百二十二	六度二分
老阳 老阴 二	减七十五	阳 阴 六百九十五	五度九十五分
老阳 老阴 三	减一百一十五	阳 阴 六百二十	五度二分
老阳 老阴 四	减一百四十七	阳 阴 五百五	四度二十五分
老阳 老阴 五	减一百七十一	阳 阴 三百五十八	三度一百十八分
老阳 老阴 上	减一百八十七	阳 阴 一百八十七	一度六十七分

　　求四象六爻每度加减分及月去黄道定数：以其爻加减率与后爻加减率相减，为前差。又以后爻率与次后爻率相减，为后差。二差相减，为中差。置所在爻并后爻加减率，半中差以加而半之，十五而一，为爻末率，因为后爻初率。每以本爻初末率相减，为爻差。十五而一，为度差。半之，以加减初率，少象减之，老象加之。为定初率。每次度差累加减之，少象以差减，老象以差加，各得每度加减定分。乃修积其分，满百二十为度，各为每度月去黄道度数及分。其四象，初爻无率，上爻无末率，皆倍本多加减率，十五而一。所得各以初末率减之，皆互得其率。余依术算，各得所求。

　　求朔望夜半月行入阴阳度数：各置其日夜半入转日及余秒，余以其日夜半入交定日及余秒减之也。其秒母不等，当循率相通，然后减之，如不足减，即转终日及一余秒，然后减之。余为定交初日夜半入转日及余秒。乃以定交初日夜半入余与其日夜半入余，各乘其日转定分，如大衍通法而一。所得满转法为度，不满为分。各以加其日转积度及分，乃相减，其余即为其夜半月行入阴阳度数及分也。转求次日，但以其日转定分加之，满转法为度，即得。

　　求朔望夜半月行入四象度数：置其日夜半入阴阳度数及分，以一象之度九十除之。若以小象除之,则兼除差度一、度分一百六、大分十三、小分十四,讫,然以次象除之。所得以少阳、老阳、少阴、老阴为次,命起少阳算外,即其日夜半所入象度数及分也。先以三十乘阴阳度分,十九而一,为度分。乘又除,为小分。然以象度及分除之。

求朔望夜半月行入六爻度数:置其日夜半所入象度数及分,以一爻之度一十五除之。所得命起其象初爻算外,即以其日夜所入爻度数及分也。其月行入少象初爻之内,皆为沾近黄道度。当朔望则有亏蚀。求入蚀限:其入交定日及余秒,如望差已下交限已上者,为入蚀限。望入蚀限,则月蚀;朔入蚀限,月在阴历则日蚀。入限,如望差已下,为交后。交限已上者,以减中日及余,为交前。置交前后定日及余秒通之,为去交前后定分。置去交定分,以十一乘之,如二千六百四十三除之,为去交度数。不尽,以大衍通法乘之,复除为余。大抵去交十三度以上,虽入蚀限,为涉交数微,光影相接,或不见蚀。

求月蚀分:其去交定分七百七十九已下者,皆蚀既。已上者,以交定分减望差,余以一百八十三约之。尽半已下,为半弱;已上,为半强。命以十五为限,得月蚀之大分。

求月蚀所起:月在阴历,初起东南,甚于正南,复于西南。月在阳历,初起东北,甚于正北,复于西北。其蚀十二分已上者,皆起于正东,复于正西。此皆据南方正午而论之,若蚀于余方者,各随方面所在,准此取正,而定其蚀起复也。

求月蚀用刻:置月蚀之大分。五已下,因增三。十已下,因增四。十已上,因增五。其去交定分五百二十已下,又增半。二百六十已下,又增半。各为泛用刻率。

定气	增损差	差积
冬至	增十	积初
小寒	增十五	积十
大寒	增二十	积二十五
立春	增二十五	积二十五
雨水	增三十	积七十

惊蛰	增三十五	积一百
春分	增四十	积一百三十五
清明	增四十五	积一百七十五
谷雨	增五十	积二百二十
立夏	增五十五	积二百七十
小满	增六十	积三百二十五
芒种	增六十五	积三百八十五
夏至	损六十五	积四百五十
小暑	损六十	积三百八十五
大暑	损五十五	积三百二十五
立秋	损五十	积二百七十
处暑	损四十五	积二百二十
白露	损四十	积一百七十五
秋分	损三十五	积一百三十五
寒露	损三十	积一百
霜降	损二十五	积七十
立冬	损二十	积四十五
小雪	损十五	积二十五
大雪	损十	积十

　　求每日差积定数：以所入气并后气增损差，倍六爻乘之，综两气辰数除之，为气末率。又列二气增损差，皆倍六爻乘之，各如辰数而一。少减多，余为气差。加减末率，冬至后以差减，夏至后以差加。为初率。倍气差，亦倍六爻乘之，复综两气辰数以除之，为日差。半之，以加减初末，各为定率。以日差累加减气初定率，冬至后以差加，夏至后以差减。为每日增损差。乃循积之，随所入气日加减气下差积，各其日定数。其二至之前一气，皆后无可差，不可相并，各因前末为初率。以气差冬至前减，夏至前加，为末率。余依算术，各得所求也。

　　阴历：

蚀差:一千二百七十五。

蚀限:二千五百二十四。

或限:三千六百五十九。

阳历:

蚀限:一百三十五。

或限:九百七十四

求蚀差及诸限定数:各置其差、限,以蚀朔所入气日下差积,阴历减之,阳历加之,各为蚀定差及定限。

求阴历阳历的蚀或蚀:其阴历去交定分满蚀定差已上,为阴历蚀。不满者,虽在阴历,皆类同阳历蚀也。其去交定分满蚀定限已下者,其蚀的见。或限以下者,其蚀或见或不见。

求日蚀分:阴历蚀者,置去交定分,以蚀定差减之,余一百四已下者,皆蚀既。已上者,以一百四减之,其余以一百四十三约之,其入或限者,以一百五十二约之。半已下为半弱,半已上为半强,以减十五,余为日蚀之大分。其同阳历蚀者,但去交定分,少于蚀定差六十已下者,皆蚀既。六十已上者,置去交定分,以阳历蚀定限加之,以九十约之。其阳历蚀者,直置去交定分,亦以九十约之。其入或限者,以一百四十三约之。半已下为半弱,半已上为半强,命以十五为限,亦得日蚀之大分。

求日蚀所起:月在阴历,初起西北,甚于正北,复于东北。月在阳历,初起西南,甚于正南,复于东南。其蚀十二分已上,皆起正西,复于正东。此亦据南方正午而论之。

求日蚀用刻:置所蚀之大分,皆因增二。其阴历去交定分多于蚀定差七十已上者,又增三十五;已下者,又增半。其同阳历去交定分少于蚀定差二十已下者,又增半;四十已下者,又增半少。各为泛用刻半率。

求日月蚀甚所在辰:置去交定分,以交率乘之,二十乘交数除之,所得为差。其月道与黄道同名者,以差加朔望定小余;异名,以差减朔望定小余,置蚀定余。如求发敛加时术入之,即蚀甚所在辰刻及分也。其望甚辰月当冲蚀。

求亏初复末：置日月蚀泛用刻率，副之，以乘其日入转损益率，如大衍通法而一。所得应朒者，依其损加益减其副，为定用刻数。半之，以减蚀甚辰刻，为亏初；以加蚀甚辰刻，为复末。其月蚀求入更筹者，置月蚀定用刻数，以其日每更差刻除，为更数；不尽，以每筹差刻除，为筹数。综之为定用更筹。乃累日计日入至蚀甚辰刻置之，以昏刻加日入辰刻减之，余以更筹差刻除之。所得命以初更筹外，即蚀甚筹。半定用筹减之，为亏初；以加之，为复末。按天竺僧俱摩罗所传断日蚀法，其蚀朔日度躔于郁车宫者，的蚀，诸断不得其蚀，据日所在之宫，有火星在前三后一之宫并伏在日下，并不蚀。若五星总出，并水见，又水在阴历，及三星已上同聚一宿，亦不蚀。凡星与日别宫或别宿则易断，若同宿则难断。更有诸断，理多烦碎，略陈梗概，不复具详者。其天竺所云十二宫，则中国之十二次也。曰郁车宫者，即中国降娄之次也。十二次宿度，首尾具载《历仪分野》卷中也。

求九服所在蚀差：先测所在冬、夏至及春分定日中晷长短、阳城每日中晷常数，校取同者，各因其日蚀差，即为所在冬、夏至及春秋分定日蚀差。

求九服所在每气蚀差：以夏至差减春分差，以春分差减冬至差，各为率。并二率半之，六而一，为夏率。二率相减，六一为差。置总差，六而一，为气。半气差，以加夏率，又以总差减之，为冬率。冬率即是冬至之率也。每以气差加之各气，为每气定率。乃循其率，以减冬至蚀差，各得每气初日蚀差。求每日，如阳城求之，若戴日之北，当计其所在，皆反之，即得。

大衍步五星术第七

岁星

终率：一百二十一万二千三百七十九；秒，十八。

终日：三百九十八；余，二千六百五十九；秒，六。

变差算：空；余，三十四；秒，十四。

象算：九十一；余，二百三十八；秒，五十七十二。

交算：十五；余，一百六十六；秒，四十六十二。

镇星

终率:一百一十四万九千三百九十九;秒,九十八。

终日:三百七十八;余,二百七十九;秒,九十八。

变差算:空;余,二十二;秒,九十二。

象算:九十二;余,二百三十七;秒,八十七。

爻算:十五;余,一百六十六;秒,三十一。

　　太白

终率:一百七十七万五千三十;秒,十二。

终日:五百八十三;余,二千七百一十一;秒,十二。

中合日:二百九十一;余,二千八百七十五;秒,六。

变差算:空;余,三十;秒,五十三。

象算:九十二;余,二百三十八;秒,三十四五十四。

爻算:十五;余,一百六十六;秒,三十九九。

　　辰星

终率:三十五万二千二百七十九;秒,七十二。

终日:一百一十五;余,二千六百七十九;秒,七十二。

中合日:五十七;余,二千八百五十九;秒,八十六。

变差算:空;余,一百三十六;秒,七十八六十。

象算:九十一;余,二百四十四;秒,九十八六十。

爻算:十五;余,一百六十七;秒,三十九七十四。

辰法:七百六十。

秒法:一百。

微分法:九十六。

　　推五星平合:置中积分,以天正冬至小余减之,各以其星终率去之,不尽者,返以减终率,满大衍通法为日,不满为余,即所求年天正冬至夜半后星平合日算及余秒也。

　　求平合入爻象历:置积年,各以其星变以差乘之,满乾实去之,不满者,以大衍通法约之,为日。不尽为余秒。以减其星冬至夜半后平合日算及余秒,即平合入历算数及余秒也。各四约其余,同其辰法也。

　　求平合入四象:置历算数及秒,以一象之算及余秒除之,所得,依入爻象次命起少阳算外,即平合所入象算数及余秒也。

　　求平合入六爻:置所入象算及余秒,以一爻之算及余秒除之,所得,命起其象初爻算外,即平合所入爻算及余秒也。

星名	爻目	损益率	进退积
岁星	少阳 初 少阴	益七百七十三	进 退 空
	少阳 二 少阴	益七百二十一	进 退 七百七十三
	少阳 三 少阴	益六百三十	进 退 一千四百九十四
	少阳 四 少阴	益五百	进 退 二千一百二十四
	少阳 五 少阴	益三百三十一	进 退 二千六百二十四
	少阳 上 少阴	益一百二十三	进 退 二千九百五十五
	老阳 初 老阴	损一百二十三	进 退 三千七十八
	老阳 二 老阴	损三百三十一	进 退 二千二百五十五
	老阳 三 老阴	损五百	进 退 二千六百二十四
	老阳 四 老阴	损六百三十	进 退 二千一百二十四
	老阳 五 老阴	损七百二十一	进 退 一千四百九十四
	老阳 上 老阴	损七百七十三	进 退 七百七十三
荧惑	少阳 初 少阴	益一千二百三十七	进 退 空

		益/损	进退
少阳少阴	二	益一千一百四十三	进退 一千二百二十七
少阳少阴	三	益九百九十一	进退 二千三百八十
少阳少阴	四	益九百八十一	进退 三千三百七十一
少阳少阴	五	益五百一十三	进退 四千一百五十二
少阳少阴	上	益一百八十七	进退 四千六百六十五
老阳老阴	初	损一百八十七	进退 四千八百五十二
老阳老阴	二	损五百一十三	进退 四千六百六十五
老阳老阴	三	损七百八十一	进退 四千一百五十二
老阳老阴	四	损九百九十一	进退 三千三百七十一
老阳老阴	五	损一千一百四十三	进退 二千三百八十
老阳老阴	上	损一千二百三十七	进退 一千二百三十七
镇星 少阳少阴	初	益一千六百八十四	进退 空
少阳少阴	二	益一千五百四十四	进退 一千六百八十四
少阳少阴	三	益一千三百三十	进退 三千二百二十八
少阳少阴	四	益一千四十二	进退 四千五百五十八
少阳少阴	五	益六百八十	进退 五千六百

少阳少阴	上	益二百四十四	进退六千二百八十
老阳老阴	初	损二百四十四	进退六千五百二十四
老阳老阴	二	损六百八十	进退六千二百八十
老阳老阴	三	损一千四百三	进退五千六百
老阳老阴	四	损一千三百三十	进退四千五百五十八
老阳老阴	五	损一千五百四十四	进退三千二百二十八
老阳老阴	上	损一千六百八十四	进退一千六百八十四
太白　少阳少阴	初	益二千五十五	进退空
少阳少阴	二	益二千三十一	进退二百五十五
少阳少阴	三	益一百九十八	进退四百八十六
少阳少阴	四	益一百五十六	进退六百八十四
少阳少阴	五	益一百五	进退八百四十
少阳少阴	上	益四十五	进退九百四十五
老阳老阴	初	损四十五	进退四百九十
老阳老阴	二	损一百五	进退九百四十五
老阳老阴	三	损一百五十六	进退八百四十

	老阳 老阴 四	损一百九十八	进 退 六百八十四
	老阳 老阴 五	损二百三十一	进 退 四百八十六
	老阳 老阴 上	损二百五十五	二百五十五
辰星	少阳 少阴 初	益六百四十三	进 退 空
	少阳 少阴 二	益五百八十五	进 退 六百四十三
	少阳 少阴 三	益五百一	进 退 一千二百二十八
	少阳 少阴 四	益三百九十	进 退 一千七百二十九
	少阳 少阴 五	益三百五十五	进 退 二千一百二十
	少阳 少阴 上	益九十三	进 退 二千三百七十五
	老阳 老阴 初	损九十三	进 退 二千四百六十八
	老阳 老阴 二	损二百五十五	进 退 二千三百七十五
	老阳 老阴 三	损三百九十一	进 退 二千一百二十
	老阳 老阴 四	损五十一	进 退 一千七百二十九
	老阳 老阴 五	损五百八十五	进 退 一千二百二十九
	老阳 老阴 上	损六百四十三	进 退 六百四十三

求四象六爻每算损益及进退定数：以所入爻与后爻损益率相

减为前差,又以后爻与次后爻损益率相减为后差,前后差相减为中差。置所入爻并后爻损益率,半中差以加之,九之,二百七十四而一,为爻末率,因为后爻初率。皆因前爻末率,以为后爻初率。初末之率相减,为爻差。倍爻差,九之,二百七十四而一为算差。半之,加减初末,各为定率。以算差累加减爻初定率,少象以差减,老象以差加。为每损益率。循累其率,随所入爻,损益其下进退,即各得其算定。其四象初爻无初率,上爻无末率,皆置本爻损益,四而九之,二百七十四而一,各以初末率减之,皆互得其率。余依术算,各得所求。

求平合入进退定数:各置其星平合所入爻之算差,半之,以减其所入算损益率。损者,以所入余乘限差,辰法除,并差而半之;益者,半入余乘差,亦辰法除。加所减之率,乃以入余乘之,辰法而一,所得以损益其算下进退,各为平合所入进退定数。此法微密,用算稍繁。若从省求之,亦可置其所入算余,以乘其下损益率,如辰法而一,所得以损益其算下进退,各为定数。

求常合:置平合所入进退定数,金星则倍置之。各以合下乘数乘之,除数除之,所得满辰法为日,不满为余,以进加退减平合日算及余秒,先以四约平合余,然以进加退减也。即为冬至夜半后常合日算及余也。

求定合:置常合日先后定数,四而一,所得满辰法为日,不满为余。乃以先减后加常合算及余,即为冬至夜半后定合日算及余也。

求定合度:置其日盈缩分,四而一,以定合余乘之,满辰法而一,所得以盈加缩减其定余,以加其日夜半日度余,先四约夜半日度余以加之。满辰法从度。依前命之算外,即为定合加时度及余也。

求定合月日:置冬至夜半后定合日算及余秒,以天正冬至大小余加之,天正经朔大小余减之。其至、朔小余,皆以四约之,然用加减。若至大余少于经朔大余者,又以爻数加之,然以经朔大少余减之。其余满四象之策及余,除之,为月数,不尽者,为入朔日算及余。命月数起天正日算起经朔算外,即定所在日月也。其定朔大余有进退,进减退加一日,为在其日月定及余也。

求定合入爻:置常合及定合应加减定数,同名相从,异名相消。乃以加减其平合入爻算余,满若不足,进退其算,即为定合入爻算数及余也。

求变行初日入爻:置定合入爻算数及余,以合后伏下变行度常率加之,满爻率去之,命爻次如前,即次变初日入爻算数及余也。更求次变入爻爻入,但以其下行度常加之,去命如上节。

求变行初日入进退定数:各置其变行初日入爻算数及余,如平合求进退术入之,即得变行初日所入进退定数也。置进退定数,各以其下乘数乘之,除数除之,所得各为进退变率。

星名	变行目	变行日中率	变行度中率
	差行损益率	变行度常率	变行乘数
			变行除数
岁星	合后伏十七日	行三度三百三十三	先迟二日
	三百三十二		
	益疾九分	行一度三百五十七	乘数三百五十
			除数二百八十
	前顺一百一十日	行一十八度六十五	先疾五日
	益迟六分	行九度三百五十七	乘数三百一十
			除数二百八十一
	前留二十七日	行二度二百二十	
			乘数二百六十七
			除数一百二十二
	前退四十三日	退五度三百六十九	先疾六日
	益疾十一分	行三度四百七十五	乘数四百七十
			除数四百三
	后退四十三日	退五度三百六十九	先疾六日
	益迟十一分	行三度四百七十五	乘数五百一十
			除数四百六十七
	后留二十七日	行三度二百一十	
	后顺一百一十二日	行一十八度六十五	先迟五日

	益疾六分	行九度三百三十七	乘数二百六十七 除数二百二十七
	合前伏十七日	行三度三百三十三	先疾二日
	益迟九分	行度三百五十八	乘数三百五十 除数二百八十
荧惑	合后伏七十一日 七百二十五	行五十四度七百三十五	先疾五日
	益迟七分	行三十八度二百一	乘数一百二十七 除数三十
	前疾二百一十四日	行一百三十六度	先疾九日
	益迟四分	行一百一十三度五百九十六	乘数一百二十 除数三十
	前迟六十日	行二十五度	先疾日
	益迟四分	行三十一度六百八十五	乘数三百三十 除数五十四
	前留一十三日	行六度六百九十三	乘数二百三 除数五十四
	前退三十一日	退八度四百七十二	先迟六日
	益疾五分	行一十六度三百六十七	乘数二百三 除数四十八
	后退三十一日	退八度四百七十三	先疾六日
	益迟五分	行十六度二百六十七	乘数二百三 除数四十八
	后留十三日	行六度六百九十三	乘数二百三 除数四十八
	后迟六十日	行二十五度	先迟日
	益疾四分	行三十一度六百八十五	乘数二百三 除数五十四
	后疾二百一十四日	行三十六度	

行一百一十三度
五百九十六

合前伏七十一日 七百三十六	行五十四度七百三 十六	先迟五日
益疾七分二百二		乘数一百二十七 除数三十

镇星　合后伏十八日四百
　　　一十五　　　　　　　　　　　　先迟一日

益疾九分	行度空四百八十	乘数十二 除数十一
前顺八十三日	行七度二百四十二	先迟二日
益迟五分	行二度六百二十三	乘数十三 除数十一
前留三十七日三百 八十	行一度二百八	
		乘数十 除数九
前退五十日	退二度二百三十四	先迟七日
益疾一分	行一度五百三十一	乘数二十 除数十七
后退五十日	退二度三百三十四	先疾七日
益迟一分	行一度五百三十一	乘数五 除数四
后留三十七日三百 八十	行一度二百八	
		乘数二十 除数一十七
后顺八十三日	行七度二百三十一	先迟六日
益疾五分	行二度六百二十三	乘数十 除数九

	合前伏十八日<small>四百一十五</small>	行一度<small>四百一十五</small>	先疾二日
	益迟九分	行度空<small>四百八十</small>	乘数十二 除数十一
太白	晨合伏后四十一日<small>七百一十九</small>	行五十二度<small>七百一十九</small>	先迟三日
	益疾十六分	行三十一度<small>七百一十九</small>	乘数七百九十七 除数二百九
	夕疾行一百七十一日	行二百六十度	先疾五日
	益迟九分	行一百七十一度	乘数七百九十一 除数二百九
	夕平行十二日	行一十二度	
			乘数五百一十五 除数一百三十七
	夕迟行四十二日	行三十一度	先疾日
	益迟十分	行四十三度	乘数五百一十五 除数一百三十
	夕留八日	行八度	
			乘数五百一十五 除数九十二
	夕退十日	退五度	先迟日
	益疾九分	行十度	乘数五百一十五 除数八十六
	夕合前伏六日	退五度	先迟日
	益疾八十五	行六度	乘数五百一十五 除数八十四
	夕合后伏六日	退五度	先疾日
	益迟八十五分	行六度	乘数五百一十五 除数八十三
	晨退十日	退五度	先疾日

益迟九分	行十度	乘数五百一十五 除数八十四
晨留八日	行八度	
		乘数五百一十五 除数八十六
晨迟行四十二日	行四十一度	先迟日
益疾十分	行四十二度	乘数五百一十五 除数九十二
晨平行十二日	行十二度	
		乘数五百一十五 除数一百三十七
晨疾行一百七十一日	行二百六度	先迟五日
益疾九分	行一百七十度	乘数五百一十五 除数一百五十六
晨合前伏四十一日七百一十九	行五十二度七百一十九	先疾三日
益十六分	行四十一度七百一十九	乘数七百一十七 除数二百九
辰星	晨合后伏十六日七百一十五	行三十二度七百一十五	先迟日
益疾二十二分	行十六度七百一十五	乘数二百八十六 除数二百八十七
夕疾行十二日	行十七度	先疾日
益迟五十分	行十二度	乘数二百八十六 除数二百八十七
夕平行九日	行九度	
		乘数四百九十五 除数一百九十四
夕迟行六日	行四度	先疾日

益迟七十六分	行六度	乘数四百九十六 除数一百九十五
夕留三日	行三度	
		乘数四百九十七 除数一百九十六
夕合前伏十一日	退六度	先迟日
益疾三十一分	行十一度	乘数四百九十八 除数一百九十七 ··
夕合后伏十一日	退六度	先疾日
益迟三十一分	行十一度	乘数五百 除数一百九十八
晨留三日	行三度	
		乘数四百九十八 除数一百九十八 ·
晨迟行六日	行四度	先迟日
益疾七十六分	行六度	乘数四百九十七 除数一百九十六
晨平行九日	行九度	
		乘数四百九十五 除数一百九十五
晨疾行十二日	行十七度	先迟日
益疾五十分	行十二度	乘数四百九十五 除数一百九十四
晨合前伏十六日 七百一十五	行二十三度 七百 一十五	先疾日
益迟二十二分	行十六度	乘数二百八十六 除数二百八十七

　　求变行日度率：置其本进退变率与后变率，同名者，相消为差。在进前少，在退前多，各以差为加；在进前多，在退前少，各以差为减。异名者，相从谓并。前退后进，各以并为加；前进后退，各以并

为减。道行度率则反之。皆以差及并，加减日度中率，各为日度变率。其水星疾行，直以差以并加减度之中率，为变率。其日直因中率为变率，不烦加减也。

求变行日度定率：以定合日与后变初日先后定数，同名相消为差，异名者相从为并。四而一，所得满辰法为度。乃以盈加缩减其合后伏度之变率及合前伏日之变率。金水夕合日度，加减反之。其二留日之变率，若差于中率者，即以所差之数为度，各加减本迟度之变率。谓以多于日率之数加之，少于中率之数减之。以下加减准此。退行度变率，若差于中率者，即倍所差之数，各加减本疾度之变率。其木土二星，既无迟疾，即加减前后顺行度之变率。其水星疾行度之变率，若差于中率者，即以所差之数为日，各加减留日变率。其留日变率若少不足减者，即侵减迟日变率也。各加减变率讫，皆为日度定率。其日定率有分者，前后辈之。辈，配也。以少分配多分，满全为日，有余转配。其诸变率不加减者，皆依变率为定率。

求定合后夜半星所在度：置其星定合余，以减辰法，余以其星初日行分乘之，辰法而一，以加定合加时度余，满辰法为度。依前命之算外，即定合后夜半星所在宿及余。自此以后，各依其星，计日行度所至，皆从夜半为始也。转求次日夜半星所至：各以其星一日所行度分，顺加退减之。其行有小分者，各满其法从行分一。行分满辰法，从度一。合之前后，伏不注度，留者因前，退则依减。顺行出虚，去六虚之差；退行入虚，先加此差。先置六虚之差，四而一，然用加减。讫，皆以转法约行分为度分，各得每日所至。其三星之行日度定率，或加或减，益疾益迟，每日渐差，难为预定，今且略据日度中率商量置之。其定率既有盈缩，即差数合随而增损，当先检括诸变定率与中率相近者，因用其差，求其初末之日行分为主。自余变因此消息，加减其差，各求初末行分。循环比校，使际会参合，衰杀相循。其金水皆以平行为主，前后诸变，亦准此求之。其合前伏虽有日度定率，如至合而与后算计却不叶者，皆从后算为定。其五星初见伏之度，去日不等，各以日度与星度相校。木去日十四度，金十一度，火土水各十七度，皆见；各减一度皆伏。其木火土三星前顺之初，后顺之末，又金水疾行、留、退行初末，皆是伏之初日，注历消息定之。其金水及日月等度，并弃其分也。

求每日差：置所差分为实，以所差日为法。实如法而一，所得为行分，不尽者为小分。即是也每日差行分及小分也。其差者全，不用此术。

求平行度及分：置度定率，以辰法乘之，有分者从之，如日定率而一，为平行分。不尽，为小分。其行分满辰法为度，即是一日所行度及分。

求差行初末日行度及分：置日定率减一，以差分乘之。二而一，为差率，以加减平行分。益疾者，以差率减平为初日，加平为末日。益迟者，以差率加平为初日，减平为末日也。加减讫，即是初末日所行度及分。其差不全而与日月相合者，先置日定率减一，以所差分乘之，为实。倍所差日为法。实如法而一，为行分。不尽者，因为小分，然为差率。

求差行次日行度及分：置初日行分，益迟者，以每日差减之；益疾者，以每日差加之，即为次日行度及分也。其每日差、初日行皆有小分，母既不同，当令同之。然用加减，转求次日，准此各得所求之也。

径求差行余日行度及分：置所求是日减一，以每日差乘之，以加减初日行分，益迟减之，益疾加之。满辰法为度，不满为行分，即是所求日行度及分也。

求差行，先定日数，径求积度及分：置所求日减一，次每日差乘之，二而一，所得，以加减初日行分。益迟减之，益疾加之。以所求日乘之，如辰法而一，为积度。不尽者，为行分。即是从初日至所求日积度及分也。

求差行，先定度数，径求日数：置所求行度，以辰法乘之，有分者从之。八之，如每日差而一，为积。倍初日行分，以每日差加减之。益迟者加之，益疾者减之。如每日差而一，为率。合自乘，以积加减之，益迟者以积减之，益疾者以积加之。开方除之。所得，以率加减之。益迟者以率加之，益疾者以率减之。乃半之，即所求日数也。其开方除者，置所开之数为实，借一算于实之下，名曰下法。步之，超一位，置商于上方，副商于下法之上，名曰方法。命上商以除实，毕，倍方法一折，下法再折，乃置后商于下法之上，名曰隅法。副隅并方，命后商以除实，毕，隅从方法折下就除，如前开之。讫除，依上术求之即得也。

求星行黄道南北:各视其星变行入阴阳爻而定之。其前变入阳
爻为为黄道北,入阴爻为黄道南;后变入阳爻为黄道南,入阴爻为
黄道北。其金水二星,以爻变为前变,各计其变行,起初日入爻之算,尽老象
上爻末算之数,不满变行度常率者,因置其数,以变行日定率乘之;如变行度
常率而一,为日。其入变日数,与此日数以下者,星在黄道南北,依本所入阴阳
爻为定。过此日数之外者,黄道南北则返之。

旧唐书卷三五
志第一五

天文上

　　《易》曰:"观乎天文,以察时变。"是故古之哲王,法垂象以施化,考庶征以致理,以授人时,以考物纪,修其德以顺其度,改其过以慎其灾,去危而就安,转祸而为福者也。夫其五纬七纪之名数,中官外官之位次,凌历犯守之所主,飞流彗孛之所应,前史载之备矣。

　　武德年中,薛颐、庾俭等相次为太史令,虽各善于占候,而无所发明。

　　贞观初,将仕郎直太史李淳风始上言灵台候仪是后魏遗范,法制疏略,难为占步。太宗因令淳风改造浑仪,铸铜为之,至七年造成。淳风因撰《法象志》七卷,以论前代浑仪得失之差,语在《淳风传》。其所造浑仪,太宗令置于凝晖阁以用测候,既在宫中,寻而失其所在。

　　玄宗开元九年,太史频奏日蚀不效,诏沙门一行改造新历。一行奏云,今欲创历立元,须知黄道进退,请太史令测候星度。有司云:"承前唯依赤道推步,官无黄道游仪,无由测候。"时率府兵曹梁令瓒待制于丽正书院,因造游仪木样,甚显精密。一行乃上言曰:"黄道游仪,古有其术而无其器。以黄道随天运动,难用常仪格之,故昔人潜思皆不能得。今梁令瓒创造此图,日道月交,莫不自然契合,既于推步尤要,望就书院更以铜铁为之,庶得考验星度,无有差

舜。"从之,至十三年造成。又上疏曰:

按《舜典》云:"在璿枢玉衡,以齐七政。"说者以为取其转运者为枢,持正者为衡,皆以玉为之,用齐七政之变,知其盈缩进退,得失政之所在,即古太史浑天仪也。

自周室衰微,畴人丧职,其制度遗象,莫有传者。汉兴,丞相张苍首创律历之学。至武帝诏司马迁等更造汉历,乃定东西、立晷仪、下漏刻,以追二十八宿相距星度,与古不同。故唐都分天部,洛下闳运算转历,今赤道历星度,则其遗法也。

后汉永元中,左中郎将贾逵奏言:"臣前上傅安等用黄道度日月,弦望多近。史官壹以赤道度之,不与天合,至差一日以上。愿请太史官日星宿簿及星度课,与待诏星官考校。奏可。问典星待诏姚崇等十二人,皆曰:'星图有规法,日月实从黄道,官无其器,不知施行。'甘露二年,大司农丞耿寿昌奏,以圆仪度日月行,考验天运。日月行赤道,至牵牛、东井,日行一度,月行十五度;至娄、角,日行一度,月行十三度,此前代所共知也。"是岁永元四载也。明年,始诏太史造黄道铜仪。冬至,日在斗十九度四分度之一,与赤道定差二度。史官以校日月弦望,虽密近,而不为望日。仪,黄道与度运转,难候,是以少终其事。其后刘洪因黄道浑仪,以考月行出入迟速。而后代理历者不遵其法,更从赤道命文,以验贾逵所言,差谬益甚,此理历者之大惑也。

今灵台铁仪,后魏明元时都匠解兰所造,规制朴略,度刻不均,赤道不动,乃如胶柱,不置黄道,进退无准。此据赤道月行以验入历迟速,多者或至十七度,少者仅出十度,不足以上稽天象,敬授人时。近秘阁郎中李淳风著《法象志》,备载黄道浑仪法,以玉衡旋规,别带日道,傍列二百四十九交,以携月游,用法颇杂,其术竟寝。

臣伏承恩旨,更造游仪,使黄道运行,以追列舍之变,因二分之中以立黄道,交于轸、奎之间,二至陟降各二十四度。黄道之内，又施白道月环，用究阴阳朓朒之数，动合天运，简而易从，足以制器垂象，永传不朽。

于是玄宗亲为制铭，置之于灵台以考星度。其二十八宿及中外官与古经不同者，凡数十条。又诏一行与梁令瓒及诸术士更造浑天仪，铸铜为圆天之象，上具列宿赤道及周天度数。注水激轮，令其自转，一日一夜，天转一周。又别置二轮络在天外，缀以日月，令得运行。每天转一帀，日东行一度，月行十三度十九分度之七，凡二十九转有余而日月会，三百六十五转而日行匝。仍置木柜以为地平，令仪半在地下，晦明朔望，迟速有准。又立二木人于地平之上，前置钟鼓以候辰刻，每一刻自然击鼓，每辰则自然撞钟。皆于柜中各施轮轴，钩键交错，关锁相持。既与天道合同，当时共称其妙。铸成，命之曰水运浑天俯视图，置于武成殿前以示百僚。无几而铜铁渐涩，不能自转，遂收置于集贤院，不复行用。

今录游仪制度及所测星度异同，开元十二年分遣使诸州所测日晷长短，李淳风、僧一行所定十二次分野，武德已来交蚀及五星祥变，著于篇。

黄道游仪规尺寸：

旋枢双环：外一丈尺六寸一分，竖八分，厚三分，直径四尺五寸九分，即古所谓为旋仪也。南北斜两极，上下循规各三十四度，两面各画周天度数。一面加钉，并用银饰，使东西运转如浑天游仪。中旋枢轴至两极首内，孔径大两度半，长与旋环径齐，并用古尺四分为度。

玉衡望筒：长四尺五寸八分，广一寸二分，厚一寸，孔径六分，古用玉饰之。玉衡，衡旋于轴中，旋运持正，用窥七曜及列星之阔狭，外方内圆，孔径一度半，周日轮也。

阳经双环：外一丈七尺三寸，内一丈四尺六寸四分，广四寸，厚四分，直径尺四寸四分，置于子午。左右用八柱相固，两面画周天度数，一面加钉，并银饰之。半出地上，半入地下，双间挟枢轴及玉衡望筒，旋环于中也。

阴纬单环:外内广厚周径,皆准阳经,与阳经相衔各半,内外俱齐。面平上为天,以下为地,横周阳环,谓之阴浑也。面上为两界,内外为周天百刻。平上御制铭序及书,并金为字。

天顶单环:外一丈七尺三寸,竖广八分,厚三分,直径五尺四寸四分。当中国人顶之上,东西当卯酉之中,稍南,使见日出入,令与阳经、阴纬相固,如谷之裹黄。南去赤道三十六度,去黄道十二度,去北极五十五度,去南北平各九十一度强。

赤道单环:外一丈四尺五寸九分,横八分,厚三分,直径四尺九寸。赤道者,当天之中,二十八宿之列位也。其本,后魏斛兰所造也。因著双规,不能运动。臣今所造者,上列周天星度,使转运随天,仍度空一穴,随穴退交,不有差谬。即知古者秋分,在角五度,今在轸十三度;冬至,日在牵牛初,今在斗十度。拟随差却退,故置穴也。傍在卯酉之南,上去天顶三十六度而横置之。

黄道单环:外一丈五尺四寸一分,横八分,厚四分,直径四尺八寸四分。日之所行,故名黄道。古人知有其事,竟无其器,遂使太阳陟降,积岁有差。月及五星,亦随日度出入,规制不知准的,斟量为率,疏阔尤多。臣今创置此环,置于赤道环内,仍开合使随转运,出入四十八度,而极尽两方,东西列周天度数,南北列百刻,使见日知时,不有差谬。上列三百六十策,与用卦相准,度穿一穴,与赤道相交。

白道月环:外一丈五尺一寸五分,横度八分,厚三分,直径四尺七寸六分。月行有迂曲迟疾,与日行缓急相反。古无其器,今创置于黄道环内,使就黄道为交合,出入六十度,以测每夜行度。上画周天度数,穿一穴,拟移交会,并用铜铁为之。

李淳风《法象志》说有此日月两环,在旋仪环上。既用玉衡,不得,遂于玉衡内别安一尺望筒。运用既难,其器已涩。

游仪四柱,龙各高四尺七寸。水槽、山各高一尺七寸五分。槽长六尺九寸,高广各四寸。水池深一寸,广一寸五分。龙者能兴云雨,故以饰柱。柱在四维,龙下有山云,俱在水平槽上,并铜为之。

游仪初成，太史所测二十八宿等与《经》同异状：

角二星，十二度；赤道黄道度与古同。旧《经》去极九十一度，今则九十三度半。《星经》云："角去极九十一度，距星正当赤道，其黄道在赤道南，不经角中。"今测角在道南二度半，黄道复经角中，即与天象符合。

亢四星，九度。旧去极八十九度，今九十一度半。

氐四星，十六度。旧去极九十四度，今九十八度。

房四星，五度。旧去极一百八度，今一百一十一度。

心三星，五度。旧去极一百八度，今一百一十一度。

尾九星，十八度。旧去极一百二十度，一云一百四十一度，今一百二十四度。

箕四星，十一度。旧去极一百一十八度，今一百二十度。

南斗六星，二十六度。旧去极一百一十六度，今一百一十九度。

牵牛六星，八度。旧去极一百六度，今一百四度。

须女四星，十二度。旧去极一百度，今一百一度。

危虚二星，十度。旧去极一百四度，今一百一度。北星旧图入虚宿，今测在须女九度。

危三星，十七度。旧去极九十七度，今九十七度。北星旧图入危宿，今测在虚六度半。

室二星，十六度。旧去极八十五度，今八十三度。

东壁二星，九度。旧去极八十六度，今八十四度。

奎十六星，十六度。旧去极七十六度，一云七十度，今七十三度。

东壁九度，奎十六度，此错以奎西大星为距，即损壁二度，加奎二度，今取西南大星为距，即奎、壁各不失本度。

娄三星，十三度。旧去极八十度，今七十七度。

昴七星，十一度。旧去极七十四度，今七十二度。

毕八星，十七度。旧去极七十八度，今七十六度。

觜觿三度，旧去极八十四度，今八十二度，毕赤道与黄道度同。觜赤道二度，黄道三度。其二宿俱当黄道斜虚。毕有十六度，尚与赤道度同。觜总二度，黄道损加一度，此即承前有误。今测毕有十七度半，觜觿半度，并依天正。

参十星，旧去极九十四度，今九十二度。

东井八星，三十三度。旧去极七十度，今六十八度。

舆鬼五星，旧去极六十八度，今古同也。

柳八星，十五度。旧去极七十七度，一云七十九度，今八十度半。柳，合用西头第三星为距，比来错取第四星，今依第三星为正。

七星十度，旧去极九十一度，一云九十三度，今九十三度半。

张六星，十八度。旧去极九十七度，今一百度。张六星，中央四星为朱鸟味，外二星为翼。比来不取膺前为距，错取翼星，即张加二度半，七星欠二度半。今依本《经》为定。

翼二十二星，十八度。旧去极九十七度，今一百三度。

轸四星，十七度。旧去极九十八度，今一百度。

文昌，旧三星在鬼，四星在井；今四星在柳，一星在鬼，一星在井。

北斗，在魁第一星，旧在七星一度，今在张十三度。第二星旧在张二度，今在张十二度半。第三星旧在翼二度，今在翼十三度。第四星旧在翼八度，今在翼十七度太。第五星旧在轸八度，今在轸十度半。第六星旧在角七度，今在角四度少。第七星旧在亢四度，今在角十二度少。

天关，旧在黄道南四度，今当黄道。

天江，旧在黄道外，今当黄道。

天囷，旧在赤道外，今当赤道。

三台：上台旧在井，今测在柳；中台旧在七星，今在张。

建星，旧去黄道北半度，今四度半。

天苑，旧在昴、毕，今在胃、昴。

王良，旧五星在壁，今四星在奎，一星在壁外。

屏，旧在觜，今在毕宿。

云雨，旧在黄道外，今在黄道内七度。

雷电,旧在赤道外五度,今在赤道内二度。

霹雳,旧五星并在赤道外四度,今四星在赤道内,一星在外。

上公吏,旧在赤道外,今在赤道内六度。

虚梁,旧在黄道内四度。

外屏,旧在黄道外三度,今当黄道。

八魁,旧九星并在室,今五星在壁,四星在室。

长垣,旧当黄道,今在道北五度。

军井,准《经》在玉井东南二度半。

天樽,旧在黄道北,今当黄道。

天高,旧在黄道外,今当黄道。

狗国,旧在黄道外,今当黄道。

罗堰,旧当黄道,今在黄道北。

黄道,春分之日与赤道交于奎五度太;秋分之日交于轸十四度少;冬至之日于斗十度,去赤道南二十四度;夏至之日于井十三度少,去赤道北二十四度。其赤道带天之中,用分列宿之度;黄道斜运,以明日月之行。其冬至,洛下闳起于午初,张衡等迁于斗度,由每岁差分不及旧次也。

日晷:《周礼》大司徒,常"以土圭之法测土深,正日景,以求地中。日东则景夕多风,日西则景朝多阴。日至之景尺有五寸,谓之地中,天地之所合也,四时之所交也,风雨之所会也,阴阳之所合也。然则百物阜安,乃建王国焉"。郑氏以为"凡日景于地,千里而一差一寸"。"景尺有五寸者,南戴日下万五千里,地与星辰四游升降于三万里之中,是以半之,得地之中焉"。郑司农云:"土圭之长尺有五寸,以夏至之日立八尺之表,其景适与土圭等,谓之地中。今颍川阳城为然。

谨按《南越志》:"宋元嘉中,南征林邑,以五月立表望之,日在表北,影居表南。交州日影觉北三寸,林邑觉九寸一分,所谓开地户以向日也。"交州,大略去洛九千余里,盖水陆曲折,非论圭表所度,惟直考实,其五千乎!开元十二年,诏太史交州测景夏至影,表南长三寸三分，与元嘉中所测大同。然则距阳城而南，使直路应弦，至于日下，盖不盈五千里也。测影使者大相元太云："交州望极，才出地二十余度。以八月自海中南望老人星殊高。老人星下，环星灿然，其明大者甚众，图所不载，莫辨其名。大率去南极二十度以上，其星皆见。乃古浑天家以为常没地中，伏而不见之所也。"

又按贞观中，史官所载铁勒、回纥部在薛延陀之北，去京师六千九百里。又有骨利斡居回纥北方瀚海之北，草多百药，地出名马，骏者行数百里。北又距大海，昼长而夕短，既日没后，天色正曛，煮一羊脾才熟，而东方已曙。盖近日出入之所云。凡此二事，皆书契所未载也。

开元十三年，太史监南宫说择河南平地，以水准绳，树八尺之表而以引度之。始自滑州白马县，北至之晷，尺有五寸七分。自滑州台表南行一百九十八里百七十九步，得汴州浚仪古台表，夏至影长一尺五寸微强。又自浚仪而南行百六十七里二百八十一步，得许州扶沟县表，夏至影长一尺四寸四分。又自扶沟而南一百六十里百一十步，至豫州上蔡武津表，夏至影长一尺三寸六分半。大率五百二十六里二百七十步，影差二寸有余。而先儒以为王畿千里，影移一寸，又乖舛而不同矣。

今以句股图校之，阳城北至之晷，一尺四寸八分弱；冬至之晷，一丈二尺七寸一分半；春秋分，其长五尺四寸三分。以复矩斜视，北极出地三十四度四分。凡度分皆以十分为法。自滑台表视之，高三十五度三分。差阳城九分。自浚仪表视之，高三十四度分度八分。差阳城九分。自武津表视之，高三十三度八分。差阳城九分。虽秋分稍有盈缩，难以目校，然大率五百二十六里二百七十步而北极差一度半，三百五十一里八十步而差一度。枢极之远近不同，则黄道之轨景固随而迁变矣。

自此为率，推之比岁朗州测影，夏至长七寸七分，冬至长一丈五寸三分，春秋分四尺三寸七分半。以图测之，定气长四尺四寸七分。按图斜视，北极出地二十九度半。差阳城五度二分。蔚州横野军测影，夏至长二尺二寸九分,冬至长一丈五尺八寸九分,春秋分长六尺四寸四分半。以图测之,定气六尺六寸三分半。按图斜视,北极出地四十度。差阳城五度二分。凡南北之差十度半,其径三千六百八十里九十步。自阳城至朗州,一千八百二十六里百九十六步,自阳城至蔚州横野军,一千八百六十一里二百一十四步。北至之晷,差一尺五寸三发,自阳城至朗州,差七寸二分,自阳城至横野军,差八寸。南至之晷,差五尺三寸六分。自阳城至朗州,差二尺一寸八分,自阳城至横野军,差三尺一寸八分。率夏至与南方差少,冬至与北方差多。又以图校安南,日在天顶北二度四分,北极高二十度,冬至影长七尺九寸四分。定春秋分影长二尺九寸三分。差阳城十四度三分,其径五千二十三里。至林邑国,日在天顶北六度六分强,北极之高十七度四分,周圆三十五度,常见不隐。冬至影长六尺九寸,其径六千一百一十二里。假令距阳城而北,至铁勒之地亦十七度四分,合与林邑正等,则五月日晨天顶南二十七度四分,北极之高五十二度,周圆一百四度,常见不隐。北至之晷四尺一寸三分,南至之晷二丈九尺二寸六分。定春秋分影长九尺八寸七分。北方其没地才十五度余,昏伏于亥之正西,晨见于丑之正东,以里数推之,已在回纥之北,又南距洛阳九千八百一十里,则五月极长之日,其夕常明,然则骨利干犹在其南矣。

又先儒以南戴日下万五千里为勾股,邪射阳城为弦,考周径之率以揆天度,当一千四百六里二十四步有余。今测日影,距阳城五千余里,已居戴日之南,则一度之广,皆宜三分去二,计南北极相去才八万余里,其径五万余里,宇宙之广,岂若是乎?然则王蕃所传,盖以管窥天,以蠡测海之义也。

古人所以恃勾股之术,谓其有征于近事。顾未知目视不能远,浸成微分之差,其差不已,遂与术错。如人游于大湖,广不盈百里,而睹日月朝夕出入湖中。及其浮于巨海,不知几千万里,犹睹日月朝出其中,夕入其中。若于朝夕之际,俱设重差而望之,必将小大同术而不可分矣。

夫横既有之,纵亦宜然。假今设两表,南北相距十里,其崇皆数十里,若置火炬于南表之端,而植八尺之木于其下,则当无影。试从南表之下,仰望北表之端,必将积微分之差,渐与南表参合。表首参合,则置炬于其上,亦当无影矣。又置火炬于北表之端,而植八尺之木于其下,则当无影。试从北表之下,仰望南表之端,又将积微分之差,渐与北表参合。表首参合,则置炬于其上,亦当无影矣。复于二表之间,相距各五里,更植八尺之木,仰而望之,则表首环屈而相会。若置火炬于两表之端,皆当无影。夫数十里之高与十里之广,然则邪射之影与仰望不殊。今欲求其影差以推远近高下,犹尚不可知也;而况稽周天积里之数于不测之中,又可必乎!假令学者因二十里之高以立勾股之术,尚不知其所以然,况八尺之木乎!

原人所以步圭景之意,将欲节宣和气,辅相物宜,而不在于辰次之周径;其所以重历数之意,将欲敬授人时,钦若乾象,而不在于浑、盖之是非。若乃述无稽之谈于视听之所不及,则君子阙疑而不质,仲尼慎言而不论也。而或者各守所传之器以述天体,谓浑元可任数而测,大象可运算而窥,终以六家之说,迭为矛盾。今诚以为盖天,则南方之度渐狭;以为浑天,则北方之极浸高。此二者,又浑盖之家未能有以通其说也。由是而观,则王仲任、葛稚川之徒,区区于异同之辨,何益人伦之化哉!

又凡日晷差,冬夏至不同,南北亦异,而先儒一以里数齐之,丧其事实。沙门一行因修《大衍图》,更为《覆矩图》,自丹穴以及幽都之地,凡为图二十四,以睹日蚀之分数,知夜漏之短长。今载诸州测景尺寸如左:

林邑国,北极高十七度四分。冬至影在表北六尺九寸。定春秋分影在表北二尺八寸五分,夏至影在表南五寸七分。

安南都护府,北极高同二十六度六分。冬至影在表北七尺九寸四分。定春秋分影在表北二尺九寸三分,夏至影在表南三寸三分。

朗州武陵县,北极高二十九度五分。冬至影在表北五丈五寸三分。定春秋分影在表北四尺三寸七分半,夏至影在表北七寸七分。

襄州。恒春分影在表北四尺八寸。

蔡州上蔡县武津馆,北极高三十三度八分。冬至影在表北一丈二尺三寸八分。定春秋分影在表北五尺二寸八分半,夏至影在表北五尺三寸六分半。

许州扶沟,北极高三十四度三分。冬至影在表北一丈二尺五寸三分。定春秋分影在表北五尺五三七分,夏至影在表北一尺四寸六分半。

汴州浚仪太岳台,北极高三十四度八分。冬至影在表北一丈二尺八寸五分。定春秋分影在表北五尺五,夏至影在表北一尺五寸三分。

滑州白马,北极高三十五度三分。冬至影在表北一丈三尺。定春秋分影在表北五尺五寸六分,夏至影在表北一尺五寸七分。

太原府。恒春分影在表北六尺。

蔚州横野军,北极高四十度。冬至影在表北一丈五尺八寸九分。定春秋分影在表北六尺六寸三分,夏至影在表北二尺二寸九分。

旧唐书卷三六
志第一六

天文下

　　天文之为十二次，所以辨析天体，纪纲辰象，上以考七曜之宿度，下以配万方之分野，仰观变谪，而验之于郡国也。《传》曰："岁在星纪，而淫于玄枵。""姜氏、任氏，实守其地。"及七国交争，善星者有甘德、石申，更配十二分野，故有周、秦、齐、楚、韩、赵、燕、魏、宋、卫、鲁、郑、吴、越等国。张衡、蔡邕，又以汉郡配焉。自此因循，但守其旧文，无所变革。且悬象在上，终天不易，而郡国沿革，名称屡迁，遂令后学难为凭准。贞观中，李淳风撰《法象志》，始以唐之州县配焉。至开元初，沙门一行又增损其书，更为详密。既事包今古，与旧有异同，颇裨后学，故录其文著于篇。并配武德以来交蚀浅深及注蚀不亏，以纪日月之变云尔。

　　须女、虚、危，玄枵之次。子初起女五度，二千三百七十四分少。中虚九度，终危十二度。其分野：自济北郡东逾济水，涉平阴至于山茌，汉太山郡山茌县，属齐州西南之界。东南及高密，汉高密国，今在密州北界。自此以上，玄枵之分。又东尽东莱之地，汉之东莱郡及胶东国，今为莱州、登州也。得汉之北海、千乘、淄川、济南、齐郡，今为淄、青、齐等州，及济州东界。及平原、渤海，尽九河故道之南，滨于碣石。今为德州、棣州、沧州其北界。自九河故道之北，属析木分也。

　　营室、东壁，娵訾之次。亥初起危十三度，二千九百二十六分太。中室十二度，五百五十分，秒二十一半。终奎一度。其分野：自王屋、太

行而东，尽汉河内之地，今为怀州、各、卫州之西境。北负漳、邺，东及馆
陶、聊城，汉地自黎阳、内黄及邺、魏、武安，东至馆陶、元城，皆属魏郡；自顿
邱、三城、武阳，东至聊城，皆属东郡。今为相、魏、卫州。东尽汉东郡之城，
汉东郡、清河，西南至白马、濮阳，东至东河、须昌，滨济，至于郓城。今为滑州、
濮州、郓州。其须昌、济东之地，属降娄，非豕韦也。

　　奎、娄及胃，降娄之次。戌初起奎二度，一千二百一十七分，秒十七
少。中娄一度，一千八百八十三。终胃三度。其分野：南届钜野，东达
梁父，以负东海。又东至于吕梁，乃东南抵淮水，而东尽于徐夷之
地。东为降娄之次。得汉东平、鲁国。汉东平国在任城、平陆，今在兖州。奎
为大泽，在陬訾之下流，滨于淮、泗，东北负山，为娄、胃之墟。盖中
国膏腴之地，百谷之所阜也。胃星得马牧之气，与冀之北土同占。

　　昴、毕，大梁之次。毕酉初起胃四度，二千五百四十九分，秒八太。
中昴六度，一百七十四度半。终毕九度。其分野：自魏郡浊漳之北，得
汉之赵国、广平、钜鹿、常山，东及清河、信都，北据中山、真定。今为
洺、赵、邢、恒、定、冀、贝、深八州。又分相、魏、博之北界，与瀛州之西，全赵之
分。又北尽汉岱郡、雁门、云中、定襄之地，与北方群狄之国，皆大梁
分也。

　　觜觿、参伐，实沉之次也。申初起毕十度，八百四十一分，十五太。
中参七度，一千五百二十六，终井十二度。其分野：得汉河东郡，今为
蒲、绛、晋州，又得泽州及慈州界也。及上党，今为泽、潞、仪、沁也。太原，今
为并、汾州。尽西河之地。今为隰州、石州、岚州，西涉河，得银州以北也。又
西河戎狄之国，皆实沉分也。今河东郡永乐、芮城、河北县及河曲丰、胜、
夏州，皆为实沉之次，东井之分也。参伐为戎索，为武政，故殷河东，尽大
夏之墟。上党次居下流，与赵、魏相接，为觜觿之分。

　　东井、舆鬼，鹑首之次也。未初起井十二度，二千一百七十二秒，
十五太。中井二十七度，二千八百二十八分半，秒一半。终柳六度。其分
野：自汉之三辅及北地、上郡、安定，西自陇坻至河西，西南巴、蜀、
汉中之地，及西南夷犍为、越嶲、益州郡，极南河之表，东至牂柯，比
鹑首分也。三首之分，得《禹贡》雍、梁二州，其郡县易知，故不详载。狼星分

野在江、河上源之西，弧矢、犬鸡，皆徼外之象。今之西羌、吐蕃、蕃浑，及西南徼外夷，皆狼星之象。

柳、星、张，鹑火之次。午初起柳七度，四百六十四，秒七少。中柳星七度，一千一百三。终张十四度。其分野：北自荥泽、荥阳，并景、索，暨山南，得新郑、密县，至于方阳。方阳之南得汉之颍川郡阳翟、崇高、郏城、襄城，南尽郾县。今为邓、汝、唐、仙四州界。又汉南阳郡，北自宛、叶，南尽汉东申、随之地，大抵以淮源桐柏、东阳为限。今之唐州、随州属鹑火，申州属寿星。又自洛邑负河之南，西及函谷南纪，达武当汉水之阴，尽弘农郡。汉弘农卢氏、陕县，今为虢、陕二州。上洛、商洛为商州。丹水为均州。宜阳、沔池、新安、陆浑，今属洛州。古三周、虢、郑、管、郐、东、密、滑、焦、唐、申、邓，皆鹑火分也，及祝融氏之都。新郑为祝融氏之墟，属鹑火。其东鄙则入寿星。旧说皆在函谷，非也。柳、星、舆、鬼之东，又接汉源，故殷商、洛之阳，接南河之上流。七星上系轩辕，得土行之正位，中岳象也，故为河南之分。张星直河南汉东，与鹑尾同占。

翼、轸，鹑尾之次。巳初起张十五度，一千七百九十五，秒二十二少。中翼十二度，二千四百六十一，秒八半。终轸九度。其分野：自房陵、白帝而东，尽汉之南郡，南郡：巫县，今在蕲州。秭归在西，夷陵在峡州。襄、夔、郢、申在襄、郢界，余为荆州。江夏，江夏：竟陵今为州，安、鄂、蕲、沔、黄五州，皆汉江夏界。东达庐江南郡。汉庐江之寻阳，今在江州，于山河之像，宜属鹑尾也。滨彭蠡之西，得汉长沙、武陵、桂阳、零陵郡。零陵今为道州、永州。桂阳今为柳州。大抵自沅、湘上流，西通黔安之左，皆楚之分也。又逾南纪，尽郁林、合浦之地。郁林县今在贵州。定林县今在廉州。合浦县今为桂州。今自富、昭、蒙、龚、绣、容、白、罕八州以西，皆属鹑尾之墟也。荆、楚、郧、邓、罗、权、巴、夔与南方蛮貊，殷河南之南。其中一星主长沙国，逾岭徼而南，皆瓯东、青丘之分。今安南诸州，在云汉上源之东，宜属鹑火。

角、亢，寿星之次。辰初起轸十度，八千七，秒十四半。中角八度，七百五十，秒三十。终氐一度。其分野：自原武、管城、滨河、济之南，东至封丘、陈留，尽陈、蔡、汝南之地，逾淮源至于弋阳。汉陈留郡，自封丘、陈留已东，皆入大火之分。汉汝南，今为豫州。西华、南顿、项城县今为陈

州。汝阴县今在颍州。弋阳县在光州。西涉南阳郡，至于桐柏，又东北抵
嵩之东阳。汉南阳郡春陵、湖阳、蔡阳，后分为春陵郡，后魏以为南荆州，今
有旧义阳郡，在中国之东界，今为申州。按中国地络，在南北河之间，故申、随、
光三州，皆属《禹贡》豫州之分，宜属鹑火、寿星。非南方负海之地。古陈、蔡、
随、许，皆属寿星分也。氐星涉寿星之次，故其分野殷雒邑众山之
东，与亳土相接。

　　氐、房、心，大火之次也。卯初起氐二度，一千四百一十九分，秒五
太。中房二度，二千八百五分，秒一半。终尾六度。其分野：得汉之陈留
县，自雍丘、襄邑、小黄而东，循济阴，界于齐、鲁，右泗水，达于吕
梁，乃东南抵淮，西南接太昊之墟，尽济阴、山阳、楚国、丰、沛之地。
济阴郡之定陶、冤句、乘氏，今在东郡。大抵曹、宋、徐、亳及郓州西界，皆属大
火分。自商、亳以负北河，阳气之所升也，为心分。自丰、沛以负南
河，阳气之所布也，为房分。故其下流皆与尾星同占，西接陈、郑，为
氐星之分。

　　尾、箕，析木之次也。寅初起尾七度，二千七百五十分，秒二十一
少。中箕星五度，三百七十分，秒六十七。终斗八度。其分野：自渤海九
河之北，尽河间、涿郡、广阳国，汉渤海郡浮阳，今为清池县，属沧州。涿
郡之饶阳，今属瀛州。涿县、良乡与广阳国蓟县，今在幽州。及上谷、渔阳、
右北平、辽东、乐浪、玄菟，渔阳在幽州。右北平在白狼无终县，隋代为渔
阳郡，古孤竹国，后置北平郡，今为平州。辽东在无虑县，即《周礼》医无闾山。
乐浪在朝鲜县，玄菟在高句骊县，今皆在东夷也。古之北燕、孤竹、无终及
东方九夷之国，皆析木之分也，得云汉之末流，北纪之所穷也。箕与
南斗相近，故其分野在吴、越之东。

　　南斗、牵牛，星纪之次也。丑初起斗九度，一千四十二分，秒十二
太。中斗二十四度，一千一百分，秒八半。终女四度。其分野：自庐江、
九江，负淮水之南，尽临淮、广陵，至于东海，野庐、寿、和、濠、扬，皆属
星纪也。又逾南河，得汉丹阳、会稽、豫章郡，西滨彭蠡，南涉越州，
尽苍梧、南海。又逾岭表，自韶、广、封、梧、藤、罗、雷州，南及珠崖自北以东
为星纪，其西皆属鹑尾之次。古吴、越及东南百越之国，皆星纪分也。南

斗在云汉之下流,当淮、海之间,为吴分。牵牛去南河浸远,故其分野自豫章东达会稽,南逾岭徼,为越分。岛夷变貊之人,声教之所不洎,皆系于狗国。李淳风刊定《隋志》,郡国颇为详悉,所注郡邑多依用。其后州县又隶管属不同,但据山河以分耳。

日蚀

武德元年十月壬申朔,四年八月丙戌朔,六年十二月壬寅朔,九年十月丙辰朔。

贞观元年闰三月癸丑朔,九月庚戌朔,二年三月戊申朔,三年八月己巳朔,四年闰正月丁卯朔,六年正月乙卯朔,九年闰四月丙寅朔,十一年三月丙戌朔,十二年闰二月庚辰朔,十三年八月辛未朔,十七年六月己卯朔,十八所十月辛丑朔,二十年闰三月癸巳朔,二十二年八月己酉朔。

高宗显庆五年六月庚午朔。乾封二年八月己酉朔。总章二年六月戊申朔。咸亨元年六月壬寅朔,二年十一月甲午朔,三年十一月戊子朔。上元元年三月辛亥朔,二年九月壬寅朔。调露二年四月乙巳朔,十一月壬寅朔。开耀元年十月丙寅朔。永淳元年四月甲子朔,十一月庚申朔。

则天垂拱二年二月辛未朔,四年六月丁亥朔。天授二年四月壬寅朔。如意元年、四月丙申朔。长寿二年九月丁亥朔,三年九月壬午朔。延载元年九月壬午朔。证圣元年二月己酉朔。圣历三年五月乙酉朔。久视元年五月己酉朔。长安二年九月乙丑朔,三年三月壬戌朔,九月庚寅朔。

中宗神龙三年六月丁卯朔。景龙元年十二月乙丑朔。

睿宗太极元年二月丁卯朔。

高宗先天元年九月丁卯朔。开元三年七月庚辰朔,六年五月乙丑朔,九年五月乙巳朔,十二年闰十二月壬辰朔,十七年十月丙午朔,二十年二月癸酉朔,八月辛未朔,二十一年七月乙丑朔,二十二年十二月戊子朔,二十三年闰十一月壬午朔,二十六年九月丙申朔,二十八年三月丁亥朔。天宝元年七月癸卯朔,五载五月壬子朔,十三载六月乙丑朔。

肃宗至德元载十月辛巳朔。上元二年七月癸未朔,蚀既,大星皆见。

代宗大历三年三月乙巳朔,四年正月十五日甲午蚀。十三年甲戌,有司奏合蚀不蚀。十四年二月丙寅朔。

德宗贞元三年八月辛巳朔,日蚀。有司奏,准礼请伐鼓于社,不许。太常卿董晋谏曰:"伐鼓所以责群阴,助阳德,宜从经义。"竟不报。六年正月戊戌朔,有司奏合蚀不蚀,百僚称贺。七年六月庚寅朔,有司奏蚀,是夜阴云不见,百官表贺。八年十一月壬子朔,先是司天监徐承嗣奏:"据历,合蚀八分,今退蚀三分。准占,君盛明则阴匿而潜退。请书于史。"从之。十年四月癸卯朔,有司奏太阳合亏,巳正后刻蚀之既,未正后五刻复满。太常奏,准礼上不视朝。其日阴云不见,百官表贺。十七年五月壬戌蚀。

元和三年七月癸巳蚀。宪宗谓宰臣曰:"昨司天奏太阳亏蚀,皆如其言,何也?又素服救日,其仪安在?"李吉甫对曰:"日月运行,迟速不齐。日凡周天三百六十五度有余,日行一度,月行十三度有余,率二十九日半而与日会。又月行有南北九道之异,或进或退,若晦朔之交,又南北同道,即日为月之所掩,故名薄蚀。虽自然常数可以推步,然日为阳精,人君之象,若君行有缓有急,即日为之迟速。稍逾常度,为月所掩,即阴浸于阳。亦犹人君行或失中,应感所致。故《礼》云:'男教不修,阳事不得,谪见于天,日为之蚀。'古者日蚀,则天子素服而修六官之职,月蚀,则后素服而修六宫之职,皆所以惧天戒而自省惕也。人君在民物之上,易为骄盈,故圣人制礼,务乾恭竞惕,以奉若天道。苟德大备,天人合应,百福斯臻。陛下恭己向明,日慎一日,又顾忧天谴,则圣德益固,升平何远。伏望长保睿志,以永无疆之休。"上曰:"天人交感,妖祥应德,盖如卿言。素服求日,自贬之旨也,朕虽不德,敢忘竞惕。卿等当匡吾不逮也。"十年八月己亥朔,十三年六月癸丑朔。

长庆二年四月辛酉朔,三年九月壬子朔。

太和八年二月壬午朔。开成二年十二月庚寅朔,当蚀,阴云不见。

会昌三年二月庚申朔,四年二月甲寅朔,五年七月丙午朔,六年十二月戊辰朔,皆蚀。

武德九年二月二十三日夜,星孛于胃、昴间,凡二十八日,又孛于卷舌。

贞观八年八月二十三日,星孛于虚、危,历于玄枵,凡十一日而减。太宗谓侍臣曰:"是何妖也?"虞世南对曰:"齐景公时,有彗星。晏子对曰:'公穿池畏不深,筑台恐不高,行刑恐不重,是以彗为诫耳。'景公惧而修德,十六日而星灭。臣闻若德政不修,麟凤数见,无所补也;苟政教无阙,虽有灾衍,何损于时。伏愿陛下勿以功高古人而矜大,勿以太平日久而骄逸,慎终如始,彗何足忧。"帝深嘉之。十三年三月二十二日夜,星孛于毕、昴。十五年六月十九日,星孛于太微,犯郎位。七月甲戌灭。

总章元年四月,彗见五车,上避正殿,减膳,令内外五品已上上封事,极言得失。许敬宗曰:"星虽孛而光芒小,此非国眚,不足上劳圣虑,请御正殿,复常膳。"不从。敬宗又进曰:"星孛于东北,王师问罪,高丽将灭之征。"帝曰:"我为万国主,岂移过于小蕃哉!"二十二日星灭。上元二年十月,彗见于角、亢南,长五尺。三年七月二十一日,彗见东井,指南河、积薪,长三尺余,渐向东北,光芒益襄,长三丈,扫中台,指文昌,经五十八日而灭。永隆二年九月一日,万年县女子刘凝静,乘白马,著白衣,男子从者八九十人,入太史局,升令听床坐,勘问比有何灾异。太史令姚玄辩执之以闻。是夜彗见西方天市中,长五尺,渐小,向东行,出天市,至河鼓右旗,十七日灭。永淳二年三月十八日,彗见五车之北,凡二十五日而灭。

文明元年七月二十二日,西方有彗,长丈余,凡四十九日灭。

光宅元年九月二十九日,有星如半月,见西方。

景龙元年十月十八日,彗见西方,凡四十三日而灭。二年二月,天狗坠于西南,有声如雷,野雉皆雊。七月七日,星孛胃、昴之间。三年八月八日,星孛于宫。

太极元年七月四日,彗入太微。

开元十八年六月十一日,彗见五车;三十日,星孛于毕、昴。二十六年三月八日,星孛于紫微垣,历斗魁,十余日,阴云不见。

武德元年六月三日,劳惑犯左执法。八年九月二十二日,荧惑入太微。九年五月,傅奕奏:太白昼见于秦,秦国当有天下。高祖以状授太宗。及太宗即位,召奕谓曰:"汝前奏事几累我,然而今后但须悉心尽言,无以前事为虑。"

贞观十三年五月,荧惑犯右执法。十五年二月十五日,荧惑逆犯太微东藩上相。十七年三月七日,荧惑守心前星,十九日退。其月二十二日,荧惑犯勾陈。九月二十九日,荧惑犯太微西藩上将。十九年九月二十四日,太白在太微,犯左执法,光芒相及。

永徽三年六月二日,荧惑犯右执法;三日,太白入太微,犯右执法。显庆五年二月三日,荧惑入南斗。龙朔元年九月十四日,太白犯太微左执法。乾封二年五月,荧惑入轩辕。咸亨元年十二月,荧惑入太微。上元二年正月九日,荧惑犯房星。仪凤四年四月九日,荧惑犯羽林。调露二年五月二十四日,太白经天。

长安四年,荧惑八月及镇星,犯天关。太史令严善思奏:法有乱臣伏罪,臣下谋上之变。岁余,诛二张,五王立中宗。

景龙二年六月八日,太白昼见于东井。

景龙二年三月二十七日,太白入羽林。太极元年三月三日,荧惑入东井;四月十二日,荧惑与太白守东井。

先天元年八月十四日夜,月蚀尽,有星入月魄中。十六日,太白袭月。开元十年七月二十九日,荧惑入南斗。天宝十三载五月,荧惑守心五十余日。

至德元年十一月二十六日,荧惑、太白同犯昴。

武德二年三月二十七日,太白、辰、镇聚于东井。九年六月十八日,辰、岁会于东井。二十三日,辰、岁、太白又会于东井。

贞观十八年五月,太白、辰合于东井。

景云二年七月,太白、镇同在张宿。

武德三年十月三十日,有流星坠于东都城内,殷殷有声。高祖谓侍臣曰:"此何祥也?"起居舍人令狐德棻曰:"昔司马懿伐辽,有流星坠于辽东梁水上,寻而公孙渊败走,晋军追之,至其星坠处斩之。此王世充灭亡之兆也。"

贞观十八年五月五日,有流星大如斗,出东壁,光照地,声如雷。

咸亨三年二月三日,有流星如雷。

景龙二年二月十九日,大星坠于西南,声如雷,野雉皆雊。

景云二年八月十七日,东方有流星出五车,至于上台。

天宝三载闰二月十七日,星坠于东南,有声。京师讹言官遣枨枨捕人肝以祭天狗,人相恐,畿内尤甚。

景龙元年九月十八日,有赤气竟天,其光烛地,经三日乃止。九月四日,黄雾昏浊。

唐隆元年六月八日,虹霓竟天。

灾异编年　至德后

至德元年三月乙酉,岁、太白、荧惑合于东井。十月辛丑朔,日有食之。十一月壬戌五更,有流星大如斗,流于东北,长数丈,蛇行屈曲,有碎光进空。乾元元年四月,荧惑、镇、太白合于营室。太史南宫沛奏:所合之处战不胜,大人恶之,恐有丧祸。明年冬,郭子仪等九节度之师自溃于相州。五月癸未夜一更三筹,月掩心前星,二更四筹方出。正月癸丑,月入南斗魁。二年二月丙辰,月犯心前大星,相去三寸。三年四月丁巳夜五更,彗出东方,色白,长四尺,在娄、胃间,疾行向东北角,历昴、毕、觜、参、井、鬼、柳、轩辕,至太微右执法七寸所，凡五十余日方灭。闰四月辛酉朔，妖星见于南方，长数丈。是时自四月初大雾大雨，至闰四月末方止。是月，逆贼史思明再陷东都，米价踊贵，斗至八百文，人相食，殍尸蔽地。上元元年十二月祭未夜，岁掩房星。二年七月癸未朔，日有蚀之，大星皆见。司天秋官正瞿昙谦奏曰：“癸未太阳亏，辰正后六刻起亏，巳正后一刻既，午前一刻复满。亏于张四度，周之分野。甘德云，‘日从巳至午蚀为周’，周为河南，今逆贼史思明据。《乙巳占》曰：‘日蚀之下有破国’。”其年九月，制去上元之号，单称元年，月首去正、二、三之次，以“建”冠之。其年建子月癸巳亥时一鼓二筹后，月掩昴，出其北，兼白晕；毕星有白气从北来贯昴。司天监韩颖奏曰：“按石申占，‘月掩昴，胡王死’。又‘月行昴北，天下福’。臣伏以三光垂象，月为刑杀之征。二石歼夷，史官常占。毕、昴为天纲，白气兵丧，掩其星则大破胡王，行其北则天下有福。巳为周分，癸主幽、燕，当羯胡据之郊，是残寇灭亡之地。”明年，史思明为其子朝义所杀。十月，雍王收复东都。上元三年正月时去上元之号，今存之以正年。建辰月，肃宗病。是月丙戌，月上有黄白冠连成晕，东井、五诸侯、南北河、舆鬼皆在中。建巳月，以楚州献定国宝，乃改元宝应，月复以正、二、三为次。其月，肃宗崩。

代宗即位。其月壬子夜，西北方有赤光见，炎赫亘天，贯紫微，渐流于东，弥漫北方，照耀数十里，久之乃散。辛未夜，江陵见赤光贯北斗，俄仆固怀恩叛。明年十月，吐蕃陷长安，代宗避狄幸陕州。广德二年五月丁酉朔，日当蚀不蚀，群臣贺。十二月三日夜，星流如雨，自亥及晓。永泰元年九月辛卯，太白经天，是月吐蕃逼京幽。二年六月丁未，日重轮，其夜月重轮，是年大水。大历元年十二月己亥，彗星出匏瓜，长尺余，犯宦者星。二年七月癸亥，荧惑色赤黄，顺行入氐。乙丑夜，镇星色黄，近辰星，在东井初度。寅申时，有青赤气长四十余尺，见日旁，久之乃散。己巳夜，岁星顺行去司怪七寸。庚午夜，月逼天关。壬申十二月，赤气长二丈亘日上。甲戌酉时，白气亘天。八月壬午，月入氐。戊子，月犯牵牛，相去九寸。己丑夜，月犯毕,相去四寸。九月戊申朔,岁星守东井,凡七日。乙卯,吐蕃入寇,至邠宁。戊午夜,白雾起尾西北,弥漫亘天。乙丑昼,有流星大如一升器,其色黄明,尾迹长六七十尺,出于午,流于丑。戊辰夜,荧惑去南斗五寸。乙亥,青赤气亘于日旁。十一月辛酉夜,月去东井一尺。甲子夜,月去轩辕一尺。壬戌,京师地震,有声如雷,自东北来。十二月丁酉夜,荧惑入壁垒。戊戌,有黑气如雾,亘北方,久之方散。三年正月壬子夜,月掩毕。丁巳巳时,日有黄冠,青赤珥。三月乙巳朔,日有蚀之,自午亏,至后一刻,凡蚀十分之六分半。癸丑夜,太白去天衢八寸。癸酉夜,太白顺行,去岁星二尺。七月壬申夜,五星并列东井。占云:“中国之利。”八月己酉,月入毕。辛酉,月入东井。壬戌,火星去太白四寸。庚午夜,太白犯左执法,相去一尺。九月壬申夜,岁星入舆鬼。乙夜亥夜,大星如斗,自南流北,其光烛地。丁丑夜,荧惑入太微垣。己卯夜,太白犯左执法,相去六寸。戊子夜,岁星去舆鬼一尺。己丑夜,月犯东井,去五寸。庚戌,荧惑去太微五寸,太白去进贤四寸。癸巳,月去灵台一尺。四年正月十五日,日有蚀之。二月丙午夜,荧惑有芒角,去房星二尺所。丙辰夜,地震,有声如雷者三。三月壬午,荧惑有芒角,入氐。癸未,月去氐一尺。戊子夜,镇星近舆鬼。五月丙戌,京师地震。七月,荧惑犯次相星。九月丁卯,荧惑犯郎位。是岁自四月霖雨,至秋末方息,京师米斗八百文。五年四月乙巳夜,岁星入轩辕。己未夜,彗出五车,蓬孛,光芒长三丈。五月己卯夜,彗出北方,其色白。癸未夜,彗随天东行,近八谷。甲申,西北方白气竟天。六月丙申,月去太微左执法一寸。丁酉,月去哭星二寸。庚子,月去氐七寸。癸卯,彗去三公二尺。庚戌,太白入东井。甲寅,白气出西北方,竟天。己未,彗星灭。七月,京师米价腾踊,斗千钱。六年七月乙巳夜,月掩毕,入昴毕中。壬子,月去太微二寸。八月庚辰,月入太微。九月壬辰,荧惑犯哭星,去二寸。庚子夜,火去泣星四寸,月掩毕。甲辰夜,西南流星大如一升器,有尾迹,光明照地,珠子散落,长五丈余;出须女,入天市南垣灭。丁未,月入太微。辛亥,荧惑入壁垒。十月丁卯,月掩毕。甲戌,月入轩辕。十一月壬寅,月入太微。丙午夜,月掩氐。十二月己巳,月入太微。七年正月乙未夜,月近轩辕。二月戊午,月掩天关。辛酉,月逼舆鬼。己巳,荧惑逼天衢。三月辛卯,月逼灵台。四月丁巳,荧惑入东井。辛未,岁星入东角。壬申,月入羽林。丙子,镇星临太微。五月丙戌,月入太微。六月乙亥,月临东井。十二月甲子,太白入羽林。丙寅,雨土,是夜,长星出于参。八年五月庚辰,荧惑入羽林。六月戊辰,流星大如一升器,有尾迹,长三丈,流入太微。七月己卯,太白入东井,留七日而出。庚寅酉时,有气三道竟天。辛卯夜,荧惑临月。乙未,月掩毕中。八月戊午夜,荧惑临月。其月,朱滔自幽州入朝。九月癸未,月入羽林。己丑,月入太微。十月癸卯,太白临镇星。丙午夜,太白临进贤。丁巳夜,月掩毕。壬戌夜,月入鬼中。庚午,月近太白,并入氐中。十一月己卯,月入羽林。壬午,镇星逼进贤。癸未,太白掩房。癸巳,月入太微垣。闰十一月壬寅夜,太白、辰星会于危。癸丑,月掩天关。甲寅,月入东井。乙丑,月掩天关。丙寅,月入氐。十二月癸酉,月入羽林。九年正月癸丑,荧惑逼诸王星。三月丁未,荧惑入东井。四月乙亥,月临轩辕。丁丑,月入太微。五月己酉,太白逼荧惑。乙未夜,太白入轩辕。辛酉,辰星逼轩辕。六月戊寅,月逼天纲。己卯,月掩南斗。庚辰,月入太微。戊子,太白临左执法。七月甲辰,月掩房。辛亥,月入羽林。壬戌,月入舆鬼。八月辛卯,月掩轩辕。九月庚子,朱泚自幽州入朝。是夜,太白入南斗。甲子,荧惑入氐。十月戊子,木入南斗。十二月戊辰,月入羽林。十年正月,昭义军乱,逐薛崿;田承嗣据河北叛。戊申,月逼轩辕。甲寅夜,荧惑岁星合于南斗,并顺行。二月,河阳军乱,逐常休明。三月,陕州军乱,逐李国青。庚戌,荧惑入壁垒。四月甲子,荧惑顺行入羽林。庚午,月临轩辕。六月癸亥,太白临东井。乙丑夜,荧惑临天囷。戊辰,月迟太微。乙亥,月临南斗。七月庚子,辰星、太白顺行,同在柳。八月乙酉,荧惑顺行,临天高。戊子,月入太微。九月甲午,月临房。十月辛酉朔,日月蚀之。十二月甲子夜,东方月上白气十余道,如匹帛,贯五车、东井、舆鬼、觜、参、毕、柳、轩辕,三更后方散。十二年闰八月丁酉,太白昼见。其年七月,李灵耀以汴州叛,十月,方诛之。十三年正月乙丑夜,月掩轩辕。癸酉夜,月掩心前星。丙子,月入南斗魁中。二月乙未,镇星入氐。辛亥夜,流星大如桃,尾长十丈,出匏瓜,入太微。三月壬戌,月入太微。戊辰,月逼心星。是月,幸臣元载诛,王缙黜。四月庚寅,月临左执法。乙未夜,月掩心前星。五月丙辰,月入太微。六月戊戌,月入羽林。七月庚戌,月入南斗。癸丑,荧惑逼司怪。己巳,宰相杨绾卒。乙亥,荧惑顺行,入东井。是岁,春夏旱,八月大雨,河南大水,平地深五尺。吐蕃入寇,至坊州。十月己丑,月临岁星。壬辰,月掩昴。乙未,月临五诸侯。庚子,月临左执法,遂入太微垣。十一月癸丑,太白临哭星。乙卯夜,月入羽林。戊辰,月临左执法。十二月辛巳,镇星临关键。壬午,月入羽林。十四年五月十一日,代宗崩。

德宗即位。明年改元建中。至四年十月,朱泚乱,车驾幸奉天。贞元四年五月丁卯,月犯岁星。乙亥,荧惑、镇、岁聚于营室三十余日。八月辛卯朔,日有蚀之。十年三月乙亥,黄雾四塞,日无光。四月,太白昼见。

元和七年正月辛未,月掩荧惑。六月乙亥,月去南斗魁第四星西北五寸所。八年七月四日夜,月去太微东垣之南首星南一尺所。癸酉夜,月去五诸侯之西第四星南七寸所。十月己丑,荧惑顺行,去太微西垣之南首星西北四寸所。九年二月丁酉,月去心大星东北七寸所。四月辛巳,北方有大流星,迹尾长五丈,光芒照地,至右摄提南三尺所。九月己丑,月掩轩辕。十二年正月戊子,彗出毕南,长二尺余,指西南,三日,近参旗没。十三年正月乙未,岁星退行,近太微西垣之南第一星。八月己未,月近南斗魁。壬戌,太白顺行,近太微。十四年正月己丑,月近东井北辕星。癸卯夜,月近南斗魁星。五月庚寅,月犯心前大星西南一尺所。十五年正月二十七日。宪宗崩。

穆宗即位。七月庚申,荧惑退行,入羽林。癸亥夜,大星出勾陈,南流至娄北灭。八月己卯,月掩牵牛。长庆元年正月丙午,月掩钺星;二更后,月有去东井南辕第一星南七寸。丙辰,南方大流星色赤,尾有迹,长三丈,光明烛地,出狼星北二尺所,东北流至七星三尺所灭。已未夜,星勃在翼。丁卯夜,星孛在辰上,去太微西垣南第一星七寸所。二月八日夜,太白犯昴东南五寸所。丁亥夜,月犯岁星南六寸所,在尾十三度。三月庚戌,太白犯五车东南七寸所。七月壬寅,月掩房次相星。乙丑夜,东方大流星,色黄,有尾迹,长六七丈,光明烛地,出参西北,向西流,至羽林东北灭。其月幽州军乱,囚其帅张弘靖,立朱克融。其月二十八日,镇州军乱,杀其帅田弘正、王廷凑。元和末,河北三镇皆以疆土归朝廷;至是,幽、镇俱失。俄而史宪诚以魏州叛,三镇复为盗据,连兵不息。八月辛巳夜,东北有大星自云中出流,白光照地,前后长丈二尺五寸,西北入蜀灭;太白在轩辕左角西北一尺所。是月壬辰夜,太白去太微垣南第一星一尺所。九月戊戌夜,太白顺行,入太微,去左执法星西北一尺所。乙巳夜,去左执法二寸所。辛亥,月去天关西北八寸。二年正月戊申,魏帅田布伏剑死,史宪诚据郡叛。二月甲戌夜,荧惑在岁星南七寸所。四月辛酉朔,日有蚀之,在胃十二度,不尽者四之一,燕、赵见之既。七月丙子夜,东方大星西流,至昴灭,其声如雷。十月甲子夜,月掩牵牛中星。乙丑夜,太白去南斗魁第四星西一寸所。十一月丁丑,月掩左角。庚辰,月去房一尺所。十二月丁亥,月掩左角。庚戌夜,月近房星。壬子五更后,月近太白,相去一尺所。四年正月二十二日,穆宗崩。

敬宗即位。二月癸卯,太白犯东井,近北辕。三月甲子,荧惑犯镇。壬申,太白犯东井,近北辕。四月十七日,染院作人张韶于柴草车中载兵器,犯银台门,共三十七人,入大内,对食于清思殿;其日禁兵诛之。七月乙卯夜,有大星出于天船,流犯斗魁第一星西南灭。八月丁亥,荧惑犯镇星。癸未,荧惑入东井。已丑,太白犯轩辕右角。十二月戊子夜,月掩东井。甲午夜,西北有流星出阁道,至北极灭。宝历元年七月乙酉,月犯西咸,去八寸所。甲子夜,月掩毕。闰七月癸巳夜,月去心,距九寸。庚子,流星出北极,至南斗柄灭。八月乙卯,太白犯房,相去九寸。九月癸未,太白犯南斗。丙戌月犯毕。甲午,月犯太微左执法。十月辛卯,月犯天囷,相去七寸。癸亥,太白临哭星,相去九寸。十一月庚辰,镇星犯东井,相去七寸。癸未夜,月去东井六寸。戊戌,西南大流星出羽林,入浊。十二月戊申夜,月犯毕。乙酉夜,西北方有雾起,须臾遍天。雾上有赤气,其色或深或,久而方散。二年正月甲戌夜,北方大流星长五丈余,出紫微,过轸灭。甲申,月犯右执法,相去五寸。二月丙午夜,月犯毕。三月己巳,流星出河鼓,东过天市,入浊灭。四月甲子夜,西方大流星长三丈,穿天市垣,至房星灭。其月十七日,白虹贯日连环,至午方灭。五月甲戌,月去太微八寸所。癸巳西北方大流星长三丈,光明照地,入天市垣中灭。甲午五更,荧惑犯昴。六月庚申,太白犯昴。七月壬申,流星长二丈,出斗北,入浊灭。其夜,月初入,巳上有流星向南灭。其夜,辰犯毕。八月丙申夜,北方大流星长四丈余,出王良,流至北斗柄灭。甲辰夜,太白去太微八寸所。丁未夜,荧惑近镇星西北。丁丑,荧惑去舆鬼七寸。十二月八日夜,敬宗为内官刘克明所弑,立绛王。枢密使王守澄等杀绛王,立文宗。

太和元年九月戊寅,月掩东井南轩辕星。四年四月辛酉夜四更五筹后,月掩南斗第二星。十一月辛未朔,荧惑犯右执法西北五寸,五年二月,宰相宋申锡、漳王被诬得罪。八年二月朔,日有蚀之。六月辛巳五更,有六流星,赤色,有尾迹,光明照地,珠子散落,出河鼓北流,近天棓灭,有声如雷。七月己巳夜,流星出紫微西北,长二丈,至北斗第一星灭。是夜五更,月犯昴。九月辛亥夜五更,太微宫近郎位有彗星,长丈余,西指,西北行,凡九夜,越郎位星西北五尺减。癸丑,月入南斗。庚申,右军中尉王守澄,宣召郑注对于浴殿门。是夜,彗星出东方,长三尺,芒耀甚猛。十二月丙戌夜,月掩昴。九年三月乙卯,京师地震。四月辛丑,大风震雷,拔殿前古树。六月庚寅夜,月掩岁星。丁酉夜一更至四更,流星纵横旁午,约二十余处,多近天汉。其年十一月,李训谋杀内官,事败,中尉仇士良杀王涯、郑注、李训等十七家,朝臣多有贬逐。开成元年正月甲辰,太白掩西建第一星。其月十五日,日有蚀之。二月乙亥夜四更,京师地震。二年二月丙午夜，彗出东方，长七尺余，在危初度，西指。戊申夜，危之西南，彗长七尺，芒耀愈猛，亦西指。癸丑夜，彗在危八度。庚申夜，在虚三度半。辛酉夜，彗长丈余，直西行，稍南指，在虚一度半。壬戌夜，彗长二丈，其广三尺，在女九度。癸亥夜，彗逾长广，在女四度。三月甲子朔，其夜，彗长五丈，岐分两尾，其一指氐，其一掩月，在斗十度。丙寅夜，彗长六丈，尾无岐，北指，在危七度。文宗召司天监朱子容问星变之由，子容曰："彗主兵旱，或破四夷，古之占书也。然天道悬远，唯陛下修政以抗之。"乃敕尚食，今后每日御食料分为十日。其夜彗长五丈，阔五尺，却西北行，东指。戊辰夜，彗长八丈有余，西北行，东指，在张十四度。诏天下放系囚，撤乐减膳，避正殿；先是，郡臣拜章上徽号，宜并停。癸未夜，彗长三尺，出轩辕之右，东指，在张七度。六月，河阳军乱，逐李咏。是岁，夏蝗，大旱。八月丁酉，彗出虚、危之间。十月，地南北震。三年十月十九日，彗见，长二丈余；二十日夜，长二丈五尺；二十一日夜，长三丈；二十二日夜，长三丈五尺；并在辰上，西指轸、魁。十一月乙卯朔，是夜彗出东方，东西竟天。五月五日，太白犯舆鬼。六月一日，太白犯荧惑。二十八日，太白犯右执法。十月七日，太白犯南斗。四年正月丁巳，荧惑、太白、辰聚于南斗。癸酉，彗出于西方，在室十四度。闰月二十三日，又见于卷舌北，凡三十三日，至二十六日夜灭。二月二十六日，自夜四更至五更，四方中央流星大小二百余，并西流，有尾迹，长二丈。三月乙酉夜，月掩东井第三星。是岁，夏大旱，祷祈无应，文宗忧形于色。宰臣进曰："星官言天时当尔，乞不过劳圣虑。"帝改容言曰："朕为人主，无德庇人，比年灾旱，星文谪见。若三日内不雨，朕当退归南关，卿等自选贤明之君以安天下。"宰相杨嗣复等呜咽流涕不已。十月辛丑，月犯荧惑，河南大水。八月辛未，流星出羽林，有尾迹，长十丈，有声如雷。十月辛酉，辰入南斗魁。五年正月，文宗崩。

　　武宗即位。会昌元年六月二十九日，从一鼓至五鼓，小流星五十余，交横流散。七月二日，北方流星光明照地，东北流星有声如雷。九月癸巳，荧惑犯舆鬼。闰九月丁酉，荧惑贯鬼宿；戊戌，在鬼中。十一月六日，彗见西南，在室初度，凡五十六日而灭。其夜上方大流星光明烛地，东北流星有声。二年六月乙丑，荧惑犯岁星。丙寅，太白犯东井。其夜，荧惑苍赤色，动摇于井中，至八月十六日，犯舆鬼。五年二月五日，太白掩昴北侧，在昴宿一度。五月辛酉，太白入毕口，距星东南一尺。八月七日，太白犯轩辕大星。

旧仪：太史局隶秘书省，掌视天文历象。则天朝，术士尚献辅精于历算，召拜太史令。献辅辞曰：“臣山野之人，性灵散率，不能屈事官长。”天后惜其才，久视元年五月十九日，敕太史局不隶秘书省，自为职局，仍改为浑天监。至七月六日，又改为浑仪监。长安二年八月，献辅卒，复为太史局，隶秘书省，缘进所置官员并废。景龙二年六月，改为太史监，不隶秘书省。景云元年七月，复为太史局，隶秘书省。八月，又改为太史监。十一月，又改为太史局。二年闰九月，改为浑仪监。开元二年二月，改为太史监。十五年正月，改为太史局，隶秘书省。天宝元年，又改为太史监。

乾元元年三月，改太史监为司天台，于永宁坊张守珪故宅置。敕曰：“建邦设都，必稽玄象；分列曹局，皆应物宜。灵台三星，主观察云物；天文正位，在太微西南。今兴庆宫，上帝廷也，考符之所，合置灵台。宜令所司量事修理。”旧台在秘书省之南。仍置五官正五人。司天台内别置一院，曰通玄院。应有术艺之士，征辟至京，于崇玄院安置。其官员：大监一员，正三品。少监二人，正四品。丞三人，正六品。主簿三人，主事二人，五官正五人，五官副正五人，灵台郎一人，五官保章正五人，五官挈壶正五人，五官司历五人，五官司辰十五人，观生、历生七百二十六人。凡官员六十六人。宝应元年，司天少监瞿昙谭奏曰：“司天丞请减两员，主簿减两员，主事减一员，保章正减三员，挈壶正减三员，监候减两员，司辰减十员，五陵司辰减五员。”从之。

天宝十三载三月十四日，敕太史监官除朔望朝外，非别有公事，一切不须入朝，及充保识，仍不在点检之限。

　　开成五年十二月,敕:"司天台占候灾详,理宜秘密。如闻近日监司官吏及所由等,多与朝官并杂色人交游,既乖慎守,须明制约。自今已后,监司官吏不得更与朝官及诸色人等交通往来,委御史台察访。"

旧唐书卷三七
志第一七

五　行

　　昔禹得《河图》、《洛书》六十五字,治水有功,因而宝之。殷太师箕子入周,武王访其事,乃陈《洪范》九畴之法,其一曰五行。汉兴,董仲舒、刘向治《春秋》,论灾异,乃引九畴之说,附于二百四十二年行事,一推咎征天人之变。班固叙汉史,采其说《五行志》。绵代史官,因而缵之。今略举大端,以明变怪之本。

　　《经》曰:"水曰润下,火曰炎上,木曰曲直,金曰从革,土爰稼穑。"又曰:"建用皇极。"《传》曰:"畋猎不时,饮食不享,出入不节,夺民农时,及有奸谋,则木不曲直。弃法律,逐功臣,杀太子,以妾为妻,则火不炎上。好治宫室,饰台榭,内淫乱,犯亲戚,侮父兄,则稼穑不成。好战功,轻百姓,饰城郭,侵边境,则金不从革。简宗庙,不祷祠,废祭祀,逆天时,则水不润下。"《经》曰"敬用五事",谓"貌曰恭,言曰从,视曰明,听曰聪,思曰睿。恭作肃,从作乂,明作哲,聪作谋,睿作圣。"又曰"建用皇极","皇建其有极"。《传》曰:"貌之不恭,是谓不肃,厥咎狂,厥罚恒雨,厥极凶。时则有服妖,时则有龟孽,时则有鸡祸,时则有下体生上之痾,时则有青眚青祥。凡草木之类谓之妖,虫豸之类谓之孽,六畜谓之祸,及人谓之痾,甚则异物生谓之眚,身外而来谓之详也。言之不从,是谓不乂,厥咎僭,厥罚恒旸,厥极忧。时则有诗妖,时则有介虫之孽,时则有犬祸,时则有口舌之痾,时则有白眚白祥。视之不明,是谓不哲,厥咎豫,厥罚恒燠,厥极疾。时则有草妖,时则有裸虫之孽,时则有羊祸,时则有目痾,时则有赤眚赤祥。听之不聪,是谓不谋,厥咎急,厥罚恒寒,厥极贫,时则有鼓妖,时则有鱼孽,时则有豕祸,时则有耳痾,时则有黑眚黑祥。思之不睿,是谓不圣,厥咎蒙,厥罚恒风,厥极凶短折。时则有脂夜之妖,时则有华孽,时则有牛祸,时则有心腹之痾,则时有黄眚黄祥。皇之不极,是谓不建,厥咎眊,厥罚恒阴,厥极弱。时则有射妖,时则有龙蛇之孽,时则有马祸,时则有下体代上之痾,时则有日月乱行、星辰逆行。”九畴名数十五,其要五行、皇极之说,前贤所以穷治乱之变,谈天人之际,盖本于斯。故先录其言,以传于事。

京房《易传》曰:“臣事虽正,专必地震。其震,于水则波,于木则摇,于屋则瓦落,大经在辟而易臣,兹谓阴动。”又曰:“小人剥庐,厥妖山崩,兹谓阴乘阳,弱胜强。”刘向曰:“金木水渗土,地所以震。”《春秋》灾异,先书地震、日蚀,恶阴盈也。

贞观十二年正月十二日,松、丛二州地震,坏人庐舍。二十年九月十五日,灵州地震,有声如雷。二十三年八月一日,晋州地震,坏人庐舍,压死者五十余人。三日,又震。十一月五日,又震。

永徽元年四月一日,又震。六月十二日,又震。高宗顾谓侍臣曰:“朕政教不明,使晋州之地,屡有震动。”侍中张行成曰:“天,阳也;地,阴也。阳,君象;阴,臣象。君宜转动,臣宜安静。今晋州地震,弥旬不休,臣将恐女谒用事,大臣阴谋。且晋州,陛下本封,今地屡震,尤彰其应。伏愿深思远虑,以杜其萌。”帝深然之。

开元二十二年十月十八日,秦州地震。先是,秦州百姓闻州西北地下殷殷有声,俄而地震,坏廨宇及居人庐舍数千间,地拆而复合,震经时不定,压死百余人。玄宗令右丞相萧嵩致祭山川,又遣仓部员外郎韦伯阳往宣慰,存恤所损之家。

至德元年十一月辛亥朔,河西地震有声,地裂陷,坏庐舍,张掖、酒泉尤甚。至二年六月始止。

大历二年十一月壬申,京师地震,有声自东北来,如雷者三。四年二月丙辰夜,京师地震,有声如雷者三。

贞元三年十一月己卯夜,京师地震,是夕者三,巢鸟皆惊,人多去室。东都、蒲、陕亦然。四年正月朔日,德宗御含元殿受朝贺。是日质明,殿阶及栏槛三十余间,无故自坏,甲士死者十余人。其夜,京师地震。二日又震,三日又震,十八日又震,十九日又震,二十日又震。帝谓宰臣曰:"盖朕寡德,屡致后土震惊,但当修政,以答天谴耳。"二十三日又震,二十四日又震,二十五日又震,时金、房州尤甚,江溢山裂,屋宇多坏,人皆露处。至二月三月壬午,又震,甲申又震,乙酉又震,丙申又震。三月甲寅,又震,己未又震,庚午又震,辛未又震。京师地生毛,或白或黄,有长尺余者。五月丁卯,又震。八月甲辰,又震,其声如雷。九年四月辛酉,京师又震,有声如雷。河中尤甚,坏城垒庐舍,地裂水涌。十年四月戊申,又震。十三年七月乙未日午时,震从东来,须臾而止。

元和七年八月,京师地震。宪宗谓侍臣曰:"昨地震,草树皆摇,何祥异也?"宰臣李绛曰:"昔周时地震,三川竭,太史伯阳甫谓周君曰:'天地之气,不过其序。若过其序,人乱也。人政乖错,则上感阴阳之气,阳伏而不能出,阴迫而不能升,于是有地震。'又孔子修《春秋》,所纪灾异,先地震、日蚀,盖地载万物,日君象,政有感伤,天地见眚,书之示戒,用儆后王。伏愿陛下体励虔恭之诚,动以利万物、绥万方为念,则变异自消,休征可致。"九年三月丙辰,隽州地震,昼夜八十震方止,压死者百余人。

太和九年三月乙卯,京师地震。

开成元年二月乙亥夜四更,京师地震,屋瓦皆坠,户牖之间有声。二年十一月乙丑夜,地南北微震。

大中三年十月,京师地震,振武、天德、灵武、盐、夏等州皆震,坏军镇庐舍。

武德六年七月二十日,隽州山崩,川水咽流。

贞观八七年月七日,陇右山崩,大蛇屡见。太宗问秘书监虞世南曰："是何灾异？"对曰："春秋时梁山崩，晋侯召宗伯而问焉。对曰：'国主山川，故山崩川竭，君为之不举，降服出次，祝币以礼焉。'晋侯从之，卒亦无害。汉文帝九年，齐、楚地二十九山同日崩。文帝出令，郡国无来献，施惠于天下，远近欢洽，亦不为灾。后汉灵帝时，青蛇见御座。晋惠帝时，大蛇长三百步，经市入庙。今蛇见山泽，盖深山大泽，实生龙蛇，亦不怪也。唯修德可以消变。"上元之十七年八月四日，原州昌松县泻池谷有石五，青质白文，成字曰"高皇海出多子李元王八十年太平天子李世民千年太子李治书燕山人士乐太国主尚汪谭奖文仁迈千古大王五王六王七王十凤毛才子七佛八菩萨及上果佛田天子文武贞观昌大圣延四方上下治示孝仙戈八为善"。原州奏。其年十一月三日，遣使祭之，曰："嗣天子某，祚继鸿业，君临宇县，夙兴旰食，无忘于政，导德齐礼，愧于前修。天有成命，表瑞贞石，文字昭然，历数唯永。既旌高庙之业，又眇锡身之祚。迨于皇太子治，亦降贞符，具纪姓氏，列于石言。仰瞻睿汉，空铭大造，甫惟寡薄，弥增寅惧。敢因大礼，重荐玉帛，上谢明灵之贶，以申祗慄之诚。"

永徽四年八月二十日，陨石十八于同州冯翊县，光曜，有声如雷。上问于志宁曰："此何祥也？当由朕政之有阙。"对曰："按《春秋》，陨石于宋五，内史过曰：'是阴阳之事，非吉凶所生。'自古灾变，杳不可测，但恐物之自尔，未必关于人事。陛下发书诫惧，责躬自省，未必不为福矣。"

永昌中，华州敷水店西南坡，白昼飞四五里，直抵赤水，其坡上树木禾黍，宛然无损。

则天时，新丰县东南露台乡，因大风雨雹震，有山踊出，高二百尺，有池周三顷，池中有龙凤之形、禾麦之异。则天以为休征，名为庆山。荆州人俞文俊诣阙上书曰："臣闻天气不和而寒暑隔，人气不和而疣赘生，地气不和而堆阜出。今陛下以女主居阳位，反易刚柔，故地气隔塞，山变为灾。陛下以为庆山，臣以为非庆也。诚宜侧身修德，以答天谴。不然，恐灾祸至。"则天怒，流于岭南。

开元十七年四月五日,大风震电,蓝田山开百余步。

乾元二年六月,虢州闵乡县界黄河内女娲墓,天宝十三载因大雨晦冥,失其所在,至今年六月一日夜,河滨人家忽闻风雨声,晓见其墓踊出,上有双柳树,下有巨石二,柳各长丈余。郡守图画以闻,今号风陵堆。

大历十三年,郴州黄岑山崩震,压杀数百人。

建中初,魏州魏县西四十里,忽然土长四五尺数亩,里人骇异之。明年,魏博田悦反,德宗命河东马燧、潞州李抱真讨之,营于陉山。幽州朱滔、恒州王武俊帅兵救田悦,王师退保魏县西。朱滔、武俊、田悦引军与王师对垒。三年十一月,朱滔僭称冀王,武俊称赵王,田悦称魏王。悦时垒正当土长之所,及僭署告天,乃因其长土为坛以祭。魏州功曹韦稔为《益土颂》以媚悦。马燧闻之,笑曰:"田悦异常贼也。"

贞观十一年七月一日,黄气竟天,大雨,谷水溢,入洛阳宫,深四尺,坏左掖门,毁宫寺十九;洛水暴涨,漂六百余家。帝引咎,令群臣直言政之得失。中书侍郎岑文本曰:"伏唯陛下览古今之事,察安危之机,上以社稷为重,下以亿兆为念。明选举,慎赏罚,进贤才,退不肖。闻过即改,从谏如流。为善在于不疑,出令期于必信。颐神养性,省畋游之娱;去奢从俭,减工役之费,务静方内,不求辟土;载櫜弓矢,而无忘武备。凡此数者,愿陛下行之不息,必当转祸为福,化咎为详。况水之为患,阴阳常理,岂可谓之天谴而系圣心哉!"十三日,诏曰:"暴雨为灾,大水泛溢,静思厥咎,朕甚惧焉。文武百僚,各上封事极言朕过,无有所讳。诸司供进,悉令减省。凡所力役,量事停废。遭水之家,赐帛有差。"二十日,诏废明德宫及飞山宫之玄圃院,分给河南、洛阳遭水户。九月,黄河泛溢,坏陕州河北县及太原仓,殷河阳中潬,太宗幸白马坂以观之。

永徽五年六月,恒州大雨,自二日至七日。滹沱河水泛溢,损五千三百家。

总章二年七月，益州奏：六月十三日夜降雨，至二十日，水深五尺，其夜暴水深一丈已上，坏屋一万四千三百九十区，害田四千四百九十六顷。九月十八日，括州暴风雨，海水翻上，坏永嘉、安固二县城百姓庐舍六千八百四十三区，杀人九千七十、牛五百头，损田苗四千一百五十顷。

咸亨元年五月十四日，连日澍雨，山水溢，溺死五千余人。

永淳元年六月十二日，连日大雨，至二十三日，洛水大涨，漂损河南立德弘敬、洛阳景行等坊二百余家，坏天津桥及中桥，断人行累日。先是，顿降大雨，沃若悬流，至是而泛溢冲突焉。西京平地水深四尺已上，麦一束止得一二升。米一斗二百二十文，布一端止得一百文。国中大饥，蒲、同等州没徙人家口并逐粮，饥馁相仍，加以疾疫，自陕至洛，死者不可胜数。西京米斗三百已下。二年三月，洛州黄河水溺河阳县城，水面高于城内五六尺。自盐坎已下至县十里石灰，并平流，津桥南北道无不碎破。

文明元年十月，温州大水，漂流四千余家。

长安三年，宁州大霖雨，山水暴涨，漂流二千余家，溺死者千余人，流尸东下。十七日，京师大雨雹，人有冻死者。四年，自九月至十月，昼夜阴晦，大雨雪。都中人畜，有饿冻死者。令开仓赈恤。

神龙元年七月二十七日，洛水涨，坏百姓庐舍二千余家。诏九品已上直言极谏，右卫骑曹宋务先上疏曰：

臣闻自昔后王，乐闻过，罔不兴；拒忠谏，罔不乱。何者？乐闻过则下情通，下情通则政无缺，此其所以兴也；拒忠谏则群议壅，群议壅则主孤立，此其所以乱也。伏见明敕，令文武九品已上直言极谏，大哉德音，其尧、舜之用心，禹、汤之责己也！

臣尝读书，观天人相与之际，考休咎冥符之兆，有感必通，其间甚密。是以政失于此，变生于彼，亦犹影之像形，响之赴声，动而辄随，各以类应。故《易》曰："天垂象，见吉凶，圣人象之。"窃见自夏已来，水气悖戾，天下郡国，多罹其灾。去月二十七日，洛水暴涨，漂损百姓。谨按《五行传》曰："简宗庙，废祭祀,则水不润下。"夫王者即位,必郊祀天地,严配祖宗,是故鬼神歆飨,多获福助。自陛下光临宝极,绵历炎凉,郊庙迟留,不得殷荐,山川寂寞,未议怀柔。暴水之灾,殆因此发。臣又按,水者阴类,臣妾之道。阴气盛满,则水泉迸溢。加之虹霓纷错,暑雨滞淫,虽丁厥时,而汩恒度,亦阴胜之沴也。臣恐后庭近习,或有离中馈之职,干外朝之政。伏愿深思天变,杜绝其萌。又自春及夏,牛多病死,疫气浸淫,于今未息。谨按《五行传》曰:"思之不睿,时则有牛祸。"意者万机之事,陛下或未躬亲乎?昔太戊有异木生于朝,伊尹戒以修德,厥妖用殄;高宗有飞雉雊于鼎,祖乙陈以政事,殷道再兴。此皆视履考祥,转祸为福之明鉴也。晁错曰:"五帝其臣不及,则自亲之。"今朝廷怪异,虽则多矣,然皆仰知陛下天光。伏愿勤思德容,少凝大化,以万方为念,不以声色为娱,以百姓为忧,不以犬马为乐。暂劳宵旰,用缉明良,岂不休哉!天下幸甚!

臣闻三王之朝,不能免淫冘;太平之时,不能无小孽。备御之道,存乎其人。若细微之灾,恬而不怪,及祸变成象,骇而图之,犹水决而缮防,疾困而求药,虽复俛俯,亦何救哉!夫灾变应天,实系人事,故日蚀修德,月蚀修刑。若乃雨旸或愆,则貌言为咎,零祟之法,在于礼典。今暂逢霖雨,即闭坊门,弃先圣之明训,遵后来之浅术,时偶中之,安足神耶?盖当屏医收津,丰隆戢响之日也。岂有一坊一市,遂能感召皇灵;暂闭暂开,便欲发挥神道。必不然矣,何其谬哉!至今巷议街言,共呼坊门为宰相,谓能节宣风雨,燮理阴阳。夫如是,则赫赫师尹,便为虚设;悠悠苍生,复何所望?

自数年已来,公私俱竭,户口减耗。家无接新之储,国无候荒之蓄。陛下不出都邑,近观朝市,则以为率土之人,既康且富。及至践闾陌,视乡亭,百姓衣牛马之衣,饮犬彘之食,十室而九空,丁壮尽于边塞,孤孀转于沟壑,猛吏淫威奋其毒,暴征急政破其资。马困斯跌,人穷乃诈,或起为奸盗,或竞为流亡,从而刑之，良可悲也！臣观今之氓俗，率多轻佻，人贫而奢不息，法设而伪不止。长吏贪冒，选举私谒。乐多繁淫，器尚浮巧。稼穑之人少，商旅之人多。诚愿坦然更化，以身先之，端本澄源，涤瑕荡秽。接凋残之后，宜缓其力役；当久弊之极，宜法训敦庞。良牧树风，贤宰垂化，十年之外，生聚方足，三代之美，庶几可及。

臣闻太子者，君之贰，国之本，《易》有其卦，天有其星，今古相循，率由兹道。陛下自登皇极，未建元良，非所以守器承祧，养德赞业。离明不可辍曜，震位不可久虚。伏愿早择贤能，以光储副，上安社稷，下慰黎元。且姻戚之间，谤议所集，假令汉帝无私于广国，元规切让于中书，天下之人，安可户说。稽疑成患，冯宠生灾，所谓爱之适足以害之。至如武三思等，诚能辍其机务，授以清闲，厚禄以富其身，蕃锡以奖其意，家国俱泰，岂不优乎？

夫爵赏者，君之重柄。《传》曰："惟名与器，不可假人。"自顷官赏，颇亦乖谬，大勋未满于人听，高秩已越于朝伦，贪天之功，以为己力。秘书监郑普思、国子祭酒叶静能，或挟小道以登朱紫，或因浅术以取银黄，既亏国经，实悖天道。《书》曰："制理于未乱，保邦于未危。"此诚理乱安危之时也。伏愿钦祖宗之丕烈，伤王业之艰难，远佞人，亲有德，乳保之爱，妃主之家，以时接见，无令媟渎。

凡此数者，当今急务，唯陛下留神采纳，永保康宁。

疏奏不省。

右仆射唐休璟以霖雨为害，咎在主司，上表曰："臣闻天运其工，人代之而为理；神行其化，为政资之以和。得其理则阴阳以调，失其和则灾沴斯作。故举才而授，帝唯其艰；论道于邦，官不必务。顷自中夏，及乎首秋，郡国水灾，屡为人害。夫水，阴气也，臣实主之。臣忝职右枢，致此阴沴，不能调理其气，而乃旷居其官。虽运属尧年，则无治水之用；位俟殷相，且阙济川之功。犹负明刑，坐逃皇谴。皇恩不弃,其若天何?昔汉家故事,丞相以天灾免职。臣窃遇圣时,岂敢靦颜居位。乞解所任,待罪私门,冀移阴咎之征,复免夜行之眚。"

神龙二年三月壬子,洛阳东十里有水影,月余乃灭。四月,洛水泛溢,坏天津桥,漂流居人庐舍,溺死者数千人。三年夏,山东、河北二十余州大旱,饥馑死者二千余人。

景龙二年正月,沧州雨雹,大如鸡卵。

开元五年六月十四日,巩县暴雨连日,山水泛涨,坏郭邑庐舍七百余家,人死者七十二;汜水同日漂坏近河百姓二百余户。八年夏,契丹寇营州,发关中卒援之。军次渑池县之阙门,野营谷水上。夜半,山水暴至,二万余人皆溺死,唯行纲役夫樗蒲,觉水至,获免逆旅之家,溺死死人漂入苑中如积。其年六月二十一日夜,暴雨,东都谷、洛溢,入西上阳宫,宫人死者七十八。畿内诸县,田稼庐舍荡尽。掌关兵士,凡溺死者一千一百四十八人。京城兴道坊一夜陷为池,一坊五百余家俱失。其年,邓州三鸦口大水塞谷,初见二小儿以水相泼,须臾,有大蛇十围已上,张口向天,人或斫射之,俄而暴雷雨,漂溺数百家。十年二月四日,伊水泛涨,毁都城南龙门天竺、奉先寺,坏罗郭东南角,平地水深六尺已上,入漕河,水次屋舍树木荡尽。河南汝、许、仙、豫、唐、邓等州,各言大水害秋稼,漂没居人庐舍。十四年六月戊午,大风拔木发屋,端门鸱吻尽落,都城内及寺观落者约半。七月十四日,瀍水暴涨,流入洛漕,漂没诸州租船数百艘,溺死者甚众,漂失杨、寿、光、和、庐、杭、瀛、棣租米一十七万二千八百九十六石,并钱绢杂物等。因开斗门决堰,引水南入洛,漕水燥竭,以搜漉官物,十收四五焉。七月甲子,怀、卫、郑、滑、汴、濮、许等州澍雨,河及支川皆溢,人皆巢舟以居,死者千计,资产苗稼无孑遗。沧州大风,海运船没者十一二,失平卢军粮五千余石,舟人皆死。润州大风从东北,海涛奔上,没瓜步洲,损居人。是秋,天下八十五州言旱及霜,五十州水,河南、河北尤甚。十五年七月甲寅,雷震兴教门楼两鸱吻,烧楼柱,良久乃灭。二十日,鄜州雨,洛水溢入州城,平地丈余,损居人庐舍,溺死者不知其数。二十一日,同州损郭邑及市,毁冯翊县。八月八日,沔池县夜有暴雨,涧水、谷水涨合,毁郭邑百余家及普门佛寺。是岁,天下六十三州大水损禾稼、居人庐舍,河北尤甚。十八年六月乙丑,东都瀍水暴涨,漂损扬、楚、淄、德等州租船。壬午,东都洛水泛涨,坏天津、永济二桥及漕渠斗门,漂损提象门外助铺及仗舍,又损居人庐舍千余家。二十七年八月,东京改作明堂,讹言官取小儿埋于明堂下,以为厌胜。村邑童儿藏于山谷,都城骚然,或言兵至。玄宗恶之,遣主客郎中王佶往东都及诸州宣慰百姓,久之乃定。二十九年,暴水,伊、洛及支川皆溢,损居人庐舍,秋稼无遗,坏东都天津桥及东西漕;河南北诸州,皆多漂溺。

天宝十载,广陵郡大风架海潮,沦江口大小船数千艘。十三载秋,京城连月澍雨,损秋稼。九月,遣闭坊市北门,盖井,禁妇人入街市,祭玄冥大社,崇门。京城坊市墙宇,崩坏向尽。东京瀍、洛水溢堤穴,冲坏一十九坊。

上元二年,京师自七月霖雨,八月尽方止。京城宫寺庐舍多坏,街市沟渠中漉得小鱼。

永泰元年,先旱后水。九月,大雨,平地水数尺,沟河涨溢。时吐蕃寇京畿,以水,自溃而去。二年夏,洛阳大雨,水坏二十余坊及寺观廨舍。河南数十州大水。

大历四年秋,大雨。是岁,自四月霖澍,至九月。京师米斗八百文,官出太仓米贱粜以救饥人。京城闭坊市北门,门置土台,台上置坛及黄幡以祈晴。秋末方止。五年夏,复大雨,京城饥,出太仓米减价以救人。二十年秋,大雨。是岁,春夏旱,至秋八月雨,河南尤甚,平地深五尺,河决,漂溺田稼。

贞元二年夏,京师通衢水深数尺。吏部侍郎崔纵,自崇义里西门为水漂浮行数十步,街铺卒救之获免;其日,溺死者甚众。东都、河南、荆南、淮南江河泛溢,坏人庐舍。四年八月,连雨,灞水暴溢,溺杀渡者百余人。八年秋,大雨,河南、河北、山南、江淮凡四十余州大水，漂溺死者二万余人。时幽州七月大雨，平地水深二丈；郑、涿、蓟、檀、平州，平地水一丈五尺。又徐州奏：自五月二十五日雨，至七月八日方止，平地水深一丈二尺。郭邑庐里屋宇田稼皆尽，百姓皆登丘塚山原以避之。

元和七年正月，振武界黄河溢，毁东受降城。五月，饶、抚、虔、吉、信五州山水暴涨，坏庐舍，虔州尤甚，水深处四丈余。八年五月许州奏：大雨摧大隗山，水流出，溺死者千余人。六月庚寅，京师大风雨，毁屋扬瓦，人多压死。水积城南，深处丈余，入明德门，犹渐车辐。辛卯，渭水暴涨，毁三渭桥，南北绝济者一月。时所在霖雨，百源皆发，川渎不由故道。丙申，富平大风，折树一千二百株。辛丑，出宫人二百车，人得婆纳，以水害诫阴盈也。九年秋，淮南、宣州大水。十一年五月，京畿大雨，害田四万顷，昭应尤甚，漂溺居人。衢州山水涌，深三丈，坏州城，民多溺死。浮梁、乐平溺死者一百七十人，为水漂流不知所在者四千七百户。润、常、湖、陈、许等州各损田万顷。十二年秋，大雨，河南北水，害稼。其年六月，京师大雨，街市水深三尺，坏庐舍二千家，含元殿一柱陷。十五年九月十一日至十四日，大雨兼雪，街衢禁苑树无风而摧折、连根而拔者不知其数。仍令闭坊市北门以禳之。沧州大水。

长庆二年十月，好畤山水泛涨，漂损居人三百余家，河南陈、许二州尤甚。诏赈贷粟五万石，量人户家口多少，等第分给。

太和三年四月，同官暴水，漂没三百余家。六年，徐州自六月九日大雨至十一日，坏民舍九百家。四年夏，郓、曹、濮雨，坏城郭田庐向尽。苏、湖二州水，坏六堤，水入郡郭，溺庐井。许州自五月大雨，水深八尺，坏郡居民大半。

会昌元年七月，襄州汉水暴溢，坏州郭。均州亦然。

则天时，宗秦客以佞幸为内史，受命之日，无云而雷声震烈，未周岁而诛。

延和元年六月，河南偃师县之李材村，有霹雳闪入人家，地震裂,阔丈余,长十五里,测之无底。所裂之处,井厕相通,所冲之冢,棺柩出植平地无损,竟不知其故。

仪凤三年十一月十四日,雨木冰。

开元十五年七月四日,雷震兴教门两鸱吻,栏槛及柱灾。二十九年十一月二十二日,雨木冰,凝寒冻冽,数日不解。宁王见而叹曰:"谚云'树稼达官怕',必有大臣当之。"其月王薨。

乾元三年闰四月,大雾,大雨月余。是月,史思明再陷东都,京师米斗八百文,人相食,殍骸蔽地。

永泰元年二月甲子夜,雷电震烈。三月,降霜为大冰。辛亥,大风拔木。

大历二年三月辛亥夜,京师大风发屋。十一月,纷雾如雪,草木冰。十年四月甲申夜,大雨雹,暴风拔树,飘屋瓦,宫寺鸱吻飘失者十五六,人震死者十二,损京畿田稼七县。七月己未夜,杭州大风,海水翻潮,飘荡州郭五千余家,船千余只,全家陷溺者百余户,死者四百余人;苏、湖、越等州亦然。

贞元二年正月,大雨雪,平地深尺余。雪上有黄色,状如浮埃。四年正月,陈留十里许雨木,皆大如指,长寸余,木有孔通中,所下立者如植。其年,宣州暴雨震电,有物堕地,猪首,手脚各有两指,执一赤斑蛇食之。逡巡,黑云合,不见。八年二月,京师雨土。五月己未,暴风破屋拔树,太庙屋及诸门寺署坏者不可胜计。十年六月辛丑晦,有水鸟集于左藏库。其夜暴雨,大风拔树。十七年二月五日,大雨雹。七日,大霜。十六夜,大雨,震雷且电。十九日,大雨雪而电。

元和三年四月壬申,大风毁含元殿西阙栏槛二十七间。八年三月丙子,大风拔崇陵上宫衙殿西鸱尾,并上宫西神门六戟竿折,行墙四十间檐坏。

长庆元年九月壬庚,京师震电,大风雨。四年五月庚辰,大风吹坏延喜、景风二门。

大和八年六月癸未,暴风雷雨坏长安县廨及经行寺塔。同、华大旱。七月辛酉,定陵台大风雨,震,东廊之下地裂一百三十尺,其深五尺。诏宗正卿李仍叔启告修之。九年四月二十六日夜,大风,含元殿四鸱吻皆落,拔殿前树三,坏金吾仗舍,废楼观内外城门数处,光化门西城墙坏七十七步。是日,废长生院,起内道场,取李训言沙汰僧尼故也。

开成元年夏六月,凤翔麟游县暴风雨,飘害九成宫正殿及滋善寺佛舍,坏百姓屋三百间,死者百余人,牛马不知其数。

长安四年九月后,霖雨并雪,凡阴一百五十余日,至神龙元年正月五日,诛二张,孝和反正,方晴霁。

先天二年四月,阴,至六月一百余日,至七月三日,诛窦怀贞等一十七家,方晴。

景龙中,东都霖雨百余日,闭坊市北门,驾车者苦甚污,街中言曰:"宰相不能调阴阳,致兹恒雨,令我污行。"会中书令杨再思过,谓之曰:"于理则然,亦卿牛劣耳。"

贞元二十一年,顺宗风疾,叔文用事,连月霖雨不霁。乃以宪宗为皇太子,制出日即晴。《传》所谓"皇之不极,厥罚恒阴",皆此数也。

贞观二年六月,京畿旱,蝗食稼。太宗在苑中掇蝗,咒之曰:"人以谷为命,而汝害之,是害吾民也。百姓有过,在予一人,汝若通灵,但当食我,无害吾民。"将吞之,侍臣恐上致疾,遽谏止之。上曰:"所冀移灾朕躬,何疾之避?"遂吞之。是岁蝗不为患。

开元四年五月,山东螟蝗害稼,分遣御史捕而埋之。汴州刺史倪若水拒御史,执奏曰:"蝗是天灾,自宜修德。刘聪时,除既不得,为害滋深。"宰相姚崇牒报之曰:"刘聪伪主,德不胜妖;今日圣朝,妖不胜德。古之良守,蝗虫避境,若言修德可免,彼岂无德致然。今坐看食苗,忍而不救,因此饥馑,将何以安?"卒行埋瘗之法,获蝗一十四万,乃投之汴河,流者不可胜数。朝议喧然,上复以问崇,崇对曰:"凡事有违经而合道,反道而适权者,彼庸儒不足以知之。纵除之不尽,犹胜养之以成灾。"帝曰:"杀虫太多,有伤和气,公其思之。"崇曰:"若救人杀虫致祸,臣所甘心。"八月四日,敕河南、河北检校捕蝗使狄光嗣、康瓘、敬昭道、高昌、贾彦璿等,宜令待虫尽而刈禾将毕,即入京奏事。谏议大夫韩思复上言曰:"伏闻河北蝗虫,顷日益炽,经历之处,苗稼都尽。臣望陛下省咎责躬,发使宣慰,损不急之务,去至冗之人。上下同心,君臣一德,持此至诚,以答休咎。前后捕蝗使望并停之。"上出符疏付中书姚崇,乃令思复往山东检视虫灾之所,及还,具以闻。二十五年,贝州蝗食苗,有白鸟数万,群飞食蝗,一夕而尽。明年,榆林关有蚼蛉食苗,群雀来食,数日而尽。

天宝三载,贵州紫虫食苗,时有赤鸟群飞,自东北来食之。

广德元年秋,蚼蛉食苗,关西尤甚,米斗千钱。

兴元元年秋,关辅大蝗,田稼食尽,百姓饥,捕蝗为食,蒸曝,扬去足翅而食之。明年夏,蝗尤甚,自东海西尽河、陇,群飞蔽天,旬日不息。经行之处,草木牛畜毛,靡有孑遗。关辅已东,谷大贵,饿馑枕道。京师大乱之后,李怀光据河中,诸军进讨,国用罄竭。衣冠之家,多有殍殣者。旱甚,灞水将竭,井皆无水。有司奏国用裁可支七旬。德宗减膳,不御正殿。百司不急之费,皆减之。

元和元年夏,镇、冀蝗害稼。

长庆三年秋,洪州旱,螟蝗害稼八万顷。

太和元年秋,旱,罢选举。

开成二年,河南、河北旱,蝗害稼;京师旱尤甚,徙市,闭坊南门。四年六月,天下旱,蝗食田,祷祈无效,上忧形于色。宰臣曰:"星官奏天时当尔,乞不过劳圣虑"。文宗,憪然改容曰:"朕为天下主,无德及人,致此灾旱。今又彗星谪见于上,若三日内不雨,当退归南内,卿等自选贤明之君以安天下。"宰臣鸣咽流涕不能已。是岁,河南府界黑虫食苗。河南、河北蝗,害稼都尽。镇、定等州,田稼既尽,至于野草树叶细枝亦尽。

会昌元年,山南邓、唐等州蝗害稼。

贞观十三年四月二十九日，云阳石燃方丈，昼如炭，夜则光见，投草木于其上则焚，历年方止。

证圣元年正月十六日夜，明堂火，延及天堂，京城光照如昼，至曙并为灰烬。则天欲避殿彻乐，宰相姚璹以为火因麻主，人护不谨，非天灾也，不宜贬损。乃劝则天御端门观酺，引建章故事，令薛怀义重造明堂以厌胜之。

则天时，建昌王武攸宁置内库，长五百步，二百余间，别贮财物以求媚。一夕为天灾所燔，玩好并尽。

景龙中，东都凌空观灾，火自东北来，其金铜诸像，销铄并尽。

开元五年，洪、潭二州灾，火延烧郡舍。郡人先见火精赤暾暾飞来，旋即火发。十五年，衡州灾，火延烧三四百家。郡人见物大如瓮，赤如烛笼，此物所至，即火发。十八年二月十八日，大雨雪，俄又雷震，飞龙厩灾。

天宝二年六月七日，东都应天门观灾，延烧左右延福门，经日不灭。九载三月，华岳庙灾。十载正月，大风，陕州运船失火，烧二百一十五只，损米一百万石，舟人死者六百人，又烧商人船一百只。其年八月六日，武库灾，烧二十八间十九架，兵器四十七万件。

宝应元年十一月，回纥焚东都宜春院，延及明堂，甲子日而尽。

广德元年十二月二十五夜，鄂州失火，烧船三千艘，延及岸上居人二千余家，死者四五千人。

大历十年二月，庄严寺佛图灾。初有疾风，震雷薄击，俄而火从佛图中出，寺僧数百人急救之，乃止，栋宇无损。

贞元七年，苏州火。十九年四月，家令寺火。二十年四月，开业寺火。

元和四年，御史台舍火。七年，镇州甲仗库一十三间灾，节度使王承宗杀主守，坐死者百余人。承宗方拒天军，而兵仗为灾所焚，天意嫉恶也。十年四月，河阴转运院火。十一月，献陵寝宫永巷火。十一年十二月，未央宫及飞龙草场火，皆王承宗、李师道谋挠用兵，阴遣盗纵火也。时李师道于郓州起宫殿,欲谋僭乱。既成,是岁为灾并尽,俄而族灭。

太和元年十月甲辰,昭德宫火,延烧至宣政东垣及门下省,至晡方息。八年十二月,昭成宫火。九年六月乙亥朔,西市火。

会昌三年六月,万年县东市火,烧屋宇货财不知其数。又西内神龙宫火。

大顺二年七月,汴州相国寺佛阁灾。是日晚,微雨,震电,寺僧见赤块在三门楼藤网中,周绕一匝而火作。良久,赤块北飞,越前殿飞入佛阁网中,如三门周绕转而火作。如是三日不息,讫为灰烬。

贞观初,白鹊巢于殿庭之槐树,其巢合欢如腰鼓,左右称贺。太宗曰:"吾常笑隋文帝好言祥端。瑞在得贤,白鹊子何益于事?"命掇之,送于野。

高宗文明后,天下频奏雌雉化为雄,或半化未化,兼以献之,则天临朝之兆。

调露元年,突厥温傅等未叛时,有鸣鹉群飞入塞,相继蔽野,边人相惊曰:"突厥雀南飞,突厥犯塞之兆也。"至二年正月,还复北飞,至灵夏已北,悉坠地而死,视之,皆无头。裴行俭问右史苗神客曰:"鸟兽之祥,乃应人事,何也?"对曰:"人虽最灵,而禀性含气,同于万类,故吉凶兆于彼,而祸福应于此。圣王受命,龙凤为嘉瑞者,和气同也。故汉祖斩蛇而验秦之必亡,仲尼感麟而知己之将死。夷羊在牧,殷纣已灭。鹳鹆来巢,鲁昭出奔。鼠舞端门,燕刺诛死。大鸟飞集,昌邑以败。是故君子虔恭寅畏,动必思义,虽在幽独,如承大事,知神明之照临,惧患难之及己。雉升鼎耳,殷宗侧身以修德;鹏上坐隅,贾生作赋以叙命。卒以无患者,德胜妖也。"

大历八年四月戊申,乾陵上仙观天尊殿,有双鹊衔泥及柴,补殿之隙坏,凡十五处。其年九月,大鸟见于武功县,群鸟随而噪之。神策将军张日芬射得之,肉翅狐首,四足,足有爪,其广四尺三寸,其毛色赤,形类蝙蝠。十一年,渭州获赤乌。十三年五月,左羽林军鹳鸲乳雀。

　　贞元三年三月，中书省梧桐树有鹊以泥为巢。四年夏，汴、郑二州群鸟皆飞入田绪、李纳境内，衔木为城，高二三尺，方十里。绪、纳恶之，命焚之，信宿而复，鸟口皆流血。十年四月，有大鸟飞集宫中，食杂骨数日，获之，不食而死。六月辛未晦，水鸟集左藏库。十四年秋，有鸟色青，类鸠鹊，息于宋郊，所止之处，群鸟翼卫，朝夕衔稻粱以哺之。睢阳之人适野聚观者旬日，人不知其名，郡人李翱见之曰："此鸾也，凤之次。"

　　长庆元年六月，濮州雷泽县人张宪家榆树鸟巢，因风堕二雏，别树鹊引二鸟雏于巢哺之。

　　开成二年六月，真兴门外野鹊巢于古冢。

　　永徽中，黑齿常之戍河源军，有狼三头，白昼入军门，射之毙。常之惧，求代。将军李谨代常之军，月余卒。

　　先天初，洛阳市人牵一羊，左肋下有人手，长尺许，以之乞丐。

　　开元二年，韶州鼠害稼，千万为群。三年，有熊白昼入广陵城，月余，都督李处鉴卒。

　　永泰二年十一月，乾陵赤兔见。

　　大历二年三月，河中献玄狐。四年九月己卯，虎入京城长寿坊元载私庙，将军周皓格杀之。六年八月丁丑，太极殿内廊下获白兔。八年七月，白鼠出内侍。十二年六月，苑内获白鼠。十三年六月戊戌，陇右汧源县军士赵贵家，猫鼠同乳，不相害，节度使朱泚笼之以献。宰相常衮率百僚拜表贺，舍人崔佑甫曰："此物之失性也。天生万物，刚柔有性，圣人因之，垂训作则。礼，迎猫，为食田鼠也。然猫之食鼠，载在祀典，以其能除害利人，虽微必录。今此猫对鼠，何异法吏不勤触邪，疆吏不勤捍敌？据礼部式录三瑞，无猫不食鼠之目。以此称庆，理所未详。以刘向《五行传》言之，恐须申命宪司，察听贪吏，诫诸边境，无失徼巡，则猫能致功，鼠不为害。"帝深然之。

　　建中四年五月，滑洲马生角。

贞元四年二月，太仆寺郊牛生犊，六足，太仆卿周皓白宰相李泌，请上闻，泌笑而不答。又京师人家豕生子，两首四足，有司以白御史中丞窦参，请上闻，参寝而不奏。三月癸丑，鹿入京师西市门，众杀之。

元和七年十一月，龙州武安川畬田中嘉禾生，有麟食之，复生。麟之来，一鹿引之，群鹿随之，光华不可正视。使画工图麟及嘉禾来献。八年四月，长安西市人家豕生子，三耳八足，自尾分为二。

太和九年八月，易定监军小将家马，因饮水吐出宝珠一，献之。

贞观中，汾州言青龙见，吐物在空中，有光明如火。堕地，地陷，掘之得玄金，广尺，长七寸。

大足元年，虔州别驾得六眼龟，一夕而失。

神龙中，渭河有虾蟆，大如一石鼎，里人聚观，数日而失。是岁，大火漂溺京城数百家，商州水入城门，襄阳水至树杪。

先天二年六月，西京朝堂砖阶，无故自竖。砖下有大蛇长丈余，虾蟆大如盘，面目赤如火，相向斗。俄而蛇入大树，虾蟆入于草。其年七月三日，玄宗诛窦怀贞、岑羲等十七家。

开元四年六月，郴州马岭山下，有白蛇长六七尺，黑蛇长丈余。两蛇斗，白蛇吞黑蛇，至粗处，口眼流血，黑蛇头穿白蛇腹出，俄而俱死。旬日内桂阳大雨，山水暴溢，漂五百家，杀三百余人。

天宝中，洛阳有巨蛇，高丈余，长百尺，出于芒山下。胡僧无畏见之，叹曰："此欲决水注洛城。"即以天竺法咒之，数日蛇死。禄山陷洛之兆也。

李揆时作相前一月，有大虾蟆如床，见室之中，俄失所在。占者以为蟆天使也，有福庆之事。

乾元二年九月，通州三冈县放生池中，日气下照，水腾波涌，上有黄龙跃出，高丈余。又于龙旁数处，浮出明珠。

太历八年，京师金天门外水渠获毛龟。

贞元三年，李纳献毛龟。

元和七年四月,野州桐城县有黄、青、白三龙各一,翼风雷自梅天陂起,约高二百尺,凡六里,降于浮塘坡。九年四月,道州二青龙见于江中。

太和二年六月七日,密州卑产山北面有龙见。初,赤龙从西来,续有青龙、黄龙从南来,后有白龙、黑龙从山北来,并形状分明。自申至戌,方散去。

天宝初,临川郡人李嘉胤所居柱上生芝草,状如天尊像,太守张景夫拔柱以献。

上元二年七月甲辰,延英殿御座生白芝,一茎三花。肃宗制《玉灵芝诗》三篇,群臣皆贺。占曰:"白芝主丧。"明年,上皇、肃宗俱崩。二年九月,含辉院生金芝。

永泰二年二月,京城槐树有虫食叶,其形类蚕。其年六月,太庙第二室芝草生。

大历四年三月,润州上元县芝草生,一茎四叶,高七寸。八年,庐州庐江县紫芝生,高一丈五尺。九年九月,晋州神山县庆唐观桧树已枯重荣。十二年五月甲子,成都府人郭远,因樵获瑞木一茎,有文曰"天下太平"四字。其年十一月,蔡州汝阳县芝草生,紫茎黄盖。

兴元元年八月,亳州贞源县大空寺僧院李树,种来十四年,才长一丈八寸,今春枝忽上耸,高六尺,周围似盖,九尺余。又先天太后墓槐树上有灵泉漏出,今年六月,其上有云气五色,又黄龙再见于泉上。

元和十一年十二月雷,桃李俱花。

长庆三年十二月,水不冰,草萌芽,如正二月之候。

神龙二年三月,洛阳东七里有水影,侧近树木车马之影,历历见水影中,月余方灭。

乾元二年七月,岚州合河关黄河水,四十里间,清如井水,经四日而后复。

宝应元年九月甲午，华州至陕州二百余里，黄河清，澄澈见底。

大历二年，醴泉出栎阳，愈疾。

贞元四年七月，自陕州至河阴，河水色如墨，流入汴河，止于汴州城下，一宿而复。

宝历二年，亳州言出圣水愈病。江淮已南，远来奔凑求水。浙西观察使李德裕奏论其妖。宰相裴度判汴州所申状曰："妖由人兴，水不自作。"牒汴州观察使填塞讫申。

玄宗初即位，东都白马寺铁像头无故自落于殿门外。其后姚崇秉政，以僧惠范附太平弊，乃澄汰僧尼，令拜父母，午后不出院，其法颇峻。

大历十三年二月，太仆寺廨有佛堂，堂内小脱空金刚左臂上忽有黑汗滴下，以纸承之，色即血也。明年五月，代宗崩。

上元三年，楚州刺史崔侁献定国宝十三：一曰玄黄天符，形如笏，长八寸，有孔，辟人间兵役；二曰玉鸡毛，白玉也，以孝理天下则见；三曰谷璧，白玉也，粟粒，无雕镂之迹，王者得之，五谷丰熟；四曰西王母白环二，所在处外国归伏；五曰碧色宝，圆而有光；六曰如意宝珠，大如鸡卵；七曰红靺鞨，大如巨栗；八曰琅玕珠；九曰玉玦，形如玉环，四分缺一；十曰玉印，大如半手，理如鹿形，陷入印中；十一曰皇后采桑钩，如箸，屈其末；十二曰雷公石斧，无孔；十三缺。凡十三宝。置之日中，白气连天。初，楚州有尼曰真如，忽有人接之升天，帝谓之曰："下方有灾，令第二宝镇之。"即以十三宝付真如。时肃宗方不豫，以为瑞，乃改元宝应，仍传位皇太子，此近白祥也。

宝历二年五月，神策军修苑内古汉宫，掘得白玉床，其长六尺，以献。

大历十年二月，京兆神策昭应妇人张氏，产一男二女。

贞元八年二月，许州人李狗儿持杖上含元殿，击栏槛，又击杀所擒卒，诛之。十年四月，巨人迹见常州。

元和二年，开红崖冶役夫将化为虎，众以水沃之，化而不果。

长庆四年四月十七日，染坊作人张韶与卜者苏玄明，于柴草车内藏兵仗，入宫作乱，二人对食于清思殿。是日，禁军诛张韶等三十七人。

宝历二年十二月，延州人贺文妻产三男。

太和九年，京师讹言郑注为主上合金丹，须小儿心肝，密旨捕小儿。或相告云，某处失几儿。人家扃锁小儿甚密。上恐，遣中使喻之，乃止。

开成二年十二月二十八日，狂人刘德广入含元殿，诏付京兆府杖杀之。

隋末有谣云："桃李子，洪水绕杨山。"炀帝疑李氏有受命之符，故诛李金才。后李密据洛口仓以应其谶。

隋文时，自长安故城东南移于唐兴村置新都，今西内承天门正当唐兴村门。今有大槐树，柯枝森郁，即村门树也。有司以行列不正，将去之，文帝曰："高祖尝坐此树下，不可去也。"

调露中，高宗欲封嵩山，累草仪注，有事不行。有谣曰："不畏登不得，但恐不得登。三度征兵马，旁道打腾腾。"高宗至山下遘疾，还宫而崩。

永徽末，里歌有《桑条韦也》、《女时韦也》乐。及神龙中，韦后用事，郑恒作《桑条歌》十篇上之。

龙朔中，俗中饮酒令，曰"子母去离，连台拗倒"。俗谓杯盘为子母，又名盘为台，即中宗废于房州之应也。时里歌有《突厥盐》，及则天遣尚书阁知微送武延秀，立知微为可汗，挟之入寇。

如意初，里歌云："黄獐黄獐草里藏，弯弓射尔伤。"后契丹李万荣叛，陷营州，则天令总管曹仁师、王孝杰等将兵百万讨之，大败于黄獐谷，契丹乘胜至赵郡。

垂拱已后，东都有《挈芘儿歌》，皆淫艳之词。后张易之兄弟有内嬖，易之小字挈芘。

元和小儿谣云：“打麦打麦三三三”，乃转身曰：“舞了也。”及武元衡为盗所害，是元和十年六月三日。

《五行传》所谓诗妖，皆此类也。

上元中为服令，九品已上佩刀砺等袋，纷悦为鱼形，结帛作之，为鱼像鲤，强之意也。则天时此制遂绝，景云后又佩之。

张易之为母阿臧为七宝帐，有鱼龙鸾凤之形，仍为象床、犀簟。则天令凤阁侍郎李回秀妻之，回秀不获已，然心恶其老，薄之。阿臧怒，出回秀为定州刺史。

中宗女安乐公主，有尚方织成毛裙，合百鸟毛，正看为一色，旁看为一色，日中为一色，影中为一色，百鸟之状，并见裙中。凡造两腰，一献韦氏，计价百万。又令尚方取百兽毛为鞯面，视之各见本兽形。韦后又集鸟毛为鞯面。安乐初出降武延秀，蜀川献单丝碧罗笼裙，缕金为花鸟，细如丝发，鸟子大如黍米，眼鼻嘴甲俱成，明目者方见之。自安乐公主作毛裙，百官之家多效之。江岭奇禽异兽毛羽，采之殆尽。开元初，姚、宋执政，屡以奢靡为谏，玄宗悉命宫中出奇服，焚之于殿廷，不许士庶服锦绣珠翠之服。自是采捕渐息，风教日淳。

韦庶人妹七姨，嫁将军冯太和，权倾人主，尝为豹头枕以避邪，白泽枕以辟魅，伏熊枕以宜男。太和死，再嫁嗣虢王。及玄宗诛韦后，虢王斩七姨首以献。

此总言服妖也。

旧唐书卷三八
志第一八

地理一

关内道　河南道

　　王者司牧黎元，方制天下。列井田而底职贡，分县道以控华夷。虽《皇坟》、《帝典》之殊涂，《禹贡》、《周官》之异制，其于建侯胙土，颁瑞剖符，外凑百蛮，内亲九牧，古之元首，咸有意焉。然子弟受封，周室竟贻于衰削；郡县为理，秦人不免于败亡。盖德业有浅深，制置无工拙。殷、周未为得，秦、汉未为非。撮实而言，在哲后守成而已。谨详前代隆平之时，校今日耗登之数，存诸户籍，以志休期。

　　昔秦并天下，裂地为四十九郡，郡置守尉，以御史监之。其地西临洮，而北沙漠，东萦南带，皆际海滨。汉兴，以秦郡稍大，析置郡国。武帝斥越攘胡，土宇弥广。哀、平之季，凡郡国百有三，县千三百一十四，道三十二，侯国二百四十一，而诸郡置十三部刺史分统之。谓司隶、并、荆、兖、豫、扬、冀、青、徐、益、交、凉、幽等十三州。汉地东西九千三百二里，南北一万二千三百六十八里。后汉郡国，百有五，县道侯国千一百八十六。亦如西京之制，置十三州刺史以充郡守。其地广袤，亦如前制。

　　曹魏之时，三分鼎峙，淮、汉之间，鞠为斗壤。洎太康混一，寻陷胡戎。南北分争，何暇疆理？三百年间，废置不一，及隋氏平陈，寰区一统。大业三年，改州为郡，亦如汉制，置司隶、刺史，以纠郡守。

大凡隋簿,郡百九十,县一千二百五十五,户八百九十万七千五百三十六,口四千六百一万九千九百五十六。其地东西九千三百里,南北一万四千八百一十五里。东、南皆际大海,西至且末,北至五原,隋氏之极盛也。

及大业季年,群盗蜂起,郡县沦陷,户口减耗。高祖受命之初,改郡为州,太守并称刺史。其缘边镇守及襟带之地。置总管府,以统军戎。至武德七年,改总管府为都督府。

自隋季丧乱,群盗初附,权置州郡,倍于开皇、大业之间。贞观元年,悉令并省。始于山河形便,分为十道:一曰关内道,二曰河南道,三曰河东道,四曰河北道,五曰山南道,六曰陇右道,七曰淮南道,八曰江南道,九曰剑南道,十曰岭南道。至十三年大簿,凡州府三百五十八,县一千五百五十一。至十四年平高昌,又增二州六县。自北殄突厥颉利,西平高昌,北逾阴山,西抵大漠。其地东极海,西至焉耆,南尽林州南境,北接薛延陀界。凡东西九千五百一十里,南北万六千九百一十八里。高宗时,平高丽、百济,辽海已东,皆为州,俄而复叛,不入提封。景云二年,分天下郡县,置二十四都督府以统之。议者以权重不便,寻亦罢之。

开元二十一年,分天下为十五道,每道置采访使,检察非法,如汉刺史之职:京畿采访使理京师城内、都畿理东都城内、关内以京官遥领、河南理汴州、河东理蒲州、河北理魏州、陇右理鄯州、山南东道理襄州、山南西道理梁州、剑南理益州、淮南理扬州、江南东道理苏州、江南西道理洪州、黔中理黔州、岭南理广州。又于边境置节度、经略使,式遏四夷。凡节度使十,经略守捉使三。大凡镇兵四十九万人,戎马八万余匹。每岁经费:衣赐则千二十万匹段,军食则百九十万石,大凡千二百一十万。开元已前,每年边用不过二百万,天宝中至于是数。

安西节度使,抚宁西域,统龟兹、焉耆、于阗、疏勒四国。安西都护府治所,在龟兹国城内,管戍兵二万四千人,马二千七百匹,衣赐六十二万匹段。焉耆治所,在安西府东八百里。于阗,在安西府南二千里。疏勒,在安西府西二千余里。

北庭节度使，防制突骑施、坚昆、斩啜，管瀚海、天山、伊吾三军。北庭节度使所治，在北庭都护府，管兵二万人，马五千匹，衣赐四十八万匹段。突骑施牙帐，在北庭府西北三千余里。坚昆，在北庭府北七千里。东北去斩啜千七百里。瀚海军，在北庭府城内，管兵万二千人，马四千二百匹。天山军，在西州城内，管兵五千人，以五百匹。伊吾军，在伊州西北三百里甘露川，管兵三千人，马三百匹。

河西节度使，断隔羌胡，统赤水、大斗、建康、宁寇、玉门、墨离、豆卢、新泉等八军，张掖、交城、白亭三守捉。河西节度使治，在凉州，管兵七万三千人，马万九千四百匹，衣赐岁百八十万匹段。赤水军，在凉州城内，管兵三万三千人，以万三千匹。大斗军，在凉州西二百余里，管兵七千五百人，马二千四百匹。建康军，在甘州西二百里，管兵五千三百人，马五百匹。宁寇军，在凉州东北千余里。玉门军，在肃州西二百里，管兵五千二百人，马六百匹。墨离军，在瓜州西北千里，管兵五千人，马四百匹。豆卢军，在沙州城内，管兵四千三百人，马四百匹。新泉军，在会州西北二百余里，管兵千人。张掖守捉，在凉州南二里，管兵五百人。交城守捉，在凉州西二百里，管兵千人。白亭守捉，在凉州西北五百里，管兵千七百人。

朔方节度使，捍御北狄，统经略、丰安、定远，西受降城、东受降城、安北都护、振武等七军府。朔方节度使，治灵州，管兵六万四千七百人，马四千三百匹，衣赐二百万匹段。经略军，理灵州城内，管兵二万七百人，马三千匹。丰安军，在灵州西黄河外百八十里，管兵八千人，马三千三百匹。定远城，在灵州东北二百里黄河外，管兵七千人，马三千匹。西受降城，在丰州北黄河外八十里，管兵七千人，马千七百匹。安北都护府治，在中受降城黄河北岸，管兵六千人，马二千匹。东受降城，在胜州东北二百里，管兵七千人，马千七百匹。振武军，在单于东都护府城内，管兵九千人，马千六百匹。

河东节度使，掎角朔方，以御北狄，统天兵、大同、横野、岢岚等四军，忻、代、岚三州，云中守捉。河东节度使，治太原府，管兵五万五千人，马万四千匹，衣赐岁百二十六万匹段，军粮五十万石。天兵军，理太原府城内，管兵三万人，马五千五百匹。云中守捉，在单于西北二百七十里，管兵七千七百人，马二千匹。大同军，在代州北三百里，管兵九千五百人，马五千五百匹。横野军，在蔚州东北一百四十里，管兵三千人，马千八百匹。忻州，在太原府北百八十里，管兵七千八百人。代州，至太原府五百里，管兵四千人。岚州，在太原府西北二百五十里,管兵三千人。岢岚军,在岚州北百里,管兵一千人。

范阳节度使,临制奚、契丹,统经略、威武、清夷、静塞、恒阳、北平、高阳、唐兴、横海等九军。范阳节度使,理幽州,管兵九万一千四百人,马六千五百匹,衣赐八十万匹段,军粮五十万石。经略军,在幽州城内,管军三万人,马五千四百匹。威武军,在檀州城内,管兵万人,马三百匹。清夷军,在妫州城内,管兵万人,马三百匹。静塞军,在蓟州城内,管兵万六千人,马五百匹。恒阳军,在恒州城东,管兵三千五百人。北平军,在定州城西,管兵六千人。高阳军,在易州城内,管兵六千人。唐兴军,在汉州城内,管兵六千人。横海军,在沧州城内,管兵六千人。

平卢军节度使,镇抚室韦、靺鞨,统平卢、卢龙二军,榆关守捉,安东都护府。平卢军节度使治,在营州,管兵万七千五百人,马五千五百匹。平卢军,在营州城内,管兵万六千人,马四千二百匹。卢龙军,在平州城内,管兵万人,马三百匹。榆关守捉,在营州城西四百八十里,管兵三百人,马百匹。安东都护府,在营州东二百七十里,管兵八千五百人,马七百匹。

陇右节度使,以备羌戎,统临洮、河源、白水、安人、振威、威戎、莫门、宁塞、积石、镇西等十军,绥和、合川、平夷三守捉。陇右节度使,在鄯州界,管兵七万人,马六百匹,衣赐二百五十万匹段。临洮军,在鄯州城内,管兵万五千人,马八千匹。河源军,在鄯州西百二十里,管兵四千人,马六百五十匹。白水军,在鄯州西北二百三十里,管兵四千人,马五百匹。安人军,在鄯州星宿川西,兵万人,马三百五十匹。振威军,在鄯州西三百里,管兵千人,马五百匹。威戎军,在鄯州西北三百五十里,管兵千人,马五十匹。绥和守捉,在鄯州西南二百五十里,管兵千人。合川守捉,在鄯州南百八十里,管兵千人。莫门军,在洮州城内,管兵五千五百人,马二百匹。宁塞军,在鄯州城内,管兵五百人,马五十匹。积石军,在鄯州西百八十里,管兵七千人,马三百匹。镇西军,在河州城内,管兵万一千人,马三百匹。平夷守捉,在河州西南四十里,管兵三千人。

剑南节度使,西抗吐蕃,南抚蛮獠,统团结营及松、维、蓬、恭、雅、黎、姚、悉等八州兵马,天宝、平戎、昆明、宁远、澄川、南江等六军镇。剑南节度使治,在成都府,管兵三万九百人,马二千匹,衣赐八十万匹段,军粮七十万石。团结营,在成都府城内,管兵万四千人,马千八百匹。翼州,管兵五百人。茂州,管兵三百人。维州,管兵五百人。天宝军,在恭州东南九十里,管兵千人。柘州,管兵五百人。松州,管兵二千八百人。平戎城,在恭州南八十里,管兵千人。雅州,管兵四百人。当州,管兵五百人。黎州,管兵千人。昆明军,在巂州南,管兵五千一百人,马二百匹。宁远城,在巂州西,管兵三百人。姚州,管兵三百人。澄川守捉,在姚州东六百里,管兵二千人,悉州,管兵五千人。南江郡,管兵三百人。

岭南五府经略使,绥静夷獠,统经略、清海二军。桂管、容管、安南、邕管四经略使。五府经略使治,在广州,管兵万五千四百人,轻税本镇以自给。经略军,在广州城内,管兵五千四百人。清海军,在恩州城内,管兵二千人,桂管经略使,治桂州,管兵千人,容管经略使,治容州,管兵千一百人。安南经略使,治安南都护府,即交州,管兵四千二百人。邕管经略使,管兵七百人。

长乐经略使,福州刺史领之,管兵千五百人。

东莱守捉、莱州刺史领之,管兵千人。

东牟守捉。登州刺史领之,管兵千人。

至德之后,中原用兵,刺史皆治军戎,遂有防御、团练、制置之名。要冲大郡,皆有节度之额;寇盗稍息,则易以观察之号。

东都畿汝防御观察使。领汝州,东都留守兼之。

河阳三城节度使。治孟州,领孟、怀二州。

宣武军节度使,治汴州,管汴、宋、亳、颍四州。

义成军节度使。治滑州,管滑、郑、濮三州。

忠武军节度使。治许州,管许、陈、蔡三州。

天平军节度使。治郓州,管郓、齐、曹、棣四州。

兖海节度使。治兖州,管兖、海、沂、密四州。

武宁军节度使。治徐州,管徐、泗、壕、宿四州。

平卢军节度使。治青州,管淄、青、登、莱四州。

陕州节度使,治陕州,管陕、虢二州。

潼关防御镇国军使。华州刺史领之。

同州防御长春宫使。同州刺史领之。

凤翔陇节度使,治凤翔府,管凤翔府、陇州。

邠宁节度使。治邠州,管邠、宁、庆、鄜、坊、丹、延、衍等州。

泾原节度使。治泾州，管泾、原、渭、武四州。

朔方节度使。治灵州，管盐、夏、绥、银、宥、丰、会、麟、胜、单于府等州。

河中节度。台河中府，管蒲、晋、绛、慈、隰等州。

昭义军节度使。治潞州，领潞、泽、邢、洺、磁五州。

河东节度使。治太原府，管汾、辽、沁、岚、石、忻、宪等州。

大同军防御使。云州刺史领之，管云、蔚、朔三州。

魏博节度使，治魏州，管魏、贝、博、相、澶、卫六州。

义昌军节度使。治沧州，管沧、景、德三州。

成德军节度使。治恒州，领恒、赵、冀、深四州。

义武军节度使。治定州，领易、祁二州。

幽州节度使。治幽州，管幽、涿、瀛、莫、檀、蓟、平、营、妫、顺等十州。

山南西道节度使。治兴元府，管开、通、渠、兴、集、凤、洋、蓬、利、璧、巴、阆、果、金、商等州。

山南东道节度使。治襄州，管襄、复、均、房、邓、唐、随、郢等州。元和中，淮、蔡用兵，析邓、唐二州别立一节度。

荆南节度使。治江陵府，管归、夔、峡、忠、万、沣、朗等州，使亲王领之。

剑南西川节度使。治成都府，管彭、蜀、汉、眉、嘉、资、简、维、茂、黎、雅、松、扶、文、龙、戎、翼、邛、嶲、姚、柘、恭、当、悉、奉、叠、静等州、使亲王领之。

剑南东川节度使。治梓州，管梓、绵、剑、普、荣、遂、合、渝、陆等州。

武昌军节度使。治鄂州，管鄂、岳、蕲、黄、安、申、光等州。

淮南节度使，治扬州，管扬、楚、滁、和、舒、寿、庐等州，使亲王领之。

浙江西道节度使。治润州，管润、苏、常、杭、湖、陆等州。或为观察使。

浙江东道节度使。治越州，管越、衢、婺、温、台、明等州。或为观察使。

福建观察使。治福州，管福、建、泉、汀、漳等州。

宣州观察使。治宣州，管宣、歙、池等州。

江南西道观察使。治洪州，管洪、饶、吉、江、袁、信、虔、抚等州。丧乱后，时升为节度使。

湖南观察使。治潭州，管潭、衡、柳、连、道、永、邵等州。

黔中观察使。治黔州,管涪、溪、思、费、辰、锦、播、施、珍、夷、叶、奏、南、巫等州。

岭南东道节度使。治广州,管广、韶、循、岗、恩、春、贺、潮、端、藤、康、封、泷、高、义、新、勤、窦等州。

岭南西道桂管经略观察使。治桂州,管桂、昭、蒙、富、梧、浔、龚、随、林、平、琴、宾、澄、绣、象、柳、融等州。

邕管经略使。治邕州,管邕、贵、桂、党、横、田、严、山、立、罗、潘等州。

容管经略使。治容州,管容、办、白、牢、钦、岩、禹、汤、瀼、古等州。

安南都护节度使。治安南府,管交、武、义、川、粤、芝、爱、日、福、禄、长、峰、陆、廉、雷、笼、环、崖、儋、振、琼、万、安等州。

上元年后,河西、陇右州郡,悉陷吐蕃。大中、咸通之间,陇右遗黎,始以地图归国,又析置节度。

秦州节度使。汉秦州,管秦、成、阶等州。

凉州节度使。治凉州,管西、洮、鄯、临、河等州。

瓜沙节度使。治沙州,管沙、瓜、甘、乞、肃、兰、伊、岷、廓等州。

乾符之后,天下乱离。礼乐征伐,不自朝廷。禹迹九州,瓜分脔剖,或并或析,不可备书。

今举天宝十一载地理。唐土东至安东府,西至安西府南至日南郡,北至单于府。南北如前汉之盛,东则不及,西则过之。汉地东至乐朗、玄菟,今高丽、渤海是也。今在辽东,非唐土也。汉境西至敦煌,今沙州,是唐土。又龟兹,是西过汉之盛也。开元二十八年,户部计帐,凡郡府三百二十有八,县千五百七十有三。羁縻州郡,不在此数。户八百四十一万二千八百七十一,口四千八百一十四万三千六百九,应受田一千四百四十万三千八百六十二顷一十三亩。虽未盈两汉之数,晋、魏以来,斯为盛矣。永泰之后,河朔、陇西,沦于寇盗。元和掌计之臣,尝为版簿,二方不进户口,莫可详知。今但自武德已来,备书废置年月。其前代沿革,略载郡邑之端。俾职方之臣,不殆于顾问耳。

关内道

京师　秦之咸阳,汉之长安也。隋开皇二年,自汉长安故城东南移二十里置新都,今京师是也。城东西十八里一百五十步,南北十五里一百七十五步。

皇城,在西北隅,谓之西内。正门曰承天,正殿曰太极。太极之后殿曰两仪。内别殿、亭、观三十五所。京师西有大明、兴庆二宫,谓之三内,有东西两市。都内,南北十四街,东西十一街。街分一百八坊。坊之广长,皆三百余步。皇城之南大街曰朱雀之街,东五十四坊,万年县领之。街西五十四坊,长安县领之。京兆尹总其事。东内曰大明宫,在西内之东北,高宗龙朔二年置。正门曰丹凤,正殿曰含元,含元之后曰宣政。宣政左右,有中书门下二省、弘文史二馆。高宗已后,天子常居东内,别殿、亭、观三十余所,南内曰兴庆宫,在东内之南隆庆坊,本玄宗在藩时宅也。自东内达南内,有夹城复道,经通化门达南内。人主往来两宫,人莫知之。宫之西南隅,有花萼相辉、勤政务本之楼。

禁苑,在皇城之北,苑城东西二十七里,南北三十里,至灞水,西连故长安城。南连京城,北枕渭水。苑内离宫、亭、观二十四所。汉长安故城东西十三里,亦隶入苑中。苑置西南监及总监,以掌种植。

京兆府　隋京兆郡,领大兴、长安、新丰、南、郑、华阴、蓝田、鄠、盩厔、始平、武功、上宜、醴泉、泾阳、云阳、三原、宜君、同官、华原、富平、万年、高陵二十二县。武德元年,改为雍州。改大兴为万年,万年为栎阳,分栎阳置平陵,以谓南县属华州,分醴泉置温秀县,分云阳置石门县。二年,分万年置芷阳县,分蓝田置白鹿县,分泾阳、始平置咸阳县,分高陵置鹿苑县,改平陵为粟邑县,分醴泉置好畤县,分盩厔置终南县。二年,改白鹿为宁人县,分蓝田置玉山县,分始平置醴泉县。仍分武功、好畤、盩厔、扶风四县置稷州,分温秀、石门二县置泉州。四年,改三原为池阳。五年,复以华州之渭南来属。六年,改池阳为华池县。七年,废芷阳入万年县。贞观元年,废鹿苑入高陵县,废宁人、玉山入蓝田县,改云阳为池阳县,改华池

为三原县。废稷州,以武功、好畤、盩厔三县来属。八年,废粟邑入
栎阳县,废终南入盩厔县,废云阳入池阳县。仍改池阳为云阳县。废
上宜入岐州之岐阳县。十七年。罢宜州,以华原、同官二县来属。二
十年,又置宜君县。永徽二年,废宜君县。乾封元年,置明堂、乾封
二县。咸享元年置美原县。文明元年,置奉天县。天授元年。改雍
州为京兆郡,其年复旧。二年,分始平、武功、奉天、盩厔、好畤等县
置稷州;云阳、泾阳、醴泉、三原、富平、美原等置宜州。大足元年罢,
以鸿、宜、鼎、稷四州依旧为县,以始平等十七县还隶雍州。长安二
年。废乾封、明堂二县。景龙三年,以邠州之永寿、商州之安业二县
来属。景云元年,复以永寿属邠州,安业隶商州。开元元年,改雍州
为京兆府,复隋旧名。四年,改同州蒲城县为奉先县,仍隶京兆府。
天宝元年,以京师为西京。七载。置贞符县。十一年废。旧领县十
八,户二十万七千六百五十,口九十二万三千三百二十。天宝领县
二十三,户三十六万二千九百二十一,口一百九十六万七千一百八
十八。府理京城之光德坊。去东京八百里。

万年　隋大兴县。武德元年,改为万年。乾封元年,分置明堂
县,治永乐坊。长安三年废,复并万年。天宝七载,改为咸宁,乾元
复旧也。

长安　隋县。乾封元年,分为乾封县,治怀直坊。长安三年废,
复并长安。

蓝田　隋县。

渭南　隋县。武德元年属华州,五年复隶雍州。天授二年置鸿
州,分渭南置鸿门县,凡领渭南、庆山、高陵、栎阳、鸿门五县。寻废
鸿门县,还入渭南。大足元年,废鸿州入雍州也。

昭应隋新丰县,治古新丰城北。垂拱二年,改为庆山县。神龙
元年,复为新丰。天宝二年,分新丰、万年置会昌县。七载,省新丰
县,改会昌为昭应,治温泉宫之西北。

三原　隋县。武德四年,移治清父南故任城,改为池阳县。六
年,又移故所,改为华池县。仍分置三原县,属北泉州。贞观元年。

废三原县,仍改华池县为三原县,属雍州。九年,置高祖献陵于县之东南。天授元年,改隶鼎州。大足元年,隶京兆府。

富平　隋县。天授二年,隶宜州。大足元年州废,还隶雍州。景云二年,置中宗房陵于县界。

栎阳　隋万年县。武德元年,改为栎阳。二年,分置粟邑县。贞观八年,废粟邑并栎阳。天授三年,隶鸿州。大足元年,还隶雍州。

咸阳　隋废县。武德二年,复分泾阳置。初治鲍桥,其年,移治杜邮。天授二年,则天以其母顺陵在其界,升为赤,神龙初复。

高陵　隋县。天授二年,隶鸿州。大足元年,还雍州。

泾阳　隋县。天授二年,隶鼎州。大足元年,还雍州。

醴泉　隋宁夷县,后废。贞观十年,置昭陵于九嵕山,因析云阳、咸阳二县置醴泉县。天授元年,改隶鼎州。大足元年,还雍州。宝应二年,又置肃宗建陵,大县北之凭山。

云阳　隋县。武德元年,分置石门县。三年,于石门县置泉州,领石门、温秀二县。贞观元年,废泉州,改石门为云阳,改云阳为池阳,并属雍州。八年,废云阳,改池阳复名云阳。

兴平　隋始平县。天授二年,隶稷州。大足元年,还雍州。景龙四年,中宗送金城公主入蕃,别于此,因改金城县。至德二年十月,改兴平县。

鄠　隋县。

武功　隋县。武德三年,分雍州之武功、好畤、盩厔、扶风四县置稷州,因后稷封邰为名。其年,割郇州之郇、凤泉二县来属。四年,又割岐州之围川、凤泉属岐州,以盩厔、好畤、武功三县属雍州。天授二年,置稷州,领武功、始平、奉天、盩厔、好畤五县。大足元年,还属雍州。

好畤　武德二年。分醴泉县置,因汉旧名,属雍州。三年,改隶稷州。贞观元年,复属雍州。天授二年,复隶稷州。大足元年,还属雍州。

盩厔　隋县。武德三年,属稷州。贞观三年,还雍州。天授二年,属稷州。大足元年,还雍州。天宝元年,改为宜寿县。至德二年三月十八日,复为盩厔。

奉先　旧蒲城县,属同州。开元四年,以管桥陵,改京兆府,仍改为奉先县。十七年,制官员同赤县。宝应二年,又置玄宗泰陵于县东北。

奉天　文明元年,以管乾陵,分醴泉置。天授二年,隶稷州。大足元年,还雍州。

华原　旧宜州,领华原、宜君、同官、土门四县。贞观十七年,省宜州及土门县,以华原、同官属雍州。宜君属坊州。垂拱二年,改华原为永安县。天授二年,又置宜州,领永安、同官、富平、美原四县。大足元年,废宜州,县还雍州。神龙元年,复为华原县。

美原　旧宜州土门县,贞观十七年废。咸享二年,又割富平、华原及同州之蒲城县置,改为美原县。天授二年,又属宜州。大足元年,还雍州。

同官　属宜州。贞观十七年,改属雍州。天授二年,改属宜州。大足元年,还属雍州。

华州上辅　隋京兆郡之郑县。义宁元年,割京兆之郑县、华阴二县置华山郡,因后魏郡名。武德元年,改为华州,割雍州之渭南来属。五年,改渭南还雍州。垂拱元年,割同州之下邽来属。二年,改为太州。神龙元年,复旧名。天宝元年,改为华阴郡。乾元元年,复为华州。上元元年十二月,改为太州,华山为太山。宝应元年,复为华州。旧领县二,户一万八千八百二十三,口八万八千八百三十。

天宝领县三,户三万三千一百八十七,口二十一万三千六百一十三。在京师东一百八十里,去东都六百七十里。

郑　隋县。

华阴　隋县。垂拱二年,改为仙掌县。天授二年,分置同津县于关口,长安中废。神龙元年,复为华阴。上元元年,改为太阴县。宝应元年复旧。

下邽　隋县。旧属同州,垂拱元年来属。

同州上辅　隋冯翊郡。武德元年,改为同州,领冯翊、下邽、蒲城、朝邑、澄城、白水、郃阳、韩城八县。三年,分朝邑置河滨县,分郃阳置河西县,分澄城置长宁县,仍割河西、韩城、郃阳三县,河西置西韩州。九年,分冯翊置临沮县。贞观元年,省河滨、临沮二县。八年,省长宁县,废西韩州,以郃阳、河西二县来属。垂拱元年,割下邽属华州。开元四年,割蒲城县属京兆府。天宝元年,改同州为冯翊郡。乾元元年,复为同州。乾元三年,以蒲州为中府;割朝邑县入河中府,改河西县为夏阳县,又属河中府。旧领县九,户五万三千三百一十五,口二十三万二千一十六。天宝领县,户六万九百二十八,口四十万八千七百五。在京师东北二百五十五里,至东都六百二里。

冯翊　隋县。

郃阳　隋县。武德三年,割属西韩州。贞观八年,复属同州。

白水　隋县。

澄城　隋县。

韩城　隋县。武德七年,割属西韩州。八年,自河西县移西韩州理于此,领韩城、郃阳、河西三县。贞观八年,废西韩州,以韩城等三县复还属同州也。

夏阳　武德三年,分郃阳于此置河西县。乾元三年,为夏阳。

坊州上　隋上郡之内部县。周天和七年,元皇帝作牧鄜州,于此置马坊。武德二年,分鄜州置坊州,以马坊为名。天宝元年,改为中部。乾元元年,复为坊州。旧领县二,户七千五百七,口一万一千六百七十一。天宝领县四,户二万二千四百五十八,口十二万二百八。在京师东北三百四十七里,去东都九百四十八里。

鄜城　隋县。武德元年,属鄜州。二年,改属坊州。

中部　隋曰内部。武德元年,属鄜州。二年,改为中部,属坊州。

宜君　旧属宜州。贞观十七年废,二十五年复置,属雍州,管玉华宫。永徽二年,复废。龙朔三年,又割中部、同官两县地复置宜君县,理古役褵城北,属坊州。

升平　天宝十二年,分宜君县置。

丹州下　隋延安郡之义川县。义宁元年,于义川置丹阳郡。武德元年,改为丹州,领县五。二年,于州置总管府,北连、北广二州。贞观元年,罢都督府。天宝元年,改为咸宁郡,乾元元年,复为丹州。旧领县五,户三千一百九十四,口一万七千二十。天宝,户一万五千一百五,口八万七千六百二十五。在京师东北六百一十一里,去东都九百二十里。

义川　隋县。

汾川　隋县,治土壁堡。开元二十二年,移于今所。

咸宁　隋县,治白水川。景龙二年,移治长松川。

云岩　隋废县。武德元年,复分义川县置,理回城堡。咸享四年,移治今所。

门山　隋废县。武德三年,分汾川县置,治宋斯堡。总章二年,移治库利川。

凤翔府　隋扶风郡,武德元年,改为岐州。领雍、陈仓、郿、虢、岐山、凤泉等六县。又割雍等三县,置围川县。其年,割围川属稷州,贞观元年,废稷州,以围川及郇州之麟游、普润等三县来属。七年,又置岐阳县。八年,改围川为扶风县,省虢县及凤泉。天授二年,复置虢县。天宝元年,改为扶风郡。至德二年,肃宗自顺化郡幸扶风郡,置天兴县,改雍县为凤翔县,并治郭下。初以陈仓为凤翔县,乃改为宝鸡县。其年十月,克复两京。十二月,置凤翔府,号为西京,与成都、京兆、河南、太原为五京。宝应元年,并凤翔县入天兴县,后罢京名。旧领县八,户二万七千二百八十二,口十万八三百二十四。天宝,领县九,户五万八千四百八十六,口三十八万四百六十三。在京师西三百一十五里,去东都一千一百七十里。

天兴　隋雍县。至德二年,分雍县置天兴县。宝应元年,废雍县,并入天兴。

扶风　武德三年,分岐山县置围川县,取沨川为名,俗讹改为"围"。四年,以围川隶稷州。贞观元年,为扶风县,复属岐州。

宝鸡　隋陈仓县。至德二年二月十五日,改为凤翔县,其月十八日,改为宝鸡。

岐阳　贞观七年,割扶风、岐山二县置,至二十一年废,永徽五年复置。

岐山　隋县。武德元年,移治张堡。七年,移治龙尾城。贞观八年,移治猪驿南,即今治所是,仍省虢县并人。

郿　隋县,义宁二年,于县界置郿城郡,领郿、凤泉二县。武德元年,罢郡,置郇州,领郿县。三年,废郇州,改属稷州。七年,改属岐州。

麟游　义宁元年,于仁寿宫置凤栖郡及麟游县。其郡领麟游、上宜、普润三县。二年,改为麟游郡及灵台县,仍割安定郡之鹑觚来属。武德元年,改麟游郡为麟州。贞观元年,省灵台县入麟游,又废麟州,以普润、麟游二县隶岐州,上宜隶雍州,鹑觚隶泾州。太宗改仁寿宫为九成宫。

普润　隋县。本属麟州,贞观元年来属。

虢　隋县。贞观八年,废入岐山县。天授二年,复分岐山置虢县。

邠州上　隋北地郡之新平县。义宁二年,割北地郡之新平、三水二县置新平郡。武德元年,改为邠州。二年,分新平置永寿县。贞观二年,又分新平置宜禄县。开元十三年,改豳为邠。天宝元年,改为新平郡。乾元元年,复为邠州。旧领县四,户一万五千五百三十四,口六万四千八百一十九。天宝,户二万二千九百七十七,口十三万五千二百五十。去京师西北四百九十三里,至东都一千一百三十二里。

新平　　隋县。

三水　　隋县。

永寿　　武德二年，分新平置。神龙三年，改属雍州。景龙元年，复属邠州。

宜禄　　贞观二年，分新平置宜禄县，后魏废县名。

泾州上　　隋安定郡。武德元年，讨平薛仁杲，改名泾州。天宝元年，复为安定郡。乾元元年，复为泾州。旧领县五，户八千七百七十三，口三万五千九百二十一。天宝，户三万一千三百六十五。口十八万六千八百四十九。在京师西北四百九十三里，至东都一千三百八十七里。

安定　　隋县。

灵台　　隋鹑觚县。天宝元年，改为灵台。

良原　　隋阴盘县。天宝元年，改为潘原县，界有潘原废县。

临泾　　隋县。

陇州上　　隋扶风郡之汧源县。义宁二年，置陇东郡，领县五。武德元年，改为陇州，以南由县属含州。四年，废含州，复以南由来属。天宝元年，改为汧阳郡。乾元元年，复为陇州。旧领县五，户四千五百七十一，口一万八千六百三。天宝，户二万四千六百五十二，口十万一百四十八。在京师西四百九十六里，去东都一千三百二十五里。

汧源　　隋县。

汧阳　　隋县。

南由　　隋县。武德元年，置含州于此，领南由一县。四年，废含州，以县属陇州。

吴山　　隋长蛇县。贞观元年，改为吴山县，治槐衙堡。上元元年，移治龙盘城。

华亭　　隋县。垂拱二年，改亭川。神龙元年，复旧。

宁州上　隋北地郡。义宁元年，领定安、罗川、襄乐、彭原、新平、三水六县。二年，分定安置归义县，以新平、三水属新平郡。武德元年，改北地郡为宁州。其年，以彭原县属彭州。三年，分彭原置丰义县，属彭州。又分定安置定平县。贞观元年，废彭州，以彭原、丰义二县来属。仍于宁州置都督府。四年，罢都督府。十七年，废归义县。天宝元年，改为彭原郡。乾元元年，夏为宁州。旧领县七，户一万五千四百九十一，口六万六千一百三十五。天宝；领县六，户三万七千一百二十一，口二十二万四千八百三十七。在京师西北四百四十六里，至东都一千三百二十四里。

定安　隋县。

彭原　隋县。武德元年，置彭州，领彭原一县。二年，分置丰义县。贞观元年，废彭州，以县来属宁州。

贞宁　隋罗川县。天宝元年，改为贞宁。

定平　武德二年，分定安县置。贞观十七年，废归义县，并入定平。

襄乐　隋县。

丰义　武德二年，分彭原县置，属彭州。贞观元年废彭州，来属。

原州中都督府　隋平凉郡。武德元年，平薛仁杲，置原州。贞观五年，置都督府，管原、庆、会、银、亭、达、要等七州。十年，省亭、达、要三州。唯督四州。天宝元年，改为平凉郡。乾元元年，复为原州。旧领县三，户二千四百四十三，口一万五百一十二。天宝领县四，户七千三百四十九，口三万三千一百四十六。在京师西北八百里，至东都一千六百四十五里。

平高　隋县。

平凉　隋县，治阳音川。开元五年，移治古塞城。

右泉　隋县。

　　萧关　贞观六年,置银州,领突厥降户,寄治于平高县界地楼城。高宗时,于萧关置地毽县。神龙元年,废地毽县,置萧关县。大中五年,置武州。

　　庆州中都督府　隋弘化郡。武德元年,改为庆州,领合水、乐蟠、三泉、马岭、弘化五县。三年,改三泉为同川县。六年,置总管府,改合水为合川县,又置白马、蟠交二县。七年,改总管为都督府。贞观元年,废都督府及合川县仍割林州之华池县来属。二年,置洛源县。四年,复置都督府及北永州以洛原属北永州。五年,又罢都督府,以庆州隶原州都督府。八年,又以废北永州之洛源县来属。开元四年,复置都督府。二十六年,升为中都督府。天宝元年,改为安化郡。至德元年,改为顺化郡。乾元元年,改为庆州。旧领县八,户七千九百一十七,口三万五千一十九。天宝领县十,户二万三千九百四十九。口一十二万四千三百三十六。在京师西北五百七十三里,至东都一千四百一十里。

　　安化　隋弘化县,治弘州故城。武德六年,移治今所,与合水县俱在州治。其年,改合水为合川县。贞观元年,省合川县并入。神龙元年,改为安化县。

　　乐蟠　义宁元年,分合水县置。

　　合水　武德六年,分合水置蟠交县。天定元年废,并入合水。

　　马岭　隋县,治天家堡。贞观八年,移理新城。以县西有马岭坂。

　　方渠　景龙元年,分马岭置。

　　同川　义宁二年,废北永州。分宁州彭原置于三泉县故城。武德三的,复治同川城,改为同川县。

　　洛源　隋县。大业十三年,为胡贼所破。因废。贞观二年,复置。又自延州金城县移北永州治于此。八年,北永州废,复以洛源县属庆州。

　　延庆　武德六年,分合水县置白马县。天宝元年,改为延庆县。

华池　隋旧县。大业十三年，为胡贼所破，县废。武德四年复置。又于此置林州总管府，管永州。其林州领华池一县。五年，改永州为北永州。七年，罢林州总管府。贞观元年，废林州，华池隶庆州。

怀安　开元十年，检括逃户置，因名怀安。

芳池州都督府　寄在庆州怀安县界，管小州十：静、獉、王、濮、林、尹、位、长、宝、宁，并党项野利氏种落。

安定州都督府　寄在庆州界，管小州七：党、桥、乌、西戎州、野利州、米州、还州。

安化州都督府　寄在庆州界，管小州七：永利州、威州、旭州、莫州、西沧州、儒州、琼州。

鄜州上　隋上郡。武德元年，改为鄜州，领洛交、洛川、三川、伏陆、内部、鄜城六县。二年，以内部、鄜城隶坊州。三年。置直罗县。贞观二年，置都督府。六年，又改为大都督府。九年，复为都督府。天宝元年，改为洛交郡。乾元元年，复为鄜州。旧领县五，户一千七百三，口五万一千二百一十六。天宝，户二万三千四百八十四，口十五万三千七百十四。在京师东北五百里，至东都九百二十五里。

洛交　隋县。

洛川　隋县。

三川　隋县。以华池水、黑水、洛水三水会同，因名。

直罗　武德三年，分三川、洛交于直罗城置，以城枕罗水，其川平直故也。

甘泉　武德元年，分洛交县置伏陆县。天宝元年，改为甘泉县。

延州中都督府　隋延安郡。武德元年，改为延州总管府，领肤施、丰林、延川三县，管南平、北武、东夏三州。四年，又管丹、广、达三州。贞观元年，罢都督府。开元二年，复置都督府，领丹、绥、浑等州。天宝元年，改为延安郡，乾元元年，复为延州。旧领县九，户九千三百四,口一万四千一百七十六。天宝,户一万八千九百五十四,口十万四十。在京师东北六百三十一里,至东都一千一百五十一里。

肤施　隋县。分丰林、金明二县置。

延长　隋废县。武德二年,复于此置北连州,领义乡、齐明二县。贞观二年,废北连州及义乡、齐明二县,并入延安。广德二年,改为延长县。

临真　隋县。武德初,属东夏州。贞观二年,州废来属。

敷政　隋固城县。武德二年,移治于金城镇,改为金城县。又于界同置永州。领金城、洛盘、新昌、土塠四县。贞观四年,移永州于洛源县。八年,废洛盘等三县,并入金城,属延州。天宝元年,改金城为敷政。

金明　隋废县。武德二年,置北武州。领开远、金义、崇德、永定、安义五县。复分肤施置金明县。贞观二年,废北武州,以开远等五县并入金明县。

丰林　隋旧县。武德四年,于此侨置云州及云中、榆林、龙泉三县。八年,废云州及三县,以龙泉并入临真,以云中、榆林并入丰林。

延水　武德二年,分延川县置西和州,领安人、修文、桑原三县。贞观二年,废西和州,以修文、桑原并入安人,属北基州。八年,废北基州入延川。二十三年,改为弘风县。神龙元年,改为延水。

延川　隋旧县。武德二年,置南平州,领义门县。四年,废南平州及县,并入延川。

延昌　武德二年。置北平州。贞观三年废,十年于废州置罢交县。天宝元年,改名为延昌县。

浑州　寄治延安郡界,隶延州节度使。

绥州下　隋雕阴郡。武德三年,于延州丰林县置绥州总管府,领西和、南平、北基、银、云、贞、上、殄、北吉、匡、龙等十一州。其绥州领上、斌、城平、绥德、延福五县。六年,移治所于延州延川县界。

七年,又移治城平县界,魏废平城。贞观二年,平梁师都,罢都督府,移州治上县。天宝元年,改为上郡。乾元元年,复为绥州。旧领县五,户三千一百六十三,口一万六千一百二十九。天宝,户二万八百六十七,口八万九千一百一十一。在京师东北一千里,至东都一千八百一十九里。

龙泉　隋曰上县。天宝元年,改为龙泉。

延福　隋县。武德六年,置北吉州,领归义、洛阳二县,罗州领石罗、开善、万福三县;匡州领安定、源泉二县。贞观二年,三州及县并废,地并入延福。

绥德　隋废县。武德二年,复置。六年,又分置云州,领信义、淳义二县;龙州领风乡、义良二县。贞观二年,二州及县俱废,地并入绥德。

城平　隋旧县。武德三年,又置魏平县,属南平州。又置魏州,领安故、安泉二县。七年,又于魏平城中置绥州总管府并大斌县。贞观二年,废南平州、清州及魏平、安故、安泉三县,移绥州治于上县,大斌治于今所。

大斌　武德七年置,治魏平。贞观二年,移治今所。

银州下　隋雕阴郡之儒林县。贞观二年,平梁师都置银州,隋旧名。天宝元年,改为银川郡。乾元元年,复为银州。旧领县四,户一千四百九十五,口七千七百二。天宝,户七千六百二,口四万五千五百二十七。在京师东南一千一百三十里,至东都一千五百七十九里。

儒林　隋旧县。

抚宁　隋县。贞观二年,属绥州。八年,改属银州,治龙泉川。开元二年,移于今所。

真乡　隋县。

开光　隋县。贞观二年,属绥州。八年,改属柘州。十三年,柘州废,来属银州。

静边州都督府 旧治银州郡界内,管小州十八。

归德州 寄治 银州界,处降党项羌。

夏州都督府 隋朔方郡。贞观二年,讨平梁师都,改为夏州都督府,领夏、绥、银三州。其夏州,领德静、岩银、宁朔、长泽四县。其年,改岩银为朔方县。七年,于德静县置长州都督府。八年,改北开州为化州。十三年,废化州及长州,以德静、长泽二县来属。天宝元年,改为朔方郡。乾元元年,复为夏州。旧领县四,户二千三百二十三,口一万二百八十六。天宝,户九千二百一十三,口五万三千一百四。在京师东北一千一百一十里,至东都一千六百八十里。

朔方 隋岩银县。贞观二年,改为朔方县。永徽五年,分置宁朔县,长安二年废。开元四年又置,九年又废,还并入朔方。

德静 隋县。贞观七年,属北开州。八年,改北开州为化州。十三年,废化州,以县属夏州。

宁朔 隋县。武德六年,于此置南夏州。贞观二年废。

长泽 隋县。贞观七年,置长州都督府。十三年,废长州,县还夏州。

云中都督府 党项部落,寄在朔方县界,管小州五:舍利、思璧州、阿史那州、绰部州、白登。户一千四百三十,口五千六百八十一。

呼延州都督府 党项部落,寄在朔方县界,管小州三:贺鲁州、那吉州、跌跌州。户一百五十五,口六百五。

桑乾都督府 寄朔方县界,管小州四:郁射州、执失州、毕失州、叱略州。户二百七十四,口一千三百二十三。

定襄都督府 寄治宁朔县界,管小州四:阿德州、执失州、苏农州、拔延州。户四百六十,口一千四百六十三。

达浑都督府 延陀部落,寄在宁朔县界,管小州五:姑衍州、步讫若州、嵯弹州、鹘州、低粟州。户一百二十四,口四百九十五。

安化州都督府 寄在朔方县界。户四百八十三,口二千五十三。

宁朔州都督府　寄在朔方县界。户三百七十四,口二千二十七。

仆固州都督府　寄在朔方县界。户一百二十二,口六百七十三。

灵州大都督府　隋灵武郡。武德元年,改为灵州总管府,领回乐、弘静、怀远、灵武、鸣沙五县。二年,以鸣沙县属西会州。贞观四年,于回乐县置回、环二州,并属灵武都督府。十三年,废回、环二州,灵州都督入灵、填二州。二十年,铁勒归附,于州界置皋兰、高丽、祁连三州,并属灵州都督府。永徽元年,废皋兰等三州。调露元年,又置鲁、丽、塞、含、依、契等六州,总为六胡州。开元初废,复置东皋兰、燕然、燕山、鸡田、鸡鹿、烛龙等六州,并寄灵州界,属灵州都督府。天宝元年,改灵州为灵武郡。至德元年七月,肃宗即位于灵武,升为大都督府。乾元元年,复为灵州。旧领县五,户四千六百四十,口二万一千四百六十二。天宝领县六,户一万一千四百五十六,口五万三千一百六十三。在京师西北一千二百五十里,至东都二千里。

回乐　隋县,在郭下。武德四年。分置丰安县,属回州。十三年,州废,并入回乐。

鸣沙　隋县。武德二年,置西会州,以县属焉。贞观六年,废西会州,置环州。九年,废环州,县属灵州。神龙二年,移治废丰安城。

灵武　隋县。

怀远　隋县。界有隋五原郡。武德元年,改为丰州,领九原县。六年,州县俱省入怀远县,仪凤中,再筑新城。县有盐池三所。

保静　隋弘静县。神龙元年,改为安静。至德元年,改为保静。

温池　神龙元年置。

燕然州　寄在回乐县,突厥九姓部落所处。户一百九十,口九百七十八。

鸡鹿州　寄在回乐县界，突厥九姓部落所处。户一百三十二，口五百五十六。

鸡田州　寄在回乐县界，突厥九姓部落所处。户一百四，口四百六十九。

东皋兰州　寄在鸣沙界，九姓所处。户一千三百四十二，口五千一百八十二。

燕山州　在温池县界，亦九姓所处。户四百三十，口二千一百七十六。

烛龙州　在温池界，亦九姓所处。户一百一十七，口三百五十三。

盐州下　隋盐川郡。武德元年，改为盐州，领五原、兴宁二县。其年，移州及县寄治灵州。四年，省兴宁入五原县。贞观元年，废盐州，五原县入灵州。二年，平梁师都，复于旧城置州及五原、兴宁二县，隶夏州都督府。其年，改为灵州都督府。天宝元年，改为五原郡。乾元元年，复为盐州。永泰元年十一月，升为都督府。元和八年，隶夏州。旧领县二，户九百三十二，口三千九百六十九。天宝，户二千九百二十九，口一万六千六百六十五。在京师北一千一百里，至东都二千一十里。

五原　隋县。武德元年，寄治灵州。贞观元年省，二年复置。二十年，置。

兴宁　龙朔三年置。

丰州下　隋文帝置，后废。贞观四年，以突厥降附，置丰州都督府，不领县，唯领蕃户。二十一年废，地入灵州。二十三年，又改丰州。天宝元年，改为九原郡。乾元元年，复为丰州。领县二，户二千八百一十三，口九千六百四十一。在京师北二千二百六里，至东都三千四十四里。

九原　永徽四年置。

永丰　隋县。武德六年省,永徽元年复置。

会州上　隋会宁镇。武德二年,讨平李轨,置西会州。天宝元年,改为会宁郡。乾元元年,复为会州。永泰元年,升为上州。领县二,户四千五百九十四,口二万六千六百六十二。去京师一千一百里,至东都二行一百里。

会宁　隋京川县。武德二年,改为会宁。

乌兰　后周县,置在会宁关东南四里。天授二年,移于关东北七里。

宥州　调露初,六胡州也。长安四年,并为匡、长二州。神龙三年,置兰池都督府,仍置六县以隶之。开元十年,复分为鲁、丽、契、塞四州。十一年,克定康待宾后,迁其人于河南、江淮之地。十八年,又为匡、长二州。二十六年,自江淮放回胡户,于此置宥州及延恩、怀德、归仁三县。天宝元年,改为宁朔郡。至德二年,又改为怀德郡都督府。乾元元年,复为宥州。宝应后废。元和九年,复于经略军置宥州,郭下置延恩县。十五年,移治长泽县,为吐蕃所破。长庆四年,夏州节度使李佑复置。领县三,户七千八十三,口三万二千六百五十二。去京师二千一百里,去东都三千一百九十里。

延恩　开元二十六年,以废匡州置,后隋州移徙。

归仁　旧兰池州之长泉县。开元二十六年,置归仁县。

怀德　开元二十二年,以废塞门县置。

胜州下都督府　隋置胜州,大业为榆林郡。武德中,平梁师都,复置胜州。天宝元年,复为榆林郡,乾元元年,复为胜州。领县二,户四千一百八十七,口二万九百五十二。去京师一千八百三十里,至东都一千九百五里。

榆林　隋旧。

河滨　隋榆林郡地。贞观三年,置云州于河滨,因置河滨县。四年,改为威州。八年废,河滨属胜州。

麟州下　天宝元年,王忠嗣奏请割胜州连谷、银城两县置麟州,其年改为新泰郡,乾元元年,复为麟州。领县三,户二千四百二十八,口一万九百三。去京师一千四百四十里,至东都一千九百五里。

新秦　天宝元年,分连谷、银城二县地置。

连谷　旧属胜州,天宝元年来属。

银城　旧属胜州。天宝元年来属。

安北大都护府　开元十年,分丰、胜二州界置蒲海都护府。总章中,改为安北大都护府。北至阴山七十里,至回纥界七百里。旧领县一,户二千六,口七千四百九十八。去京师二千七百里,至东都二千九百里。在黄河之北。

阴山　天宝元年置。

河南道

东都　周之王城,平王东迁所都也。故城在今苑内东北隅,自赧王已后及东汉、魏文、晋武,皆都于今故洛城,隋大业元年,自故洛城西移十八里置新都,今都城是也。北据邙山,南对伊阙,洛水贯都,有河汉之象。

都城南北十五里二百八十步,东西十五里七十步,周围六十九里三百二十步。都内纵横各十街,街分一百三坊、二市。每坊纵横三百步,开东西二门。

宫城,在都城之西北隅。城东西四里一百八十步,南北二里一十五步,宫城有隔城四重。正门曰应天,正殿曰明堂,明堂之西有武成殿,即正衙听政之所也。宫内别殿、台、馆三十五所。上阳宫,在宫城之西南隅。南临洛水,西拒谷水,东即宫城,北连禁苑。宫内正门正殿皆东向,正门曰提象,正殿曰观风。其内别殿、亭、观九所。上阳之西,隔谷水有西上阳宫,虹梁跨谷,行幸往来。皆高宗龙朔后置。

禁苑,在都城之西。东抵宫城,西临九曲,北背邙阜,南距飞仙。苑城东面十七里,南面三十九里,西面五十里,北面二十里。苑内离宫、亭、观一十四所。

河南府　隋河南郡。武德四年,讨平王世充,置洛州总管府,领洛、郑、熊、谷、嵩、管、伊、汝、鲁九州。洛州领河南、洛阳、偃师、巩、阳城、缑氏、嵩阳、陆浑、伊阙等九县。其年十一月,罢总管府,置陕东道大行台。九年,罢行台,置洛州都督府,领洛、怀、郑、汝等四州,权于府置尚书省。贞观元年,割谷州之新安来属。七年,又割谷州之寿安来属。八年,移治所于河南县之宣范坊。十八年,废都督府,省缑氏、嵩阳二县。显庆二年,置东都,官员准雍州。是年,废谷州,以福昌、长水、永宁、渑池等四县,怀州之河阳、济源、温、王屋,郑州之汜水来属。龙朔二年,又以许州之阳翟,郑州之密县,绛州之恒县来属。元年,以恒县隶绛州。咸享四年,又置柏崖、大基二县。其年,省柏崖县。上元元年,复置缑氏县。永淳元年,复置嵩阳县。光宅元年,改东都为神都。垂拱四年,置永昌县。载初元年,置武临县。天授元年,置武泰县,寻废。仍改郑州之荥阳、武泰来属。三年,置来廷县。神龙元年,改神都复为东都;废永昌、来廷二县;改武泰、荥阳还郑州。先天元年,置伊阙县。开元元年,改洛州为河南府。二十二年,置河阴县。天宝元年,改东都为东京也。天宝,领县二十六,户十九万四千七百四十六,口一百一十八万三千九十三。在西京之东八百五十里。

河南　隋旧。武德四年。权治司隶台。贞观元年,移治所于大理寺。贞观二年,徙理金墉城。六年,移治都内之毓德坊。垂拱四年,分河南、洛阳置永昌县,治于都内之道德坊。永昌元年,改河南为合宫县。神龙元年,复为河南县,废永昌县。三年,复为合宫县。景龙元年,复为河南县。

洛阳　隋旧。武德四年，权治大理寺。贞观元年，徙治金墉城。六年，移治都内之毓德坊。垂拱四年，置永昌县。天授三年又分置来廷县，治于都内之从善坊。龙朔元年，废来廷县。神龙二年十一月改洛阳为永昌县。唐隆元年七月，复为洛阳。

偃师　隋县。

巩　隋县。

缑氏　隋县。贞观六年省。上元二年七月复置，管孝敬陵，旧县治西北涧南。上元中，复置治所于通谷北，今治是。

告成　隋阳城县。武德四年，割阳城、嵩阳、阳翟置康城县，又置嵩州，治阳城。贞观元年，割阳翟隶许州。三年，省嵩州及康城县，以阳城、嵩阳属洛州。登封元年，将有事嵩山，改为告成县。

登封　隋嵩阳县。贞观十七年省。永淳元年七月，复置。二年，又废。光宅元年，又置。登封元年十二月，改为登封县。神龙元年二月，改为嵩阳。二年十一月，复为登封。

陆浑　隋县。

伊阙　隋县。

伊阳　先天元年十二月，割陆浑县置。

寿安　隋县。义宁元年，移治九曲城，属熊州。贞观七年，移今治，属洛州。长安四年，立兴泰宫，分置兴泰县。神龙元年废，并入寿安。

新安　隋县。义宁二年，置新安郡。武德元年，改为谷州。领新安、渑池、东垣三县。四年，省东垣入新安。贞观元年，移谷州治渑池，新安移入废州城，改属洛州。显庆二年十二月，废谷州，以福昌、新安、渑池、永宁，并怀州之河阳、济源、温、王屋，郑州氾水，并隶洛州。

福昌　隋宜阳县，义宁二年，置宜阳郡。领宜、渑池、永宁三县；又于新安县置新安郡，领新安一县。武德元年，改宜阳郡为熊州，新安为谷州，割熊州之渑池又置东垣县属之，仍改熊州之宜阳为福昌县。三年割熊州永宁置函州。四年，省东垣县。八年，废函州，复以永宁属熊州。贞观元年,省熊州。以永宁属谷州,寿安属洛州。显庆二年,废谷州,福昌隶洛州也。

　　渑池　隋旧,治大坞城。贞观元年,移谷州治所于此,领福昌、渑池、永宁三县。三年,县南移于双桥。其年,谷州又移治双桥。六年,又移理于福昌。显庆二年十二月,废积州,渑池隶洛州。

　　长水　隋长泽县。义宁元年,改为长水。开德元年,属虢州。贞观元年,属谷州。显庆二年,隶洛州。

　　永宁　隋熊耳县所治。义宁二年,置永宁县,治永固城,属宜阳郡。武德元年,改属熊州。三年,移治同轨城,改属函州。八年,复属熊州。贞观元年,改属谷州。十四年,移于今所。十七年,移治鹿桥。显庆元年,谷州废,改隶洛州。

　　密　隋县。武德三年,置密州。四年废,县属郑州。龙朔二年,割属洛州。

　　河清　咸享四年,分河南、洛阳、新安、王屋、济源、河阳置大基县。先天元年,改为河清。

　　颍阳　载初元年,析河南、伊阙、嵩阳三县置武临县。开元十五年,改为颍阳。

　　河阳　汜水　温　河阴　已上县,会昌三年,割属孟州,阳翟还许州,济源还怀州,王屋还怀州。

　　孟州上　本河南府之河阳县,本属怀州。显庆二年,割属河南府。以城临大河,长桥架水,古称设险。乾元中,史思明再陷洛阳,太尉李光弼以重兵守河阳。及雍王平贼,留观军容使鱼朝恩守河阳,乃以河南府之河阳、河清、济源、温四县租税入河阳三城使。河南尹但总领其县额。寻又以汜水军赋隶之。会昌三年九月,中书门下奏:"河阳五县,自艰难已来,割属河阳三城使。其租赋色役,尽归河阳,河南尹但总管名额而已,使归一统,便为定制。既是雄镇,足壮三城,其河阳望升为孟州,仍为望,河阳等五县改为望县。"寻敕,割河阴隶孟州,河清还河南府。时河阳节度,以怀州为理所。会昌四年,又割泽州隶河阳节度使,仍移治所于孟州,户口籍帐入河南府。

河阳　隋县。武德四年,于隋河阳宫置盟州,领河阳、集、温三县。八年,废盟州,省集城入河阳县,以河阳、温属怀州。显庆二年,以河阳、温属洛州。

汜水　隋县。武德四年,分置成皋县。贞观元年,省入汜水,属郑州。显庆二年,割属洛州,仍移治武牢城。垂拱四年,改为广武。神龙元年,复为汜水。开元二十九年,移治所于武牢。成皋府在县北。

河阴　开元二十年,割汜水、荥泽二县置,管河阳仓。

温　旧属怀州。显庆二年,割属洛州。

济源　隋旧县。武德二年,置西济州,又分置溴阳、蒸川、邵原三县。四年,废西济州及邵原、蒸川、溴阳三县入济源,改隶怀州。

郑州　隋荥阳郡。武德四年,平王世充,置郑州于武牢,领汜水、荥阳、荥泽、成皋、密五县。其年,又于管城县置管州,领管城、须水、圃田、清池四县。贞观元年,废管州及须水、清池二县,以废管州之阳武、新郑四县属郑州。七年,自武牢移郑州理所于管城。旧领县八,户一万八千七百九十三,口九万三千九百三十七。天宝领县七,户七万六千六百九十四,口三十六万七千八百八十一。至京师一千一百五里,至东都二百七十里。

管城郭下　隋旧。

荥阳　隋县。天授二年,分置武泰县,隶洛州。又改荥阳为武泰。万岁通天元年,复为荥阳,寻又为武泰。神龙复。

荥泽　隋旧。

新郑　隋旧。

中牟　隋圃田县。武德元年,改为中牟,属汴州。龙朔二年,改属郑州。

原武　隋旧。

陕州大都督府　隋河南郡之陕县。义宁元年,置弘农郡,领陕、崤、桃林、长水四县。二年,省崤县。武德元年,改为陕州总管府,管陕、鼎、熊、函、谷五州,仍割长水属虢州。其年,复立崤县。二年,复割崤县属函州。三年,又置南韩州、嵩州,并属陕府。四年,东都平,割熊、谷、嵩三州属洛州总管府。其年,罢洛州总管,复以熊、谷、嵩三州来属;仍省南韩州入洛州。八年,废函州,以崤县来属。贞观元年,罢都督府,又以废芮城、河北二县来属。十四年,改崤县为峡石县。大足元年,割绛州之夏县来属,寻却还绛州。天宝元年,改为陕郡,置军。至德二载十月,收两京。乾元元年,复为陕郡,因割蒲州之解、安邑,绛州之夏县来属;仍改安邑为虞邑。广德元年十月,吐蕃犯京师,车驾幸陕州,仍以陕为大都督府。天佑初,昭宗迁都洛阳,驻跸陕州,改为兴德府,为次畿赤。哀帝即位,省,复为大都督府。旧领县五,户二万一千一百七十一,口八万一千九百一十九。天宝,领县七,户三万九百五十八,口十七万二百三十八。在京师东四百九十里,东至东都三百三十里。

陕　隋县。郭下。

峡石　隋崤县。义宁二年省。武德元年,复置。二年,割属函州。三年。自石坞移治鸭桥。八年改属陕州。十四年,移治峡石坞,因改为峡石县。

灵宝　隋桃林县。天宝元年,以堀得宝符,改为灵宝县。

芮城　隋县。武德二年,置芮州,领芮城、河北二县。贞观元年,罢芮州,以芮城、河北属陕州。

平陆　隋河北县。义宁元年,置安邑郡,县属焉。天宝三载,太守李齐物开三门,石下得戟,大刃,有“平陆”篆字,因改为平陆县。

安邑　隋为虞州,郭下置安邑县,领安邑、解、夏、桐乡四县。贞观十七年,废虞州及桐乡县以安邑、解县属蒲州,夏县属绛州。乾元元年,割属陕州,改安邑为虞邑。大历四年,复为安邑县。

夏县　旧属虞州。贞观十七年,改隶绛州。乾元元年,改属陕州。

安邑、夏县。天宝后，加管户一万八千五百。

虢州望　汉弘农郡。隋废郡为弘农县，属陕州。隋末复置郡。义宁元年，改为凤林郡，仍于卢氏置虢郡。武德元年，改为虢州，改凤林为鼎州。贞观八年，废鼎州，移虢州于今治，属河南道。开元初，以巡按所便，属河东道。天宝元年，改为弘农郡，乾元元年，复为虢州，以弘农为紧县，卢氏、朱阳、玉城为望县。天宝，领县六，户二万八千二百四十九，口八万八千四十五。西至京师四百三十里，东至东都五百五十三里。

弘农　汉县，隋废。大业三年，于今湖城县西一里置，寻随郡移于弘农川。神龙元年，改"弘"为"恒"。开元十六年，复为弘农，州所治也。

阌乡　隋县。

湖城　汉湖县后加"城"字。乾元元年，改为天平县。大历四年，复为湖城。

朱阳　隋县。

玉城　隋县，分卢氏置。

卢氏　隋县。

汝州望　隋襄城郡。武德四年，平王世充，改为伊州，领承休、梁、郏城三县。贞观元年，以废鲁州鲁山县来属。其年，省梁县，仍改承休为梁县。八年，改伊州为汝州，领梁、郏城、鲁山三县。证圣元年，置武兴县。先天元年，置临汝县。开元二十六年，以仙州之叶县来属。天宝元年，以许州之襄城来属，仍改为临汝郡。乾元元年，复为汝州也。旧领县三，户三千八百八十四，口一万七千五百三十四。天宝领县七，户六万九千三百七十四，口二十七万三千七百五十六。在京师东九百八十二里，至东都一百八十里。

梁　隋承休县。贞观元年，改为梁县。

郏城　隋旧县。

鲁山　隋旧。武德四年，于县置鲁州，领鲁山、滍阳二县。贞观
元年，州废，仍置滍阳县，以鲁山县属伊州。八年，改伊州为汝州。

叶　隋县。武德四年，置叶州。五年，废县，属许州。开元四年，
置仙州，领叶、襄城、方城、西平、舞阳五县。二十六年，废仙州，以叶
属汝州，襄、舞阳属许州，方城还唐州，西平属豫州。

襄阳　隋旧县。武德元年，于此置汝州，领襄城、汝坟、郏城三
县。贞观元年，废汝州及汝坟、川城二县，以襄城属许州。开元四年，
属仙州。二十六年，还属许州。其年，改属汝州也。

龙兴　证圣元年，分郏城、鲁山置武兴县。神龙元年，改为中兴
县。其年，又改为龙兴。

临汝　先天元年置。贞元八年，以梁县西界二乡益之，兼移县
于石壕驿。

许州望　隋颍川郡。武德四年，平王世充，改为许州，领长社、
长葛、许昌、繁昌、黄台、德强、临颍七县。贞观元年，废黄台、繁昌、
德强三县，以洧州之扶沟、鄢陵，汝州之襄城，嵩州之阳翟，北澧之
叶县来属。十三年改置都督府，管许、唐、陈、颍四州，而许州领长
社、长葛、许昌、鄢陵、扶沟、临颍、襄城，阳翟、叶九县。十六年，罢都
督府。显庆二年，割阳翟属洛州。开元四年，割叶、襄城置仙州。二
十六年，仙州废，以叶、襄城、阳翟来属。其年，又以叶、襄城属汝州。
二十八年，又以襄城来属。是岁，又以叶属汝州。天宝元年，改为颍
川郡。乾元元年，复为许州。长庆三年，废溵州为郾城县，属许州。
旧领县九，户一万五千七百一十五，口七万二千二百二十九。天宝
领县七，户七万三千二百四十七，口四十八万七千八百六十四，去
京师东一千二百里，至东都四百里。

长社　郭下，隋颍川县。武德四年，改为长社取旧名。

长葛　隋分许昌县置，取旧名。

许昌　旧县。

　　鄢陵　隋置洧州,后废为县,属许州。

　　扶沟　隋县。武德四年,置北陈州。其年,州废,县属洧州。九年,洧州废,来属。

　　临颍　隋旧县。建中二年,隶溵州。贞元元年,溵州废来属。

　　舞阳　汉县,治所在古城内,属仙州。开元二十六年,隶许州。元和十三年,移治于吴城镇。

　　郾城　本属豫州。长庆元年来属。

　　汴州上　隋荥阳郡之浚仪县也。武德四年,平王世充,置汴州总管府,管汴、洧、杞、陈四州,领浚仪、新里、外黄、开封、封丘等五县。七年,改为都督府。废开封、外黄、新里三县入浚仪,复以废杞州之雍丘、陈留,管州之中牟,洧州之尉氏来属。龙朔二年,以中牟隶郑州。延和元年,复置开封县。天宝元年,改汴州为陈留郡。乾元元年,复为汴州。建中二年,筑其罗城。旧领县五:浚仪、雍丘、陈留、中牟、尉氏,户五万七千七十一,口八万二千八百七十九。天宝领县六,户十万九千八百七十六,口五十七万七千五百七。在京师东一千三百五十里,东都四百一里。

　　浚仪　古县,隋置,在今县北三十里,为李密所陷。县人王要汉率豪族置县于汴州之内,要汉自为县令。义宁元年,于县复置汴州,以要汉为刺史。武德四年,移县于州北罗城内。贞观元年,移于州西一里。延和元年六月,割浚仪十四乡分置开封县。

　　开封　汉县,在今县南五十里。贞观元年省,并入浚仪,延和元年六月,析浚仪复置,并在郭下。

　　尉氏　隋颍川郡。武德四年,于县置洧州,领尉氏、扶沟、康阴、新汲、鄢陵、宛陵、归化七县。贞观元年,废洧州及康阴、宛陵、新汲、归化四县,以扶沟、鄢陵属许州,尉氏属汴州。

　　陈留　隋县,属汴州。武德四年,属杞州。贞观元年,废杞州。陈留属汴州。

　　封丘　隋县。

雍丘　隋县。武德四年,于县置杞州,领雍丘、陈留、圉城、襄邑、外黄、济阳六县,权于州内以仓院置。贞观元年,废杞州及济阳、圉城、外黄三县,以襄邑属宋州,陈留、雍丘属汴州,而移县入废杞州。

蔡州上　隋汝南郡。武德三年四月,平王世充,置豫州总管府,管豫、道、舆、息、舒五州。豫州领安阳、平舆、真阳、吴房、上蔡五县。七年,改为都督府,废舆、道、舒、息四州。贞观元年,罢都督府,废平舆、新蔡二县,复以道州之郾城,息州之新息,朗州之朗山,舒州之褒信、新蔡五县来属。天授三年,又置平舆、西平两县。开元四年,以西平属仙州。二十六年,省仙州,复以西平来属。天宝元年,改为汝南郡。乾元元年,复为豫州。宝应元年,改为蔡州。旧领县十,户一万二千二百八十二,口六万四百一十五。天宝领县十一,户八万七百六十一,口四十六万二百五,去京师一千五百四十里。至东都六百七十里。

汝阳　隋旧县。治郭下。

朗山　汉安昌县,隋改为朗山。

遂平　隋吴房县。元和十二年,讨吴元济于文城栅,置行吴房县,权隶溵州。贼平,改为遂平县,隶唐州。长庆元年,复隶蔡州。

郾城　隋旧。武德四年,于此置道州,领郾城、邵陵、北武、西平四县。贞观元年,废道州及北武、邵陵、西平三县,以郾城属豫州。本治溵水南。开元十一年,因大水,移治溵水北。元和十二年,于县置溵州。长庆元年,废溵州,以城隶许州也。

上蔡　隋县。

新蔡　隋旧。武德四年,于此置舒州,领新蔡、褒信二县。贞观元年,废舒州,新蔡属豫州。

褒信　后汉县。

新息　隋县。武德四年,于县置息州,领新息、淮川、长陵三县。贞观元年,废息州及淮川、长陵二县,以新息属豫州。

平舆　隋置。贞观元年废,天授二年复置。

西平　汉县。贞观元年废。天授二年复置。元和十二年,隶溵州。州废。隶蔡州。

真阳　汉慎阳县,隋为真阳。载初元年,改为淮阳。神龙元年复。

滑州望　隋东郡。武德元年,改为滑州,以城有古滑台也。二年,陷城。及平王世充,复置,领白马、卫南、韦成、匡城、灵昌、长垣七县。八年,废长垣县入匡城,以废东梁州之酸枣县来属。天宝元年,改为灵昌郡。乾元元年,复为滑州。旧领县七,户一万三千七百三十八,口六万四千九百六十。天宝,户七万一千九百八十三,口四十二万二千七百九十。去京师一千四百四十里,至东都五百三十里。

白马　郭下。汉县。

卫南　隋楚丘县。后以曹有楚丘,乃改为卫南县,治古楚丘城。仪凤元年,移治西北滨河之新城。永昌元年,又移于楚丘之城南。

韦城　隋分白马县置于古城韦氏之国城。

匡城　汉长垣县,隋改为匡城。

胙城　汉南燕县,隋改为胙城,隶滑州。

酸枣　汉县。

灵昌　隋分酸枣县置。灵昌者,河津之名。

陈州上　隋淮阳郡。武德元年,讨平房宪伯,改为陈州,领宛丘、箕城、扶乐、太康、新平五县。贞观元年,废扶乐、箕城、新平三县,复以沈州之项城、溵水二县来属。长寿元年,置武城县。证圣元年。置光武县。天宝元年,改陈州为淮阳郡。乾元元年,复为陈州。旧领县四,户六千三百六十七,口三万九百六十一。天宝领县六,户六万六千四百四十二,口四十万二千四百八十六,在京师一千五百二十里,至东都七百一十七里。

　　宛丘　郭下。隋县。

　　太康　汉阳夏县。隋改太康，以县东有太康城。

　　项城　隋旧。武德四年，于此置沈州，领项城颍东、铜阳、南顿、澱水五县。贞观元年，废沈州，以县属陈州。

　　澱水　汉汝阳县。改为澱水。建中二年，隶澱州。兴元元年，废澱州，县隶陈州。

　　南顿　隋县。武德六年，省入项城，证圣元年，割项城置光武县，以县有光武庙故也。景云元年，改为南顿，复古名也。

　　西华　汉县。武德元年，改为箕城县。贞观元年，省入宛丘。长寿元年，割宛丘置武城县，以县本楚武王所筑故也。神龙元年，复为箕城，景云元年改为西华，得古名也。

　　亳州望　隋谯郡。武德四年，平王世充，改为亳州，领谯、城父、谷阳、鹿邑、酂五县。五年，置总管府，管谯、亳、宋、北荆、领、沈六州。十一年，改为都督府。贞观元年，罢都督府，亳州不改。十七年，废谯州，以临涣、永城、山桑三县来属。天宝元年改为谯郡。乾元元年，复为亳州也。旧领县八，户五千七百九十，口三万三千一百七十七。天宝，户八万八千九百六十，口六十七万五千一百二十一。至京师一千七百里，至东都八百九十八里。

　　谯　郭下。贞观十七年，自古谯城移入州城置。

　　酂　汉县。隋属沛郡。武德四年，改属亳州。开元二十六年，移于汴城垣阳驿置。

　　城父　隋旧。

　　鹿邑　隋旧。

　　真源　汉苦县。隋为谷阳，乾封元年，改为真源。载初元年，改为仙源县。神龙元年。复为真源。有老子祠。

　　临涣　隋置谯州，领县四。贞观十七年省，以临涣、永城、山桑属亳州，蕲县属徐州。县本治经城，十七年移治所于废谯州。元和九年，割属宿州。

永城　隋县,属谯州。贞观十七年废,属亳州。旧治于马浦城东北三里。武德五年。移置于马浦城。

蒙城　隋山桑县,属谯州。州废,隶亳州。天宝元年,改为蒙城。

颍州中　汉汝南郡。隋为汝阴郡。武德四年,平王世充,于汝阴县西北十里置信州,领汝阴、清丘、永安、高唐、永乐等六县。六年,改为颍州,移于今治,省高唐、永乐、永安三县。贞观元年,省清丘县。八年,又以废涡州之下蔡县来属。天宝元年,改为汝阴郡。乾元元年,复为颍州。长庆二年,以颍州隶滑郑节度使。旧领县三,户二千九百五,口一万四千一百八十五。天宝领县四,户三万七百七,口二十万二千八百九十。至京师一千八百二十里。至东都九百六十里。

汝阴　郭下,汉县。

颍上　隋置治所于古郑城。武德四年,移于今治。

下蔡　隋旧。武德四年,于县置涡州,下蔡隶之。八年,州废,县属颍州也。

沈丘　古曰寝丘,至隋不改。神龙二年,改为沈丘。

宋州望　隋之梁郡。武德四年,平王世充,置宋州,领宋城、宁陵、柘城、谷熟、下邑、砀山、虞城七县。其年,以虞城属东虞州。五年,废东虞州,仍以虞城来属。贞观元年,废杞州,以襄邑县来属,仍省柘城县。十七年,以废戴州之单父、楚丘来属。永淳元年,又置柘城县。天宝元年,改宋州为睢阳郡。乾元元年,复为宋州。旧领县七,户一成一千三百三,口六万一千七百二十。天宝领县十,户一十二万四千二百六十八,口八十九万七千四十一。去京师一千五百四十里,至东都七百八十里。

宋城　郭下。治古睢阳城。汉睢阳县,隋改为宋城。

襄邑　隋置。武德二年,属杞州。贞观元年,属宋州。

宁陵　汉县,久废。隋特置。贞观元年,并柘城县入。

虞城　隋分下邑县置。武德四年,属宋州。其年,于县置东虞州。五年,州废,县属宋州。

砀山　旧安阳县,隋改为砀山,属宋州。

下邑　汉县。

谷熟　汉县。武德二年,于县置南谷州。四年,州废,县属宋州。

单父。古邑。隋于县置戴州,大业废。武德五年,复置戴州。贞观十七年,戴州废,县属宋州。

楚丘　治古邑氏城,属戴州。贞观七年,属宋州。

柘城　秦县,久废。隋复置。贞观初废。永淳元年,析谷熟、宁陵复置。

曹州上　隋济阴郡。武德四年,改为曹州,领济阴、定陶、冤句、离狐、乘氏,并置蒙泽、普阳等七县。其年,省普阳县。五年,以废梁州之考城来属。贞观元年省定陶、蒙泽二县入济阴。十七年,以废戴州之成武来属。天宝元年,改曹州为济阴郡。乾元元年,复为曹州。旧领县五,户九千二百四十四,口五万四千九百八十一。天宝领县六,户十万三百五十二,口七十一万六千八百四十八。在京师东北一千四百五十三里,至东都东北六百五十七里。

济阴　郭下。隋县。

考城　隋旧。武德四年,于县置梁州,领考城县。五年,州废,以县属曹州。

冤句　汉县。武德四年,分县西界置济阳县,属杞州。贞观元年,废济阳,并入冤句。

乘氏　汉县,春秋之重丘地也。

南华　汉离狐县,累代不改。天宝元年,改为南华。

成武　汉县,隋属戴州。州废,属曹州。

濮州上　隋东平郡之鄄城县也。武德四年,置濮州,领鄄城、廪城、雷泽、临濮、昆吾、濮阳、永定、安丘、长城九县。五年,废安丘、长城二县。八年，废昆吾、永定、廪城三县。贞观八年，割济州之范县来属。天宝元年，改为濮阳郡，乾元元年，复为濮州。旧领县五，户六百二十八，口四万四千一百三十五。天宝，户五万七千七百八十一，口四十万六百四十八。在京师东北一千五百七十里，至东都七百三十五里。

鄄城　古县，后汉于县置兖州。武德四年，分置永定县。八年，并入鄄城。

濮阳　隋旧。武德四年，分置昆吾县。八年省，并入濮阳。

范　汉县。武德二年，置范州，治昆吾城。五年，州废，县属济州。贞观八年，改属濮州。

雷泽　汉县。武德四年，分置廪城县。贞观八年，省入雷泽。

临濮　武德四年，分雷泽置。五年，省长城县并入。

郓州上　隋东平郡之须昌县。武德四年，平徐圆朗，于郓城置郓州，领郓城、须昌、宿城、钜野、乘丘五县。又以废寿州之寿张来属。其年，置总管府，郓、濮、兖、戴、曹五州。贞观元年，罢都督府，仍以钜野属戴州。又废宿城、乘丘二县。八年，自郓城移治须昌。景龙元年，又置宿城县。天宝元年，改郓州为东平郡。乾元元年，复为郓州。旧领县三：须昌、郓城、寿张；户四千一百四十一，口二万一千六百九十二。天宝领县五，户四千二百九十九，口二十八万四千五百三十。天宝十三载，废济州，其所管五县，并入郓州。济州旧领县五，户六千九百五，口三万四千五百一十。天宝，领户三万八千七百四十九，口二十一万六千九百七十九，并入郓州。在京师东北一千六百九十七里，去东都东北九百七十三里。今领县十。

须昌　隋旧县。于郭下置。

寿张　隋县。武德四年，于县置寿州，领寿张、寿良二县。五年，废寿州，省寿良入寿张，属郓州。

郓城　汉寿良县。隋改为万安县，仍于县置郓州，寻改万安为郓城。贞观八年，移郓州治所于须昌县。

钜野　汉县。隋县升为州。寻废,属戴州。贞观十七年,戴州废,钜野来属。

须昌　治郭下。汉县故城,在今郓州东南三十二里。隋于故城置宿城县,仍置须昌县于今所。贞观八年,州自郓城移于须昌县。后为宿城县。景云三年十二月,复分须昌置宿城县。贞元四年,改宿城为东平县,移就郭下。大和四年,改为天平县。六年七月,废天平县入须昌县。

卢县　汉旧。隋置济北郡。武德四年,改济州,领卢、平阴、长清、东阿、阳谷、范六县。又置昌城、济北、谷城、孝感、冀丘、美政六县。六年,废美政、孝感、谷城、冀丘、昌城五县。八年,割范县属濮州。贞观元年,又废济北县入长清。天宝元年,改为济阳郡。乾元元年,复为济州。十三载六月一日,废济州,卢、长清、平阴、东阿、阳谷等五县并入郓州。

平阴　汉肥城县。隋为平阴,属济州。天宝十三载,州废,县属郓州。大和六年,并入东阿县。开成二年七月,节度使王源中,奏置平阴县。

东阿　汉县。隋属济州。州废,属郓州。

阳谷　隋置,取县界阳谷台为名,属济州。州废,属郓州。

中都　汉平陆县,本置殷密城,在今治西三十九里。天宝元年,改为中都,移于今治。

泗州中　隋下邳郡。武德四年,置泗州,领宿预、徐城、淮阳三县。贞观元年,省淮阳县入宿预,以废邳州之下邳,废连州之涟水来属。八年,又以废仁州之虹县来属。总章元年,割海州沭阳来属。咸享五年沭阳还海州。长安四年,置临淮县。开元二十三年,自宿预移治所于临淮。天宝元年,改为临淮郡。乾元元年,复为泗州。旧领县五,户二千二百五,口二万六千九百二十。领宿豫、涟水、徐城、虹、下邳。天宝领县六,户三万七千五百二十六,口二十万五千九百五十九。今领县三:临淮、涟水、徐城。其虹县割隶宿州,宿预、下邳隶徐州。

临淮　长安四年，割徐城南界两乡于沙熟淮口置临淮县。开元二十三年，移治郭下。

涟水　隋县。武德四年，置涟州，仍分置金城县。贞观元年，废涟州，并省金城县，以县属泗州。总章元年，改为楚州。咸亨五年，还属泗州。

徐城　汉徐县。隋为徐城县，属泗州，治于大徐城。开元二十五年，移就临淮县。

海州中　隋东海郡。武德四年，置海州总管府，领涟、环、东楚四州，海州领朐山、龙沮、新乐、曲阳、沭阳、厚丘、怀仁、利城、祝其九县。六年，改新乐为祝其。七年，以东楚州属扬府，又以沂州来属。八年，废环州及龙沮、祝其、曲阳、厚丘、利城六县，仍以废环州之东海来属。九年，废涟州。贞观元年，罢都督府。天宝元年，以海州为东海郡。乾元元年，复为海州。旧领县四：朐山、东海、沭阳、怀仁，户八千九百九十九，口四万三千六百九十三。天宝，户二万八千五百四十九，口十八万四千九。在京师东二千五百七十里，至东都一千七百五十四里。

朐山　郭下。汉朐县，后加"山"字。

东海　汉赣榆县。武德四年，置环州领东海、青山、石城、赣榆四县。八年，废环州，仍废青山等三县入东海县，隶海州。县治郁州，四面环海。

沭阳　汉厚丘县，后魏改沭阳。

怀仁　后魏置。

兖州上都督府　隋鲁郡。武德五年，平徐圆朗，置兖州，领任城、瑕丘、平陆、龚丘、曲阜、邹、泗水七县。贞观元年，省曲阜县。其年，又省东泰州，以博城县来属。八年，复置曲阜县。十四年，置都督府，管兖、泰、沂三州。十七年，以废戴州之金乡、方舆来属。长安四年,置莱芜县。天宝元年,改兖州为鲁郡。乾元元年,复为兖州。旧领县八,户九千三百六十六,口一万五千四百二十八。天宝领县十一,户八万八千九百八十七,口五十八万六百八。中都割属郓州。在京师东一千八百四十三里,去东都一千七十里。

　　瑕丘　郭下。宋置兖州于鲁瑕邑故治,隋因置瑕丘县。

　　曲阜　隋县。武德元年省,贞观八年复置。

　　乾封　隋博城县。武德五年,于县置东泰州,领博城、梁父、嬴、肥城、岱六县。贞观元年,罢东泰州,省梁父、嬴二县入博城,仍以博城属兖州,兼省肥城。乾封元年,高宗封泰山,改为乾封县,总章元年,复为博城。神龙元年,又为乾封。

　　泗水　汉下县。隋分汶阳县于下县古城置泗水县。

　　邹　古邾国,鲁穆公改为邹。

　　任城　汉县。北齐于县置高平郡。隋废,县属兖州。

　　龚丘　北齐平原县,隋改为龚丘。

　　金乡　后汉县。武德四年,于县置金州,领方舆、金乡二县。五年,改金州为戴州。贞观十七年,州废,以金乡、方舆属兖州,以单父、楚丘属宋州,成武属曹州,钜野属郓州。

　　鱼台　汉方舆县。隋属戴州。贞观十七年,戴州废,县入兖州。宝应元年,改为鱼台,以城北有鲁公观鱼台。

　　莱芜　汉县。晋废。后魏于古城置嬴县。贞观初,废入博城县。长安四年,于废嬴县置莱芜县。元和十五年,并入乾封县,寻却置,属兖州。

　　徐州上　隋彭城郡。武德四年,平王世充,置徐州总管府,管徐、邳、泗、鄆、沂、仁六州。徐州领彭城、萧、沛、丰、滕、符离、论阳七县。贞观元年,废论阳县入符离。二年,省鄆、邳二州,仍以谯州来属。七年,以沂州属海州都督,八年,废仁州入谯州。其徐州都督管徐、泗、谯三州。十一年,罢都督府,以废谯州之蕲县来属。天宝元年,改徐州为彭城郡。乾元元年,复为徐州。旧领县六,户八千一百六十二,口四万五千五百三十七。天宝领县七,户六万五千一百七十,口四十七万八千六百七十六,在京师东二千六百里,至东都一千二百五十七里。

彭城 汉彭城郡治也。

萧 汉县。隋为龙城县,寻改为萧。

丰 汉县,北齐置永昌郡,寻省为丰县。

沛 汉县,隋废,武德五年复置。

滕县 古滕国,隋置县。

宿迁 晋宿预县,元魏于县置徐州。州移彭城县,隶泗州。宝应元年,以犯代宗讳,改"预"为"迁",仍隶徐州。

下邳 汉下邳郡,元魏置东徐州,周改邳州,隋废。武德四年,复邳州,领下邳、郯、良城三县。贞观元年,废邳州,仍省郯、良城二县,以下邳属泗州。元和中,复属徐州。

宿州上 徐州之符离县也。元和四年正月敕,以徐州之符离置宿州。仍割徐州之蕲、泗州之虹。九年,又割亳州之临涣等三县属宿州。大和三年,徐泗观察使崔群奏罢宿州,四县各归本属。至七年敕,宜准元和四年正月敕,复置宿州于埇桥,在徐之南界汴水上,当舟车之要。其旧割四县,仍旧来属。州新置,元和已来,未计户口。

符离 汉县。隋治朝解城。贞观元年,移治竹邑城。元和四年正月,置宿州,仍为上州。

虹 汉县。隋曰夏丘县。武德四年,属仁州。其年,分置虹县于古虹城,属仁州。六年,废夏丘县。贞观八年,废仁州,以虹县属泗州,移治夏丘故城。元和四年,割属宿州。

蕲 汉县,后魏加"城"。曰蕲城县。隋去"城"字,属北谯州。贞观十七年,废谯州,属徐州。旧治谷城,显庆元年,移于今所。元和四年,割属宿州也。

临涣 隋旧。属谯州。州废,隶亳州。大和元年,割属宿州。

沂州中　汉东海郡之琅邪县。武德四年，平徐圆朗，置沂州，领费、临沂、颛臾三县。又置兰山、临沭、昌乐三县。六年，省兰山、临沭、昌乐三县入临沂。贞观元年，省颛臾入费县。其年，省鄫州，以承县来属。八年，又省莒州，以新泰、沂水二县来属。天宝元年，改为琅邪郡。乾元元年，复为沂州。旧领县五，户四千六百五十二，口二万三千九百。天宝，户三万三千五百一十，口十九万五千七百三十七，在京师东二千二百五十四里，至东都一千四百三十里。

临沂　汉县，州所治。后魏置郯郡。又改为北徐州，并在此县。后周置沂州。

承　汉县，隋兰陵县。武德四年，置鄫州，以兰陵隶之。仍改为承县，别置兰陵、鄫城二县，属鄫州。贞观元年，鄫州与二县俱废，以承县来属沂州。

费　汉县，春秋时费国。

新泰　汉东新泰县，晋去“东”字。武德五年，属莒州。贞观元年，莒州废，县属沂州。

沂水　汉东莞县。隋改为东安县，寻改为沂水。武德五年，县置莒州，领斥水、新泰、莒三县。贞观八年，省莒州，县属密州，沂水、新泰属沂州。

密州中　隋高密郡。武德五年，改为密州，领诸城、安丘、高密三县。贞观八年，省莒州，以莒来属。天宝元年，改为高密郡。乾元元年，复为密州。旧领县四，户三千五百八十。口一万八千五百九十三。天宝，户二万八千二百九十二，口十四万六千五百二十四。在京师东南二千五百三十里，至东都东一千八百六十九里。

诸城　州所治，本汉东武县城也。隋移入废高密郡城，因改为诸城。

辅唐　汉安丘县，属北海郡。乾元二年，刺史殷仲卿奏请治于故昌安城，因改为辅唐。

高密　汉县隋末大乱，废之。武德三年，于义城堡置高密县。六年,并高密、胶西两县,移就故夷安城。城,旧高密县也,仍废胶西县。

莒　汉县,属东海郡。武德五年,于县置莒州。州废,以县属密州。

齐州上　汉济南郡,隋为齐郡。武德元年,改为齐州,领历城、山茌、祝阿、源阳、临邑五县。二年,置总管府,管齐、邹、东泰、谭、淄、济六州。贞观元年,废都督府及谭州,省源阳县。又以废谭州之平陵、临济、亭山、章丘四县来属。七年,又置都督府,管齐、青、淄、莱、密五州。天宝元年,改为临淄郡。五载,为济南郡。乾元元年,复为齐州。旧领县八,户一万一千五百九十三,口六万一千七百七十一。天宝,户六万二千四百八十五,口三十六万五千九百七十二,在京师东北二千六十九里。至东都东北一于二百四十四里。今管县六,并三县也。

历城　汉县,属济南郡。旧志有平陵县。贞观十七年,齐王佑起兵,平陵人不从顺,遂改为全节。元和十年正月,以户口凋残,并全节入历城县。

章丘　汉阳丘县。隋为章丘。武德二年,于平陵县置谭州,领平陵、亭山、章丘、营城四县。八年,废营城人平陵,又以废邹州之临济来属。贞观元年,废谭州为平陵县,属齐州,章丘亦来属。

亭山　隋县。元和十五年,以户口凋残,并入章丘县,因废亭山。

临邑　汉县。武德元年,属谭州。州废来属。

长清　隋置,属济州。贞观十七年,属齐州。旧志有丰齐县,古山茌邑也。天宝元年改为丰齐。元和十五年,以户品凋残,并入长清县。

禹城　汉祝阿县。天宝元年,以为禹城,以县西有禹息故城。

临济　汉之管县。隋为朝阳县,寻改为临济县。武德元年,于县置邹州,领临济、蒲台、高苑、长山、邹平五县,八年,废邹州,县属谭州。州废,属齐州。

青州上　隋北海郡。武德四年,置青州总管府,管青、潍、登、牟、莒、密、莱、乘八州。青州领益都、临朐、临淄、殷阳、乐安、时水、安平等七县。八年,省乘、潍、牟、登四州,以废潍州之北海,废乘州之千乘、寿光、博昌来属,省殷阳、乐安、时水、安平四县。贞观元年,罢都督府。天宝元年,改青州为北海郡。乾元元年,复为青州。旧领县七,户一万六百五十八,口五万六千三百一十七。天宝,户七万三千一百四十八,口四十万二千七百四。在京师东北二千二百五十里,至东都一千五百七里。

益都　汉县,在今寿光县南十里故益都城是也,北齐移入青州城北门外为治所。

临淄　汉县,治古齐国城。久废,隋复置。

博昌　汉县,治故郡城。

乐安　隋县。武德二年,属乘州。州废,属青州。总章二年移治于今所。

寿光　汉县。隋移治所于博昌县。初属乘州,州废来属。

千乘　汉千乘国,后汉改为乐安郡。宋、齐废,隋置千乘县。武德二年,于县置乘州,领千乘、博昌、寿光、新河五县。六年,废新河县。八年,州废,千乘等县隶青州。

临朐　汉县。隋为逢山县,寻复为临朐,属北海郡。

北海　汉平寿县,隋置北海郡,开皇三年罢郡,置下密县于废郡城。大业二年,改为北海县。武德二年,于县置潍州,领北海、连永、平寿、华池、城都、下密、东阳、寒水、訾亭、潍水、汶阳、胶东、营丘、华宛、昌安、都昌、城平等十七县。六年,唯留北海、营丘、下密三县,余十四县并废。八年,废潍州,仍省营丘、下密二县,以北海属青州。

淄州上　隋齐郡之淄川县。武德元年,置淄州,领淄川、长白、莱芜三县。六年,废长白、莱芜二县。八年,又以废淄州之长山、高苑、蒲台三县来属。天宝元年,为淄川郡。乾元元年,复为淄州。景龙元年,分高苑置济阳县,又并高苑。又割蒲台隶之,后割属棣州。旧领县五,户六千三百二十三,口三万四千四百二十五。天宝,户四万二千七百三十七,口二十万三千八百二十一。在京师东北二千一百三十三里,东都东北一千四百二十五里。今管县四,并济阳入高苑。

淄川　汉盘阳县。武德初,属淄州郭下。

长山　汉于陵县。武德初,属邹州。州废,属淄州。

高苑　隋置。初属邹州,州废来属。景龙元年,分置济阳县。元和十五年,并入高苑。

邹平　汉县。北齐为平原县。隋移治汉邹平故城,因改为邹平。初属谭州,州废来属。

棣州上　后汉乐安郡。隋渤海郡之厌次县。武德四年,置棣州,领阳信、乐陵、滴河、厌次四县,治阳信。六年,并入沧州。贞观十七年,复置棣州于乐陵县,领厌次、滴河、阳信三县,又割淄州之蒲台隶焉。而乐陵属沧州。天宝元年,改为乐安郡。上元元年,复为棣州。领县五,户三万九千一百五十,口二十三万八千一百五十九。在京师东北二千二百一十里,东都东北一千三百七十里。

厌次　郭下。汉富平县,隋属沧州。武德四年,改属棣州。六年,省棣州,复隶沧州。贞观十七年,复置棣州,厌次还属。

滴河　隋县。

阳信　汉县,属渤海郡。贞观十七年,改属棣州。

蒲台　汉漯沃县。隶淄州。割属棣州。

渤海

莱州中　汉东莱郡。隋因之。武德四年,讨平綦顺,置莱州,领掖、胶水、即墨、卢乡、昌阳、曲城、当利、曲台、胶东九县。六年,废曲

城、当利、曲台、胶东四县。贞观元年,废卢乡,割登州之文登,废牟
州之黄来属。麟德元年,置牟平县。如意元年,割黄县之文登、牟平
置登州。天宝元年,改莱州为东莱郡。乾元元年,复为莱州。旧领
县六:掖、黄、文、登、昌阳、即墨、胶水,户一万一千五百六十八,口
六万三千三百九十六。天宝领县四,户二万六千九百九十八,口七
万一千五百。在京师东北二千五百九十九里,去东都一千八百五十
二里。

　　掖　　州治,汉东莱郡也。隋置掖县,属莱州。

　　昌阳　　汉县。置于古昌阳城。永徽元年,移古县西北二十三里。

　　胶水　　汉胶东国地。隋置县古光州,因改名胶水。

　　即墨　　汉不其邑也,隋置即墨县。

　　登州　　汉东莱郡之黄县。如意元年,分置登州,领文登、牟平、
黄三县,以牟平为治所。神龙三年,改黄县为蓬莱县,移州治于蓬
莱。天宝元年,以登州为东平郡。乾元元年,复为登州。天宝领县
四,户二万二百九十八,口一十万八千九百。在京师东三千一百五
十里,至东都二千七十一里。

　　蓬莱　　汉黄县,属莱州。如意元年,于县置登州。神龙三年,改
为蓬莱,移于今所。

　　牟平　　麟德二年,分牟平置,属莱州。如意元年,置登州,治牟
平。神龙三年,移治所于蓬莱县。

　　文登　　隋旧县。武德四年,置登州,领文登、观阳二县。六年,
以观阳属牟州,又置清阳、廓定二县,属登州。贞观元年,登州及清
阳、廓定二县并废,地入文登县。

　　黄　　汉旧县。神龙元年,改为蓬莱县,属登州,以为州治。先天
元年,又割蓬莱置黄县。

旧唐书卷三九
志第一九

地理二

河东道　河北道　山南道

河东道

河中府　隋河东郡。武德元年,置蒲州,治桑泉县,领河东、桑泉、猗氏、虞乡四县。二年,置蒲州总管府,管蒲、虞、泰、绛、邵、浍六州。三年,移蒲治河东县,依旧总管府。其年,置温泉县。九年,又置都督府,管蒲、虞、芮、邵、泰五州,仍省温泉县。其年,罢都督府。贞观八年,割虢州之永乐来属。十七年,以废虞州之安邑解县、废泰州之汾阴来属。开元八年,置中都,改蒲州为河中府。其年,罢中都,依旧为蒲州,又与陕、郑、汴、怀、魏为"六雄"。十二年,升为"四辅"。天宝元年,改为河东郡。乾元元年,复为蒲州,割安邑属陕州。三年四月,置河中府,析同州之朝邑,于河西盐坊置河西县来属。元年建卯月,又为中都。元和三年复为河中府,旧领县五,户三万六千四百九十九,口十七万三千七百八十四。天宝领县八,户七万八百,口四十六万九千二百一十三,元和领县十一,在京师东北三百二十四里,去东都五百五十里。

河东　隋县,州理所。开元八年,分置河西县,其年罢中都,乃省,乾元三年,复置。

河西　旧朝邑县,属同州,管长春宫。乾元元年置河中府,割朝邑来属，改为河西县，以盐坊为理所。

临晋　隋分猗氏置桑泉县。武德三年，分置温泉县。九年，省温泉并入桑泉。天宝十三载，改为临晋县。

解　隋虞乡县。武德元年改为解县，属虞州。蒲州别置虞乡县。贞观十七年，省解县并入虞乡。二十二年，复析置解县，属蒲州。

猗氏　汉县，古郇国也。

虞乡　汉解县地，后魏分置虞乡县。贞观十七年，省解县，并入虞乡县。二十年，复置解县，省虞乡。天授二年，复分解县置虞乡县。

永乐　武德元年，分芮城县置，属芮州。九年，废芮州，改属鼎州。贞观八年，改属芮州，又割属虢州。神龙元年，复来属。

宝鼎　汉汾阴县。隋属泰州。贞观十七年，废泰州，县来属。开元十一年，玄宗祀后土，获宝鼎，因改为宝鼎。

龙门　汉皮氏县，后魏改为龙门。武德元年，县置泰州，领龙门、万泉、汾阴四县。贞观十七年，废泰州及芮县，以龙门、万泉属绛州，汾阴属蒲州。

闻喜　汉县。隋为桐乡县。武德元年，分置闻喜县。

万泉　武德三年，分稷山界于薛通城置万泉县，属泰州。州废，入绛州，后又隶河中府。

绛州　隋绛郡。武德元年，置绛州总管府，管绛、潞、盖、建、泽、沁、韩、晋、吕、浍、泰、蒲、虞、芮、邵十五州。绛州领正平、太平、曲沃、闻喜、稷山五县。三年，废总管府。其年，以废北浍州之翼城置县。领翼城、绛、小乡三县。武德元年，改为浍州。二年，改为北浍州。四年，州废，三县并入绛州。置南绛州，又置绛县。

曲沃　汉绛县地，后魏置曲沃县。

绛　汉闻喜县，后魏置南绛州，又置绛县。

稷山　后魏高凉县，隋改名稷山。

垣　隋县。义宁元年，置邵原，领垣、王屋，又置清廉、亳城四县。武德元年，改为邵州。二年，又置长泉县。五年，废亳城。九年，省邵州，省清廉入垣县，王屋属怀州，垣属绛州。

襄陵　后魏擒盛县，改为襄陵，取汉旧名，属晋州。元和十四年，属绛州。

晋州　隋临汾郡。义旗初，改为平阳郡，领临汾、襄陵、岳阳、冀氏、杨五县。其年改杨县为洪洞。武德元年，改为晋州，分襄陵置浮山县，分洪洞置西河县。三年，置总管府，管晋、绛、沁、吕四州。移治白马城。改浮山为神山县。贞观六年，废都督。十二年，移治所于平阳古城。十七年，省西河县，以废吕州之霍邑、赵城、汾西三县来属。天宝元年，改州为平阳郡。乾元元年，复为晋州。元和十四年，割襄陵属绛州。大和元年，改属河中府。旧领县七，户二万一千六百一十七，口九万七千五百五。天宝领县九，户六万四千八百三十六，口四十二万九千二百二十一。元和领县八，在京师东北七百二十五里，至东都七百三十九里。

临汾　汉平阳县。隋改为临汾。贞观十七年，省西河县，并入临汾。

洪洞　汉杨县，至隋不改。义宁元年，改为洪洞，取县北岭名。

神山　武德二年，分襄陵置浮山县。四年改为神山，以县东南羊角山神见为名。

岳阳　后魏安泽县，隋改为岳阳。

霍邑　汉彘县，后汉改为永安，隋于此置汾州。寻改为吕州，领霍邑、赵城、汾西、灵石四县。贞观十七年，废吕州，以霍邑等三县来属，以灵石属汾州。

赵城　国初，分霍邑县置。

汾西　后汉汾西郡，隋废为县，属吕州。隋末陷贼。武德初，权于今城南五十里申村堡置。贞观六年，移于今所。

冀氏　汉猗氏县地，后于古猗氏县地南置冀氏。

隰州下　隋龙泉郡。武德元年，改为隰州，领隰川、温泉、大宁、石楼四县。二年,置总管府,领隰中、昌、南汾、东和、西德六州。三年,又置北隰州属焉。贞观元年,省中、昌、西德、北隰四州,又以废昌州蒲县来属,仍督隰,南汾、东和三州。三年,废都督府。又以废东和州永和县来属。天宝元年改为大宁郡。乾元元年,复为隰州。旧领县六,户八千二百二十,口三万八千三百九十五。天宝,户一万九千四百五十五,口十二万四千四百二十。在京师东北九百六里,至东都八百八十里。

隰川　州所理。汉蒲子县地,隋为隰川县。

蒲　汉县。武德二年,置昌州,领蒲、仵城、常武、昌原四县。贞观元年,省昌州及昌原、仵城、常武三县,以蒲属隰州。

大宁　汉北屈县地,隋为仵城。武德二年,置中州于隋大宁故城,因改名大宁。贞观元年,废州及大义、白龙二县,以大宁隶隰州。

永和　汉狐谗县,隋为永和。武德二年,移治于仙芝谷西,属东和州,又分置楼山县。贞观元年,废东和州及楼山县,以永和隶隰州。

石楼　汉土军县,隋改为石楼。武德二年,县置西德州,领长寿、临河、石楼三县。贞观元年,废西德州,省长寿、临河二县,以石楼属东和州。二年,又省东和州,以石楼来属。

温泉　隋新城县。武德二年,分置温泉县,仍置北温州,领温泉、新城、高堂三县,属隰州总管府。贞观元年,省北温州及新城、高堂二县,以温泉来属。

汾州上　隋西河郡。义旗初,依旧领隰城、介休、孝义、平遥四县。其年,割介休、平遥二县属介休郡。武德元年,以介休郡为介州,西河郡为浩州。三年改浩州为汾州,仍割并州之文水来属。贞观元年,省介州,以介休、平遥二县来属。文水还并州。十七年,以废昌州之灵石为属。天宝元年,改为西河郡。乾元元年,复为汾州。旧领县四,户三万四千九,口十万六千三百八十四。天宝领县五,户五万九千四百五十,口三十二万二百三十三。去京师一千二百六里,东都九百三十七里。

西河　汉美稷县,隋为隰城县。上元元年九月,改为西河县。

孝义　汉中阳县,后魏曰永安。贞观元年,改为孝义。

介休　汉县。武德元年,于县置介州。贞观元年,州废,以介休、平遥属汾州。

平遥　汉平陶县。后魏庙讳,改"陶"为"遥"。武德属介州。州废来属。

灵石　隋分介休县置,属吕州。州废来属。

慈州下　元魏曰南汾州,隋改为耿州,又为文城郡。武德元年,改为汾州。五年,改为南汾州。八年,改为慈州,以郡近慈乌戍故也。旧领县五,户五千二百四十五,口二万二千六百五十一。天宝,户一万一千六百一十六,口六万二千四百八十六。在京师东北六百八十三野,去东都七百二十七里。

吉昌　隋县。

文城　元魏曰仵城县,隋改为文城。显庆三年,移仵城县东北文城村置。

昌宁　汉临汾县地,后魏分置太平县,又分太平置昌宁县。

吕香　义宁元年,分仵城县置平昌县。贞观元年,改为吕香,因旧镇为名。上元三年,移治所于故平昌府南置,今县是也。

仵城　后魏置县,取镇戍名也。

潞州大都督府　隋上党郡。武德元年改为潞州,领上党、长子、屯留、潞城四县。二年,置总管府,管潞、泽、沁、韩、盖五州。四年,分上党置壶关县。贞观元年,废都督府。八年,置大都督府。十年,又改为都督府。贞观十七年,废韩州,以所管襄垣等五县属潞州。开元十七年,以玄宗历职此州。置大都督府。管慈、仪、石、沁四州。天宝元年,改为上党郡。乾元元年依旧为潞州大都督府。旧领县五,户一万八千六百九十,口八万三千四百五十五。旧于襄垣置韩州,领县五，户七千一十七，口三万二千九百三十六。天宝领县十，户六万八千三百九十一，口三十八万八千六百六十。在京师东北一千一百里，至东都四百八十七里。

上党　汉壶关县。隋分置上党，州所治。

壶关　武德四年，分上党置，治于高望堡。贞观十七年，移治进流川。

长子　汉县。

屯留　隋旧。武德五年，自霍壁移于今所。

潞城　古邑。隋特置潞城县。

襄垣　隋县。武德元年，于县置韩州，领襄垣、黎城、涉、铜鞮、武乡五县，又割并州之榆社来属。三年，置甲水县，仍以榆社属榆州。六年，割沁州之铜鞮来属。九年，省甲水县。贞观十七年，废韩州，以襄垣等五县隶潞州。

黎城　旧刈陵县，隋改曰黎城州。

涉　汉县。隋属韩州。州废来属。

铜鞮　汉县。隋属韩州。武德元年，属沁州。三年分置甲水县。五年，移治骇水堡。六年，移于今所，属韩州，省甲水县。韩州废，属潞州。

武乡　汉垣县，后魏曰沮城，移治于南亭川。改为乡县，属韩州。州废，属潞州。则天加"武"字。神龙年，去"武"字，复为乡县。后又加"武"字。

泽州上　隋长平郡。武德元年，改为盖州，领高平、丹川、陵川，又置盖城四县。又于濩泽县置泽州，领濩泽、沁水、端氏三县。三年，于今理置晋城县。六年，废建州。自高平移盖州治之。八年，移泽州治端氏。九年，省丹川、盖城。贞观元年，废盖州，自端氏县移泽州于今治。天宝元年，改泽州为高平郡。乾元元年，复为泽州。旧领县六，户一万六百六十，口四万六千七百三十二。天宝，户二万七千八百二十二，口二十五万七千九十。在京师东北一千三十里，至东都六十七里。

晋城　汉高都县,隋改为丹川。武德元年,移丹川于源泽水北,属盖州。三年,于古高都城置晋城县,属建州。六年,废建州,县属盖州。九年,省丹川县。贞观元年,废盖州,县属泽州。

端氏　汉县。武德八年,移泽州于此县。贞观元年,又移于晋城。

陵川　汉泫氏县,隋改陵川。武德初,属盖州。贞观元年,隶泽州。

阳城　隋汉泽县。武德元年,于县置泽州。八年,移州治于端氏。天宝元年,改为阳城。

沁水　元魏置永安县,隋改为沁水,属盖州。州废来属。

高平　汉泫氏县地。武德元年,于县置盖州,领高平、丹川、陵川、盖城四县。贞观元年,废盖州,来属。

沁州下　隋上党郡之沁源县。义宁元年,置义宁郡。领沁源、铜鞮、绵上,仍分沁源置和川,凡四县。武德元年,改为沁州。二年,分沁源置招远县。三年,省招远县。六年,以铜鞮属韩州。天宝元年,改沁州为阳城县。乾元元年,复为沁州。旧领县三,户三千九百五十六,口一万六千一百七。天宝,户六千三百八,口三万四千九百六十三。在京师东北一千二十五里,去东都六百三十五里。

沁源　汉谷远县。州所治。后改为沁源。

和川　义宁元年,分沁源置。

绵上　隋分介休之南界,置绵上县。

辽州　隋太原郡之辽山县。武德三年,分并州之乐平、和顺、平城、石文四县置辽州,治乐平。其年,置义兴县。六年,自乐平移于辽山,仍以石艾、乐平二县属受州,省义兴县,以废榆州之榆社、平城二县来属。八年,改辽州为箕州。先天元年,又改为仪州。天宝元年,改为乐平郡。乾元元年,复为仪州。中和三年八月,复为辽州。

旧领县四，户四千三百六十五，口八万八千六百四十。天宝，户九千八百八十二，口五万四千五百八十。在京师东北一千四百五十九里，至东都七百九十七里。

　　辽山　汉阳县地，魏改辖阳县。隋改辽山县，属并州。武德三年，属辽州。

　　榆社　晋武乡县。义宁元年，分置榆社县。武德三年，于此置榆州，割并州平城来属。仍置偃武县。六年，废榆州及偃武县，以平城、榆社属辽州。

　　和顺　汉沿县地，隋为和顺县。武德初，属并州，三年，改为辽州。

　　平城　隋县。武德初，属并州。三年，改属榆州。六年，改为辽州。

　　北京太原府　隋为太原郡。武德元年，改为并州总管，领晋阳、太原、榆次、太谷、祁、阳直、寿阳、孟、乐平、交城、石艾、文水、辽山、平城、乌河、榆社十六县。其年，置清源县，仍以榆社属韩州。三年，废总管。其年，置沁阳，仍以孟、寿阳二县置受州，治孟县；乐平、辽山、平城、石艾四县置辽州，治乐平；太谷、祁二县置太州，治太谷；仍以文水属沁州。四年，又置总管，管并、介、受、辽、太、榆、沁七州。其年，改为上总管。五年，又改代、石二总管。其年，改上总管为大总管。六年，又改朔州总管，仍割汾州之文水来属。其年，废太州，以太谷、祁二县来属。其年，改为大都督府。其年，置罗阴县，仍省阳直县，改汾阳为阳曲县，又以文水属汾州。贞观元年，省乌河、罗阴二县，又以文水来属。八年，以废受州之寿阳、孟、乐平、石艾，又割顺州之燕然，凡五县来属。督并、汾、箕、岚四州。十四年，废燕然县。龙朔二年，进为大都督府。天授元年，置北都兼都督府。开元十一年，又置北都，改并州为太原府。天宝元年，改北都为北京。旧领县十四，户九万七千八百七十四，口二十万九百三十六。天宝领县十三，户十二万八千九百五，口七十七万八千二百七十八。在京师东北一千三百六十里,至东都八百八里。

太原　汉晋阳县。隋文又移于州城内古晋阳城置,今州所治。

晋阳　隋新移于州内。

太谷　隋县。武德三年,置太原州。六年,州废,以太谷、邬属并州。

文水　隋县。武德三年,属汾州。六年,属并州。七年,又属汾州。贞观初,还属并州。天授元年,改为武兴县,以天后乡里县,与太原、晋阳并为京县。神龙元年,依旧为文水。

榆次　汉县。

盂县　隋县。武德三年,置受州,领盂、寿阳二县。六年,移受州于寿阳。贞观八年,省受州,盂复属并州。

清源　隋于古梗阳城置清源县,以水为名。

交城　隋分晋阳县置,取县西北古交城为名。初治交山,天授元年,移治却波村。先天二年,于故县分置灵川县,开元二年后省。

阳曲　隋阳直县。武德三年,分置汾阳县。七年,省阳直县,改汾阳为阳曲县,仍移治阳直废县。其年,又分置罗阴县。贞观元年省。十七年,又省燕然并入。

寿阳　隋旧县。武德三年,属辽州。六年,移受州于此,领寿阳、盂二县,其年,又割辽州之乐平、石艾二县来属。贞观八年,废受州,以所管四县隶并州。

广阳　汉上艾县,后汉改为石艾县。武德三年,属辽州。六年,属受州。八年,州废,属并州。天宝元年,改为广阳。

乐平　隋县。武德三年,于县置辽州。六年,移辽州治于箕州,以乐平属受州。州废,县来属。

祁　汉县至隋不改。武德三年,属太州。州废来属。

代州中都督府　隋为雁门郡。武德元年,置代州总管,管代、忻、蔚三州。代州领雁门、繁畤、崞、五台四县。五年,废总管。六年,又置,管代、蔚、朔四州。贞观四年,又督灵州。六年,又督顺州。十二年,省顺州,以怀化县来属。今督代、忻、蔚、朔、灵五州。高宗废怀化县。证圣元年,置武延县。天宝元年,改为雁门郡。依旧为都督府。乾元元年,复为代州。旧领县五,户九千二百五十九,口三万六千二百三十四。天宝,户二万一千二百八十,口十万三百五十。在京师东北一千五百五十里,去东都一千二百二十三里。

　　雁门　汉广武县,隋为雁门县。

　　五台　汉虑虒县,隋改为五台。

　　繁畤　汉县。东魏置廓州,又废。

　　崞　汉县。

　　唐林　证圣元年,分五台、崞县置武延县,唐龙元年,改唐林。

　　蔚州　隋雁门郡之灵丘县。武德四年,平刘武周。六年,置蔚州,寄治并州阳曲县,仍置灵江、飞狐二县,七年,寄治代州繁畤县。八年,又寄治忻州秀容之北恒州城。贞观五年,移于今治。天宝元年,改为安边郡。至德二年九月,改为兴唐郡。乾元元年,置蔚州。旧领县二,户九百四十二,口三千七百四十八,天宝领县三,户五千五十二,口二万九百五十八。在京师东北一千八百一十里,去东都一千六百四十里。

　　灵丘　隋县。隋末陷贼,寄治阳曲。自此,随州寄治。贞观五年,移于今所。

　　飞狐　隋县。隋末陷贼。武德六年,复置,寄治于易州遂城县。贞观五年,移治于今所。

　　兴唐　隋安边县。至德二年,改为兴唐。

　　忻州　隋楼烦郡之秀容县。义旗初,置新同郡,领秀容一县。武德元年,改为忻州。四年,又置定襄县。天宝元年,改为定襄郡。乾元元年,复为忻州。旧领县二,户四千九百八十七,口一万七千一百三十。天宝,户一万四千八百六,口八万二千三十二。在京师东北一千三百八十里,去东都一千十三里。

秀容　汉汾阳县地,治郭下。隋朝自秀容故城移于此,因改为秀容县。

定襄　汉阳曲县地。后汉末,移阳曲于太原界置,乃于阳曲古城置定襄县。复废。武德四年,分秀容县复置。

岚州下　隋楼烦郡之岚城县。武德四年,平刘武周。置东会州,领岚城县;又以北和州之太和县来属。其年,分岚城置合会、丰润二县,仍自故郡城移岚州于废东会州,置岚州。旧领岢岚一县,县移旧岚州。其年。又北管州之静乐县来属。七年,置临津县。九年,省合会、岢岚、太和三县。贞观元年,改临津为合河。三年,又置太和县。八年,又省。天宝元年,复为楼烦郡。乾元元年,复为岚州。旧领县三,户二千八百四十二,口一万一千五百四十一。天宝领县四,户一万六千七百四十八,口八万四千六。在京师东北一千二百九十五里,去东都一千一百四十四里。

宜芳　隋岚城县。武德四年,改为宜芳,属东会州。四年,分置丰润、合会二县。五年,省丰润并入。六年,改属岚州。九年,省合会并入。

静乐　汉汾阳县地,有隋汾阳宫。武德四年,置管州,领静乐,又分置汾阳、六度二县。五年,改管州为北管州。六年,省北管州及汾阳、六度二县。以静乐属岚州。

合河　隋临泉县。武德四年,置临津县。贞观元年,改为合河。

岚谷　旧岢岚军也,在宜芳县北界。长安三年,分宜芳于岢岚旧军置岚谷县。神龙二年,废县置军。开元十二年,复置县。

宪州下　旧楼烦监牧也。先隶陇右节度使。至德后,属内飞龙使。旧楼烦监牧,岚州刺史兼领。贞元十五年,杨钵为监牧使,遂专领监司,不系州司。龙纪元年,特置宪州于楼烦监,仍置楼烦县。郡城,开元四年王毛仲筑。州新置,未记户口帐籍。

楼烦　龙纪元年,于监西一里置。

玄池　州东六十里置。

天池　　州西南五十里置。本置于孔河馆,乾元后移于安明谷口
道人堡下。

石州　　隋离石郡。武德元年,改为石州。五年,置总管府,管石、
北和、北管、东会、岚、西定六州。贞观二年,废都督府。三年,复置
都督。六年,又废。天宝元年,改为昌化郡。乾元元年,复为石州。
旧领县五,户三千七百五十八,口一万七千四百二。天宝,户一万四
千二百九十四,口六万六千九百三十五,在京师东北一千二百九十
一里,至东都一千二百二十八里。

离石　　汉县,周改为昌化郡。隋复为离石,州所治。

平夷　　后周析离石县置。

定胡　　隋县。武德三年,置西定州。贞观二年废,分置孟门县。
七年,废孟门入定胡。

临泉　　隋太和县。武德三年,置北和州,改太和县为临泉县。贞
观三年,省北和州,县属石州。

方山　　隋县。武德二年,置方州。三年,州废,县属石州。

朔州　　隋马邑县。武德四年,置朔州,领善阳、常宁二县。其年,
省常宁县。天宝元年,改为马邑郡。乾元元年,复改为朔州。旧领
县一,户一千二百五十七,口四千九百一十三。天宝领县二,户五千
四百九十三,口二万四千五百三十三。在京师东北一千七百七十四
里,至东都一千三百四十三里。

善阳　　汉定襄地,有秦时马邑城、武周塞。后魏置桑乾郡。隋
为善阳县。

马邑　　秦汉旧名,久废。开元五年,分善阳县于大同军城置。

云州　　隋马邑郡之云内县界恒安镇也。武德四年,平刘武周。
六年,置恒州。七年,州废。贞观十四年,自朔州北定襄城,移云州
及定襄县置北于此。永淳元年,为贼所破,因废,乃移百姓于朔州。

开元二十年,复为云州。天宝元年改为云中郡。乾元元年,复为云州,领县一,户七十三,口五百六十一。在京师东北一千九百四十里,去东都一千六百四十二里。

云中　隋云内县之恒安镇。武德六年,置恒州。贞观十四年,自朔州北定襄城移云州于此置,因为定襄县。今治,即后魏所都平城也。永淳元年,为贼所破,因废云州及县。开元二十年,与州复置,仍改定襄为云中县。

单于都护府　秦汉时云中郡城也。唐龙朔三年,置云中都护府。麟德元年,改为单于大都护府。东北至朔州五百五十七里。振武军在城内置。天宝,户二千一百,口一万三千。在京师东北二千三百五十里,去东都二千里。

金河　与府同置。

河北道

怀州雄　隋河内郡。武德二年,于济源西南柏崖城置怀州,领大基、河阳、集城、长泉四县。其年,于济源立西济州,于武德县立北义州,修武县东北故浊鹿城立陟州,置总管府,管怀、西济、北义、陟四州。三年,怀州又置太行、忠义、紫陵、谷只、温五县。四年,移怀州于今治野王城。其年,又于温县置平州以温县属之。以省谷只、太行、忠义、紫陵四县。后省平州,仍于隋河阳宫置盟州,领河阳、集城、温三县。又省西济、北义、陟三州入怀州。又于获嘉县置殷州。其怀州总管,管怀、盟、殷三州。怀州领河内、武德、轵、济源五县。八年,废盟州,省集城入河阳县,以河阳、温二县来属。贞观元年,罢都督府,以废殷州修武、获嘉、武陟,废邵州之王屋四县来属。仍省怀、轵二县。显庆二年,割河阳、温、济源、王屋四县属洛州。天授元年,改为河内郡。乾元元年,复为怀州。旧领县九:河内、武德、修武获嘉、武陟、温、河阳、济源、王屋。户三万九十,口十二万六千九百一十六。天宝领县五,户五万五千三百四十九,口三十一万八千一百二十六。在京师东九百六十九里,至东都一百四十里。

河内　汉野王县,隋为河内县。武德四年,省太行、忠义、紫陵三县并入。

武德　隋为安昌县。武德三年,改为武德。

武陟　汉怀县地,故城在今县西。

修武　汉山阳县地。修武,古名也,隋因之。武德二年,李原德以县东北浊鹿城归顺,因置陟州及修武县。四年,贼平,改为武陟,废陟州。以修武属殷州,仍移县治于隋故修武城。贞观元年,省殷州,修武属怀州。

获嘉　汉县名。武德四年,于县置殷州,领获嘉、武德、武陟、修武、新乡、共城五县。贞观元年,省殷州,以获嘉、武陟、修武属怀州,新乡、共城属卫州。

卫州望　隋汲郡,本治卫县。武德元年,改为卫州。二年,陷窦建德。四年,贼平。仍旧领卫、清淇、汤阴三县。其年,废义州,以汲县来属。六年,以汤阴属相州。贞观元年,州移治于汲县,又废殷州,以共城、新乡、博望三县来属。六年,废博望县。十七年,废清淇县。其年,又以废黎州之黎阳县来属。天宝元年,改为汲郡。乾元元年,复为卫州。旧领县五,户一万一千九百三,口四万三千六百八十二。天宝,户四万八千五十六,口二十八万四千六百三十。在京师东一千二百二十二里,去东都三百九十里。

汲　汉县,隋因之。武德元年,置义州,领汲县。四年,废义州,县属卫州。贞观六年,卫州自卫县徙治所于汲县。

新乡　隋割汲、获嘉二县地,于古新乐城置新乡县。武德初,属义州。州废,来属殷州。州废,属卫州。

卫　汉朝歌县,纣所都朝歌城,在今县西。隋大业二年,改为卫县,仍置汲郡于县治。贞观初,移于汲县。初属义州。州废,属卫州。十七年,省清淇县入卫县。长安三年,又置清淇县。神龙元年,又省入卫县。

共城　汉共县，隋因之。武德元年，置共州，领共城、凡城二县。四年，废共州，省凡城入共城县。初属殷州。贞观初，来属。

黎阳　隋黎阳县。武德二年，置黎州总管府，管殷、卫、洹、澶四州。寻陷贼。四年，平窦建德，复置黎州，领临河、内黄、汤阴、观城、顿丘、繁阳、澶水八县。其年，以澶水、观城、顿丘三县置澶州，又以汤阴属相州。贞观元年，省繁阳，又以澶水来属。十七年，废黎州及澶水县，以黎阳属卫州，内黄、临河属相州。

相州　汉魏郡也。后魏道武改为相州，隋为魏郡。武德元年，置相州总管府，领安阳、邺、林虑、零泉、相、临漳、洹水、尧城八县。二年，割林虑置严州。四年，废总管府，仍省零泉县。五年，废严州，以林虑来属，仍省相县。六年，割卫州之汤源来属。其年，复置总管府，管慈、洺、黎、卫、邢六州。九年，废都督府。贞观元年，改汤源为汤阴，以废慈州之安阳，成安二县来属。十年，复置都督，管相、卫、黎、魏、洺、邢、贝七州。十六年，罢都督府。十七年，以废黎州之内黄、临河来属。天宝元年，改为邺郡。乾元元年，复为相州。旧领县九，户一万一千四百九十，口七万四千七百六十六。天宝县十一，户十万一千一百四十二，口五十九万一百九十六，在京师东北一千四百二十一里，至东都六百六里。

安阳　汉侯国，故城在汤阴东。曹魏时，废安阳，并入邺。后周移邺，置县于安阳故城，仍为邺县。隋又改为安阳县，州所治，汉魏郡城在县西北七里。

邺　汉县，属魏郡。后魏于此置相州，东魏改为司州。周平齐，复为相州。周大象二年，隋文辅政，相州刺史尉迟迥举兵不顺，杨坚令韦孝宽讨回，平之，乃焚烧邺城，徙其居人，南迁四十五里。以安阳城为相州理所，仍为邺县。炀帝初，于邺故都大慈寺置邺县。贞观八年，始筑今治所小城。

汤阴　汉荡阴县也，并入安阳，武德四年，分安阳置汤源县，属卫州。六年，改属相州。贞观元年，改为汤阴。

　　林虑　汉隆虑县。武德三年,置岩州,领林虑一县。五年,岩州废,县属相州。

　　尧城　隋县。

　　洹水　汉长乐县地,属魏郡国。周建德六年,分临漳东北界置洹水县。

　　临漳　后周建德六年,分邺县置。

　　成安　汉斥丘县,属魏郡。后废,北齐复置,改为成安。

　　内黄　汉县名。旧属黎州,贞观十七年,改属相州。

　　临河　隋分黎阳县置。十七年,改属相州,废澶水县并入。

　　魏州雄　汉魏郡元城县之地。后魏天平二年,分馆陶西界,于今州西北三十里古赵城置贵乡县。后周建德七年,以赵城卑湿,西南移三十里,就孔思集寺为贵乡县。大象二年,于县置魏州。隋改名武阳郡。武德四年,平窦建德,复为魏州。又分置漳阴县,领贵乡、昌乐、元城、莘、武阳、临黄、观城、顿丘、繁水、魏、冠氏、馆陶、漳阴十三县。其年,割顿丘、观成二县置澶州,又割莘、临黄、武阳三县置莘州,又割冠氏、馆陶置毛州。魏州置总管府,管黎、澶、莘、毛五州。魏州领贵乡、昌乐、繁水、漳阴、元城、魏六县。贞观元年,罢都督府,仍省漳阴县。其年,废莘、毛、澶三州,尽以所领县属魏州。十七年,省元城、武阳、观城三县。十八年,省繁水县。龙朔二年,改为冀州大都督府,以冀王为都督,管冀、贝、德、相、棣、沧、魏七州。咸亨三年,依旧为魏州,罢都督府。永昌元年,置武圣县。圣历二年,又置元城县。天宝元年,改为魏郡。乾元元年,复为魏州。旧领县十三,户三万四百四十,口十三万六千六百一十二。天宝领县十,户十五万一千五百九十六,口一百一十万九千八百七十。在京师东北一千五百九十里,去东都七百五十里。

　　贵乡　后魏分馆陶西界,置贵乡县于赵城。周建德七年,自赵城东南移三十里,以孔思集寺为县廨。大象二年,于县置魏州。武德八年,移县入罗城内。开元二十八年,刺史卢晖移于罗城西百步。

大历四年,又移于河南岸置。

元城　隋县,治古殷城。贞观十七年,并入贵乡,圣历二年,又分贵乡、莘县置,治王莽城。开元十三年,移治州郭下。古殷城,在朝城东北十二里。

魏　汉旧县,在今县南。天宝三年,移于今所。

馆陶　汉县,隋因之。武德五年,置毛州,割魏州之馆陶、冠氏、堂邑,贝州之临清、清水。又分置沙丘县。贞观元年,废毛州,省沙丘、清水二县。以堂邑属博州,临清属贝州,馆陶、冠氏属魏州。

冠氏　春秋邑名。隋分馆陶县东界置,武德四年,属毛州。州废来属。

莘　汉阳平县地,隋置新州。武德五年,改为莘州,领莘、临黄、武阳、武水四县。贞观元年,废莘州,以莘、临黄、武阳属魏州,武水属博州。

临黄　汉观县地,隋为临黄县。武德四年,属莘州。州废来属。

朝城　隋武阳县。贞观十七年,废武阳入临黄、莘二县。开元七年复置,改为朝城。

昌乐　晋置,属阳平都。后魏置昌州,今县西古城是也。隋废昌乐县入繁水。武德五年置,隶魏州。今治所,武德六年筑也。

澶州　汉顿丘县,属东郡。今县北古阴安城是也。武德四年,分魏州之顿丘、观城置澶州,领顿丘、观城,又特置澶水县。贞观元年,废澶州,以澶水属黎州,顿丘、观城属魏州。大历七年正月敕,又于顿丘县置澶州,领顿丘、清丰、观城、临黄四县。州新置,元未计户口帐籍。在京师东北一千四百八十五里,至东都六百八十五里。

顿丘　汉县,属东郡,后移治所于阴安城。隋属魏郡,今县地北阴安城是也。

清丰　大历七年,割顿丘、昌乐二县界四乡置。以县界有孝子张清丰门阙,魏州田承嗣请为县名。

观城　隋县。唐初,属澶州。州废,亦省观城。大历七年,割昌乐,临黄二县四乡,置县于旧观城店。

临黄　隋旧县。武德四年,属莘州。州废,属魏州。大历七年,置澶州,割之来属。

博州上　隋武阳郡之聊城县。武德四年,平窦建德,置博州,领聊城、武水、堂邑、茌平,仍置莘亭、灵泉、清平、博平、高唐凡九县。五年,省莘亭、灵泉二县。贞观元年,省茌平县。天宝元年,改为博平郡。乾元元年,复为博州,旧领县六,户七千六百八十二,口三万七千三百九十四。天宝,户五万二千六百三十一,口四十万八千二百五十二。在京师东北一千七百一里,至东都九百四十七里。

聊城　汉县,治郭下。武德四年,分置茌平县。贞观元年,省入聊城。

博平　汉县,隋因之。武德四年,分置灵县。五年省,并入博平。贞观十七年,省博平,入聊城。天授二年,析聊城复置。

武水　汉阳平县地,属东郡。隋改为清邑,又分清邑置武水县。武德四年,属莘州。贞观元年,属博州。

清平　汉贝丘县。隋改为清平,属博州。

堂邑　汉县,后魏废,隋分清阳县复置。初属毛州,州废,属博州。

高唐　隋县。长寿二年,改为崇武。神龙元年,复为高唐。

贝州　隋为清河郡。武德四年,平窦建德,置贝州,领清河、武城、漳南、历亭、清阳、鄃、夏津七县。六年,移治所于历亭。八年,还于旧治。九年,以废宗州之宗城、经城来属,又以废毛州之临清来属。天宝元年,改为清河郡。乾元元年,复为贝州。旧领县九,户一万七千七百一十九,口九万七十九。天宝,户十一万十五,口八十三万四千七百五十七。在京师东北一千七百八十二里,至东都九百九十三里。

清阳　武德四年,分置夏津县。九年,复省。旧治甘陵城。永昌元年,移治于孔桥,开元二十三年,移就州治。

清河　汉县,后汉桓帝改为甘城陵,后省。隋复分置清河县,在郭下。

武城　汉曰东武城。旧治古夏城。调露元年,移于今治。

宗城　隋旧。武德四年,置宗州,领宗城、府城、南宫、斌强四县。九年,废宗州及府城、斌强二县,以经城、宗城属贝州,南宫属冀州。

临清　汉清泉县,后魏改为临清。武德四年,属毛州。州废,属贝州。

经城　汉县。武德四年,属宗州。州废来属。

漳南　汉东阳县,后魏省。隋分枣强、清平二县地,复置于古东阳城,仍改为漳南县。历亭汉东阳地。隋分鄃县置历亭县。

夏津　旧鄃县。天宝元年,改为夏津。

洺州望　隋武安郡。武德元年,改为洺州,领永年、洺水、平恩、清漳四县。二年,陷窦建德。四年,建德平,立山东道大行台,又立曲周、鸡泽二县。五年,罢行台,置洺州大总管府,管洺、卫、严、相、磁、邢、赵八州。六年,罢总管府。以磁州之武安、临洺、肥乡三县来属。贞观元年,又以废磁州之邯郸来属;天宝元年,改为广平郡。乾元元年,复为洺州。永泰之后,复以武安、邯郸属磁州。会昌元年,省清漳、洺水二县入肥乡、平恩、曲周等县。旧领县七,户二万二千九百三十三,口十万一千三十。天宝领县十,户九万一千六百六十六,口十八万三千二百八十。省清漳、洺水。今领县六。在京师东北一千五百八十五里,至东都八百五十七里。

永年　州所治。本汉曲梁县,属广平郡。改广平为永年。

平恩　汉县,隋自斥漳城移于平恩故城置。

临洺　汉洺阳县,隋改为临洺。武德元年,置紫州,领临洺、武安、肥乡、邯郸等县。四年,罢紫州,临洺属磁州。五年,改属洺州。

鸡泽　汉广平县地。武德四年,置鸡泽县。

肥乡　汉邯沟县地。曹魏立肥乡县,属广平郡。会昌三年,省清漳县入。

曲周　隋废县。武德四年,复置。会昌三年,省临水县入。

磁州　隋魏郡之滏阳县。武德元年,置磁州,领滏阳、临水、成安三县。四年,割洺州之临洺、武安、邯郸、肥乡来属。六年,置慈州总管府,领磁、邢、洺、黎、相、卫六州。其年,废总管府,以临洺、武安,肥乡三县属洺州,慈州领、成安、邯郸三县。贞观元年,废磁州,滏阳、成安属相州,以邯郸属洺州。永泰元年六月,昭义节度使薛嵩,请于滏阳复置磁州,领滏阳、武安、昭义、邯郸四县。州新置。未计户口帐籍。在京师东北一千四百八十五里,至东都六百六十五里。

滏阳　汉武安县地。隋置滏阳县,州所治。

邯郸　汉县,属广平郡。隋属磁州。州废,属洺州。永泰初,复置慈州,来属。

武安　汉县。隋复置,隶慈州。

昭义　永泰元年,廉察使薛嵩特置于滏口之右故临水县城。

邢州上　隋襄国郡,武德元年,改为邢州总管府,管邢、温、和、封、蓬、东龙六州。邢州领龙岗、尧山、内丘三县。四年,平窦建德,罢总管府,割内丘属赵州,仍省和、温、封三州,以其所领南和、沙河、平乡三县来属。又立任县。五年,割赵州之内丘、柏仁来属。天宝元年,改为钜鹿郡。乾元元年,复为邢州。旧领县九,户二万一千九百八十五,口九万九百六十。天宝,户七万一百八十九,口三十八万二千七百九十八。在京师东北一千六百五十五里,至东都八百五十七里。

龙岗　汉襄国郡,隋改为龙冈,州所治也。

沙河　隋分龙冈县置。武德元年,置温州。四年,州废,属邢州。

南和　汉县,后周置南和郡,隋废州为县。武德元年,置和州。

四年,州废,县属邢州。

钜鹿　隋于汉南蛮故城置钜鹿县。武德元年,置起州并白起县。四年,废起州,钜鹿属赵州。仍省白起,并入钜鹿。贞观元年,属邢州。旧治东府亭城。嗣圣元年,移于今所。

平乡　汉钜鹿郡。故郡城在今县北十一里。古钜鹿城,即今治也。隋改平乡县。

任　汉南县地。晋置任县,后废。武德四年,复置。旧治苑乡城。

尧山　汉柏仁县,至隋不改。武德元年,置东龙州,领柏仁县。四年,平窦建德,县属赵州。贞观初,属邢州。天宝元年,改为尧山。

内丘　汉中丘县。隋改为内丘县,属赵州。贞观初,还属邢州。

赵州　汉平棘县,故城在今县南。后魏于昭庆县置殷州,齐改为赵州。隋废,寻复置赵郡于平棘县。武德元年,张志昂以郡归国,改为赵州,领平棘、高邑、赞皇、元氏、瘿陶、栾城、大陆、柏乡、房子、槁城、鼓城十二县。其年,以槁城属廉州,以鼓城属深州。四年,改大陆为象城。天宝元年,改为赵郡。乾元元年,复为赵州。旧领县九,户二万一千四百二十七,口八万五千九百九十二。天宝,户六万三千四百五十四,口三十九万五千二百三十八。去京师东北一千八百四十三里,至东都一千三十三里。

平棘　汉平棘县,属常山郡。隋自象城移赵州治所于县置。

宁晋　汉杨氏县,属钜鹿郡。今汉治即杨氏城也。后改为瘿陶,元魏改为瘿遥,隋复为陶。天宝元年,改为宁晋。

昭庆　汉广阿县,属钜鹿郡。后魏置殷州,北齐改为赵州。隋改广阿为大陆。武德四年,改为象城。天宝元年,改为昭庆,以有建初、启运二陵故也。

柏乡　汉县,属钜鹿郡,故城在今县西南十七里,后废。隋于今治彭水之阳,复置。

高邑　汉鄗县,属常山郡,世祖更名高邑,晋代不改。

临城　汉房子县,属常山郡。天宝元年,改为临城。

赞皇　古无其名,隋置,取赞皇山为名。

元氏　汉常山郡所治,故城在今县西。

镇州　秦东垣县。汉高改名真定,置恒山郡,又为真定国。历代为常山郡。治元氏。后魏道武登常山郡,北望安乐垒美之,遂移郡治于安乐城,今州城是也。周、隋改为恒州,后废。义旗初,复置恒州,领真定、石邑、行唐、九门、滋阳五县,州治石邑。武德元年,陷窦建德。四年,贼平,徙治所于真定,省滋阳县,又割廉州之槁城来属。天宝元年,改为常山郡,乾元元年,复为恒州。兴元元年,升为都督府。元和十五年,改为镇州。旧领县六,户二万六千一百一十三,口五万四千五百四十三。天宝领县九,户五万四千六百三十三,口三十四万二千二百三十四。今领县十一。在京师东北一千七百六十里,至东都一千一百三十六里。

真定　隋属高阳郡。武德四年,自石邑移恒州于县为治所。载初元年,改为中山县。神龙元年,复为真定县。

槁城　汉县。唐初,置钜鹿郡,领槁城、桓肆、新丰、宜安四县。武德元年,改为廉州。其年,陷窦建德。四年,贼平,复置廉州,领槁城、鼓城、毋极四县。省桓肆、新丰、宜安,并入槁城。贞观元年,废廉州,以鹿城属深州,鼓城、毋极属定州,槁城属恒州。

石邑　汉县,属常山郡。

九门　汉县,属常山郡,至隋不改。国初置九门郡,领九门、新市、信义三县。武德元年,改为观州。五年,州废,省信义、新市二县。以九门隶恒州。

灵寿　汉县,属常山郡。义宁元年,置燕州。武德四年,州废,县属并州。七年州废,属恒州。

行唐　汉南行唐县,属常山郡。武德五年,省滋阳县,并入。长寿二年,改为章武。神龙元年,复为行唐。

井陉　汉县,属常山郡。义宁元年,置井陉郡,并苇泽县。武德元年,改为并州。四年,又以废岳州之房山、蒲吾二县,恒州之鹿泉来属。五年,又以恒州之灵寿来属。贞观元年,废蒲吾、苇泽二县入井陉。十七年,废并州,以井陉等三县属恒州。

获鹿　汉石邑县地。隋置鹿泉县,属并县州。贞观十七年,来属。至德元年,改为获鹿。

平山　汉蒲吾县。属常山郡,隋改为房山县。义宁元年,置房山郡。武德元年,置岳州,领房山一县。四年,废岳州,房山属恒州。至德元年,改为平山县,仍以恒州为平山郡。

鼓城　汉临平、下曲阳两县之地,属钜鹿郡,隋分槁城于下曲阳故城东五里置昔阳县,寻改为鼓城。武德四年,属廉州。州废,属定州。大历三年,割属恒州。

栾城　汉开县,属常山郡。后魏于开县古城置栾城县,属赵州。大历三年,割属恒州。

冀州上　隋信都郡。武德四年,改为冀州,领信都、衡水、武邑、枣强、南宫、堂阳、下博、武强八县。六年,置总管府,移治所于下博,管冀、贝、深、宫四州。贞观元年,废都督府,移州治于信都。又以下博、武强二县属深州。十七年,以废深州之下博、武强、鹿城,废观州之阜城来属。龙朔二年,改为魏州都督府。咸亨三年,复旧。先天二年,割下博、武强、鹿城三县属深州。开元二年,复以下博、武强还冀州。天宝元年,改为信都。乾元元年,复为冀州。旧领县六:信都南宫、堂阳、枣强、武邑、衡水。户一万六千二十三,口七万二千百三十三。天宝领县九,户一十万三千八百八十五,口八十三万五百二十。在京师东北一千九百七十八里,至东都一千一百里。

信都　汉信都国城,今州所治也。后汉改为乐成国,又改安平国。魏、晋后为冀州所治。

南宫　汉县,属信都国,至隋不改。武德四年,属宗州。贞观元年,属冀州。

堂阳　汉县,属钜鹿郡。隋旧属冀州。

枣强　汉县属清河郡,隋旧也。

武邑　汉县,属信都国。隋旧。武德四年,分置昌亭县,贞观初省。

衡水　古无此名,隋开皇十七年,河北大使郎蔚之分信都北界、武邑西界、下博南界,置衡水县,特筑此城。

阜城　汉县,属渤海郡。隋属冀州。故城在今县东二十里,今城隋筑。

蓨　汉县,属渤海郡。隋旧隶观州。州废,属德州。故城在今县南十里。贞观元年,分置观津县,寻省。永泰后,属冀州。

深州　武德四年,平窦建德,于河间之饶阳县置深州,领安平、饶阳、芜蒌三县。初治安平,其年,移治饶阳。贞观元年,割故廉州之鹿城。冀州之武强、下博来属。省芜蒌县。十七年,废深州,以饶阳属瀛州,安平属定州,鹿城、下博、武强属冀州。先天二年,复割饶阳、安平、鹿城置深州,仍分置陆泽县。天宝元年,改深州为饶阳郡。乾元元年,复为深州。旧领县五,户二万一百五十六,口八万七千。天宝,县四,户万八千八百二十五,口三十四万六千四百七十二。在京师东北二千一十三里,至东都一千二百五十里。

陆泽　先天二年,分饶阳、鹿城界置陆泽县于古鄡城。鄡,汉县,属钜鹿郡。

饶阳　汉县,属涿郡。武德四年分置芜蒌县,贞观元年省。十七年,割属定州。先天二年,迁深州。武德初,为深州所治。

束鹿　汉安定侯国,今县西七里故城是也。周、齐为安定县,隋改为鹿城。唐至德六年,改为束鹿。

下博　汉县,属信都国。隋旧。武德四年,属冀州。贞观元年,改属深州。十七年,属冀州。先天二年,还深州。

安平　汉县,属涿郡。武德初,置深州,以县属。十七年,州废,属定州。先天二年,来属。

武强　汉武隧县,属河间国。晋改为武强。武德四年,属冀州。

贞观元年,属深州。

博野　汉蠡吾县,属涿郡。后汉分置博陵县,后魏改为博野。武德五年,置蠡州,领博野、清苑,割定州之义丰三县,八年州废,三县各还本属。九年,复立蠡州,领博野、清苑二县,贞观元年,废蠡州,博野、清苑属瀛州。永泰中,属深州。

乐寿　汉乐成县,属河间国,城在今县东南十六里,后魏移县东北,近古乐寿亭,因改为乐寿,隋属河间郡。永泰中,割属深州。

沧州上　汉渤海郡,隋因之。武德元年,改为沧州,领清池、饶安、无棣三县,治清池。其年,移治饶安。四年,平窦建德,分饶安置鬲津县。五年,以清池属东盐州。六年,以观州胡苏县来属,州仍徙治之。其年又省棣州,以滴河、厌次、阳信、乐陵四县来属。贞观元年,以瀛州之景城,废景州之长芦、南皮、鲁城三县,废东盐州之盐山、清池二县,并来属。又以滴河、厌次二县属德州,以胡苏属观州,仍移治于清池。又省鬲津入乐陵,省无棣入阳信。八年,复置无棣县县。十七年,以废观州之弓高、东光、胡苏来属。割阳信属棣州。天宝元年,改为景城郡。乾元元年,复为沧州。旧领县十,户二万五十二,口九万五千七百九十六。天宝领县十一,户十二万四千二十四,口八十二万五千七百五。在京师东北二千二百一十八里,去东都一千三百八十二里。

清池　汉浮阳县,渤海郡所治。隋改为清池县,治郭下。武德四年,属景州。五年,改属东盐州。贞观元年,改属沧州。

盐山　汉高城,古县在南。隋改为盐山。武德四年,置东盐州,领县一。五年,又割景州之清池来属,仍置浮水县。贞观元年,省东盐州及浮水县,以清池属沧州。

南皮　汉县,属渤海郡,至隋不改。武德四年,属景州。贞观元年,改属沧州。

长芦　汉参户县,属渤海郡,后周改为长芦。武德四年,割沧州之清池、南皮二县,瀛州之鲁城、平舒、长芦三县,于此置景州。其年,陷刘黑闼。五年,贼平,置景州总管府,管沧、瀛、盐、景四州。又分清池县属东盐州。贞观元年,废景州,以平舒属瀛州,南皮、鲁城、长芦三县属沧州。旧治永济河西,开元十六年,移于今治。

乐陵　汉旧县,属平原郡,隋不改。武德四年,属棣州。六年,省棣州,以县属沧州。

饶安　汉平童县,属渤海郡,后汉改为饶安,隋因之。武德元年,移治故平童城,仍移州治于此。六年,州移治胡苏。贞观十二年,移县治故浮水城。

无棣　汉阳信县,属渤海郡,改为无棣。贞观元年,并入阳信。八年,复置。太和二年,属棣州,又复还沧州。

临津　汉东光县地。隋于故胡苏亭置胡苏县。武德四年,属观州。贞观十七年,属沧州。天宝元年,改为临津。

乾符　隋鲁城县。武德四年,属景州。贞观元年,改属沧州。乾符年,改为乾符。

景州　汉鬲县地,属平原郡。隋置弓高县,属渤海郡。武德四年,于县置观州,领弓高、蓨、阜成、东光、安陵、胡苏、观津七县。六年,以胡苏属沧州。贞观元年,省观津县,复以胡苏来属。十七年,废观州。以东光、胡苏属沧州。蓨县、安陵属德州,阜城属冀州。贞观二年,又于弓高县置景州,又以弓高、东光、胡苏来属。长庆元年,废景州,四县亦还本属。二年,复于弓高置景州。大和四年废,县属沧州。景福元年,复于弓高置景州,管东光、安陵三县。天佑五年,移州治于东光县。领县六,户一万一千三,口五万七千五百三十二。在京师东北二千九百里,至东都一千三百里。

弓高　汉鬲县,属平原郡。隋置弓高县,后于县治置观州、景州。兴替不常,事在《州说》中。

东光　汉县,属渤海郡,历代不改。

安陵　隋宣府镇。武德四年,置安陵县,属观州。贞观十七年,废观州,改属德州。永徽二年,移治白社桥。景福元年,改属景州。

　　德州　汉平原郡。隋置德州,又为平原郡。武德四年,平窦建
德后,置德州,领安德、般、平原、长河、将陵、平昌六县。其年,置总
管府,管博、德、棣、观四州。贞观元年,废都督府,割沧州之滴河、厌
次来属。十七年,废般县,以滴河、厌次二县属棣州。又以废观州之
蓨县、安陵来属。天宝元年,为平原郡。乾元元年,复为德州。旧领
县八,户一万一百三十五,口五万二千一百四十一。天宝领县七,户
八万三千三百一十一,口六十五万九千八百五十五。至京师一千九
百八十二里,去东都一千一百三十八里。

　　安德　汉县,属平原郡。今州治,至隋不改。

　　平原　汉旧平原郡所治,故城在今县西南二十五里。今县治
城,北齐所筑。

　　长河　汉广川县,属信都国,后废。隋于旧广川县东八十里置
新县,今治是也。寻改为长河县,为水所坏。唐元和四年十月,移就
白桥,于永济河西岸置县,东去故城十三里。十年,又置河东小胡
城。

　　将陵　汉安德县,隋分安德于将陵故城置此县。

　　平昌　汉县,属平原郡。故城在今县东三十里。太和二年,割
属齐州,又还德州。

　　定州上　汉县,属平原郡。故城在今县三十里。后汉中山国,
后魏置安州,寻改为定州。隋改博陵郡,又复为高阳郡。武德四年,
平窦建德,复置定州,领安喜、义丰、北平、深泽、毋极、唐昌、新乐、
恒阳、唐、望都等十县。其年,置总管府,领定、恒、并、满、廉五州。六
年,升为大总管府,管定、洺、相、磁、黎、冀、深、蠡、沧、瀛、魏、贝、
景、博、赵、宗、观、廉、并、邢、栾、德、卫、满、幽、易、燕、檀、平、营等
三十二州。七年,改为都督定、恒、满、并、赵、廉、栾、蠡等八州。贞
观元年,以废廉州之鼓城来属。五年,废都督府。十七年,以废深州
之安平来属。先天二年,以安平还深州。天宝元年,改为博陵郡。乾

元元年,复为定州。大历三年,以鼓城隶恒州,曲阳隶洹州。九年,废洹州,曲阳复来属。贞元十三年,复为大都督府,十四年废,依旧为上州。旧领县十一,户二万五千六百三十七,口八万六千八百六十九。天宝,户七万八千九十,口四十九万六千六百七十六。在京师东北二千九百六里,至东都一千二百里。

安喜　汉卢奴县,属中山国。慕容垂改为不连,北齐改为安喜,隋改为鲜虞县。武德四年,为安喜,州所治也。

义丰　汉安国县,属中山国。隋自隍城移于郑德堡置,今县治。后仍改为义丰。万岁通天二年,契丹攻之不下,则天改为立节县。神龙中,复旧名。

北平　汉县,属中山国。万岁通天二年,契丹攻之不下,乃改为狗中县。神龙元年,复旧名。

望都　武德四年,分安喜、北平二县置。初治安险故城。贞观八年,移于今治。

安险　汉县,属中山国。

曲阳　汉上曲阳县,属常山郡。隋改为恒阳。大历三年,属洹州。九年,复来属。元和十五年,改为曲阳。

陉邑　汉苦陉县,属中山国。章帝改为汉昌,曹魏改为魏昌,隋改为隋昌。武德四年,改为唐昌。天宝元年,改为陉邑。

唐　汉县,属中山国。旧治古人城。圣历元年,移于今所。

新乐　古鲜虞子国。汉新市县,中山郡,隋改为新乐。

祁州中　景福二年,定州节度使王处存奏请于本部无极县置祁州。州新置,未计户口帐籍。在京师东北二千二百一十里,至东都一千三百二十里。

无极　汉县,属中山国。"无"本作"毋"字。武德四年,属廉州。贞观元年,属定州。万岁通天二年,改"毋"字为"无"。

深泽　汉县,属中山国。至隋不改,属定州。隋徙治滹沱北,本县治也,隋末陷贼。武德四年,复立县。景福二年,割属祁州。

易州中　隋上谷郡。武德四年,讨平窦建德,改为易州,领易、涞水、永乐、遂城、道五县。五年,割道县置北义州。州废,以道来属。开元二十三年,分置五迴、楼亭、板城三县。天宝元年,改为上谷郡,复隋旧名。乾元元年,复为易州。旧领县五,户一万二千八百二十,口六万三千四百五十七。天宝领县八。户四万四千二百三十,口二十五万八千七百七十九。今领县六。在京师东北二千三百三十四里,至东都一千四百六十三里。

易　汉故安县,属涿郡。隋为易县。

容城　汉县,属涿郡,改为道县。武德五年,置北义州,领道,又割幽州之固安、归义属之。贞观元年,废北义州,三县各还本属。圣历二年,契丹入寇。固守得全,因改名全忠县。天宝元年,改为容城。

遂城　汉北新城县,属中山国。后魏改为新昌,隋末为遂城。

涞水　汉道县,属涿郡。隋属上谷郡。

蒲城　汉北平县地,后魏置永乐县,隋不改。天宝元年,改为蒲城。

五迴　开元二十三年,刺史卢晖奏分易县置城于古迴山下,因名之。二十四年,迁于古公城。晖又奏置楼亭、板城二县,天宝后废。

瀛州上　隋河间郡。武德四年,讨平窦建德,改为瀛州,领河间、乐寿、景城、文安、东城、丰利六县。五年,又置武垣、任丘二县。贞观元年,省丰利入文安,省武垣入河间,割蒲州之高阳、蒲、故景州之平舒、故蠡州之博野、清苑五县来属。又以景城属沧州。景云二年,割鄚、任丘文安、清苑四县属鄚州。天宝元年,改为河间郡。乾元元年,复为瀛州。旧领县十:河间、高阳、乐寿、博野、清苑、鄚、任丘、文安、平舒、东城。景云二年,分鄚、文安、任丘、清苑置莫州。大历后,割博野、乐寿隶深州。旧户三万五千六百五,口六十六万四千。天宝领县六,户九万八千一十八,口六十六万三千一百七十一,今领县五。在京师东北二千二百里,至东都一千三百二里。

河间　汉州乡县地,属涿郡。隋为河间县。

高阳　汉县,属涿郡,隋旧。武德四年,于县置蒲州,领高阳、博野、清苑三县。属蠡州。八年,二县又割属蒲州。九年,复隶蠡州。贞观元年,废蒲州,以鄚、高阳二县属瀛州。

平舒　汉东平舒县,属渤海郡。后去"东"字,隋不改。武德四年,属景州。贞观元年,属瀛州。

东城　汉东州县,属渤海郡。隋曰东城,属河间郡。

景城　汉县,属渤海郡。武德四年,属瀛州。贞观元年,属沧州。大中后,割属瀛州。

莫州上　本瀛州之鄚县,景云二年,于县置鄚州,割瀛州之鄚、任丘、文安、清苑,幽州之归义等五县属之。其年,归义复还幽州。开元十三年,以"鄚"字类"郑"字,改为莫。天宝元年,改为文安郡。乾元元年,复为莫州。管县六:莫、文安、任丘、清苑、长丰、唐兴。天宝领县六,户五万三千四百九十三,口三十三万九千九百七十二,去京师二千三百一十里,至东都一千四百三十里。

莫　汉县,属涿郡,至隋不改。武德四年,属蒲州。贞观元年,改属瀛州。景云二年,割属莫州。

清苑　汉乐乡县,属信都国。隋为清苑。武德四年,属蒲州。贞观元年,改属瀛州。景云三年,属莫州。

文安　汉县,属渤海郡,至隋不改,故城在今县东北。旧属瀛州,景云二年来属。

任丘　隋县,后废。武德五年,分莫县复置。

长丰　开元十九年,分文安、任丘二县置。

唐兴　如意元年,分河间县置武昌县,属瀛州。长安四年,改属易州。其年,还隶瀛州。神龙元年,改为唐兴县。景云二年,改属莫州。

幽州大都督府　隋为涿郡。武德元年,为幽州总管府,管幽、易、平、檀、燕、北燕、营、辽等八州。幽州领蓟、良乡、潞、涿、固安、雄奴、安次、昌平等八县。二年，又分潞县置玄州，领一县，隶总管。四年，窦建德平，固安县属北义州。六年，改总管为大总管，管三十九州。七年，改为大都督府，又改涿县为范阳。九年，改大都督为都督幽、易、景、瀛、东盐、沧、蒲、蠡、北义、燕、营、辽、平、檀、玄、北燕等十七州。贞观元年，废玄州，以渔阳、潞二县来属。又废北义州，以固安来属。八年，又置归义县。都督幽、易、燕、北燕、平、檀六州。乾封三年，置无终县。如意元年，分置武隆县。景龙三年，分置三河县。开元十三年，升为大都督府。十八年，割渔阳、玉田、三河置蓟州。天宝元年，改范阳郡，属范阳、上谷、妫川、密云、归德、渔阳、顺义、归化八郡。乾元元年，复为幽州。旧领县十：蓟、潞、雍奴、渔阳、良乡、固安、昌平、范阳、归义也。户二万一千六百九十八，口十万二千七十九。天宝，县十，户六万七千二百四十二，口十七万一千三百一十二。今领县九。在京师东北二千五百二十里，至东都一千六百里。

蓟　州所治。古之燕国都，汉为蓟县，属广阳国。晋置幽州，慕容隽称燕，皆治于此。自晋至隋，幽州刺史皆以蓟为治所。

幽都　管郭下西界，与蓟分理。建中二年，取罗城内废燕州廨署，置幽都县，在府北一里。

广平　天宝元年，分蓟县置。三载复废。至德后，复分置。

潞　后汉县，属渔阳郡，隋不改。武德二年，于县置玄州，仍置临沟县。玄州领潞、临沟、渔阳、无终四县。贞观元年，废玄州，省临沟、无终二县，以潞、渔阳属幽州。

武清　后汉雍奴县，属渔阳郡，历代不改。天宝元年，改为武清。

永清　如意元年，分安次县置武隆县。景云元年，改为会昌县。天宝元年改为永清。

安次　汉县，渤海郡，至隋不改。隋属幽州。

良乡　汉县，属涿郡，至隋不改。

昌平　后汉县，属广阳国，故城在今县东南。隋属涿郡。

涿州　本幽州之范阳县。大历四年,幽州节度使朱希彩,奏请于范阳县置涿州,仍割幽州之范阳、归义、固安三县以隶涿,属幽州都督。州新置。未计户口帐籍。至京师二千四百里,至东都一千四百八十里。

范阳　汉涿郡之涿县也。郡所治。曹魏文帝改为范阳郡。晋为范阳国,后魏为范阳郡,隋为涿县。武德七年,改为范阳县。大历四年,复于县置涿州。

新昌　汉县名,后废。大历四年,复析固安县置。

归义　汉易县地,属涿郡。北齐省入鄚县。武德五年,于县置北义州。贞观元年,与州同省。八年,复置,改属幽州。分置涿州,又来属。

固安　汉县,属涿郡。武德四年,属北义州,移治章信城。贞观元年,省义州,以县属幽州,乃移于今治。今治城,汉方城县地,属广阳国。

新城　大历四年置。

蓟州　开元十八年,分幽州之三县置蓟州。天宝元年,改为渔阳郡。乾元元年,复为蓟州。天宝领县三,户五千三百一十七,口二万八千五百二十一。至京师二千八百二十三里,至东都一千二十三里。

渔阳　后汉县,属渔阳国,秦右北平郡所治也。隋为渔阳县。武德元年,属幽州。二年,改属玄州,又分置无终县。贞观元年,属幽州,省无终。神龙元年,改属营州。开元四年,还属幽州。十八年于县置蓟州,乃隶之。

三河　开元四年,分潞县置,属幽州。十八年,改隶蓟州。

玉田　汉无终县,属右北平郡。乾封二年,于废无终县置,名终,属幽州。万岁通天二年,改为玉田县。神龙元年,割属营州。开元四年,还属幽州。八年,又割属营州。十一年,又属蓟州。

檀州　后汉奚县,属渔阳郡,隋置安乐郡,分幽州燕乐、密云二县隶之。武德元年,改为檀州。天宝元年,改为密云郡。乾元元年,复为檀州。旧领县二,户一千七百三十七,口六千四百六十八。天宝,户六千六十四,口三万二百四十六,在京师东北二千七百五十七,至东都一千八百四十四里。

密云　隋县。州所治。

燕乐　隋县。后魏于县置广阳郡,后废。旧治白檀故城,长寿二年,移治新城,即今治也。

妫州　隋涿郡之怀戎县。武德七年,讨平高开道,置北燕州,复北齐旧名。贞观八年,改名妫州,取妫水为名。长安二年,移治旧清夷军城。天宝元年,改名妫川郡。乾元元年,复为妫州。旧领县一,户四百七十六,口二千四百九十。天宝,户二千二百六十三,口一万一千五百八十四。元和,县二。在京师东北二千八百四十二里,至东都一千九百一十里。

怀戎　后汉潘县,属上谷郡。北齐改为怀戎。妫水经其中,州所治也。

妫川　天宝后析怀戎县置,今所。

平州　隋为北平郡。武德二年,改为平州,领临渝、肥如二县。其年,自临渝移治肥如,改为卢龙县,更置抚宁县。七年,省临渝、抚宁二县。天宝元年,改为北平郡。乾元元年,复为平州。旧领县一,户六百三,口二千五百四十二。天宝领县三,户三千一百一十三,口二万五千八十六。在京师东北二千六百五十里,至东都一千九百里。

卢龙　后汉肥如县,属辽西郡,至隋不改。武德二年,改为卢龙县,复开皇旧名。

石城　汉县,属右北平。贞观十五年,于故临渝县城置临渝。万岁通天二年,改为石城,取旧名。

马城　开元二十八年,分卢龙县置。

顺州下　贞观六年置。寄治营州南五柳城。天宝元年,改为顺义郡。乾元元年,复为顺州。旧领县一,户八十一,口二百一十九。天宝,户一千六十四,口五千一百五十七。

宾义　郡所理,在幽州城内。

归顺州　开元四年置,为契丹松漠府弹汗州部落。天宝元年,改为归化郡,乾元元年,复为归顺州。天宝领县一,户一千三十七,口四千四百六十九。在京师二千六百里,至东都一千七百一十里。
怀柔　州所理也。

营州上都督府　隋柳城郡。武德元年,改为营州总管府,领辽、燕二州,领柳城一县。七年,改为都督府,管营、辽二州。贞观二年,又督昌州。三年,又督师、崇二州。六年,又督顺州。十年,又督慎州。今督七州。万岁通天二年,为契丹李万荣所陷。神龙元年,移府于幽州界置,仍领渔阳、玉田二县。开元四年,复移还柳城。八年,又往就渔阳。十一年,又还柳城旧治。天宝元年,改为柳城郡。乾元元年,复为营州。旧领县一,户一千三十一,口四千七百三十二。天宝,户九百九十七,口三千七百八十九。在京师东北三千五百八十九里,至东都二千九百一十里。
柳城　汉县,属辽西郡,室韦、靺鞨诸部,并在东北。远者六千里,近者二千里。西北与奚接界,北与契丹接界。

燕州　隋辽西郡,寄治于营州。武德元年,改为燕州总管府,领辽西、泸河、怀远三县。其年,废泸河县。六年,自营州南迁,寄治于幽州城内。贞观元年,废都督府,仍省怀远县。开元二十五年,移治所于幽州北桃谷山。天宝元年,改为归德郡。乾元元年,复为燕州。

旧领县一,无实土户。所领户出粟皆靺鞨别种,户五百。天宝,户二千四十五,口一万一千六百三。两京道里,与幽州同。

辽西 州所治县也。

威州 武德二年,置辽州总管,自燕支城徙寄治营州城内。七年,废总管府。贞观元年,改为威州,隶幽州大都督。所领户,契丹内稽部落。旧领县一,户七百二十九,口四千二百二十二。天宝,户六百一十一,口一千八百六十九。两京道里,与涿州同。

威化 后契丹陷营州乃南迁,寄治于良乡县石窟堡,为威化县,幽州治也。

慎州 武德初置,隶营州,领涑沫靺鞨乌素固部落。万岁通天二年,移于淄、青州安置。神龙初,复旧,隶幽州。天宝领县一,户二百五十,口九百八十四。

逢龙 契丹陷营州后南迁,寄治良乡县之故都乡城,为逢龙县,州所治也。

玄州 隋开皇初置,处契丹李去间部落。万岁通天二年,移于徐、宋州安置。神龙元年,复旧。今隶幽州。天宝领县一,户六百一十八,口一千三百三十三。

静蕃 州治所,范阳县之鲁泊村。

崇州 武德五年,分饶乐郡都督府置崇州、鲜州,处奚可汗部落,隶营州都督。旧领县一,户一百四十,口五百五十四。天宝,户二百,口七百一十六。

昌黎 贞观二年,置北黎州,寄治营州东北废杨师镇。八年,改为崇州,置昌黎县。契丹陷营州,徙治于潞县之古潞城,为县。

夷宾州 乾封中,于营州界内置,处靺鞨愁思岭部落,隶营州都督。万岁通天二年,迁于徐州。神龙初,还隶幽州都督。领县一,户一百三十,口六百四十八。

来苏　自徐州还寄于良乡县之古广阳城,为县。

师州　贞观三年置,领契丹室韦部落,隶营州都督。万岁通天元年,迁于青州安置。神龙初,改隶幽州都督。旧领县一,户一百三十八,口五百六十八。天宝,户三百一十四,口三千二百一十五。

阳师　初,贞观置州于营州东北废阳师镇,故号师州。神龙中,自青州还寄治于良乡县之故东闾城,为州治,县在焉。

鲜州　武德五年,分饶乐郡都督府奚部落置,隶营州都督,万岁通天元年,迁于青州安置。神龙初,改隶幽州。天宝领县一,户一百七,口三百六十七。

宾从　初置营州界,自青州还寄治潞县之古潞城。

带州　贞观十九年,于营州界内置,处契丹乙失革部落,隶营州都督。万岁通天元年,迁于青州安置。神龙初,放还,隶幽州都督。天宝领县一,户五百六十九,口一千九百九十。

孤竹　旧治营州界。州陷契丹后,寄治于昌平县之清水店,为州治。

黎州　载初二年,析慎州置,处浮渝靺鞨乌素固部落,隶营州都督。万岁通天元年,迁于宋州管治。神龙初还,改隶幽州都督。天宝领县一,户五百六十九,口一千九百九十一。

新黎　自宋州迁寄治于良乡县之故都乡城。

沃州　载初中,析昌州置,处契丹松漠部落,隶营州。州陷契丹,乃迁于幽州,隶幽州都督。天宝领县一,户一百五十九,口六百一十九。

滨海沃州　本寄治营州城内，州陷契丹，乃迁于蓟县东南回城，为治所。

昌州　贞观二年置，领契丹松漠部落，隶营州都督。万岁通天二年，迁于青州安置。神龙初还，隶幽州。旧领县一，户一百三十二，口四百八十七。天宝，户二百八十一，口一千八十八。

龙山　贞观二年，置州于营州东北废静蕃戍。七年，移治于三合镇。营州陷契丹，乃迁于安次县古常道城，为州治。

归义州　总章中置，处海外新罗，隶幽州都督。旧领县一，户一百九十五，口六百二十四。

归义　在良乡县之古广阳城，州所治也。

瑞州　贞观十年，置于营州界，隶营州都督，处突厥乌突汗达干部落。咸亨中，改为瑞州。万岁通天二年，迁于宋州安置。神龙初还，隶幽州都督。旧领县一，户六十五，口三百六十五。天宝，户一百九十五，口六百二十四。

来远　旧县在营州界。州陷契丹，移治于良乡县之故广阳城。

信州　万岁通天元年置，处契丹失活部落，隶营州都督。二年，迁于青州安置。神龙初还，隶幽州都督。天宝领县一，户四百一十四，口一千六百。

黄龙　州所治，寄治范阳县。

青山州　景云元年，析玄州置，隶幽州都督。领县一，户六百三十二，口三千二百一十五。

青山　寄治于范阳县界水门村。

凛州　天宝初置于范阳县界,处降胡。领县一,户六百四十八,口二千一百八十七。

安东都护府　总章元年九月,司空李勣平高丽。高丽本五部,一百七十六城,户六十九万七千。其年十二月,分高丽地为九都督府,四十二州,一百县,置安东都护府于平壤城以统之。用其酋渠为都督、刺史、县令,令将军薛仁贵以兵二万镇安东府。上元三年二月,移安东府于辽东郡故城置。仪凤二年,又移置于新城。圣历元年六月,改为安东都督府。神龙元年,复为安东都护府。开元二年,移安东都护于平州置。天宝二年,移于辽西故城置。至德后废,初置领羁縻州十四,户一千五百八十二。去京师四千六百二十五里,至东都三千八百二十里。

新城州都督府　辽城州都督府
哥勿州都督府　建安州都督府
南苏州　木底州　盖牟州　代那州　仓严州
磨米州　积利州　黎山州　延津州　安市州
凡此十四州,并无城池。是高丽降户散此诸军镇,以其酋渠为都督、刺史羁縻之。天宝,领户五千七百一十八,口一万八千一百五十六。

自燕以下十七州,皆东北蕃降胡散诸处幽州、营州界内,以州名羁縻之,无所役属。安禄山之乱,一切驱之为寇,遂扰中原。至德之后,入据河朔,其部落之名无存者。今记天宝承平之地理焉。

山南道
山南西道
梁州兴元府　隋汉川郡。武德元年,置梁州总管府,管梁、洋、集、兴四州。梁州领南郑、褒中、城固、西四县。二年,改城固为唐固,割西县置褒州。三年,置白云县。七年,改总管为都督,督梁、洋、集、兴、褒五州。梁州领南郑、褒中、白云四县。八年,废褒州,以西、金牛二县来属。九年,省白云县入城固。贞观三年,复改唐固为城固。五年,改褒中为褒城。六年,废都督府。八年又置,依旧督梁、洋、集、壁四州。十七年又罢。显庆元年,复置都督府,督梁、洋、集、壁四州。开元十三年,改梁州为褒州,依旧都督府。二十年,又为梁州。天宝元年,改为汉中郡,仍为都督府。乾元元年,复为梁州。兴元元年六月,升为兴元府。官员资序,一切同京兆、河南二府。旧领县五,户六千六百二十五,口二万七千五百七十六。天宝领县六,户三万七千四百七十,口十五万三千七百一十七。至京师一千二百二十三里,至东京二千七十八里。

南郑　州所理。汉县,属汉中郡。隋不改。

褒城　汉褒中县,属汉中郡。义宁二年,改为褒中。贞观三年,复为褒城。

城固　隋旧。武德二年,改为唐固。贞观二年,复为城固。

西　隋旧。武德二年,置褒州,割金牛来属,领西、金牛二县。八年,废褒州,以县属梁州。

金牛　汉葭萌县地。武德二年,分绵谷县置,属褒州。八年,州废,属梁州。

三泉　武德四年,分绵谷县置南安州,领三泉、嘉平二县。八年,废南安州及嘉平县,以三泉属利州。天宝元年,改属梁州,移治沙溪之东。

凤州下　隋河池郡。武德元年,改为凤州。天宝元年,复为河池郡。乾元元年,复为凤州。旧领县四,户一千九百五十七,口九千七百九十四,天宝,户五千九百一十八,口二万七千八百七十七。在京师西南六百里,至东都一千四百五十里。

梁泉　汉故道县地。后魏置梁泉县。晋仇池所处地。后魏废帝于县置凤州。

两当　汉故道县地,晋改两当,取水名。

河池　后汉县,属武都郡,以川为名。

黄花　武德四年,分梁泉县置,以川为名。

兴州下　隋顺政郡。武德元年,改为兴州。天宝元年,改为顺政郡。乾元元年,复为兴州。旧领县三,户一千二百二十五,口四千九百一十三。天宝,户二千二百二十四,口一万一千四十六。至京师九百四十八里,至东都一千七百八十一里。

顺政　汉沮县,属武都郡。后魏改为略阳。晋置武兴蕃以处互市,后魏于武兴蕃置兴州,仍以略阳为顺政。

长举　汉沮县地,隋为长举县。本治燊头城,贞观三年移于今所。

鸣水　汉沮县地,隋为鸣水县。旧治落蕃水南。永隆元年,移治水北。

利州下　隋义城郡。武德元年,改为利州,领绵谷、葭萌、益昌、义清、岐坪、嘉川、景谷七县。二年,置总管府,管利、龙、隆、始、蓬、静六州。三年,割绵谷之东界置南安州。四年,割景谷县置沙州。七年,又割岐坪、义清二县置南平州。其年,改总管府为都督府,督利、龙、隆、始、沙、南安、南平、静八州。利州领绵谷、葭萌、益昌、嘉川四县。八年,废南安州,割三泉县来属。贞观元年,废沙州。二年,废南平州,复以景谷、岐坪、义清等县来属。其年,以嘉川属静州。六年,罢都督俯。以州当剑口,户不满万,移为中州,又降为下州。天宝元年,改为益昌郡,仍割三泉属梁州。乾元元年,复为利州。旧领县七,户九千六百二十八,口三万一千九十三。天宝领县六,户二万三千九百一十,口四万四千六百。在京师西南一千四百八十八里,至东都二千一百九十七里。

绵谷　汉葭萌县地,蜀为汉寿县。晋改晋寿县,又分晋寿置兴安县。隋改兴安为绵谷。南齐于寿县置西益州,后梁改为利州。

胤山　隋义清县。天宝元年八月改为胤山。

嘉川　隋属静州。贞观十七年,割属利州。

葭萌　　汉县。蜀为汉寿,晋改晋寿,江左改晋安。隋改为葭萌,取汉旧名。

益昌　　后魏分晋寿县置京兆县,后周改为益昌。

景谷　　汉白水县地。宋置平兴县。隋改为景谷。武德四年,置沙州,割龙州之方维来属。沙州领景谷、方维二县。贞观元年,废沙州,以景谷属利州,仍省方维县并入。

通州上　　隋通川郡。武德元年,改为通州,领通川、宣汉、三冈、石鼓、东乡五县。以宣汉属南并州。二年,置新宁、思来二县。三年,以东乡属南石州。又为通川总管府,管通、开、蓬、渠、万、南并、南石、南邻八州。通州领通川、三冈、石鼓、新宁、思来五县。八年,以废南石州之东乡县来属。贞观元年,以废并州之宣汉来属,又省思来入通川。其年,废万州,以永穆来属。贞观五年,废都督府为下州。长安二年,升为中州。开元二十三年,升为上州。天宝元年,改为通川郡。乾元元年,复为通州。旧领县七,户七千八百九十八,口三万八千一百二十三。天宝,户四万七百四十三,口十一万八百四。在京师西南二千三百里,去东都二千八百七十五里。

通川　　汉宕渠县地,分置宣汉县,属巴郡,后魏改为石城县。梁于县置万州,元魏改为通州。隋为通川县。

永穆　　宕渠地,梁置永康县。隋改为永穆。武德元年,属巴州。二年,置万州,蜀割巴州之归仁,置诺水、广纳、太平、恒丰四县,并属万州。七年,省诺水县。贞观元年,废万州,以归仁属巴州,广纳属壁州,永穆属通州。废广平、恒丰二县入永穆。

三冈　　隋旧县。

石鼓　　后魏置。

东乡　　武德三年,置南石州,又分置下蒲、昌乐二县属之。八年,废南石州,省昌乐入石鼓,下蒲入东乡。

宣汉　　隋旧。武德元年,置南并州,又置东开县隶之。贞观元年,废南并州,省东开入宣汉。自和昌城移治新安,属通州。

新宁　武德二年,分通川县置,治新宁故城。贞观八年,移治淙城。

巴渠　永泰元年六月,分石鼓县四乡置巴渠。

洋州下　隋汉川郡之西乡县。武德元年,割梁州三县置洋州。四年,又置洋源县。天宝元年,改为洋川郡,乾元元年,复为洋州。旧领县四,户二千二百二十六,口一八千六十。天宝领县五,户二万三千八百四十九,口八万八千三百二十七。在京师南八百里,至东都二千里。

西乡　本汉城固县地,蜀立西乡县。后魏于此置洋州,以水为名。

黄金　汉安阳县地,属汉中郡。后魏置黄金县,水名也。隋县治巴岭镇,贞观三年,移于今治。

兴道　隋兴势县。贞观二十三年,改为兴道。

洋源　武德七年,分西乡县置。

真符　开元十八年,分兴道置华阳县。天宝七年,改属京兆,仍改为真符。十一年,还属洋川郡。

合州中　隋涪陵郡。武德元年,改为合州,领石镜、汉初、赤水三县。三年,又置新明县。天宝元年,改为巴川郡。乾元元年,复为合州。旧领县四,户一万四千九百三十四,口五万二百一十。天宝领县六,户六万六千八百一十四,口十万七千二百二十。在京师南二千四百五十里,至东都三千三百里。

石镜　汉垫江县,属巴郡,宋改名宕渠,宋置东宕渠郡及石镜县。又改郡为合州,涪、汉二水合流处为名。

新明　武德二年,分石镜置。

汉初　后魏清居县隋改汉初。

赤水　隋分置石镜县。

巴川　开元二十三年,割石镜、铜梁二县置。

铜梁　长安三年置。初治奴仑山南，开元三年，移治于武金坑。

集州下　隋汉川郡之难江县。武德元年，置集州，仍割巴州之符阳、长池、白石三县来属。又置平桑县，凡领五县。八年，以符阳、白石属壁州。贞观元年，废平桑县。二年，又置。六年，又省平桑、长池二县。八年，又割壁州之符阳来属。十七年，又割废静州之地平来属。天宝元年，改为符阳郡。乾元元年，复为集州。旧领县一，户一千一百二十六，口四千一十七。天宝领县三，户四千三百五十三，口二万五千七百二十六。在京师西南一千四百二十五里，至东都二千六百里。

难江　汉宕渠县地，后周改为难江。梁立东巴州，恭帝改为集州。以水为名。

符阳　汉县。武德元年，属集州。三年，改属壁州。贞观八年，复还集州。

地平　武德元年，分清化县置狄平县。二年，改狄平为地平。其年，置静州，领地平、嘉川、大牟、清化四县。贞观十七年，废静州，嘉川属利州，大牟、清化属巴州，地平属集州。

巴州中　隋清化郡。武德元年，改为巴州，领化城、清化、曾口、盘道、永穆、归仁、始宁、奇章、安固、伏虞、恩阳、白石、符阳、长池十四县。其年以符阳、长池、白石属集州，以安固、伏虞属蓬州，清化属静州。二年，割归仁、永穆置万州。贞观元年，废万州，以归仁来属。天宝元年，改为清化郡。乾元元年，复为巴州。旧领县七，户一万九百三十三，口四万七千八百九十。天宝领县十，户三万二百一十，口九万一千五十一。至京师二千三百六十里，至东都二千五百八十二里。

化城　后汉汉昌县。梁改为梁大县，后周改为化城县。后魏置大谷郡，隋置巴州于县理。

盘道　后魏置。

清化　隋属巴州。武德元年,于清化县界木门故地置静州,领清化、大牟二县。其年,又置地平县。六年,移静州于地平县。又割利州之嘉川,皆隶静州。贞观十七年,废静州,以清化县属巴州。

曾口　梁置。隋县治戴公山。神龙元年,移治曾溪。

归仁　梁置平州,隋改为归仁县。武德二年,属万州。贞观元年,属巴州。

始宁　梁置,以山为名。

奇章　梁置,县东八里有奇章山。

恩阳　梁置义阳县,隋改为恩阳。贞观十七年废。万岁通天元年,复置。

大牟　武德元年,分清化县置,县东三里有大牟山。

七盘　久视元年,分置。

蓬州下　武德元年,割巴州之安固、伏虞,隆州之仪陇、大寅,梁州之宕渠、咸安等六县,置蓬州,因周旧名。三年,以仪陇属万州,寻复来属。天宝元年,改为咸安郡。至德二年,改为蓬山郡。乾元元年,复为蓬州。旧领县六,户九千二百六十八,口三万五千百六十六。天宝,县七,户一万五千五百七十六,口五万三千三百五十二。至京师二千二百一十里,至东都二千九百九十五里。

良山　汉宕渠地,梁置伏虞郡安固县。后周改伏虞为蓬州,安固为良山。开元初,蓬州移治大寅县,至后不改。

大寅　梁置。旧治斗子山,后移治斗坛口,今为蓬州所治。

仪陇　梁置。武德三年,属万州。州废,还蓬州。旧领金城山。开元二十三年,移治平溪。

伏虞　梁宣汉县。隋改为伏虞,属蓬州。

宕渠　梁置,取汉县名,旧治长乐山。长安三年,移治罗获水。

咸安　梁置绥安县,隋改为咸安。至德二年,改为蓬山。

大竹　久视元年,分宕渠县置。至德二年,割属邻山郡。

壁州下　武德八年,分巴州始宁县,改置壁州并诺水县。又割集州之符阳、白石二县来属。贞观元年,废万州,割广纳县来属。八年,复以符阳属集州。天宝元年,改为始宁郡,乾元元年,复为壁州。旧领县三,户一千四百九十二,口七千四百四十九。天宝,领县四,户一万二千三百六十八,口五万四千七百五十七。在京师西南一千八百二十二里。至东都二千九百四十二里。

诺水　后汉宣汉县,梁分宣汉置始宁县。元魏分始宁置诺水县。武德八年,分巴州始宁之东境,置壁州及诺水县,今州所治。

广纳　武德三年,割始宁、归仁二县地置,以广纳溪为名。

白石　后魏置,以白石水为名。武德初,属巴州,又改属集州。八年,还壁州。

巴东　开元二十三年六月,置太平县。天宝元年八月二十四日,改为巴东县。

商州　隋上洛郡。武德元年,改为商州。其年,于上津县置上州。贞观十五年,州废,上津来属。天宝元年,改为上洛郡。乾元元年,复为商州。旧领县五,户四千九百一,口二万一千五十。天宝,领县六,户八千九百二十六,口五万二千八十。至京师二百八十一,至东都八百八十六里。

上洛　汉县,属弘农郡。言在洛水之上,故为县名。隋于县置上雒郡。

丰阳　汉商县地。晋分商县置丰阳,以川为名。旧治吉川城,麟德元年,移理丰阳川。

洛南　汉上洛县地。晋分置拒阳县,隋改拒阳为洛南。旧治拒阳川,显庆三年,移治清州。

商洛　汉商县,属弘农郡。隋文加"洛"字。

上津　汉长利县地,属汉中郡。梁置南洛州,后魏改为上州,隋废州为上津县。义宁二年,置上津郡。武德元年,改为上州,领上津、丰利、黄土、长利四县。贞观初,省长利县。十年,废上州,以黄土属金州,丰利属均州,上津属商州。

安业　万岁通天元年,分丰阳置。景龙三年,改属雍州。景云元年,还属商州。乾元元年正月,改为乾元县,割属京兆府。

金州　隋西城郡。武德元年,改为金州,领洵阳、石泉、安康等县。其年,割洵阳、驴川二县置洵州,领三县。又置西安州。又立宁都、广德二县隶西安州。为直州。三年,金州置总管府,管金、井、直、洵、洋、南丰、均、渐、迁、房、重、顺十二州。七年,废洵州,以洵城、洵阳、驴川三县来属。贞观元年,废直州,又省宁都、广德,以安康来属,仍省驴川县。八年,省洵城县,又以废上州之黄土县来属。天宝元年,改为安康郡。至德二年二月,改为汉南郡。乾元元年,复为金州。旧领县六,户一万四千九十一,口五万三千二十九。天宝,户九千六百七十四,口五万七千九百八十一。在京师南七百三十七里,至东都一千七百里。

西城　州所理,汉西城县,属汉中郡,后魏置安康郡,寻改为东梁州。又以其地出金,改为金州,皆以西城为治所。隋末废。义宁二年,复置。

洵阳　汉县名。武德元年,置洵州,又分洵阳置洵城、驴川二县。七年,废洵州,三县属金州。贞观二年,省驴川。八年,省洵城,并入洵阳。

淯阳　后魏黄土县。义宁二年,属上州。贞观八年,属金州。天宝元年,并入洵阳,改为淯阳。

石泉　隋县。圣历元年,改为武安。神龙初,复为石泉。永贞元年,省入汉阴县,复置。

汉阴　汉安阳县,属汉中郡。晋武改为安康,置安康郡,隋改为县。武德元年,置西安州,立宁都、广德二县,改西安州为直州。州废,省宁都、广德二县入安康。至德二年二月,改为汉阴县。

平利　后周于平利川置吉阳县。隋改为安吉。武德元年,改为平利。

开州　隋巴东郡之盛山县。义宁二年,分置万州,仍割东郡之新浦,通川郡之万县、西流三县来属。武德元年,改为开州,领四县。贞观初,省西流入盛山。天宝元年,改为盛山郡。乾元元年复为开州。旧领县三,户二千一百二十二,口一万五千五百四。天宝,户五千六百六十,口三万四百二十一。在京师南一千四百六十里,至东都二千六百七十里。

盛山　汉朐䏠县,属巴郡。蜀分置汉丰县,周改汉丰为永宁。隋改永宁为盛山。以山为名。

新浦　宋分汉丰县置。

万岁　后周之万县,隋加"世"字。贞观二十三年,改万世为万岁县。

渠州下　隋宕渠郡。武德元年,改为渠州,领流江、賨城、宕渠、咸安、潾水、垫江六县。其年,改賨城为始安。又分置賨城、义兴、丰乐三县。以宕渠、咸安二县属蓬州。又分潾水、垫江,置潾山、盐泉四县置潾州。三年,割潾州之潾水来属。八年,省义兴、丰洛、賨城三县。其年,废潾州,以潾山来属。天宝元年,改为潾山郡。乾元元年,复为渠州。旧领县四,户九千七百二十六,口二万一千五百五十二。天宝,户九千九百五十七,口二万六千五百二十四。在京师西南二千一百七十里,至东都三千一百九十里。

流江　汉宕渠县地,属巴郡。梁置渠州,周改为北宕渠郡,又改为流江郡,仍于郡内置流江县。武德元年,改为渠州。又并賨城、义兴二县入流江。

潾水　梁置。义宁元年,属潾州。武德三年,属渠州。

渠江　梁置始安县,隋不改。天宝元年八月,改为渠江县。

潾山　梁置。潾山,在县西四十里,重垒潾比为名。隋末,县废。武德元年,分置潾山县,又置潾州。八年,州废,县隶渠州。

渝州　隋之巴郡。武德元年,置渝州,因开皇旧名,领江津、涪陵二县。其年,以涪陵属涪州。三年,置万春县,改万春为万寿县。贞观十三年,以废霸州之南平县来属。天宝元年,改为南平郡,乾元初,复为渝州。旧领县四,户一万二千七百一十,口五万七百一十三。天宝,户六千九百九十五,口二万七千六百八十五。在京师西南二千七百四十八里,至东都三千四百三十里。

巴　汉江州县,属巴郡。古巴子国地。梁置楚州。隋改为渝州,以水为名。

江津　汉江州县分置。

万寿　武德三年,分江津县置万春县。五年,改为万寿。

南平　贞观四年,分巴县置。于县南界置南平州,领南平、清谷、周泉、昆川、和山、白溪、瀤山七县。八年,改南平州为霸州。十三年,州废,省清谷等县,以南平县属渝州。

山南东道

邓州　隋南阳郡。武德二年,改为邓州,领穰县、冠军、深阳三县。三年,立顺阳县。州置总管,管邓、浙、郦、宛、沟、新、弘等七州。四年,废总管,隶山南行台。废新州,以新野县来属。又置平晋县。六年,省顺阳入冠军。省平晋入穰县。八年,废宛州,以南阳来属。废郦州,以新城来属。贞观元年,省冠军入新城。天宝元年,改为南阳郡。乾元元年,复为邓州。旧领县六,户三千七百五十四,口一万八千二百一十二。天宝领县七,户四万三千五十五,口十六万五千二百五十七。在京师东南九百二十里,至东都六百七十里。

穰　汉县,属南阳郡。汉南阳郡以宛为理所,后魏移治于穰。隋改为南阳郡,寻改为邓州,取汉郡县为名。

南阳　汉南阳郡所治宛县也。武德三年,置苑州,领南阳、上苑、上马、安固四县,并寄治苑城。八年,州废,以上马入唐州,余三县入南阳县,属邓州。

新野　汉县,属南阳郡。晋于县置义州。武德四年,分置新州,领一县。其年,新州废,县属邓州。

向城　汉西鄂县地,属邓州。后魏于古向城置县,乃改立。

临湍　后魏割冠军县北境置新城县。武德二年,移治虎遥城,属郦州。八年,废郦州,县属邓州。贞观三年,移治故临湍聚。天宝元年为临湍县。

内乡　汉浙县地,属弘农郡。后周改为中乡,隋改为内乡。武德元年,置浙州,又分内乡置默水县,后复改为内乡。

菊潭　汉沮阳县地。隋改沮水县,后废。开元二十四年,割新城复置,改为菊潭。

唐州上　隋淮安郡。武德四年,改为显州,仍置总管,领显、北澧、纯三州。显州领北阳、慈丘、平氏、显冈四县。五年,又分置唐州,属显州总管。七年,改为都督府,州不改。贞观元年,罢都督,仍以废纯州桐柏县来属。三年,省显冈县。九年,改显州为唐州,以废唐州之枣阳、湖阳及废鲁州之古城三县来属。十年,以枣阳属隋州。开元五年,以方城来属仙州。十三年,置上马县。二十六年,以方城来属。天宝元年,改为淮安郡。乾元元年,复为唐州。旧属河南道,至德后,割属山南东道。旧领县六,户四千七百二十六,口二万二千二百九十九。天宝领县七,户四万二千六百四十三,口十八万三千三百六十。至京师一千四百八十里,至东都六百四十六里。

北阳　汉县,属南阳郡。后魏置东荆州于汉北阳古城,又改为淮州。隋改淮州为显州,取界内显望冈为名。贞观元年,改为唐州。北水出县东。今县州所治也。

慈丘　隋分北阳县置,取界内慈丘山为名。

桐柏　汉平氏县地,属南阳郡。梁置华州,西魏改淮州,又为纯州,后周为大义郡。隋废郡为桐柏县。

平氏　汉县,属南阳郡。

湖阳　汉县,属南阳郡。隋不改,属春陵郡。武德四年,于县置湖州,领湖阳、上马二县。上观元年,废湖州,省上马,以湖阳属唐州。

方城　前汉堵阳县,属南阳郡。后汉改为顺阳,隋改为方城县,属淯阳郡。武德二年,于县置北澧州,领方城、真昌二县。贞观初,省真昌县。八年,改北澧州为鲁州,领县不改。九年省鲁州,以方城属唐州。

泌阳　后魏石马县,后讹为上马县。贞观元年废。开元十六年,割湖阳复置上马县。天宝元年,改为泌阳县。

均州下　隋浙阳郡之武当县。义宁二年,割浙阳之武当、浙阳二县置武当郡。又置平陵县。武德元年,改为均州。七年省平陵县。八年,省均阳入武当。其年,以南丰州之郧乡、堵阳、安福三县来属。贞观元年,废均州,又省堵阳、安福二县。以武当、郧乡二县属浙州。八年,废浙州,又以武当、郧乡二县置均州。又废上州,割丰利县来属。天宝元年,改为武当郡,乾元元年,复为均州。旧领县三,户二千八百二十九,口一万二千五百九十三。天宝,户九千六百九十八,口五万八百九。在京师东南九百三十里,至东都九百一十七里。

武当　州所治。汉县,南阳郡。梁置南始平郡,后魏改为丰州,隋改为均州,皆治武当县。县旧治延冬城,显庆四年,移于今所。

郧乡　汉锡县地,属汉中郡。晋改为郧乡。武德元年,置南丰州,领郧乡、安福、堵阳三县,属均州。贞观元年,废均州,以郧乡、浙川属浙州。又省安福、堵阳,并入郧乡。八年,复置均州,二县来属。

丰利　汉长利县地。后魏置丰利郡,分锡县置丰利县。武德初,属上州。州废,属均州。

房州下　隋房陵郡。武德元年,改为迁州,领光迁、永清,又置受阳、浙川、房陵,凡领五县。其年,又于竹山县置房州,领竹山、上庸,又置武陵,凡领三县。五年,废迁州之浙川。七年,又废房陵、受阳二县。贞观十年,废迁州,自竹山移房州治于废州城。其年,省武陵县。改光迁为房陵县。天宝元年,改为房陵郡。乾元元年,复为

房州。旧领县四,户四千五百三十三,口二万一千五百七十九。天
宝,户一万四千四百二十二,口七万一千七百八。在京师南一千二
百九十五里,至东都一千一百八十五里。

　　房陵　汉县,属汉中郡,后魏为新城郡,又改为光迁国。武德
初,改为迁州,置光迁县。又改为房州,兼改光迁为房陵县。

　　永清　后魏分房陵县置大洪县。周改为永清。

　　竹山　分上庸县置。武德元年,置房州。贞观十年,州移治房
陵县。

　　上庸　汉县,属汉中郡。

　　隋州下　隋为汉东郡。武德三年,改为隋州,领隋县、光化、安
贵、平林、顺义五县。五年,省安贵县。八年,省平林、顺义二县。贞
观十年,割唐州枣阳来属。天宝元年,改为汉东郡。乾元元年,复为
隋州。旧领县三,户二千三百五十三,口一万一千八百九十八。天
宝,县四,户二万三千九百一十七,口十万五千七百二十二。在京师
东南一千三百八十八里。至东都一千八百里。

　　隋　汉县,属南阳郡。后魏于县置隋州。隋为汉东郡,皆治隋
州。

　　光化　隋县。

　　枣阳　汉春陵县,属南阳郡,隋置春陵郡。武德三年,改为昌
州,领枣阳、春陵、清潭、湖阳、上马五县,其年,分湖阳、上马置湖
州。五年,废昌州及清潭县。贞观元年,省春陵入枣阳。其年,以废
湖州之上马、湖阳来属。九年,废显州。自此移唐州于废显州,仍属
焉。十年,改属隋州。

　　唐城　开元二十六年,分枣阳置。

　　郢州　后魏置温州。武德四年,置郢州于长寿县,置京山、蓝水
二县属焉。贞观元年,省蓝水入长寿。又废郢州,以长寿属郡州,京
山属荆州。十七年,废温州,依旧置郢州,治京山。天宝元年,改为

富水郡。乾元元年，复为郢州。旧温州领县三，户一千五百八十，口七千一百七十三。天宝改郢州，户一万二千四十六，口五万七千三百七十五。在京师东南一千四百四十里，至东都一千一百四十九里。

京山　隋县，属安陆郡。武德四年，置温州，因后魏。领京山、富水二县。贞观八年，废郢州，以长寿来属。十七年，复于县置郢州。

长寿　汉竟陵县地，属江夏郡。武德四年，于县置郢州。贞观元年，废郢州，以长寿属荆州。八年，又属温州。十七年，又属郢州。

富水　隋旧。武德初，属温州。州废，属郢州。

复州　隋沔阳郡。武德五年，改为复州，治竟陵县。贞观七年，移治沔阳。天宝元年，改为竟陵郡。乾元元年，复为复州。旧领县三，户一千四百九十四，口六千二百一十八。天宝，户八千二百一十，口四万四千八百八十五。在京师东南一千八百里，至东都一千五百一十八里。

沔阳　汉竟陵县地，属江夏郡。隋置沔阳郡，武德初，改为复州，皆治此县。

竟陵　汉县，后废。晋复置，至隋不改。

监利　汉华容县地，属南郡。晋置监利县。

襄州紧上　隋襄阳郡。武德四年，平王世充，改为襄州，因隋旧名。领襄阳、安养、汉南、义清、南漳、常平六县。州置山南道行台，统交、广、安、黄、寿等二百五十七州。五年，省鄀州，以阴城、谷城二县来属。七年，罢行台为都督府，督襄、邓、唐、均、浙、重七州。贞观元年，废重州，以荆山县来属。六年，废都督府。八年，废邓州，以率道、乐乡二县来属。又省常平入襄阳，省阴城入谷城，省南津入义清，省汉南入率道。天宝元年，改为襄阳郡，十四载，置防御使。乾元元年，复为襄州。上元二年，置襄州节度使，领襄、邓、均、房、金、商等州，自后为山南东道节度使治所。旧领县七，户八千九百五十七,口四万五千一百九十五。天宝,户四万七千七百八十,口二十五二千一。在京师东南一千一百八十二里,至东都八百五十三里。

襄阳　汉县,属南郡。建安十三年,置襄阳郡。晋入为荆州治所。梁置南雍州,西魏改为襄州,隋为襄阳郡,皆以此县为治所。

邓城　汉邓县,属南阳郡,古樊城也。宋故安养县。天宝元年,改为临汉县。贞元二十一年,移县古邓城置,乃改临汉为邓城县。

谷城　汉筑阳县地,属南阳郡。隋为谷城县。

义清　汉中庐县地,属南郡。元魏改为义清县。旧治柘林,永微元年,移治清良。

南漳　汉临沮县,属南郡。晋立上黄县,后魏改为重阳县,隋改为南漳。武德二年,分南漳置荆山县。又于县治西一百五里置重州,领荆山、重阳、平阳、渠阳、土门、归义县。七年,省渠阳入荆山,省平阳入重阳,又省土门、归义二县并房州之永清。贞观元年,废重州,以荆山属襄州,移重阳入州城,改属迁州。八年,省重阳入荆山。开元十八年,省荆山,移治于南漳故城,乃改为南漳。

宜城　汉邔县,属南郡。宋立华山郡于大堤村,即今县。后魏改为宜城郡,分华山、新野置阳立、率道县。周省宜城郡县。武德四年,率道属邓州。贞观八年,改隶襄州。天宝七载,改为宜城县。

乐乡　汉郡县,属南郡。晋于合城郡置乐乡县。武德四年,置郡州,领乐乡、长寿、率道、上洪四县。贞观元年,省上洪县。八年,废郡州,以长寿属温州,以乐乡、率道属襄州。

荆州江陵府　隋为南郡。武德初,萧铣所据。四年,平铣,改为荆州,领江陵、枝江、长林、安兴、石首、松滋、公安七县。五年,荆州置大总管,管荆、辰、朗、澧、东松、沈、基、复、巴、睦、崇、硖、平等十三州,统潭、桂、交、循、夔、高、康、钦、尹九州。六年,改平州为玉州,改巴州为岳州。七年,废基州入郢州。其年,改大总管为大都督,督荆、辰、澧、朗、东松、岳、硖、玉八州,仍统潭、桂、交、夔、高、钦、尹等七州。其沈、复、睦、崇四州,循、康二州都督并不统。八年,废玉州,以当阳县来属。贞观元年,废郢州,以章山来属。二年,降为都督府,惟督前七州而已。其桂、潭等七州,不统也。八年,废东松州入硖州,又省京山入长林。十年,辰州改隶黔州。都督硖、澧、朗、岳四州,都督从三品。荆州领江陵、枝江、当阳、长林、安兴、石首、松滋、公安等八县。龙朔二年,升为大都督,督硖、岳、复、郢四州。天宝元年,改为江陵郡。乾元元年三月,复为荆州大都督府。自至德后,中原多故,襄、邓百姓,两京衣冠,尽投江、湘,故荆南井邑,十倍其初,乃置荆南节度使。上元元年九月,置南都,以荆州为江陵府。长史为尹,观察、制置,一准两京。以旧相吕諲为尹,充荆南节度使,领澧、朗、硖、夔、忠、归、万等八州,又割黔中之涪,湖南之岳、潭、衡、郴、邵、永、道、连八州,增置万人军,以永平为名。二年,置长宁县于郭内,与江陵并治。其年,省枝江县入长宁。至德二年,江陵尹卫伯玉,以湖南阔远,请于衡州置防御使。自此,八州置使,改属江南西道。旧领县八,户一万二百六十,口四万九百五十八。天宝领县七,户三万一百九十二,口十四万八千一百四十九。在京师东南一千七百三十里,至东都一千三百一十五里。

江陵　汉县,南郡治所也,故楚都之郢城,今县北十里纪南城是也。后治于郢,在县东南。今治所,晋桓温所筑城也。

长宁　上元元年,分江陵县置,治郭下。二年,又废枝江并入。

当阳　汉县,属南郡。武德四年,于县置平州,领当阳、临沮二县。六年,改属玉州。又省临沮入当阳,属荆州。

长林　晋分编县置长林县,以其有栎林长故也。武德四年,于县东北百二十里置基州及章山县。七年,废基州,以章山属郢州。州废,属荆州。八年,省入长林。

石首　汉华容县,属南郡。武德四年,分华容县置,取县北石首山为名。旧治石首山,显庆元年,移治阳支山下。

松滋　汉高城县地,属南郡。松滋,亦汉县名,属庐江郡。晋时松滋县人避乱至此,乃侨立松滋县,因而不改。

公安　吴孱县地。汉末左将军刘备,自襄阳来镇此,时号左公,乃改名公安。

　　硖州下　隋夷陵郡。武德二年平萧铣，置硖州，领夷陵、夷道、远安三县。贞观八年，废东松州，以宜都、长阳、巴山三县来属。其年，省夷道入宜都。九年，自下牢镇移治陆抗故垒。天宝元年，改为夷陵郡。乾元元年，复为硖州。旧领县五，户四千三百，口一万七千一百二十七。天宝，户八千九十八，口四万五千六十六。在京师东南一千八百八十八里，至东都一千六百四十六里。

　　夷陵　汉县，属南郡。有夷山在西北，因为名。蜀置宜都郡，梁改为宜州，后魏改为拓州，又改为硖州。隋县治石皋城。武德四年，移治夷陵府。贞观九年，移治陆抗故垒。

　　宜都　汉夷道县，属南郡。陈改为宜都，隋改为宜昌，属荆州。武德二年，置江州，领宜昌一县，寻改为宜都。六年，改江州为东松州。八年，废睦州，以长阳、巴山来属。贞观八年，废东松州，尽以三县属硖州。

　　长阳　汉佷山县，属武陵郡。隋改为长阳，以溪水为名。隋属荆州。武德四年，置睦州，领长阳、巴山二县。八年，废睦州，以二县属东松。贞观八年，属硖州。

　　远安　汉临沮县地，属南郡。晋改高安县。后周改为远安，属硖州。

　　巴山　隋分佷山县置巴山县。武德四年，置江州，领巴山、盐水二县。四年，废江州及盐水县，以巴山属睦州。八年，属东松州。贞观元年，属硖州。

　　归州　隋巴东郡之秭归县。武德二年，割夔州之秭归、巴东二县，分置归州。三年，分秭归置兴山县，治白帝城。天宝元年，改为巴东郡。乾元元年，复为归州。旧领县三，户三千五百三十一，口二万一十一。天宝，户四千六百四十五，口二万三千四百二十七。在京师南二千二百六十八里，至东都一千八百四十三里。

秭归　汉县,属南郡。魏改为临江郡,吴、晋为建平郡。隋属巴东郡。武德二年,置归州。

巴东　汉巫县地,属南郡。周置乐乡县,隋改为巴东县。

兴山　武德二年,分秭归县置。旧治高阳城。贞观十七年,移治太清镇,天授二年,移治古夔子城。

夔州下　隋巴东郡。武德元年,改为信州,领人复、巫山、云安、南浦、梁山、太昌、武宁七县。二年,以武宁、南浦、梁山属浦州。又改信州为夔州,仍置总管,管夔、硖、施、业、浦、涪、渝、谷、南、智、务、黔、克、思、巫、平十九州。八年,以浦州之南浦、梁山来属。九年,又以南浦、梁山属浦州。贞观十四年,为都督府,督归、夔、忠、万、涪、渝、南七州。后罢都督府。天宝元年,改为云安郡。至德元年,于云安置七州防御使。乾元元年,复为夔州。二年,刺史唐论请升为都督府,寻罢之。领县四,户七千八百三十,口三万九千一百五十。天宝,户一万五千六百二十九,口六万五十。在京师南二千四百四十三里,至东都二千一百七十五里。

奉节　汉鱼复县,属巴郡,今县北三里赤甲城是也。梁置信州,周为永安郡,隋为巴东郡,仍改为人复县。贞观二十三年,改为奉节。

云安　汉朐䏰县,属巴郡。故城曰万户城。县西三十里,有监官。

巫山　汉巫县,属南郡。隋加"山"字,以巫山硖为名。旧治巫子城。

太昌　晋分巫、秭归县置建昌县,又改为大昌。隋不改。

万州　隋巴东郡之南浦县。武德二年,割信州之南浦置南浦州,领南浦、梁山、武宁三县。八年,废南浦州,以南浦、梁山属夔州,武宁属临州。其年,复立浦州,依旧领三县。贞观八年,改为万州。天宝元年,改为南浦郡,乾元元年,复为万州。旧领县三,户五千三百九十六,口三八千八百六十七。天宝,户五千一百七十九,口二万五千七百四十六。在京师西南二千六百二十四里,至东都二千四百六十五里。

南浦　后魏分朐䏰县置鱼泉县,周改为万川,隋改为南浦。武德二年,置浦州。贞观八年,改为万州,以此县为治所。

武宁　汉临江县地。周分置源阳县,隋改为武宁,治巴子故城。

梁山　后周分朐䏰县置,治后魏万州郡故城。

忠州　隋巴东郡之临江县。义宁二年,置临州,又分置丰都县。武德二年,分浦州之武宁置南宾县,又分临江置清水县,并属临州。八年,又以浦州之武宁来属。其年,又隶湘州。九年,以废潾州之垫江来属。贞观八年,改临州为忠州。天宝元年,为南宾郡。乾元元年,复为忠州。旧领县五,户八千三百一十九,口四万九千四百七十八。天宝,户六千七百二十二,口四万三千二十六。在京师南二千二百二十二里,至东都二千七百四十七里。

临江　汉县,属巴郡。后魏置万川郡。贞观八年,改临州为忠州,治于此县。

丰都　汉枳县地,属巴郡。后汉置平都县。义宁二年,分临江置丰都县。

南宾　武德二年,分武宁县置。

垫江　汉县,属巴郡,后废。后魏分临江复置。周改为魏安,隋复为垫江。武德初,属潾州。州废,属临州。

桂溪　武德二年,分临江置清水县。天宝元年,改为桂溪。

旧唐书卷四○
志第二○

地理三

淮南道　江南道　陇右道

淮南道

扬州大都督府　隋江都郡。武德三年,杜伏威归国,于润州江宁县置扬州,以隋江都郡为兖州,置东南道行台。七年,改兖为邗州。九年,省江宁县之扬州,改邗州为扬州,置大都督,督越、扬、和、滁、楚、舒、庐、寿七州。贞观十年,改大都督为都督,督扬、滁、常、润、和、宣、歙七州。龙朔二年,升为大都督府。天宝元年,改为广陵郡,依旧大都督府。乾元元年,复为扬州。自后置淮南节度使,亲王为都督,领使;长史为节度副大使,知节度事。恒以此为治所。旧领县四:江都、六合、海陵、高邮。户二万三千一百九十九,口九万四千三百四十七。天宝领县七,户七万七千一百五,口四十六万七千八百五直七。在京师东二千七百五十三里,至东都一千七百四十九里。

江都　汉县,属广陵国。隋为江都郡。武德三年,改为兖州,七年改为邗州,九年改为扬州都督府,皆以江都为治所。

江陵　贞观十八年,分江都县置,在郭下,与江都分理。

六合　汉堂邑县,属临淮郡。晋置泰郡,北齐为泰州,后周为方州,隋改为兖州。武德七年,复为方州,置六合县。又分六合置石梁县。贞观元年,省方州,并石梁入六合,属扬州。

海陵　汉县,属临淮郡。至隋,属南兖州。武德二年,属扬州。景龙二年,分置海安县。开元十年省,并入海陵。

高邮　汉县,属广陵国,至隋不改。武德二年,属兖州。州改,仍旧。

扬子　永淳元年,分江都县置。

天长　天宝元年,割江都、六合、高邮三县地置千秋县。天宝七载,改为天长。

楚州中　隋江都郡之南阳县。武德四年,臧君相归附,立为东楚州,领山阳、安宜、盐城三县。八年,废西楚州,以盱眙来属,仍去"东"字。天宝元年,改为淮阴郡,乾元元年,复为楚州。旧领县四,户三千三百五十七,口一万六千二百六十二。天宝领县五,户二万六千六十二,口十五万三千。在京师西南二千五百一里,至东都一千六百六十里。

山阳　汉射阳县地,属临淮郡。晋置山阳郡,改为山阳县。武德四年,置东楚州。八年,去"东"字,治于此县,县东南有射阳湖。

盐城　汉盐渎县地,属临淮郡,久无城邑。隋末,韦彻于此置射州,立射阳、安乐、新安三县。武德四年归国,因而不改。七年,废射州及三县,置盐城县于废射州,仍属楚州。

盱眙　汉县,属临淮郡。武德四年,置西楚州。置总管,管东楚、西楚。领盱眙一县。八年,废西楚州,以盱眙属楚州。

宝应　汉平安县,属广陵国。武德四年,置仓州,领安宜一县。七年,州废,县属楚州。肃宗上元三年建巳月,于此县得定国宝十三枚,因改元宝应,仍改安宜为宝应。

淮阴　乾封二年,分山阳县置于隋旧废县。

滁州下　隋江都之清流县。武德三年,杜伏威归国,置滁州,又以扬州之全椒来属。天宝元年,改为永阳郡。乾元元年,复为滁州。

旧领县二,户四千六百八十九,口二万一千五百三十五。天宝领县
三,户二万六千四百八十六,口十五万二千三百七十四。在京师东
南二千五百六十四里,至东都一千七百四十六里。

清流　汉全椒县地,属九江郡。梁置南谯州,居桑根山之朝阳,
在今县西南八十里南谯州故城是也。北齐自南谯故城经治于此新
昌郡城,今州治是也。隋改南谯为滁州,后废。武德三年复置,皆治
于清流县。

全椒　汉旧县名。梁北谯郡,又改为临滁郡。隋改为滁县,炀
帝复为全椒。

永阳　景龙二年,分清流县置。

和州　隋历阳郡。武德三年,杜伏威归国,改为和州。天宝元
年,改为历阳郡。乾元元年,复为和州。旧领县二,户五千七百三十,
口三万三千四百一。天宝领县三,户二万四千七百九十四,口十二
万一千一十三。在京师东南二千六百八十三里,至东都一千八百一
十一里。

历阳　汉县,属九江郡。东晋置历阳郡,宋为南豫州,北齐置和
州。隋为历阳郡,国初,复为和州。皆治此县。

乌江　汉东城县之乌江亭,属九江郡,北齐为密江郡,陈为临
江郡,后周为问江郡。隋为乌江郡,县皆治此。

含山　武德六年置,八年废。长安四年复,为武寿县。神龙元
年,复为含山。

濠州下　隋为钟离郡,武德三年,改为濠州。又改临濠为定远
县,化明为招义县。领钟离、涂山、定远、招义四县。武德四年,省涂
山入钟离。天宝元年,改为钟离郡,乾元元年,复为濠州。旧领县三,
户二千六百六十,口一万三千八百五十五。天宝,户二万一千八百
六十四,口十万八千三百六十一。在京师东南二千一百五十里,至
东都一千三百一十三里。

钟离　汉县,属九江郡。晋、宋、齐、梁,置徐州。隋初为濠州,炀帝复为钟离郡。武德三年,置濠州。皆治于此。武德七年,省涂山县并入。

定远　汉曲阳县地,属九江郡。隋置定远县。

招义　汉淮陵县地,属临淮。宋置济阴郡。武德七年,改为招义。

庐州上　隋庐江郡。武德三年,改为庐州,领合肥、庐江、慎三县。七年,废巢州为巢县来属。天宝元年,改为庐江郡。乾元元年,复为庐州,自中升为上。旧领县四,户五千三百五十八,口二万七千五百一十三。天宝领县五,户四万三千三百二十三,口二十万五千三百九十六。在京师东南二千三百八十七里,至东都一千五百六十九里。

合肥　汉县,属九江郡。旧县在北。夏水出城父东南,至此与肥水合,故曰合肥。梁置合州,隋初为庐江郡,皆治此县。

慎　汉后道县,属九江郡。古城在今县南。隋为慎县。

巢　汉居巢县,属庐江郡。隋为襄安县。武德三年,置巢州,分襄安立开城、扶阳二县。七年,废巢州及开城、扶阳二县,改襄安为巢县,属庐州。

庐江　汉郡名。汉龙舒县地,属庐江郡。梁置湖州,隋复旧也。

舒城　开元二十三年,分合肥、庐江二县置,取古龙舒县为名。

寿州中　隋为淮南郡。武德二年,杜伏威归国,改为寿州。七年,置都督府,督寿、蓼二州,领寿春、安丰、霍丘三县。贞观元年,废都督府,又以废霍州之霍山县来属。天宝元年,改为寿春郡,又置霍山县。乾元元年,复为寿州。旧领县四,户二千九百九十六,口一万四千七百一十八。天宝领县五,户三万五千五百八十二,口十八万七千五百八十七。在京师东南二千二百一十七里,至东都一千三百九里。

寿春　汉县,属九江郡。晋改为寿阳。晋于此置扬州,齐置豫州,后魏置扬州,梁复为豫州,后周置扬州。隋改寿州,炀帝为淮南郡,武德为寿州。皆以寿春为治所。

安丰　汉六国,故城在县南。梁置安丰郡。县界有芍陂,灌田万顷,号安丰塘。隋因置县。

霍山　汉灊城县,属庐江郡。隋置霍山、应城三县。贞观元年,废霍州,省应城、灊城二县,以霍山属寿州。

盛唐　旧霍山县。神功元年,改为武昌。神龙元年,复为霍山。开元二十七年,改为盛唐,仍移治于骈虞城。

霍丘　汉松滋县地,属庐江郡。武德四年,置蓼州,领霍丘一县。七年,蓼州废,霍丘属寿州。县北有安丰津,斩毋丘俭处。

光州紧中　隋弋阳郡。武德三年,改为光州,置总管府,以定城县为弦州,殷城县为义州,以废宋安郡为谷州,凡管光、弦、义、谷、庐五州。光州领光山、乐安、固始三县。武德七年,改总管为都督府。贞观元年,罢都督府,省弦州及义州,以定城、殷城二县来属。又省谷州,以宋安并入乐安。天宝元年,改为弋阳郡。乾元元年,复为光州。旧领县五,户五千六百四十九,口二万八千二百九十一。天宝,户三万一千四百七十三,口十九万八千五百八十。至京师一千八百五十五里,至东都九百二十五里。

定城　汉弋阳地,属汝南郡。南齐为南弋阳县,寻改为定城。武德三年,于县置弦州,领定城一县。贞观元年,废弦州,以定城属光州,州所理也。

光山　晋分弋阳置西阳县,梁于县置光州,隋为弋阳郡。武德三年,复为光州,治于光山县。太极元年,移州理于定城。

仙居　汉轪县,属江夏郡,古城在县北十里。宋分轪县置乐安县。天宝元载,改为仙居。

殷城　汉期思县地,属汝南郡。宋置苞信县。隋改为殷城,取县东古殷城为名。

固始　汉浸县,属汝南郡,后汉改为固始。

蕲州中　隋宜春郡。武德四年,平朱粲,改为蕲州,领蕲春、蕲水、罗田、黄梅、沛水五县。其年省蕲水入蕲春,又分蕲春立永宁,省罗田入沛水。又改沛水为兰溪,又于黄梅县置南晋州。八年,州废,以黄梅来属。天宝元年,改为蕲春郡。乾元元年春,复为蕲州。旧领县四,户一万六百一十二,口三万九千六百七十八。天宝,户二万六千八百九,口十八万六千八百四十九。至京师二千五百六十里,至东都一千八百二十四里。

蕲春　汉县,属江夏郡。吴为蕲春郡。晋改为西阳,又改为蕲阳。周平淮南,改为蕲州。

黄梅　汉蕲春县地。属宋分置新蔡郡。隋改为黄梅。武德四年,置南晋州,领黄梅、义丰、长吉、塘阳、新蔡五县。八年,废州,仍省义丰等四县,以黄梅来属。

广济　汉蕲春县地。武德四年,置永宁县。天宝元年,改为广济县。

蕲水　汉蕲春县地。宋置沛水县。武德四年,改为兰溪。天宝元年,改为蕲水。

申州中　隋义阳郡。武德四年,置申州,领义阳、钟山二县。八年,省南罗州,又以罗山来属。天宝元年,改为义阳郡,乾元元年,复为申州。旧领县三,户四千七百二十九,口二万三千六十一。天宝,户二万五千八百六十四,口十四万七千七百五十六。至京师一千七百九十六里,至东都九百四十三里。

义阳　汉平氏县之义阳乡,属南阳郡。魏分南阳立义阳郡。晋自石城徙居于仁顺,今州理也。宋置司州,后魏改为郢州,隋改为申州。

钟山　汉郢县地,属江夏郡。隋改钟山县。

罗山　汉郢县地,隋为罗山县。武德四年,置南罗州,领罗山一县八年废,属申州。

黄州下　隋永安郡。武德三年,改为黄州,置总管,管黄、蕲、亭、南四州。黄州领黄冈、木兰、麻城、黄陂四县。其年,省木兰县,分黄冈置堡城县,分麻城置阳城县。仍于麻城县置亭州,于黄陂县置南司州。七年,废南司州及亭州,县并属黄州。仍省堡城入黄冈。贞观元年,罢都督府。天宝元年,改为齐安郡,乾元元年,复为黄州。旧领县三,户四千八百九十六,口二万二千六十。天宝,户一万五千五百一十二,口九万六千三百六十八。在京师东南二千一百四十八里,至东都一千四百七十里。

黄冈　汉西陵县地,江夏郡。北齐于旧城西南,筑小城,置衡州,领齐安一郡。隋改齐安为黄州,治黄冈。

黄陂　汉西陵县地。后周于古黄城西四十里独家村置黄陂县。武德三年,置南司州。七年,州废,县属黄州。

麻城　汉西陵县地。隋置麻城县。武德三年,于县置亭州,领麻城、阳城二县。八年,州废,仍省阳城入麻城,县属黄州。

安州中都督府　隋安陆郡。武德四年,平王世充,改为安州,领安陆、云梦、应阳、孝昌、吉阳、应山、京山、富水八县。其年,于应县置应州,领应山一县。于孝昌县置环州,领孝昌一县。以富水、京山二县属温州。改应阳为应城县。安州置总管,管环、应二州。七年州废,环、应二州县属安州,改为大都督府。督安、申、阳、温、复、沔、光、黄、蕲九州。六年,罢都督府。七年,又置,督安、隋、温、沔、复五州。十二年,罢都督府。天宝元年,改为安陆郡,依旧为都督府,督安、隋、郢、沔四州。乾元元年,复为安州。旧领县六,户六千三百三十八,口二万六千一百一十九。天宝,户二万二千二百二十一,口十七万一千二百二。在京师东南二千五十一里,至东都一千一百九十里。

安陆　汉县,属江夏郡。宋分江夏立安陆郡。武德四年,改为安州,治于安陆。

孝昌　宋分安陆县置。武德四年,置环州,领孝昌、环阳二县。八年州废,以环阳、孝昌属安州。

云梦　汉安陆县也,后魏分安陆,于云梦古城置云梦县。

应城　宋分安陆县置应城县,隋改为应阳。武德四年,复为应城。

吉阳　梁分安陆置平阳县,后魏改为京池。隋改为吉阳,取山名。

应山　汉隋县地,属南阳郡。梁分隋县置永阳县。隋改为应山,以县北山为名。

舒州下　隋同安郡。武德四年,改为舒州,领怀宁、宿松、太湖、望江、同安五县。其年,割宿松置严州。五年,又割望江置高州,又改高州为智州。六年,舒州置总管府,管舒、严、智三州。七年,废智州,望江属严州。八年,又废严州,以望江、宿松二县来属。贞观元年,罢都督府。天宝元年,改为同安郡。至德二年二月,改盛唐郡。乾元元年,复为舒州。旧领县五,户九千三百六十一,口三万七千五百三十八。天宝,户三万五千三百五十三,口十八万六千三百九十八。在京师东南二千六百二十六里,至东京一千八百九十三里。

怀宁　汉皖县地,属江郡。晋于皖县置怀宁县。晋置晋熙郡,隋改为熙州,又为同安郡。武德四年,改为舒州,以怀宁为州治。

宿松　汉皖县地,梁置高塘郡。隋罢郡,置宿松县。武德四年,置严州,领宿松一县。七年,废智州,以望江来属。八年,废严州,二县来属舒州。

望江　汉皖县,晋置新冶县。陈于县置大雷郡。隋改新冶为义乡,寻改为望江。武德四年,置高州,寻改为智州。七年,州废,县属严州。八年,废州,以县属舒州。

太湖　汉皖县地,宋置太湖县。

同安　·汉枞阳县,属庐江郡。梁置枞阳郡,隋罢郡为同安县,取界内古城名。

江南道

江南东道

润州上　隋江都郡之延陵县。武德三年,杜伏威归国,置润州于丹徒县,改隋延陵县为丹徒,移延陵还治故县,属茅州。六年,辅公祏反,复据其地。七年,平公祏,又置润州,领丹徒县。八年,废简州,以曲阿来属。九年,扬州移理江都,以延陵、句容、白下三县属润州。天宝元年,改为丹阳郡,乾元元年,复为润州。永泰后,常为浙江西道观察使理所。旧领县五,户二万五千三百六十一,口十二万七千一百四。天宝领县六,户十万二千三十三,口六十六万二千七百六。在京师东南二千八百二十一里,至东都一千七百九十七里。

丹徒　汉县,属会稽郡。春秋吴朱方之邑地,吴为京口戌。晋置南徐州。隋为延陵镇,因改为延陵县,寻以蒋州之延陵、永年,常州之曲阿三县置润州,东润浦为名。皆治于丹徒县。

丹阳　汉曲阿县,属会稽郡。又改名云阳,后复为曲阿。武德五年,于县置简州。八年,州废,县属润州。天宝元年,改为丹阳县,取汉郡名。

延陵　汉曲阿县地,晋分置延陵郡。隋移郡丹徒。武德三年,移于今所,属茅州。七年废茅州,以县属蒋州。八年,改蒋州为扬州。九年改属润州。

上元　楚金陵邑,秦为秣陵,吴名建业,宋为建康。晋分秣陵置临江县,晋武改为江宁。武德三年,于县置扬州,仍置东南道行台,改江宁为归化。六年,辅公祏反,据其地。七年,公祏平,置行台尚书省,改扬州为蒋州。废茅州,以句容二县来属蒋州。八年,罢行台,改蒋州置扬州大都督府。改归化县为金陵,扬州领金陵、句容、丹阳、溧水六县。九年,扬州移治江都,改金陵为白下县。以延陵、句容、白下三县属润州,丹阳、溧阳、溧水三县属宣州。移白下治故白下城。贞观七年,复移今所。九年,改为江宁县。至德二年二月,置江宁郡。乾元元年,于江宁置升州,割润州之句容、江宁、宣州之当涂、溧水四县,置浙西节度使。上元二年,复为上元县,还润州。当涂等三县,各依旧属。

句容　汉县,属丹阳郡。武德四年,于县置茅州,领句容。七年,州废,以县属蒋州。九年,属润州。乾元元年,属升州。宝应元年州废,属润州。

金坛　垂拱四年,分延陵县置也。

常州上　隋毗陵郡。武德三年,杜伏威归化,置常州,领晋陵、义兴、无锡、武进四县。六年,复陷辅公祏。七年,公祏平,复置常州,于义兴置南兴州。八年,州废,义兴来属,省武进入晋陵。天宝元年,改为晋陵郡。乾元元年,复为常州。旧领县四,户二万一千一百八十二,口十一万一千六百六。天宝领县五,户十万二千六百三十一,口六十九万六百七十三。在京师东南二千八百四十三里,至东京一千九百八十三里。

晋陵　汉毗陵县,属会稽郡,吴延陵邑也。晋改为晋陵郡,隋省郡,于常熟县置常州。武德中,移于今治。

武进　晋分曲阿县置武进,梁改为兰陵,隋废。垂拱二年,又分晋陵置,治于州内。

江阴　梁分兰陵县置。武德三年,于县置暨州,领江阴、暨阳、利城三县。九年省暨阳、利城入江阴,属常州。

义兴　汉阳羡县,属会稽郡。晋立义兴郡及县。武德七年,置南兴州,领义兴、阳羡、临津三县。八年,废南兴州及阳羡、临津二县,义兴复隶常州。

无锡　汉县,属会稽郡,隋属常州。

苏州上　隋吴郡,隋末陷贼。武德四年,平李子通,置苏州。六年,又陷辅公祏。七年,平公祏,置苏州都督,督苏、湖、杭、暨四州,治于故吴城,分置嘉兴县。八年,废嘉兴入吴县。九年,罢都督。贞观八年,复置嘉兴县。领吴城、昆山、嘉兴、常熟四县。天宝元年,改为吴郡。乾元元年,复为苏州。旧领县四,户一万一千八百五十九,口五万四千四百七十一。天宝领县六,户七万六千四百二十一,口六十三万二千六百五十五。在京师东南三千一百九十九里,至东都二千五百里。

吴　春秋时吴都阖闾邑。汉为吴县,属会稽郡。隋平陈,置苏州,取州西姑苏山为名。

嘉兴　汉曲拳县,属会稽郡。吴改嘉兴,隋废。武德七年,复置属苏州。八年,废入吴。贞观八年,复置。属苏州。

昆山　汉娄县,属会稽郡,梁分娄县置信义县。又分信义置昆山,取县界山名。

常熟　晋分吴县置海虞县。梁改常熟县,今昆山县东一百三十里常熟故城是也。隋旧治南沙城。武德七年,移于今所治城。

长洲　万岁通天元年,分吴县置,在郭下,分治州界。

海盐　汉县,属会稽郡,久废。景云二年,分嘉兴县置。先天元年,复废。开元五年,复置,治吴御城。

湖州上　隋吴郡之乌程县。武德四年,平李子通,置湖州,领乌程一县。六年,复没于辅公祏。七年平贼,复置,仍废武州,以武康来属。又省雉州,以长城县来属。天宝元年,改为吴兴郡。乾元元年,复为湖州。旧领县五,户一万四千一百三十五,口七万六千四百三十。天宝领县五,户七万三千三百六,口十七万七千六百九十八。在京师东南三千四百四十一里,至东都二千六百四十四里。

乌程　汉县,属会稽郡。梁置震州,取震泽为名。隋改湖州,取州东太湖为名。皆治乌程。

武康　吴分乌程、余杭二县立永安县,晋改为永康,又改为武康。武德四年,置武州。七年,州废,县属湖州。

长城　晋分乌程置长城县。武德四年,置雉州,领长城、原乡二县。七年,州废及原乡并入长城,属湖州。

安吉　武德四年置,属桃州。七年,废入长城。麟德元年,复分长城县置。

德清　天授二年,分武康置武原县。景云二年,改为临溪。天宝元年,改为德清县。

杭州上　隋余杭郡,武德四年,平李子通,置杭州,领钱塘、富阳、余杭三县。六年,没于辅公祏。七年平贼,复置杭州。八年,废潜州,以于潜县来属。贞观四年,分钱塘置盐官县。天宝元年,改为余杭郡。乾元元年,复为杭州。旧领县五,户三万五百七十一,口十五万三千七百二十。天宝领县九,户八万六千二百五十八,口五十八万五千九百六十三。在京师东南三千五百五十六里,至东都二千九百一十九里。

钱塘　汉县属会稽郡。隋于余杭县置杭州,又自余杭移州理钱塘。又移州于柳浦西。今州城是。贞观六年,自州治南移于今所,去州十一里。又移治新城戍。开元二十一年,移治州郭下。二十五年,得还旧所。

盐官　汉海盐县地,有盐官,吴遂名县。武德四年,属东武州。七年,省入钱塘。贞观四年,复分钱塘置。

余杭　汉县,属会稽郡。隋置杭州,后徙治钱塘。

富阳　汉富春县,属会稽郡。晋改为富阳,隋旧县。

于潜　汉县,丹阳郡。武德七年,置潜州,领于潜、临水二县。八年废潜州及临水县,于潜还杭州。

临安　垂拱四年,分余杭、于潜,置于废临水县。

新城　永淳元年,分富阳置。

紫溪　垂拱二年,分于潜置。万岁通天元年,改为武隆。其年,依旧为紫溪。

唐山　万岁通天元年,分紫溪,又则置武隆县。神龙元年,改为唐山。

越州中都督府　隋会稽郡。武德四年,平李子通,置越州总管,管越、嵊、姚、鄞、浙、纲、衢、谷、丽、严、婺十一州。越州领会稽、诸暨、山阴三县。七年,改总管为都督,督越、婺、鄞、嵊、鹿五州。越州领会稽、诸暨、山阴,余姚四县。八年,废鄞州为鄮县,嵊州为剡县,来属。丽州为永康,属婺州。省山阴县。督越、婺二州。贞观元年,更督越、婺、泉、建、台、括六州。天宝元年,改越州为会稽郡。乾元元年,复为越州。旧领县五,户二万五千八百九十,口十二万四千一十。天宝领县七,户九万二百七十九,口五十二万九千五百八十九。在京师东南三千七百二十里,至东都二千八百七十里。

会稽　汉郡名。宋置东扬州。理于此,齐、梁不改。隋平陈,改东扬州为吴州。炀帝改为越州。寻改会稽郡,皆立于此县。

山阴　垂拱二年,分会稽县置,在州治,与会稽分理。

诸暨　汉县,属会稽郡。越王允常所都。

余姚　汉县属会稽郡,隋废。武德四年,复置,仍置姚州。七年,州废,县属越州。

剡　汉县,属会稽郡。武德四年,置嵊州及剡城县。八年,废嵊州及剡城,以剡县来属。

萧山　仪凤二年,分会稽、诸暨置永兴县。天宝元年,改为萧山。

上虞　汉县,属会稽郡。

明州上　开元二十六年,于越州鄮县置明州。天宝元年,改为余姚郡。乾元元年,复为明州,取四明山为名。天宝领县四,户四万二千二十七,口二十万七千三十二。在京师东南四千一百里,至东都三千二百五十里。

鄮　汉县,属会稽郡,至隋废。武德四年,置鄞州。八年,州废为鄮县,属越州。开元二十六年,于县置明州。

奉化　慈溪　翁山　已上三县,皆鄮县地。开元二十六年,析置。

台州上　隋永嘉郡之临海县。武德四年,平李子通,置海州,领临海、章安、始丰、乐安、宁海五县。五年,改为台州。六年,没于辅公祏。七年平贼,仍置台州,省宁海入章安。八年,废始丰、乐安二县入临海。贞观八年,复分置始丰。旧管二县。永昌元年,置宁海县。神龙二年,置象山县。天宝元年,改为临海郡。乾元元年,复为台州。旧领县二:临海、始丰。户六千五百八十三,口三万五千三百八十三。天宝领县六,户八万三千八百六十八,口四十八万九千一十五。在京师东南四千一百七十七里,至东都三千三百三十里。

临海　汉回浦县,属会稽郡。后汉改为章安,吴分章安置临海县。武德四年,于县置台州,取天台山为名。

唐兴　吴始平县,晋改始丰,隋末废。武德四年,复置。八年,又废。贞观八年,复为始丰县。上元二年,改为唐兴。

黄岩　上元二年,分临海置。

乐安　废县。上元二年,分临海置,徙治孟溪。

宁海　永昌元年,分临海置。

象山　神龙二年,分宁海及越州鄮县置。

婺州　隋东阳郡。武德四年,平李子通,置婺州,领华川、长山二县。七年,废纲州、义乌来属。八年,废丽州为永康县、衢州信安县,并来属。又废谷州入信安,长山入金华县。贞观八年,复置龙丘县。咸亨五年,置兰溪、常山二县。垂拱二年,分龙丘、信安、常山三县置衢州,又置东阳县。天授二年,又置武义县。天宝元年,改婺州为东阳郡。乾元元年,复为婺州。旧领县五,户三万七千八百一十九,口二十二万八千九百九十。天宝领县六,户十四万四千八十六,口七十万七千一百五十二。在京师东南四千七十三里,至东都三千一百三十五里。

金华　汉乌伤县,属会稽郡。后汉分乌伤置长山县。吴置东阳郡。隋改长山为金华,取州界山为名。

义乌　晋分乌伤县置。武德四年，置纲州，仍分置华川县。七年，废纲州及华川县，改乌伤为义乌，以县属婺州。

永康　吴分乌伤县置。武德四年，置丽州，又分置缙云县。八年，废丽州及缙云县，以永康来属。

东阳　垂拱二年，分乌伤县，取旧郡名。

兰溪　咸亨五年，析金华县西界置，以溪水为名。

武成　天授二年，分永康置武义县，又改为武成。

浦阳　新置。

衢州　武德四年，平李子通，于信安县置州。七年陷贼，乃废。垂拱二年，分婺州之信安、龙丘置衢州，取武德废州名。天宝元年，改为信安郡。乾元元年，复为衢州，又割常山入信州。天宝领县五，户六万八千四百七十二，口四十四万四百一十一，在京师东南四千七百十三里，至东都三千一百四十五里。

信安　后汉新安县，晋改为信安。武德四年，置衢州，县仍属焉。又分置须江、定阳二县。八年，废衢州及须江、定阳二县，以信安还属婺州。

龙丘　汉太末县，属会稽郡。晋置龙丘县，以山为名。至隋废。武德四年，置谷州及太末、白石二县。八年，废谷州及白石、太末二县入信安县。贞观八年，分金华、信安二县置龙丘县，来属婺州。垂拱二年，属衢州。

须江　武德四年，分信安置，以城南有须江。八年废。永昌元年，分信安复置。

盈川　如意元年，分龙丘置。县西有刑溪，陈时土人留异恶"刑"字，改名盈川，因以为县名。

常山　咸亨五年，分信安置，属婺州。垂拱二年，改属衢州。乾元元年，属信州，又还衢州。

信州　乾元元年，割衢州之常山、饶州之弋阳、建州之三乡、抚州之一乡,置信州,又置上饶、永丰二县。领县四,户四万。在京师东南五千八百里,至东都二千九百五十里。

上饶　乾元元年置,州所理也。元和七年,省永丰县入。

弋阳　旧属饶州,乾元元年,来属。

贵溪　永泰元年十一月,分弋阳西界置。

玉山　证圣二年,分常山、须江置属衢州。乾元元年,割属信州。

睦州　隋遂安郡。武德四年,平汪华,改为睦州,领雉山、遂安二县。七年,废严州之桐庐县来属,又改为东睦州。八年,去“东”字。旧管县三,治雉山。万岁登封二年,移治建德。天宝元年,改为新定郡。乾元元年,复为睦州。旧领县三:雉山、遂安、桐庐。户一万二千六十四,口五万九千六十八。天宝领县六,户五万四千九百六十一,口三十八万二千五百一千三。在京师东南三千六百五十九里,至东都二千八百三十一里。

建德　汉富春县地,属会稽郡。吴分置建德县,隋废。永淳二年,复分桐庐、雉山置。万岁通天二年,移州治建德县。

清溪　汉歙县地,属丹阳郡。后分置新安县,隋改为雉山。文明元年,复为新安。开元二十年,改为还淳。永贞元年十二月,避宪宗名,改为清溪。旧为睦州治所,移建德。

寿昌　永昌元年七月,分雉山县置。载初元年废,神龙元年复。旧治白艾里,后移于今所。

桐庐　吴分富春县置。武德四年,于县置严州,领桐庐、分水、建德三县。七年,废州及分水、建德二县。以桐庐属睦州。旧治桐溪,开元二十六年,移治钟山。

分水　如意元年,分桐庐县之四乡,置武盛县。神龙元年,改为分水。

遂安　后汉分歙县南乡安定里,置新定县。晋改新定为遂安。

歙州　隋新安郡。武德四年,平汪华,置歙州总管,管歙、睦、衢三州。贞观元年,罢都督府。天宝元年,改为新安郡。乾元元年,复为歙州。旧领县三,户六千二十一,口二万六千六百一十七。天宝领县五,户三万八千三百三十,口二十六万九千一百九。在京师东南三千六百六十七里,至东都二千八百二十六里。

歙　汉县,属丹阳郡。县南有歙浦,因为名。隋于县置新安郡。武德改为歙州。

休宁　吴分歙县置休阳县,后改为海阳。晋武改为海宁,隋改为休宁。

黟　汉县,属丹阳郡。音同医,县南墨岭山出石墨故也。县置在黟川。

积溪　永徽五年,分置北野县,后改为积溪。

婺源　开元二十八年正月九日置。

处州　隋永嘉郡。武德四年平李子通,置括州,置总管府,管松、嘉、台三州。括州领括苍、丽水二县。七年,改为都督府。八年,废松州为松阳县来属。省丽水入括苍。贞观元年,废都督府,省嘉州,以永嘉、安固二县来属。天宝元年,改为缙云郡。乾元元年,复为括州。大历十四年夏五月,改为处州,避代宗讳。旧领县四,户一万二千八百九十九,口十万一千六百六。天宝领县五,户四万二千九百三十六,口二十五万八千二百四十八。今县六。在京师东南四千二百七十八里,至东都三千一十五里。

丽水　汉回浦县地,属会稽郡。光武更为章安。隋平陈,改永嘉郡为处州,寻改为括州,又分松阳县东界置括苍县。大历十四年夏,改为丽水县,州所治。

松阳　后汉分章安之南乡置松阳县,以县东南大阳及松树为名。

缙云　万岁登封元年,分括苍及婺州永康县置。

青田　景云二年,分括苍置。

遂昌　旧县。武德八年，并入松阳，景云二年，分松阳县复置。

龙泉　乾元二年，越州刺史独孤屿奏请于括州龙泉乡置县，以龙泉为名，从之。

温州上　隋永嘉郡之永嘉县。武德五年，置嘉州，领永嘉、永宁、安固、乐成、横阳五县。贞观元年，废嘉州，以县属括州。上元二年，分括州之永嘉、安固二县置温州。天宝元年，改为永嘉郡。乾元元年，复为温州。天宝领县四，户四万二千八百一十四，口二十四万一千六百九十四。在京师东南四千七百三十七里，至东都三千九百四十里。

永嘉　后汉分章安县之东瓯乡置永宁县，属会稽郡。晋置永宁郡。隋改为永嘉。上元二年，置温州治于此县。

安固　后汉章安县，晋改为安固，隋废。武德八年，分永嘉县置属嘉州。贞观元年，废嘉州，安固属括州。上元元年，属温州。

横阳　武德五年，分安固县置。贞观元年废，大足元年，复分安固置。

乐城　武德五年置，七年并入永嘉县。载初元年，分永嘉复置也。

福州中都督府　隋建安郡之闽县。贞观初，置泉州。景云二年，改为闽州，置都督府，督闽、泉、建、漳、湖五州。开元十三年，改为福州，依旧都督府，仍置经略使。二十二年，罢漳、湖二州，令督福、建、泉、汀四州。旧属岭南道，天宝初，属江南东道。寻改为长乐郡。乾元元年，复为福州都督府。天宝领县八，户三万四千八十四，口七万五千八百七十六。在京师东南五千三十三里，至东都四千二百三十三里。

闽　汉冶县，属会稽郡。秦时为闽中郡。汉高立闽越王，都于此。武帝诛东越，徙其人于江淮，空其地。其逃亡者，自立为冶县，后更名东冶县，后汉改为侯官都尉，属会稽郡，置晋安郡。宋、齐因之,陈置闽州,又改为丰州。隋平陈改为泉州,炀帝改为闽州,又为建安郡。开元十三年,改为福州。皆治闽县。

　　侯官　隋县,后废。长安二年,又分闽县置。

　　长乐　隋县,后省。武德六年,分闽县置新宁县,其年,改为长乐。

　　福唐　圣历二年,分长乐置万安县。天宝元年,改为福唐。

　　连江　武德六年,分闽县置温麻县。其年,改为连江。

　　长溪　武德六年置,其年并入连江。长安二年,分连江复置。

　　古田　开元二十九年,开山洞置。

　　永泰　永泰年分置。

　　梅青　新置。

　　泉州中　隋建安郡,又为泉州。旧治闽县,开元后移于南安县。圣历二年,分泉州之南安、莆田、龙溪三县,置武荣州。三年,州废,三县还泉州。久视元年,又以三县置武荣州。景云二年,改为泉州。开元二十九年,割龙溪属漳州。天宝元年,改泉州为清源郡。乾元元年,复为泉州。天宝领县四,户二万三千八百六,口十六万二百九十五。在京师东南六千二百一十六里,至东都五千四百一十三里。

　　晋江　开元八年,分南安置,今为州之治所。

　　南安　隋县。武德五年,置丰州,领南安、莆田二县。贞观元年,废丰州,县属泉州。圣历二年,属武荣州。州废来属。

　　莆田　武德五年,分南安县置,属丰州。州废来属。

　　仙游　圣历二年,分莆田置清源县。天宝元年,改为仙游。

　　建州中　隋建安郡之建安县。武德四年,置建州,领绥城、吴兴、建阳、沙、将乐、邵武等县。天宝元年,改为建安郡。乾元元年,复为建州。旧领县二,户一万五千三百三十六,口二万二千八百二十。天宝领县六,户二万二千七百七十,口一十四万三千七百七十四。在京师东南四千九百三十五里,至东都三千八百八十八里。

建安　汉治县地,吴置建安县,州所治,以建溪为名。

邵武　隋县。

浦城　载初元年,分建安县置唐兴县。天授二年,改为武宁。神龙元年,复为唐兴。天宝元年,改为浦城。隋废县名。

建阳　隋废县。垂拱四年,分建安置。

将乐　隋废县。垂拱四年五月,分邵武复置。

沙　隋废县,永徽六年,分建安置。

汀州下　开元二十四年,开福、抚二州山洞,置汀州。天宝元年,改为临汀郡。乾元元年,复为汀州。天宝领县三,户四千六百八十,口一万三千七百二。在京师东南六千一百七十三里,至东都五千三百七十里。

长汀　州治所。

龙严　宁化已上三县,开元二十四年,开山洞置。

漳州　垂拱二年十二月九日置。天宝元年,改为漳浦郡。旧属岭南道。天宝割属江南东道。乾元元年,复为漳州。天宝领县二,户五千三百四十六,口一万七千九百四十。在京师东南七千三百里,至东都六千五百里。

漳浦　垂拱二年十二月,与州同置。州所治。

龙溪　旧属泉州。圣历二年,属武荣州。景云二年,还泉州。开元二十九年,属漳州。

江南西道

宣州　隋宣城郡。武德三年,杜伏威归化,置宣州总管府,分宣城置怀安、宁国二县。六年,陷辅公祏。七年贼平,改置宣州都督,督宣、潜、猷、池四州,废姚州,以绥安来属,省怀安、宁国二县。宣州领宣城、绥安二县。八年废南豫州,以当涂来属,废猷州,以泾县来属。九年,移扬州于江都,以溧阳、溧水、丹阳来属。贞观元年,罢都

督府。废池州,以秋浦、南陵二县来属,省丹阳入当涂县。开元中,
析置青阳、太平、宁国三县。天宝元年,改为宣城郡。至德二年,又
析置至德县。乾元元年,复为宣州。永泰元年,割秋浦、青阳、至德
三县置池州。旧领县八,户二万二千五百三十七,口九万五千七百五
十三。天宝领县九,户一十二万二千一百二百四,口八十八万四千九百
八十五。今县十。在京师东南三千五百五十一里,至东都二千五百
一十里。

宣城　汉宛陵县,属丹阳郡,秦属鄣郡。梁置南豫州,隋改为宣
州,炀帝又为宣城郡,皆此治所。

当涂　汉丹阳县地,属丹阳郡,晋分丹阳置于湖县。城帝以江
北当涂县流人寓居于湖,乃改为当涂县,属宣州。

牛渚山　一名采石,在县北四十五里大江中。武德三年,置南
豫州,以县属。八年省南豫州,县属宣州。

泾　汉泾县,属丹阳郡。武德三年,置猷州,领泾、南阳、安吴三
县。八年,废猷州及南阳、安吴二县,属宣州。县界有陵阳山。

广德　汉故鄣县,属丹阳郡,宋分宣城之广德、吴兴之故鄣,置
绥安县。至德二年九月,改为广德,以县界广德故城为名。

溧阳　汉县,属丹阳郡。上元元年十一月,割属升州。州废来
属。

溧水　汉溧阳地。隋为县。武德三年,属扬州。九年,属宣州。
乾元元年,属升州。州废还属。

南陵　汉春谷县地,属丹阳郡。梁置南陵县。武德七年,属池
州。州废来属。旧治赭圻城,长安四年,移理青阳城。

太平　天宝十一载正月,析泾县置。

宁国　隋县。武德六年废,天宝三载复置。

旌德　宝应二年二月,析太平县置。

池州下　隋宣城郡之秋浦县。武德四年,置池州,领秋浦、南陵
二县。贞观元年,废池州,以秋浦属宣州。永泰元年,江西观察使李

勉,以秋浦去洪州九百里,请复置池州。仍请割青阳、至德二县隶之,又析置石埭县,并从之。后隶宣州。领县四,户一万九千,口八万七千九百六十七。

秋浦 州所治,汉石城县,属丹阳郡。隋分南陵置秋浦县,因水为名。

青阳 天宝元年,分泾阳、南陵、秋浦三县置,治古临城。

至德 至德二年析置。

石埭 永泰二年,割秋浦、浮梁、黟三县置,治古石埭城。

饶州下 隋鄱阳郡。武德四年,平江左,置饶州,领鄱阳、新平、广晋、余干、乐平、长城、玉亭、弋阳、上饶九县。七年,省上饶入弋阳,省玉亭入长城、余干二县。八年,又并长城入余干,并新平、广晋入鄱阳。旧领县四,户一万一千四百,口五万九千八百一十七。天宝,户四万八百九十九,口二十四万四千三百五十。在京师东南三千二百六十三里,至东都二千四百一十三里。

鄱阳 汉县,属豫章郡。古城在今县东界,有鄱江,今为州所理。

余干 汉余干县属豫章郡,古所谓汗越也。汗音干。隋朝去"水"。

乐平 武德中置,九年省,后重置。

浮梁 武德中,废新平县。开元四年,分鄱阳置,后改新昌。天宝元年复置。

洪州上都督府 隋豫章郡。武德五年,平林士弘,置洪州总管府,管洪、饶、抚、吉、虔、南平六州,分豫章置钟陵县。洪州领豫章、丰城、钟陵三县。八年,废昌州、米州,以南昌、建昌、高安三县来属。省钟陵、南昌二县入豫章。贞观二年,加洪、饶、抚、吉、虔、袁、江、鄂等八州。显庆四年,督饶、鄂等州。洪州旧领县四,永淳二年,置新吴县。长安四年,置武宁县,又督洪、袁、吉、虔、抚五州。天宝元年,改为豫章郡。乾元元年，复为洪州。旧领县四：豫章、丰城、高安、建昌。户一万五千四百五十六，口七万四千四十四。天宝领县六，户五万五千五百三十，口三十五万三千二百三十一。在京师东南三千九十里，至东都二千二百一十一里。

钟陵　汉南昌县，豫章郡所治也。隋改为豫章县，置洪州，炀帝复为豫章郡。宝应元年六月，以犯肃宗讳，改为钟陵，取地名。

丰城　吴分南昌县置高城县，晋改为丰城。

高安　汉建城县，属豫章郡。武德五年，改为高安，仍置靖州，领高安、望蔡、华阳三县。七年，改靖州为米州。其年，又改为筠州。八年，废筠州，省华阳、望蔡二县，以高安属洪州。

建昌　汉海昏县，属豫章郡。后汉分立建昌。武德五年，分置南昌州总管府，管南昌、西吴、靖、米、孙五州。南昌州领建昌、龙安、永修三县。七年，罢都督为南昌州。八年，废南昌州及孙州，以南昌州新吴、永修、龙安入建昌县，以孙州之建昌入豫章县，而以建昌属洪州。

新吴　旧废县。永淳二年，分建昌置。

武宁　长安四年，分建昌置武宁县。景云元年，改为豫宁。宝应元年，复为武宁。

分宁　贞元十六二月置。

虔州中　隋南康郡。武德五年，平江左，置虔州。天宝元年，改为南康郡。乾元元年，复为虔州。旧领县四，户八千九百九十四，口三万九千九百一。天宝领县六，户三万七千六百四十七，口二十七万五千四百一十。今县七。在京师东南四千一十七里，至东都三千四百里。

赣　州所理，汉县。属豫章郡。汉分豫章立庐陵郡，晋改为南康郡。隋初为虔州。炀帝为南康郡。皆治赣。

虔化　吴分赣立阳都县，晋改为宁都。隋平陈，改为虔化，属虔州。

南康　汉南野县,属豫章郡。吴分南野立南安县,晋改为南康。

雩都　汉县,属豫章郡。

信丰　永淳元年,分南康置南安县。天宝元年,改为信丰。

太康　神龙元年,分南康置。

安远　贞元四年八月四日置。

抚州中　隋临川郡。武德五年,讨平林士弘,置抚州,领临川、南城、邵武、宜黄、崇仁、永城、东兴、将乐八县。七年,省东兴、永城、将乐三县,以邵武隶建州。八年,省宜黄县。天宝元年,改为临川郡,乾元元年,复为抚州。旧领县三,户七千三百五十四,口四万六百八十五。天宝领县四,户三万六百五,口十七万六千三百九十四。在京师东南三千三百一十二里,至东都二千五百四十里。

临川　州所理。汉南昌县地。后汉分南昌置临汝县。吴置临川郡,历南朝不改。隋平陈,改临川郡为抚州,仍改临汝县为临川县。州郡所理,皆此县。

南城　汉县属豫章郡。开元八年,分南城置。

崇仁　吴分临汝置新建县。梁改为巴山县,仍侨巴山郡。隋平陈,改巴山为崇仁县。

南丰　开元八年,分南城置。

吉州上　隋庐陵郡。武德五年,讨平林士弘,置吉州,领庐陵、新淦二县。七年,废颍州,以安福县来属。八年,废南平州,以太和县来属。天宝元年,改为庐陵郡。乾元元年,复为吉州。旧领县四,户一万五千四十,口五万三千二百八十五。天宝领县五,户三万七千七百五十二,口二十三万七千三十二。

庐陵　汉县,属豫章郡。后汉改为西昌。隋复为庐陵,州所治也。旧治子阳城。永淳元年,移于今所。

太和　隋县。武德五年,置南平州,领太和、永新、广兴、东昌四县。八年,废南平州,以永新等三县并太和,属吉州。

安福　吴置安城郡于此。隋废为安复,后改为安福。

新淦　汉旧县,属豫章郡。淦,音绀,又音甘。

永新　废县。显庆二年,分太和置。

江州中　隋九江郡。武德四年,平林士弘,置江州,领湓城、浔阳、彭泽三县。五年,置总管,管江、鄂、智、浩四州,并管昌、洪四总管府。又分湓城置楚城县,分彭泽置都昌县。八年,废浩州及乐城县入彭泽县,又废湓城入浔阳。贞观元年,罢都督府。八年,废楚城县入浔阳。天宝元年,改为浔阳郡。乾元元年,复为江州。旧领县三,户六千三百六十,口二万五千五百九十九。天宝,户二万九千二十五,口十五万五千七百四十四。在京师东南二千九百四十八里,至东都二千一百九十七里。

浔阳　州所理。汉县,属庐江郡。晋置江州。隋改为彭蠡县,取州东南五十二里有彭蠡湖为名。炀帝改为湓城,取县界湓水为名。武德四年,复为浔阳,浔水至此入江为名。

都昌　武德五年,分彭泽置,属浩州。八年,废浩州,县属江州。

彭泽　汉县,属豫章郡。隋为龙城县。武德五年,置浩州,又分置都昌、乐城二县。八年,罢浩州,以彭泽属江州,仍省乐城入彭泽。

至德　至德二年九月,中丞宋若思奏置。

袁州下　隋宜春郡。武德四年,平萧铣,置袁州。天宝元年,改为宜春郡。乾元元年,复为袁州。旧领县三,户四千六百三十六,口二万五千七百一十六。天宝,户二万七千九十三,口一十四万四千九十六。在京师东南三千五百八十里,至东都二千一百六十一里。

宜春　州所理。汉县,属豫章郡。吴为安城郡,南朝不改。晋改为宜阳。隋置袁州,炀帝为宜春郡,复改为宜春。宜春,泉水名,在州西。取此水为酒,作贡。

萍乡　吴分宜春置萍乡县,属安城郡。

新喻　吴分宜春置新喻,属安城郡。

鄂州上　隋江夏郡。武德四年,平萧铣,改为鄂州。天宝元年,改为江夏郡。乾元元年,复为鄂州。永泰后,置鄂岳观察使,领鄂、岳、蕲、黄四州,恒以鄂州为使理所。旧领县四,户三千七百五十四,口一四千六百一十五。天宝领县五,户一万九千一百九十,口八万四千五百六十三。后并沔州入鄂州,以汉阳、汉川来属。在京师东南二千三百四十六里,至东都一千五百三十里。

江夏　汉郡名,本汉沙羡县地,属江夏郡。晋改沙羡为沙阳,江、汉二水会于州西,春秋谓之夏汭,晋、宋谓之夏口。宋置江夏郡,治于此。隋不改。武德四年,改为鄂州,取汉县名。

永兴　汉鄂县地,属江夏郡。吴分鄂置新阳县,隋改为永兴。

武昌　汉鄂县,属江夏郡。吴、晋为重镇,以名将为镇守。

蒲圻　吴分沙羡县置。

唐年　天宝二年,开山洞置。

汉阳　汉安陆县地,属江夏郡。晋置池阳县。隋初为汉津县,炀帝改为汉阳。武德四年,平朱粲,分沔阳郡置沔州,治汉阳县。贞观,户一千五百一十七,口六千九百五十九。至太和七年,鄂岳节度使牛僧孺奏,沔州与鄂州隔江,都管一县,请并入鄂州,从之。旧属淮南道。

汉川　汉安陆县地,后魏置汉川郡。武德四年,分汉阳县置汉川县,属沔州。州废,属鄂州。

岳州下　隋巴陵郡。武德四年,平萧铣,置巴州,领巴陵、华容、沅江、罗、湘阴五县。六年,改为岳州,省罗县。天宝元年,改为巴陵郡。乾元元年,复为岳州。旧领县四,户四千二,口一万七千五百五十六。天宝领县五,户一万一千七百四十,口五万二百九十八。在京师东南二千二百三十七里,至东都一千八百一十六里。

巴陵　汉下隽县地,属长沙郡。吴置巴陵县。晋置建昌郡,隋改为巴州,炀帝改为巴陵郡。武德置岳州,皆置巴陵县。县界有古巴丘。

华容　汉潺陵县地。属武陵郡。刘表改为安南。隋改为华容。垂拱二年，去"华"字，曰容城。神龙元年，复为华容。

沅江　汉益阳县，属长沙国。隋改为安乐，又改为沅江，属岳州。

湘阴　汉罗县，属长沙国。宋置湘阴县，县界汨水，注入湘江。

昌江　神龙三年，分湘阴县置。

潭州中都督府　隋长沙郡。武德四年，平萧铣，置潭州总管府，管潭、衡、永、郴、连、南梁、南云、南营八州。潭州领长沙、衡山、醴陵、湘乡、益阳、新康六县。七年，废云州，改南梁为邵州，南营为道州，省新康县。督潭、衡、郴、连、永、邵、道等七州。天宝元年，改为长沙郡。乾元元年，复为潭州。旧领县五，户九千三十一，口四万四百四十九。天宝领县六，户三万二千二百七十二，口十九万二千六百五十七。在京师南二千四百四十五里，至东都二千一百八十五里。

长沙　秦置长沙郡。汉为长沙国，治临湘县。后汉为长沙郡。吴不改。晋怀帝置湘州，至梁初不改。隋平陈，为潭州，以昭潭为名。炀帝改为长沙郡，仍改临湘为长沙县。武德复为潭州。

湘潭　后汉湘南县地，属长沙郡。吴分湘南立衡阳，县属衡阳郡。隋废郡，县属潭州。天宝八年，移治于洛口，因改为湘潭县。

湘乡　汉钟武县，属零陵郡。后汉改为重安，永建三年，又名湘乡，属长沙郡。

益阳　汉县，属长沙国，故城在今县东八十里。武德四年，分置新康县。七年，省入。

醴陵　汉临湘县，界有醴陵，后汉立为县，属长沙郡，隋废。武德四年，分长沙置。

浏阳　吴分长沙置浏阳县，隋废。景龙二年，于故城复置。

衡州中　隋衡山郡。武德四年，平萧铣，置衡州，领临蒸、湘潭、耒阳、新宁、重安、新城六县。七年，省重安、新城二县。贞观元年，以废南云州之攸县来属。天宝元年，改为衡阳郡。乾元元年，复为衡州。旧领县五，户七千三百三十，口三万四千四百八十一。天宝领县六，户三万三千六百八十八，口十九万九千二百二十八。在京师东南三千四百三里，至东都二千七百六十里。

衡阳　汉蒸阳县，属长沙国。吴分蒸阳立临蒸县，吴末分长沙东界郡立湘东郡。宋、齐、梁不改。隋罢湘东郡为衡州，改临蒸为衡阳县。武德四年，复为临蒸。开元二十年，复为衡阳。

常宁　吴分耒阳立新宁县，属湘东郡。旧治三洞，神龙二年，移治麻州。开元九年，治宜江。天宝元年，改为常宁。

攸　汉县，属长沙国，县北有攸溪故也。

茶陵　汉县，属长沙国。隋废。圣历元年，分攸县置。

耒阳　汉县，属桂阳郡。隋改为耒阴。武德四年，复为耒阳。

衡山　吴分湘南县置。旧属潭州，后割属衡州。

澧州下　隋澧阳郡。武德四年，平萧铣，置澧州，领澹陵、安乡、澧阳、石门、慈利、崇义六县。贞观元年，省澹陵县。天宝元年，改为澧阳郡。乾元元年，复为澧州。天宝初，割属山南东道。旧领县五，户三千四百七十四，口二万五千八百二十六。天宝领四，户一万九千六百二十，口九万三千三百四十九。在京师东南一千八百九十三里，至东都一千五百七十二里。

澧阳　汉零阳县，属武陵郡。吴分武陵西界置天门郡。晋末，以义阳流人集此。侨置南义阳郡。隋平陈，改南义阳为澧州。皆治此县。

安乡　汉澹陵县地，属武陵郡。隋分立安乡县。贞观元年，废澹陵并入。

石门　吴分零阳县于此置天门郡。隋平陈，废天门郡。以废州为石门县。

慈利　本汉零阳县,隋改零阳为慈利县。麟德元年,省崇义并入。

朗州下　隋武陵郡。武德四年,平萧铣,置朗州。天宝元年,改为武陵郡。乾元元年,复为朗州。天宝初,割属山南东道。旧领县二,户二千一百十九,口一万九百一十三。天宝,户九千三百六,口四万三千七百十六。在京师东南二千一百五十九里,至东都一千八百五十八里。

武陵　汉临沅县地,属武陵郡。秦属黔中郡地。梁分武陵郡于县置武州,陈改武州为沅陵郡。隋平陈,复为嵩州,寻又改为朗州。炀帝为武陵郡。武德复为朗州。皆治于武陵县。

龙阳　隋县,取洲名。

永州中　隋零陵郡。武德四年,平萧铣,置永州,领零陵、湘源、祁阳、灌阳四县。七年,省灌阳。贞观元年,省祁阳县,四年,复置。天宝元年,改为零陵郡。乾元元年,复为永州。旧领县三,户六千三百四十八,口二万七千五百八十三。天宝,户二万七千四百九十四,口十七万六千一百六十八。在京师南三千二百七十四里,到东都三千六百六十五里。

零陵　汉泉陵县地,属零陵郡,汉郡治泉陵县,故城在今州北二里。隋平陈,改泉陵为零陵县,仍移于今理,梁、陈皆为零陵郡,隋置永州,炀帝复为零陵郡,皆治此县。

祁阳　吴分泉陵县,于今县东北九十里置祁阳县,今有古城。隋平陈,并入零陵。武德四年,复分置,移于今治。贞观元年省,四年又置,石燕冈在祁阳西北一百一十里,此冈冗出石燕,充贡。湘水南自零陵界来。

湘源　汉零陵县地,属故城在今县南七十八里。隋平陈,并零陵入湘源县。

灌阳　汉零陵县地。大业末,平萧铣,析湘源县置。武德七年废。上元二年，荆南节度使吕谭奏，复于故城置灌阳县。灌水在城西，今名灌源。

道州中　隋零陵郡之永阳县。武德四年，平萧铣，置营州，领营道、江华、永阳、唐兴四县。五年，改为南营州。贞观八年，改为道州，仍省永阳县。十七年废，并入永州。上元二年，复析置永州。天宝元年，改为江华郡。乾元元年，复为道州。旧领县三，户六千六百一十三，口三万一千八百八十。天宝领县四，户二万二千五百五十一，口十三万九千六十三。今领县五。

弘道　汉营浦县，属零陵郡。吴置营阳郡。晋改为永阳郡。隋平陈，改营浦为永阳县。武德四年，于县置营州，改为营道县。五年，又加"南"字。贞观八年，改为道州。天宝元年，改营道为弘道。

延唐　汉泠道县，属零陵郡，古城在今县东界南四十里。隋平陈，废泠道入营道县，仍于泠道废城置营道县。武德四年，移营道县于州郭置，仍于此置唐兴县。长寿二年，改名武盛。神龙元年，复为唐兴。天宝元年，改为延唐。泠水，在今县南六十里。

江华　汉冯乘县，属苍梧郡。武德四年，析贺州冯乘县置江华县。贞观十七年，改属永州。上元二年，还道州。文明元年，改为云溪县。神龙元年二月，复为江华。

永明　隋改汉营浦县为永阳，置道州。后州郭内置营道县，乃移永阳之名于州西南一百一十里置。贞观八年省，地入营道。天授二年，复析营道置。天宝元年，为永明县。

大历　大历二年，湖南观察使韦贯之奏请析延唐县，于道州东南二百二十里春陵侯故城北十五里置县，因以大历为名。

郴州中　隋桂阳郡。武德四年，平萧铣，置郴州，领郴、卢阳、义章、临武、平阳、晋兴六县。七年，废义章、平阳二县。八年，省晋兴。天宝元年，为桂阳郡。乾元元年，复为郴州。旧领县五，户八千六百四十六，口四万九千三百五十五。天宝领县八，户三万一千三百三。

在京师东南三千三百里,至东都三千五十七里。

　　郴　　汉县,属桂阳郡,汉郡理所也。后汉郡理耒阳,寻还郴,宋、齐封子弟为桂阳王,皆治于此。隋平陈,改为郴州,炀帝为桂阳郡。武德四年,改郴州,皆以郴为理。

　　义章　　大业末,萧铣分郴置。武德七年省。八年复置。长寿元年,分义章南界置高平县。开元二十三年,废高平,仍移义章治高平废县。

　　义昌　　晋分郴县置汝城、晋宁二县。陈废二县,立卢阳郡,领卢阳县。开皇九年废郡,以卢阳属郴州。天宝元年,改为义昌。

　　平阳　　晋分郴置平阳郡及县。陈废,后萧铣复分郴置。武德七年省。八年复置。

　　资兴　　后汉分郴置汉宁县,吴改为阳安,晋改为晋宁,隋改为晋兴。贞观八年省。咸享三年复置,改名资兴。

　　高亭　　汉便县地,属桂阳郡,晋省,陈复置。隋废。开元十三年,宇文融析郴县北界四乡置安陵县。天宝元年,改为高亭,取县东山名。

　　临武　　汉县,属桂阳郡,县南临武溪故也。

　　蓝山　　汉南平县,属桂阳郡。隋废。咸享二年,复置南平县。天宝元年,改为蓝山。九疑山,在县西五十里。

　　召州　　隋长沙郡之召阳县。武德四年,平萧铣,置南梁州,领召陵、建兴、武冈三县。七年,省建兴入武冈,省召陵并召阳。贞观十年,改名召州。元宝元年,改为召阳郡。乾元元年,复为召州。旧领县二,户二千八百五十六,口一万三千五百八十三。天宝,户一万七千七十三,口七万一千六百四十四。在京师东南三千四百里,至东都二千二百六十八里。

　　召阳　　汉召陵县,属长沙国。后汉改为昭阳,晋改为召阳。隋平陈,移于今理。吴分零陵北部置召陵郡。隋平陈,废郡,以召阳属潭州,寻又于召阳置建州。武德四年,改置南梁州,贞观十年,改为召州,皆理召阳县。

　　武冈　汉都梁县,属零陵郡。晋分都梁置武冈县。隋废。武德
四年,分召阳复置。

　　连州　隋熙平郡。武德四年,平萧铣,置连州。天宝元年,改为
连山郡。乾元元年,复为连州。旧领县三,户五千五百六十三,口三
万一千九十四。天宝,户三万二千二百十,口一十四万三千五百三
十二。在京师南三千六百六十五里,至东都三千四百五里。

　　桂阳　汉县,属桂阳郡。今州理是也。隋开皇十年,于县置连
州,大业改为熙平郡。武德四年,复为连州,皆以桂阳为理所。

　　阳山　汉县,属桂阳郡。后汉省。晋平吴,分洭浈县复置。梁
于洭浈县西置阳山郡,以县属之。隋废郡。县属连州。神龙元年,
移于浈水之北,今县理是也。一名湟水。

　　连山　晋武分桂阳立广惠县,隋改为广泽。仁寿元年,改为连
山。

　　黔州下都督府　隋黔安郡。武德元年,改为黔州,领彭水、都
上、石城三县。二年,又分置盈隆、洪社、相永、万资四县。四年,置
都督府,督务、施、业、辰、智、牂、充、应、庄等州。其年,以相永、万资
二置费州,以都上分置夷州。十年,以思州高富来属。十一年,又以
高富属夷州,以智州信宁来属。今督思、辰、施、牢、费、夷、巫、应、
播、充、庄、牂、琰、池、矩十五州。其年,罢都督府。置庄州都督。景
龙四年废,以播州为都督。先天二年废,复以黔州为都督。天宝元
年,改黔州为黔中郡,依旧都督施、夷、播、思、费、珍、溱、商九州。又
领充、明、劳、羲、福、建、邦、琰、清、庄、峨、蛮、牂、鼓、儒、琳、鸾、令、
那、晖、郝、总、敦、侯、免、柯、契、稜、添、普宁、功、亮、茂、龙、延、训、
乡、双、整、悬、抚、次水、矩、思源、逸、殷、南平、勋、姜、龙小等五十
州。皆羁縻,寄治山谷。乾元元年,复以黔中郡为黔州都督府。旧
领县五,户五千九百一十三,口二万七千四百三十三。天宝县六,户

四千二百七十，口二万四千二百四。在京师南三千一百九十三里，至东都三千二百七十一里。

彭水　汉酉阳县，属武陵郡。吴分酉阳置黔阳郡。隋于郡置彭水县。周置奉州，寻为黔州。贞观四年，于州置都督府。

黔江　隋分黔阳县置石城县。天宝元年，改为黔江。

洪社　武德二年，分置洪社县，治洪社溪。麟德二年，移治龚湍。

洋水　武德二年，分彭水于巴江西置盈隆县。先天元年，改为盈川。天宝元年，改为洋水。

信宁　隋置信安县，取界内山名。武德二年，改为信宁。武德五年，属义州。州废来属。

都濡　贞观二十年，分盈隆县置。

辰州下　隋沅陵县。武德四年，平萧铣，置辰州，领沅陵等五县。九年，分大乡置阳大乡五县。五年，分辰溪置溆浦县。贞观九年，分大乡置三亭县。天授二年，分大乡、三亭两县置溪州。景云二年，置都督府。督巫、业、锦三州。开元二十七年，罢都督府。天宝元年，改为卢溪郡。乾元元年，复为辰州，取溪名。旧领县七，户九千二百八十三，口三万九千二百二十五。天宝领县五，户四千二百四十一，口二万八千五百五十四。在京师南微东三千四百五里，至东都三千二百六十里。

沅陵　汉辰阳县，属武陵郡。本秦黔中郡县也。隋改辰阳为辰溪，仍分置沅陵郡。武德四年，改为辰州，以沅陵为理所。

卢溪　武德三年，分沅陵县置。

溆浦　汉义陵县地，属武陵郡。武德五年，分辰溪置。

麻阳　武德三年，分沅陵、辰溪二县置。垂拱四年，分置龙门县，寻废。

辰溪　汉辰阳县地，隋分置辰溪县。

锦州下　垂拱二年,分辰州麻阳县地并开山洞置锦州及四县。天宝元年,改锦州为卢阳郡。乾元元年,复为锦州。天宝领县五,户二千八百七十二,口一万四千三百七十四。至京师三千五百里,至东都三千七百里。

卢阳、招谕、渭阳、常丰　已上四县,并垂拱三年与州同置。其常丰本名万安,天宝元年,改为常丰。

洛浦　天授二年,分辰州之大乡置,属溪州。长安四年,改属锦州。

施州下　隋清江郡之清江县。义宁二年,置施州,领清江、开夷二县。贞观八年,废业州,以建始县来属。麟德元年,废开夷县入清江。天宝元年,改为清化郡。乾元元年,复为施州。旧领县三,户二千三百一十二,口一万八百二十五。天宝领县二,户三千七百二,口一万六千四百四十四。在京师南二千七百九里,至东都二千八百一十里。

清江　汉巫县,南郡。吴分巫立沙渠县,后周于县立施州。隋为清江县,州所理也。

建始　后周分巫县置建始县。义宁二年,于县置业州,领建始一县。贞观八年,废业州,县属施州。

巫州下　贞观八年,分辰州龙标县置巫州。其年,置夜郎、朗溪、思征三县。九年,废思征县。天授二年,改为沅州,分夜郎渭溪县。长安三年,割夜郎、渭溪二县置舞州。先天二年,又置潭阳县。开元十三年,改沅州为巫州。天宝元年,改为潭阳郡。乾元元年,复为巫州。旧领县三,户四千三十二,口一万一千四百九十五。天宝,户五千三百六十八,口一万二千七百三十八。在京师南三千一百五十八里,至东都三千八百三十三里。

龙柯　武德七年置,属辰州。贞观八年,置巫州,为理所也。

朗溪　贞观八年置。

潭阳　先天二年,分龙摽置。

业州下　长安四年,分沅州二县置舞州。开元十三年,改为鹤州。二十年,又改为业州。天宝元年,改龙摽郡。乾元元年,复为业州。领县三,户一千六百七十二,口七千二百八十四。在京师南四千一百九十七里,至东都三千九百里。

峨山　贞观八年,置夜郎县,属巫州。长安四年,置舞州。开元二十年,改夜郎为峨山县。

渭溪　天授二年,分夜郎置,属沅州。长安四年,改为业州。

梓姜　旧于县置充州。天宝三年,以充州荒废,以梓姜属业州,其充州为羁縻州。

夷州下　隋明阳郡之绥阳县。武德四年,置夷州于思州宁夷县,领夜郎、神风、丰乐、绥养、鸡翁、伏远、明阳、高富、宁夷、思义、丹川、宣慈、慈岳等十三县。六年,废鸡翁县。贞观元年,废夷州省夜郎、神泉、丰乐三县,以伏远、明阳、高富、宁夷、思义、丹川六县隶务州,宣慈、慈岳二县隶溪州,以绥养隶智州。四年,复置夷州于黔州都上县。六年,又置鸡翁县。十一年,又以义州之绥阳、黔州之高富来属。其年,又自都上移于今所。天宝元年,改为义泉郡。乾元元年,复为夷州。旧领县四,户二千二百一十一,口八千六百五十七,天宝县五,户一千二百八十四,口七千一十三,在京师南四千三百八十七里,至东都三千八百八十里。

绥阳　汉牂牁郡地。隋朝招慰置绥阳县,古徼外夷也。武德三年,属义州。贞观十一年,改属夷州。

都上　隋置。武德元年,属黔州。贞观四年,置夷州,为理所。十一年,州移治绥阳县。

义泉　隋旧。于县置牢州。贞观十七年,废牢州,以义泉属夷州。

洋川　武德二年置。旧属牢州。贞观十七年,属夷州。

宁夷　旧属思州。开元二十五年,属夷州。

播州下　隋牂柯郡之牂柯县。贞观九年,分置郎州,领恭水、高山、贡山、柯盈、邪施、释燕六县。十一年,省郎州并六县。十一年,又于其地置播州及恭水等六县。十四年改恭水等六县名。二十年,以夷州之芙蓉、琊川来属。显庆五年,废舍月、胡江、罗为三县。景龙四年,废庄州都督府,以播州为都督府。先天二年,罢都督。开元二十六年,又废胡刀、琊川两县。天宝元年,改为播川郡。乾元元年,复为播州。领县三,户四百九十,口二千一百六十八,在京师南四千四百五十里,至东都四千九百六十里。

遵义　汉武开西南夷,置牂柯郡,秦夜郎郡之西南境也。贞观元年,置恭水县,属郎州。十一年省,十三年复置,属播州。十四年改为罗蒙。十六年,改为遵义。显庆五年,废舍月并人。

芙蓉　旧属牢州。贞观十六年,改为夷州,二十年,又改属播州。开元二十六年,废胡刀、琊川两县并入。

带水　贞观九年,置柯盈县。十四年,改为带水。

思州下　隋巴东郡之务川县。武德四年,置务州,领务川、涪川、扶阳三县。贞观元年,以废夷州之伏远、宁夷、思义、高富、明阳、丹川六县,废思州之丹阳、城乐、感化、思王、多田五县来属。其年,省思义、明阳、丹川三县。二年,又省丹阳。四年,改务州为思州。其年,以涪川、扶阳二县割入费州。八年,又以多田、城乐二县割入费州,其年,又废感化县。十年,以高富隶黔州。十一年,又省伏远县。天宝元年,改为宁夷郡。乾元元年,复为思州。旧领县三,户二千六百三,口七千五百九十九。天宝,户一千五百九十九,口一万二千二十一。在京师南三千八百三十九里,至东都三千五百九十六里。

务川　州所治。汉酉阳县,属武陵郡。隋朝招慰置务川县。武德元年,招慰使冉安昌以务川当牂柯要路,请置务州。贞观八年,改为思州,以思邛水为名。

思王　武德三年置,属思州。贞观元年,改属务州。四年,改属思州。

宁夷　隋置。武德四年,属夷州。贞观元年,属思州。

思印　开元四年,开生獠置。

费州下　隋黔安郡之涪川县。贞观四年,分思州之涪川、扶阳二县置费州。其年,割黔州之万资、相永二县来属。八年,又割思州之多田、城乐来属。十一年,废相永、万资二县。天宝元年,复为涪川郡。乾元元年,复为费州。旧领县四,户二千七百九,口六千九百五十。天宝,户四百二十九,口二千六百九。在京师南四千七百里,至东都四千九百里。

涪川　汉牂牁郡之地,久不臣附。周宣政元年,信州总管、龙门公裕,招慰生獠王元殊、多质等归国,乃置费州,以水为名。涪川。武德四年,置务州。贞观四年,置费州,治于此。

多田　武德四年,务州刺史奏置。以土地稍平,垦田盈畛,故以多田为名。贞观四年,属思州。八年,改属费州。

扶阳　隋仁寿四年,庸州刺史奏置,以扶阳水为名。

城乐　武德四年,山南道大使赵郡王孝恭招慰生獠,始筑城,人歌舞之,故曰城乐。

南州下　武德二年置,领隆阳、扶化、隆巫、丹溪、灵水、南川六县。三年,改为楚州。四年,复为南州。贞观五年,置三溪县。七年,又置当山、岚山、归德、汶溪四县。八年,又废当山、岚山、归德、汶溪四县。十一年,又废扶化、隆巫、灵水三县。天宝元年,改为南川郡。乾元元年,复为南州。旧领县三,户三千五百八十三,口一万三百六十六。天宝领县二,户四百四十三,口二千四十三。在京师南三千六百里,至东都三千七百里。

南川　武德二年,置隆阳县。先天元年,改为南川,州所治。

三溪　贞观五年置。

溪州下 旧辰州之大乡。天授二年,分置溪州。旧领县二,又分置洛浦县。长安四年,以洛浦属锦州。天宝元年,改溪州为灵溪郡。乾元元年,复为溪州。领县二,户二千一百八十四,口一万五千二百八十二。至京师二千八百九十三里,至东都二千六百九十六里。

大乡 汉沅陵、零陵二县地,属武陵郡。梁分置大乡县。旧属辰州,天授二年来属,州所理也。

三亭 贞观九年,分大乡置,属辰州。天授二年,改属溪州。县界有黔山,大酉、小酉二山。

溱州下 贞观十六年,置溱州及荣懿、扶欢、乐来三县。咸享元年,废乐来县。天宝元年,改为溱溪郡。乾元元年,复为溱州。领县二,户八百七十九,口五千四十五。至京师三千四百八十里,至东都四千二百里。

荣懿,扶欢已上二县,并贞观十六年,开山洞置。

珍州下 贞观十六年置,天宝元年改为夜郎郡。乾元元年,复为珍州。领县三,户二百六十三,口一千三十四。至京师四千一百里,至东都三千七百里。

夜郎 汉夜郎郡之地。贞观十七年,置于旧播州城,以县界有隆珍山,因名珍州。

鹿皋、乐源,并贞观十六年,开山洞置。

牂州,领县二。充州,领县八。应州,领县五。琰州,领县四。牢州,领县七。已上国初置,并属黔中道羁縻州。永徽已后并省。

陇右道

秦州都督府 隋天水郡。武德二年,平薛举,改置秦州,仍立总管府，管秦、渭、岷、洮、垒、文、武、成、康、兰、宕、扶等十二州。秦州领上邽、成纪、秦岭、清水四县。四年，分清水置邽州。六年，废邽州，以清水来属。八年，废文州，又以陇城来属。其年，又废伏州，以伏羌来属。九年，于伏羌废城置盐泉县。贞观元年，改盐泉为夷宾。二年，省夷宾县。六年，省长川县。十四年，督秦、成、渭、武四州，治上邽。十七年，废秦岭县。开元二十二年，缘地震，移治所于成纪县之敬亲川。天宝元年，改为天水郡。依旧都督府。督天水、陇西、同谷三郡。其年，复还治上邽。乾元元年，复为秦州。旧领县六，户五千七百二十四，口二万五千七十三。天宝领县五，户二万四千八百二十七，口十万九千七百。在京师西七百八十里，至东都一千六百五里。

上邽　汉县，属陇西郡。武帝分置天水郡。后汉分獠道立南安郡。后魏改上邽为上封。隋复于上邽置秦州。州前有湖水，四时增减，故名天水郡。

成纪　汉县，属天水郡。旧治小坑川。开元二十二年，移治敬亲川。成纪亦徙新城。天宝元年，州复移治上邽县。

伏羌　汉冀县，属天水郡。晋于此置秦州。后魏改为当亭县，隋复为冀县。武德三年，改为伏羌县，仍置伏州。八年，伏州废，县属秦州。贞观三年，废夷宾县，并入伏羌。

陇城　汉陇县，属天水郡。隋加"城"字。武德二年，置文州，以陇城隶之。八年，文州废，来属。贞观三年，省长川县并入。

清水　汉县，属天水郡。武德四年，置邽州于清水。六年，废邽州，以清水来属。

成州下　隋汉阳郡。武德元年，置成州，领上禄、长道、潭水三县。贞观元年，以潭水属宕州，又割废康州之同谷县来属。州理杨难当所筑建安城。天宝元年，改为同谷郡。乾元元年，复为成州。旧领县三，户一千五百四十六，口七千二百五十九。天宝，户四千七百二十七，口二万一千五百八。在京师西南九百六十里，至东都一千八百里。

上禄　汉县,属武都郡。白马氏之所处。州南八十里仇池山,其上有百顷地,可处万家。晋时,互酋杨难当据仇池,即此山上也。晋朝招慰,乃置仇池郡。以难当为守。梁置南秦州,又改为成州。隋以上禄为仓泉县。又复为上禄。

长道　元魏分上禄置长道县,于县置天水郡。隋改天水为汉阳郡。又改汉阳县为长道。

同谷　汉下辨道,属武都郡。后魏于此置广业郡,领白石县。又改白水为同谷。

渭州下　隋陇西郡。武德元年,置渭州。天宝元年改为陇西郡,乾元元年,复为渭州。四月,鄯州都督郭英乂,奏请以渭州、洮州为都督府,后废。旧领县四,户一千九百八十九,口九千二十八。天宝,户六千四百二十五,口二万四千五百二十。在京师西一千一百五十三里,至东都二千里。

襄武　汉县,属陇西郡,后魏于县置渭州,以水为名。

陇西　汉獠道地,属天水郡。后汉分武阳置县。

鄣县　天授二年,改为武阳县。元年,复为鄣县。

渭源　汉首阳县地,属陇西郡。后魏分陇西置渭源郡,又改首阳为渭源县。上元二年,改首阳县,仍于渭源故城分置渭源县。仪凤三年,废首阳并入渭源。

鄯州下都督府　隋西平郡。武德二年,平薛举,置鄯州,治故乐都城。贞观中,置都督府。天宝元年,改为西平郡。乾元元年,复为鄯州。上元二年九月,州为吐蕃所陷,遂废。管鄯城三县,今河州收管。旧领县二,户一千八百七十五,口九千五百八十二。天宝领县三,户五千三百八十九,口二万七千一十九。在京师西一千九百一十三里,至东都二千五百四十里。

湟水　汉破羌县,属金城郡。汉破匈奴,取西河地,开湟中处月

氏,即此。湟水,俗呼湟河,双名乐都水,南有凉秃发乌孤始都此,后
魏置鄯州,改破羌为西都县,隋改为湟水县,县界有浩亹水。

龙支　汉允吾县,属金城郡。后汉改为龙耆县。后魏改为金城
县,又改为龙支。积石山,在今县南。

鄯城　仪凤三年置,汉西平郡故城在西。

兰州下　隋金城郡。隋末,陷薛举。武德二年,平贼,置兰州。
八年,置都督府。督兰、阿、鄯、郭四州。贞观六年,又督西盐州。十
二年,又督凉州。今督兰、鄯、儒、淳四州。领金城、狄道、广武三县。
显庆元年,罢都督府。天宝元年,改金城郡。二载,割狄道县置狄道
郡。乾元元年,复为兰州。旧领县三,户一千六百七十五,口七千三
百五。天宝领县二,户二千八百八十九,口一万四千二百二十六,在
京师西一千四百四十五里,至东都二千二百里。

五泉　汉金城县,属金城郡。西羌所处。后汉置西海郡乞伏乾
归都此,称凉。隋开皇初,置兰州,以皋兰山为名。炀帝改金城郡。
隋置五泉县。咸亨二年,复为金城。天宝元年,改为五泉。

广武　汉枝杨县,属金城郡。张骏置广武郡。隋废为县,属兰
州。

临州下都督府　天宝三载,分金城郡置狄道郡。乾元元年,改
为临州都督府,督保塞州,羁縻之名也。领县二,户二千八百九十
九,口一万四千二百二十六。在京师西一千四百四十五里,至东都
二千二百里。

狄道　汉县,属陇西郡。晋改为武始县。隋复为狄道,属兰州。
天宝三载复置。

长乐　旧安乐县。乾元后,改为长乐。

河州下　隋枹罕郡。武德二年,平李轨,置河州,领枹罕、大夏
二县。贞观元年,废大夏县。五年复置。十年,省米州,以米川县来

属。十一年,废乌州,以其地置安乡县来属。天宝元年,改为安乡郡。乾元元年,复为河州。旧领县三,户三千三百九十一,口一万二千六百五十五。天宝领县三,户五千七百八十二,口三万六千八百八十六。在京师西一千四百一十五里,至东都二千二百七十里。

枹罕　汉县,属金城郡。枹音桴,张骏于县置河州,至后魏不改,又名枹罕郡。隋初为河州,炀帝为枹罕郡。武德二年,改为河州。皆治于枹罕。

大夏　汉县,属陇西郡。张骏于县置大夏郡及县。取西大夏水为名。贞观元年,废入枹罕。五年又置。

凤林　汉白石县,属金城郡。张骏改白石为永固。贞观七年,废县。置焉州。十一年州废,于城内置安乡县。天宝元年,改为凤林,取关名也。

武州下　隋武都郡。武德元年,置武州,领将利、建威、覆津、盘堤四县。贞观元年,省建威入将利。天宝元年,改为武都郡。乾元元年,复为武州。旧领县三,户一千一百五十二,口五千三百八十一。天宝,户二千九百二十三,口一万五千三百一十三。在京师西一千二百九十里,至东都二千里。

将利　秦、汉白马之地。汉置武都郡并县。后魏改武都为石门县,置武州。后周改为将利县,仍置武都郡。隋初废,炀帝复为郡。皆治将利县。

覆津　后魏置武阶郡,又于今县东北三十里万郡故城置覆津县。隋废武阶郡,县属武都郡。

盘堤　汉河池县地,属武都郡。后魏于今县东南百四十二里移盘堤县于郡置武州。盘堤山为名。

洮州下　隋临洮郡。武德二年,置洮州。贞观五年,移州治于洪和城,后复移还洮阳城,今州治也。永徽元年,置都督府。开元十七年废,并入岷州。临潭县置临州。二十七年,又改为洮州。天宝元年,改为临洮郡,管密恭县,党项部落也,寄治州界。乾元元年,复为洮州。旧领县二,户二千三百六十三,口八千二百六十。天宝,户三千七百,口一万五千六十。在京师西一千五百六里,至东都二千三百九十里。

临潭　秦、汉时羌地,本吐谷浑之镇,谓之洪和城。后周攻得之,改为美相县,属洮州。贞观四年,洮州理于此。置临潭县,属旭州。八年,废旭州来属,其年,移理洮阳城,今州治也。仍于旧洪和城置美相县,隶洮州。天宝中,废美相并入。

岷州下　隋临洮郡之临洮县。义宁二年,置岷州。武德四年,为总管府,管岷、宕、洮、叠、旭五州。七年,加督芳州。九年,又督文、武、扶三州。贞观元年,岷、宕、洮、旭四州。六年,督桥、意二州。十二年,废都督府。神龙元年,废当夷县。天宝元年,改为和政郡。乾元元年,复为岷州。旧领县四,户四千五百八十三,口一万九千二百三十九,天宝,县三,户四千三百二十五,口二万三千四百四十一。在京师西一千三百七十八里,至东都二千一百里。

溢乐　秦临洮县,属陇西郡。今州西二十里长城,蒙恬所筑。岷山,在县南一里。崆峒山,县西二十里,后魏置岷州,仍改临洮为溢乐。隋复改临洮,义宁二年,改名溢乐。神龙元年,废当夷县并入。

枯川　后周置基城县。先天元年,改为枯川,避玄宗名。

和政　后周置洮城郡。保定元年,置和政县。

廓州下　隋浇河郡。武德二年,置廓州。天宝元年,改为宁塞郡。乾元元年,复为廓州。旧领县二,户二千二十,口九千七百三十二。天宝,领县三,户四千二百六十一,口二万四千四百。在京师二千三十里,至东都二千七百七十二里。

广威　后汉烧当羌之地,段颎破羌斩浇河大帅即此也。汉末,置西平郡,此地即南界也。前凉置湟河郡。后魏置石城郡。废帝因县内化隆谷改为化隆县。后周置廓州。先天元年,改为化成县。天宝元年,改为广威县。县界有拔延山。

达化 后周置达化郡并县。吐浑浇河城,在县西一百二十里。

米川 汉枹罕县地,属金城郡。贞观五年,置米州及米川县。十年,州废,县属廓州。

叠州下都督府 隋临洮郡之合川县。武德二年,置叠州,领合川、乐川、叠川三县。五年,又置安伏、和同二县以处党项,寻省。叠川、乐川县。十三年,置都督,督叠、岷、洮、宕、津、序、壹、枯、嶂、王、盖、立、桥等州。永徽元年,罢都督府。天宝元年,改为合川郡。乾元元年,复为叠州。领县一,户一千八十三,口四千六十九。天宝领县二,户一千二百七十五,口七千六百七十四。在京师西南一千一百一十里,至东都二千五百六十里。

合川 秦、汉已来,为诸羌保据,后周武帝逐诸羌,始有其地,置合川县,仍于县置叠州,取郡山重叠之义。旧治吐谷浑马牧城,武德三年,移于交戍城。

常芬 隋同昌郡之常芬县。武德元年,置芳州,领常芬、恒香、丹领三县。神龙元年,废芳州为常芬县,隶叠州。

宕州下 隋宕昌郡。武德元年,置宕州,领怀道、良恭、和戎三县。贞观三年,省和戎入怀道。天宝元年,改为怀道郡。乾元元年,复为宕州。旧领县二,户一百四十,口一千四百六十一。天宝,户一千一百九十,口七千一百九十九。在京师西南一千六百五十六里,至东都二千二百八十五里。

怀道 历代诸羌所据,后魏始附为蕃国。后周置宕昌郡及怀道、良恭二县。隋为宕昌郡。武德初,为宕州,理怀道。

良恭 后周置阳宕县,隋改为良恭。

河西道

贞观元年,分陇坻已西为陇右道。景云二年,以江山阔远,奉使者艰难,乃分山南为东西道,自黄河以西,分为河西道。

凉州中都督府　隋武威郡。武德二年,平李轨,置凉州总府,管凉、甘、瓜、肃四州。凉州领姑臧、昌松、番禾三县。三年,又置神鸟县。七年,改为都督府,督凉、肃、甘、沙、瓜、伊、芳、文八州。贞观元年,废神鸟县。总章元年,复置。咸享元年,为大都督府,督凉、甘、肃、伊、瓜、沙、雄七州。上元二年,为中都督府。神龙二年,置嘉麟县。天宝元年,改为武威郡,督凉、甘、肃三州。乾元元年,复为凉州。旧领县三,户八千二百三十一,口三万三千三十。天宝领县五,户二万二千四百六十二,口十二万二百八十一。在京师西北二千一十里,至东都二千八百七十里。

姑臧　汉县,属武威郡。郡所理,秦月氏戎所处。匈奴本名盖藏城,语讹为姑臧城。西魏复置凉州。晋末,张轨据姑臧,称前凉。吕光又称后凉。后入于元魏,为武威郡。武德初,平李轨,置凉州。州界有猪野泽。

神鸟　汉鸾鸟县,属武威郡。后魏废。总章元年,复于汉武威城置武威县。神龙元年,改为神鸟。于汉鸾鸟古城置嘉麟县。

昌松　汉苍松县,属武威郡。后凉吕光改为昌松。

天宝　汉番禾县,属张掖郡,县南山曰天山,又名雪山。咸享元年,于县置雄州。调露元年,废雄州,番禾还凉州。天宝三年,改为天宝县。

嘉麟　神龙二年,于汉鸾鸟古城置。景龙二年废。先天二年复置。

吐浑部落、兴昔部落、阁门府、皋兰府、卢山府、金水州、蹹林州、贺兰州　已上八州府,并无县,皆吐浑、契苾、思结等部,寄在凉州界内,共有户五千四十八,口一万七千二百一十二。

甘州下　隋张掖郡。武德二年,平李轨,置甘州。天宝元年,改为张掖郡。乾元元年,复为甘州。旧领县二,户二千九百二十六,口一万一千六百八十。天宝,户六千二百八十四,口二万二千九十二。在京师西北二千五百里,至东都三千三百一十里。

张掖　故匈奴昆邪王地,属汉武开置。张掖郡及觻音禄得县,郡所治也,匈奴王号也。后魏置张掖军,孝文改为郡及县,州置西凉州,寻改为甘州,取州东甘峻山为名。祁连山,在州西南二百里也。

删丹　汉县,属张掖郡。后汉分张掖置西海郡。晋分删丹置兰池、万岁、仙堤三县。炀帝废,并入删丹,居延海、焉支山在县界。删丹山,即焉支山,语讹也。

肃州下　武德二年,分隋张掖郡置肃州。八年,置都督府,督肃、瓜、沙三州。贞观元年,罢都督府。贞观中,废玉门县。天宝元年,改为酒泉郡。乾元元年,复为肃州。旧领县三,户一千七百三十一,口七千一百一十八。天宝领县二,户二千三百三十,口八千四百七十六。在京师西北二千八百五十八里,至东都三千七百八十里。

酒泉　汉福禄县,属酒泉郡。郡城下有金泉,泉味如酒,故为郡名。此月支地,为匈奴所灭,匈奴令休屠、昆邪王守之。汉武时,昆邪来降,乃置酒泉郡。张轨、李暠、沮渠蒙逊皆都于此,后魏置酒泉军,复为郡,后周改为甘州,隋分甘州置肃州,皆治酒泉。义宁元年,置酒泉县。

福禄　汉旧县,属酒泉郡。今县,汉乐绾县地,属敦煌郡。武德二年,于乐绾古城置福禄县。

瓜州下都督府　隋敦煌郡之常乐县。武德五年,置瓜州,仍立总管府,管西、沙、肃三州。八年,罢都督。贞观中,为都督府。天宝元年,为晋昌郡。乾元元年,复为瓜州。旧领县二,户一千一百六十四,口四千三百二十二。天宝,户四百七十七,口四千九百八十七。在京师西三千三百一十里,至东都四千三百六里。

晋昌　汉冥安县,属敦煌郡。冥,水名。置晋昌郡及冥安县,因改晋昌为永兴,隋改为瓜州,改冥安常乐。武德七年,复为晋昌。

常乐　汉广至县，属敦煌郡。魏分广至置宜禾县。李暠于此置凉兴郡。隋废，置常乐镇。武德五年，改镇为县。

伊州下　隋伊吾郡。隋末，西域杂胡据之。贞观四年，归化，置西伊州。六年去"西"字。天宝元年，为伊吾郡，乾元元年，复为伊州。旧领县三，户一千三百三十二，口六千七百七十八。天宝领县二，户二千四百六十七，口一万一百五十七。在京师西北四千四百一十六里，至东都五千三百三十里。

伊吾　在敦煌之北，大碛之外。秦汉之际，戎居之。南去玉门关八百里，东去阳关二千七百三十里。汉宣帝时，以郑吉为都护，在玉门关。元帝时，置戊己校尉，皆治车师。后汉明帝时，取伊吾卢地，置宜禾都尉以屯田。窦婴、班超大破西域，始于此筑城。班勇为西域长史，居此地也。后魏、后周鄯善戎居之。隋始于汉伊吾屯城之东筑城，为伊吾郡。隋末，为戎所据。贞观四年，款附，置西伊州始于此。天山，在州北二十里，一名白山，胡人呼析罗漫山。

柔远　贞观四年置，取县东柔远故城为名。

纳职　贞观四年，于鄯善胡所筑之成置纳职县。

沙州下　隋敦煌郡。武德二年，置瓜州。五年，改为西沙州。贞观七年，去"西"字。天宝元年，改为敦煌郡。乾元元年，复为沙州。旧领县二，户四千二百六十五，口一万六千二百五十。在京师西北三千六百五十里，至东都四千三百九里。

敦煌　汉郡县名。月氏戎之地，秦汉之际来属。汉武开西域。分酒泉置敦煌郡及县。周改敦煌为鸣沙县，取县界山名。隋复为敦煌。武德三年，置瓜州，取《春秋》祖吾离于瓜州之义。五年，改为西沙州。皆治于三危山，在县东南二十里。鸣沙山，一名沙角山，又名神沙山，取州名焉，在县七里。

寿昌　汉龙勒县地，属敦煌郡。县南有龙勒山，后魏改为寿昌县。阳关，在县西六里。玉门关，在县西北一百一十八里。

西州中都督府　本高昌国。贞观十三年,平高昌,置西州都督府,仍立五县。显庆三年,改为都督府。天宝元年,改为交河郡,乾元元年,复为西州。旧领县五,户六千四百六十六。天宝领县五,户九千一十六,口四万九千四百七十六。在京师西北五千五百一十六里,至东都六千二百一十五里。

高昌　汉车师前王之庭。汉元帝置戊己校尉于此。以其地形高敞,故名高昌。其故垒有八城。张骏置高昌郡,后魏因之。魏末为蠕蠕所据,后麹嘉称高昌王于此数代。贞观十四年,讨平之,以其地为西州。其高昌国境,东西八百里,南北五百里。寻置都督府,又改为金山都督府。

柳中　贞观十四年置。

交河　县界有交河,水源出县北天山,一名神连山,县取水名,地本汉车师前王庭。

蒲昌　贞观十四年,于始昌故城置,县东南有蒲类海,胡人呼为婆悉海。

天山　贞观十四年置,取祁连山为名。

北庭都护府　贞观十四年,侯君集讨高昌,西突厥屯兵于浮图城,与高昌相响应。及高昌平。二十年四月,西突厥泥伏沙钵罗叶护阿史那贺鲁率众内附,乃置庭州。处叶护部落。长安二年,改为北庭都护府。自永徽至天宝,北庭节度使管镇兵二万人,马五千匹;所统摄突骑施、坚昆、斩啜;又管瀚海、天山、伊吾三军镇兵万余人,马五千匹。至上元元年,陷吐蕃。旧领县一,户二千三百。天宝领县三,户二千二百二十六,口九千九百六十四。在京师西北五千七百二十里,东至伊州界六百八十里,南至西州界四百五十里,西至突骑施庭一千六百里,北至坚昆七千里,东于回鹘界一千七百里。

金满　流沙州北,前汉乌孙部旧地,方五千里。后汉车师后王庭。胡故庭有五城,俗号“五城之地”。贞观十四年平高昌后,置庭州以前,故及突厥常居之。

　　轮台　取汉轮台为名。

　　蒲类　海名。

　　已上三县,贞观十四年与庭州同置。

　　瀚海军　开元中,盖嘉运置,在北庭都护府城内,管镇兵万二千人,马四千二百匹。

　　天山军　开元中,置伊州城内,管镇兵五千人,马五百匹,在都护府南五百里。

　　伊吾军　开元中置,在伊州西北五百里甘露川,管镇兵三千人,马三百匹,在北庭府东南七百里。

　　盐治州都督府　盐禄州都督府　阴山州都督府

　　大漠州都督府　轮台州都督府　金满州都督府

　　玄池州　哥系州　咽面州　金附州　孤舒州　西盐州

　　东盐州　叱勒州　迦瑟州　冯洛州　已上十六番州,新戎胡部落,寄于北庭府界内,无州县户口,随地治畜牧。

　　安西大都护府　贞观十四年,侯君集平高昌,置西州都护府,治在西州。显庆二年十一月,苏定方平贺鲁,分其地置濛池、昆陵二都护府。分其种落,列置州县。于是,西尽波斯国,皆隶安西都护府。仍移安西都护府理所于高昌故地。三年五月,移安西府于龟兹国。旧安西府复为西州。龙朔元年,西域吐火罗款塞,乃于于阗以西、波斯以东十六国,皆置都督,督州八十,县一百一十,军府一百二十六,仍立碑于吐火罗以志之。咸享元年四月,吐蕃陷安西都护府。至长寿二年,收复安西四镇,依前于龟兹国置安西都护府。至德后,河西、陇右戍兵皆征集,收复两京。上元元年,河西军镇多为吐蕃所陷。有旧将李元忠守北庭,郭昕守安西府,二镇与沙陀、回鹘相依,吐蕃久攻之不下。建中元年,元忠、昕遣使间道奏事,德宗嘉之,以元忠为北庭都护,昕为安西都护。其后,吐蕃急攻沙陀、回鹘部落,北庭、安西无援,贞元三年,竟陷吐蕃。

北庭都护府　本龟兹国。显庆中，自西川移府治于此。东至焉耆镇守八百里，西至疏勒镇守二千里。南至于阗二千里，东北至北庭府二千里，南至吐蕃界八百里，北至突骑施界雁沙川一千里。安西都护府，镇兵二万四千人，马二千七百匹，都护兼镇西节度使。

四镇，安西都护所统。

龟兹都督府　本龟兹国。其王姓白，理白山之南。去瓜州三千里，胜兵数千。贞观二十二年，阿史那社尔破之。虏龟兹王而还，乃于其地置都督府，领蕃州之九。至显庆三年，破贺鲁，仍自西州移安西府置于龟兹国城。

毗沙都督府　本于阗国。在葱岭北二百里，胜兵数千，俗多机巧。其王伏阇信，开元二十二年入朝。上元二年正月，置毗沙都督府，初管蕃州五。上元元年，分为十。在安西都护府西南二千里。

疏勒都督府　本疏勒国。在白山之南，胜兵二千。去瓜州四千六百里。贞观九年遣使朝贡，自是不绝。上元中，置疏勒都督府，在安西都护府西南二千里。

焉耆都督府　本焉耆国。其王姓龙，名突骑支，常役于西突厥。俗有鱼鳖之利。贞观十八年，郭孝恪平之，由是臣属。上元中，置都督府处其部落，无蕃州。在安西都督府东八百里。

西域十六都州府　龙朔元年，西域诸国，遣使来内属，乃分置十六都督府，州八十，县一百一十，军府一百二十六，皆隶安西都护府，仍于吐火罗国立碑以纪之。

月氏都督府　于吐火罗国所治遏换城置，以其王叶护领之。于其部内分置二十四州，都督统之。

太汗都督府　于哒部落所治活路城置，以其王太汗领之。仍分其部置十五州，太汗领之。

条枝都督府　于诃达罗支国所治伏宝瑟颠城置，以其王领之。仍于其部分置八州。

大马都督府　于解苏国所治数瞒城置，以其王领之。仍分其部置三州。

　　高附都督府　于骨咄施国所汉妖沙城置,以其王领之。仍分其部置三州。

　　修鲜都督府　于罽宾国所治遏纥城置,以其王领之。仍分其部置十一州。

　　写凤都督府　于失苑延国所治伏戾城置,以其王领之。仍分其部置四州。

　　悦般都督府　于石汗那国所治艳城置,以其王领之。仍分其部置双靡州。

　　奇沙州　于护特健国所治遏密城置。仍分其部置沛薄、大秦二州。

　　和墨州　于怛没国所治怛城置。仍分置栗弋州。

　　抧撖州　于乌拉喝国所治摩竭城置。

　　昆墟州　于护密多国所治抵宝那城置。

　　至拔州　于俱密国所治措瑟城置。

　　乌飞州　于护密多国所治摸廷城置。

　　王庭州　于久越得犍国所治步师城置。

　　波斯都督府　于波斯国所治疾陵城置。

　　右西域诸国,分置羁縻州军府,皆属安西都护统摄。自天宝十四载已前,朝贡不绝。今于安西府事末纪之,以表太平之盛业也。

旧唐书卷四一
志第二一

地理四

剑南道东西道　岭南道五管

剑南道

成都府　隋蜀郡。武德元年,改为益州,置总管府,管益、绵、陵、遂、资、雅、嘉、泸、戎、会、松、翼、嶲、南宁、昆、恭十七州。益州领成都、雒、九陇、郫、双流、新津、晋原、青城、阳安、金水、平泉、玄武、绵竹等十三县。又置唐隆、导江二县。二年,分置邛、眉、普、荣、登五州,属总管府。又置新都、什邡二县。三年,罢总管,置西南道行台。仍分绵竹、导江、九陇三县立濛州,阳安、金水、平泉三县立简州,割玄武属梓州,又析置导阳、新繁、万春三县。九年,罢行台,置都督府,督益、绵、简、嘉、陵、眉、犍、邛十州,并督嶲、南会、宁都督府。贞观二年,废濛州之九陇、绵竹、导江来属,仍改万春为温江。六年,罢南宁都督,更置戎州都督,属益州。八年,兼领南金州都督。十年,又督益、绵、简、嘉、陵、雅、眉、邛八州,茂、嶲二都督。十七年,置蜀县。龙朔二年,升为大都督府,仍置广都县。咸享二年,置金堂、仪凤二县。又置唐昌、濛阳二县。垂拱三年,分雒、九陇等十三县置彭、蜀二州。其年,又置犀浦县。圣历三年,又置东阳县。天宝元年,改益州为蜀郡,依旧大都督府,督剑南三十八郡。十五载,玄宗幸蜀,驻跸成都。至德二年十月,驾回西京,改蜀郡为成都府,长史为尹。又分为剑南东川、西川各置节度使。广德元年,黄门侍郎严武为成都尹,复并东、西川为一节度。自崔宁镇蜀后,分为西川,自后不改。旧领县十六,户十一万七千八百八十九,口七十四万三百一十二。汉朝蜀郡,户二十六万八千二百七十,口一百二十四万。天宝,领县十,户十六万九百五十,口九十二万八千一百九十九。在京师西南二千三百七十九里,至东都三千二百一十六里。

　　成都　汉县,属蜀郡。汉朝成都一县,管户一万六千二百五十六。蜀,三代之时西南夷国,或臣或否。至秦惠王既霸西戎,欲广其地,乃令其相张仪、司马错伐蜀。取其地,立汉中、巴、蜀三郡。蜀王本都广都之樊乡,张仪平蜀后,自赤里街移治于少城,今州城是也。蜀城,张仪所筑。

　　华阳　贞观十七年,分成都县置蜀县,在州郭下,与成都分理。乾元元年二月,改为华阳。

　　新都　汉县,属广汉郡。

　　新繁　汉繁县,属蜀郡,刘禅时加"新"字。

　　犀浦　垂拱二年,分成都县置。

　　双流　汉广都县地,属蜀郡。隋置双流县。

　　广都　龙朔三年,分双流置,取隋旧名。

　　郫　汉县,属蜀郡。隋置濛州,大业省为郫县。

　　温江　汉郫县地,魏蜀郡治于此。隋为万春县。贞观元年,改为温江。

　　灵池　久视元年,分蜀县置东阳县。天宝元年,改为灵池。

　　汉州上　垂拱二年,分益州五县置汉州。天宝元年,改为德阳郡。乾元元年,复为汉州。领县五,户六万九千五,口三十万八千二百三。至京师二千二百里,至东都三千一百一十六里。

　　雒　汉县,属广汉郡。后汉置益州,治于雒。晋置新都郡,宋、齐为广汉郡。垂拱二年,置汉州。皆治雒县也。

　　德阳　后周废县。武德三年,分雒置。

什邡　汉县,属广汉郡。后周改为方宁。武德三年,改为什邡。雍齿侯邑,在县北四十步。

绵竹　汉县,属广汉郡。隋开皇二年,置晋熙县。十八年,又改为李冰县。大业三年,改为绵竹。武德三年,属濛州。州废,来属之。

金堂　咸亨二年,分雒县、新都置,属益州。垂拱二年,来属也。

彭州上　垂拱二年,分益州四县置彭州,天宝元年,改为蒙阳郡。乾元元年,复为彭州。领县四,户五万五千九百二十二,口三十五万七千三百八十七。至京师二千三百三十九里,至东都三千一百六十九里。

九陇　州所治。汉繁县地,宋置晋寿郡,古城在县西北三里,梁置东益州。后魏为天水郡,仍改为九陇。初于县东三里置濛州,大业省。武德三年,复置濛州,领九陇、绵竹、导江三县,置彭州之名也。三县置,属益州。垂拱二年,属彭州。长寿二年,改为周昌。神龙初复置也。

濛阳　仪凤二年,分九陇、雒、什邡三县置,属益州。垂拱三年,来属。

导江　蜀置都安县,后周改为汶山。武德元年,改为盘龙,寻改为导江。三年,割属濛州。州废,属益州。旧治灌口城,武德元年,移治导江郡。垂拱二年,来属。

蜀州　垂拱二年,分益州四县置。天宝元年,改为唐安郡。乾元元年,复为蜀州也。领县四,户五万六千五百七十七,口三十九万六百九十四。至京师三千三百三十二里,至东都三千一百七十二里。

晋原　汉江源地,属蜀州。李雄立江源郡,晋改为多融县,又改为晋原。鹤鸣山,在西北十里。

青城　汉江源县地。南齐置齐基县,后周改为青城。山在西北三十二里,旧"青"字加水,开元十八年,去"水"为青。

唐安　本汉江源县地,后魏于此立犍为郡及㮷道县。隋省。武德元年复置,改为唐隆。长寿二年,为武隆。先天元年,改为唐安。

新津　汉开阳县,属犍为郡。后周改为新津,属益州。垂拱二年,属蜀州也。

眉州上　隋眉山郡之通义县。武德二年,割嘉州之通义、丹棱、洪雅、青神、南安五县置眉州。五年,省南安。贞观二年,置隆山县。天宝元年,改为通义郡。乾元元年,复为眉州。旧领县五,户三万六千九,口十六万九千七百五十五。天宝,户四万三千五百二十九,口一十七万五千二百五十六。至京师二千五百五十里,至东都三千二百八十九里。

通义　后汉置通义县,属齐通义郡。梁改为青州,后魏改为眉州。后改通义为安洛,又复通义。隋初为广通,寻改为通义。武德元年,于县置唐眉州也。

彭山　汉武阳县地,属犍为。晋于郡置西江阳郡。后魏增置隆山郡,以界内有鼎鼻山,地形隆故也。隋改为陵州隆山县。先天元年,改为彭山也。

丹棱　本南齐二乐郡,后周改为洪雅县。隋改为丹棱,属嘉州。武德二年,来属也。

洪雅　后周洪雅镇,隋改为县。武德九年,置犍州。贞观初,州废,属眉州也。

青神　汉南安县,属犍为郡。县临青衣江,西魏置青衣县。本治思蒙水口。武德八年移于今治,属眉州也。

绵州上　隋金山郡。武德元年,改为绵州,领巴西、昌隆、涪城、魏城、金山、万安、神泉七县。三年,分置显武、陇安、文义、盐泉四县。七年,省金山县。贞观元年,又省文义县。旧领县九,户四万三千九百四,口十九万五千五百六十三。天宝,领县九,户六万五千六

十六,口二十六万三千三百五十二。至京师二千五百九里,至东都
三千二百五十九里。

巴西　汉涪县。属广汉郡。晋置梓潼郡,西魏置潼州。隋改为
绵州,炀帝改为金山郡,隋改涪为巴西县也。

涪城　汉涪县地,东晋置始平郡,后魏改为涪城及潼县,隋改
潼为涪城。

昌明　汉涪县,晋置汉昌县,后魏为昌隆。先天元年,改为昌
明,旧有显武县,神龙元年,改为兴圣。开元二年废,并入昌明,仍分
巴西、涪城、万安三县地置兴圣。二十七年废,地各还本属。

魏城　隋置。

罗江　汉涪县地。晋于梓潼水尾万安故城置万安县,后魏置万
安郡,隋废。天宝元年,改万安为罗江。廉泉、让水,出县北平地也。

神泉　汉涪县地。晋置西园县,隋改为神泉,以县西泉能愈疾
故也。

盐泉　武德三年,分魏城置也。

龙安　隋金山县。武德三年复置,改为龙安。

西昌　隋金山县。隋末废。永淳元年,复置,改为西昌也。

剑州　隋普安郡。武德三年,改为始州。领县七。圣历二年,
置剑门县。先天二年,改始州为剑州。天宝五年,改为普安郡,乾元
元年,复为剑州也。旧领县七,户三万六千七百一十四,口十九万九
十六。天宝领县八,户二万三千五百一十,口一十万四百五十。至
京师一千六百六十二里,至东都二千五百六十里。

普安　汉梓潼县,广汉郡治也。宋置南安郡,梁置梁州,又改为
安州。西魏改为始州,兼置普安郡。武德三年,复为始州。皆治于
普安也。

黄安　梁分梓潼县置梁安县,寻改为黄安。

永归　隋分梓潼县置。

梓潼　汉县。蜀先分广汉置梓潼,西魏改为潼川郡,隋为梓潼

县。后魏自涪县移梓潼郡于今县,属始州,仍改郡为县也。

　　阴平　晋流人入蜀,县置北阴平郡。山北有十八陇山,山有陇十八也。

　　武连　汉梓潼县地。宋置武都郡及下辨县,又改下辨县为武功。后魏改为武连也。

　　临津　汉梓潼县地,南齐置相厚县,隋改为临津也。

　　剑门　圣历二年,分普安、永归、阴平三县地,于方期驿城置剑门,县界大剑山,即梁山也。其北三十里所有小剑山。大剑山有剑阁道,三十里至剑处,张载刻铭之所。剑山东西二百三十一里。

　　梓州上　隋新城郡。武德元年,改为梓州,领郪、射洪、盐亭、飞乌四县。三年,又以益州玄武来属。四年,又置永泰县,调露元年,置铜山县。天宝元年,改为梓潼郡。乾元元年,复为梓州。乾元后,分蜀为东、西川,梓州恒为东川节度使治所。旧领县七,户四万五千九百二十九,口二十四万八千三百九十四。天宝领县八,户六万一千八百二十四,口二十四万六千六百五十二。至京师二千九十里,至东都二千九百里。

　　郪　汉县,属广汉郡,历晋、宋,齐不改。梁于县置新州,西魏改为昌城郡,隋改为梓州,炀帝改为新城郡。郡城左带潼水,右挟中江,郪居水陆之要。梓州所治,以梓潼水为名也。

　　射洪　汉郪县地,后魏分置射洪县。娄缕滩东六里,有射江,语讹为“洪”。

　　通泉　汉广汉县地,隋县也。

　　玄武　汉底道县,属蜀郡。晋改为玄武。武德元年,属益州。三年,割属梓州也。

　　盐亭　汉广汉县地,梁置盐亭县也。

　　飞乌　汉郪县地,隋置飞乌镇,又改为县,取飞乌山为名也。

　　永泰　武德四年,分盐亭、武安二县置。

　　铜山　调露元年,分飞乌二县地置也。

阆州　隋巴西郡。武德元年，改为隆州，领阆中、南部、仓溪、南充、相如、西水、三城、奉国、仪陇、大寅属逢州十县。其年，又立辨丹、思恭二县。四年，以南充、相如属果州，仪陇、大寅属蓬州。又置新政。七年，又以奉国属西平州，还以奉国来属。又省思恭入阆中县。先天元年，改为阆州。天宝元年，为阆中郡。乾元元年，复为阆州。旧领县八，户三万八千九百四十九，口二十七万三千五百四十三。今领县九，户二万五千五百八十八，口十三万二千一百九十二。至京师一千九百一十五里，至东都二千七百六十里。

阆中　汉县，属巴郡。梁置北巴州。西魏置隆州及盘龙郡，炀帝改为巴郡。武德为隆州。皆治阆中。阆水迂曲经郡三面，故曰阆中，隋为阆内也。

晋安　汉阆中县地。梁置金匮贰。又为金迁郡。隋省郡，改为晋城。武德改为晋安也。

南部　后汉分阆中置充郡国县，属巴郡，又分置南充国郡。梁改为南充郡国，隋改为南部也。

苍溪　后汉分宕渠置汉昌县，属巴郡。隋改汉昌为苍溪也。

西水　汉阆中县地，梁置掌夫城，后周改为西水县。

奉国　后汉分阆中置。武德七年，属西平州。贞观元年，还属隆州。

新井　汉充国县地。武德元年，分南部、晋安二县置。界内有盐井。

新政　武德四年，分南部、相如两县置。

岐坪　旧属利州，开元二十三年，来属也。

果州中　隋巴西郡之南充县。武德四年，割隆州之南充、相如二县置果州，因果山为名。又置西充、郎池二县。天宝元年，为南充郡。乾元元年，复为果州也。旧领县四，户一万三千五百一十，口七万五千八百一十一。天宝领县六，户三万三千九百四，口八万九千二百二十五。至京师二千五百五十八里,至东都三千四百二十三里。

南充　汉安汉县,属巴郡。宋于安汉故城置宕渠郡。隋改安汉为南充。果山,在县南八里。

相如　汉安汉县地,梁置梓潼郡。周省郡,立相如县,以县城南二十里,有相如故宅二。相如坪,有琴台

流溪　开耀元年,析南充县于溪水侧置也。

西充　武德四年,分南充置,有西充山。

郎池　武德四年,分相如置。

岳池　万岁通天二年,分南充、相如二县置。初治思岳池,开元二十年,移治今所。

遂州中　隋遂宁郡。武德元年,改为遂州,领方义、长江、青石三县。二年,置总管府,管遂、梓、资、普四州。贞观罢总管。十年,复置都督,督遂、果、普、合四州。十七年,罢都督府。天宝元年,改为遂宁郡。乾元元年,复为遂州。旧领县三,户一万二千九百七十七,口六万六千四百六十九。天宝领县五,户三万五千六百三十二,口十万七千七百一十六,至京师二千三百二十九里,至东京三千一百六十六里。

方义　汉广汉县,属广汉郡。宋置遂宁郡,齐、梁加"东"字。后周改东遂宁为遂州,后魏改广汉为方义。

长江　东晋巴兴县,魏改为长江。旧治灵鹫山,上元二年,移治白桃川也。

蓬溪　永淳元年,分方义县置唐兴县。长寿二年,改为武丰。神龙初,复。景龙二年,分唐兴置唐安县。先天二年,废唐安县,移唐安废县置。天宝元年,改唐兴为蓬溪也。

青石　东晋兴县,后魏改为始兴,隋改始兴为青石,以县界有青石祠也。

遂宁　景龙元年分置。

普州中　隋资阳郡之安岳县。武德二年,分资州之安岳、隆康、安居、普慈四县置普州。三年,又置乐至、隆龛二县。天宝元年,改为安岳郡。乾元元年,复为普州。旧领县六,户二万五千八百四十,口六万七千三百二十。天宝领县四,户二万五千六百九十三,口七万四千六百九十二。至京师二千三百六十里,至东都三千二百三里。

安岳　汉犍为、巴郡地,资中、牛鞞、垫江三县地。李雄乱后,为獠所据。梁招抚之,置普慈郡。后周置普州,隋省。武德二年,复置,安岳为治所。

安居　后周柔刚县,属安居县郡。隋改柔刚为安郡。柔刚山,在县东二十步。旧治柔刚山,天授二年,移理张栅也。

普康　后周永唐县,隋改为永康,移治伏强城,寻改为隆康。先天元年,改为普康也。

崇龛　后周隆龛城,隋为隆龛县。旧治整濑川,久视元年,移治波罗川。先天元年,为崇龛。隆龛山,在县西三里也。

陵州中　隋隆山郡。武德元年,改为陵州,领仁寿、贵平、井研、始建、隆山五县。贞观元年,隆山属眉州。天宝元年,改为仁寿郡。乾元元年,复为陵州也。旧领县四,户一万七千四百四十一,口八万一百一十。天宝领县五,户三万四千七百二十八,口十一万一百二十八。至京师二千五百一十里,至东都三千四百八十四里。

仁寿　汉武阳县县东境,属犍为郡。置西城戍,以为井防。后魏平蜀,改为普宁县。后周置陵州,以州南陵井为名。隋改普宁为仁寿,所治也。

贵平　汉广都县之东南地,属蜀郡。后魏置和仁郡,仍立平井、贵平、可昙三县。旧治和仁城,开元十四年,移治禄川也。

井研　汉武阳县地。东晋置西阳郡。魏置蒲亭县,隋为井研。武德四年,自拥思茫水移治今所也。

始建　汉武阳县地。隋开皇十年，于此置始建镇。大业五年，改镇为始建县。旧治拥思茫水，圣历二年，移治荣祉山。

籍　梁席郡，一名汉阳戍。永徽四年，分贵平置。

资州上　隋资阳郡。武德元年，改为资州，领盘石、内江、安岳、普慈、安居、隆唐、资阳、大牢、威远。其年，割大牢、威远属荣州。二年，安居、隆唐、普慈、安岳四县属普州。贞观四年，置丹山县。天宝元年，改为资阳郡，乾元元年，复为资州。乾元二年正月，分置昌州。寻废也。旧领县八，户二万九千三百四十七，口十五万二千一百三十九。天宝，户二万九千六百三十五，口十万四千七百七十五。至京师二千五百六十里，至东都三千五百一十里。

盘石　汉资中县，属犍为郡。后周于今简州阳安县移资州于汉资中故城为治所。仍改资中为盘石，今州治。

资阳　后周分资中置县，在资水之阳也。

牛鞞　汉资中县为盘地。隋分置牛鞞县。汉有牛鞞县，属犍为郡，此非也。洛水，一名牛鞞音必尔反水。

内江　汉资中县地，后汉于中江水滨置汉安戍。其年，改为中江县，因其北乃云中，隋改为内江。汉安故城，今县治也。

月山　资中地，义宁二年置。

龙水　资中地，义宁二年置。

银山　资中地，义宁二年置。

丹山　汉资中地，贞观四年置。六年省，并入内江。七年，又置。

荣州中　隋资阳郡之大牢县。武德元年，置荣州，领大牢、威远二县。贞观元年，置旭川、婆日、至如三县。二年，割泸州之隆越来属。三年，自公井移州治大牢，仍割嘉州资官来属。八年，又割泸州之和义来属。废婆日、至如、隆越三县。永徽二年，移州治旭川。天宝元年，改为和义郡，乾元元年，复为荣州。旧领县六，户一万二千二百六十二，口五万六千六百一十四。天宝，户五千六百三十九，口一万八千二十四。至京师二千九百七十二里,至东都二千七百四十九里。

大牢　汉南安县,属犍为郡。隋置大牢镇,寻改为县。武德元年,割资州之大牢、威远二县,于公井镇置荣州,取界内荣山为名。又改公井为县。贞观六年,自公井移州治于大牢县也。

公井　汉江阳县,属犍为郡。后周置公井镇。武德元年,镇置荣州。改为公井县。贞观六年,治移于大牢也。

威远　汉安县地,属犍为郡。隋于旧威远戍置县。武德初,属资州。其年,割属荣州也。

旭川　贞观元年,分大牢县置。

资官　汉南安县地,晋置资官县。武德初,属嘉州。贞观六年,来属。

和义　汉安仁县地,隋置和义县。

简州　隋蜀郡之阳安县。武德三年,分益州置。天宝元年,改为阳安郡。乾元元年,复为简州。旧领县三,户一万三千八百五,口七万五千一百三十三。天宝,户二万三千六十六,口十四万三千一百九十。在京师西南二千七百里,至东都三千六百里。

阳安　汉牛鞞县,属犍为郡,后魏置阳安县,又分阳安、平泉、资阳三县置简州,取界内赖简池为名。

金水　汉新都县,属广汉郡。晋将朱龄石,于东山立金水戍。后魏立金水郡,分置金水、白牟二县。隋改为金润,属蜀郡。武德初,为金水。三年,属简州。县有金堂山。

平泉　汉牛鞞县地,后魏置婆润县。隋移县治于赖黎池,仍改为平泉县,县之旁地涌泉故也。

嘉州中　隋眉山郡。武德元年,改为嘉州,领龙游、平羌、夹江、峨眉、玉津、绥山、通义、洪雅、丹稜、青神、南安五县置眉州。贞观六年,改资官,属荣州。上元元年,以戎州之犍为来属。天宝元年,改为犍为郡。乾元元年，复为嘉州。三月，剑南节度使卢元裕，请升为中都督府。寻罢。旧领县六，户二万五千八十五，口七万五千三百九十一。天宝领县八，户三万四千二百八十九，口九万九千五百九十一。至京师二千七百二十里，至东都三千五百里。

龙游　汉南安县地，属犍为郡。后周置平羌县。隋初，为峨眉县，又改为青衣县。隋伐陈时，龙见于江中引舟，乃改为龙游县也。州临大江为名。

平羌　后周置也。

峨眉　汉南安县，隋置峨眉县，取西山名也。

夹江　汉南安县地。隋分龙游、平羌二县，于泾上置夹江县。今北八十里，有夹江废戍，即泾上地也。旧治泾上，武德元年，移于今治也。

玉津　汉南安县地。隋置玉津县，江中出璧故也。

绥山　隋招致生獠，于荣乐城置绥山县，取旁山名也。

罗目　麟德二年，开生獠置沐州及罗目县。上元三年，俱废。仪凤三年，又置，治沲和城，属嘉州。如意元年，又自峨眉县界移罗目治于今所也。

犍为　本汉都，因山立名。旧属戎州。上元元年，改属嘉州。

邛州上　隋临邛郡之依政县。武德元年，割雅州之依政、临邛、临溪、蒲江、火井五县，置邛州于依政县。三年，又置安仁县。显庆二年，移州治于临邛。天宝元年，改为临邛郡。乾元元年，复为邛州。旧领县六，户一万五千八百八十六，口七万二千八百五十九。天宝领县七，户四万二千一百七，口十九万三百二十七。在京师西南二千五百一十五里，至东都三千三百七十一里。

临邛　汉县，属蜀郡。邛水，出严道邛来山，入青衣江，故云临邛。晋于益州唐隆县置临邛县。后魏平蜀，自唐隆移临邛县治于汉临邛县西，立临邛郡。隋罢郡，移临邛县于今所治。有火井、铜官山也。

依政　秦蒲阳县。汉临邛县。梁置邛州于蒲州。后魏改为蒲阳郡。置依政县。隋改为临邛郡，治依政。梁、魏邛州，在今县西南二里，后周移治于今所，后移治于临邛。

安仁　秦临邛县地。武德三年，置安仁县。贞观十七年废，咸享初，复置。

大邑　咸享二年，分益州晋原县置也。

蒲江　汉临邛县地。后魏置广定县，隋改为蒲江，南枕蒲水故也。

临溪　后魏分临邛县置也。

火井　汉临邛县地。周置火井镇，隋改镇为县也。

雅州下都督府　隋临邛郡。武德元年，改为雅州，领严道、名山、卢山、依政、临邛、蒲江、临溪、蒙阳、汉源、火井、长松、灵关、杨启、嘉良、大利、阳山十六县。其年，割依政临邛、蒲江、临溪、火井五县置邛州；汉源、阳山二县置登州。二年，置荣经县。六年，省嘉良、杨启、大利、灵关、蒙阳、长松六县。九年，废登州，还以阳山、汉源来属。贞观二年，又以阳山、汉源属嶲州。八年，又置百丈县。永徽五年，以嶲州汉源来属。仪凤四年，置飞越、文堤二县。大足元年，又割汉源、飞越二县置黎州。神龙三年，废黎州，汉源、飞越属雅州。开元三年，又割二县置黎州，又置都督府。天宝元年，改为卢山郡。乾元元年，复为雅州，都督羁縻一十九州也。旧领县五，户一万三百六十二，口四万一千七百二十三。天宝，户一万八百九十二，口五万四千四百一十九。在京师西南二千七百二十三里，至东都三千五百一里。

严道　汉县，属蜀郡。晋末大乱，夷獠据之。后魏开生獠于此置蒙山郡。领始阳、蒙山二县。隋改始阳为严道，蒙山为名山。仁寿四年，置雅州，炀帝改为严道。

卢山　汉严道地。隋置卢山镇，又改为县。卢山，在县西北六十里卢山下，有山硖，口开三丈，长二百步，俗呼为卢关。关外即生獠也。

名山　严道县地。魏置蒙山县,隋改为名山也。

百丈　汉严道县地,在汉临邛南百二十里。有百丈山。武德置百丈镇。贞观八年,改镇为县。

荣经　汉严道县地。武德三年,置荣经县。县界有邛来山、九折坂、铜山也。

雅州,都督一十九州,并生羌、生獠羁縻州,无州县。

寿梁州　东石孔州　西石孔州　林波州　涉邛州　汶东州

金林州　费林州　徐渠州　会野州　雅州　中川州

钳矢州　强鸡州　长臂州　杨常州　林烧州　当仁州　当马州

皆天宝已前,岁时贡奉。属雅州都督。

黎州下　雅州之汉源县。大足元年,割汉源、飞越二县及嶲州之阳山置黎州。天宝元年,改为洪源郡。乾元元年,复为黎州,领羁縻五十五州也。领县三,户一千七百三十一。口七千六百七十八。至京师二千九百五十里,至东都三千七百里。

汉源　越嶲郡之地。隋汉源县。长安四年,巡察使奏置黎州,后使宋乾徽奏废入雅州。大足元年,又置黎州。神龙三年废。开元三年,又置黎州,取蜀南沉黎地为名。州所治。

飞越　仪凤四年,分汉源于飞越水置县,属雅州。大足元年,属黎州。长安二年,废大渡县,并入。神龙三年,属雅州。开元三年,又属黎州也。

通望　旧阳山县,属嶲州。大足元年,属黎州。神龙二年,又属嶲州。开元元年,却属黎州。天宝元年,改为通望也。

黎州,统制五十五州,皆徼外生獠。无州,羁縻而已。

罗严州　索古州　秦上州　辄荣州　剧川州　合钦州

蓬州　柏坡州　博卢州　明川州　胅腋州　蓬矢州

大渡州　米川州　木属州　河东州　诺莋州　甫岚州

昌明州	归化州	象川州	丛夏州	和良州	和都州
附树州	东川州	上贵州	滑川州	比川州	吉川州
甫蕖州	比地州	苍荣州	野川州	邛陈州	贵林州
护川州	喋琮州	浪弥州	郎郭州	上钦州	时蓬州
偃马州	橛查州	邛川州	护邛州	脚川州	开望州
上蓬州	比蓬州	剥重州	久护州	瑶剑州	明昌州

泸州下都督府　隋泸川郡。武德元年,改为泸州,领富井、江安、绵水、合江、来凤、和义七县。武德三年,置总管府,一州。九年,省来凤。贞观元年,置思隶、思逢、施阳三县。仍置泾南县。又省施阳县。十三年,省思隶、思逢二县。十七年,置溱、珍二州。仪凤二年,又置晏、纳、奉、浙、巩、薛六州。载初二年,置顺州。天授元年,置思吴州。久视元年,置清州。二年罢州,并属泸州都督。凡十州。天宝元年,改为泸川郡,依旧都督。乾元元年,复为泸州。旧领县六,户一万九千一百一十六,口六万六千八百二十八。天宝,户一万六千五百九十四,口六万五千七百一十一。在京师西南三千三百里,至东都四千一百九十六里。

泸川　汉江阳县地,属犍为郡。梁置泸川,故以江阳为泸川县,州所治也。

富义　隋富世县。贞观二十三年,改为富义县。界有富世盐井,井深二百五十尺,以达盐泉,俗呼玉女泉。以其井出盐最多,人获厚利,故云富世。

安江　汉江阳县地。晋时,生獠攻郡。破之,又置汉安县。隋改为安江也。

合江　江符县,地属犍为郡,晋置安乐县,后周改为合江也。

绵水　汉江阳县地。晋置绵水县,当绵水入江之口也。

泾南　贞观八年,分泸川置,在泾水之南。

泸州,都督十州。皆招抚夷獠置,无户口、道里,羁縻州。

纳州　仪凤二年,开山洞置。天宝元年,改为都宁郡。乾元元年,复为纳州,领县八,并与州同置。

　　罗围　播罗　施阳　都宁　罗当蓝　罗蓝都　胡茂

　　薛州　仪凤二年,招生獠置。天宝元年,改为黄池郡。乾元元年,复为薛州也。领县三,与州同置。

　　枝江　黄池　播陵

　　晏州　仪凤二年,开山洞置。天宝改为罗阳郡。乾元元年,复为晏州也。领县七,与州同置。

　　思峨　柯阴　新宾　扶来　思晏　多冈　罗阳

　　巩州　仪凤二年,开山洞置。天宝改为因忠郡。乾元元年,复为巩州也。领县四,与州同置。

　　多楼　波员　比求　播郎

　　顺州　载初二年置,领县五,与州同置。

　　曲水　顺山　灵岩　来猿　龙池

　　奉州　仪凤二年置。领县三,与州同置。

　　柯理　柯巴　罗蓬

　　思峨州　天授元年置,领县二,与州同置。

　　多溪　洛溪

　　能州　大足元年置,领县四,与州同置。

　　长宁　来银　菊池　猿山

　　淯州　久视元年置,领县四,与州同置。

　　新定　淯川　固城　居牢

　　浙州　仪凤二年置,领县四,与州同置。

　　浙源　越宾　洛川　鳞山

　　茂州都督府　隋汶山郡。武德元年,改为会州,领汶山、北山、汶川、左封、通化、翼斜、交川、翼水九县。其年,割翼斜、左封、翼水三县置翼州,以交川属松州。三年,置总管府,管会、翼二州。四年,改为南会州。七年,改为都督府,督南会、翼、向、维州、穹、炎、彻、笮十州。贞观八年,改为茂州,以郡界茂湿山为名。仍置石泉县。天宝元年,改为通化郡。乾元元年,复为茂州也。旧领县四,户三千三百八十六,口五万三千七百六十一。天宝,户二千五百一十,口一万三千二百四十二。至京师西南二千七百九十四里,至东都三千一十四里。

汶山 汉汶江县,属蜀郡。故城在今县北二里,旧驮舟地。晋汶山郡,宋广阳县。周为汶州,置汶山县。隋初,改为蜀州,又改为会州。贞观八年,改为茂州。

汶川 汉绵虒县地,属蜀郡。晋置汶川县,后周移汶川于广阳县齐州置,即今治也。玉垒山,在县东北四里,石纽山,亦在县界。永徽二年,废汶川县,并入。

石泉 汉岷山县,属蜀郡。贞观八年,置石泉县也。

通化 汉广柔县地,属蜀郡。后周置石门镇,隋改为金山镇,寻改为通化也。

茂州都督府,羁縻州十。维、翼两州,后进为正州。相次为正者七,今附于都督之下。

翼州下 隋汶山郡之翼斜县。武德元年,分置翼州。六年,自左封移州治于翼斜。咸亨三年,置都督府,移就悉州城内。上元二年,罢都督,移还旧治。天宝元年,改为临翼郡。乾元元年,复为翼州也。旧领县三,户一千六百二,口三千八百九十八。天宝领县二,户七百一十一,口三千六百一十八。在京师西南二千九百三十里,至东都三千二百七十八里。

卫山 汉蚕陵县,属蜀郡。故城在县西,有蚕陵山。隋改为翼斜县,治七顷城。贞观十七年,移治七里溪。天宝元年,改为卫山县。

翼水 汉蚕陵县,隋置翼水县也。

鸡川、昭德二县,开生獠新置。

维州下 武德元年,白苟羌降附,乃于姜维故城置维州,领金川、定廉二县。贞观元年,羌叛,州县俱罢。二年,生羌首领芷占者,请夷复立维州,移治于姜维城东,始属茂州,为羁縻州。麟德二年,进为正州。寻叛,羌降,为羁縻州。垂拱三年,又为正州。天宝元年,改为维川郡。乾元元年,复为维州。上元元年后,河西、陇右州县,皆陷吐蕃。赞普更欲图蜀川,累急攻维州,不下,乃以妇人嫁维州门者。二十年中,生二子。及蕃兵攻城,二子内应,城遂陷。吐蕃得之,号无忧城。累入兵寇扰西川。韦皋在蜀二十年,收复不遂。至大中末,杜惊镇蜀,维州首领内附,方复隶西川。旧领县三,户二千一百四十二,无口。天宝领县二,户二千一百七十九,口三千一百九十八。至京师二千八百三十里,至东都三千五百六十三里。

薛城　汉已前,徼外羌舟骎之地。蜀刘禅时,蜀将姜维、马忠等,讨汶山叛羌,即此地也。今州城,即姜维故垒也。隋初,蜀师叛于羌,于其地置薛城戍。大业末,又没于羌。武德七年,白苟羌酋邓贤佐内附,乃于姜维城置维州,领金川、定廉二县。贞观元年,贤佐叛,罢郡县。三年,左上封生羌酋董屈占等,举族内附,复置维州及二县。薛城,在州西南二百步也。

小封　咸亨二年,刺史董弄招慰生羌置也。

涂州下　武德元年,临涂羌归附,置涂州,领端源、婆览二县。贞观二年,州县俱省。五年,又分茂州之端源戍置涂州也。领县三,户二千三百三十四,口四千二百六十一。至京师西南二千六百八十九里。

端源、临涂、悉怜三县与州同置。

炎州下　贞观五年,生羌归附,置西封州。八年,改为炎州。领县三,与州同置。

大封　慕仙　义川

领户五千七百,无口数。在京师西南三千三百七十六里。

彻州下　贞观五年,西羌首领董凋贞归化置。领县三,与州同置。

文彻　俄耳　文进

领户三千三百,无口数。在京师西南三千四百一十八里。

向州下　贞观五年,生羌归化置也。领县二,与州同置。

贝左　向贰

领户一千六百二,口三千八百九十八。在京师西南二千八百六十九里。

冉州下　本徼外敛才羌地。贞观五年,置西冉州。九年,去"西"字。领县四,与州同置。

冉山　磨山　玉溪　金水

领户一千三百七十,无口。在京师西南三千七百三十九里。

穹州下　贞观五年,生羌归附,置西博州。八年,改为穹州。领县五,与州同置。领户三千四百三十六,无口。在京师西南三千二百六十七里。

筰州下　贞观七年,白苟羌降附,置西恭州。八年,改为筰州也。领县三,与州同置。

遂都　亭劝　北思

无口,户。在京师西南二千九百四十五里。

右九州,皆属茂州都督。永徽后,又析为三十一州,今不录其余也。

戎州中都督府　隋犍为郡。武德元年,改为戎州,领僰道、犍为、南溪、开边、都五县。贞观四年,以开边属南通州。于州置都督府,督戎、郎、昆、曲、协、紫、盘、曾、钩、公、分、尹、匼、哀、宗、靡、姚、微十七州。八年,置抚来县。仍改南通州为贤州,以开边来属。天宝元年，改为南溪郡，依旧都督，羁縻三十六州，一百三十七县。并荒梗，无户口。乾元元年，复为戎州。旧领县六，户三万一千六三百七十，口六万一千二十六。天宝领县五，户四千三百五十九，口一万六千三百七十五。在京师西南三千一百四里，至东都四千四百八十里。

僰道　汉县，犍为郡治所。故僰侯国，梁置戎州也。

南溪　汉南广县，属犍为郡。后周于废郡置南武戍。隋改龙源戍，又置为南溪县也。

义宾　本汉南安县，属犍为郡。隋改为郁鄢县。天福元年，改为义宾。

开边　汉僰道地，隋置开边县也。

归顺　圣历二年，分郁鄢县置，以处生獠也。

戎州都督府，羁縻州十六。武德、贞观后招慰羌戎开置也。

协州下　隋犍为郡之地。古夜郎侯国。武德元年，开南中置也。领县三，与州同置。

东安　西安　湖津

领户三百二十九。在京师西南四千里，北接戎州也。

曲州下　武德元年，开南中，置恭州。八年，改为曲州。领县二，与州同置。

朱提　开德元年，置安上县。七年，改为朱提。

唐兴　领户一千九十四。在京师西南四千三百三十里。北接协州。

郎州下　武德元年，开南中置南宁州，乃立味、同乐、升麻、同起、新丰、陇堤、泉麻、梁水、降九县。武德四年，置总管府，管南宁、恭、协、昆、尹、曾、姚、西濮、西宋九州。五年，罢总管。其年冬，复置，寄治益州。七年，改为都督，督西宁、豫、西利、南云、磨、南笼七州。

并前九州,合十六州。仍割南宁州之降县属西宁州。八年,自益州移都督于今治。贞观六年,罢都督,置刺史。八年,改南宁为郎州也。领县七,户六千九百四十二。京师西南五千六百七十里。北接曲州也。

味　隋废同乐县,武德元年复置,改名。

同乐、升麻、同起、新丰、陇堤、泉麻并与州同置。

昆州下　汉益州郡地。武德初,招慰置。领县四,与州同置。

益宁

晋宁　有滇池,周三百里。

安宁　秦臧　汉县。

领户一千二百六十七。在京师西南五千三百七十里。北接嶲州。

盘州下　武德七年,开置西平州。贞观八年,改为盘州。领县三,与州同置。附庸、平夷、盘水,即旧兴古郡也。领户一千九百六十。在京师西南五千三十里。北接郎州,南接交州。

梨州下　武德七年,析南宁州置西宁州。贞观八年,改为梨州。领县二。二县本属南宁。

梁水　绛

领户一千。至京师无里数。北接昆州。

匡州下　武德七年,开置南云州。贞观三年,改为匡州也。领县二,与州同置。

勃弄、匡川,县界有永昌故城也。领户四千八百。在京师西南五千一百六十五里。

髳州下　武德四年,置西濮州。贞观十一年,改为髳州也。领县四,与州同置。

濮水、青蛉,旧属越巂郡。

歧星、铜山,领户一千三百九十。在京师西南四千八百五十里。南接姚州也。

尹州下　武德四年置。领县五,与州同置。
马邑　天池　盐泉　甘泉　涌泉
领户一千七百。无里数。接骋州。

曾州下　武德四年置。领县五,与州同置。
曾　三部　神泉　龙亭　长和
领户一千二百七。在京师西南五千一百四十五里。西接匡州。

钩州下　武德七年,置南龙州。贞观十一年,改为钩州也。领县二,与州同置。
望水　唐封
领户一千。在京师西南五千六百五十里。北接昆州。

靡州下　武德七年,置西豫州。贞观三年,改为靡州。领县二,与州同置。
磨豫　七部
领户一千二百。在京师西南四千九百四十五里。南接姚州。

哀州下　武德四年置。领县二,与州同置。
扬彼　强乐
领户一千四百七十。在京师西南四千九百七十里。南接姚州。

宋州　武德四年,置西宋州。贞观十一年,去“西”字。领县三,与州同置。

宗居　石塔　河西

领户一千九百三十。在京师西南五千一十里。北接姚州。

徽州下　武德四年，置利州。贞观十一年，改为徽州。领县二，与州同置。

深利　十部

领户一千一百五十。在京师西南四千九百七十里。东接靡州。

姚州　武德四年置。在姚府旧城北百余步。汉益州郡之云南县。古滇王国。楚项襄王使大将庄蹻溯沅水，出苴兰，以伐夜郎。属秦夺楚黔中地，蹻无路能还，遂自王之。秦并蜀，通五尺道，置吏。汉武开西南夷，置益州郡，云南即属邑也。后置永昌郡，云南、哀牢、博南皆属邑也。蜀刘氏分永昌为建宁郡，又分永昌、建宁置云南郡，而治于弄栋。晋改为晋宁郡，又置宁州。武德四年，安抚大使李英，以此州内人多姓姚，故置姚州。管州三十二。麟德元年，移姚州治于弄栋川。自是朝贡不绝。天宝末，杨国忠用事，蜀帅抚慰不谨，蛮王阁罗凤不恭，国忠命鲜于仲通兴师十万，渡泸讨之，大为罗凤所败。镇蜀，蛮师异牟寻归国，遂以韦皋为云南安抚大使，命使册拜，谓之南诏。大和中，杜元颖镇蜀，蛮王嵯颠侵蜀，自是或臣或否。咸通中，结构南海蛮，深寇蜀部。西南夷之中，南诏蛮最大也。领县一，户三千七百。至京师四千九百里。

泸南　县在泸水之南。长明

右上十六州，旧属戎州都督。天宝已前，朝贡不绝。

巂州中都督府　隋越巂郡。武德元年，改为巂州，领越巂、邛都、可苏、祁、台登六县。二年，又置昆明县。三年，置总管府，管一州。贞观二年，割雅州阳山、汉源二县属。八年，又置和集县。天宝元年，越巂郡，依旧都督府。乾元元年，复为巂州也。旧领县十，户二万三千五十四，口五万三千六百一十八。天宝领县七，户四万七百二十一，口十七万五千二百八十。在京师西南三千六百五十四里。

越嶲　汉郡名，武帝置。今县，汉邛都县地，属越嶲郡。有越水、嶲水。后周于越城置严州。隋改为西宁州，寻改嶲州，仍分邛都置越嶲县，州所治也。

邛都　后汉属越嶲郡，今汉兰县地，属沈黎郡。后周置邛都县也。

台登　汉县，属越嶲郡。

苏祁　汉苏夷县，属越嶲郡，后周平南夷，于故城复置也。

西泸　汉邛都县地，梁置可泉县。隋治姜磨戍。武德七年，移于今。天宝末年，改为西泸也。

昆明　汉定莋县，属越嶲郡。后周置定莋镇。武德二年，镇为昆明县，盖南接昆明之地故也。

会川　上元二年，称邛都县于会川置，因改为会川也。

松州下都督府　隋同昌郡之嘉诚县。武德元年，置松州。贞观二年，置都督府，督崌、懿、嵯、阔、麟、雅、丛、可、远、奉、严、诺、蛾、彭、轨、盖、直、肆、位、玉、璋、佑、序等二十五羁縻等州。永徽之后，生羌相继忽叛，屡有废置。仪凤二年，复加整比，督文、扶、当、祐、静、翼六州。都督羁縻三十八州：研州、剑州、探那州、忆州、毗州、河州、干州、琼州、犀州、拱州、龛州、陪州、如州、麻州、霸州、彇州、光州至凉州、蚕州、晔州、梨州、思帝州、戍州、统州、谷邛州、乐客州、达违州、卑州、慈州。据天宝十二载簿，松州都督府，一百四州，其二十五州有额户口，但多羁縻逃散，余七十九州皆生羌部落，或平或否，无州县户口，但羁縻统之。天宝元年，改松州为交州郡。乾元元年，复为松州。据贞观初分十道。松、文、扶、当、悉、柘、静等属陇右道。永徽之后，据梁州之境，割属剑南道也。旧领县三，户六百一十二，口六千三百五。天宝，户一千七十六，口五千七百四十二。南至翼州一百八十里，东至扶州三百三十八里，东至茂州三百里，西南至当州三百里,西北至吐蕃界九十里。至京师二千二百五十里,至东都三千五十里。

嘉诚　历代生羌之地,汉帝招慰之,置护羌校尉,别无州县。至后魏时,白水羌象舒活自称至之,据此地。其子舒彭遣使朝贡,乃拜龙骧将军、甘松县子,始置甘松县。魏末大乱,又绝。后周复招慰之,于此置龙涸防。天和六年,改置扶州,领龙涸郡。隋改甘松为嘉诚县,属同昌郡。武德元年,于县置松州,取州界甘松岭为名。

交川　后周置龙涸郡,隋废为交川县也。

平康　垂拱元年,割交川及当州通轨、翼斜三县置平康县,属当州。天宝元年,改为交川郡也。

文州　隋武都郡之曲水县。义宁二年,置阴平郡,领曲水、长松、正西三县。武德改文州。贞观元年,省正西入曲水。天宝元年,改为阴平郡。乾元元年,复为文州。旧属陇右道,隶松州都督。永徽中,改属剑南道也。旧领县二,户一千九百八,口八千一百四十七,天宝,户一千六百八十六,口九千二百五。在京西南一千四百九十里,至东都二千二百九十里。

曲水　汉阴平道,属广汉。晋乱,杨茂搜据为仇池,氐、羌相传叠代。后魏平互羌,始置文州。隋为曲水县。武德后,置文州,治于曲水也。

长松　后魏置卢北郡,郡置建昌县。后周移郡县于此置。隋废郡,改县为长松。白马水在县北也。

扶州　隋同昌郡。武德元年,改为扶州。天宝元年,复为同昌郡。乾元元年,复为扶州。旧属陇右道,隶松州都督。永徽后,为剑南道。旧领县四,户一千九百二十八,口八千五百五十六,天宝,户二千四百一十八,口一万四千二百八十五。在京师西南一千六百九十里,至东都二千四百四十九里。

同昌　历代吐谷浑所据。西魏逐吐谷浑,于此置邓州及邓宁郡,盖以平定邓至羌为名。隋初,改置扶州及同昌县。炀帝又为同昌郡。流于此也。

帖夷　后魏置帖夷郡。隋罢为县。万岁通天二年,改为武进。神龙依旧为帖夷。

万全　后魏置武进郡,又改为上安郡。隋废郡为尚安县。旧治刺利村。长安二年,移治黑水堡。至德二年八月,改为万全也。

钳川　后魏置钳川郡。隋罢郡,复为县。

龙州下　隋平武郡。武德元年,改为龙门郡。其年,加“西”字。贞观元年,改为龙门州。天宝元年,为江油郡。乾元元年,复为龙州。旧属陇右道。永徽后,割属剑南也。旧领县二,户一千一十七,口六千一百四十九。天宝,户二千九百九十二,口四千二百二十八。在京师西南二千六百六十里,至东都三千一十五里。

江油　秦、汉、曹魏为无人之境。邓艾伐蜀,由阴道景谷,行无人之地七百里,凿山通道,攀木缘崖,鱼贯而进,以至江油,即此城也。晋始置阴平郡,于此置平武县。至梁有杨、李二姓大豪,分据其地。后魏平蜀,置龙州。隋初废郡,改平武为江油,县界有石门山。

清川　后魏马盘县。天宝元年,改为清川也。

当州下　本松州之道轨县。贞观二十一年,析置当州,以土出当归为名。州治利川,领通轨、左封二县。显庆二年,又析左封置悉州。仪凤二年,移治逢白桥。天宝元年,改为油江郡。乾元元年,复为当州。本属陇右道也。领县三,户二千一百四十六,口六千七百一十三。至京师三千一百里,至东都三千九百里。东北至松州九百里。

通轨　本属松州,历代生羌之地。贞观二十年,松州首领董和那蓬固守松府,特敕于通轨县置当州,以蓬为刺史。显庆元年,蓬嫡子屈宁袭继为刺史。又置和利、谷利、平康三县也。

和利　显庆二年,分通轨置。

谷利　文明元年，开生羌置也。

悉州　本翼州之左封县。显庆元年，置悉州，领悉唐、左封、识白三县，治唐城。咸亨元年，移治左封。仪凤二年，羌叛，又寄治当州城内，寻归旧治。垂拱二年，置归诚县。载初元年，移治匪平川。天宝元年，为归诚郡。割识白属临郡。乾元元年，复为悉州。旧属陇右道松州都督，后属剑南道。领县二，户八百一十六，口三千九百一十四。至京师二千七百五十里，至东都三千八百里。至西静州六十里，西北至当州八十里也。

左封　本属翼州，在当州东南四十里。显庆元年，生羌首领董系比射内附，乃于地置悉州，州在悉当川故也。以董系比射为刺史，领左封、归诚二县。载初元年，又移州理东南五十里匪平川置也。

归诚　垂拱二年，分左封置。

静州　本当州之悉唐县。显庆元年，于县置悉州。咸亨元年，于悉州置翼州都督府，移悉州理左封置。仪凤元年，罢都督府，翼州却还治于翼斜县，于悉唐县置南和州。天授二年，改为静州，比属陇右道，隶松州都督，后割属剑南。领县二，户一千五百七十七，口六千六百六十九。东北至当州六十里，东至悉州八十里，至京师与当州道里数同也。

悉唐　县置在悉唐川。旧属当州，显庆中，来属也。

静居　县界有静川也。

恭州下　开元二十四年，分静州广平县置恭州，仍置博恭、烈山二县。天宝元年，为恭化郡。乾元元年，复为恭州。本属陇右道，后割属剑南。领县三，户一千一百八十九，口六千二百二十二。东至柘州一百里，东北至静州界。至京师三千一百二十里。

和集　旧广平县，属静州。开元二十四年，于县置恭州。天宝元年，改为和集。

博恭　开元二十四年,分广平置也。

烈山　开元二十四年,分广平置也。

柘州下　永徽后置。天宝元年,改为蓬山郡。乾元元年,复为柘州。本属陇右道松州都督,后割属剑南也。

保州下　本维州之定廉县。开元二十八年,置奉州,以董晏立为刺史,领定廉一县。天宝元年,改为云山郡。八载,移治所于天保军,乃改为天保郡。乾元元年二月,西山子弟兵马使嗣归诚王董嘉俊以西山管内天保郡归附,乃为保州,以嘉俊为刺史。领县二,户一千二百四十五,口四千五百三十六。至京师二千九百四十里,至东都三千七百九十里。东至维州风流镇四十五里也。

定廉　隋置定廉镇。隋末陷羌。武德七年,招白苟羌,置维州及定廉县,以界水名。永徽元年,废盐城并入。开元二十八年,改属奉州。天宝八载,改为天保郡也。

归顺　云山,天宝八年,分定廉置此二县也。

真州下　天宝五载,分临翼郡之昭德、鸡川两县置昭德郡。乾元元年,改为真州,取真符县为名也。领县三,户六百七十六,口三千一百四十七。至京师三千里,至东都三千八百五十里。

真符　天宝五载,分鸡川、昭德二县置,州所治也。

鸡川　先天二年,割翼州翼水县置,属翼州。天宝五载,改为真州。

昭德　旧识白县,属悉州。天宝元年,改属翼州。仍改名昭德县。五年,改属真州也。

霸州下　天宝元年,因柘附生羌置静戎郡。乾元元年,改为霸州也。领县一,户一百七十一,口一千八百六十一。至京师二千六百三十二里,至东都三千二百七十一里。

信安　与郡同置,州所治也。

已上十二州,旧属陇右道。永徽已后,割属松州都督,入剑南道。诸州隶松州都督,相继属剑南也。

松州都督府,督羁縻二十五州。旧督一百州。领州,无县户口,惟二十五有名额,皆招抚生羌置也。

崌州下　贞观元年,招慰党项置州处也。领县二,与州同置。

江源　洛稽

领户一百五十五。至京师西南二千二百四十六里。

懿州下　贞观五年,置西吉州。八年,改为懿州,处党项也。领县二,与州同置。

吉当　唐位　无户口。至京师西南二千二百五十里也。

阔州下　贞观五年置,处党项。领县二,与州同置。

阔源、落吴,无户口。至京师西南二千五百一十里。

麟州下　贞观五年,置西麟州,处生羌归附。八年,去“西”字。领县七,与州同置。

碟川、和善、敛具、碟源、三交、利恭、东陵,无户口。至京师四千五百里。

雅州下　贞观五年,处生羌置西雅州。八年,去“西”字。领县三,与州同置。

新城、三泉、石陇,无户口。至京师西南二千六百六十里。

丛州　贞观五年,党项归附置也。领县五,与州同置。都流、厥调、湊般、蜀器、迩率钟,并为诸羌部落,遥立,无县也。

宁远、临泉、临河,无户口。至京师西南一千八百里。

可州　贞观四年,处党项西羌,置西义州。八年,改为可州也。领县三,与州同置。

义诚、清化、静方,无户口。至京师西南一千四十里。

远州　贞观四年,生羌归附置也。领县二,与州同置。罗水、小部川,无户口。至京师西南二千三百六十里。

奉州　贞观三年,处生羌置西仁州。八年,改为奉州也。领县三,与州同置。奉德、思安、永慈,无户口。至京师西南二千一百六里。

严州　贞观五年,置西金州。八年改为严州。领县三,与州同置。

金池、甘松、丹岩,无户口。至京师西南二千一百里。

诺州　贞观五年,处降羌置。领县三,与州同置。诺川、归德、篱渭,无户口。至京师西南二千六百四十三里。

蛾州　贞观五年,处降羌置。领县二,与州置。常平、那川,无户口。至京师二千七百里。

彭州　贞观三年,处降党项置洪州。七年,改为彭州。领县四,与州同置。洪川、归远、临津、归正,无户口。至京师西南二千七百八十里。

轨州都督府　贞观二年,处党项置。领县四,与州同置。通川、玉城、金原、俄彻,无户口。京师西南二千三百九十里。

盍州　贞观四年,置西唐州。八年,改为盍州,处降羌也。领县四,与州同置。湘水、河唐、曲岭、枯川,户二百二十,无口。京师西南二千六百三十里。

直州　贞观五年,置西集州。八年,改为直州,处降羌。领县二,与州同置。集川、新川,户一百,无口。至京师二千五百里。

肆州　贞观五年,处降羌置。领县四,与州同置。归唐、芳丛、盐水、磨山,无户口。至京师二千六百里。

位州　贞观四年,降生羌置西盐州。八年,改为位州。领县二,与州同置。位丰、西使,户一百,无口。至京师二千四百一十里。

玉州　贞观五年,处降羌置。领县二,与州同置。玉山、带河,户二百一十五,无口。至京师二千八百七十八里。

嶂州　贞观四年,处降羌置。领县四,与州同置。洛平、显川、桂川、显平,户二百,无口。至京师二千九百里。

佑州　贞观四年,处降羌置。领县二,与州同置。廓川、归定,无户口。至京师二千一百九十里。

　　台州　贞观六年，处党项置西沧州。八年，改为台州，无县。至京师二千一百三十五里。

　　桥州　贞观六年，处降羌置。无县。至京师二千四百里。

　　序州　贞观十年，处党项置。无县。至京师二千四百里。

　　右二十五州，旧属陇右道，隶松州都督府。贞观中，招慰党项羌，渐置。永徽已后，羌戎叛臣，制置不一。今存招降之始，以表太平之所至也。

　　岭南道

　　南海节度使，领是十七州也。

　　广州中都督府　隋南海郡。武德四年，讨平萧铣，置广州总管府，管广、东卫、洭、南绥、冈五州，并南康总管。其广州领南海、增城、清远、政宾、宝安五县。六年，又置高、循二总管，隶广州。七年，总管为大都督。九年，废南康都督，以端、封、宋、洭、泷、建、齐、威、扶、义、勤十一州隶广府。其年，又省勤州。贞观改中都督府，省威、齐、宋、洭四州，仍以废洭州之值阳、浛洭二县来属，改东衡为韶州。仍以南康州及崖州都督，并隶广州。二年，省循州都督，以循、潮二州隶广府。八年，改建州为药州、南绥州为浈州、扶风州为窦州。十二年，改南康州。十三年，省浈州，以四会、化蒙、怀集、浩安四县来属。省冈州，以义宁、新会二县并属广州。其年，又以义宁、新会二县立冈州。今督广、韶、端、康、封、冈、新、药、陇、窦、义、雷、循、潮十四州。永徽后，以广、桂、容、邕、安南府，皆隶广府都督统摄，谓之五府节度使，名岭南五管。天宝元年，改为南海郡。乾元元年，复为广州。州内有经略军，管镇兵五千四百人，其衣粮轻税，本道自给。广州刺史，充岭南五府经略使。旧领县十，户一万二千四百六十三，口五万九千一百一十四。天宝领县十三，户四万二千二百三十五。在京师东南五千四百四十七里，至东都四千九百里。

　　南海　五岭之南，涨海之北。三代已前，是为荒服。秦灭六国，始开越置三郡，曰南海、桂林、象郡，以谪戍守之。秦亡，南海尉任器病且死,召南海龙川令赵佗,付以尉事。佗乃聚兵守五岭,击并桂林、象郡,自称南越武王。子孙相传,五代九十三年。汉武帝命伏波将军路博德、楼船将军杨仆兵逾岭南,灭之。其地立九郡,曰南海、苍梧、郁林、合浦、交阯、九真、日南、儋耳、珠崖。后汉废珠崖、儋耳入合浦郡。交州刺史领七郡而已。今南海县即汉番禺县,南海郡。隋分番禺置南海县。番山,在州东三百步。禺山,在北一里,贪泉,州西三十里。越王井,州北四里。

番禺　汉县名。秦属南海郡。后汉置交州,领郡七。吴置广州。皆治番禺也。

增城　后汉番禺县地。吴于县置东官。有增江。

四会　汉县,属南海。武德五年,于县治北置南绥州,领四会、化蒙、新招、化穆、化注五县。贞观元年,省新招、化注二县以废威州之怀集、废齐州之涪安二县来属。八年,改为浈州。十三年,省州及化穆县,以四会、化蒙、怀集、涪安四县属广州也。

化蒙　隋县。武德五年,属南绥州。贞观元年,省化注入。八年,改绥州为浈州,县仍属。十三年,改属广州。

怀集　晋怀化县,隋为怀集。武德五年,于县置威州,领兴平、怀集、霍清、威成四县。贞观元年,州废,以怀集属南绥,省兴平、霍清、威成三县。八年,改绥州为浈州,县仍属。十三年,属广州。

东官　隋宝安县。至德二年九月改为东莞郡,于岭外其为名也。

清远　隋县。武德六年,废政宾县并入,所治也。

涪水　汉封阳县,属苍梧郡。南齐改为涪安。武德四年,于县置齐州,领涪安、宣乐、宋昌三县。贞观元年,省齐州及宣乐、宋昌二县,以涪安属绥州。八年,改绥州为浈州,县仍属。十三年,浈州废,属宾州。至德二年九月,改为涪水也。

浈阳　汉县,属桂阳郡。隋为直阳。五年,属洭州。贞观初,州废,改真阳浈阳,属广州。浈山,在县北三十里。音真

韶州　隋南海郡之曲江县。武德四年,平萧铣,置番州,领曲江、始兴、乐昌、临泷、良化五县。贞观元年,改为韶州。仍割洭州之翁源来属。八年,废临泷、良化二县。天宝元年,改为始兴郡,乾元元年,复为韶州。旧领县四,户六千九百六十,口四万四百一十六。天宝领县六,户三万一千,口十六万八千九百四十。南至广州八百里,西至郴州五百里。东南至虔州七百里。至京师四千九百三十二里,至东都四千一百四十二里。

曲江　汉县,属桂阳郡。在曲江川,州所治也。

始兴　汉南野县地,属豫章郡。孙皓分南康郡之南乡,始兴县置。县界东峤,一名大庾岭,贯南越之北塞。汉讨南越时,有将军姓庾,城于此。五岭之最东,故曰东峤也。

乐昌　隋置。

翁源　翁水在县界,隋县。武德五年,置温州。贞观初废,以属韶州。

仁化、浈昌,已上二县,天宝后新置。

循州　隋龙川郡。武德五年,改为循州总管府,管循、湖二州。循州领归善、河源、博罗、兴宁、海丰、罗阳。省龙川入归善、石城入河源、齐昌入兴宁。贞观二年,废都督府。天宝元年,改为海丰郡。乾元元年,复为循州。旧领县五,户六千八百九十一,口三万六千四百三十六。天宝领县六,户九千五百二十五,无口数。南至广州四百里,东至湖州五百一十七里,北至虔州隔山岭一千六百五十里。至东都四千八百里。

归善　秦、汉龙川县地,属南海郡。宋置归善县,县界罗浮山。贞观元年,省龙川县并入。

博罗　汉旧县,属南海郡也。

河源　隋县。循江,一名河源水,自虔州雩都县流入。龙川,在河源县,云有龙穿地面出,即水流,汉因置龙川县。贞观元年,省西城并入。

海丰　宋县,属东莞郡。南海丰县南五十里即涨海,渺漫无际。武德五年,分置陆安县。贞观初,并入也。

兴宁　汉龙川县。贞观元年,省齐昌并人。

雷乡　新置。

冈州　隋南海郡之新会县。武德四年,平萧铣,置冈州,领新会、封平、义宁三县。贞观五年,州废,以新会、义宁属广州,省封平、封乐二县。其年,又立冈州,割广州之新会、义宁来属。又立封乐县。天宝元年,改为义宁郡。乾元元年,复为冈州也。旧领县二,户二千三百五十八,口八千六百六十二。天宝,户五千六百五十,无口数。在京师西南六千三百五里。

新会　汉南海县地。晋置新会郡。改置封州,又改为冗州,又改为冈州。隋末废,并入广州。武德四年,复为冈州。旧治盆源城。贞观十三年,废冈州,县属广州。其年,复置州于今治也。

义宁　汉番禺县地。宋置义宁县,属新会郡。

贺州　隋苍梧郡之临贺县。武德四年,平萧铣,置贺州。天宝元年,改为临贺郡。乾元元年,复为贺州也。旧领县五,户六千七百一十三,口一万八千六百二十八。天宝领县六,户四千五百,无口数。在京师东南四千一百三十里,至东都三千五百七十二里。东南至广州八百七十六里,东至连州二百六十里,南至封州三百六十六里,北至道州四百里,北至富州三百二十里,西南至梧州四百二十二里也。

临贺　州所治。汉县,属苍梧郡。临贺水。吴置临贺郡。宋改为临庆国,齐复为临贺郡。隋置贺州。隋末废为县。武德四年,复置贺州。

桂岭　汉临贺县地,隋旧也。

冯乘　汉县,属苍梧郡。有荔平关。

封阳　汉县,属苍梧郡。

富川　汉富川县。天宝改为富水，后复为富川也。
荡山　新置。

端州　隋信安郡。武德元年，置端州，领高要、乐城、铜陵、平兴、博林五县。其年，以乐城属康州，铜陵属春州。七年，置清泰县。贞观十三年，省博林、清泰二县。天宝元年，为高要郡。乾元元年，复为端州。旧领县二，户四千四百九十一，口二万四千三百三。天宝，户九千五百，口二万一千一百二十。东至广州二百四十里，南至新州一百四十里，西至康州一百六里。至京师四千九百三十五里，至东都四千七百里。

高要　州所治。汉县，属苍梧郡。宋、齐属南海郡。陈置高要郡，隋置端州。县北五里有石室山。县西有鹄奔亭，即汉交州刺史行部到鹄亭，夜，女子鬼诉冤之亭。

平兴　汉高要县地，隋分置。武德七年，分置清泰县。贞观十三年，省清泰并入。

新州　隋信安郡之新兴县。武德四年，平萧铣，置新州。天宝元年，改为新昌郡。乾元元年，复为新州。旧领县四，户七千三百八十八，口三万五千二十五。天宝，领县三，户九千五百。东至广州义宁县四十一里，北至端州一百四十里，西北至康州二百七十里，西南至勤州一百七十里。至京师五千五十二里，至东都五千里。

新兴　汉临元县，属合浦郡。晋置新宁郡，梁置新州。
索卢　武德四年，析新兴县置。
永顺　新置。

康州　隋信安郡之端溪县。武德四年，置康州都督府，督端、康、封、新、宋、泷等州。九年，废都督府及康州。贞观元年，又置南康州。十一年废，十二年又置康州。天宝元年，改为晋康郡。乾元元年，复为康州。旧领县四，户四千一百二十四，口一万三千五百四。天宝，户一万五百一十，口一万七千二百一十九。东北至广州三百四十里，西南至梧州二百八十四里，东至端州一百六十里，南至泷州二百三十里，西至封州一百三十里，南至新州二百七十里。至京师五千七百五十里，至东都五千一百五十里。

端溪　汉县，属苍梧郡。晋于县分置晋康郡。隋废郡，并入信安郡。武德复置康州。县界有端山，山下有溪也。

晋康　隋安遂县。至德二年，改为晋康县。

悦城　隋乐城县。武德五年，属端州。又割属康州，改为悦城。

都城　汉端溪县。东百步有程溪，亦名零溪，温妪养龙之溪也。

封州下　隋苍梧郡之封川县。武德四年，平萧铣，置封州。天宝元年，改为临封郡。乾元元年，复为封州。旧领县四，户二千五百五十五，口一万三千四百七十七。天宝，领县二，户三千九百，口一万一千八百二十七。东北至广州九十五里，西北至梧州五十五里，东至康州一百三十里，北至贺州三百六十六里，至京师水陆四千五百一十里也。

封川　州所治。汉广信县地，属苍梧郡。在封水之阳。梁置梁信郡。隋平陈，改为成州，又改为封州。隋末，州废为封川县，属苍梧郡。武德初，置封州，隋移州于封川口，即今县治也。

关建　汉封阳县地，属苍梧郡。隋旧也。

泷州　隋永熙郡之泷水县。武德四年，平萧铣，置泷州。天宝元年，改为开阳郡。乾元元年，复为泷州。旧领县四，户三千六百二十七，口九千四百三十九。天宝领县五。

泷水　州所治。汉端溪县地，属苍梧郡。晋分端溪立龙乡，即今州治。梁分广熙郡置建州，又分建州之双头洞立双州。隋改龙乡为平原县。又改为泷水。

关阳　隋废县。武德四年，分泷水置。

永宁　武德四年，于安遂县置药州，领安遂、永宁、安南、永业四县。贞观中，废药州，以永宁属泷州。本隋永熙县。武德五年，改为永宁县。

镇南　隋安南县。至德二年九月，改为镇南。

建水　新置。

恩州　隋高梁郡。武德四年，平萧铣，置高州都督府，管高、春、罗、辨、雷、崖、儋、新八州。七年，割崖、儋、雷、新属广州。贞观二十三年，废高州都督府，置恩州。天宝元年，改为恩平郡。乾元元年，复为恩州，内有清海军，管戍兵三千人也。领县三，户九千，无口数。至京师东南六千五百里，西北六十里接广州界。

恩平　州所治。汉合浦郡也。隋置海安县。武德五年，改为齐安。至德二年九月，改为恩平也。

杜陵　隋杜原县。武德五年，改为杜陵也。

阳江　隋旧置也。

春州　隋高梁郡之阳春县。武德四年，平萧铣，置春州。天宝元年，改为南陵郡。乾元元年，复为春州。旧领县一，户五千七百一十四，口二万一千六十一。天宝领县二，户一万一千二百一十八。至京师东南六千四百四十八里。东至广州六百四十二里，南至恩州九十三里，西至高州三百三十里，东北至新州二百六里，西北至泷州界也。

阳春　州所治。汉高县地，属合浦郡，至隋不改也。

罗水　天宝后置。

高州　隋高凉郡。旧治高凉县，后改为西平县。贞观二十三年，分西平、杜陵置恩州，高州移治良德县。天宝元年，改为高凉郡。乾元元年，复为高州，领县三，户一万二千四百。西北至窦州九十二里，北至泷州界三百五十里。西南至潘州九十里，东至春州三百三十里。至京师六千二百六十二里,至东都五千五百二十里。

　　良德　汉合浦县地,属合浦郡。吴置高凉郡,宋、齐不改。

　　电白　梁置电白郡。隋改为县也。

　　保定　旧保安县。至德二年,改为保定。

　　藤州下　隋永平郡。武德四年,置藤州,领永平、猛陵、安基、武林、隋建、阳安、普宁、戎城、宁人、淳人、大宾、贫川十二县。贞观七年,以武林属龚州、安普属燕州、普宁属容州。八年,以猛陵属梧州。十二年,以隋建属龚州。天宝元年,改为感义郡。乾元元年,复为藤州也。旧领县六,户九千二百三十六,口一万三百七十二。天宝领县三,户三千九百八十,至京师五千五百九十六里,至东都五千二百里。南至义州二百里,西至龚州一百四十九里,北至梧州九十七里。

　　镡津　汉猛陵县,属苍梧郡。晋置永平郡。隋置藤州及镡津。

　　感义

　　义昌　本安昌县。至德二年九月,改为义昌。

　　义州下　隋永熙郡之永业县。武德五年,置南义州及四县。贞观元年,州废,以所领县入南建州。二年,复置义州,还以故县来属。五年,废义州,县属南建州。六年,复置义州。又改县来属。天宝元年,改为连城郡。乾元元年,复为义州。旧领县四,户三千二百二十五,无口。天宝领县三,户一千一百一十,口七千三百三。至京师五千七百五十里,至东都四千六百九十里。东至梧州隔鄣岭一百七十里,至藤州二百里,西至容州九十里,东南至窦州一百七十二里,东北至泷州二百七里。

　　岑溪　州所治。汉猛城县,属苍梧郡。武德四年,置龙城县置南义州。贞观初废,二年复置义州,领龙城、安义、连城、义城四县。至德中,改安义为永业,龙城为岑溪。

　　永业　旧安义县,至德年改。

连城　武德五年,分泷州之正义县置。

窦州下　隋永熙郡怀德县。武德四年,置南扶州及五县。以獠反寄泷州。贞观元年废,以所管县并属泷州。二年,獠平,复置南扶州,自泷州还其故县。五年复废,县隶泷州。六年复置,以故县来属。其年,改南扶为窦州。天宝元年,改为怀德郡。乾元元年,复为窦州。旧领县五,户三千五百五十。天宝领县四,户一千一十九。至京师水陆六千一百二里,至东都水陆五千四百里。西至容州二百里,东至泷州一百八十里,南至潘州一百五十里,东南至高州九十二里,北至义州二百三十里,西南至禺州一百九十里。

信义　汉端溪县地,属苍梧。隋为怀德县。武德四年,析怀德县置信义县,仍置南扶州。贞观中,改为窦州,取州界有罗窦洞为名也。

怀德　本属泷州,后来属也。

潭峨　武德四年,分信义县置也。

特亮　武德四年,分信义置也。

勤州　隋信安郡之高梁县地。武德四年,置勤州,隶南康州总管。九年,改隶广州,其年废,县属春州。后置勤州,以铜陵来属。仍析置富林县。领县三,户六百八十二,口一千九百三十三。至京师五千三百九十里,至东都五千里。东至新州五百七十里,西至泷州二百六十里,南至广州六百三十五里,西北至康州二百七十三里。

富林　州所治,析铜陵置。

铜陵　汉允吴县地,属合浦郡。宋立泷潭县。隋改为铜陵,以界内有铜山也。

桂管十五州在广州西。

桂州下都督府　隋始安郡。武德四年,平萧铣,置桂州总管府,管桂、象、静、融、贺、乐、荔、南昆、龙九州,并定州一总管。其桂州领始安、福禄、纯化、兴安、临源、永福、阳朔、归义、宣风、象十县。寻改定州为南尹州。其年，又置钦州总管，隶桂府。五年，置南恭、燕、梧三州，隶桂府。九年，置晏州，隶桂府。贞观元年，以钦、玉、南亭三州隶桂府。二年，省玉州、南亭州。五年，置宾州，隶桂府。六年，又以尹、藤、越、白、相、绣、郁、姜、南宏、南方、南简、南晋十二州隶桂府。其年，置龚州都督，亦隶桂府。其年，废龙、郁二州。八年，改越州为廉州，南简为横州，南方为澄州，南宏为潘州，南晋为邕州，尹州为贵州，静州为富州，乐州为昭州，南昆为柳州，铜州为容州。废福禄、归义二县。十年，废姜州。十二年，废晏州，以建陵县来属。废荔州，以荔浦、崇仁二县来属。省宣风县，令督桂、昭、贺、富、梧、藤、容、潘、白、廉、绣、钦、横、邕、融、柳、贵十七州。天宝元年，改为始安郡，依旧都督府。至德二年九月，改为建陵郡。乾元元年，复为桂州，刺史充经略军使。管戍兵千人，衣粮税本管自给也。旧领县十，户三万二千七百八十一，口五万六千五百二十六。天宝领户一万七千五百，口七万一千一百一十八。至京师水陆路四千七百六十里，至东都水陆路四千四十里。东至道州五百里，西至容州四百九十三里，南至昭州二百一十里，北至邵州六百八十五里，东南至贺州五百三十里，西南至柳州八百里，东北至永州五百五十里。

临桂　州所治。汉始安县地，属零陵郡。吴分置始安郡，宋改为始建国，南齐始安郡。梁置桂州。隋末，复为始安郡。江源多桂，不生杂木，故秦时立为桂林郡也。

理定　汉始安县。隋分置兴安，近改为理定。

灵川　武德四年，分始安置。

阳朔　隋旧。贞观元年，废归义县并入。

荔浦　汉县，属苍梧郡。武德四年，置荔浦、建陵、隋化、崇仁、纯义。五年，以隋化属南恭州。贞观元年，以建陵属晏州。十三年，废荔州，以荔浦、崇仁属桂州。纯义属象州也。

丰水　旧永丰县。元和初改为丰水县。

修仁　隋置建陵县。贞观元年，县置晏州。领武龙、建陵二县。

十二年,废晏州及武龙县,以建陵属桂州。长庆元年,改为修仁县。

恭化　武德四年,分始安置纯化县。元和初,改为恭化也。

永福　武德四年,分始安置。

临源　武德四年,分始安置。

全义　新置。

昭州　隋始安郡之平乐县。武德四年,平萧铣,置乐州,领平乐、永丰、恭城、沙亭四县。贞观七年,省沙亭县。八年,改为昭州,以昭冈潭为名。天宝元年,改为平乐郡。乾元元年,复为昭州也。旧领县三,户四千九百一十八,口一万二千六百九十一。天宝,户三千五百。至京师四千四百三十六里,至东都四千二百一十九里。西至桂州二百二十里,东北至道州四百里,北至永州六百三十九里,南至富州一百六十六里也。

平乐　州所治荔浦地,属苍梧郡。晋置平乐县。贞观二年,省沙亭并入也。

恭城　武德四年,析平乐置。

永平　隋县,旧属藤州。

富州下　隋始安郡之龙平县。武德四年,平萧铣,置静州,领龙平、博劳、归化、安乐、开江、豪静、苍梧七县。寻又分苍梧、豪静、开江三县置富州。九年,省安乐县。贞观八年,改为富州,以富川水为名。天宝元年,改为开江郡。乾元元年,复为富州。旧领县三,户三千三百四十九,口四千二百一十九。天宝,户一千二百九十。至京师五千一百三十里,至东都四千八百五十里。西北桂州州界八十里,东南至梧州界九十里,北至昭州一百六十六里也。

龙平　汉临贺县地,属苍梧郡。吴置临贺郡,梁分临贺置南静郡,又改为静州,改南静郡为龙平县。贞观八年,改为富州,以富川水为名也。

思勤　新置。

马江　隋开江县。长庆元年,改为马江。皆汉临贺县地。

梧州下　隋苍梧郡。武德四年,平萧铣,置梧州,领苍梧、豪静、开江三县。贞观八年,割藤州之孟陵、贺州之绥越来属。十三年,废豪静县。天宝元年,改为苍梧郡。乾元元年,复为梧州也。旧领县四,户三千八十四,口五千四百二十三。天宝领县三,户五千。至京师五千五百里,至东都五千一百里。东至封州八十里,东北至贺州四百一十里,北接富州界,正西至藤州一百九十里。

苍梧　汉苍梧郡,治广信县,即今治。隋立苍梧县,于此置郡。

戎城　隋县,旧属藤州,今来属。

孟陵　汉猛陵县,属苍梧郡。

蒙州　隋始安郡之随化县。武德四年,置南恭州。割荔州之立山、东区、纯义三县分置岭政县。贞观八年,改为蒙州,取州东蒙山为名。十二年,省岭政入立山。天宝元年,改为蒙山郡。乾元元年,复为蒙州。旧领县三,户一千六十九。天宝,户一千五十九。至京师五千一百里,至东都四千七百里。南至桂州二百四十九里,东至富州九十七里,西南至象州一百七十六里。

立山　州所治。汉荔浦县,属苍梧郡。隋分荔浦置随化县。武德四年,改为立山,于县置荔州,寻改为恭州。贞观八年,改为蒙州。州东蒙山,山下有蒙水,居人多姓蒙故也。

东区　武德五年,分立山置,属荔州。贞观六年,属燕州。十年,改为蒙州。

正义　贞观五年,置纯义县,属荔州。乾元初,改为正义也。

龚州下　隋永平郡之武林县。贞观三年,置燕州。七年,移燕州于今州东,仍于燕州之旧所置龚州都督府,督龚、浔、蒙、宾、澄、燕七州。割藤州之武林、燕州之秦川来属,又立南平、西平、归政、大同四县。十二年废浔州,以桂平、陵江、大宾、皇化四县来属。其年,省秦川入南平,省陵江入桂平,省归政入西平。又割藤州之隋建来属。天宝元年,改为临江郡。乾元元年,复为龚州。上领县八,户一万三千八百二十一,口一万一千一百二十八。天宝领县六,户九千,口二万一千。至京师五千七百二十里,至东都五千三百六十一里。东至藤州一百四十九里,南至绣州九十五里,西到浔州一百三十里,北至蒙州二百四十里。

南平　州所治。汉猛陵县地,属苍梧郡。晋分苍梧置永平郡。仍置武林县。贞观七年,分置南平县。后自武林移龚州治于此也。

武林　猛陵县地。隋分置武林县,属藤州。贞观七年,属龚州。

隋建　猛陵县地。武德年,属藤州。贞观年,属龚州也。

大同　贞观元年分置。

阳川　本阳建县,后改为阳川也。

浔州下　隋永平郡之桂平县。贞观七年,置浔州。领桂平、陵江、大宾、皇化四县。十二年,废浔州,以四县属龚州。后复置浔州,以桂平、大宾、皇化来属。又省陵江入桂平。天宝元年,改为浔江郡。乾元元年,复为浔州也。旧领县三,户二千五百,口六千八百三十六。至京师五千九百六十里,至东都五千七百里。东至龚州一百三十里。西至潘州二百五十里,西南至贵州一百五十里,西北至蒙州三百六十里,西南接郁林州界。

桂平　汉布山县。郁林郡所治也。隋为桂平县。武德年,属贵州。贞观初,属燕州。七年,属浔州。十二年,州废,属龚州。复置浔州。

宣化　汉河林县,属郁林郡。隋置皇化县,后废。贞观六年,复置,属浔州。州废,属龚州。又复属浔州。

郁林州下　隋郁林郡之石南县。贞观中置郁林州,领石南、兴德。天宝元年,改为郁林郡。乾元元年,复为郁林州也。领县五,户一千九百一十八,口九千六百九十九。至京师五千五百七里,至东都五千一百六十里。东至平琴州九十里,南至牢州一百二里,西南至昭州一百一十里,北至贵州一百五十里。

石南　州所治。汉郁林郡之地。梁置定州,隋改尹州,炀帝为郁林郡,皆治于此。陈时置石南郡。隋改为县也。

郁林　隋县,属贵州,后来属。

兴业

兴德　武德四年,分郁林置。

潭栗

平琴州下　汉郁林郡地。唐置平琴州,无月年。领县四。天宝元年,改为平琴郡。乾元元年,复为州。建中并入党州。今存。领县四,户一千一百七十四。至京师六千四百八十里,至东都五千八百三十里。西至郁林州九十里,东南至牢州一百一十里,北至贵州一百五十里,北至绣州九十二里,东至党州二十二里。

容山　州所治。本名安仁,至德年改也。

怀义、福阳、古符三县,与州同置。

宾州下　隋郁林郡之岭方县。贞观五年,析南方州之岭方、思干、琅琊、南尹州之安城置宾州。十二年,省思干县。天宝元年,改为安城郡。至德二年九月,改为岭方郡。乾元元年,复为宾州。旧领县三,户七千四百八十五。天宝,户一千九百七十六,口八千五百八十。至京师四千三百里,至东都四千一百里,南至淳州二百里,东南至贵州一百七十里,西至邕州二百五十七里,东南至蒙州三百二十里,西北至澄州一百二十里也。

岭方　汉县,属郁林郡。武德四年,属南方州。贞观五年,改为宾州。

琅邪　武德四年,析岭方县置。

保城　梁置安城县。至德二年,改为保城也。

澄州下　隋郁林郡之岭方县地。武德四年,平萧铣,置南方州,领无虞、琅琊、思干、上林、止戈、贺水、岭方七县。贞观五年,以上林、止戈、琅琊、岭方属宾州。八年,改南方州为澄州。天宝元年,改为贺水郡。乾元元年,复为澄州。旧领县四,户一万八百六十八。天宝后,户一千三百六十八,口八千五百八十。至京师四千六百里,至东都四千三百里。南至邕州三百里,北至窦州四百三十里,东南至宾州一百二十里,西至古州五百七十九里。

上林　州所治。汉岭方县地。武德四年,析置上林县也。

无虞　武德四年,析岭方置。

贺水　武德四年,析柳州马平县置。

绣州下　隋郁林郡之阿林县。武德四年,置林州,领常林、阿林、皇化、归庆、罗绣、卢越等县。六年,改为绣州。贞观六年,省归诚、卢越。七年,以皇化属浔州。天宝元年,改为常林郡。乾元元年,复为绣州。领县三,户九千七百七十三。至京师六千九十里,至东都五千五百里。南至党州五十里,北至贵州一百里也。

常林　汉阿林县地,属郁林郡。武德四年,析贵州之郁平县,置林州及常林县。贞观六年,省归诚县入常林县,治废归诚县故城。又改林州为绣州。

阿林　汉县,属郁林郡。

罗绣　武德四年,析阿林置。

象州下　隋始安郡之桂林县。武德四年,平萧铣,置象州,领阳寿、西宁、桂林、武仙、武德五县。贞观十二年,省西宁县,割废晏州武化、长风来属。天宝元年,改为象山郡。乾元元年,复为象州。旧领县六,户一万一千八百四十五,口一万二千五百二十一。天宝领县三,户五千五百,口一万八千八百九十。至京师四千九百八十九里,北至桂州四百里,东至象州一百七十六里,南至费州三百里,西北至柳州二百里,东南至浔州三百六十里,西南至严州一百九十里也。

武化　州所治。汉潭中县地,属郁林郡。隋建陵县,属桂州。武德四年,析建陵置武化县,属晏州。贞观十二年,废晏州来属。仍自武德县移象州于县置。非秦之象郡。秦象郡今合浦县。

武德　汉中溜县地,属郁林郡。吴于县置郁林郡,仍分中溜置桂林县。武德四年,改为武德,于县界置象州。

阳寿　隋县。

武仙　武德四年,析桂林置。

柳州　隋始安郡之马平县。武德四年,平萧铣,置昆州,领马平、新平、文安、贺水、归德五县。其年,改归德为修德,改文安为乐沙,仍加昆州为南昆州。八年,以贺水属澄州。贞观七年,省乐沙入新平县,以废龙州之龙城来属。八年,改南昆为柳州。九年置崖山县。十二年,省新平入马平。天宝元年,改为龙城郡。乾元元年,复为柳州,以州界柳岭为名。旧领县四,户六千六百七十四,口七千六百三十七。天宝领县五,户二千二百三十二,口一万一千五百五十。至京师水陆相乘五千四百七十里,至东都水陆相乘五千六百里。东至桂州四百七里,至粤州二百九十里,北至融州二十里,东南至象州二百里,北至柳州三十里。

马平　州所治。汉潭中县地,属郁林郡。隋置马平县。武德四年,于县置昆州,又改为柳州也。

龙城　隋县。武德四年,置龙州,领龙城、柳岭二县。贞观七年,废龙州,省柳岭县。

象　贞观中置。

洛曹　旧洛封县,元和十三年改。

洛容　皆汉潭中地。贞观后析置。

融州下　隋始安郡之义熙县。武德四年,平萧铣,置融州,复开皇旧名,领义熙、临牂、黄水、安修四县。六年,改义熙为融水。贞观十三年,省安修入临牂。天宝元年,改为融水郡。乾元元年,复为融州。旧领县三,户二千七百九十四,口三千三百三十五。天宝户一千二百三十二。至京师五千二百七十里,至东都四千四百七十里,东至桂州四百九十一里,南至柳州三十里,至武零山二百里也。

融水　汉潭中地,与柳州同。隋置义熙县。武德四年,改为融水,州所治也。

武阳　旧黄水、临牂二县。析融水置,后并入,改为武阳。

邕管十州在桂府西南也。

邕州下都督府　隋郁林郡之宣化县。武德四年,置南晋州,领宣化一县。贞观六年,改为邕州都督府。天宝元年,改为朗宁郡。乾元元年,复为邕州。上元后,置经略使,领邕、贵、党、横等州。后又罢。长庆二年六月,复置经略使,以刺史领之。刺史充经略使。管戍兵一千七百人,衣粮税本管自给。旧领县五,户八千二百二十五。天宝后,户二千八百九十三,口七千三百二。至京师五千六百里,至东都五千三百二十七里,东南至钦州三百五十里,东北至宾州二百五十里,西南至羁縻左州五百里。

宣化　州所治。汉岭方县地,属郁林郡。秦为桂林郡地。欢水在县北,本牂牁河,俗呼郁状江,即骆越水也,亦名温水。古骆越地也。

武绿　隋废县。武德五年,复置也。

晋兴　晋于此置晋兴郡,隋废为县。

朗宁　武德五年分置。

思龙、如和、封陵三县,开磔洞渐置也。

贵州下　隋郁林郡。武德四年,平萧铣,置南尹州总管府,管南尹、南晋、南简、南方、白藤、南容、越、绣九州。南尹州领郁林、马岭、安城、郁平、石南、桂平、岭山、兴德、潮水、怀泽十一县。五年,以桂平属燕州,岭山属南横州。贞观五年,以安城属宾州。七年,罢都督府。九年,改南尹为贵州。天宝元年,改为怀泽郡。乾元元年,复为贵州也。旧领县八,户二万八千九百三十,口三万一千九百九十六。天宝后,领县四,户三千二十六,口九千三百。至京师五千三百八十里,至东都五千一百二十里。东至绣州一百里,南至郁林州一百五十里,西至横州一百里,北至象州三百里,西南至宾州九十四里,东北至浔州一百五十里。

郁平　汉广郁县地,属郁林郡。古西瓯、骆越所居。后汉谷永为郁林太守,降乌浒人十万,开七县,即此也。乌浒之俗:男女同川而浴,生首子食之;云宜弟,娶妻美让兄;相习以鼻饮。秦平天下,始招慰之,置桂林郡。汉改为郁林郡。地在广州西南安南府之地,邕州所管郡县是也。隋分郁平县。郁江,在州东也。

怀泽　宋废县。武德四年又置也。

潮水　武德四年,分郁林置。

义山　新置。

党州下　古西瓯所居。秦置桂林郡,汉为郁林郡。唐置党州,失起置年月,与平琴州同土俗。西至平琴治所二十二里。天宝元年,以党州为宁仁郡。乾元元年,复为党州。建中二年二月,废平琴州并入,领县四,户一千三百,口七千四百。至京师地理,与平琴州同。南至牢州一百里,北至绣州五十里,东南至容州一百五十里,北接绣州界百余里也。

横州下　隋郁林郡之宁浦县。武德四年,置简州,领宁浦、乐山、蒙泽、淳风、岭山五县。六年,改为南简州。贞观八年,改横州。天宝元年,改为宁浦郡。乾元元年,复为横州也。旧领县四,户一千一百二十八,口一万七百三十四。天宝领县三,户一千九百七十八,口八千三百四十二。至京师五千五百三十九里,至东都四千七百五里。南至钦州三百五十里,西至峦州一百五十里,北至贵州二百六十里也。

宁浦　州所治。汉广郁县地,属郁林郡。吴分置宁浦郡,晋、宋、齐不改。梁分置简阳郡。隋平陈,陈郡并废,置简州,又改为缘州。炀帝废州,置宁浦县,郁林郡。武德复置,改为横州。

从化　汉高凉县地,属合浦郡。武德四年,分宁浦置淳风县。贞观元年,改为从化也。

乐山　汉高凉县地,隋置乐山县。

田州　土地与邕州同,失废置年月,疑是开元中置。天宝元年,改为横山郡。乾元元年,复为田州。旧领县五,户四千一百六十八。旧图无四至州郡及两京道里数。

都救、惠往、武笼、横山、如赖,并与州同置也。

严州　秦桂林郡地,后为獠所据。乾封元年,招致生獠,置严州及三县。天宝元年,改为修德郡。乾元元年,复为严州。领县三,户一千八百五十九,口七千五十一,至京师五千三百二十七里,至东都四千八百九十三里。东北至柳州二百四十里,东南接象州界,西北接澄州界也。

夹宾　州所治也。

循德、归化与州同置。

山州　失起置年月。天宝元年,改为龙池郡。乾元元年,复为山州。领县二,户一千三百二十。无四至及京洛里数。

龙池　州所治也。

盆山。

峦州　秦桂林郡。唐置淳化,失起置年月。天宝元年,改为永定郡。乾元元年,复为淳州。永贞元年,改为峦州也。领县三,户七百七十,口三千八百三,至京师五千三百里,至东都四千九百里。南至横州一百四十里,西至邕州三百里,北至宾州二百五十五里。

永定　州所治也。

武罗、灵竹,二县与州同置。

罗州　隋高凉郡之石龙县地。武德五年,于县置罗州,领石龙、吴川、陵罗、梁、龙辩、南河、石城、招义、零绿、慈廉、罗肥十一县。六年,移罗州于石城县,于旧所置石州,割石龙、陵罗、龙化、罗辩、慈广、罗肥属南石州。天宝元年,改罗州为招义郡。乾元元年,复为罗州。旧领县五。户五千四百六十,口八千四十一。至京师六千五百二十二里,至东都五千七百五里。东至大海一百三十九里,南至雷州二百五十里,西至廉州二百五十里,北至辩州一百五十里,西南至零缘县大海一百二十里,西北至白州二百三十里,东北至新州五十里。

石城　州所治。汉合浦郡地。宋将檀道济于陵罗江口筑石城,因置罗州,属高凉郡。唐复置罗州于县。

吴川　隋县。

招义　武德五年,析石龙县置也。

南河　武德五年,析石龙县置也。

潘州下　隋合浦郡之定川县。武德四年,置南宕州,领南昌、定川、邻川、思城、温水、宕川六县,治南昌县。贞观六年,移治定川。八年,改为潘州,仍废思城县。天宝元年,改为南潘郡。乾元元年,复为潘州也。旧领县五,户一万七百四十八。天宝后,领县三,户四千三百,口八千九百六十七。至西京七千一百六十一里,至东都六千三百八十九里。至高州九十里,南至大海五十六里,至辩州一百二十里,北至窦州一百五十一里。

茂名　州所治。古西瓯、骆越地,秦属桂林郡,汉为合浦郡之地。隋置定川县。武德四年,平岭表,于县置宕州,改为潘州,仍改县茂名也。

南巴　隋废县。武德五年置。

潘川　以县水为名。武德五年,分置也。

容管　十州在桂管西南也

容州下都督府　隋合浦郡之北流县。武德四年，平萧铣，置铜州，领北流、豪石、宕昌、渭龙、南流、陵城、普宁、新安八县。贞观元年，改为容州，以容山为名。十二年，省新安县。开元中，升为都督府。天宝元年，改为普宁郡。乾元元年，复为容州都督府。仍旧置防御、经略、招讨等使，以刺史领之。刺史充经略军使，管镇兵一千一百人，衣粮税本管自给。旧领县七，户八千八百九十。天宝后，领县五，户四千九百七十，口一万七千八十七。至京师五千九百一十里，至东都五千四百八十五里。东至藤州二百五十九里，南至窦州二百里，西至禺州十五里，北至龚州二百里，西至隋建县一百九十里，西北至党州一百五十里，东北接义州界。

北流　州所治。汉合浦县地，隋置北流县。县南三十里，有两石相对，其间阔三十步，俗号鬼门关。汉伏波将军马援讨林邑蛮，路由于此，立碑石，龟尚在。昔时趋交趾，皆由此关。其南尤多瘴疠，去者罕得生还。谚曰："鬼门关，十人九不还。"其土少铁，以砻石烧为器，以烹鱼鲑，北人名"五候燋石"。一经火，久之不冷，即今之滑石也，亦名冷石。

普宁　隋置。

陵城　武德四年，析北流置。

谓龙　武德四年，析普宁置。

欣道　新置。

辩州下　隋高凉郡之石龙县。武德五年，置罗州，移治石城。于旧所置南石州，领石龙、陵罗、龙化、罗辩、慈廉、罗肥六县。贞观九年，改南石州为辩州，省慈廉、罗肥二县。天宝元年，改陵水郡。乾元元年，复为辩州也。旧领县四，户一万三百五十。天宝后，领县三，户四千八百五十八，口一万六千二百九。至京师五千七百一十八里，至东都五千三百七十里。东至广州一千一百四十四里，南至罗州吴川县界五十里,南至白州博白县二百三十里,北至禺州三百八十二里,南至潘州四十里,西至罗州一百五十里,西北至白州三百里。

　　石龙　州所治。汉高凉县地,属合浦郡。秦象郡地。武德五年,属罗州。六年改属辩州。

　　陵罗　武德五年,置罗州。六年,改为南石州也。

　　龙化　武德五年,分置也。

　　白州下　隋合浦郡之合浦县地。武德四年,置南州,领博白、朗平、周罗、龙豪、淳良、建宁六县。六年,改为白州。贞观十二年,省朗平、淳良二县。天宝元年,改为南昌郡。乾元元年,复为白州。旧领县四。户八千二百六。天宝领县五,户二千五百七十四,口九千四百九十八。至京师六千一百七十五里,至东都五千九百一十九里。东至辩州二百里,南至罗州二百二十里,西至州界朗平山八十里,北至牢州一百里,西南至广州二百里,东北至禺州二百里。

　　博白　州所治。汉合浦县地,属合浦郡。武德五年,析合浦县置博白县也。

　　建宁　武德四年,析合浦县置。贞观十二年,省淳良并入也。

　　周罗　武德四年,析合浦置。

　　龙豪　武德四年,析合浦置。

　　南昌　隋县。旧属潘州,又来属也。

　　牢州下　本巴、蜀徼外蛮夷地,汉牂柯郡地。武德二年,置义州。五年,改为智州。贞观十二年,改为牢州,以牢石为名。天宝元年,改为定川郡,乾元元年,复为牢州也。旧领县三,户一千六百四十一,口一万一千七百五十六。去京师与容州道里同。东至容州一百二十五里,南至白州一百里,西至郁林州一百一十里,北至党州一百里。

　　南流　武德四年,析容州北流县置,属容州。贞观十一年,改智州为牢州,以牢石为名。牢石高四十丈,周二十里,在州界也。

定川

宕川　贞观十一年,分南流置也。

钦州下　隋宁越郡。武德四年,平萧铣,改为钦州总管府,管一州,领钦江、安京、南宾、遵化、内亭五县。五年,置如和县。其年,置玉州、南亭州,并隶钦府,以内亭、遵化二县属亭州。贞观元年,罢都督府。二年,废亭州,复以内亭、遵化并来属。十年,省海平县。天宝元年,改为宁越郡。乾元元年,复为钦州也。旧领县七,户一万四千七十二,口一万八千一百二十七。天宝领县五,户二千七百,口一万一百四十六。至京师五千二百五十一。东至严州四百里,南至大海二百五十里,西至让州六百三十里,至横州三百五十里,东南至广州七百里,西南至陆州六百里,西至容州三百五十里,东北至贵州四百里。

钦江　州所治。汉合浦县地,宋分置宋寿郡及宋寿县。梁置安州,隋改为钦州,仍改宁寿县为钦江。炀帝改为宁越郡。皆治钦江也。

保京　隋安京县。至德二年,改为保京。县北十里安京山下有如和山,似循州罗浮山形势。

遵化　隋旧置。

内亭　隋县。武德五年,于县置南亭州。贞观元年,州废,复属钦州也。

灵川

已上县,并汉合浦县也。

禺州　隋合浦郡之定川县。武德四年,置南宕州,领南昌、定川、陆川、思城、温水、宕川六县,治南昌县。贞观六年,移治定川。八年,改为潘州,仍废思城。总章元年,改为东峨州,移治峨石县。二年,改为禺州。天宝元年,改为温水郡。乾元元年,复为禺州。旧领县五,户一万七百四十八,天宝领县四,户三千一百八十。至京师五千三百五里,至东都五千里。至义州一百九十里,南至辩州三百里,西至白州二百里,北至容州一百一十里。

峨石　秦象郡地。

晋　南昌郡之边邑,为禺州所治也。

温水　武德四年,析南昌置。

陆川　隋废县。武德四年置。

扶桑　开德四年置。

汤州下　秦象郡地。唐置汤州,失起置年月。天宝元年,改为温泉郡。乾元元年,复为汤州。领县三,无户口及无两京道里、四至州府。

汤泉　州所治也。

渌水、罗韶,与州同置。

瀼州下　贞观十二年,清平公李弘节遣钦州首领宁师京,寻刘方故道,行达交趾,开拓夷獠,置瀼州。天宝元年,改为临潭郡。乾元元年,复为瀼音而章反,水名。州。领县四,户一千六百六十六,无两京地里。东至钦州六百三十里,北至容州二百八十二里,在安南府之东北、郁林之西南。

临江　州所治也。

波零、鹄山、弘远,与州同置。

岩州下　岩土地与合浦郡同。唐置岩州,失起置年月。天宝元年,改为安乐郡。至德二年,改为常乐郡。乾元元年,复为岩州。领县四,户一千一百一十,无两京道里、四至州府也。

常乐　本安乐县。至德二年改,州所治。

思封、高城、石严,与州同置。

古州　土地与瀼州同年置。天宝元年，改为乐古郡，乾元元年，复为古州。

安南府　在邕管之西也

安南都督府　隋交趾郡。武德五年，改为交州总管府，管交、峰、爱、仙、鸢、宋、慈、险、道、龙十州。其交州领交趾、怀德、南定、宋平四县。六年，澄、慈、道、宋并加"南"字。七年，又置玉州，隶交府。贞观元年，省南宋州以宋平县，省隆州以陆平县，省鸢州以朱鸢县，省龙州以龙编县，并隶交府，仍省怀德县及南慈州。二年，废玉州入钦州。六年，改南道州为仙州。十一年废仙州，以平道县来属。今督交、峰、爱、驩四州。调露元年八月，改交州都督府为安南都护府。大足元年四月，置武安州、南登州，并隶安南府。至德二年九月，改为镇南都护府，后为安南府。刺史充都护，管兵四千二人。旧领县八，户一万七千五百二十三，口八万八千七百八十八。天宝领县七，户二万四千二百三十，口九万九千六百五十二。至京师七千二百五十三里，至东都七千二百二十五里。西至爱州界小黄江口，水路四百一十六，西南至长州界文阳县靖江镇一百五十里，西北至峰州嘉宁县论江口水路一百五十里，东至朱鸢县界小黄江口水路五百里，北至朱鸢州阿劳江口水路五百四十九里，北至武平县界武定江二百五十二里，东北至交趾县界福生去十里也。

宋平　汉西卷音拳县地，属日南郡。自汉至晋犹为西卷县。宋置宋平郡及宋平县。隋平陈，置交州。炀帝改为交趾，制史治龙编，交州都护制诸蛮。其海南诸国，大抵在交州南及西南，居大海中洲上，相去或五三百里，五三千里，远者二三万里。乘舶举帆，道里不可详知。自汉武已来皆朝贡，必由交趾之道。武德四年，于宋平置宋州。领宋平、弘义、南定三县。五年，又分宋平置交趾、怀德二县。自贞观元年，废南宋州，以弘教、怀德、交趾三县省入宋平县，移交趾县名于汉故交趾城置。以宋平、南定二县属交州。

交趾　汉交趾郡之赢陵二字并音来口反。地。隋为交趾县，取汉郡名。武德四年,置慈廉、乌延、武立三县。六年,改为南慈州。贞观初,州废,并废三县,并入交趾。

朱鸢　汉县名,交趾郡。今县,吴军平县地。旧置武平县。

龙编　汉交趾郡守治羸陵。后汉周敞为交趾太守,乃移治龙编。言立城之始,有蛟龙盘编津之间,因为城名。武德四年,于县置龙川、武宁、平乐三县。贞观初,废龙川,以武宁、平乐入龙编,割属仙州。十年,废仙州,以龙编属交州也。

平道　汉封溪县地,南齐置昌国县。《南越志》:交趾之地,最为膏腴。旧有君长曰雄王,其佐曰雄侯,以其田雄田。后蜀王之将兵三万讨雄王,灭之。蜀以其子为安阳王,治交趾。其国地。在今平道县东。其城九重,周九里,士庶蕃阜。尉佗在番禺,遣兵攻之。王有神弩,一发杀越军万人,赵佗乃与之和,仍以其子始为质。安阳王以媚珠妻之,子始得弩毁之。越兵至,乃杀安阳王,兼其地。武德四年,于县置道州,领平道、昌国、武平三县。六年,改为南道州,又改为仙州。贞观十年,废仙州,以昌国入平道,属交州。

武平　吴置武平郡。隋为县。本汉封溪县,后汉初,麊泠县女子征侧叛,攻陷交趾,马援率师讨三年方平,光武乃增置望海、封溪二县,即此也。隋曰隆平。武德四年,改为武平也。

太平

武峨州下　土地与交州同。置武峨州,失起置年月。天宝元年,改为武峨郡。乾元元年,复为武峨州。领县五,户一千八百五十,无口。无两京道里及四至州府也。

武峨　州所治也。

武缘、武劳、梁山,皆与州同置也。

粤州下　土地与交州同。唐置粤州,失起置年月。天宝元年,改为龙水郡。乾元元年,复为粤州。领县四,无户口数,亦无两京道里及四至州府也。

龙水　州所治也。

崖山、东玺、天河，皆与州同置也。

芝州下　土地与交州同。唐置芝州，失起置年月。天宝元年，改为忻城郡。乾元元年，复为芝州。领县一。

忻城　州所治。无户口及两京道里、四至州府。最远恶处。

爱州　隋九真郡。武德五年，置爱州，领九真、松源、杨山、安顺四县。又于州界分置积、顺、永、胥、前真、山七州，改永州为都州。九年改积州为南陵州。贞观初，废都州入前真州。其年，废真、胥二州入南陵州。又废安州以隆安县，废山州以建初县，并属州。又废杨山、安顶二县入九真县。改南陵州复为真州。八年，废建初入隆安。九年，废松源入九真。十年，废真州，以胥浦、军安、日南、移风四县属爱州。天宝元年，改为九真郡。乾元元年，复为爱州。九真南与日南接界，西接䍧牱界，北与巴蜀接，东北与郁林州接，山险，溪洞所居。旧领县七，户九千八十，口三万六千五百十九。天宝领县六，户一万四千七百。至京师八千八百里，至东都八千二百里。在交州西，不详道里远近，其南即骧州界。

九真　汉武帝开置九真郡，治于胥浦县。领居风、都能、余发、咸欢、无切、无编等今七县。今九真县，即汉地，吴改为移风。隋改为九真，州所治。自汉至南齐为九真郡。梁置爱州，隋为九真郡。

安顺　隋旧。武德三年，置顺州，又分置东河、建昌、边河，并属顺州。州废，及三县皆并入安顺，属爱州也。

崇平　隋隆安县。武德五年，于县置安州及山州，又分隆安立教山、建道、都掘三县，并属安州，领四县。又冈山、真润、古安、西安、建功五县，属山州。贞观元年，废安州及三县。又废山州及五县，以隆安隶爱州。先天元年，改为崇安。至德二年，改为崇平。

军宁　隋军安县。武德五年，于县置永州。七年，改为都州。贞观元年，改为前真州。十年，改属爱州。至德二年，改为军宁。

日南　汉居风地。县界有居风山，上有风门，常有风。其山出金牛，往往夜见，照耀十里。时斗，则海水沸溢，有霹雳，人家牛皆怖，号曰"神牛"。隋为日南县。

无编　汉旧县，属九真郡。又有汉西于县，故城在今县东所置也。

福禄州下　土俗同九真郡之地，后为生獠所据。龙朔三年，智州刺史谢法成招慰生獠昆明、北楼等七千余落。总章二年，置福禄州以处之。天宝元年，改为福禄郡。至德二年，改为唐社郡。乾元元年，为福禄州。领县二，无户口及两京道里、四至州郡。

柔远　州所治。与州同置。本名安远，至德二年，改为柔远也。

长州　土俗与九真同。唐置长州，失起置年月。天宝元年，改为文阳郡。乾元元年，复为长州。领县四，户六百四十八，无口及两京道里、四至州府也。

文阳、铜蔡、长山、其常，皆与州同置也。

驩州　隋日南郡。武德五年，置南德州总管府，领德、明、智、驩、林、源、景、海八州。南德州领六县。八年，改为德州。贞观初，改为驩州，以旧驩州为演州。二年，置驩州都督府。领驩、演、明、智、林、源、景、海八州。十二年，废明、源、海三州。天宝元年，改为日南郡。乾元元年，复为驩州也。旧领县六，户六千五百七十九，口一万六千六百八十九。天宝领县四，户九千六百一十九，口五万八百一十八。至京师陆路一万二千四百五十二里，水路一万七千里，至东都一万一千五百九十五里，水路一万六千二百二十里。东至大海一百五十里，南至林州一百五十里，西至环王国界八百里，北至爱州界六百三里，南至尽当郡界四百里，西北到灵跋江四百七十里，东北到辩州五百二里。

九德　州所治。古越常氏国，秦开百越，此为象郡。汉武元鼎六年,开交趾已南,置日南郡。治于朱吾,领比景、卢容、西卷、象林五县。吴分日南置九德郡,晋、宋、齐因之。隋改为州,废九德郡为县,今治也。后汉遣马援讨林邑蛮,援自交趾循海隅,开侧道以避海,从荡昌县南至九真郡,自九真至其国,开陆路,至日南郡,又行四百余里,至林邑国。又南行二千余里,有西屠夷国,铸二铜柱于象林南界,与西屠夷分境,以纪汉德之盛。其时,以不能还者数十人。留于其铜柱之下,至隋乃有三百余家,南蛮呼为"马留人"。其水路,自安南府南海行三千余里至林邑,计交趾至铜柱五千里也。

浦阳　晋置。

怀骦　隋为咸欢县,属九真郡。武德五年,于县置骦州,领安人、扶演、相景、西源四县,治安人。贞观九年,改为演州。十三年,省相景县入扶演。十六年,废演州。其所管四县,废入咸骦。后隋改为怀骦。

越裳　吴置。武德五年,于县置明州,析置万安、弘明、定二县隶之。又分日南郡文谷县置智州,领文谷县、新镇、阙员、金四县。贞观十三年,废明州,越裳属智州。后又废智州,以越裳属骦州。

林州　隋林郡。贞观九年,绥怀林邑置林州,寄治于骦州南界,今废无名,领县三,无户口。去京师一万二千里。

林邑　州所治。汉武帝开百越。于交趾郡南三千里置日南郡,领县四,治于朱吾。其林邑,即日南郡之象林县。县在南,故曰日南,郡南界四百里。后汉时,中原丧乱,象林归县人区连杀县令,自称林邑王。后有范熊者,代区连,相传累世,遂为林邑国。其地皆开北户以向日。晋武时,范氏入贡。东晋末,范攻陷日南郡,告交州刺史朱蕃,求以日南郡北界横山为界,其后,又陷九真郡。自是屡寇交趾南界。至贞观中,其主修职贡,乃于骦州南侨置林邑郡以羁縻之,非正林邑国。

金龙　隋文帝时,遣大将刘方率兵万人,自交趾南伐林邑国,败之。其王梵志遁走,方收其庙主一十八人,皆铸金为之。方尽虏其人,空其地,乃班师。因方得其龙,乃为县名。

海界　三县并贞观九年置。

景州　隋北景郡。贞观二年,置南景州,寄治驩州南界。八年,改为景州。后亦废,无其名。领县三,无户口。至京师一万一千五百里。

北景　汉县名,属日南郡,在安南府南三千里,北景在南。晋将灌邃攻林邑王范佛,破其国,遂于其国五月五日立表,北景在表南,九寸一分,故自北景已南,皆北户以向日也。"北"字或单为"匕"。

由文　贞观二年置也。

朱吾　汉日南郡所治之县也。前志曰:"朱吾人不粒食,依鱼资鱼为生。"讬云:"朱吾,在日南郡。北侨立名也。"

峰州下　隋交趾郡之嘉宁县。武德四年,置峰州,领嘉宁、新昌、安仁、竹辂、石堤、封溪六县。贞观元年,废石堤、封溪入嘉宁,竹辂入新昌。天宝元年,改为承化郡。乾元元年,复为峰州也。旧领县三,户五千四百四十四,口六千四百三十五。天宝领县五,户一千九百二十。州在安南府西北,至京师七千七百一十里。

嘉宁　州所治。汉麊冷县也,属交趾郡。麊冷音麋冷。古文朗夷之地。秦属象郡。吴分交趾置新兴郡。晋改为新昌,宋、齐因之,改为兴州。隋初,改为华州。炀帝废,并入交趾,武德复置峰州也。

承化、新昌;嵩山、珠绿,嵩山、珠绿新置。

陆州　隋宁越郡之玉山县。武德五年置玉山州,领安海、海平二县。贞观二年,废玉山州。上元二年,复置,改为陆州,以州界山为名。天宝元年,改为玉山郡。乾元元年,复为陆州。领县三,户四百九十四,口二千六百七十四。至京师七千二十六里,至东都七千里。东至廉州界三百里,南至大海,北至思州七百六十二里,东南际大海,西南至当州宁海二百四十里也。

乌雷　州所治也。

华清　旧玉山县,天宝年改。

宁海　旧安海县,至德二年改为宁海县也。

廉州下　隋合浦郡。武德五年,置越州,领合浦、其年、安昌、高城、大廉、大都五县。贞观六年,置珠池。其年,改大都属白州。八年,改越州为姜州。十年,废姜州,入封山、东罗、蔡龙三县来属。十二年,废安昌、珠池二县入合浦,废高城入蔡龙。天宝元年,改为合浦郡。改乾元元年,复为廉州。旧领县五,户一千五百二十二。天宝,户三千三十二,口一万三千二十九。至京师六千五百四十七里,至东都五千八百三十六里。东至白州二百里,南至罗州三百五十里,西北至安南府一千里,北至钦州七百里。

合浦　汉县,属合浦郡。秦之象郡地。吴改为珠官。宋分置临漳郡及越州,领郡三,治于此。时西江都护陈伯绍为刺史,始立州镇,凿山为城,以威俚、獠。隋改为禄州。及为合州,又改为合浦。唐置廉州。大海,在西南一百六十里,有珠母海,郡人采珠之所,云合浦也。州界有瘴江,名合浦江也。

封山　隋县。武德五年,置姜州,领封山、东罗、蔡龙三县。贞观十年,废州,以三县入廉州。

蔡龙　武德五年,分置也。

大廉　武德五年置。置四县,皆汉合浦县地。

雷州下　隋合浦郡之海康县。武德五年,平萧铣,置南合州,领海康、隋康、铁杷、椹川四县。贞观元年,改为东合州。二年,改隋康为徐闻县。八年,改东合州为雷州。天宝元年,改为海康郡。乾元元年,复为雷州也。旧领县四,户二千四百五十八。天宝领县三,户四千三百二十,口二万五百七十二。至京师六千五百一十二里,至东都五千九百三十一里。东至大海二十里,西至大海一百里,东南至大海十五里,西南至大海一百里,隔海至崖州四百三十里,北及西北与罗州接界。

海康　汉徐闻县地,属合浦郡。秦象郡地。梁分置合州,隋去"南"字,炀帝废合州,置海康县。

遂溪　旧齐铁杷、椹川二县,后废,改为遂溪也。

徐闻　汉县名,隋置隋康县。贞观二年,改为徐闻。《汉志》曰合浦郡徐闻南入海,达珠崖郡,即此县。

笼州　贞观十二年,清平公李弘节遣龚州大县人龚固兴招慰生蛮,置笼州。天宝元年,改为扶南郡,乾元元年,复为扶州。领县七,户三千六百六十七,无四至州县、两京道里。扶南国,在日南郡之南海西大岛中,去日南郡约七千里,在林邑国西三千里。其王,贞观中遣使朝贡,故立笼州招置之。遥取其名,非正扶南国也。

武勒　州所治。

武礼、罗龙、扶南、龙赖、武观、武江,皆与州同置。

环州下　贞观十二年,清平公李弘节开拓生蛮,置环州,以环国为名。天宝元年,改为平郡。乾元元年,复为环州。领县八,无户口及两京道里并四至州府。

正平　州所治。

福零、龙源、饶勉、思恩、武石、歌良、蒙都,与州同置。

德化州　永泰二年四月于安南府西界、牂牁南界置。领县二,与州同置。

德化、归义。

郎茫州　永泰二年四月,于安南府西界置。领县二,与州同置。

龙然、福守。

崖州下　隋珠崖郡。武德四年,平萧铣,置崖州,领舍城、平昌、澄迈、顾灵、临机五县。贞观元年，置都督府，督儋、振三州。其年，改为颜城，平昌为文昌。三年，割儋州属广府。五年，又置琼州。十三年，废琼州以临机、万安三县来属。天宝元年，改为珠崖郡。乾元元年，复为崖州，在广府东南。旧领县七，户六千六百四十六。天宝，户十一乡。至京师七千四百六十里，至东都六千三百里。广府东南二千余里。雷州徐闻县南舟行，渡大海，四百三十里达崖州。汉武帝元封元年，遣使自徐闻南入海，得大洲，东西南北方一千里，略以为珠崖、儋耳二郡，民以布如单被，穿中从头穿之。民种禾稻、纻麻，女子蚕织。无马与虎，有牛、羊、豕、鸡、犬。兵则矛、盾、木弓、竹矢、骨镞。郡县吏卒，多侵凌之，故率数岁一反。昭帝省儋耳，并珠崖。元帝用贾捐之言，乃弃之。大唐武德初，复析珠崖郡置崖、儋、琼、振、万安五郡，于崖州置都督府领之。后废都督，隶广州经略使。后又改隶安南都护府也。

舍城　州所治，隋旧县。其崖、儋、振、琼、万安五州，都在海中洲之上，方千里，四面抵海。北渡海，扬帆一日一夜，至雷州也。

澄迈　隋县。

文昌　武德五年，置平昌县。贞观元年，改为文昌。

儋州下　隋儋耳郡。武德五年，置儋州，领义伦、昌化、感恩、富罗四县。贞观元年，分昌化置普安。天宝元年，改为昌化郡。乾元元年，复为儋州也。旧领县五，户三千九百五十六。天宝，户三千三百九。至京师七千四百四十二里，与崖州同在海中洲上，东至振州四百里。

义伦　本汉儋耳郡城，即此县。隋为义伦县，州所治也。

昌化　隋县。

感恩

洛场　新置。

富罗　隋之毗善县。武德五年，改置。

琼州　本隋珠崖郡之琼山县。贞观五年,置琼州,领琼山、万安二县。其年,又割崖州临机来属。十三年,废琼州,以属崖州。寻复置琼州,领曾口、乐会、颜罗五县。天宝元年,改为琼山郡。乾元元年,复为琼州。贞观五年十月,领南节度使李复奏曰:"琼州本隶广府管内,乾封年,山洞草贼反叛,遂兹沦陷,至今一百余年。臣令判官姜孟京、崖州刺史张少逸,并力讨除,今已收复旧城,且令降人权立城相,窃以琼州控压贼洞,请升为下都督府,加琼、崖、振、儋、万等五州招讨游弈使,其崖州都督请停。"从之。领县五,户六百四十九。两京与崖州道里相类。西南至振州四百五十里,与崖州同在大海中也。

琼山　州所治。贞观七年十一月,省容琼县并入。

临高　本属崖州,贞元七年割属琼州。

曾口、乐曾、颜罗,后渐析置。

振州　隋临振郡。武德五年,置振州。天宝元年,改为临振郡。乾元元年,复为振州也。领县四,户八百一十九,口二千八百二十一。至京师八千六百六里,至东都七千七百九十七里。东至万安州陵水县一百六十里,南至大海,西北至儋州四百二十里,北至琼州四百五十里,江南至大海二十七里,西南至大海千里,西北至延德县九十里,与崖州同在大海洲中。

宁远　州所治。隋旧。

延德　隋县。

吉阳　贞观二年,分延德置。

临川　隋县。

范屯　新置。

万安州　与崖、儋同在大海洲中。唐置万安州,失起置年月。天宝元年,改为万安郡。至德二年,改为万全郡。乾元元年,复为万安州。领县四,无户口。西接振州界。两京道里,与振州相类也。

万安　州所治。至德二年，改为万全，后复置。

陵水、富云、博辽，与州同置。

赤土国　州南渡海，便风十四日，至鸡笼岛，即至其国。亦海中之一洲。

丹丹国　振州东南海中之一洲，舟行十日至。

旧唐书卷四二
志第二二

职官一

　　高祖发迹太原,官名称位,皆依隋旧。及登极之初,未遑改作,随时署置,务从省便。武德七年定令:以太尉、司徒、司空为三公;尚书、门下、中书、秘书、殿中、内侍为六省;次御史台;次太常、光禄、卫尉、宗正、太仆、大理、鸿胪、司农、太府为九寺;次将作监;次国子学;次天策上将府;次左右卫、左右骁卫、左右领军、左右武候、左右监门、左右屯、左右领为十四卫府。东宫,置三师、三少、詹事府、门下典书两坊;次内坊;次家令、率更、仆三寺;次左右卫率府、左右宗卫率府、左右虞候率府、左右监门率、左右内率府为十率府。王公以下置府佐国官。公主置邑司已下。并为京职事官。州县、镇戍、兵渎、关津为外职事官。
　　又以开府仪同三司、从一品。特进、正二品。左光禄大夫、从一品。右光禄大夫、正二品。散骑常侍、从三品。太中大夫、正四品。通直散骑常侍、正四品。中大夫、从四品上。员外散骑常侍、从四品下。中散大夫、正五品上。散骑侍郎、正五品上。通直散骑侍郎、从五品上。员外散骑侍郎、从五品下。朝议郎、承议郎、正六品。通议郎、通直郎、从六品。朝请郎、宣德郎、正七品。朝散郎、宣义郎、从七品。给事郎、征事郎、正八品。承奉郎、承务郎、从八品。儒林郎、登仕郎、正九品。文林郎、将仕郎,从九品。并为文散官。

辅国、正二品。镇军、从二品。二大将军，冠军、正三品。云麾、从三品。忠武、壮武、宣威、明威、信远、游骑、游击自正四品上至从五品下。十将军，为散号将军，以加武士之无职事者。改上开府仪同三司为上轻车都尉，开府仪同三司为轻车都尉，仪同三司为骑都尉，秦王、齐王下统军为护军，副统军为副护军，上大都督为骁骑尉，大都督为飞骑尉，帅都督为云骑尉，都督为武骑尉，车骑将军为游骑将军。亲卫骠骑将军为亲卫中郎将，其勋卫骠骑准此。亲卫车骑将军为亲卫中郎将，其勋卫、翊卫车骑并准此。监门府郎将为监门中郎将，领左右郎将准此。诸军骠骑将军为统军。其秦王、齐王下领三卫及库真、驱咥真、车骑并准此。诸军车骑将军为别将。其散官文骑尉为承议郎，屯骑尉为通直郎，云骑尉为登仕郎，羽骑尉为将仕郎。

武德九年，罢天策上将府。

贞观元年，改国子学为国子监。分将作为少府监。通将作为三监。八年七月，始以云麾将军为从三品阶。九月，以统军正四品下，别将正五品上。十一年，改令置太师、太傅、太保为三师。其三公已下，六省、一台、九寺、三监、十二卫、东宫诸司，并从旧定。又改以光禄大夫为从二品，金紫光禄大夫为正三品，银青光禄大夫为从三品，正议大夫为正四品上，通议大夫为正四品下，太中大夫为从四品上，中大夫为从四品下，中散大夫为正五品上，朝议大夫为正五品下，朝请大夫为从五品上，朝散大夫为从五品下。其六品下，唯改通议郎为奉议郎，自余依旧。更置骠骑大将军，为从一品武散官；辅国、镇军二大将军，为从二品武散官；冠军将军加大字；及云麾已下，游击已上，改为五品已上武散官。又置昭武、振威、致果、翊麾、宣节、御武、仁勇、陪戎八校尉副尉，自正六品至从九品，上阶为校尉，下阶为副尉。为六品已下武散官。

凡九品已上职事，皆带散位，谓之本品。职事则随才录用，或从闲入剧，或去高就卑，迁徙出入，参差不定。散位则一切以门荫结品，然后劳考进叙。《武德令》，职事高者解散官，欠一阶不至为兼，职事卑者，不解散官。《贞观令》，以职事高者为守，职事卑者为行，仍各带散位。其欠一阶，依旧为兼，与当阶者，皆解散官。永徽已来，欠一阶者，或为兼，或带散官，或为守，参而用之。其两职事者亦为兼，颇相错乱。其欠一阶之兼，古念反。其两职事之兼，古恬反。字同音异耳。咸亨二年，始一切为守。

自高宗之后，官名品秩，屡有改易。今录永泰二年官品。其改易品秩者，注于官品之下。若改官名及职员有加减者，则各附之于本职云。

唐初因隋号，武德三年三月，改纳言为侍中，内史令为中书令。给事郎为给事中，内书省为中书省。

贞观二十三年六月，改民部尚书为户部尚书。七月，改治书侍御史为御史中丞，改诸州治中为司马，别驾为长史，治礼郎为奉礼郎。

显庆元年，改户部尚书为度支尚书，侍郎为度支侍郎。又置骠骑大将军员，从一品。

龙朔二年二月甲子，改百司及官名。改尚书省为中台，仆射为匡政，左右丞为肃机，左右司郎中为成务。吏部为司列，主爵为司封，考功为司绩。礼部为司礼，祠部为司禋，膳部为司膳，主客为司蕃。户部为司元，度支为司度，仓部为司仓，金部为司珍。兵部为司戎，职方为司城，驾部为司舆，库部为司库。刑部为司刑，都官为司仆，比部为司计。工部为司平，屯田为司田，虞部为司虞，水部为司川，余司依旧。尚书为太常伯，侍郎为少常伯，郎中为大夫。中书门下为东西台。侍中为左相，黄门侍郎为东台侍郎，给事中为东台舍人，散骑常侍为左右侍极，谏议大夫为正谏大夫。中书令为右相，侍郎为西台侍郎，舍人为西台舍人。秘书省为兰台，监为太史，少监为侍郎，丞为大夫。著作郎为司文郎，太史令为秘阁郎中。御史台为宪台，御史大夫为大司宪，御史中丞为司宪大夫。殿中省为中御守，丞为大夫。尚食为奉膳，尚乐为奉医，尚衣为奉冕，尚舍为奉扆，尚乘为奉驾，尚辇为奉御，并为大夫。内侍省为内侍监。太常为奉常，光禄为司宰，卫尉为司卫，宗正为司宗，太仆为司驭，大理为详刑，正为大夫。鸿胪为司文，司农为司稼，太府为外府，卿并为正卿。少府监为内府监。将作监为缮工监，大匠为大监，少匠为少监。国子监为司成馆，国子祭酒为大司成，司业为少司成，博士为宣业。都水为司津监。左右卫府、左右骁卫府、左右武卫府，并除府字。左右屯卫府为左右威卫，左右领军卫为左右戎卫，武候为金吾卫，千牛为奉宸卫，屯营为羽林军。詹事为端尹府，门下、典书为左右春坊，左右庶子为左右中护，中允为左赞善大夫，洗马为司经大夫，中舍人为右赞善大夫。家令寺为宫府寺，率更寺为司更寺，仆寺为驭仆寺，长官并为大夫。左右卫率府为典戎卫，左右宗卫率府为司御卫，左右虞候率府为清道卫，监门率府为崇掖卫，内率府为奉裕卫。

七日，又制废尚书令，改起居郎为左史，起居舍人为右史，著作佐郎为司文郎，太史丞为秘阁郎，左右千牛为奉宸，司议郎为左司议郎，太子舍人为右司议郎。典膳、药藏、内直监、宫门大夫，并改为郎。太子千牛为奉裕。

总章二年置司列、司戎少常伯各两员。

咸亨元年十二月诏：“龙朔二年新改尚书省百司及仆射已下官名，并依旧。其东宫十率府，有异上台诸卫，各宜依旧为率府。其左司议郎除左字。其左右金吾、左右威卫，依新改。”

永淳元年七月，置州别驾。

光宅元年九月，改尚书省为文昌台，左右仆射为文昌左右相，吏部为天官，户部为地官，礼部为春官，兵部为夏官，刑部为秋官，工部为冬官。门下省为鸾台，中书省为凤阁，侍中为纳言，中书令为内史。太常为司礼，鸿胪为司宾，宗正为司属，光禄为司膳，太府为司府，太仆为司仆，卫尉为司卫，大理为司刑，司农依旧。左右骁卫为左右威卫，左右武卫为左右鹰扬卫，左右威卫为左右豹卫，左右领军卫为左右玉钤卫，左右金吾卫依旧。御史台改为左肃政台，专知京百官及监诸军旅，并承诏出使。更置右肃政台，专知诸州案察。

垂拱元年二月，改黄门侍郎为鸾台侍郎，文昌都省为都台，主爵为司封，秘书省为麟台，内侍省为司富台，少府监为尚方监。其左右尚方两署除方字。将作监为营缮监,国子监为成均监,都水监为永衡监。其詹事府为宫尹府,詹事为太尹,少詹事为少尹。左右内率府为左右奉裕率府,千牛为左右奉裕,左右监门率府为左右控鹤禁率府,诸卫铠曹改为胄曹,司膳寺肴藏署改为珍羞署。十月,增置天官侍郎二员。又置左右补阙、拾遗各二员。三年,加秋官侍郎一员。

永昌元年,置左右司员外郎各一员。

天授二年,增置左右补阙、拾遗各三员,通满五员。

长寿二年,增夏官侍郎三员。

大足元年,加营缮少匠一员,左右羽林卫各增置将军一员,洛、雍、并、荆、扬、益六州,置左右司马各一员。

长安三年,增置司勋员外郎一员,地官依旧置侍郎一员,洛、并及三大都督府司马宜依旧置一员。

神龙元年二月台阁官名,并依永淳已前故事。废左右司员外郎,左右千牛卫各置大将军一员。东都置太庙官吏,增置太常、大理少卿各一员。二年,置员外官凡一千余人。超授阉官七品已上员外者,又千余人。十二月,复置左右司员外郎各一员。

景云二年,复置太子左右谕德、太子左右赞善大夫各两员。雍、洛及大都督府长史加为三品阶。别驾致敬,依前。

太极元年,光禄、大理、鸿胪、太府、卫尉、宗正,各增置少卿一员。秘书少监、国子司业、少府少监、将作少匠、左右台中丞,各增置一员。雍、洛二州及益、并、荆、扬四大都督府,各增置司马一员,分为左右司马。

开元元年十二月,改尚书左右仆射为左右丞相,中书省为紫微省,门下省为黄门省,侍中为监。雍州为京兆府,洛州为河南府,长史为尹,司马为少尹,录事参军为司录参军,余司改司为曹。五年九月,紫微省依旧为中书省,黄门省为门下省,黄门监为侍中。二十四年九月,改主爵为司封。

天宝元年二月,侍中改左相,中书令改为右相,左右丞相依旧为仆射，黄门侍郎为门下侍郎。改州为郡，刺史为太守。十一载正月，改吏部为文部，兵部为武部，刑部为宪部。其行内诸司有部者并改：改驾部为司驾，改库部为司库，金部为司金，仓部为司储，比部为司计，祠部为司禋，膳部为司膳，虞部为司虞，水部为司水。将作大匠为监，少匠为少监。

至德二载十二月敕："近日所改百司额及郡名并官名，一切依故事。"于是侍中、中书令、兵吏部等并仍旧。罢郡为州，复以太守为刺史。

正第一品

太师、太傅、太保、太尉、司徒、司空、已上职事官。王。爵。《武德令》有天策上将，九年省。

从第一品

开府仪同三司、文散官。开府仪同三司及特进不带职事官者，朝参、禄俸并同职事，仍隶吏部也。太子太师、太子太傅、太子太保、已上职事官。骠骑大将军、武散官。嗣王、郡王、国公。爵。

正第二品

特进、文散官。辅国大将军、武散官。开国郡公、爵。《武德令》唯有公、侯、伯、子、男，贞观十一年加开国之称也。上柱国。勋官。《武德令》有尚书令，龙朔二年省，自是正第二品无职事官。

从第二品

尚书左右仆射、太子少师、太子少傅、太子少保，京兆、河南、太原等七府牧，大都督、扬、幽、潞、陕、灵。大都护、单于、安西。已上职事官。光禄大夫、文散官。镇军大将军、武散官。开国县公、爵。柱国。勋官。

正第三品

侍中、中书令、吏部尚书、旧班在左相上，《开元令》移在下。左右卫、左右骁卫、左右武卫、左右威卫、左右领军卫、左右金吾卫、左右监门卫、左右羽林军、左右龙武，左右英武六军大将军、左右千牛卫大将军、自左右卫已下，并为武职事官。户部礼部兵部刑部工部尚书、《武德令》，礼部次吏部，兵部次之，民部次之。贞观年改以民部次礼部，兵部次之。则天初又改以户部次吏部,礼部次之,兵部次之。**太子宾客**、旧职无品,《开元前令》定入官品也。**太常卿**、**宗正卿**、天宝初升入正三品也。**太子詹事**、**左右散骑常侍**、旧班从三品,广德年升,**内侍监**、唐初旧制,内侍省无三品官,内侍四员,秩四品。天宝十三年十二月,玄宗以中官高力士、袁思艺承恩遇,特置内侍监两员,秩三品,以授之。**中都督**、**上都护**、已上除八大将军。并为文职事官。**金紫光禄大夫**、文散官。**冠军大将军**、武散官。**怀化大将军**、显庆三年置,以授初附首领,仍隶诸卫也。**上护军**。勋官。

从第三品

御史大夫、旧班在秘书监九卿下,《开元令》移在上。**秘书监**、**光禄**、**卫尉**、**太仆**、**大理**、**鸿胪**、**司农**、**太府卿**、**国子祭酒**、**殿中监**、**少府监**、**将作监**、**诸卫羽林**、入正三品。**千牛龙武将军**、**下都督**、**上州刺史**、**京兆河南太原等七尹**、旧雍、洛长史从四品上,景云二年加秩为三品也。**五大都督府长史**、旧从四品上,景云二年加秩为从三品。**大都护府副都护**、旧正四品上,《开元令》加入从三品。**亲王傅**、已上并职事诸官。卫羽林、千牛龙武将军为武,余并为文。**银青光禄大夫**、文散官。**开国侯**、爵。**云麾将军**、武散官。**归德将军**、显庆三年置,以授初附首领,仍隶诸卫也。**护军**。勋官。《武德令》有天策上将府长史、司马,九年省也。

正第四品上阶

门下侍郎、**中书侍郎**、旧正四品下阶,《开元令》加入上阶也。**尚书左丞**、永昌元年进为从三品,如意元年复旧。**吏部侍郎**、武德七年省诸司侍郎,吏部郎中为四品上。贞观三年,复置侍郎,其吏部郎中复旧为五品下。**太常少卿**,**太子左庶子**,**太子少詹事**,**太子左右卫**、**左右司御**、**左右清道**、**左右内率**、**左右监门率府率**、**中州刺史**、**军器监**、武德初为正三品,七年省,八年复置,九年又省,十年复置北都军器监。**上都护府副都护**,**上府折冲都尉**、《武德令》统军正四品下,后改为折冲都尉。《垂拱令》始分为上中下府,改定官品。自此已上职事官。率及折冲为武,余并为文也。**正议大夫**、文散官也。**开国伯**、爵。**忠武将军**、武散官。**上轻车都尉**。勋官。

正第四品下阶

尚书右丞、永昌元年进为从三品,如意元年复旧。**诸司侍郎**、**太子右**

庶子、左右谕德、左右千牛卫、左右监门卫、中郎将、亲勋翊卫羽林中郎将、下州刺史、《武德令》，中下州刺史，正四品，下州刺史，从四品上。《贞观令》，一切为下州，加入正四品下。自此已上职事官。中郎将为武，余并为文也。通议大夫、文散官。壮武将军。武散官。

从第四品上阶

秘书少监、八寺少卿、殿中少监、太子左右卫、司御、清道、内率、监门副率、太子亲勋翊卫中郎将、太子家令、太子率更令、太子仆、内侍、大都护亲王府长史、已上职事官。府率、中郎将为武，余并为文。太中大夫、文散官。宣威将军、武散官。轻车都尉。勋官。

从第四品下阶

国子司业、少府少监、将作少匠、京兆河南太原府少尹、大都督府大都护府亲王府司马、上州别驾、已上职事文官。《武德令》，上州别驾正五品上。二十三年为长史，前上元年，复置别驾，定入四品也。中府折冲都尉、职官武官。中大夫、文散官。明威将军。武散官，《武德令》有天策上将府从事中郎，九年省。

正第五品上阶

谏议大夫、御史中丞、《武德令》，从五品上。《贞观令》，加入正五品上，五年又加入四品。如意元年复旧也。国子博士、给事中、中书舍人、太子中允、太子左右赞善大夫、都水使者、万年长安河南洛阳太原晋阳奉先会昌县令、武德六年，敕万年，长安令为正五品上。七年定令，改为从五品。贞观初复旧也。亲勋翊卫羽林郎将、中都督府上都护府长史、亲王府谘议参军事、《武德令》，正五品下也。军器少监，太史少监。亲王典军、已上职事官。郎将、典军为武，余并为文，《永徽令》，亲王典军从四品下。《垂拱令》改入五品也。中散大夫、文散官。开国子、爵。定远将军、武散官。上骑都尉。勋官。

正第五品下阶

太子中舍人，尚食尚药奉御、太子亲勋翊卫郎将、内常侍、中都督上都护府司马、中州别驾、下府折冲都尉、已上职事官。郎将、折冲为武，余并为文也。朝议大夫、文散官。宁远将军。武散官。《武德令》有天策上将军诸祭酒,九年省。

从第五品上阶

尚书左右诸司郎中、《武德令》,吏部郎中正四品上,诸司郎中正五品上。贞观二年,并改为从五品上也。秘书丞、《武德令》,正五品上。《永徽令》改也。著作郎、太子洗马、殿中丞、尚衣尚舍尚乘尚辇奉御、献陵昭陵恭陵桥陵八陵令、《武德》,诸陵令从七品下,永徽二年加献、昭二陵令,为从五品。已后诸陵并相承依献、昭二陵也。亲王府副典军、下都督府上州长史、下州别驾、已上职事官。典军为武,余并为文也。朝请大夫、文散官。开国男、爵。游击将军、武散官。骑都尉。勋官。旧有太公庙令,武德年七品下,永徽二年加从五品上,开元二十四年省也。

从第五品下阶

大理正、太常丞、太史令、内给事、太子典内、旧正六品上,《开元令》改。下都督府上州司马、《武德令》,上州治中正五品下,贞观初改。亲王友、《武德令》,正五品下也。宫苑总监、上牧监、上府果毅都尉、已上职事官。果毅为武散,余并为文。驸马都尉、奉车都尉、并武散官,驸马自近代已来,唯尚公主者授之。奉车,有唐已来无其人。朝散大夫、文散官。游击将军、武散官。《武德令》有天策上将府主簿、记室、参军。九年省。《神龙令》有库谷、斜谷监也。

正第六品上阶

太学博士、《武德令》,从六品已上,贞观年改。太子詹事府丞、太子司议郎、太子舍人、中郡长史、《武德令》,中州别驾从五品上,贞观年改也。太子典膳药藏郎、京兆河南太原府诸县令、武德元年敕,雍州诸县阶从五品上,七年定令改。亲王府掾属、《武德令》,从五品下也。武库中尚署令、《武德令》依上署令,从七品下,太极年改武库令阶,开元年改中尚令阶。诸卫左右司阶、中府果毅都尉、镇军兵满二万人已上司马、已上职事官,司阶、果毅为武,余并为文也。亲勋翊卫校卫、卫官。朝议郎、文散官。昭武校尉、武散官。骁骑尉。勋官。

正第六品下阶

千牛备身左右、卫官已上、王公已下高品子孙起家为之。太子文学、下州长史、《武德令》中，下州别驾，正六品，贞观二十三年，改为长史丞。永淳元年，诸州置别驾官。天宝八载停别驾，下郡置长史。后上元二年，诸州置别驾，不废下府长史也。中州司马、《武德令》，中州治中，从五品下，《贞观令》改。内谒者监、中牧监、上牧副监、已上文职事官。上镇将、武职事官。《武德令》，从四品下也。承议郎、文散官。昭武副尉。武散官。《武德令》有天策上将府诸曹参军事，九年省也。

从第六品上阶

起居郎、起居舍人、尚书诸司员外郎、《武德令》，吏部员外郎正六品上，诸司员外郎正六品下。贞观二年改。八寺丞、大理司直、国子助教、《武德令》，从七品上。城门符宝郎、通事舍人、秘书郎、《武德令》，正七品上。著作佐郎、《武德令》，正七品上。侍御医、《武德》、《乾封令》，正七品上。《神龙令》，从六品下。开元改。诸卫羽林长史、两京市署令、武德四年进为从五品上，七年定令，复旧也。下州司马、《武德令》，中下州治中，正六品下。亲王文学、主簿、记室、录事参军、《武德令》，亲王府文学已上，并正六品下也。诸州上县令、已上文职事官。诸率府左右司阶、武职事官。镇军兵不满二万人司马、文职事官。左右监门校尉、亲勋翊卫旅帅、卫官。奉议郎、文散官。振威校尉、武散官。飞骑尉。勋官。

从第六品下阶

侍御史、旧从七品上，《垂拱令》改。少府将作国子监丞、太子内直典设宫门郎、太公庙令、司农寺诸园苑监、沙苑监、下牧监、宫苑总监副、互市监、中牧副监、已上文职事官。下府果毅都尉、武职事官。亲王府校尉、卫官。通直郎、文散官。振威副尉。武散官。

正第七品上阶

四门博士、詹事司直、左右千牛卫长史、尚食尚药直长、太子左右卫司御清道率府长史、军器监丞、诸州中县令、京兆河南太原府司录参军事、大都督大都护府录事参军事、亲王府诸曹参军、已上文职事官。《武德令》，亲王府功曹、仓曹、户曹、兵曹参军事，从五品下，骑曹、铠曹、田曹、士曹、水曹参军事等，七品下也。中镇将、武职事官。《武德令》，从五品下。太子千牛、亲勋翊卫队正副队正、已上卫官。朝请郎、文散官。致果校尉、武散官。云骑尉。勋官。

正第七品下阶

尚衣尚舍尚乘尚辇直长、太子通事舍人、内寺伯、京兆河南太原府大都督大都护府诸曹参军、中都督上都护府录事参军事、诸仓诸冶司竹温汤监、诸卫左右中候、上府别将、《武德令》，别将正五品上，后改为果毅。圣历三年置别将。上府长史、《武德令》，统率长史正八品下也。上镇副、《武德令》，从五品下。下镇将、《武德令》，正六品下。下牧副监、已上职事官。中候、别将、镇副、镇将为武，余并为文也。宣德郎、文散官。致果副尉。武散官。《武德令》又有天策上将府参军事，九年省。又有盐池盐井盐、诸王百司问事谒者。

从第七品上阶

殿中侍御史、《武德》至《乾封令》，并正八品上，垂拱年改。左右补阙、太常博士、太学助教、《武德令》，从八品下也。门下录事、中书主书、尚书都事、九寺主簿、太子詹事主簿、太子左右内率监门率府长史、太子侍医、太子三寺丞、都水监丞、诸州中下县令、亲王府东西阁祭酒、《武德令》，正六品下。京县丞、万年、长安、河南、洛阳、奉先、会昌、太原、晋阳。下都督府上州录事参军、中都督上都护府诸曹参军事、中府别将长史、中镇副、《武德令》，正六品下。已上职事官。别将、镇副为武，余并为文。左右监门直长、勋卫、太子亲卫、已上卫官。朝散郎、文散官。翊麾校尉、武散官。武骑尉。勋官。

从第七品下阶

太史丞、监局同。御史台少府将作国子监主簿、御史台、国子监主簿，旧正八品，《垂拱令》改。掖庭令、宫闱令、上署令、郊社、太乐、鼓吹、太医、太官、左藏令、乘黄、典客、上林、太仓、平准、常平、左尚、右尚、典牧。《武德令》有太庙、诸陵、典农、中尚、都水，常平。其左尚、典牧本中署，右尚本下署，开元初改之也。诸州下县令、天宝五载，一切为中下县。诸陵署丞、永徽二年加秩。旧有太庙署丞，武德为九品。永徽二年加秩，从七品上，开元省也。司农寺诸园苑副监、《神龙令》有诸冶副监。宫苑总监丞、下都督府诸参军、太子内坊曹、旧正八品上，开元初改之。亲王国令、旧规，流内正九品，太极年改。公主家令、旧规，流内正八品，太极年改。上州诸参军事、下府别将长史、下镇将、《武德令》,从六品下。诸屯监、《武德令》有芳酝监。《神龙令》有漆园监。诸率府左右中候、镇军满二万人以上诸曹判司、已上职事官。别将、镇副、中候为武,余并为文也。太子左右监门直长、亲王府旅帅、诸折冲府校尉、已上卫官。《武德令》,诸府校尉,正六品下也。宣议郎,文散官。翊麾副尉。武散官。

正第八品上阶

监察御史、旧从八品上,《垂拱令》改。协律郎、诸卫羽林龙武军录事参军事、中署令、钧盾,合藏、织染、掌冶,《武德令》有衣冠署令。中州录事参军事、太医博士、太子典膳药藏丞、军器监主簿、武库署丞、旧从八品下,开元初改。两京市署丞、上牧监丞、《武德令》,从八品下,《神龙令》有库谷、斜谷、太阴伊阳监丞。镇军不满二万人以上诸曹判司、已上文职事官。翊卫、太子勋卫、亲王府执仗执乘亲事、已上卫官。给事郎,文散官。宣节校尉。武散官。《武德令》有天策上将府典签,九年省。

正第八品下阶

奚官内仆内府局令、下署令、太卜、廪牺、珍羞、良酝、掌醢、守宫、武器、车府、司仪、崇玄、导官、中右校、左校、甄官、河渠、驽坊、甲坊。《神龙令》又有干、楫二署令也。诸卫羽林龙武诸曹参军事、中州诸司参军事、亲王府京兆河南太原府大都督大都护府参军事、《武德令》,亲王府参军,从七品下,《雍州》行参军,正八品上也。尚药局司医、京兆河南太原府诸县丞、太子内直宫门丞、太公庙丞、诸宫农圃监、互市监丞、司竹副监、司农寺诸园苑监丞、灵台郎、已上文职事官。诸卫左右司戈、上成主、已上武职事官。《武德令》有中镇长史。备身、卫官。征事郎,文散官。宣节副尉,武散官。

从第八品上阶

左右拾遗、太医署针博士、四门助教、《武德令》,从九品上。左右千牛卫录事参军、下州录事参军、《武德令》有中下州诸司参军事。诸州上县丞、中牧监丞、《武德令》,正八品上。京县主簿、太子左右卫司御清道率府录事参军、中都督府上都护府参军、亲王府行参军、《武德令》,正八品上。京兆河南太原大都督府博士、《武德令》,雍州博士,从八品下。诸仓诸冶司竹温汤监丞、《武德令》有盐池盐井监丞、《神龙令》有太和监丞也。保章正、已上文职事官。太子翊卫诸府旅帅、已上卫官。《武德》《乾封令》,诸府旅帅,正七品下。承奉郎、文散官。御侮校尉。武散官。

从第八品下阶

大理评事、律学博士、太医署丞、医监、太子左右春坊录事、左右千牛卫诸曹参军、内谒者、太子左右卫司御清道率府诸曹参军事、太子诸署令、掖庭宫闱局丞、太史都水监主簿、太史为局则省主簿。中书门下尚书都省兵吏部考功礼部主事、旧从九品上,开元二十四年改七司入八品,其省内诸司依旧。上署丞、《武德令》有芳醖监丞。下都督府上州参军事、中都督府上州博士、诸州中县丞、诸王府典签、《武德令》,正八品。京县尉、亲王国大司农、旧规,流内正第七品,开元初改。公主家丞、旧规,流内正第九品,开元初改。诸屯监丞、上关令、上府兵曹、上镇仓曹兵曹参军事、《武德令》有下镇长史。挈壶正、已上文职事官。中戍主、上戍副、率府左右司戈、已上武职事官。太子备身、亲王府队正、已上卫官。承务郎、文散官。御侮副尉。武散官。

正第九品上阶

校书郎、《永徽令》加入从八品下,《垂拱令》复旧。太祝、太子左右内率监门府录事参军、太子内方典直、中署丞、典客署掌客、亲勋翊卫府羽林兵曹参军事、兵渎令、诸津令、下牧监丞、《武德令》,正八品下。《神龙令》有漆园丞,《开元前令》有沙苑丞。诸州中下县丞、中郡博士、《武德令》,正九品下。京兆河南太原府诸县主簿、武库署监事、已上并文职事官。《武德令》有天策上将府录事,其武库监事,从九品下,太极年改也。儒林郎、文散官。仁勇校尉。武散官。

正第九品下阶

正字、《永徽令》改入上阶,《垂拱令》复旧。太子校书、《永徽令》改入上阶,《垂拱令》复旧。奚官内仆府局丞、下署丞、尚食局尚医、尚乐局医佐、尚乘局奉乘司库司廪、太史局司辰、典厩署主乘、太子左右内率监门率府诸曹参军事、太子三寺主簿、詹事府录事、龙朔年置桂坊录事,咸亨年省。太子亲勋翊府兵曹参军事、诸州下县丞、诸州上县中县主簿、中州参军事、《武德令》，正九品上。下州博士、《武德令》，中下州博士，从九品上，下州博士，从九品下。京兆河南太原府诸县尉、上牧主簿、诸宫农圃监丞、中关令、中府兵曹、亲王国尉、旧规，流内正八品，开元初改。《武德令》有亲王府镇事及司府。上关丞、《武德令》有上津尉。诸卫左右执戟、中镇兵曹参军、下戍主、已上职事官。执戟，戍主为武，余并为文。诸折冲府队正、卫官。登仕郎、文散官。仕勇副尉。武散官。

> 从第九品上阶

尚书诸司御史台秘书省殿中省主事、奉礼郎、律学助教、太子正字、弘文馆校书、太史司历、太医署医助教、京兆河南太原府九寺少府将作监录事、都督都护府上州录事市令、宫苑总监主簿、中牧监主簿、《永徽令》有监曹。诸州中下县主簿，上县中县尉，下府兵曹，已上并职事文官。文林郎、文散官。陪戎校尉。武散官。

> 从第九品下阶

内侍省主事、国子监亲王府录事、太子左右春坊主事、崇文馆校书、书学博士、算学博士、门下典仪、太医署按摩咒禁博士、太卜署博士、太医署针助教、太医署医正、太卜署卜正、太史局监候、亲王国丞、旧规，内流正第九品，开元初改从正流内。掖庭局宫教博士、太子诸署丞、太子典食署丞、太子厩牧署典乘、诸监作诸监事计官、太官署监膳、太乐鼓吹署乐正、大理寺狱丞、下州参军事、《武德令》，中下州行参军，正九品，下州参军，从九品上。中州下州医博士、诸州中县下县尉、京县录事、下牧监主簿、下关令、中关丞、诸卫羽林长上、公主邑司录事、诸津丞、下镇兵曹参军、《武德令》有诸桥诸堰丞。诸率府左右执戟、已上职事官。长上、执戟为武，余并为文。亲王府队副、诸折冲府队副、已上卫官。将仕郎、文散官。陪戎副尉。武散官。

流内九品三十阶之内，又有视流内起居，五品至从九品。初以萨宝府、亲王国官及三师、三公、开府、嗣郡王、上柱国已下护军已上勋官带职事者府官等品。开元初，一切罢之。今唯有萨宝、祆正二官而已。又有流外自勋品以至九品，以为诸司令史、赞者、典谒、亭长、掌固等品.视流外亦自勋品至九品,开元初唯留萨宝、祆祝及府史,余亦罢之.

职事者,诸统领曹事,供命王命,上下相摄,以持庶绩.近代已来,又分为文武二职,分曹置员,各理所掌.五品已上,旧制吏部尚书进用.自隋已后,则中书门下知政事官访择闻奏,然后下制授之.三品已上,德高委重者,亦有临轩册授.自神龙之后,册礼废而不用,朝廷命官,制敕而已.六品已上,吏部选拟录奏,书旨授之.

有唐已来,出身入仕者,著令有秀才、明经、进士、明法、书算.其次以流外入流.若以门资入仕,则先授亲勋翊卫,六番随文武简入选例.又有斋郎、品子、勋官及五等封爵、屯官之属,亦有番第,许同拣选.天宝三载,又置崇玄学,习《道德》等经,同明经例.自余或临时听敕,不可尽载.其秀才,有唐已来无其人.

职事官资,则清浊区分,以次补授.又以三品已下官,及门下中书侍郎、尚书左右丞、诸司侍郎、太常少卿、太子少詹事、左右庶子、秘书少监、国子司业为清望官.太子左右谕德、左右卫左右千牛卫中郎将、太子左右率府左右内率府率及副、太子左右卫率府中郎将、已上四品.谏议大夫、御史中丞,给事中、中书舍人、太子中允、中舍人、左右赞善大夫、洗马、国子博士、尚书诸司郎中、秘书丞、著作郎、太常丞、左右卫郎将、左右卫率府郎将、已上五品.起居郎、起居舍人、太子司议郎、尚书诸司员外郎、太子舍人、侍御史、秘书郎、著作佐郎、太学博士、詹事丞、太子文学、国子助教、已上六品.左右补阙、殿中侍御史、太常博士、四门博士、詹事司直、太学助教、已上七品.左右拾遗、监察御史、四门助教已上八品.为清官.自外各以资次迁授.开元中,裴光庭为吏部尚书,始用循资格以注拟六品已下选人.其后每年虽小有移改,然相承至今用之.

武散官,旧谓之散位,不理职务,加官而已.后魏及梁,皆以散号将军记其本阶,自隋改用开府仪同三司已下.贞观年,又分文武,入仕者皆带散位,谓之本品.

以门资出身者,诸嗣王郡王出身从四品下,亲王诸子封郡公者从五品上，国公正六品上，郡公正六品下，县公从六品上，侯正七品上，伯正七品下，子从七品上，男从七品下。皇帝缌麻以上亲、皇太后周亲出身六品上。皇太后大功亲、皇后周亲从六品上。皇帝袒免亲、皇太后小功缌麻亲、皇后大功亲正七品上。皇后小功缌麻亲、皇太子妃周亲从七品上。其外戚各依服属降宗亲二阶叙。诸娶郡主者出身六品上。娶县主者正七品上。郡主子出身从七品上。县主子从八品上。一品子正七品上，二品子正七品下，三品子从七品上，从三品子从七品下，正四品子正八品上，从四品子正八品下，正五品子从八品上，从五品及国公子从八品下。三品以上荫曾孙，五品以上荫孙，孙降子一等，曾孙降孙一等。

诸秀才出身，上上第，正八品上；上中第，正八品下；上下第，从九品上。明经出身，上上第，从八品下；上中第，从九品上。进士明法出身，甲第，从九品上；乙第，从九品下。若通二经已外，每一经加一等。

勋官预文武选者，上柱国正六品上叙，以下递降一阶。凡入仕之后，迁代则以四考为限。四考中中，进年劳一阶叙。每一考中上，进一阶；一考上下，进二阶。五品已上非恩制所加，更无进之令。

自武德至乾封，未有泛阶之恩。应入三品者，皆以恩旧特拜，入五品者多依选叙，计阶至朝散大夫已上，奏取进止，每年量多少进叙。余并依本品授官。若满三计至，即一切听入。至乾封元年，文武普加二阶。永淳元年二月敕："文武官累积劳效，计至五品。一计至者，多未甄擢。再计至者，随例必升，贤愚一贯。自今已后，一计至已上，有在官清慎，状迹灼然，材堪应务者，所司具状录奏，当与进阶。若公正无闻，循默自守，及未经任州县官者，虽频经计至，不在加阶之限。即为恒例。"弘道元年，又普加一阶。乃有九品职事及三卫阶品高者，并入五品。则天朝，泛阶渐多，始令仕经八考，职事六品者许入。万岁通天元年敕："自今已后，文武官加阶应入五品者，并取出身，已历十二考已上，进阶之时，见居六品官。其应入三品人，出身已二十五考已上，进阶见居三品官。"无几，入五品又加至十六考。神功元年制："勋官、品子、流外、国官出身,不得任清资要官.应入三品,不得进阶."开元已来,伎术者经二十考,三省都事及主事、录事十八考,亦听叙.吏部检勘历任阶考,判成录奏.每制之日,应入三品五品者,皆令人参趁.或是远方牧宰、诸司闲职,赍持金帛赠遗主典,知加阶令史,乃有受纳万数者.台省要职,以加位为荣,亦有遗主典钱帛者.

旧例,开府及特进,虽不职事,皆给俸禄,以承朝会,行立在于本品之次.光禄大夫已下,朝散大夫已上,衣服依本品,无禄俸,不预朝会.朝议郎已下,黄衣执笏,于吏部分番上下承使及亲驱使,甚为猥贱.每当上之时,至有为主事令史守扃钥执鞭帽者.两番已上,则随番许简,通时务者始令参选.一登职事已后,虽官有代满,即不复番上.

勋官者,出于周、齐交战之际.本以酬战士,其后渐及朝流.阶爵之外,更为节级.周置上开府仪同三司、开府仪同三司、上仪同三司、仪同三司等十一号.

隋文帝因周之旧,更增损之.有上柱国、柱国、上大将军、大将军、上开府仪同三司、开府仪同三司、上仪同三司、仪同三司、大都督、帅都督、都督,起正二品,至七品,总十一等,用赏勋劳.

炀帝又改为左光禄大夫、右光禄大夫、金紫光禄大夫、银青光禄大夫、正议大夫、朝请大夫、朝散大夫、建节奋武尉、宣惠尉十一等,以代都督已上.又增置绥德、怀仕、守义、奉诚、立信等五尉,以至从九品.

武德初,杂用隋制,至七年颁令,定用上柱国、柱国、上大将军、大将军、上轻车都尉、轻车都尉、上骑都尉、骑都尉、骁骑尉、飞骑尉、云骑尉、武骑尉,凡十二等,起正二品,至从七品.

贞观十一年,改上大将军为上护军,大将军为护军,自外不改,行之至今.

永徽已后,以国初勋名与散官名同,年月既久,渐相错乱.咸亨五年三月,更下诏申明,各以类相比.武德初光禄大夫比今日上柱国。左光禄大夫比柱国,右光禄大夫及上大将军比上护军,金紫光禄大夫及将军比护军,银青光禄大夫及开府比上轻车都尉,正议大夫及开府比轻车都尉,通议大夫及上仪同三司比上骑都尉,朝请大夫及仪同比骑都尉,上大都督比骁骑尉,大都督比飞骑尉,帅都督比云骑尉,都督比武骑尉。自是已后,战士授勋者动盈万计。每年纳课,亦分番于兵部及本郡当上省司。又分支诸曹,身应役使,有类僮仆。据令乃与公卿齐班,论实在于胥吏之下,盖以其猥多,又出自兵卒,所以然也。

武德初,以诸道军务事繁,分置行台尚书省。其陕东道大行台尚书省,令一人,正第二品。掌管内军人,总判省事。仆射一人,从第二品,二品任置。掌贰令事。左丞一人,正第四品下。右丞一人,正第四品下。掌分司纠正省内。都事一人,从第七品上。主事四人,从第九品上,诸司主事并同。并掌同京省。兵部尚书一人,正第四品,诸尚书并同。兼掌吏部事。司勋郎中一人,正第五品上,诸郎中并同。主事一人,考功郎中一人,主事一人。兵部郎中一人,主事二人。驾部郎中一人,主事二人。民部尚书一人,兼掌礼部事。礼部郎中一人,主事一人。膳部郎中一人,主事一人。度支郎中一人,主事二人。仓部郎中一人,主事二人。工部尚书一人,兼掌刑部事。刑部郎中一人,主事一人。都官郎中一人,主事一人。工部郎中一人,主事一人。屯田郎中一人,主事一人。每郎中兼京省二司。各有令史、书令史及掌固,并流外。食货监一人,正第八品下,诸监同。赏膳羞、财物、宾客、铺设、音乐、医药事。丞二人。正第九品下,诸监丞同。农圃监一人,掌仓廪、园圃、柴炭、刍藁、运漕之事。丞四人。武器监一人,掌兵仗、厩牧之事。丞二人。百工监一人,掌舟车及营造杂作之事。丞四人。各有录事及府史、典事、掌固等,并流外。诸道行台尚书省,益州道、襄州道、东南道、河东道、河北道。令一人,从第二品。掌同陕东道大行台。仆射一人,正第三品,左右任置。丞一人,左右任置,左丞从四品上,右丞从四品下。都事二人,正第八品上。主事二人。兵部尚书一人,从第三品,诸尚书同。兼掌吏部、礼部事。考功郎中一人，从第五品上，诸郎中并同。主事二人。从第九品下，诸主事同。膳部郎中一人，主事二人。兵部郎中二人，主事二人。民部尚书一人，兼掌刑部、工部。仓部郎中二人，主事二人。刑部郎中一人，主事二人。屯田郎中一人，主事二人。每郎中兼掌京省三司，各有令史，书太史、掌固，并流外也。食货监一人，从八品上，武器监同。兼掌农圃监事，丞一人。兼掌百工监事，丞二人。两监各有录事、府史、典事、掌固等，并流外。

时秦王、齐王府官之外，又各置左右六护军府及左右亲掌帐内府。其左一右一护军府护军各一人，正第四品下。掌率统军已下侍卫陪从。副护军各二人，从四品下。长史各一人，从七品下。录事参军各一人，从八品，有录事及府史，并流外。仓曹参军事各一人，兵曹参军事各一人，铠曹参军各一人。并正九品下，各有府史，并流外。统军各五人，别将各十人，分掌领亲勋卫及外军。左二右二护军府、左三右三护军府，各减统军三人，别将六人。余职员同左一右一府。其左右亲事府统军各一人，正四品下。掌率左右别将、侍卫陪从。长史一人，正八品下。录事参军事各一人。正九品上，有录事及府史，并流外。兵曹参军事各一人，铠曹参军事各一人。并正九品下，各有府史，并流外。左别将各一人，右别将各一人，正五品下。掌率亲事以上侍卫陪从。其帐内府职员品秩，与统军府同。又有库直及驱咥直，库直隶亲事府，驱咥直隶帐内府。各于左右内选才堪者，量事置之。

武德四年，太宗平洛阳之后，又置天策上将府官员。天策上将一人，掌国之征讨，总判府事。长史、司马各一人，从事中郎二人，并掌通判府事。军谘祭酒二人，谋军事，赞相礼仪，宴接宾客。典签四人，掌宣传导引之事。主簿二人，掌省覆教命。录事二人，记室参军事二人，掌书疏表启，宣行教命。功曹参军事二人，掌官员假使、仪式、医乐、选举、考课、禄恤、铺设等事。仓曹参军二人，掌兵士、公廨、田园、厨膳、过所等事。兵曹参军事二人，掌兵士簿帐、差点事。骑曹参军二人，掌马驴杂畜簿帐及牧养支料草粟等事。铠曹参军事二人，掌戎仗之事。士曹参军事二人，掌营造及罪罚之事。六曹并有令史、书令史。参军事六人,掌出使及杂检校之事。

其陕东道大行台尚书令及天策上将,太宗在藩为之。及升储,并省之。山东道行台,武德五年省。余道,九年省。

旧唐书卷四三
志第二三

职官二

太师、太傅、太保各一员。谓之三师,并正一品。后汉初,太傅置府僚。至周、隋,三师不置府僚,初拜于尚书省上。隋炀帝废三师之官。武德复置,一如隋制。三师,训导之官,天子所师法,大抵无所统职。然非道德崇重,则不居其位。无其人,则阙之。

太尉、司徒、司空各一员。谓之三公,并正一品。魏、晋至北齐,三公置府僚。隋初亦置府僚,寻省府僚,初拜于尚书省上,唐因之。武德初,太宗为之。其后亲王拜三公,皆不视事,祭祀则摄者行也。三公,论道之官也。盖以佐天子理阴阳,平邦国,无所不统,故不以一职名其官。大祭祀,则太尉亚献,司徒奉俎,司空行扫除。

尚书都省。龙朔二年,改为中台,光宅元年,改为文昌台。神龙初复。尚书省领二十四司。六尚书,各分领四司。

尚书令一员。正二品。武德中,太宗为之,自是阙而不置。令总领百官,仪刑端揆,其属有六尚书:一曰吏部,二曰户部,三曰礼部,四曰兵部,五曰刑部,六曰工部。凡庶务,皆会而决之。

左右仆射各一员,从二品。龙朔二年,改为左右匡政。光宅元年,改为文昌左右相。开元元年,改为左右丞相。天宝元年,复为左右仆射。掌统理六官,纲纪庶务,以贰令之职。自不置令,仆射总判省事。御史纠劾不当,兼得弹之。

左右丞各一员。左丞，正四品上。右丞，正四品下。龙朔改为左右肃机，咸亨复，永昌元年，升为从三品也，如意元年，复四品也。左丞掌管辖诸司，纠正省内，勾吏部、户部、礼部十二司，通判都省事。若右丞阙，则并行之。右丞管兵部、刑部、工部十二司。若左丞阙，右丞兼知其事。御史有纠劾不当，兼得弹之。

左右司郎中各一员。并从五品上。隋置，武德初省。贞观初，复置。龙朔二年，为左右丞务。咸亨复也。左司郎中，副左丞所管诸司事，省署钞目，勘稽失，知省内宿直之事。若右司郎中阙，则并行之。左右司员外郎各一员。天后永昌元年，置左右司员外郎各一人。神龙初省，后复置。左右司郎中、员外郎各掌副十有二司之事，以举正稽违，省署符目焉。

凡都省，掌举诸司之纲纪与百僚之程式，以正邦理，以宣邦教。凡上之所以迨下，其制有六，曰制、敕、册、令、教、符。天子曰制，曰敕，曰册。皇太子曰令。亲王、公主曰教。尚书省下于州、州下县、县下乡，皆曰符也。凡下之所以达上，其制亦有六，曰表、状、笺、启、辞、牒。表上于天子。其近臣亦为状。笺、启上皇太子，然于其长亦为之。非公文所施，有品已上公文，皆曰牒。庶人言曰辞也。诸司自相质问，其义有三：关、刺、移。关，谓关通其事；刺，谓刺举之；移，谓移其事于他司。移则通判之官皆连署也。凡内外百司所受之事，皆印其发日，为之程限。凡尚书省施行制敕，案成则给程以钞之。若急速者，不出其日。若诸州计奏达于京师，量事之大小与多少，以为之节。凡京师诸司，有符、移、关、牒下诸州者，必由于都省以遣之。凡文案既成，勾司行朱讫，皆书其上端，记年月日，纳诸库。凡施行公文应印者，监印之官考其事目无差，然后印之，必书于历。每月终纳诸库。凡尚书省官，每日一人宿直。都司执直簿，转以为次。凡内外百僚，日出而视事，既午而退，有事则直官省之。其务繁，不在此例。凡天下制敕计奏之数，省符宣告之节，率以岁终为断。京师诸司，皆以四月一日纳于都省。其天下诸州，则本司推校，以授勾官。勾官审之，连署封印，附计帐，使纳于都省。常以六月一日，都事集诸司令史对覆。若有隐漏不同，皆附于考课焉。

主事六人，从九品上。令史十八人，书令史三十六人，亭长六人，掌固十四人。凡令史掌案文簿，亭长、掌固检校省门户仓库厅事陈设之事也。

吏部尚书一员，正三品。龙朔二年，改为司列太常伯，光宅元年，改为天官尚书，神龙复为吏部尚书也。侍郎二员。正四品上。隋炀帝大业三年，尚书六曹，各置侍郎一人，以贰尚书之职，并正四品。国家定令，诸曹侍郎降为正四品下，唯吏部侍郎为正四品上。龙朔改为司列少常伯，咸亨复。总章元年，吏部、兵部各增置侍郎一员也。吏部尚书、侍郎之职，掌天下官吏选授、勋封、考课之政令。其属有四：一曰吏部，二曰司封，三曰司勋，四曰考功。总其职务，而行其制命。凡中外百司之事，由于所属，皆质正焉。凡选授之制，每岁集于孟冬，去王城五百里之内以上旬，千里之内以中旬，千里之外以下旬。尚书、侍郎，分为三铨。尚书为尚书铨，侍郎二人分为中铨、东铨也。凡择人以四才，校功以三实。四才，谓身、言、书、判。其优长者，有可取焉。三实，谓德行、才用、劳效，德均以才，才均以劳，劳必考其实而进退之。较之优劣，而定其留放，所以正权衡，明与夺，抑贪冒，进贤能。然后据其官资，量其注拟。五品已上，以名上中书门下，听制授其官。六品已下，量资任定。其才职颇高，可擢为拾遗、补阙、监察御史者，亦以名送中书门下，听敕授。其有历职清要，考第颇深者，得隔品授之，不然即否。凡出身非清流者，不注清资官。凡注官，若官资未相当，及以为非便者，听至三注。凡伎术之官，皆本司定，送吏部附甲。凡同司联事勾检之官，皆不得注大功已上亲。凡皇亲诸亲及军功，兼注员外郎。凡注拟，必先具官阶团甲，送门下以闻。注官，阶高拟卑曰行，阶卑拟高曰守。三铨注拟讫，皆当铨团甲，过左右仆射。若中铨、东铨，则过尚书讫，乃上门下省。给事中读，黄门侍郎省，侍中审，然后进甲以闻，听旨授而施行焉。若左右仆射门下批官不当者，别改注，亦有重执而上者也。凡大选，终于季春之月，若选人有身在军旅，则军中试书判，封送吏部。亦有春中下解而后集，谓之春选。若优劳人，有敕则有处分及即与官者，并听非时选，一百日内注拟之。所以定九流之品格，补万方之阙政，官人之道备焉。

郎中二员,并从五品上。龙朔为司列大夫,咸亨、光宅并随曹改也。员外郎二员。并从六品上。令史三十人,书令史六十人,亭长八人,掌固十二人。郎中一人掌考天下文吏之班秩阶品。凡叙阶二十有九,品在都序,自一品至九品,品有上下,凡散官四品已下,九品已上,并于吏部当番上下。其应当番四十五日。若都省须人送符,诸司须人者,并兵部、吏部散官上,经两番已上,听简入选。不第者,依番名不过五六也。凡叙阶之法,有以封爵,有以亲戚,有以勋庸,有以资荫,有以秀孝,有以劳考,有除免而复叙者,皆循法以申之,无或枉冒。应入三品五品者,皆待别制而进之,不然则否。凡文武百僚之班序,官同者先爵,爵同者先齿。凡京司有常参官、谓五品以上职事官、八品已上供奉官、员外郎、监察御史、太常博士。供奉官、两省自侍中、中书令已下,尽名供奉官。诸司长官、清望官、四品已下八品已上清官。每日以六品已上清官两人,待制于衙。供奉官、宿卫官不在此例。凡授四品已下清望官,才职相当,不应进让。凡职事官应觐省及移疾,不得过程。年七十已上,应致仕,若齿力未衰,亦听釐务。凡官人身及同居大功已上亲,自执工商,家专其业,及风疾、使酒,皆不得入仕。凡内外官有清白著闻,应以名荐,则中书门下改授,五品已上,量加升进,六品已下,有付吏部即量等第迁转。若第二第三等人,五品已上,改日稍优之。六品已下,秩满听选,不在放限。其岭南、黔中,三年一置选补使,号为南选。凡天下官吏,各有常员。凡诸司置直,皆有定数。诸司诸色有品直官。内外官吏,则有假宁之节,行李之命。簿书景迹,功赏殿罚,具员皆与员外郎分掌之。郎中一人掌小铨,亦分为九品,通谓之行署。以其在九流之外,谓之流外铨,亦谓之小选。其校试铨注,与流内铨略同。其吏部、兵部、礼部、考功、都省、御史台、中书、门下,谓之前八司,其余则曰后行。凡择流外,取工书、计、兼颇晓时务。三事中,有一优长,则在叙限。每经三考转选,量其才能而进之,不则从旧任。小铨,旧委郎中专知。开元二十五年,又敕铨试讫留放,皆尚书侍郎定之也。员外郎一人掌判南曹。曹在选曹之南,故谓之南曹。每岁选人,有解状、簿书、资历、考课，必由之以檄其实，乃上三铨。其三铨进甲则署焉。员外郎一人掌判曹务。凡预太庙斋郎帖试，如贡举之制。

　　司封郎中一员，从五品上。隋曰主爵郎，武德因之。龙朔二年改为司封大夫，光宅改司封郎中也。司封员外郎一员，从六品上。主事二人，从九品上。令史四人，书令史九人，掌固四人。司封郎中、员外郎之职，掌国之封爵，凡有九等。一曰王，正一品，食邑一万户。二曰郡王，从一品，食邑五千户。三曰国公，从一品，食邑三千户。四曰郡公，正二品，食邑二千户。五曰县公，从二品，食邑一千五百户。六曰县侯，从三品，食邑一千户。七曰县伯，正四品，食邑七百户。八曰县子，正五品，食邑五百户。九曰县男，从五品，食邑三百户。凡名山大川，及畿内诸县，皆不以封。至郡公有余爵，听回授子孙。其国公皆特封。凡天下观有定数。每观立三纲，以道德高者充。凡三元诸斋日，修金录、明真等斋。凡道士、女道士簿籍，三年一造。凡外命妇之制，皇之姑，封大长公主，皇姊妹，封长公主，皇女，封公主，皆视正一品。皇太子之女，封郡主，视从一品。王之女，封县主，视正二品。王母妻，为妃。一品及国公母妻，为国夫人。三品已上母妻，为郡夫人。四品母妻，为郡君。五品若勋官三品，有封母妻为郡君。散官并同职事。勋官四品有封，母妻为乡君。其母邑号，皆加太字，各视其夫、子之品。若两有官爵者，从其高。若内命妇，一品之母，为正四品郡君；二品之母，为从四品郡君；三品四品之母，并为正五品县君。凡妇人，不因夫及子而别加邑号，夫人云某品夫人，郡君为某品郡君，县君、乡君亦然。凡庶子，有五品已上官，皆封嫡母。无嫡母，封所生母。凡二王后夫人，职事五品已上，散官三品已上，王及国公母妻，朝参各视其夫及子之礼。凡亲王，孺人二人，视正五品，媵十人，视正六品。嗣王、郡王及一品，媵十人，视从六品。二品，媵八人，视正七品。三品及国公，媵六人，视从七品。四品，媵四人，视正八品。五品，媵三人，视从八品。降此外皆为妾。凡皇家五等亲，及诸亲三等，存亡升降，皆立簿书籍，每五年一造。除附之制，并载于宗正寺。

　　司勋郎中一员，从五品上。隋曰司勋郎，武德初加中字。龙朔改为司勋大夫,咸亨复也。司勋员外郎二员,从六品上。主事四人,从九品上。令史三十三人,书令史六十人,掌固四人。郎中、员外郎之职,掌邦国官人之勋级。凡勋,十有二转为上柱国,比正二品。十一转为柱国,比从二品。十转为上护军,比正三品。九转为护军,比从三品。八转为上轻车都尉,比正四品。七转为轻车都尉,比从四品。六转为上骑都尉,比正五品。五转为骑都尉,比从五品。四转为骁骑尉,比正六品。三转为飞骑尉,比从六品。二转为云骑尉,比正七品。一转为武骑尉,比从七品。凡有功效之人,合授勋官者,皆委之覆定,然后奏拟。

考功郎中一员,从五品上。龙朔二年改为司绩大夫,咸亨初乃复。考功员外郎一员,从六品上。龙朔改为司绩员外郎,咸亨复。主事三人,从八品上。令史十三人,书令史二十五人,掌固四人。郎中、员外郎之职,掌内外文武官吏之考课。凡应考之官家,具录当年功过行能,本司及本州长官对众读,议其优劣,定为九等考第,各于所由司准额校定,然后送省。内外文武官,量远近以程之有差,附朝集使送簿至省。每年别敕定京官位望高者二人,其一人校京官考,一人校外官考。又定给事中、中书舍人各一人,其一人监京官考,一人监外官考。郎中判京官考,员外判外官考。其检核同者,皆以功过上使。京官则集应考之人对读注定,外官对朝集使注定。凡考课之法,有四善:一曰德义有闻,二曰清慎明著,三曰公平可称,四曰恪勤匪懈。善状之外,有二十七最:其一曰献可替否,拾遗补阙,为近侍之最。其二曰铨衡人物,擢尽才良,为选司之最。其三曰扬清激浊,褒贬必当,为考校之最。其四曰礼制仪式,动合经典,为礼官之最。其五曰音律克谐,不失节奏,为乐官之最。其六曰决断不滞,与夺合理,为判事之最。其七曰都统有方,警守无失,为宿卫之最。其八曰兵士调习,戎装充备,为督领之最。其九曰推鞫得情,处断平允,为法官之最。其十曰雠校精审,明为刊定,为校正之最。其十一曰承旨敷奏,吐纳明敏,为宣纳之最。其十二曰训导有方,生徒充业,为学官之最。其十三曰赏罚严明,攻战必胜,为将帅之最。其十四曰礼义兴行，肃清所部，为政教之最。其十五曰详录典正，辞理兼举，为文史之最。其十六曰访察精审，弹举必当，为纠正之最。其十七曰明于勘覆，稽失无隐，为勾检之最。其十八曰职事修理，供承强济，为监掌之最。其十九曰功课皆充，丁匠无怨，为役使之最。其二十曰耕耨以时，收获剩课，为屯官之最。其二十一曰谨于盖藏，明于出纳，为仓库之最。其二十二曰推步盈虚，究理精密，为历官之最。其二十三曰占候医卜，效验居多，为方术之最。其二十四曰讥察有方，行旅无壅，为关津之最。其二十五曰市廛不扰，奸滥不作，为市司之最。其二十六曰牧养肥硕，蕃息孳多，为牧官之最。其二十七曰边境肃清，城隍修理，为镇防之最。一最以上，有四善，为上上。一最以上，有三善，或无最而有四善，为上中。一最以上，有二善，或无最而有三善，为上下。一最以上，而有一善，或无最而有二善，为中上。一最以上，或无最而有一善，为中中。职事粗理，善最不闻，为中下。爱憎任情，处断乖理，为下上。背公向私，职务废阙，为下中。居官谄诈，贪浊有状，为下下。若于善最之外，别可加尚，及罪虽成殿，情状可矜，虽不成殿，而情状可责者，省校之日，皆听考官临时量定。内外官从见任改为别官者，其年考从日申校，百司量其闲剧，诸州据其上下。进考之人，皆有定限，苟无其功，不要充数。功过于限，亦听量进。其流外官，本司量其行能功过，立四等考第而勉进之。凡亲勋翊卫，皆有考第。考第之中，略有三等。卫主帅，如三卫之考。其监门、校尉、直长，如主帅之考。凡谥议之法，古之通典，皆审事，以为旌别。

　　户部尚书一员，正三品。隋为民部尚书，贞观二十三年改为户部。明庆元年改为度支，龙朔二年改为司元太常伯，光宅元年改为地官尚书，神龙复为户部。侍郎二员。正四品下。自隋已来改易名位，皆随尚书也。尚书、侍郎之职，掌天下田户、均输、钱谷之政令，其属有四：一曰户部，二曰度支，三曰金部，四曰仓部。总其职务，而行其制命。凡中外百司之事，由于所属，皆质正焉。

郎中二员，从五品上。员外郎二员，从六品上。郎中、员外，自隋已来，
随曹改易。主事四人，从九品上。令史十五人，书令史三十四人，亭长
六人，掌固十人。郎中、员外郎之职，掌分理户口、井田之事。凡天
下十道，任土所出，为贡赋之差。凡天下之州府，三百一十有五，而
羁縻之州，迨八百焉。四万户已上为上州，二万户以上为中州，不满
为下州。凡三都之县，在内曰京县，城外曰畿，又望县有八十五焉。
其余则六千户以上为上县，二千户已上为中县，一千户已上为中下
县，不满一千户皆为下县。凡天下之户，八百一万八千七百一十，口
四千六百二十八万五千一百六十一。百户为里，五里为乡。两京及
州县之郭内，分为坊，郊外为村。里及坊村皆有正，以司督察。四家
为邻，五邻为保。保有长，以相禁约。凡男女，始生为男黄，四岁为
小，十六为中，二十有一为丁，六十为老。每一岁一造计帐，三年一
造户籍。县以籍成于州，州成于省，户部总而领焉。凡天下之户，量
其资定为九等，每定户以仲年，造籍以季年。州县之籍，恒留五比，
省籍留九比。凡户之两贯者，先从边州为定，次从关内，次从军府
州。若俱者，各从其先贯焉。乐住之制：居狭乡者，听其从宽。居远
者，听其从近。居轻役之地者，听其从重。辨天下之四人，使各专其
业。凡习学文武者为士，肆力耕桑者为农，巧作器用者为工，屠沽兴
贩者为商，工商之家，不得预于士。食禄之人，不得夺下人之利。凡
天下之田，五尺为步，步二百有四十为亩，亩百为顷。度其肥瘠宽
狭，以居其人。凡给田之制有差，园宅之地亦如之。凡给口分田，皆
从便近。居城之人，本县无田者，则隔县给授。凡应收授之田，皆起
十月，毕十二月。凡授田，先课后不课，先贫后富，先多后少。凡州
县界内所部，受田悉足者，为宽乡，不足者为狭乡。凡官人及勋，授
永业田。凡天下诸州有公廨田，凡诸州及都护府官人有职分田。凡
赋役之制有四：一曰租，二曰调，三曰役，四曰杂徭。课户每丁租粟
二石。其调，随乡土所产绫绢各二丈，布加五分之一。输绫绢者，绵
三两。输布者，麻三斤。皆书印焉。凡丁，岁役二旬。无事则收其
庸，每日三尺。有事而加役者，旬有五日免调，三旬则租调俱免。凡

庸调之物,仲秋敛之,季秋发于州。租则准州土收获早晚,量事而敛之。仲冬起输,孟春而纳毕。本州纳者,季冬而毕。凡诸国蕃胡内附者,亦定为九等。凡岭南诸州税米,及天下诸州税钱,各有准常。凡丁户皆有优复蠲免之制。若孝子顺孙、义夫节妇志行闻于乡闾者,州县申省奏闻,而表其门间,同籍悉免课役。有精诚致应者,则加优赏焉。凡京司文武职事官,皆有防阁。凡州县官僚,皆有白直。凡州县官及在外监官,皆有执衣。凡诸亲王府属,并给士力,具品数如白直。凡有功之臣,赐实封者,皆以课户充。凡食封,皆传于子孙。凡庶人年八十及笃疾,给侍丁一人,九十,给二人,百岁,三人。凡天下朝集使,皆以十月二十五日至京师,十一月一日户部引见讫,于尚书省与群官礼见,然后集于考堂,应考绩之事。元日,陈其贡篚于殿廷。凡京都诸县令,每季一朝。

度支郎中一员,从五品上。龙朔改为司度大夫,咸亨复。员外郎一员,从六品上。主事二人,从九品上。令史十六人,书令史三十三人,计史一人,掌固四人。郎中、员外郎之职,掌判天下租赋多少之数,物产丰约之宜,水陆道途之利。每岁计其所出而度其所用,转运征敛送纳,皆准程而节其迟速。凡和籴和市,皆量其贵贱,均天下之货,以利于人。凡金银宝货绫罗之属,皆折庸调以造。凡天下舟车水陆载运,皆具为脚直,轻重贵贱、平易险涩而为之制。凡天下边军,有支度使,以计军资粮仗之用。每岁所费,皆申度支会计,以长行旨为准。

金部郎中一员,从五品上。龙朔为司珍大夫,咸亨复。员外郎一员,从六品上。主事三人,从九品上。令史八人,书令史二十一人,计史一人,掌固四人。郎中、员外郎之职,掌判天下库藏钱帛出纳之事,颁其节制,而司其簿领。凡度,以北方秬黍中者一黍之广为分,十分为寸,十寸为尺,一尺二寸为大尺,十尺为丈。凡量,以秬黍中者容一千二百为龠,二龠为合,十合为升,十升为斗,三斗为大斗,十斗为斛。凡权衡,以秬黍中者百黍之重为铢,二十四铢为两,三两为大两,十六两为斤。凡秬黍为度量权衡,调钟律,测晷景,合汤药,及冠冕之制用之。内外官私,悉用大者。凡库藏出纳,皆行文榜,季终会之。若承命出纳,则于中书、门下省覆而行之。百司应请月俸,符牒到,所由皆递覆而行之,乃置木契,与应出物之司相合。凡官私互市,物数有制。凡缣帛之类,有长短、广狭、端疋、屯缜之差。凡赐十段,其率绢三疋,布三端,绵四屯。若杂彩十段,则丝布二疋,绸二疋,绫二疋,缦四疋。若赐蕃客锦彩,率十段则锦一张,绫二匹,缦三疋,绵四屯。凡遣使覆囚,则给时服。若诸使经二年不还,亦如之。凡时服称一具者,全给之。一副者,减给之。正冬之会,称束帛有差者,皆赐绢,五品已上五疋,六品以下三疋,命妇视其夫、子。

仓部郎中一员,从五品上。龙朔为司度大夫,咸亨复也。员外郎一员,从六品上。主事三人,从九品上。令史九人,书令史二十人,计史一人,掌固四人。郎中、员外郎之职,掌判天下仓储,受纳租税,出给禄廪之事。凡中外文武官,品秩有差,岁再给之。乃置木契一百枚,以与出给之司合。诸司官人及诸色人应给食者,皆给米。凡致仕之官,五品已上及解官充侍者,各给半禄。即迁官者,通计前禄,以充后数。凡都已东租纳含嘉仓,自含嘉转运以实京太仓。自洛至陕为陆运,自陕至京为水运,置使,以监统之。凡王公已下,每岁田苗,皆有簿书。凡义仓所以备岁不足,常平仓所以均贵贱也。

礼部尚书一员,正三品。隋旧。龙朔改为司礼太常伯,光宅改为春官尚书,神龙复也。侍郎一员。正四品下。名因隋曹改易也。尚书、侍郎之职,掌天下礼仪、祭飨、贡举之政令。其属有四:一曰礼部,二曰祠部,三曰膳部,四曰主客。总其职务,而行其制命。凡中外百司之事,由于所属,皆质正焉。凡举试之制,每岁仲冬,率与计偕。其科有六:一曰秀才,试方略策五条。此科取人稍峻,贞观已后遂绝。二曰明经,三曰进士,四曰明法,五曰书,六曰算。凡此六科,求人之本,必取精究理实,而升为第。其有博综兼学,须加甄奖,不得限以常科。其弘文、崇文馆学生,虽同明经、进士,以其资荫全高,试取粗通文义。其郊社斋郎简试,如太庙斋郎。其国子监大成大员,取明经及第人,聪明灼然者,试日诵千言,并口试,仍策所习业,十条通七,然后补充。各授散官,依旧令于学内习业,以通四经为限。

郎中一员,从五品上。员外郎一员,从六品上。隋曰仪曹郎,武德改礼部郎中员外,龙朔为司礼大夫司礼员外,咸亨复。主事二人,从八品下。令史五人,书令史十一人,亭长六人,掌固八人。郎中、员外郎之职,掌贰尚书、侍郎。举其仪制,而辩其名数。凡五礼之仪,一百五十有二:一曰吉礼,其仪五十有五;二曰宾礼,其仪有六;三曰军礼,其仪二十有三;四曰嘉礼,其仪五十;五曰凶礼,其仪一十有八。凡元日,大陈设于含元殿,服衮冕临轩,展宫悬之乐,陈历代宝玉舆辂,备黄麾仗,二王后及百官朝集使、皇亲,并朝服陪位。大会之日,陈设如初。凡冬至,大陈设如元正之仪。其异者,无诸州表奏祥瑞贡献。凡元正、冬至大会之明日,百官、朝集使等皆诣东宫庆贺。凡千秋节,御楼设九部之乐,百官裤褶陪位。凡京司文武职事,九品已上,每朔、望朝参。五品已上及供奉官、员外郎、监察御史、太常博士,每日参。凡诸蕃国来朝,皆设宫悬之乐及黄麾仗。若蕃国使,则减黄麾之半。凡册皇后、太子、太子妃、诸王、诸王妃、公主,并临轩册命,陈设如冬、正之仪。讫,皆拜太庙。凡祥瑞,皆辨其名物。有大瑞、上瑞、中瑞,皆有等差。凡太阳亏,所司预奏,其日置五鼓五兵于太社,而不视事。百官各素服守本司,不听事。过时乃罢。月蚀,则击鼓于所司,若五岳、四镇、四渎崩竭,皆不视事三日。凡二分之月,三公巡行山陵,则太常卿为之副。凡百官拜礼,各有差。致敬之士,若非连属,应敬之官相见,或自亲戚者,各从其私礼。凡乐,有五声、八音、六律、六吕,陈四悬之度,分二舞之节,以和人伦,以调节气,以享鬼神,以序宾客。凡私家不得设钟磬。三品已上,得备女乐。五品女乐不得过三人。居大功已上丧,受册及之官,虽有鼓乐,从而不作。凡太庙、太社及诸宫殿门,东宫及一品已下诸州,施戟有差。凡内外百官,皆给铜印,有鱼符之制。并出于门下省。凡服饰尚黄,旗帜尚赤。天子、皇后、太子已下之服,事在《舆服志》也。凡百僚冠笏、伞幰、珂佩,各有差。常服亦如之。凡凶服,不入公门。凡授都督、刺史阶未入五品者，并听著绯佩鱼，离任则停。凡文武官赴朝诣府，导从各有差。凡职事官薨卒，有赗赠、柳翣、碑碣，各有制度。

祠部郎中一员，从五品上。龙朔为司禋大夫，咸亨复。员外郎一员，从六品上。主事二人，从九品上。令史五人，书令史十一人，亭长六人，掌固八人。郎中、员外郎之职，掌祠祀、享祭、天文、漏刻、国忌、庙讳、卜筮、医药、僧尼之事。凡祭祀之名有四：一曰祀天神，二曰祭地祇，三曰享人鬼，四曰释奠于先圣先师。其差有三：若昊天上帝、皇地祇、神州、宗庙为大祀。祀天地皆以祖宗配享。日月星辰、社稷、先代帝王、岳镇海渎、帝社、先蚕、孔宣父、齐太公、诸太子庙为中祀。司中、司命、风师、雨师、众星、山林、川泽、五龙祠等，及州县社稷、释奠为小祀。大祀，皇帝亲祭，则太尉为亚献，光禄卿为终献。若有司摄事，则太尉为初献，太常卿亚献。凡大祀，散斋四日，致斋三日。大祀，斋官皆于散斋日平明，集尚书省，受誓诫。中祀，散斋三日，致斋二日。小祀，散斋二日，致斋一日。皆祀前习礼、沐浴，并给明衣。凡官爵二品已上，祠四庙。五品已上，祠三庙。六品已下达于庶人，祭祖祢而已。凡国有封禅之礼，则依圆丘方泽之神位。凡天下寺有定数，每寺立三纲，以行业高者充。诸州寺总五千三百五十八所，三千二百三十五所僧，二千一百二十二所尼。每寺上座一人，寺主一人，都维那一人。凡僧簿籍，三年一造。凡别敕设斋，应行道并官给料。凡国忌日，两京大寺各二，以散斋僧尼。文武五品已上，清官七品已上皆集，行香而退。天下州府亦然。凡远忌日，虽不废务，然非军务急切，亦不举事。余如常式。

膳部郎中一员，从五品上。龙朔为司膳大夫，咸亨复也。员外郎一员，从六品上。主事二人，从九品上。令史四人，书令史九人，掌固四人。郎中、员外郎之职，掌邦之祭器、牲豆、酒膳，辨其品数，及藏冰食料之事。

主客郎中一员，从五品上。隋曰蕃郎，武德改主客郎中，龙朔为司蕃大夫，咸亨复。员外郎一员，从六品上。主事二人，从九品上。令史四人，书令史九人，掌固四人。郎中、员外郎之职，掌二王后及诸蕃朝聘之事。二王之后，酅公、介公。凡四蕃之国，经朝贡之后，自相诛绝，及有罪灭者，盖三百余国。今所存者，七十余蕃。其朝贡之仪，享宴之数，高下之等，往来之命，皆载于鸿胪之职焉。

兵部尚书一员，正三品。南朝谓之五兵尚书，隋曰兵部尚书。龙朔改为司戎太常伯，咸亨复也。侍郎二员。正四品下。龙朔为司戎少常伯，咸亨复。尚书、侍郎之职，掌天下武官选授及地图与甲仗之政令。其属有四：一曰兵部，二曰职方，三曰驾部，四曰库部。总其职务，而行其制命。凡中外百官之事，由于所属，咸质正焉。凡选授之制，每岁集于孟冬。去王城五百里以上旬，千里之内以中旬，千里之外以下旬。尚书、侍郎分为三铨。尚书为中铨，侍郎分东西。凡试能有五，五谓长垛、马步射、马枪、步射、应对。互有优长，即可取之。较异有三。三谓骁勇、材艺及可为统领之用也。审其功能，而定其留放，所以录才艺、备军国、辨虚冒、叙勋劳也。然后据其资劳。量为注拟，五品已上送中书门下，六品已下量资注定。其在军镇要籍，不得赴选，委节度使铨试其等第申省。凡官阶注拟团甲进甲，皆如吏部之制。凡大选，终于季春之月，所以约资叙之浅深，审才略之优劣。军国之用在焉。

郎中二员，从五品上。龙朔为司戎大夫，咸亨复也。员外郎二人，从六品上。主事四人，从八品下。令史三十人，书令史六十人，亭长八人，掌固十二人。郎中一员掌判帐及天下武官之阶品，卫府之名数。凡叙阶有二十九。将军之阶。具于叙目。凡叙阶之法，一如文散官之制。凡天下之府，五百九十有四，有上中下，并载于诸卫之职，凡应宿卫官，各从番第。凡千牛备身左右及太子千牛备身，皆取三品已上职事官子孙，四品清官子，仪容端正，武艺可称者充。五考，本司随文武简试听选。四品，谓诸司侍郎、左右庶子也。凡殿中省进马，取左右卫三卫及高荫，简仪容可观者补充，简试同千牛例。仆寺进马，亦如之。五品已下、七品已上，五年，多至八年，年满简送吏部。不第者，如初。无文，听以武选。凡左右卫、亲卫、勋卫、翊卫，及左右率府亲勋翊卫，及诸卫之翊卫，通谓之三卫。择其资荫高者，为亲卫，其次者,为勋卫及率府之亲卫,又次者,为翊卫及率府之勋卫,又次者,为翊卫及率府之翊卫,又次者,为亲王府之执仗执乘。量远迩以定其番第。应补之人,周亲已上有犯刑戮者,配令兵部上下。凡诸卫及率府三卫,贯京兆、河南、蒲、同、华、岐、陕、怀、汝、郑等州,皆令番上,余州皆纳资。凡左右卫之三卫,分为五仗。凡王公已下,皆有亲事帐内,限年十八已下,举诸州率万人以充之。皆限十周年,则听其简试。文理高者送吏部,其余留本司,全下者退还本色。凡兵士隶卫,各有其名。左右卫曰骁骑,左右骁卫曰豹骑,左右武卫曰熊渠,左右威卫曰羽林,左右领军卫曰射声,左右金吾曰佽飞。东宫左右卫率府曰超乘,左右司御率府曰旅贲,左右清道率府曰直荡。总名曰卫士。皆取六品已下子孙,及白丁无职役者点充。凡三年一简点,成丁而入,六十而免。量其远迩,以定番第。凡卫士,各立名簿。其三年。以来征防差遣,仍定优劣为三第。每年正月十日送本府印记,仍录一道送本卫府。若有差行上番,折冲府据簿而折之。凡差卫士征戍镇防,亦有团伍。其善弓马者,为越骑团,余为步兵团,主帅已下统领之。火十人,有六驮马。若父兄子弟,不并遣。若祖父母老疾,家无兼丁,免征行及番上。其居常则皆习射,唱大角歌。番集之日,府官率而课试。凡左右金吾卫,有角手,诸卫有弩手,左右羽林军有飞骑及左右万骑、𫟅骑。天下诸军,有健儿,皆定其名籍,每季上中书、门下。凡关内,有团结兵,秦、成、岷、渭、河、兰六州,有高丽羌兵。黎、雅、邛、翼、茂五州,有镇防团结兵。天下诸州差兵,募取户殷丁多,人材骁勇,选前资官勋官部分强明堪统摄者,节级擢补主帅以领之。其义征者,别为行伍,不入募人之营。凡军行器物,皆于当州分给之。如不足,则令自备。贫富必以均焉。凡诸州军府应行兵之名簿,器物之多少,皆申兵部。军散之日,亦录其存亡多少,以申而勘会之。凡诸道回兵粮备之物,衣资之费,皆令所在州县分而给之。郎中一人掌判簿,以总军戎差遣之名数。凡天下节度使有八,若诸州在节度内者,皆受节度焉。其福州经略使,登州平海军,则不在节度之内。节度名与所管军镇名,并见《地理志》也。凡亲王总戎,曰元帅,文武官总统者,则曰总管。以奉使言之,则曰节度使,有大使、副使、判官。若大使加旌节以统军,置木契以行。凡将帅出行,兵满一万人已上,置长史、司马、仓曹兵曹胄曹等参军各一人。五千人已上,减司马。诸军各置使一人,五千人已上置副使一人,一万人已上置营田副使一人。每军各有仓、兵、胄三参军。其横海、高阳、唐兴、恒阳、北平等五军,皆本州刺史为使。凡镇,皆有使一人,副使一人。万人已上,置司马、仓兵二曹参军。五千人已下,减司马。凡诸军镇,每五百人置押官一人,千人置子总管一人。五千人置总管一人。凡诸军镇使、副使已上,皆四年一替;总管已下,二年一替;押官随兵交替。凡诸军镇大使、副使已下,皆有傔人,别奏以从之。凡幸三京,即东都南北衙,皆置左右屯营,别立使以统之。若在都,则京城亦如之。凡大将出征,皆告庙授钺,辞齐太公庙讫,不宿于家。临军对寇,士卒不用命,并得专行其罚。既捷,及军未散,皆会众而书劳与其费用,乃告太庙。元帅凯旋之日,皆使郊劳。有司先献捷于太庙,又告齐太公庙。员外郎一人掌贡举及杂请之事。凡贡举,每孟春,亦与计偕。有二科:一曰平射,二曰武举。凡科之优劣,勋获之等级,皆审其实而受叙焉。员外郎一人掌判南曹。每岁选人,有解状、簿书、资历、考课。必由之以核其实,乃上三铨。进甲则署焉。

职方郎中一员,从五品上。龙朔为司域大夫也。员外郎一员,正六品上。主事二人,从九品上。令史四人,书令史九人,掌固四人。郎中、员外郎之职,掌天下地图及城隍、镇戍、烽候之数,辨其邦国都鄙之远近,及四夷之归化。凡五方之区域,都邑之废置,疆场之争讼者,举而正之。凡天下上镇二十,中镇九十,下镇一百三十五。上戍十有一,中戍八十六,下戍二百四十五。凡烽候所置,大率相去三十里。其逼边境者,筑城置之。每烽置帅一人,副一人。凡州县城门及仓库门,须有备守。

驾部郎中一员,从五品上。龙朔为司舆大夫也。员外郎一人,从六品上。主事三人,从九品上。令史十人,书令史二十人,掌固四人。郎中、员外郎之职，掌邦国舆辇、车乘、传驿、厩牧、官私马牛杂畜簿籍，辨其出入，司其名数。凡三十里一驿，天下驿凡一千六百三十九，而监牧六十有五，皆分使统之。若畜养之宜，孳生之数，皆载于太仆之职。凡诸卫有承直之马，凡诸司有备运之牛，皆审其制，以定数焉。

库部郎中一员，从五品上。龙朔为司库大夫也。员外郎一员，从六品上。主事二人，从九品上。令史七人，书令史十五人，掌固四人。郎中、员外郎之职，掌邦国军州戎器、仪仗。凡元正、冬至陈设，并祠祭丧葬所供之物，皆辨其出入之数，量其缮造之功，以分给焉。

刑部尚书一员，正三品。隋初改都官尚书，又改为刑部，龙朔改为司刑太常伯，光宅改为秋官尚书，神龙复也。侍郎一员。正四品下。龙朔为司刑少常伯。尚书、侍郎之职，掌天下刑法及徒隶、勾覆、关禁之政令。其属有四：一曰刑部，二曰都官，三曰比部，四曰司门。总其职务，而行其制命。凡中外百司之事，由于所属，咸质正焉。

郎中二员，从五品上。隋曰宪部郎，武德为刑部郎中，龙朔改为司刑大夫，员外郎二员，从六品上。主事四人，从九品上。令史十九人，书令史三十八人，亭长六人，掌固十人。郎中、员外郎之职，掌贰尚书、侍郎，举其典宪，而辨其轻重。凡文法之名有四：一曰律，二曰令，三曰格，四曰式。凡律，十有二章：一名例，二禁卫，三职制，四户婚，五厩库，六擅兴，七贼盗，八斗讼，九诈伪，十杂律，十一捕亡，十二断狱，而大凡五百条。令，二十有七篇，分为三十卷。第一至第七曰官品职员，八祠，九户，十选举，十一考课，十二宫卫，十三军防，十四衣服，十五仪制，十六卤簿，十七公式，十八田，十九赋役，二十仓库，二十一厩牧，二十二关市，二十三医疾，二十四狱官，二十五营缮，二十六丧葬，二十七杂令，而大凡一千五百四十六条。凡格，二十四篇。式，三十三篇。以尚书、御史台、九寺、三监、诸军为目。凡律，以正刑定罪。令，以设范立制。格，以禁违正邪。式，以轨物程事。乃立刑名之制五焉：一笞，二杖，三徒，四流，五死。笞刑五，杖刑五，徒刑五，流刑三，死刑二。而断狱之大典，有十恶、八议、五听、六赃。

赎配之典,具在《刑法志》。凡决死刑,皆于中书门下详覆。凡死罪,
枷而杻。妇人及流徒,枷而不杻。官品及勋散之阶第七已上,锁而
不枷。在京诸司,则徒已上送大理,杖已下当司断之。若金吾纠获,
亦送大理。凡决大辟罪,在京者,行决之司,皆五覆奏;在外者,刑部
三覆奏。若犯恶逆已上,及部曲奴婢杀主者,一覆奏。凡京城决囚
之日,减膳撤乐。每岁立春后至秋分,不得决死刑。大祭祀及致斋、
朔望、上下弦、二十四气、雨未晴、夜未明、断屠月日及休假,亦如
之。凡犯流罪已下,应除免官。当未奏,身死者,免其追夺。流移之
人,皆不得弃放妻妾,及私遁还乡,至六载,然后听仕。即本犯不应
流而特配流者,三载已后听仕。其应徒则皆配居作。凡禁囚,五日
一虑。凡鞫狱官与被鞫人有亲属仇嫌者,皆听更之。凡在京诸司见
禁囚,每月二十五已前,本司录其所犯及禁时月日,以报刑部。凡国
有赦宥之事,先集囚徒于阙下,命卫尉树金鸡,待宣制讫,乃释之。

　　都官郎中一员,从五品上。龙朔改司仆大夫,咸亨复。员外郎一员,
从六品上。主事二人,从九品上。令史九人,书令史十二人,掌固四人。
郎中、员外郎之职,掌配役隶,簿录俘囚,以给衣粮药疗,以理诉竞
雪冤。凡公私良贱,必周知之。凡反逆相坐,没其家为官奴婢。一
免为蕃户,再免为杂户,三免为良人,皆因赦宥所及则免之。年六十
及废疾,虽赦令不该,亦并免为蕃户,七十则免为良人,任所乐处而
编附之。凡初被没有伎艺者,各从其能,而配诸司。妇人工巧者,入
于掖庭。其余无能,咸隶司农。

　　比部郎中一员,从五品上。龙朔为司计大夫。员外郎一员,从六品
上。主事二人,从九品上。令史十四人,书令史二十七人,计史一人,
掌固四人。郎中、员外郎之职,掌勾诸司百僚俸料、公廨、赃赎、调
敛、徒役、课程、逋悬数物,周知内外之经费,而总勾之。凡内外官料
俸,以品第高下为差。外官以州县府之上中下为差。凡税天下户钱,
以充州县官月料,皆分公廨本钱之利。羁縻州所补汉官,给以当土
之物。关监之官,以品第为差。其给以年支轻货。镇军司马、判官
俸禄,同京官。镇戍之官,以镇戍上中下为差。凡京师有别借食本,

每季一申省，诸州岁终而申省，比部总勾覆之。凡仓库、出内、营造、佣市、丁匠、功程、赃赎、赋敛、勋赏、赐与、军资、器仗、和籴、屯牧，亦勾覆之。

司门郎中一员，从五品上。龙朔曰司门大夫。员外郎一员，从六品上。主事二人，从九品上。令史六人，书令史十三人，掌固四人。郎中、员外郎之职，掌天下诸门及关出入往来之籍赋，而审其政。凡关二十有六，为上中下之差。京城四面关有驿道者，为上关。余关有驿道及四面无驿道者，为中关。他皆为下关。关所以限中外，隔华夷，设险作固，闲邪正禁者也。凡关呵而不征，司货贿之出入，其犯禁者，举其货，罚其人。凡度关者，先经本部本司请过所，在京则省给之，在外则州给之。而虽非所部，有来文者，所在亦给。

工部尚书一员，正三品。南朝谓之起部。有所营造，则置起部尚书，毕则省之。隋初改置工部尚书。龙朔为司平太常伯，光宅改为冬官尚书，神龙复旧也。侍郎一员。正四品下。龙朔为司平少常伯。尚书、侍郎之职，掌天下百工、屯田、山泽之政令。其属有四：一曰工部，二曰屯田，三曰虞部，四曰水部。总其职务，而行其制命。凡中外百司之事，由于所属，咸质正焉。

郎中一员，从五品上。龙朔为司平大夫也。员外郎一员，从六品上。主事二人，从九品上。令史十二人，书令史二十一人，亭长六人，掌固八人。郎中、员外郎之职，掌经营兴造之众务。凡城池之修浚，土木之缮葺，工匠之程式，咸经度之。凡京师、东都有营缮，则下少府、将作，以供其事。

屯田郎中一员，从五品上。龙朔为司田大夫也。员外郎一员，从六品上。主事二人，从九品上。令史七人，书令史十二人，计史一人，掌固四人。郎中、员外郎之职，掌天下屯田之政令。凡边防镇守，转运不给，则设屯田，以益军储。其水陆腴瘠，播种地宜，功庸烦省，收率等级，咸取决焉。诸屯田役力，各有程数。凡天下诸军州管屯，总九百九十有二。大者五十顷，小者二十顷。凡当屯之中，地有良薄，岁有丰俭,各定为三等。凡屯皆有屯官、屯副。凡京文武职事官,有职分田。京兆、河南府及京县官,亦准此。凡在京诸司,有公廨田,皆视其品命而审其分给。

虞部郎中一员,从五品上。龙朔为司虞大夫。员外郎一员,从六品上。主事二人,从九品上。令史四人,书令史九人,掌固四人。郎中、员外郎之职,掌京城街巷种植,山泽苑囿,草木薪炭,供顿田猎之事。凡采捕渔猎,必以其时。凡京兆、河南二都,其近为四郊,三百里皆不得弋猎采捕。殿中、太仆所管闲厩马,两都皆五百里内供其刍藁。其关内、陇右、西使、南使诸牧监马牛驼羊,皆贮藁及茭草。其柴炭木橦进内及供百官蕃客,并于农隙纳之。

水部郎中一员,从五品上。龙朔为司川大夫。员外郎一员,从六品上。主事二人,从九品上。令史四人,书令史九人,掌固四人。郎中、员外郎之职,掌天下川渎陂池之政令,以导达沟洫,堰决河渠。凡舟楫溉灌之利,咸总而举之。凡天下水泉,三亿二万三千五百五十九。其在遐荒绝域,迨不可得而知矣。其江、泗,自西极达于东溟,中国之大川者也。其余百三十五水,是为中川。其又千二百五十二水,斯为小川也。若渭、洛、汾、济、漳、淇、淮、汉,皆亘达方域,通济舳舻,从有之无,利于生人者也。凡天下造舟之梁四,河则蒲津、大阳、河阳,洛则孝义也。石柱之梁四,洛则天津、永济、中桥,灞则灞桥。木柱之梁三,皆渭川,便桥、中渭桥、东渭桥也。巨梁十有一,皆国工修之。其余皆所管州县随时营葺。其大津无梁,皆给舡人,量其大小难易,以定其差。

门下省秦、汉初置侍中,曾无台省之名,自晋始置门下省,南、北朝皆因之。龙朔改为东台,光宅改为鸾台,神龙复。

侍中二员。隋曰纳言,又名侍内。武德为纳言,又改为侍中。龙朔改东台左相,光宅元年改为纳言,神龙复为侍中。开元元年改为黄门监,五年复为侍中。天宝二年改为左相。至德二年复改为侍中。武德定令,侍中正三品,大历二年十一月九日,升为正二品。旧制,宰相常于门下省议事,谓之政事堂。永淳二年七月,中书令裴炎以中书执政事笔,遂移政事堂于中书省。开元十一年,中书令张说改政事堂为中书门下,其政事印,改为中书门下之印也。侍中之职,掌出纳帝命,缉熙皇极,总典吏职,赞相礼仪,以和万邦,以弼庶务,所谓佐天子而统大政者也。凡军国之务,与中书令参而总焉,坐而论之,举而行之,此其大较也。凡下之通上,其制有六:一曰奏抄,二曰奏弹,三曰露布,四曰议,五曰表,六曰状;皆审署申覆而施行焉。凡法驾行幸,则负宝而从。大朝会、大祭祀,则板奏中严外辨,以为出入之节。舆驾还宫,则请解严,所以告礼成也。凡大祭祀,皇帝致斋,既朝,则请就斋室。将奠,则奉玉及币以进。盥手,则取匜以沃。洗爵,则酌罍水以奉。及赞酌泛齐,进福酒以成其礼焉。若享宗庙,则进瓒而赞酌郁酒以祼。既祼,则赞酌醴齐。其余如飨神祇之礼。藉田,则奉耒以赞事。凡诸侯王及四夷之君长朝见,则承诏而劳问之。临轩命使,册后及太子,则承诏以命之。凡制敕慰问外方之臣及征召者,则监其封题。若发驿遣使,则给其传符,以通天下之信。凡官爵废置,刑政损益,皆授之于记事之官。既书于策,则监其记注焉。凡文武职事六品已下,所司进拟,则量其阶资,校其才用,以审定之。若拟职不当,随其优屈,退而量焉。

门下侍郎二员。隋曰黄门侍郎。龙朔为东台侍郎,咸亨改为黄门侍郎,垂拱改为鸾台侍郎,天宝二年改为门下侍郎,乾元元年改为黄门侍郎,大历二年四月复为门下侍郎。武德定令,中书门下侍郎,同尚书侍郎,正四品上。大历二年九月,敕升为正三品也。门下侍郎掌贰侍中之职。凡政之弛张,事之与夺,皆参议焉。若大祭祀,则从升坛以陪礼。皇帝盥手,则奉巾以进。既悦,则奠巾于篚,奉瓢爵以赞献。凡元正、冬至天子视朝,则以天下祥瑞奏闻。

给事中四员。正五品上。隋曰给事郎,置四员,位次门下侍郎。武德定令,曰给事中。龙朔改为东台舍人,咸亨复。给事中掌陪侍左右,分判省事。凡百司奏抄,侍中审定,则先读而署之,以驳正违失。凡制敕宣行,大事则称扬德泽,褒美功业,覆奏而请施行;小事则署而颁之。凡国之大狱,三司详决,若刑名不当,轻重或失,则援法例退而裁之。凡发驿遣使，则审其事宜，与黄门侍郎给之；其缓者给传，即不应给罢之。凡文武六品已下授职官，所司奏拟，则校其仕历浅深，功状殿最，访其德行，量其才艺；若官非其人，理失其事，则白侍中而退量焉。若弘文馆图书之缮写、雠校，亦课而察之。凡天下冤滞未申及官吏刻害者，必听其讼，与御史、中书舍人同计其事宜，而申理之。

录事四人，从七品上。主事四人，从八品下。令史十一人，书令史二十二人，甲库令史七人，传制八人，亭长六人，掌固十人，修补制敕匠五人。

左散骑常侍二人。从三品。魏、晋置散骑常侍、侍郎，与侍中、黄门侍郎共平尚书奏事。其后用人或杂，江左不重此官，或省或置，隋初省散骑侍郎，置常侍四人，从三品，掌陪从朝直。炀帝又省之。武德初，以为加官。贞观初，置常侍二人，隶门下省。明庆二年，又置二员，隶中书省，始有左右之号，并金蝉珥貂。左常侍与侍中左貂，右常侍与中书令右貂，谓之八貂。龙朔为左侍极，咸亨复。广德二年五月，升为正三品，加置四员。兴元元年正月，左右各加一员。贞元四年正月敕，依旧四员也。常侍掌侍奉规讽，备顾问应对。宝应二年敕，左右散骑常侍各置参官两人，令自拣择闻奏，参典亦置两人，后省。

谏议大夫四员。秦、汉曰谏大夫，光武加议字。隋于门下省置谏议大夫七员，从四品下。武德四年敕置四员，正五品上。龙朔改为正谏大夫，神龙复，大历四年敕只四员，正五品上。龙朔七年三月敕，其谏议四员，内供奉不得为正员。至贞元四年五月十五日敕，谏议分为左右，加置八员，四员隶门下为左。会昌二年十一月中书奏：隋于门下省置谏议大夫七员，从四品下。今正五品上。自大历二年门下中书侍郎升为正三品，两省遂阙四品官。其谏议大夫望升为正四品下，分为左右，以备两省四品之阙。向后与丞郎出入迭用，以重其选。敕可之。谏议大夫掌侍从赞相，规谏讽谕。凡谏有五：一曰讽谏，二曰顺谏，三曰规谏，四曰致谏，五曰直谏。

起居郎二员，从六品上。古无其名，隋始置起居舍人二员。贞观二年省起居舍人，移其职于门下，置起居郎二员。明庆中又置起居舍人，始与起居郎分在左右。龙朔二年改为左史，咸亨复。天授元年又改为左史，神龙复也。楷书手三人，起居郎掌起居注，录天子之言动法度，以修记事之史。凡记事之制，以事系日，以日系月，以月系时，以时系年。必书其朔日甲乙，以纪历数，典礼文物，以考制度，迁拜旌赏以劝善，诛伐黜免以惩恶。季终则授之国史焉。自汉献帝后，历代帝王有起居注，著作编之，每季为卷，送史馆也。

左补阙二员，从七品上。左拾遗二员。从八品上。古无此官名。天后垂拱元年二月二十九日敕："记言书事，每切于旁求；补阙拾遗，未弘于注选。瞻言共理，必藉众才，寄以登贤，期之进善。宜置左右补阙各二员，从七品上，左右拾遗各二员，从八品上，掌供奉讽谏，行立次左右史之下。仍附于令。"天授二年二月，加置三员，通前五员。大历四年，补阙拾遗，各置内供奉两员。七年五月十一日敕，补阙拾遗，宜各置两员也。补阙、拾遗之职，掌供奉讽谏，扈从乘舆。凡发令举事，有不便于时，不合于道，大则廷议，小则上封。若贤良之遗滞于下，忠孝之不闻于上，则条其事状而荐言之。

典仪二员。从九品。南齐有典仪录事一员。梁有典仪之官，后省。皇朝又置典仪二人，隶门下省。初用人皆轻，贞观末，李义府为之，自是用士人为之。赞者十二人。隋太常、鸿胪二寺，皆有赞者，皇朝因置之，隶门下省，掌赞唱，为行事之节。分番上下，谓之番官。典仪掌殿上赞唱之节，及殿廷版位之次。凡国有大礼，侍中行事，及进中严外办之版，皆赞相焉。

城门郎四员。从六品上。汉有城门校尉，掌京城诸门启闭之节。隋改校尉为城门郎，置四员，从六品，皇朝因之也。令史一人，书令史二人，门仆八百人。门仆，晋代有之。皇朝隶城门局，分番上下，掌送管钥。城门郎掌京城皇城宫殿诸门启闭之节，奉出纳管钥。开则先外而后内，阖则先内而后外，所以重中禁，尊皇居也。候其晨昏击鼓之节而启闭之。凡皇城宫城阖门之钥，先酉而出，后戌而入；开门之钥，后丑而出，夜尽而入。京城阖门之钥，后申而出，先子而入；开门之钥，后子而出，先卯而入。若非其时而有命启闭，则诣阁覆奏。

符宝郎四员。从六品上。周有典瑞之职，秦有符玺令，汉曰符玺郎。两汉得秦六玺及传国玺，后代传之。隋置符玺郎二员，从六品。天后恶玺字，改为宝。其受命传国等八玺文，并改雕宝字。神龙初，复为符玺郎。开元初，又改为符宝，从玺文也。令史二人，书令史三人，主宝六人，主符三十人，主节十八人。符宝郎掌天子八宝及国之符节，辩其所用。有事请于内，既事则奉而藏之。八宝：一曰神宝，所以承百王。镇万国；二曰受命宝，所以修封禅，礼神祇；三曰皇帝行宝，答疏于王公则用之；四曰皇帝之宝，劳来勋贤则用之；五曰皇帝信宝，征召臣下则用之；六曰天子行宝，答四夷书则用之；七曰天子之宝，慰抚蛮夷则用之；八曰天子信宝，发番国兵则用之。凡大会，则捧宝以进于御座。车驾行幸，则奉宝以从于黄钺之内。凡国有大事，则出纳符节，辩其左右之异，藏其左而班其右，以合中外之契焉。一曰铜鱼符，所以起军旅，易守长。二曰传符，所以给邮驿，通制命。三曰随身鱼符，所以明贵贱，应征召。四曰木契，所以重镇守，慎出纳。五曰旌节，所以委良能，假赏罚。鱼符之制，王畿之内，左三右一；王畿之外，左五右一。左者在内，右者在外。行用之日，从第一为首，后事须用，以次发之，周而复始。大事兼敕书，小事但降符，函封遣使合而行之。传符之制，太子监国曰双龙之符，左右各十。京都留守曰麟符，左二十，其右一十有九。东方曰青龙之符，西方曰驺虞之符，南方曰朱雀之符，北方曰玄武之符，左四右三。左者进内，右者付外。随身符之制，左二右一，太子以玉，亲王以金，庶官以铜，佩以为饰。刻姓名者，去官而纳焉。不刻者，传而佩之。木契之制，太子监国，则王畿之内，左右各三；王畿之外，左右各五；庶官镇守，则左右各十。旌节之制，命大将帅及遣使于四方，则请而假之。旌以专赏，节以专杀。《周礼》之制，山国用虎节，土国用人节，泽国用龙节，皆金也。又云，道路用旌节，即汉使所持者是也。

弘文馆 后汉有东观，魏有崇文馆，宋有玄、史二馆，南齐有总明馆，梁有士林馆，北齐有文林馆，后周有崇文馆，皆著撰文史，鸠聚学徒之所也。武德初置修文馆，后改为弘文馆。后避太子讳，改曰昭文馆。开元七年，复为弘文馆，隶门下省。学士，无员数。自武德已来，皆妙简贤良为学士。故事，五品已上，称学士，六品已上，为直学士，又有文学直馆学士，不定员数。馆中有四部书及图籍，自垂拱已后，皆宰相兼领，号为馆主，常令给事中一人判馆事。学生三十人，校书郎二人，从九品上。令史二人，楷书手三十人，典书二人，拓书手三人，笔匠三人，熟纸装潢匠九人，亭长二人，掌固四人。弘文馆学士掌详正图籍，教授生徒。凡朝廷有制度沿革，礼仪轻重，得参议焉。校书郎掌校理典籍，刊正错谬。其学生教授考试，如国子学之制焉。

中书省　秦始置中书谒者，汉元帝去"谒者"二字。历代但云中书。后周谓之内史省，隋因为内史省，置内史监、令各一员。炀帝改为内书省，武德复为内史省，三年改为中书省。龙朔改为西台，光宅改为凤阁，神龙复为中书省。开元元年改为紫微省，五年复旧。

中书令二员　汉、魏品卑而付重。魏置监、令各一员，历南朝不改。隋省监，置令二人，正三品。隋文帝废三公府僚，令中书令与侍中知政事，遂为宰相之职。隋曰内书令。武德曰内史令，寻改为中书令。龙朔为西台右相，咸亨复为中书令，光宅为凤阁令，开元元年改为紫微令，五年复为中书令。天宝改为右相，至德二年复为中书令。本正三品，大历二年十一月九日，与侍中同升正二品，自后不改也。中书令之职，掌军国之政令，缉熙帝载，统和天人。入则告之，出则奉之，以厘万邦，以度百揆，盖佐天子而执大政也。凡王言之制有七：一曰册书，二曰制书，三曰慰劳制书，四曰发敕，五曰敕旨，六曰论事敕书，七曰敕牒，皆宣署申覆而施行之。凡大祭祀群神，则从升坛以相礼。享宗庙，则从升阼偕。亲征纂严，戒敕百僚，册命亲贤，临轩则使读册。若命之于朝，则宣而授之。凡册太子，则授玺。凡制诏宣传，文章献纳，皆授之于记事之官。武德、贞观故事，以尚书省在右仆射各一人及侍中、中书令各二人，为知政事官。其时以他官预议国政者，云与宰相参议朝政，或云平章国计，或云专典机密，或参议政事。贞观十七年，李勣为太子詹事，特诏同知政事，始谓同中书门下三品。自是，仆射常带此称。自余非两省长官预知政事者，亦皆以此为名。永淳中，始诏郭正一、郭待举、魏玄同等，与中书门下同承受进旨平章事。自天后已后，两省长官及同中书门下三品并平章事，为宰相。其仆射不带同中书门下三品者，但厘尚书省而已。总章二年，东台侍郎张文瓘，西台侍郎戴至德等，始以同中书门下三品著之入衔。自是相承至今。永淳二年，黄门侍郎刘齐贤知政事，称同中书门平章事，自后两省长官，及他官执政未至侍中书令者，皆称同中书门下平章事也。

中书侍郎二员　汉置中书，掌密诏，有令、仆、丞、郎四官。魏曰中书郎，晋加"侍"字。隋置内书省，改为内书侍郎，正四品。武德初为内史侍郎，三年改为中书侍郎。龙朔、光宅、开元，随曹易号。至德复为中书侍郎。武德定令，与尚书侍郎俱第四品。大历二年九月，与门下侍郎共升为正三品也。中书侍郎掌贰令之职。凡邦国之庶务，朝廷之大政，皆参议焉。凡临轩册命大臣，令为之使，则持册书以授之。凡四夷来朝，临轩则受其表疏，升于西阶而奏。若献贽币，则受之以授于所司。

中书舍人六员。正五品上。曹魏于中书置通事一人，掌呈奏按章。高贵乡公于通事下加“舍人”二字。晋于中书置舍人、通事各一人。自魏、晋、齐、梁，诏诰皆出于中书令、中书侍郎，中书通事舍人但掌呈奏而已。或通事有文字者，别敕知诏诰。至梁武，制诰专令舍人掌之，兼去“通事”二字，但云中书舍人。隋曰内史舍人，置八员，掌制诰，品第六。寻升五品上。炀帝改内书舍人，置四员。武德初为内史舍人，三年，改为中书舍人。龙朔、光宅、开元，随曹改易。舍人掌侍奉进奏，参议表章。凡诏旨敕制，及玺书册命。皆按典故起草进书；既下，则署而行之。其禁有四：一曰漏泄，二曰稽缓，三曰违失，四曰忘误；所以重王命也。制敕既行，有误则奏而正之。凡大朝会，诸方起居，则受其表状而奏之。国有大事，若大克捷及大祥瑞，百僚表贺，亦如之。凡册命大臣于朝，则使持节读册命之。凡将帅有功及有大宾客，皆使劳问之。凡察天下冤滞，与给事中及御史三司鞫其事。凡百司奏议，文武考课，皆预裁焉。

主书四人，从七品上。主事四人，从八品下。令史二十五人，书令史五十人，传制十人，亭长十八人，修补敕匠五十人。

右散骑常侍二员，从三品。右补阙二员，从七品上。右拾遗二员，从八品上。起居舍人二员。从六品上。右常侍、补阙、拾遗，掌事同左省。起居舍人，掌修记言之史，录天子之制诰德音，如记事之制，以记时政之损益。季终，则授之于国史。

通事舍人十六人。从六品上。通事舍人，秦谒者之官也。掌宾赞、赞受事，隶光禄勋。晋置舍人、通事各一人，隶中书。东晋曰通事舍人。隋因晋制，置十六人，从六品上，又为通事谒者。武德初，废谒者台，改通事谒者为通事舍人，隶四方馆，属中书省也。通事舍人掌朝见引纳及辞谢者，于殿廷通奏。凡近臣入侍，文武就列，引以进退，而告其拜起出入之节。凡四方通表，华夷纳贡，皆受而进之。凡军旅之出，则命受慰劳而遣之。

既行，则每月存问将士之家，以视其疾苦。凯旋，则郊迓之，皆复命。凡致仕之臣，与邦之耆老，时巡问亦如之。

令史十人，亭长十八人，掌固二十四人。

集贤殿书院：开元十三年置。汉、魏已来，职在秘书。梁于文德殿内藏聚群书。北齐有文林馆学士，后周有麟趾殿学士，皆掌著述。隋平陈之后，写群书正副二本，藏于宫中，其余以实秘书外阁。炀帝于东都观文殿东西厢贮书。自汉延嘉至隋，皆秘书掌国籍，而禁中之书，时或有焉。及太宗在藩府时，有秦府学士十八人。其后弘文、崇文二馆皆有。玄宗即位，大校群书。开元五年，于乾元殿东廊下写四部书，以充内库，置校定官四人。七年，驾在东都，于丽正殿置修书使。十二年，驾在东都。十三年与学士张说等宴于集仙殿，因改名集贤，改修书使为集贤书院学士。其大明宫所置书院，本命妇院，屋宇宏敞。永泰九年三月，诏仆射裴冕等十三人，每日于集贤书院待诏。集贤学士。每定制以五品已上官为学士，六品已下为直学士。每宰相为学士者，为知院事，常侍一人，为副知院事。学士知院事一人，开元初，以褚无量、马怀素、元行冲相次知乾元殿写书，及在丽正，乃有使名。张说代元行冲，改院为集贤，以说为大学士，知院事，说恳让大字，诏许之。自是，每以宰相一人知院事。副知院事一人，初宰相张说知院事，以左常侍徐坚为副知院事，因为故事。判院一人，初在乾元殿，刊正官一人判事，其后因之。押院中使一人，自乾元殿写书，则置掌出入，宣进奏，兼领中官，监守院门，掌同宫禁。侍讲学士，开元初，褚无量、马怀素侍讲禁中，名为侍读。其后康子元为侍讲学士。修撰官，校理官，并无常员，以官人兼之。待制官，古之待诏金马门是。留院官，检讨官，皆以学者别敕留之。孔目官一人，典四人，并开元五年置。知书官八人，开元五年置，掌分四库书。书直、写御书一百人，拓书六人，书直八人，装书直十四人，造笔直四人。并开元六年置。集贤学士之职，掌刊缉古今之经籍，以辨明邦国之大典。凡天下图书之遗逸，贤才之隐滞，则承旨而征求焉。其有筹策之可施于时，著述之可行于代者，较其才艺而考其学术，而申表之。凡承旨撰集文章，校理经籍，月终则进课于内，岁终则考最于外。

史馆：历代史官，隶秘书省著作局，皆著作郎掌修国史。武德因隋旧制。

贞观三年闰十二月,始移史馆于禁中,在门下省北,宰相监修国史,自是著作郎始罢史职。及大明官初成,置史馆于门下省之南。馆门外东西有枣树七十四株,无杂树。开元二十五年三月,右相李林甫以中书地切枢密,记事者官具附近,史官尹愔奏移史馆于中书省北,以旧尚药院充馆也。**史官**。古者天子诸侯,皆有史官,以纪言动、历数之事。至后汉明帝,召当时名士入东观,撰《光武纪》,而史官因以他官兼之。魏明帝始置著作郎,专掌国史,隶中书。晋改隶秘书省,因而不改。贞观年修《五代史》,移史馆于禁中。史官无常员,如有修撰大事,则召他官兼之,事毕日停。**监修国史**。贞观已后,多以宰相监修国史,遂成故事也。**修撰直馆**。天宝已后,他官兼领史职者,谓之史馆修撰,初入为直馆也。元和六年,宰相裴洎奏:"登朝官领史职者,并为修撰,未登朝官入馆者,并为直馆。修撰中以一人官高者判馆事,其余名目,并请不置。"从之。**楷书手二十五人,典书四人,亭长二人,掌固六人,装潢直一人,熟纸匠六人。**史官掌修国史,不虚美,不隐恶,直书其事。凡天地日月之祥,山川封域之分,昭穆继代之序,礼乐师旅之事,诛赏废兴之政,皆本于起居注、时政记,以为实录,然后立编年之体,为褒贬焉。既终藏之于府。

知匦使。天后垂拱元年,置匦以达冤滞。其制,一房四面,各以方色,东曰延恩,西曰申冤,南曰招谏,北曰通玄。所以申天下之冤滞,达万人之情状。盖古善旌、诽谤木之意也。天宝九年,改匦为献纳。乾元元年,复名曰匦。垂拱已来,常以谏议大夫及补阙、拾遗一人充使,受纳状。每日暮进内,而晨出之也。

翰林院。天子在大明官,其院在右银台门内。在兴庆官,院在金明门内。若在西内,院在显福门。若在东都、华清官,皆有待诏之所。其待诏者,有词学、经术、合练、僧道、卜祝、术艺、书弈,各别院以廪之,日晚而退。其所重者词学。武德、贞观时,有温大雅、魏徵、李百药、岑文本、许敬宗、褚遂良。永徽后,有许敬宗、上官仪,皆召入禁中驱使,未有名目。乾封中,刘懿之、刘祎之兄弟、周思茂、元万顷、范履冰,皆以文词召入待诏,常于北门候进止,时号北门学士。天后时,苏味道、韦承庆,皆待诏禁中。中宗时,上官昭容独当书诏之任。睿宗时,薛稷、贾膺福、崔湜,又代其任。玄宗即位,张说、陆坚、张九龄、徐安贞、张洎等,召入禁中,谓之翰林待诏。王者尊极。一日万机,四方进奏、中外表疏批答,或诏从中出。宸翰所挥,亦资其检讨,谓之视草,故尝闻当代四人,以备顾问。

至德已后，天下用兵，军国多务，深谋密诏，皆从中出。尤择名士，翰林学士得充选者，文士为荣。亦如中书舍人例置学士六人，内择年深德重者一人为承旨，所以独承密命故也。德宗好文，尤难其选。贞元已后，为学士承旨者，多至宰相焉。

内教坊。武德已来，置于禁中，以按习雅乐，以中官人充使。则天改为云韶府，神龙复为教坊。

习艺馆。本名内文学馆，选宫人有儒学者一人为学士，教习宫人，则天改为习艺馆，又改为翰林内教坊，以事在禁中故也。

秘书省。隶中书之下。汉代藏书之所，有延阁、广内、石渠之藏。又御史中丞，在殿内，掌兰台秘书图籍。后汉桓帝延熹二年，始置秘书监，属太常寺，掌禁中图书秘文。后并入中书。至晋惠帝，别置秘书寺，掌中外二阁图书。梁武改寺为省。龙朔改为兰台，光宅改为麟台，神龙复为秘书省。

监一员，从三品。监之名，后汉桓帝置，魏、晋不改。后周谓之外史下大夫。隋复为秘书监，从第三品。炀帝改为秘书令，武德复为监。龙朔改为兰台太史，天授改为麟台监，神龙复为秘书监也。**少监二员**，从四品上。少监，隋炀帝置，龙朔改为兰台侍郎，天授为麟台少监，神龙复为秘书少监。比置一员，太极初增置一员也。**丞一员**。从五品上。魏武帝置，丞二人。隋置一人，正第五品也。秘书监之职，掌邦国经籍图书之事。有二局：一曰著作，二曰太史，皆率其属而修其职。少监为之贰，丞掌判省事。

秘书郎四员。从六品上。校书郎八人，正九品上。正字四人，正九品下。主事一人，从九品上。令史四人，书令史九人，典书八人，楷书手八十人，亭长六人，掌固八人。秘书郎掌甲乙丙丁四部之图籍，谓之四库。经库类十，史库类十三，子库类十四，集库类三。事在《经籍志》。

著作局：龙朔为司文局。著作郎二人，从五品上。龙朔为司文郎中，咸亨复也。佐郎四人，从六品上。校书郎二人，正九品上。正字二人，正九品下。楷书手五人，掌固四人。著作郎、佐郎掌修撰碑志、祝文、祭文，与佐郎分判局事也。

司天台：旧太史局，隶秘书监。龙朔二年改为秘阁局，久视元年改为浑仪监。景云元年改为太史监，复为太史局，隶秘书。乾元元年三月十九日敕，改太史监为司天台，改置官属。旧置于子城内秘书省西，今在永宁坊东南角也。**监一人，从三品**。本太史局令，从五品下。乾元元年改为监，升从三品，一如殿中秘书省秩也。**少监二人**。本曰太史丞，从七品下。乾元升为少监，与诸司少监卿同品也。**太史令掌观察天文，稽定历数。凡日月星辰之变，风云气色之异，率其属而占候之**。其属有司历二人，掌造历。保章正一人，掌教。历生四十一人。监候五人，掌候天文。观生九十人，掌昼夜司候天文气色。**灵台郎二人，掌教习天文气色**。天文生六十人，**挈壶正二人**。掌知漏刻，司辰七十人，漏刻典事二十二人，漏刻博士九人，漏刻生三百六十人，典钟一百一十二人，典鼓八十八人，楷书手二人，亭长、掌固各四人。自乾元元年别置司天台。改置官吏，不同太史局旧数，今据司天职掌书之也。**凡玄象器物、天文图书，苟非其任，不得预焉。每季录所见灾祥，送门下中书省，入起居注。终岁总录，封送史馆。每年预造来年历，颁于天下。五官正五员**，正五品。乾元元年置五官，有春、夏、秋、冬、中五官之名。**丞两员**，正七品。**主簿两员**，正七品。定额直五人，**五官灵台郎五员**，正七品。旧灵台郎，正八品下，掌观天文之变而占候之。凡二十八宿，分为十二次，事具《天文志》也。**五官保章正五员**，正七品。**五官司历五员**，正八品。旧司历二人，从九品上，掌国之历法，造历以颁四方。其历有《戊寅历》、《麟德历》、《神龙历》、《大衍历》。天下之测量之处，分至表准，其详可载，故参考星度，稽验晷影，各有典章。**五官监候五员**，正八品。**五官挈壶正五员**，正九品。**五官司辰十五员**。正九品。旧挈壶正二员，从八品下。司辰十七人，正九品下。皆掌知漏刻。孔壶为漏，浮箭为刻，以告中星错明之候焉。**五官礼生十五人，五官楷书手五人，令正史五人，漏刻博士二十人**，漏刻之法，孔壶为漏，浮箭为刻。其箭四十有八，昼夜共百刻。冬夏之间，有长短。冬至之日，昼漏四十刻，夜漏六十刻。夏至，昼漏六十刻，夜漏四十刻。春分秋分之时，昼夜各五十刻。秋分之后，减昼益夜，凡九日加一刻。春分已后，减夜益昼，九日减一刻。二至前后，加减迟，用日多。二分之间，加减速，用日少。候夜以为更点之节。每夜分为五更，每更分为五点。更以击鼓为节，点以击钟为节也。**典钟、典鼓三百五十人，天文观生九十人，天文生五十人，历生五十五人，漏生四十人，视品十人**。已上官吏，皆乾元元年随监司新置。

旧唐书卷四四
志第二四

职官三

御史台秦、汉曰御史府，后汉改为宪台，魏、晋、宋改名兰台，梁、陈、北朝咸曰御史台。武德因之。龙朔二年改名宪台。咸亨复。光宅元年，分台为左右，号曰左右肃政台。左台专知京百司，右台按察诸州。神龙复为左右御史台，延和年废右台，先天二年复置，十月又废也。

大夫一员，正三品。秦、汉之制，御史大夫，副丞相为三公之官。魏、晋之后，多不置大夫，以中丞为台主。隋讳中，复大夫，降为正四品。《武德令》改为从三品。龙朔改为大司宪，咸亨复为大夫。光宅分台为左右，置左右台大夫。及废右台，去左右字。本从三品，会昌二年十二月敕："大夫，秦为正卿，汉为副相，汉末改为大司空，与丞相俱为三公。掌邦国刑宪，肃正朝廷。其任既重，品秩宜峻。准六尚书例，升为正三品，著之于令。"中丞二员。正四品下。汉御史台有二丞，掌殿内秘书，谓之中丞。汉末改为御史长史，后汉复为中丞。后魏改为中尉正，北齐复曰中丞。后周曰司宪中大夫。隋讳中，改为持书御史，为从五品。武德因之。贞观末，避高宗名，改持书御史为中丞，置二员。龙朔入为司宪大夫，咸亨复为中丞，本正五品上，会昌二年十二月敕："中丞为大夫之贰，缘大夫秩崇，官不常置，中丞为宪台长。今九寺少卿及诸少监、国子司业、京兆少尹，并府寺省监之贰，皆为四品，唯中丞官重，品秩未崇，可升为正四品下，与丞郎出入迭用，著之于令。"大夫、中丞之职，掌持邦国刑宪典章，以肃正朝廷。中丞为之贰。凡天下之人，有称冤而无告者，与三司讯之。凡中外百僚之事，应弹劾者，御史言于大夫。大事则方幅奏弹之,小事则署名而已。若有制使覆囚徒,则与刑部尚书参择之。凡国有大礼,则乘辂车以为之导。

侍御史四员。从六品下。御史之名,《周官》有之,亦名柱下史。秦改为侍御史,后周曰司宪中士,隋为侍御史,品第七。武德品第六。掌纠举百僚,推鞫狱讼。侍御史年深者一人判台事,知公廨杂事,次一人知西推,一人知东推也。凡有别付推者,则按其实状以奏。若寻常之狱,推讫断于大理。凡事非大夫、中丞所劾,而合弹奏者,则具其事为状,大夫、中丞押。大事则冠法冠,衣朱衣熏裳,白纱中单以弹之。小事常服而已。凡三司理事,则与给事中、中书舍人,更直直于朝堂受表。若三司所按而非其长官,则与刑部郎中员外、大理司直评事往讯之。

主簿一人,从七品下。录事二人。从九品下。主簿掌印及受事发辰,勾检稽失。兼知官厨及黄卷。主事二人,令史十七人,书令史二十三人。

殿中侍御史六人,从七品下。令史八人,书令史十八人。殿中侍御史掌殿廷供奉之仪式。凡冬至、元正大朝会,则具服升殿。若郊祀、巡幸,则于卤簿中纠察非违,具服从于旌门,视文物有所亏阙,则纠之。凡两京城内,则分知左右巡,各察其所巡之内有不法之事。

监察御史十员。正八品上。贞观初,马周以布衣进用,太宗令于监察御史里行。自此因置里行之名。龙朔元年,以王本立为监察里行也。监察掌分察巡按郡县、屯田、铸钱、岭南选补、知太府、司农出纳,监决囚徒。监祭祀则阅牲牢,省器服,不敬则劾祭官。尚书省有会议,亦监其过谬。凡百官宴会、习射,亦如之。

殿中省魏初置殿中监,隋初改为殿中局,炀帝改为殿内省,武德改为殿中省。龙朔改为中御府,咸亨复为殿中省也。

监一员,从三品。魏初置监,品第二。梁品第三。隋品第四。武德品第三也。少监二员,从四品上。丞二人,从五品上。主事二人,从九品上。令史四人,书令史十二人,亭长、掌固各八人。殿中监掌天子服御,总领尚食、尚药、尚衣、尚舍、尚乘、尚辇六局之官属,备其礼物,供其职事。少监为之贰。凡听朝,则率其属执伞扇以列于左右。凡大祭祀,则进大珪、镇珪于墙门之外。既事,受而藏之。凡行幸,则侍奉于仗内,驺乘以从。若元正、冬至大朝会,则有进爵之礼。丞掌副监事,兼勾检稽失,省署抄目。主事掌印及知受事发辰。

尚食局:奉御二人,正五品下。隋初为典御,又改为奉御。直长五人,正七品上。食医八人。正九品下。奉御掌谨其储供,辨名数。直长为之贰。若进御,必辨其时禁。春肝,夏心,秋肺,冬肾,四季之月脾王,皆不可食。当进,必先尝。正、至大朝会飨宴,与光禄大夫视其品秩之差。其赐王公宾客,亦如之。诸陵月享,则视膳而献之。食医掌率主食王膳,以供其职。

尚药局:奉御二人,正五品下。直长四人,正七品上。书吏四人。侍御医四人,从六品上。主药十二人,药童三十人。司医四人,正八品下。医佐八人,正八品下。按摩师四人,咒禁师四人,合口脂匠四人,掌固四人。奉御掌合和御药及诊候方脉之事。直长为之贰。凡药有上、中、下三品,上药为君,中药为臣,下药为佐。合造之法,一君三臣九佐,别人五藏,分其五味,有汤丸膏散之用。诊脉有寸、关、尺之三部,医之大经。凡合和与监视其分剂,药成尝而进焉,侍御医,掌诊候调和。主药、药童,主刮削捣筛。

尚衣局:奉御二人,从五品上。直长四人,正七品下。书令史三人,书吏四人,主衣十六人,掌固四人。奉御掌衣服,详其制度,辨其名数。直长为之贰,凡天子之服冕十有三:一大裘冕,二衮冕,三鷩冕,四毳冕,五绣冕,六玄冕,七通天冠,八武弁,九弁服,十介帻,十一白纱帽,十二平巾帻,十三翼善冠。事具《舆服志》也。凡天子之大珪,曰珽,长三尺。镇珪,长尺有二寸。若有事于郊丘社稷,则出之于内。将享,至于中墙门,则奉镇珪于监而进之。既事,受而藏之。凡大朝会,则设案,服毕而撤之。

尚舍局:奉御二人,从五品上。直长六人,正七品下。书令史三人,书吏七人,掌固十人,幕士八十人。奉御掌殿廷张设、汤沐、灯烛、洒扫之事。直长为之贰,凡行幸,预设三部帐幕,有古帐、大帐、次帐、小

次帐、小帐，凡五等之帐为三部。其外置排城以为蔽杆。排城，连板为小板，上画辟邪兽，表里皆漆之。凡大祭祀，有事于郊坛，则先设行宫于坛之东南向，随地之宜，将祀三日，则设大次于外壝东门之外道北，南向而设坐。若有事于明堂太庙，则设大次于东门，如郊坛之制。凡致斋，则设幄于正殿西序及室内，俱东向，张于楣下。凡元正、冬至大朝会，则设斧扆于正殿。施蹑席薰炉。朔望受朝，则施幄于正殿，帐裙顶带方阔一丈四尺也。

尚乘局：奉御二人，从五品上。直长一人，正七品下。奉乘十八人，正九品下。习驭五百人，掌闲五十人，兽医七十人。进马六人，七品下。司库一人，正九品下。司廪二人，正九品下。书令史一人，书吏十四人。奉御掌内外闲厩之马，辨其粗良，而率其习驭。直长为之贰。一曰左右飞黄闲，二曰左右吉良闲，三曰左右龙媒闲，四曰左右騊駼闲，五曰左右駃騠闲，六曰左右天苑闲。开元时仗内六闲，曰飞龙、祥麟、凤苑、鸳鸾、吉良、六群等，号六厩马。凡秣马给料，以时为差。凡外牧进良马，印以三花飞凤之字而为志。奉乘掌率习驭、掌闲、驾士及秣饲之法。司库掌鞍辔乘具。司廪掌槁秸出纳。兽医掌疗马病。初尚乘局掌六闲马，后置内外闲厩使，专掌御马厩。开元初，以尚乘局隶闲厩使，乃省尚乘，其左右六闲及局官，并隶闲厩使领之也。进马六人，七品下。旧仪，每日尚乘以厩马八匹，分为左右厢，立于正殿侧宫门外，候仗下即散。若大陈设，即马在乐悬之北，与大象相次。进马二人，戎服执鞭，侍立于马之左，随马进退。虽名管殿中，其实武职，用资荫简择，一如千牛备身。天宝八载，李林甫用事，罢立仗马，亦省进马官。十二载，杨国忠当政，复立仗马及进马官，乾元复省，上元复置也。

尚辇局：奉御二人，从五品下。直长四人，正七品下。尚辇二人，正九品下。书令史二人，书吏四人，掌扇六人，掌翰二十四人，主辇三十二人，奉舆十二人，掌固四人。奉御掌舆辇，分其次序而辨其名数。直长为之贰。凡大朝会，则陈于廷。大祭祀，则陈于庙。凡大朝会，则伞二翰一，陈之于廷。孔雀扇一百五十有六，分居左右。旧翟尾扇，开元年初改为绣孔雀。若常听朝，皆去扇，左右各留其三，以备常仪。

内官

妃三人，正一品。《周官》三夫人之位也。隋依周制，立三夫人。武德立四妃：一贵妃，二淑妃，三德妃，四贤妃，位次后之下。玄宗以为后妃四星，其一正后，不宜更有四妃，乃改定三妃之位：惠妃一，丽妃二，华妃三，下有六仪、美人、才人四等，共二十人，以备内官之位也。三妃佐后，坐而论妇礼者也。其于内，则无所不统，故不以一务名焉。六仪六人，正二品，《周官》九嫔之位也。掌教九御四德，率其属以赞导后之礼仪。美人四人，正三品，《周官》二十七世妇之位也。掌率女官，修祭祀宾客之事。才人七人，正四品，《周官》八十一御女之位。掌叙宴寝，理丝枲，以岁献功。

宫官六尚，如六尚书之职掌。

尚宫二人，正五品。司记二人，正六品。典记二人，正七品。掌记二人，正八品。女史六人。司言二人，正七品。典言二人，正八品。掌言二人，正八品。女史四人。司簿二人，正六品。典簿二人，正七品。掌簿二人，正八品。女史六人。司闱六人，正六品。典闱六人，正七品。掌闱六人，正八品。女史四人。尚宫职，掌导引中宫，总司记、司言、司簿、司闱四司之官属。凡六尚书物出纳文簿，皆印署之。司记掌印，凡宫内诸司簿书出入，录目审而付行焉。典记佐之，女史掌执文书。司言掌宣传启奏。司簿掌宫人名簿廪赐。司闱掌宫闱管龠。

尚仪二人，正五品。司籍二人，正六品。典籍二人，正七品。掌籍二人，正八品。女史十人。司乐四人，正六品。典乐四人，正七品。掌乐二人，正八品。女史二人。司宾二人，正六品。典宾二人，正七品。掌宾二人，正八品。司赞二人，正六品。典赞二人，正七品。掌赞二人，正六品。女史二人。尚仪之职，掌礼仪起居，总司籍、司乐、司宾、司赞四司之官属。司籍掌四部经籍、笔札几案。司乐掌率乐人习乐，陈悬、拊击、进退。司宾掌宾客朝见、宴会赏赐。司赞掌朝见宴会赞相。

尚服二人，正五品。司宝二人，正六品。典宝二人，正七品。掌宝二人，正八品。女史四人。司衣二人，正六品。典衣二人，正七品。掌衣二人，正八品。女史四人。·司饰二人，正六品。典饰二人，正七品，掌饰二人，正八品。女史四人。司仗三人，正六品。典仗二人，正七品。掌仗三人，正八品。女史二人。尚服之职，掌供内服用采章之数，总司宝、司衣、司饰、司仗四司之官属。司宝掌瑞宝、符契、图籍。司衣掌衣服首饰。司饰掌膏沐巾栉。司仗掌羽仪仗卫。

尚食二人，正五品。司膳四人，正六品。典膳四人，正七品。掌膳四人，正八品。掌酝二人，正八品。女史四人。司酝二人，正七品。典酝二人，正七品。女史二人。司药二人，正六品。典药二人，正七品。掌药二人，正八品。女史四人。司馔二人，正六品。典馔二人，正七品。掌馔二人，正八品。女史四人。尚食之职，掌供膳羞品齐之数，总司膳、司酝、司药、司馔四司之官属。凡进食，先尝之。司膳掌制烹煎和。司酝掌酒醴酏饮。司药掌方药。司馔掌给宫人廪饩饭食、薪炭。

尚寝二人，正五品。司设二人，正六品。典设二人，正七品。掌设二人，正八品。女史四人，司舆二人，正六品。典舆二人，正七品。掌舆二人，正八品。女史一人。司苑二人，正六品。典苑二人，正七品。掌苑二人，正八品。女史二人，司灯二人，正六品。典灯二人，正七品。掌灯二人，正八品。女史二人。尚寝之职，掌燕寝进御之次序，总司设、司舆、司苑、司灯四司之官属。司设掌帏帐茵席、扫洒张设。司舆掌舆辇伞扇羽仪。司苑掌园苑种植蔬果。司灯掌灯烛。

尚功二人，正五品。司制二人，正六品。典制二人，正七品。掌制二人，正八品。女史二人。司珍二人，正六品。典珍二人，正七品。掌珍二人，正八品。女史六人。司彩二人，正六品。典彩二人，正七品。掌彩二人，正八品。女史二人。司计二人，正六品。典计二人，正七品。掌计二人，正八品。女史二人。尚功之职，掌女功之程课，总司制、司珍、司彩、司计四司之官。司制掌衣服裁缝。司珍掌宝货。司彩掌缯锦丝枲之事。司计掌支度衣服、饮食、薪炭。

宫正一人，正五品。司正二人，正六品。典正二人，正七品。女史四人。宫正之职，掌戒令、纠禁、谪罚之事。司正、典正佐之。右唐制定宫官六尚书、二十四司职事官，以备内职之数。

内侍省《星经》有宦者四星，在天市垣，帝坐之西。《周官》有巷伯、寺人之职，皆内官也。前汉宦官，多用士人，后汉始用宦者为宫官。晋置大长秋卿为后宫官。以宦者为之。隋为内侍省，炀帝改为长秋监。武德复为内侍。龙朔改为内侍监。光宅改为司宫台，神龙复为内侍省也。

内侍二员。从四品上。汉、魏曰长秋卿，梁曰大长秋，北齐曰中侍中，后周曰司内上士，隋曰内侍，置二人。炀帝曰长秋令，正四品。武德复为中侍。中官之贵，极于此矣。若有殊勋懋绩，则有拜大将军者，仍兼内侍之官。德宗置左右神策、威远等禁兵，命中官掌之。每军置中尉一人，宦者为之。自李辅国、鱼朝恩之后，京师兵柄，归于内官，号左右军中尉。将兵于外者，谓之观军容使。而天下军镇节度使，皆内官一人监之，事具《宦者传》也。内常侍六人。正五品下。汉代谓之中常侍。内侍之职，掌在内侍奉、出入宫掖宣传之事，总掖廷、宫闱、奚官、内仆、内府五局之官属。内常侍为之贰。凡皇后祭先蚕，则相仪。后出，则为之夹引。

内给事八人，从五品下。主事二人，从九品下。令史八人，书令史十六人。内给事掌判省事。凡元正、冬至群臣朝贺中宫，则出入宣传。凡宫人衣服费用，则具其品秩，计其多少，春秋二时，宣送中书。

内谒者监六人，正六品下。内谒者十二人，从八品下。内寺伯二人。正七品下。内谒者监掌内宣传。凡诸亲命妇朝会，所司籍其人数，送内侍省。内谒者掌诸亲命妇朝集班位。内寺伯掌纠察诸不法之事。岁大傩，则监其出入。

掖廷局：令二人，从七品下。丞三人，从八品下。宫教博士二人，从九品下。监作四人，从九品下。令史四人，计史二人，书令史八人。掖廷令掌宫禁女工之事。凡宫人名籍，司其除附。公桑养蚕，会其课业。丞掌判局事。博士掌教习宫人书算众艺。监作掌监当杂作。

宫闱局：令二人，从七品下。丞二人，从八品。书令史三人，书吏六人，内阁人二十人，内掌扇十六人，内给使无常员。宫闱局令掌侍奏宫闱，出入管钥。凡大享太庙，帅其属诣于室，出皇后神主置于舆而登座焉。既事，纳之。凡宫人无官品者，称内给使，若有官及经解免应叙选者,得令长上,其小给使学生五十人,皆总其名籍,以给其粮廪。丞掌判局事。内给使掌诸门进物出纳之历。

奚官局:令二人,正八品下。丞二人,正九品下。书令史三人,书吏六人,药童四人。奚官令掌奚隶二役、宫官品命。丞为之贰。凡宫人有疾病,则供其医药,死则供其衣服,各视其品命。仍于随近寺观,为之修福。虽无品,亦如之。凡内命妇五品已上亡,无亲戚于墓侧,三年内取同姓中男一人,以时主祭。无同姓,则所司春秋以少牢祭之。

内仆局:令二人,正八品下。丞二人,正九品下。书令史二人,书吏四人,驾士二百人。内仆令掌中宫车乘出入导引。丞为之贰。凡中宫有出入则令居左,丞居右,则夹引之。凡皇后之车有六,事在《舆服》也。

内府局:令二人,正八品下。丞二人,正九品下。书令史二人,书吏四人。内府令掌中藏宝货,给纳名数。丞为之贰。凡朝会五品已上,赐绢帛金银器于殿廷者,并供之。诸将有功,并蕃酋辞还,亦如之。

太常寺古曰秩宗,秦曰奉常,汉高改为太常,梁加寺字,后代因之。

卿一员,正三品。古曰太常、奉常。梁加寺字,置十二卿,太常卿为一。周、隋品第三。龙朔二年改为奉常,光宅改为司礼卿,神龙复为太常卿也。少卿二人。正四品。隋置少卿二人,从四品。武德置一人,贞观加置一员。太常卿之职,掌邦国礼乐、郊庙、社稷之事,以八署分而理之:一曰郊社,二曰太庙,三曰诸陵,四曰太乐,五曰鼓吹,六曰太医,七曰太卜,八曰廪牺。总其官属,行其政令。少卿为之贰。凡国有大礼,则赞相礼仪。有司摄事,则为之亚献。率太乐官属,宿设乐悬,以供其事。宴会,亦如之。若三公行园陵,则为之副,公服乘辂备卤簿而奉其礼。若大祭祀,则先省牲器。凡太卜占国之大事及祭祀卜日,皆往莅之于太庙南门之外。凡仲春荐冰及四时品物甘滋新成者,皆荐焉。凡有事于宗庙,少卿帅太祝、斋郎入荐香灯,整拂神幄,出入神主。将享,则与良酝令实樽罍。凡备大享之器服,有四院。一曰天府院,二曰御衣院,三曰乐悬院,四曰神厨院也。

　　丞二人,从五品上。主簿二人,从七品上。录事二人,从九品下。府十二人,史二十三人。博士四人,从七品上。谒者十人,赞引二十人。太祝六人,正九品上。祝史六人。奉礼二人,从九品上。赞者十六人。协律郎二人,正八品上。亭长八人,掌固十二人,太庙斋郎,京、都各一百三十人。太庙门仆,京都各三十人。丞掌判寺事。凡大飨太庙,则修七祀于太庙西门之内。若祫享,则兼修配享功臣之礼。主簿掌印,勾检稽失,省署抄目。录事掌受事发辰。博士掌五礼之仪式,本先王之法制,适变随时而损益焉。凡大祭祀及有大礼,则与卿导赞其仪。凡公已下拟谥,皆迹其功行,为之褒贬。无爵称子,养德丘园,声实明著,则谥曰先生。大行大名,小行小名之。古有《周书谥法》,《大戴礼谥法》,汉刘熙《谥法》一卷,晋张靖《谥法》两卷,又有《广谥法》一卷,梁沈约总聚古谥法,凡有一百六十五称也。若大祭祀,卿省牲器,谒者为之导。若小祀及公卿大夫有嘉礼,亦命谒者以赞之。太祝掌出纳神主于太庙之九室,而奉享荐禘祫之仪。凡国有大祭祀,凡郊庙之祝版,先进取署,乃送祠所。将事,则跪读祝文,以信于神;礼成而焚之。凡大祭祀,卿省牲而告充。凡祭天及日月星辰之玉帛,则焚之;祭地及社稷山岳,则瘗之;海渎,则沉之。奉礼郎掌朝会祭祀君臣之版位。凡樽罍之制,十有四,祭则陈之。祭器之位,簠簋为前,甄铏次之,笾豆为后。大凡祭祀朝会,在位者拜跪之节,皆赞导之,赞者承传焉。又设牲榜之位,以成省牲之仪。凡春秋二仲,公卿巡陵,则主其威仪鼓吹之节而相礼焉。协律郎掌和六吕六律,辨四时之气,八风五音之节。凡太乐,则监试之,为之课限。若大祭祀飨宴奏于廷,则升堂执麾以为之节制,举麾工鼓柷而后乐作,偃麾戛敔而后止。

　　两京郊社署:令各一人,从七品下。丞一人,从八品上。府二人,史四人,典事三人,掌固五人,门仆八人,斋郎一百一十人。郊社令掌五郊社稷明堂之位,祠祀祈祷之礼。丞为之贰。凡大祭祀,则设神坐于坛上而别其位,立燎坛而先积柴。凡有合朔之变,则置五兵于太社,以朱丝萦之以俟变,过时而罢之。

诸陵署:令一人,从五品上。录事一人,府二人,史四人,主衣四人,主辇四人,主乐四人,典事三人,掌固二人。陵户、乾、桥、昭四百人,献、定、恭三百人。陵令掌先帝山陵,率户守卫之。丞为之贰。凡朔望、元正、冬至,皆修享于诸陵。凡功臣密戚陪葬听之,以文武分为左右列。诸太子陵令各一人,从八品下。丞一人,从九品下。

太乐署:令一人,从七品下。丞一人,从八品下。府三人,史六人。乐正八人,从九品下。典事八人,掌固八人,文武二舞郎一百四十人。太乐令调合钟律,以供邦国之祭祀享宴。丞为之贰。凡天子宫悬钟磬,凡三十六簴。簴钟十二,编钟十二,编磬十二,共为三十六架。东方西方,磬簴起北,钟簴次之。南方北方,磬簴起西,钟簴次之。钟在编钟之间,各依位。四隅建鼓,左枙右敔。又设巢、竽、笛、管、箫、埙,系于编钟之下。偶歌琴、瑟、筝、筑,系于编磬之下。其在殿廷前,则加鼓吹十二案,于建鼓之外,羽葆之鼓、大鼓、金镎、歌箫、笳置于其上。又设登歌钟、节鼓、瑟、琴、筝、笳于堂上,笙、和、箫、篪于堂下。太子之廷,陈轩悬,去其南面镈钟、编钟、编磬各三,凡九簴,设于辰、丑、申之位。三建鼓亦如之。凡宫悬之作,则奏文武舞,事在《音乐志》也。凡大宴会,则设十部伎。凡大祭祀、朝会用乐,辨其曲度章服,而分始终之次。有事于太庙,每室酌献各用舞。事具《音乐志》。凡祀昊天上帝及五方《大明》、《夜明》之乐,皆六成,祭皇地祇神州社稷之乐,皆八成,享宗庙之乐,皆九成。其余祭祀,三成而已。五音有成数,观其数而用之也。凡习乐,立师以教。每岁考其师之课业,为上中下三等,申礼部,十年大校之,量优劣而黜陟焉。凡乐人及音声人应教习,皆著簿籍,核其名数,分番上下。

鼓吹署:令一人,从七品下。丞三人,从八品下。府三人,史六人。乐正四人,从九品下。典事四人,掌固四人。鼓吹令掌鼓吹施用调习之节,以备卤簿之仪。丞为之贰。凡大驾行幸,卤簿则分前后二部以统之。法驾则三分减一,小驾则减大驾之半。皇太后、皇后出,则如小驾之例。皇太子鼓吹,亦有前后二部。亲王已下各有差。凡大驾行幸,有夜警晨严之制。大驾夜警十二部,晨严三通。太子诸王公卿已下,警严有差。凡合朔之变,则率工人设五鼓于太社。大傩,则帅鼓角以助倡子唱之。

太医署：令二人，从七品下。丞二人，从八品下。府二人，史四人，主药八人，乐童二十四人。医监四人，从八品下。医正八人，从九品下。药园师二人，药园生八人掌固四人。太医令掌医疗之法。丞为之贰。其属有四，曰：医师、针师、按摩师、禁咒师。皆有博士以教之。其考试登用，如国子之法。凡医师、医工、医正疗人疾病，以其全多少而书之以为考课。药园师，以时种莳收采。

诸药医博士一人，正八品上。助教一人，从九品下。医师二十人，医工一百人，医生四十人，典乐二人。博士掌以医术教授诸生。医术，谓习《本草》、《甲乙脉经》，分而为业，一曰体疗，二疮肿，三曰少小，四曰耳目口齿，五曰角法也。

针博士一人，从八品下。针助教一人，从九品下。针师十人，针工二十人，针生二十人。针博士掌教针生以经脉孔穴，使识浮沉涩滑之候，又以九针为补泻之法。其针名有九，应病用之也。

按摩博士一人，从九品下。按摩师四人，按摩工十六人，按摩生十五人。按摩博士掌教按摩生消息导引之法。

咒禁博士一人，从九品下。咒禁师二人，咒禁工八人，咒禁生十人。咒禁博士掌教咒禁生以咒禁，除邪魅之为厉者。

太卜署：令一人，从八品下。丞一人，正九品。卜正二人，从九品下。卜博士二人。从九品下。太卜令掌卜筮之法。丞为之贰。其法有四：一龟，二五兆，三易，四式。皆辨其象数，通其消息，所以定吉凶焉。凡国有祭祀，则率卜正、占者，卜日于太庙南门之外。岁季冬之晦，帅倡子入宫中堂赠大傩。赠，送也，堂中舞倡子，以送不祥也。

廪牺署：令一人，正八品下。丞一人。正九品。廪牺令掌荐牺牲及粢盛之事。丞为之贰。凡三祀之牲牢，各有名数。大祭祀，则与太祝以牲就榜位，太常卿省牲，则北面牛膞，乃牵牲以授太官。

汾祠署：令一人，从七品下。丞一人。从八品上。汾祠令、丞，掌神祀、享祭、洒扫之制。

两京齐太公庙署：令各一人，从七品下。丞各一人。从八品上。令、丞掌开阖、洒扫及春秋仲释奠之礼。

光禄寺秦曰郎中令，汉曰光禄勋。掌官殿门户。梁置十二卿，加寺字，除勋字，曰光禄卿，掌膳食，后因之。品第三。龙朔改为司膳寺正卿，光宅改为司膳寺卿，神龙复为光禄寺也。

卿一员，从三品。古曰卫尉，梁加卿字。隋品第二。龙朔改为司卫正卿。咸亨复卫尉卿也。少卿二人，从四品上。卿、少卿之职，掌邦国酒醴、膳羞之事，总太官、珍羞、良酝、掌醢四署之官属，修其储备，谨其出纳。少卿为之贰。国有大祭祀，则省牲镬，视濯溉。若三公摄祭，则为之终献。朝会宴享，则节其等差，量其丰约以供焉。

丞二人，从六品上。主簿二人，从七品上。录事二人，从九品上。府十一人，史二十一人，亭长六人，掌固六人。丞掌判寺事。主簿掌印，勾检稽失。录事掌受事发辰。

太官署：令二人，从七品下。丞四人，从八品下。府四人，史八人。监膳十人，从九品下。主膳十五人，供膳二千四百人，掌固四人。太官令掌供膳食之事。丞为之贰，凡祭之日，与卿诣厨省牲镬，取明水于阴鉴，取明火于阳燧，帅宰人以鸾刀割牲，取其毛血，实之于豆，遂烹牲焉。又帅进馔者实箪篚。设于馔幕之内。凡朝会宴享，九品已上并供其膳食。凡供奉祭祀致斋之官，则视其品秩为之差降。国子监释奠，百官观礼，亦如之。凡宿卫当上，及命妇朝参宴会者，亦如之。

珍羞署：令一人，正八品下。丞二人，正九品下。府三人，史六人，典书八人，饧匠五人，掌固四人。令掌庶羞之事，丞为之贰，以实笾豆。陆产之品，曰榛栗脯修，水物之类，曰鱼盐菱芡，辨其名数，会其出入，以供祭祀朝会宾客之礼也。

良酝署：令二人，正八品下。丞二人，正九品下。府三人，史六人。监事二人，从九品下。掌酝三十人，酒匠十三人，奉觯一百二十人，掌固四人。令掌供奉邦国祭祀五齐三酒之事。丞为之贰。五齐三酒，义见《周官》。郊祀之日，帅其属以实樽罍。若享太庙，供其郁鬯之酒，以实六彝。若应进者，则供春暴、秋清、酴醾、桑落等酒。

掌醢署：令一人，正八品下。丞二人，正九品下。府二人，史四人，主醢十人。令掌供醯醢之属，而辨其名物。丞为之贰。凡鹿、兔、羊、鱼等四醢。凡祭神祇，享宗庙，用菹醢以实豆；宴宾客，会百官，醢酱以和羹。

卫尉寺秦置卫尉，掌宫门卫屯兵，属官有公车司马、卫士、旅贲三令丞。梁置十二卿，卫尉加寺字，官加卿字。龙朔改为司卫寺，咸亨复也。

卿一员，从三品。古曰卫尉，梁加卿字，隋品第二，龙朔改为司卫正卿。咸亨复卫尉卿也。少卿二人。从四品上。卿之职，掌邦国器械文物之事，总武库、武器、守宫三署之官属。少卿为之贰。凡天下兵器入京师者，皆籍其名数而藏之。凡大祭祀大朝会，则供其羽仪、节钺、金鼓、帷帘、茵席之属。

丞二人，从六品上。主簿二人，从七品上。录事一人，从九品上。府六人，史十一人，亭长四人，掌固六人。丞掌判寺事，辨器械出纳之数。主簿掌印，勾检稽失。录事掌受事发辰。

武库：令，两京各一人，从六品下。丞二人，从八品下。府二人，史六人，监事一人，正九品上。典事二人，掌固五人。令掌藏邦国之兵仗、器械，辨其名数，以备国用。丞为之贰。凡亲征及大田巡狩，以羝羊、狠猪、雄鸡衅鼓。若太子亲征及大将出师，则用狠独。凡有赦，则先建金鸡，兼置鼓于宫城门之右。视大理及府县囚徒至，则挝其鼓。

武器署：令一人，正八品下。丞二人，从九品下。府二人，史六人，监事一人，从九品下。典事二人，掌固四人。令掌在外戎器，辨其名物，会其出入。丞为之贰。凡大祭祀大朝会及巡幸，则纳于武库，供其卤簿。若王公百官婚葬之礼，应给卤簿，亦供之。

守宫署：令一人，正八品下。丞二人，正九品下。府二人，史四人，监事二人，掌设六人，幕士一千六百人。令掌邦国供帐之属，辨其名物，会其出入。丞为之贰。凡大祭祀大朝会及巡幸，则设王公百官位于正殿南门外。

宗正寺《星经》有宗正星,在帝座之东南。秦置宗正,掌宗属。梁置十二卿,宗正为一,署加寺字。隋品第二,光宅改为司属,神龙复之也。

卿一员,从三品。少卿二员。从四品上。丞二人,从六品上。主簿一人,从七品上。录事一人,从九品上。府五人,史九人,亭长四人,掌固四人。卿之职,掌九族六亲之属籍,以别昭穆之序,并领崇玄署。少卿为之贰。九庙之子孙,继统为宗,余曰族。凡大祭祀及册命朝会之礼,皇亲诸亲应陪位预会者,则为之簿书,以申司封。若皇亲为三公子孙应袭封者,亦如之。丞掌判寺事。主簿掌印及勾检稽失。录事掌受事发辰。

崇玄署:令一人,正八品下。丞一人,正九品下。府二人,史三人,典事六人,掌固二人。令掌京都诸观之名数、道士之帐籍,与其斋醮之事。丞为之贰。

太仆寺太仆,古官。梁置十二卿,署加寺字,后因之。龙朔改为司驭寺,光宅为司仆寺,神龙复之。

卿一员。从三品。古有太仆正,即其名也。后无正字,唯名太仆。梁始为列卿,隋品第三。龙朔为司驭正卿,光宅曰司仆卿,神龙复也。少卿二人。从四品上。卿之职,掌邦国厩牧、车舆之政令,总乘黄、典厩、典牧、车府四署及诸监牧之官属。少卿为之贰。凡国有大礼及大驾行幸,则供其五辂属车之司。凡监牧羊马所通籍帐,每岁则受而会之,以上尚书驾部,以议其官吏之考课。凡四仲之月,祭马祖、马步、先牧、马社。

丞四人,从六品上。主簿二人,从七品上。录事二人,从九品上。府十七人,史三十四人。兽医六百人,兽医博士四人,学生一百人,亭长四人,掌固六人。丞掌判寺事。主簿掌印,勾检稽失,省署抄目。录事掌受事发辰。

乘黄署:令一人,从七品下。丞一人,从八品下。府一人,吏二人,典事八人,驾士一百四十人,羊车小吏十四人,掌固六人,令掌天子车辂，辨其名数与驯驭之法。丞为之贰。凡乘舆五辂，事具《舆服志》也。皆有副车，又有十二车，一指南车、二记里鼓车、白鹭车、銮旗车、辟恶车、皮轩车、耕根车、安车、四望车、羊车、黄钺车、豹尾车。其车饰见《舆服志》也。属车一十有二。古者属车八十一乘，皇朝置十二乘也。乘舆有大驾、法驾、小驾，车服各有名数之差。若有大礼，则以所御之辂进内。既事，则受而藏之。凡将有事，先期四十日，尚乘供马如辂色，率驾士预调习指南等十二车。

典厩署：令二人，从七品下。丞四人，从八品下。府二人，史六人。主乘六人，正九品下。典事八人，执驭一百人，驾士八百人，掌固六人。令掌系饲马牛，给养杂畜之事。丞为之贰。

典牧署：令二人，正八品下。丞四人，正九品下。府四人，史八人，监事八人，典事十六人，从九品下。主酪五十人。令掌牧杂畜，造酥酪脯给纳之事。丞为之贰。凡群牧所送羊犊，皆受之，而供廪牺、尚食之用。诸司合供者，亦如之。

车府署：令一人，正八品下。丞一人，正九品下。府一人，史二人，典事四人，掌固六人。令掌王公已下车辂，辨其名数及驯驭之法。丞为之贰。凡公已下，四辂车。一象辂，二革辂，三木辂，四辂辂。视其品秩而给之，兼给驭士也。

上牧监一人，从五品下。牧监，皆皇朝置也。副监二人，正六品下。丞二人，正八品上。主簿一人，正八品下。录事一人，府三人，史六人，典事八人，掌固四人。

中牧监一人，正六品下。副监一人，从六品下。丞一人，从八品下。主簿一人，从九品下。录事一人，府二人，史四人，典事四人，掌固四人。

下牧盐一人，从六品下。副监一人，正七品下。丞一人，正九品下。主簿一人。从九品下。诸牧监掌群牧孳课之事。凡马五千匹为上监，三千匹已上为中监，一千匹已上为下监。凡马之群，有牧长尉。凡马，有左右监。以别其粗良，以数纪名，著之簿籍。细马称左，粗马称右。凡诸群牧，立南北东西四使以分统之。其马皆印，每年终，监牧使巡按挈数,以功过相除,为之考课。

沙苑监一人,从六品下。副监一人,正七品下。丞一人,正九品下。主簿二人,从九品下。录事一人,府三人,史六人,典事四人,掌固二人。沙苑监。掌牧养陇右诸牧牛羊,以供其宴会祭祀及尚食所用。每岁与典牧分月以供之。丞为之贰。若百司应供者,则四时皆供。凡羊毛及杂畜毛皮角,皆具数申有司。

大理寺古谓掌刑为士,又曰理。汉景帝加大字,取天官贵人之牢曰大理之义。后汉后,改为廷尉,魏复为大理。南朝又名廷尉,梁改秋卿,北齐、隋为大理,加寺字。龙朔改为详刑寺,光宅为司刑,神龙复改。

卿一员,从三品。古或名大理,或名廷尉,北齐加寺字。隋品第三。龙朔为详刑正卿,光宅为司刑卿,神龙复为大理卿。少卿二员。从四品上。卿之职,掌邦国折狱详刑之事。少卿为之贰。凡犯至流死。皆详而质之,以申刑部;仍于中书、门下详覆。凡吏曹补署法官,则与刑部尚书、侍郎议其人可否,然后注拟。

正二人,从五品下。丞六人,从六品上。主簿二人,从七品上。录事二人,从九品上。府二十八人,史五十六人。正掌参议刑辟,详正科条之事。凡六丞断罪不当,则以法正之。丞掌分判寺事。主簿掌印,省署抄目,勾检稽失。录事掌受事发辰。狱丞四人,掌率狱吏,检校囚徒,及枷杖之事。狱史六人,亭长四人,掌固八人。问事一百四十八人,掌决罪人。司直六人,从六品上。评事十二人,从八品下。掌出使推核。评事史十四人。其刑法科目,已载于刑部。

鸿胪寺周曰大行人,秦曰典客,汉景帝曰大行,武帝曰大鸿胪。梁置十二卿,鸿胪为冬卿,去大字,署为寺。后周曰宾部,隋曰鸿卢寺。龙朔改为同文寺,光宅曰司宾寺,神龙复也。

卿一员,从三品。周曰大行人中大夫,秦曰典客,汉曰大鸿胪,梁加卿字,后周曰宾部中大夫,随官从三品。龙朔为同文正卿,光宅曰司宾。少卿二人。从四品上。卿之职,掌宾客及凶仪之事,领典客、司仪二署,以率其官属，供其职务。少卿为之贰。凡四方夷狄君长朝见者，辨其等位，以宾待之。凡二王后及夷狄君长之子袭官爵者，皆辨其嫡庶，详其可否。若诸番人酋渠有封礼命，则受册而往其国。凡天下寺观三纲，及京都大德，皆取其道德高妙、为众所推者补充，申尚书祠部。皇帝太子为五服之亲及大臣发哀临吊，则赞相焉。凡诏葬大臣，一品则卿护其丧事，二品则少卿，三品丞一人往。皆命司仪，以示礼制。

丞二人，从六品上。主簿一人，从七品上。录事二人，从九品上。府五人，史十一人，亭长四人，掌固六人。丞掌判寺事。主簿掌印，勾检稽失。录事掌受事发辰。

典客署：令一人，从七品下。丞二人，从八品下。掌客十五人，正九品上。典十三人，府四人，史八人，宾仆十八人，掌固二人。典客令掌二王后之版籍及四夷归化在蕃者之名数。丞为之贰。凡朝贡、宴享、送迎，皆预焉。辨其等位，而供其职事。凡酋渠首领朝见者，皆馆供之。如疾病死丧，量事给之。还蕃，则佐其辞谢之节。

司仪署：令一人，正八品下。丞一人，正九品下。司仪六人，府二人，史四人，掌设十八人，斋郎三十三人，掌固四人，幕士六十人。司仪令掌凶礼之仪式及丧葬之具。丞为之贰。凡京官职事三品已上、散官二品已上、京官四品已上，如遭丧薨卒，量品赠祭葬，皆供给之。

司农寺 汉初治粟内史，景帝改为大农，武帝加司字。梁置十二卿，以署为寺，以官为卿。隋为司农卿，从三品。龙朔二年改为司稼，咸亨复也。

卿一员，从三品上。少卿二员。从四品上。卿之职，掌邦国仓储委积之事，总上林、太仓、钩盾、导官四署与诸监之官属，谨其出纳。少卿为之贰。凡京百司官吏禄给及常料，皆仰给之。孟春藉田祭先农，则进末耜，季冬藏冰，仲春颁冰，皆祭司寒。

丞六人，从六品上。主簿二人，从七品上。录事二人，从九品上。府二十八人，史七十六人，计史三人，亭长九人，掌固七人。丞掌判寺事。凡天下租及折造转运于京都,皆阅而纳之,以供国用,以禄百官。主簿掌印,署抄目,勾检稽失。凡置木契二十只,应须出纳,与署合之。

上林署:令二人,_{从七品下。}丞四人,_{从八品下。}府七人,史十四人,监事十九人,典事二十四人,掌固五人。令掌苑囿园池之事。丞为之贰。凡植果树蔬,以供朝会祭祀。其尚食所进,及诸司常料,季冬藏冰,皆主之。

太仓署:令三人,_{从七品下。}丞二人,_{从八品下。}府十人,史二十人,监事十人。_{从九品下。}令掌九谷廪藏。丞为之贰。凡凿窖置屋,皆铭砖为庾斛之数,与其年月日,受领粟官吏姓名。又立牌如其铭。

钩盾署:令二人,_{正八品上。}丞四人,_{正九品上。}府七人,史十四人,监事十人,_{从九品下。}典事十九人,掌固五人。令掌供邦国薪刍之事。丞为之贰。凡祭祀、朝会、宾客享宴,随差降给之。

导官署:令二人,_{正八品上。}丞四人,_{正九品上。}府八人,史十六人,监事十人。_{从九品上。}令掌导择米麦之事。丞为之贰。凡九谷之用,随其精粗、差其耗损而供之。

太原、永丰、龙门诸仓:每仓监一人,_{正七品下。}丞二人,_{从八品上。}录事一人,典事六人,府二人,史四人,掌固四人。仓监掌仓窖储积之事。丞为之贰。凡出纳帐纸,岁终上于寺司。

司竹监:监一人,_{正七品下。}副监一人,_{正八品下。}丞二人,_{从八品上。}录事一人,府二人,史四人,典事三十人,掌固四人。司竹监掌植养园竹。副监为之贰。岁终,以竹功之多少为考课。

温泉监:_{泉在京兆府昭应县之西。}监一人,_{正七品下。}丞二人,_{从八品上。}录事一人,府二人,史二人,掌固四人。温泉监掌汤池宫禁之事。丞为之贰。凡王公已下至于庶人,汤泉馆有差,别其贵贱,而禁其逾越。凡近汤之地,润泽所及,瓜果之属先时而毓者,必苞甄而进之,以荐陵庙。

京、都苑总监:监各一人,_{从五品下。}副监一人,_{从六品下。}丞二人,_{从七品下。}主簿一人,_{从九品上。}录事各三人,府八人,史十六人,亭长四人，掌固六人。苑总监掌宫苑内馆园池之事。副监为之贰。凡禽鱼果木，皆总而司之。凡给总监及苑面官属，人畜出入，皆为差降之数。

京、都苑四面监：监各一人，从六品下。副监一人，从七品下。丞二人，正八品下。录事一人，府三人，史三人，典事六人，掌固四人。四面监掌所管面苑内宫馆园池，与其种植修葺之事。副监为之贰。丞掌判监事。

诸屯：监一人，从七品下。丞二人，从八品下。诸屯监各掌其屯稼穑。丞为之贰。凡每年定课有差。

九成宫总监：监一人，从五品下。副监一人，从六品下。丞一人，从七品下。主簿一人，从九品下。录事一人，府三人，史五人。宫监掌检校宫树，供进炼饵之事。副监为之贰。

太府寺《周官》有太府下士，掌财赋。秦、汉已后，财赋属司农少府。梁始置太府卿，掌帑藏。龙朔改为外府，光宅改为司府，神龙复为太府寺也。

卿一员，从三品。梁置。后周曰太府中大夫，隋为太府卿，品第三。龙朔改为外府正卿，光宅为司府卿，神龙复也。少卿二员。从四品上。卿掌邦国财货，总京师四市、平准、左右藏、常平八署之官属，举其纲目，修其职务。少卿为之贰。以二法平物。一曰度量，二曰权衡。凡四方之贡赋，百官之俸秩，谨其出纳，而为之节制焉。凡祭祀，则供其币。

丞四人，从六品上。主簿二人，从七品上。录事二人，从九品上。府十五人，史五十人，计史四人，亭长七人，掌固七人。丞掌判寺事。凡正、至大朝所贡方物，应陈于殿廷者，受而进之。

两京诸市署：京师有东西两市，东都有南北两市。令一人，从六品上。丞各二人，正八品上。录事一人，府三人，史七人，典事三人，掌固一人。京、都市令掌百族交易之事。丞为之贰。凡建标立候，陈肆辨物，以二物平市，谓秤以格，斗以概。以三贾均市。贾有上、中、下之差。

平准署：令二人，从七品下。丞四人，从八品下。录事一人，府六人，史十三人，监事二人，从九品下。典事二人，价人十人，掌固十人。

平准令掌供官市易之事。丞为之贰。凡百司不任用之物,则以时出货。其没官物,亦如之。

左藏署:左右藏令,晋始有之,后代因之。皇家左藏有东库、西库、朝堂库,又有东都库。各木契一,与太府主簿合也。令三人,从七品下。丞五人,从八品下。府九人,史十八人,监事九人,从九品下。典事一人,掌固八人。左藏令掌邦国库藏。丞为之贰。凡天下赋调,先于输场简其合尺度斤两者,卿及御史监阅,然后纳于库藏,皆题以州县年月,所以别粗良,辨新旧。凡出给,先勘木契,然后录其名数,请人姓名,署印送监门,乃听出。若外给者,以墨印印之。凡藏院之内,禁人燃火,及无故入院者。昼则外四面常持仗为之防守,夜则击柝,而分更以巡警之。

右藏署:令二人,正八品下。丞三人,正九品上。府五人,史十人,监事四人,从九品下。典事七人,掌固十人。右藏令掌国宝货。丞为之贰。凡四方所献金玉、珠贝、玩好之物,皆藏之。出纳禁令,如左藏。

常平署:汉宣帝时,始置常平仓,以平岁之凶穰,后汉改为常满仓,晋曰常平,后魏曰邸阁仓。隋于卫州置黎阳仓,洛州置河阳仓,陕州置常平仓,华州置广运仓,转相委输,漕关东之粟,以给京师。国家垂拱初,两京置常平署,天下州府亦置之。令一人,从七品下。丞二人,从八品下。府四人,史八人,监事五人,从九品下。典事五人,掌固六人。常平令掌仓储之事。丞为之贰也。

国子监 国子之义,见《周官》。晋武始立国子学。北齐曰国子寺,隋初曰学,后改为寺,大业三年改为监。龙朔曰大司成,光宅曰成均,神龙复为国子监也。

祭酒一员,从三品。《周官》曰师氏、保氏,汉始置祭酒博士,历代因之。隋祭酒,品第三。龙朔、光宅,随曹改易。司业二员。从四品下。隋大业三年,始置司业一人,从四品。官名随曹改易。祭酒、司业之职,掌邦国儒学训导之政令,有六学,一国子学、二太学、三四门、四律学、五书学、六算学也。

凡春秋二分之月，上丁释奠于孔宣父，祭以太牢，乐用登歌轩悬。祭酒为初献，司业为亚献。凡教授之经，以《周易》、《尚书》、《周礼》、《仪礼》、《礼记》、《毛诗》、《春秋》、《左氏传》、《公羊传》、《谷梁传》各为一经，《孝经》、《论语》兼习之。每岁终，考其学官训导功业之多少，为之殿最。

丞一人，从六品下。主簿一人，从七品下。录事一人，从九品下。府七人，史十三人，亭长六人，掌固八人。丞掌判监事。凡六学生每岁有业成上于监者，以其业与祭酒、司业试所习业，上尚书礼部。

国子博士二人，正五品上。助教二人，从六品上。学生三百人。典学四人，庙干二人，掌固四人。博士掌教文武官三品以上国公子孙，二品以上曾孙为生者。生初入，置束帛一篚，酒一壶，修一案。每岁生有能通两经已上求出仕者，则上于监。堪秀才进士者，亦如之。典学掌抄录课业。庙干掌洒扫学庙。

太学博士三人，正六品上。助教三人，从七品上。学生五百人。太学博士掌教文武五品已上及郡县公子孙，从三品曾孙之为生者。教法并如国子。

四门博士三人，正七品上。助教三人。从八品上。四门博士掌教文武七品已上及侯伯子男子之为生者，若庶人子为俊士生者，教法如太学。学生五百人。直讲四人，掌佐博士助教之职。文成二十人。通四经业成，上于尚书吏部，试登第者，加阶放选也。

律学博士一人，从八品下。太宗置。助教一人，从九品上。学生五十人。博士掌教文武官八品已上及庶人子为生者。以律令为专业，格式法例亦兼习之。

书学博士二人，从九品下。学生三十人。博士掌教文武官八品已下及庶人之子为生者。以《石经》、《说文》、《字林》为专业，余字书兼习之。

算学博士二人，从九品下。学生三十人。博士掌教文武八品已下及庶人子为生者。二分其经，以为之业。习《九章》、《海岛》、《孙子》、《五曹》、《张丘建》、《夏侯阳》、《周髀》十五人，习《缀术》、《缉古》十五人，其《纪遗》、《三等》亦兼习之。

《五经》博士各一人。五品下。旧无《五经》学科，自贞元五年二月敕特置《三礼开元礼》科，长庆二年二月，始置《三传三史》科，后又置《五经》博士。检年月，未获也。

广文馆博士二人。正六品上。天宝九载置，试附监修进士业者，置助教一人，至德后废也。

少府监秦置少府，掌山泽之税。汉掌内府珍货。梁始为卿。历代或置或省。隋大业五年，始分太府置少府监。龙朔改为内府，光宅改为尚方，神龙复为少府监。

监一员，从三品。秦、汉有少府，梁始为卿，隋改为监，从三品，少监，从四品。炀帝改为令，武德复为监，龙朔、光宅，随曹改易之。少监二员。从四品下。监之职，掌供百工伎巧之事，总中尚、左尚、右尚、织染、掌冶五署之官属，庀其工徒，谨其缮作。少监为之贰。凡天子之服御，百官之仪制，展采备物，皆率其属以供之。

丞四人，从六品下。主簿二人，从七品下。录事二人，从九品上。府二十七人，史十七人，计史三人，亭长八人，掌固四人。丞掌判监事。凡五署所修之物，则申尚书省，下所司，以供给焉。

中尚署：令一人，从六品下。丞四人，从八品下。府九人，史十八人，监作四人，典事四人，掌固四人。中尚令，掌供郊祀之圭璧、器玩之物。中宫服饰，雕文错彩之制，皆供之。丞为之贰。其所用金玉齿革毛羽之属，任土以时而供送之。

左尚署：令一人，正七品下。丞五人，从七品下。监作六人，从九品下。典事十八人，掌固四人。左尚令掌供天子之五辂、五副、七辇、三舆，十有二车、大小方圆华盖一百五十有六，诸翟尾扇及小伞翰，辨其名数，而颁其制度。丞为之贰。

右尚署：令一人，正七品下。丞四人，从八品下。监作六人，从九品下。典事十三人，掌固十人。右尚署令供天子十有二闲马之鞍辔及五品三部之帐，备其材革，而修其制度。丞为之贰。凡刀剑、斧钺、甲胄、纸笔、茵席、履舄之物，靡不毕供。具用绫绢、金玉、毛革等，所出方土，以时支送。

织染署：令一人，正八品上。丞二人，正九品上。监作六人，从九品下。典事十一人，掌固五人。织染令掌供天子太子群臣之冠冕，辨其制度，而供其职。丞为之贰。

掌冶署：令一人，正八品上。丞一人，从九品上。监作四人。从九品下。掌冶令掌熔铸铜铁器物。丞为之贰。凡天下出铜铁州府，听人私采，官收其税。若白镴，则官市之。其西北诸州，禁人无置铁冶及采铁。若器用所须，具名移于所由官供之。

诸冶：监一人，正七品下。丞二人，从八品下。录事一人，府一人，史二人，监作四人，从九品下。典事二人，掌固四人。诸冶监掌铸铜铁之事。

北都军器监一人，正四品上。少监一人，正五品上。丞二人，正七品上。主簿一人，正八品上。录事一人，从九品上。府十人，史十八人，典事四人，亭长二人，掌固四人。军器监掌缮造甲弩，以时纳于武库。

甲坊署：令一人，正八品下。丞一人，正九品下。府二人，史五人，监作二人，从九品下。典事二人。

弩坊署：令一人，正八品下。丞一人，正九品下。府二人，史五人，监作二人，从九品下。典事二人。

诸铸钱监：绛州三十炉，扬、宣、鄂、蔚四州各十炉，益、邓、郴三州各五炉，洋州三炉，定州一炉也。诸铸钱监以所在州府都督刺史判之。副监一人，上佐判之。丞一人，判司判之。监事一人，或参军或县尉知之。录事、府、史、士人为之。

诸互市：监各一人，从六品下。丞一人。正八品下。诸互市监掌诸蕃交易马驼驴牛之事。

将作监秦置将作，掌营缮宫室，历代不改。隋为将作寺，龙朔改为缮工监，光宅改为营缮监，神龙复为将作监也。

大匠一员，从三品。大匠之名，汉景帝置。梁置十二卿，将作为一卿。后周曰匠师中大夫。隋初为将作寺，置大匠一人，又改为监，以大匠为监。炀帝改为令，武德改为大匠。龙朔、光宅，随曹改易也。少匠二员。从四品下。大匠掌供邦国修建土木工匠之政令，总四署三监百工之官属，以供其职事，凡两京宫殿宗庙城郭诸台省监寺廨宇楼台桥道，谓之内外作，皆委焉。

丞四人，从六品下。主簿二人，从七品下。录事二人，从九品下。府十四人，史二十八人，计史三人，亭长四人，掌固六人。

左校署：令二人，从八品下。丞四人，正九品下。府六人，史十二人，监作十人。从九品下。左校令掌供营构梓匠。凡宫室乐悬簨簴，兵仗器械，丧葬所须，皆供之。

右校署：令二人，从八品下。丞三人，正九品下。府五人，史十人，监作十人，从九品下。典事十四人。右校令掌供版筑、涂泥、丹艧之事。

中校署：令一人，从八品下。丞三人，正九品下。府三人，史六人，监事四人，从九品下。典事八人，掌固二人。中校令掌供舟车兵仗、厩牧杂作器用之事。凡行幸陈设供三梁竿柱，闲厩供𫑡碓行槽，祭祀供葛竹堲等。

甄官署：令一人，从八品下。丞二人，正九品下。府五人，史十人，监作四人，从九品下。典事十八人。甄官令掌供琢石陶土之事。凡石磬碑碣、石人兽马、碾硙砖瓦、瓶缶之器、丧葬明器，皆供之。

百工、就谷、库谷、斜谷、太阴、伊阳等监：百工监在陈仓，就谷监在王屋，库谷监在鄠县，太阴监在陆浑，伊阳监在伊阳，皆在出材之所。监各一人，从七品下。丞一人，正八品下。府各一人，史三人，典事各二十一人，录事各一人，监事四人。从九品下。百工等监掌采伐材木。取之有时，用之有节。

都水监

使者二人，正五品上。汉官有都水长，属主爵，掌诸池沼，后改为使者，后汉改为河堤谒者。晋复置都水台，立使者一人，掌舟楫之事。梁改为太舟卿，北齐亦曰都水台。隋改为都水监,大业复为使者,寻又为监,复改监为令,品第三。武德复为监,贞观改为使者,从六品。龙朔改为司津监,光宅为水衡都尉,神龙复为使者,正五品上,仍隶将作监。**使者掌川泽津梁之政令,总舟楫、河渠二署之官属,凡虞衡之采捕,渠堰陂池之坏决,水田斗门灌溉,皆行其政令。丞二人,**从七品上。**主簿二人,**从八品下。**录事一人,府五人,史十人,掌固三人。**

舟楫署:**令一人,**正八品下。**丞二人。**正九品下。舟楫署令掌公私舟舡运漕之事。

河渠署:**令一人,**正八品下。**丞一人,**正九品上。府三人,史六人。河堤谒者六人,掌修补堤堰渔钓之事。典事三人,掌固四人,长上渔师十人,短番渔师一百二十人,明资渔师一百二十人。河渠令掌供川泽鱼醢之事。祭祀则供鱼醢。诸司供给鱼及冬藏者,每岁支钱二十万,送都水,命河渠以时价市供之。

诸津:**令一人,**正九品上。**丞一人。**从九品下。津令各掌其津济渡舟梁之事。

武官

左右卫周制:军万二千五百人。天子六军,大国三军,次国二军,小国一军。军将皆命卿。至秦、汉,始置卫将军,后汉、魏因之。晋武帝始置左右中三卫将军。至隋始置左右卫、左右武卫、左右候、左右领军、左右率府。各有大将军一人,谓十二卫大将军也。国家因之。

大将军各一员,正三品。**将军各二员。**从三品。左右卫将军之职,掌统领宫廷警卫之法,以督其属之队仗,而总诸曹之职务。凡亲勋翊五中郎将府及折冲府所隶,皆总制之。凡宿卫,内廊阁门外,分为五仗,一供奉仗、二亲仗、三勋仗、四翊仗、五散手仗也。皆坐于东西廊下。若御坐正殿,则为黄旗仗,分立于两阶之次,在正门之内,以挟门队坐于东西厢。皆大将军守之。

长史各一人,从六品上。**录事参军事各一人,**正八品上。**仓曹、兵曹参军各二人,**正八品下。**骑曹、胄曹参军各一人,**正六品下。**司阶二**

人，正六品上。中候三人，正七品下。司戈五人，正八品下。执戟五人，正九品下。奉车都尉五人。从五品下。长史掌判诸曹、亲勋翊五府及武安、武成等五十府之事。诸曹参军皆掌本曹勾检之事。随曹各有府史。

亲府、勋一府、勋三府、翊一府、翊二府、翊等五府：每府中郎一人，中郎将一人，皆四品下。左右郎将各一人，正五品上。录事一人，兵曹参军事一人，正九品上。校尉五人，旅帅十人，队正二十人，副队正二十人。中郎将领本府之属以宿卫。左右郎将贰之。若大朝会、巡幸，以卤簿之法以领其仪仗。

左右骁卫古曰骁骑，隋改左右备身为左右骁卫，所领名豹骑，国家去骑字曰骁卫府，龙朔去府字，改为左右武威，神龙复为骁卫。

大将军各一员，正三品。将军各二员。从三品。骁卫将军之职，掌如左右卫。大朝会在正殿之前，则以黄旗队及胡禄队坐于东西廊下。若御坐正殿，则以其队仗次立左右卫下。

长史、录事参军、仓兵骑胄四曹参军、员数、品秩如左右卫。司阶、中候、司戈、执戟等，四色人数、品秩如左右卫也。校尉、旅帅、队正、副队、人数如左右卫。翊府中郎、中郎将、左右中郎将、左右郎将。职掌如左右卫。

左右武卫魏武为丞相，有武卫营。隋采其名，置左右武卫府，有大将军。光宅改为左右鹰扬卫，龙朔复也。

大将军各一员，正三品。将军各二员。从三品。其职掌如左右卫。大朝会，被白铠甲之器盾及旗等，踌称长唱，警持剑队，应踌为左右厢仪仗。在正殿前，则以诸队次立于骁卫之下。

长史、录事参军、仓兵骑胄四曹参军、司阶、中候、司戈、执戟、人数、品秩皆如左右卫也。翊府中郎将、左右郎将、录事、兵曹。人数、品秩如左右卫。

左右威卫隋为左右屯卫，龙朔改为威卫，光宅改为左右豹韬卫，神龙复为威卫也。

大将军各一员，正三品。将军各二员。从三品。其职掌，大朝会则被黑甲铠，弓箭刀盾旗等，分为左右厢队，次武卫之下。

长史、录事参军、仓兵骑胄四曹参军、职掌、人数、品秩皆如左右卫也。司阶、中候、司戈、执戟、人数、品秩如左右卫。翊府中郎将、左右郎将、录事、兵曹、校尉、旅帅、队正、副队正。人数、品秩皆如左右卫之亲府。

左右领军卫汉建安中，魏武为丞相，置中领军，后因之。北齐置领军府，后因之。炀帝改为屯卫，国家改为领军卫。龙朔改为戎卫，光宅改为玉钤卫，神龙后为领军卫。

大将军各一员，正三品。将军各二员。从三品。其职掌，大朝会则被青甲铠，弓箭刀盾旗等，分为左右厢仪仗，次立威卫之下。

长史、录事参军、仓兵骑胄四曹参军、司阶、中候、司戈、执戟、人数、品秩如左右卫。翊府中郎将、左右郎将、录事、兵曹、校尉、旅帅、队正、副队正。人数、品秩、职掌如左右卫也。

左右金吾卫秦曰中尉，掌徼巡，武帝改名执金吾，魏复为中尉。南朝不置。隋曰候卫。龙朔二年改为左右金吾卫，采古名也。

大将军各一员，正三品。将军各二员。从三品。左右金吾卫之职，掌宫中及京城昼夜巡警之法，以执御非违。凡翊府及同轨等五十府皆属之。凡车驾出入，则率其属以清游队，建白泽朱雀等旗队先驱，如卤簿之法。从巡狩畋猎，则执其左右营卫之禁。凡翊卫、翊府、同轨、宝图等五十府扩骑卫士应番上者，各领所职焉。

长史、录事参军、仓兵骑胄四曹参军、司阶、中候、司戈、执戟、人数、品秩、职掌如左右卫也。翊府中郎将、左右郎将、兵曹、校尉、旅帅、队正、副队正。品秩、人数、职掌如左右卫也。

左右监门卫汉、魏曰城门校尉，始置左右监门府，省将军、郎将等官，国家因之。龙朔二年，去府字为卫。

大将军各一员，正三品。将军各二员。从三品。中郎将四人。正四品下。监门将军之职，掌宫禁门籍之法。凡京司应入宫殿门者，皆有籍。左将军判入，右将军判出。若大驾行幸，即依卤簿法，率其属于牙门之下，以为监守。中郎将，掌监诸门，检校出入。

长史、录事参军、兵曹胄曹二曹参军。品秩如诸卫。

监门校尉，各三百二十人，立长各六百八十人，长人长上二十人，立长长上各二十人。

左右千牛卫宋谢绰《拾遗》有千牛刀，即人主防身刀也。后魏有千牛备身，取《庄子》庖刀解牛之义，后代因之。隋置左右千牛备身二十人，掌供御弓箭，备身六十人，掌宿卫侍从。炀帝置备身府，皇家改为千牛府。龙朔为左右奉宸卫，神龙复为千牛卫。

大将军各一员，正三品。将军各二员，从三品。中郎将各二人。正四品下。千牛将军之职，掌宫殿侍卫及供御之仪仗，而统其曹务。凡千牛备身左右，执弓箭以宿卫，主仗守戎服器物。凡受朝之日，则领备身左右升殿，而侍列于御坐之左右。凡亲射于射宫，则将军率其属以从。凡千牛备身之考课、赐会及禄秩之升降，同京职事官之制。中郎将升殿侍奉。凡侍奉，禁横过座前者，禁对语及倾身与阶下人语者，禁摇头举手以相招召者。若有口敕，通事舍人承受传声阶下而不闻者，中郎将宣之。

长史、录事参军、兵胄二曹参军、人数、品秩同诸卫。司阶各二人，正六品上。中候各三人，司戈各五人，执戟各五人，品秩同诸卫。千牛备身十二人，备身左右各二人。

左右羽林军汉置南北军。掌卫京师。南军，若今诸卫也；北军，若今羽林军也。汉武置羽林，名曰建章营骑，属光禄勋，后更名羽林骑，取六郡良家子及死事之孤为之。后汉置左右羽林监，南朝因之，后魏、周曰羽林率，随左右屯卫，所领兵名曰羽林。龙朔二年，置左右羽林军。

大将军各一员，正三品下。将军各三员。从三品下。羽林将军统领北衙禁兵之法令，而督摄左右厢飞骑之仪仗，以统诸曹之职。若大朝会，率其仪仗以周卫阶陛。大驾行幸，则夹道驰而为内仗。凡飞骑每月番上者，皆据其名历而配于所职。其飞骑仗或有敕上南衙者，则大将军承墨敕白移于金吾引驾仗，引驾仗官与监门覆奏，又降墨敕，然后得入。

长史、录事参军、仓兵胄三曹参军，品秩如诸卫。司阶、中候、司戈、执戟，品秩、人数如千牛卫。翊府中郎将、左右郎将、录事、兵曹、校尉、旅帅、队正、副队正。人数、品秩如诸卫。

左右龙武军初，太宗选飞骑之尤骁健者，别署百卫，以为翊卫之备。天后初，加置千骑，中宗加置万骑，分为左右营。置使以领之。自开元以来，与左右羽林军名曰北门四军。开元二十七年，改为左右龙武军，官员同羽林军也。
大将军一员，正三品。**将军二员。**从三品。
长史一人，录事参军事一人，录事一人，史二人，仓兵胄三曹参军事各一人。随曹有府、史、掌固人数。司阶二人，中候三人，司戈、执戟各五人，长上各十人。右件官员阶品、人数、职掌，如羽林军也。

左右神武军至德二年，肃宗在凤翔置。初，贞观中置北衙七营，后改为左右羽林军。皆选才力骁勇者充，每月一营十人为番当上。及置左右龙武军，皆唐元功臣子弟非外州人。如宿卫兵，分日上下。肃宗在凤翔，方收京城，以羽林军减耗，寇难未息，乃别置神武军。同羽林制度官吏，谓之北衙六军。又置衙前射生手千余人，谓之左右英武军，非六军例也。乾元二年十月敕，左右羽林、左右龙武、左右神武官员并升同金吾四卫，置大将军二人、将军二人也。

左右神策军上元中，以北衙军使卫伯玉为神策军节度使，镇陕州，以拒东寇，以中使鱼朝恩为观军容使，监伯玉军。及伯玉入为羽林帅，出为荆南节度使，朝恩专统神策军。镇陕，广德元年，吐蕃犯京师，代宗避狄幸陕，朝恩以神策军迎扈。及永泰元年，吐蕃犯京畿，朝恩以神策兵屯于苑中。自是，神策军恒以中官为帅。建中末，盗发京师，窦文场以神策军扈跸山南。及还京师，赏劳无比。贞元中，特置神策军护军中尉，以中官为之，时号两军中尉。贞元已后,中尉之权倾于天下,人主废立,皆出其可否,事见《宦者传》也。

大将军各二员,正三品。贞元二年九月敕,改神策左右厢为左右军,置大将军各一人,正三品。**将军各二员**。从三品。至贞元三年五月,敕左右神策将军各加二员,左右神武将军各加一员也。

神威军本号殿前射生左右厢,贞元二年九月改殿前左右射生军,三年四月改为左右神威军,非六军之例也。

大将军二员,正三品。**将军二员**。从三品。**其职田、俸钱、手力、粮料等**,同六军诸卫。

六军统军兴元元年正月二十九日敕,左右羽林、左右龙武、左右神武各置统军一人,秩从二品。

十六卫上将军旧无此官。贞元二年九月一日敕:"六军先有敕,各置统军一人。十六卫宜各置上将军一员,秩从二品。其左右卫及左右金吾卫上将军俸料、随军人马等,并同六军统军。其诸卫上将军,次统军例支给。"至德二年九月十三日,六军十二卫上将军。并放入宿,已后为例也。

诸府隋置骠骑、鹰扬等府,凡天下守戍兵,不成军曰牙,府有上中下也。

折冲都尉各一人,上府,都尉正四品上;中府,从四品下;下府,正五品下。武德中,采隋折冲、果毅郎将之名,改统军为折冲都尉,别将为果毅都尉。**左右果毅都尉各一人**,上府,果毅从五品下;中府,正六品上;下府,从六品下。隋炀帝置果毅郎将,国家置折冲都尉。**别将各一人**,上府,别将正七品下;中府,从七品上;下府,从七品下。

长史一人,上府,正七品下;中府,从七品上;下府,从七品下。**兵曹参军一人**,上府,从八品下;中府,正九品上;下府,从九品下也。**录事一人**,校尉五人。每校尉,旅帅二人;每旅帅,队正、副队正各二人。

诸府折冲都尉掌领五校之属,以备宿卫,以从师役,总其戎具、资粮、差点、教习之法令。凡卫士,三百人为一团,以校尉领之,以便习骑射者为越骑,余为步兵。其团,十人为火,火备六驮之马,每岁十一月,以卫士帐上尚书省天下兵马之数以闻。凡兵马在府,每岁季冬,折冲都尉率五校之属以教其军阵、战斗之法也。具有教习簿籍。

东宫官属

太子太师、太傅、太保各一员。并从一品。师傅,宫官,南朝不置。后魏、北齐,师傅品第二,号东宫三太。隋品亦第二。武德定令,加从一品也。

太子少师、少傅、少保各一员。并正二品。三少,亦古官,历代或置或省。南朝并不置。后魏、北齐置之,品第三,号东宫三少。皇家定令,正二品。三师三少之职,掌教谕太子。无其人,则阙之。

太子宾客四员,正三品。古无此官,皇家显庆元年春始置四员也。掌侍从规谏,赞相礼仪。

太子詹事一员,正三品。少詹事一员,正四品上。詹事,秦官,掌皇太子宫。龙朔二年改为端尹,天授为宫尹,神龙复也。詹事统东宫三寺十率府之政令。少詹为之贰。凡天子六官之典制,皆视其事而承受之。

丞二人,正六品上。主簿一人,从七品上。录事二人,正九品下。令史九人,书令史十八人。丞掌判府事。主簿掌印,检勾稽。录事掌受事发辰。

司直一人,正九品上。令史一人,书令史二人,亭长四人,掌固六人。司直掌弹劾宫僚,纠举职事。太子朝,宫臣则分知东西班。凡诸司文武应参官,每月皆具在否以刺之。

太子左春坊:左庶子二人,正四品上。中允二人。正五品下。左庶子掌侍从赞相,驳正启奏。中允为之贰。

司议郎四人,正六品上。录事二人,从八品下。主事二人,从九品下。令史七人,书令史十四人。司议郎掌启奏记注宫内祥瑞,宫长除拜薨卒,每年终送史馆。

左谕德一人,正四品下。左赞善大夫五人,正五品上。传令四人,掌仪二人,赞者四人。左谕德掌讽谕规谏。

崇文馆：贞观中置，太子学馆也。学士，直学士，员数不定。学生二十人，校书二人，从九品下。令史二人，典书二人，拓书手二人，书手十人，熟纸匠三人，装潢匠五人，笔匠三人。学士掌东宫经籍图书，以教授诸生。凡课试举送，如弘文馆。校书掌校理四库书籍。

司经局：洗马二人，从五品下。洗马，汉官，太子前马。太子文学三人，正六品。校书四人，正九品。正字二人，从九品上。书令史二人，楷书手二十五人，典书四人。洗马掌四库图籍缮写、刊缉之事。文学掌侍奉文章。校书、正字掌典校四库书籍。

典膳局：典膳郎二人，正六品上。丞二人，正八品上。书令史二人，主食六人，典食二百人，掌固四人。典膳郎掌进膳尝食，每夕局官于厨更直。

药藏局：药藏郎二人，正六品上。丞二人，正八品上。侍医典药九人，药童十八人，掌固六人。药藏郎掌和剂医药。

内直局：内直郎二人，从六品下。丞二人，正八品下。典服三十人，典扇十五人，典翰十五人，掌固六人。内直郎掌符玺、伞扇、几案、衣服之事。

典设局：典设郎四人，从六品下。丞二人，正八品下。幕士六百人。典设郎汤沐、洒扫、铺陈之事。凡大祭祀，太子助祭，则于正殿东设幄坐。

宫门局：宫门郎二人，从六品下。丞二人，正八品下。门仆一百三十人。宫门郎掌内外宫门管钥之事。其钟鼓刻漏，一如皇居之制也。

太子右春坊：右庶子二人，正四品下。中舍人二人，正五品上。舍人四人，正六品上。录事一人，从八品下。主事二人。从九品下。舍人掌行令书令旨及表启之事。太子通表，如诸臣之礼。诸臣及宫臣上皇太子，大事以笺，小事以启，其封题皆曰上，右春坊通事舍人开封以进。其事可施行者皆下于坊，舍人开，庶子参详之，然后进。不可者则否。

右谕德一人，正四品下。右赞善大夫五人，正五品上。传令四人，谕德、赞善,掌事如左。通事舍人八人,正七品下。典谒二十人。舍人掌导引宫臣辞见及承令劳问之事。

太子内坊:皆宦者为司局。典内二人,从五品下。录事七人,典直四人,正九品下。导客舍人六人,阁帅六人,内阍八人,内给使,无员数。内厩二十人,典事二人,驾士三十人。典内掌东宫阁门之禁令,及宫人粮廪赐与之出入。丞为之贰。典直主仪式。导客主候序。阁帅主门户。内阍主出入。给使主伞扇。内厩主车舆。典事主牛马。典内统而监之。

太子内官:司闺二人,从六品。掌导引妃及宫人名簿,总掌正、掌书、掌筵三司。掌正三人,从八品。掌文书出入,录目为记。并闺阁管钥,纠察推罚。女史,流外三品,掌典文簿而执行焉。掌书三人,从八品。掌宝、符契、经簿、宣传、启奏、教学、廪赐、纸笔、监印。掌筵三人,从八品。掌帷幄、床褥、几案、伞扇、洒扫、铺设之事。

司礼二人,从六品。掌礼仪参见,以总掌严、掌缝、掌藏,而领其事。掌严三人,从八品。掌首饰、衣服、巾栉、膏沐、仗卫。掌缝三人,从八品。掌裁缝、织绩。掌藏三人,从八品。掌货贝、珠玉、锦彩。

司馔二人,从六品上。掌膳羞。进食先尝,总掌食、掌医、掌园三司,而领其事。掌食三人,从八品,掌膳羞、酒醴、灯烛。掌医三人,从八品。掌医主医药。掌园三人,从八品。掌园苑树艺、蔬果。

太子家令寺:令一人,从四品上。丞二人,从七品上。主簿一人,正九品下。录事一人。家令掌太子饮膳、仓储、库藏之政令,总食官、典仓、司藏三署之官属。

食官署:令一人,从八品下。丞二人,从九品下。掌膳十二人,奉觯三十人。食官令掌饮膳之事。

典仓署:令一人,从八品下。丞二人,从九品下。园丞二人,典事六人。典仓令掌九谷入藏,及醢醯、庶羞、器皿、灯烛之事。

司藏署：令一人，从八品下。丞二人。从九品下。司藏令掌库藏财货、出纳、营缮之事。

太子率更寺：令一人，从四品上。丞二人，从七品上。主簿一人，正九品下。录事一人，伶官师二人，漏刻博士二人，掌漏六人，漏童六十人，典鼓二十四人。率更令掌宗族次序、礼乐、刑罚及漏刻之政令。

太子仆寺：仆一人，从四品下。丞一人，从七品上。主簿一人，正九品下。录事一人。太子仆掌车舆、乘骑、仪仗之政令及丧葬之礼物，辨其次序。

厩牧署：令一人，从八品下。丞二人，从九品下。典乘四人，牧长四人，翼驭十五人，驾士三十人，兽医二十人。厩牧令掌车马、闲厩、牧畜之事。

东宫武官

太子左右率府：秦、汉有太子卫率，主门卫。晋分左右中前四卫率，后代因置左右率。北齐为卫率坊。隋初始分置左右卫率府，左右宗卫率、左右虞候、左右内率、左右监门率十府，以备储闱武卫之职。炀帝改为左右侍率，国家复为卫率。龙朔改为左右典戎卫，咸亨复。率各一人，正四品上。副率各一人，从四品上。左右卫率掌东宫兵仗羽卫之政令，总诸曹之事。凡亲勋翊府及广济等五府属焉。凡正、至太子朝，宫臣率其属仪仗，为左右厢之周卫，出入如卤簿之法。

长史各一人，正七品上。录事参军事各一人，从八品上。仓曹参军一人，从八品下。兵曹参军一人，从八品下。胄曹参军一人，从八品上。司阶一人，从六品上。中候二人，从七品下。司戈二人，从八品下。执戟三人。从九品下。长史掌判诸曹及三府五府之贰。录事掌监印勾稽。官掌本曹簿籍。职事皆视上台。亲府勋翊府中郎将各一人，从四品上。左右郎将各一人，正五品下。录事一人，兵曹参军一人，校尉五人，旅帅十人，队正二十人，副队正二十人。郎将掌其府之属以宿卫，而总其事。职掌一视上台亲府。

太子左右司御率府：本号左右宗卫府，龙朔改为司御率府。率各一人，正四品上。副率各二人。从四品上。司御率掌同左右率。

长史、录事参军事、仓兵胄三曹参军、司阶、中候、司戈、执戟。人数、品秩、职掌如左右卫府也。

太子左右清道率府：隋文置左右虞候府，各开府一人，掌斥候。国初亦为左右虞候，龙朔改为清道率府，神龙又为虞候，开元复为清道也。率各一人，正四品上。副率各二人。从四品上。清道率掌东宫内外昼夜巡警之法。

长史、录事参军事、仓兵胄三曹参军、司阶、中候、司戈、执戟。人数、品秩如左右卫率府。

太子左右监门率府：隋置此官，国家因之。率各一人，正四品上。副率各一人。正四品上。左右监门率掌东宫禁卫之法，应以籍入宫殿门者，二率司其出入，如上台之法。

长史、录事参军事、兵胄二曹参军。监门直长七十八人。人数、品秩同诸率府。

太子左右内率府：隋初置内率府，拟上台千牛卫。龙朔初，为奉裕率，咸亨复。率各一人，正四品上。副率各一人。从四品上。左右内率之职，掌东宫千牛备身侍奉之事，而立其兵仗，总其府事。

长史、录事参军事、兵胄二曹参军，人数、品秩如诸率。千牛十六人，备身二十八人，主仗六十人。

王府官属公主邑司。

亲王府：傅一人，从三品。汉官有王傅、太傅，魏、晋后唯置师，国家因之,开元改为傅。**谘议参军一人**,正五品上。**友一人**,从五品下。**文学二人**,从六品上。**东阁、西阁祭酒各一人。**从七品上。**傅掌傅相赞导,而匡其过失。谘议讦谋左右。友陪侍规讽。文学雠校典籍,侍从文章。祭酒接对宾客。**

　　长史一人,从四品上。**司马一人**,从四品下。**掾一人**,正六品上。**属一人**,正六品上。**主簿一人**,从六品上。**史二人,记室参军事二人**,从六品上。**录事参军事一人**,从六品上。**录事一人**,从九品上。**功仓户兵骑法士等七曹参军事各一人**,正七品上。**参军事二人**,正八品下。**行参军四人**,从八品。**典签二人。**从八品下。**长史、司马统领府僚,纪纲职务。掾统判七曹参军事。主簿掌覆省王教。记室掌表启书疏。录事参军事勾稽省署钞目。录事掌受事发辰。七曹参军各督本曹事,出使检校。典签宣传教命。**

　　亲王亲事府:典军二人,正五品上。**副典军二人**,从五品上。**执仗亲事十六人,执乘亲事十六人,亲事三百三十三人,校尉、旅帅、队正、队副。**准部内人数多少置。**亲事帐内府典军二人,副典军二人,品秩如亲事府。帐内六百六十七人,校尉、旅帅、队正、队副。**看人数置。**典军、副典军之职,掌率校尉已下守卫陪从之事。**

　　亲王国:国令一人,从七品下。**大农二人**,从八品下。**尉二人**,正九品下。**丞一人**,从九品下。**录事一人,典卫八人,舍人四人,学官长一人,食官长一人,丞一人,厩牧长二人,丞二人,典府长二人,丞二人。国令、大农掌通判国事。国尉、国丞掌判国司,勾稽监印事。典卫守居宅。舍人引纳。学官教授内人。**

　　公主邑司:令一人,从七品下。**丞一人**,从八品下。**录事一人**,从九品下。**主簿二人,谒者二人,舍人二人,家吏二人。公主邑司官各掌主家财货出入、田园征封之事。其制度,皆隶宗正寺。**

州县官员

京兆、河南、太原等府：自秦、汉已来为雍、洛、并州。周、隋或置总管都督，通名为府。开元初，乃为京兆府、河南府、太原府。三府牧各一员，从二品。牧，古官，舜置十二牧是也。秦以京城守为内史，汉武改为尹。后魏、北齐、周、隋又以京守为牧。武德初，因隋置牧，以亲王为之。或不出阁，长史知府事。尹各一员。从三品。京城守，秦曰内史，汉曰尹，后代因之。隋为内史。武德初置牧，以长史总府事。开元初，雍、洛、并改为府，乃升长史为尹，从三品，专总府事也。少尹各二员，从四品下。魏、晋已下，州府有治中，隋文改为司马，炀帝改为赞理，又为丞，武德改为治中，永徽避高宗名，改为司马，开元初，改为少尹。司录参军二人，正七品。录事四人，从九品上。功、仓、户、兵、法、士等六曹军事各二人，正七品下。府史，《隋书》有之。参军事六人，正八品下。执刀十五人，典狱十一人，问事十二人，白直二十四人。经学博士一人，从八品上。助教二人，学生八十人。医药博士一人，助教一人，学生二十人。

大都督府：魏黄初二年，始置都督诸州军事之名，后代因之。至隋改为总管府。武德四年又改为都督，贞观中分为上中下都督府也。都督一员，从二品。长史一人，从三品。司马二人，从四品下。录事参军事二人，正七品上。录事二人，从九品上。功、仓、户、兵、法、士六曹参军事，功士二曹各一员，余曹各二员，并正七品下也。典狱十六人，问事十人，白直二十四人，市令一人，从九品上。丞一人，佐一人，史二人，仓督二人。经学博士一人，从八品上。助教二人，学生六十人，医学博士一人，从八品下。助教一人，学生十五人。

中都督府：督一人，正三品。别驾一人，正四品下。长史一人，正五品上。司马一人，正五品。录事参军事一人，从七品下。录事二人，从九品上。功、仓、户、兵、法、士六曹参军事各一人，并从七品上。参军事四人，从八品上。典狱十四人，白直二十人，市令一人，从九品上。丞一人，佐一人，史二人，帅三人，仓督二人。经学博士一人，从八品下。助教二人，学生六十人，医药博士一人，学生十五人。

下都督府：督一人，从三品。别驾一人，从四品下。长史一人，从五品上。司马一人，从五品上。录事参军事一人，从七品上。录事二人，从九品下。功、仓、户、兵、法、士六曹参军事各一人，从七品下。参军事三人，从八品下。典狱十二人，问事六人，白直十六人，市令一人，从九品上。丞二人，佐一人，史二人，帅二人，仓督二人，经学博士一人，从八品下。助教一人，学生五十人。医学博士一人，助教一人，学生十二人。

上州：州之名，古也。舜置十一州，《禹贡》九州，汉置十三州。秦并六国置三十六郡。汉则以州统郡。其后武德改郡为州，改州为郡。事见诸卷。国家制，户满四万以上为上州。刺史一员。从三品。秦分天下为三十六郡，郡置守、都尉各一人，仍以御史一人监郡。汉废监郡御史，丞相遣掾吏分察诸郡。汉武元光五年，分天下置十三州，分统诸郡。每州遣使者一人，督察官吏清浊，谓之十三州刺史。后汉遂以名臣为刺史，专州郡之政，仍置别驾、治中、诸曹掾属，号曰外台。魏、晋已后，因之不改，而郡置太守、丞尉、诸曹。隋初罢郡，并为州。炀帝罢州为郡，郡置通守。武德改郡为州，州置刺史。天宝改州为郡，置太守。乾元元年，改郡为州，州置刺史。初，汉代奉使者皆持节，故刺史临部，皆持节。至魏、晋，刺史任重者，为使持节都督，轻者为持节。后魏、北齐，总管、刺史，则加使持节诸军事，以此为常。隋开皇三年罢郡，以州统县，刺史之名存而职废。而于刺史太守官位中，不落持节之名，至今不改，有名无实也。至德之后，中原用兵，大将为刺史者，兼治军旅，遂依天宝边将故事，加节度使之号，连制数郡。奉辞之日，赐双旌双节，如后魏、北齐故事。名目虽殊，得古刺史督郡之制也。别驾一人，从四品下。长史一人，从五品上。司马一人，从五品下。录事参军事一人，从七品上。录事三人，从九品上。司功、司仓、司户、司兵、司法、司士六曹参军事各一人，并从七品下。参军事四人，典狱十四人，问事八人，白直二十四人，市令一人，从九品上。丞一人，佐一人，史二人，帅三人，仓督二人。经学博士一人，从八品下。助教二人，学生六十人。医学博士一人，正九品下。助教一人，学生十五人。

中州：户满二万户已上，为中州。刺史一员，正四品上。别驾一人，正

五品下。长史一人，正六品上。司马一人，六品上。录事参军事一人，正
八品上。录事一人，从九品上。司功、司仓、司户、司兵、司法、司士六曹
参军事各一人，并正八品下。随曹有佐史人数。参军事三人，正九品上。
执刀十人，典狱十二人，问事六人，白直十六人，市令一人，丞、佐各
一人，史、帅、仓督各二人。经学博士一人，正九品上。助教一人，学生
五十人。医药博士一人，从九品下。助教一人，学生十二人。

下州：户不满二万，为下州也。刺史一员，正四品下。别驾一人，从五
品上。司马一人，从六品下。录事参军事一人，从八品上。录事一人，从
九品下。司仓、司户、司法三曹参军事各一人，从八品下。随曹有佐史人
数。参军事一人，从九品下。典狱八人，问事四人，白直十六人，市令
一人，佐、史各一人，帅二人，仓督一人。经学博士一人，正九品下。助
教一人，学生四十人。医学博士一人，从九品下。学生十人。

京兆、河南、太原牧及都督、刺史掌清肃邦畿，考核官吏，宣布
德化，抚和齐人，劝课农桑，敦敷五教。每岁一巡属县，观风俗，问百
年，录囚徒，恤鳏寡，阅丁口，务知百姓之疾苦。部内有笃疾才学异
能闻于乡闾者，举而进之。有不孝悌，悖礼乱常，不率法令者，纠而
绳之。其吏在官公廉正己，清直守节者，必谨而察之。其贪秽谄谀，
求名徇私者，亦谨而察之。皆附于考课，以为褒贬。若善恶殊尤者，
随即奏闻。若狱讼疑议，兵甲兴造便宜，符瑞尤异，亦以上闻。其常
则申于尚书省而已。若孝子顺孙，义夫节妇，精诚感通，志行闻于乡
闾者，亦具以申奏，表其门闾。其孝悌力田，颇有词学者，率与计偕。
其所部有须改更，得以便宜从事。若亲王典州，及边州都督刺史不
可离州局者，应巡属县，皆委上佐行焉。尹、少尹、别驾、长史、司马
掌贰府州之事，以纲纪众务，通判列曹。岁终则更入奏计。司录、录
事参军掌勾稽，省署钞目，监符印。功曹、司功掌官吏考课、祭祀、祯
祥、道佛、学校、表疏、医药、陈设之事。仓曹、司仓掌公廨、度量、庖
厨、仓库、租赋、征收、田园、市肆之事。户曹、司户掌户籍、计帐、道
路、逆旅、婚田之事。兵曹、司兵掌武官选举、兵甲器仗、门户管钥、
烽候传驿之事。法曹、司法掌刑法。士曹、司士掌津梁、舟车、舍宅、

百工众艺之事。市令掌市廛交易、禁斥非违之事。经学博士掌《五经》教授诸生。医药博士以百药救民疾病。下至执刀、白直、典狱、佐史,各有其职。州府之任备焉。

县令三代之制,五等诸侯,自理其人。周衰,诸侯相侵,大国分置郡邑县鄙,以聚其人。齐、晋谓之大夫,鲁、卫谓之宰,楚谓之公、尹,秦谓之令、长。秦制:万户已上为令,秩千石至六百石,减万户为长,秩五百石至三百石,皆有丞、尉,秩四百石至二百石也。

长安、万年、河南、洛阳、太原、晋阳六县,谓之京县。令各一人,正五品上。丞二人,从七品。主簿二人,从八品上。录事二人,从九品下。佐二人,史四人,尉六人,从八品下。司功、佐三人,史六人。司仓、佐四人,史八人。司户、佐五人,史十人。司兵、佐三人,史六人。司法、佐五人,史十人。司士,佐四人,史八人。典狱十四人,问事八人,白直十八人。博士一人,助教一人,学生五十人。

京兆、河南、太原所管诸县,谓之畿县。令各一人,正六品下。丞一人,正八品下。主簿一人,正九品上。尉二人,正九品下。录事二人,史三人。司功、佐三人,史五人。司仓、佐四人,史七人。司户、佐四人,史七人,帐史一人。司法,佐四人,史八人。典狱十四人,问事四人。白直十人,市令一人。佐一人,史一人,帅二人。经学博士一人,助教一人,学生四十人。

诸州上县:令一人,从六品上。丞一人,从八品下。主簿一人,正九品下。尉二人,从九品上。录事二人,史三人。司户、佐四人,史七人,帐史一人。司法,左四人,史八人。仓督二人,典狱十人,问事四人,白直十人,市令一人。佐史各一人,帅一人。博士一人,助教一人,学生四十人。

诸州中县:令一人,正七品上。丞一人,从八品下。主簿一人,从九品上。尉一人,从九品下。录事一人,史四人。司户、佐三人,史五人,帐史一人。司法,佐二人,史六人。仓督一人,典狱八人,问事四人,白直八人。博士一人,助教一人,学生二十五人。

诸州中下县：令一人，从七品上。丞一人，正九品上。主簿一人，从九品上。尉一人，从九品下。录事一人，司户、佐二人，史三人，帐史一人。司法，佐二人，史四人。典狱六人，问事四人，白直八人，市令一人。佐史各一人，帅二人。博士一人，助教一人，学生二十五人。

诸州下县：令一人，从七品下。丞一人，正九品下。主簿一人，从九品下。尉一人，从九品下。录事一人，司户、佐二人，史四人，帐史一人。司法，佐一人，史四人。典狱六人，问事四人，白直八人，市令一人。佐一人，史二人，帅二人也。博士一人，助教一人，学生二十人。

京畿及天下诸县令之职，皆掌导扬风化，抚字黎氓，敦四人之业，崇五土之利，养鳏寡，恤孤穷。审察冤屈，躬亲狱讼，务知百姓之疾苦。

大都护府：大都护一员，从三品。副都护四人，正四品上。长史一人，正五品上。司马一人，正五品上。录事参军事一人，正七品上。录事二人，从九品上。功曹、仓曹、户曹、兵曹、法曹五参军事各一人，并正七品下。参军事三人。正八品下。

上都护府：都护一员，正三品。副都护二人，从四品上。长史一人，正五品上。司马一人，正五品上。录事参军事一人，正七品下。录事二人，功曹、仓曹、户曹、兵曹四参军事各一人，从七品上。参军事三人。从八品上。

都护之职，掌抚慰诸蕃，辑宁外寇，觇候奸谲，征讨携贰。长史、司马贰焉。诸曹，如州府之职。

节度使：天宝中，缘边御戎之地，置八节度使。受命之日，赐之旌节，谓之节度使，得以专制军事。行则建节符，树六纛。外任之重，无比焉。至德已后，天下用兵，中原刺史亦循其例，受节度使之号。节度使一人，副使一人，行军司马一人，判官二人，掌书记一人，参谋，无员数也。随军四人。皆天宝后置。检讨未见品秩。

元帅、都统、招讨等使

元帅。旧无其名。安、史之乱，肃宗讨贼，以广平王为天下兵马元帅，又以大臣郭子仪、李光弼随其方面副之，号为副元帅。及代宗即位，又以雍王为之。自后不置。昭宗又以辉王为之也。

都统。乾元中置，或总三道，或总五道。至上元末省。大中后，讨徐州以康承训，讨黄巢以荆南王铎，皆为都统。

招讨使。贞元末置。自后，随用兵权置，兵罢则停。

防御团练使。至德后，中原置节度使。又大郡要害之地，置防御使，以治军事，刺史兼之，不赐旌节。上元后，改防御使为团练守捉使，又与团练兼置防御使，名前使，名有副使、判官，皆天宝后置，未见品秩。

诸镇魏有镇东、镇西、镇南、镇北四将军。后代因之。隋因始置镇将、镇副之名也。

上镇：**将一人**，正六品下。**镇副一人**，正七品下。**录事一人，仓曹、兵曹二参军。**从八品下。各有佐史。

中镇：**将一人**，正七品上。**镇副一人**，从七品下。**录事一人，兵曹参军一人。**正九品下。

下镇：**将一人**，正七品下。**镇副一人**，从七品下。**录事一人，兵曹参军一人。**从九品下。

诸戍春秋有戍，葵丘之义。东晋、后魏以屯兵守境处为戍，隋因之。

上戍：**主一人**，正八品下。**戍副一人。**从八品。**佐一人，史二人。**

中戍：**主一人。**从八品。

下戍：**主一人**，正九品下。

五岳四渎庙：**令各一人。**正九品上。**斋郎三十人，祝史三人。**

上关：**令一人**，从八品下。**丞二人。**正九品下。**录事一人，有府、史、典事。津吏八人。**

中关：**令一人**，正九品下。**丞一人**，从九品下。**录事一人，津吏六**

人。

　　下关：令一人，从九品下。津吏四人。关令各有府、史。

　　关令掌禁末游，伺奸慝。凡行人车马出入往来，必据过所以勘之。

旧唐书卷四五
志第二五

舆　服

昔黄帝造车服，为之屏蔽，上古简俭，未立等威。而三、五之君，不相沿习，乃改正朔，易服色，车有舆辂之别，服有裘冕之差，文之以染缋，饰之以绨绣，华虫象物，龙火分形，于是典章兴矣。周自夷王削弱，诸侯自恣。穷孔翠之羽毛，无以供其侈；极随和之掌握，不足慊其华。则皮弁革舄之容，非珠履鹬冠之玩也。迨秦诛战国，斟酌旧仪，则有卤簿、金根、大驾、法驾，备千乘万骑，异《舜典》、《周官》。汉氏因之，号乘舆三驾，仪卫之盛，无与比隆。东京帝王，博雅好古，明帝始令儒者考《曲台》之说，依《周官》五辂六冕之文，山龙藻火之数，创为法服。虽有制作，竟寝不行。舆驾乘金根而已，服则衮冕，冠则通天。其后所御，多从袍服。事具前志。而裘冕之服，历代不行。后魏、北齐，舆服奇诡，至隋氏一统，始复旧仪。

隋制，车有四等，有亘幰、通幰、轺车、辂车。初制五品以上乘偏幰车，其后嫌其不美，停不行用，以亘车代之。三品以上通幰车，则青壁。一品轺车，油幰朱纲。唯辂车一等，听敕始得乘之。马珂，一品以下九子，四品七子，五品五子。

衣裳有常服、公服、朝服、祭服四等之制。

平巾帻，牛角簟簪，紫衫，白袍、靴，起梁带。五品已上，金玉钿饰，用犀为簪。是为常服，武官尽服之。六品已下，衫以绯。至于大仗陪立，五品已上及亲侍加两裆縢蛇，其勋侍去两裆。

弁冠，朱衣裳，素革带，乌皮履，是为公服。其弁通用乌漆纱为之，象牙为簪导。五品已上，亦以鹿胎为弁，犀为簪导者。加玉琪之饰，一品九琪，二品八琪，三品七琪，四品六琪。三品兼有纷、鞶囊，佩于革带之后，上加玉佩一。鞶囊，二品以上金缕，三品以上银缕，五品以上彩缕，文官寻常入内及在本司常服之。

亲王，远游三梁冠，金附蝉，犀簪导，白笔。三师三公、太子三师三少、尚书秘书二省、九寺、四监、太子三寺、诸郡县关市、亲王文学、藩王嗣王、公侯，进贤冠。三品以上三梁，五品以上两梁，犀簪导。九品以上一梁，牛角簪导。门下、内书、殿内三省，诸卫府，长秋监，太子左右庶子、内坊、诸率，宫门内坊，亲王府都尉，府镇防戍九品以上，散官一品已下，武弁帻。侍中、中书令，加貂蝉，佩紫绶。散官者，白笔。御史、司隶二台，法冠。一名獬豸冠。谒者、台大夫以下，高山冠。并绛纱单衣，白纱内单，皂领、襈、裾褾、裾，白练襈，绛蔽膝，革带，金饰钩𫐉，方心曲领，绅带，玉镖金饰剑，亦通用金镖，山玄玉佩，绶，袜，乌皮舄。是为朝服。玉佩，缥朱绶，施二玉环。三品以上绿绶，四品、五品青绶，二品以下去玉环，六品以下去剑、佩、绶。八品以下，冠去白笔，衣省内单及曲领，蔽膝，著乌皮履。五品加纷、鞶囊。其绶缥朱者，用四彩，赤、黄、缥、绀红，朱质，缥文织，长一丈八尺，二百四十首，阔九寸。绿绶用四彩，绿、紫、黄、朱红，绿质，长一丈八尺，二百四十首，阔九寸。紫绶用四彩，紫、黄、赤、红，紫质，长一丈六尺，一百八十首，阔八寸。青绶三彩，白、青、红，青质，长一丈四尺，一百四十首，阔七寸。

玄衣缥裳冕而旒者，是为祭服，绶、珮、剑各依朝服之数。其章自七品以下，降二为差，六品以下无章。

文武之官皆执笏，五品以上，用象牙为之，六品以下，用竹木。

是时，内外群官，文物有序，仆御清道，车服以庸。于是贵贱士庶，较然殊异。越王侗于东都嗣位，下诏停废。自兹以后，浸以不章，以至于亡。

唐制,天子车舆有玉辂、金辂、象辂、革辂、木辂,是为五辂,耕根车、安车、四望车,已上八等,并供服乘之用。其外有指南车、记里鼓车、白鹭车、鸾旗车、辟恶车、轩车、豹尾车、羊车、黄钺车,豹尾、黄钺二车,武德中无,自贞观已后加焉。其黄钺,天宝元年制改为金钺。属车十二乘,并为仪仗之用。大驾行幸,则分前后,施于卤簿之内。若大陈设,则分左右,施于仪卫之内。

玉辂,青质,以玉饰诸末。重舆,左青龙,右白虎,金凤翅,画簨文鸟兽,黄屋左纛。金凤一在轼前,十二銮在衡,正县銮数,皆其副辂及耕根则八。二铃在轼,龙辀前设鄣尘,青盖黄里,绣饰,博山镜子,树羽,轮皆朱班重牙。左建旗十有二旒,皆画升龙,其长曳地。右载阇戟,长四尺,广三尺,蔽文。旗首金龙头衔结绥及铃绥。驾苍龙,金鍐方釳,插翟尾五焦,镂锡,鞶缨十有二就。锡,马当颅,镂金为之。鞶缨鞦皆以五彩饰之。就,成也,一币为一就也。祭祀、纳后则供之。

金辂,赤质,以金饰诸末,余与玉辂同,驾赤骝,乡射、祀还、饮至则供之。

象辂,黄质,以象饰诸末,余与玉辂同,驾黄骝,行道则供之。

革辂,白质,鞔之以革,余与玉辂同,驾白骆,巡狩、临兵事则供之。

木辂,黑质,漆之,余与玉辂同,驾黑骝,畋猎则供之。

五辂之盖,旌旗之质及鞶缨,皆从辂色,盖之里皆用黄。其镂锡,五辂同。

耕根车,青质,盖三重,余与玉辂同,耕藉则供之。

安车,金饰,重舆,曲壁,八銮在衡,紫油纁,朱里通幰,朱丝络网,朱鞶缨,朱覆鬃发,贝络,驾赤骝临幸则供之。

四望车,制同犊车,金饰,八銮在衡,青油纁。朱里通幰,朱丝络网,拜陵、临吊则供之。

自高宗不喜乘辂,每有大礼,则御辇以来往。爰洎则天以后,遂以为常。玄宗又以辇不中礼,又废而不用。开元十一年冬,将有事于南郊,乘辂而往,礼毕,骑而还。自此行幸及郊祀等事,无远近,皆骑于仪卫之内。其五辂及腰舆之属，但陈于卤簿而已。

皇后车则有重翟、厌翟、翟车、安车、四望车、金根车六等。

重翟车，青质，金饰诸末，轮画朱，金根车牙，其箱饰以重翟羽，青油纁，朱里通幰，绣紫帷，朱丝络网，绣紫络带，八銮在衡，镂锡，鞶缨十二就，金锣方，插翟尾，朱丝，总以朱为之，如马缨而小，著马勒，在两耳与两镳也。驾苍龙，受册、从祀、享庙则供之。

厌翟，赤质，金饰诸末，轮画朱牙，其箱饰以次翟羽，紫油纁，朱里通幰，红锦帷，朱丝络网，红锦络带，余如重翟车，驾赤骝，采桑则供之。

翟车，黄质，金饰诸末，轮画朱牙，其车侧饰以翟羽，黄油纁，黄里通幰，白红锦帷，朱丝络网，白红锦络带，余如重翟，驾黄骝，归宁则供之。诸鞶缨之色，皆从车质。

安车，赤质，金饰，紫通幰朱里，驾四马，临幸及吊则供之。

四望车，朱质，紫油通幰，油画络带，拜陵、临吊则供之。

金根车，朱质，紫油通幰，油画络带，朱丝网，常行则供之。

皇太子车辂，有金辂、轺车、四望车。

金辂，赤质，金饰诸末，重较，箱画簸文鸟兽，黄屋，伏鹿轼，龙辀，金凤一在轼，前设郪尘，朱盖黄里，轮画朱牙，左建旗九斿，右载阘戟，旗首金龙头衔结绶及铃绶，旗加赤骝四，八銮在衡，二铃在轼，金锣方，插翟尾五焦，镂锡，鞶缨九就，从祀享、正冬大朝、纳妃则供之。

轺车，金饰诸末，紫通幰朱里，驾一马，五日常服及朝享宫臣、出入行道则供之。

四望车，金饰诸末，紫油纁，通幰朱里，朱丝络网，驾一马，吊临则供之。

王公已下车辂，亲王及武职一品，象饰辂。自余及二品、三品，革辂。四品,木辂。五品,轺车。

象辂,以象饰诸末,朱班轮,八銮在衡,左建旗,旗画龙,一升一降。右载阔戟。

革辂,以革饰诸末,左建旜,通帛为旜。余同象辂。

木辂,以漆饰之,余同革辂。

轺车,曲壁,青通幰。

诸辂皆朱质朱盖,朱旗旜。一品九旒,二品八旒,三品七旒,四品六旒,其擎缨就数皆准此。

内命妇夫人乘厌翟车,嫔乘翟车,婕妤已下乘安车,各驾二马。外命妇、公主、王妃乘厌翟车,驾二马。自余一品乘白铜饰犊车。青通幰,朱里油纁,朱丝络网,驾以牛。二品已下去油纁、络网,四品青偏幰。

有唐已来,三公已下车辂,皆太仆官造贮掌。若受制行册命及二时巡陵、婚葬则给之。自此之后,皆骑马而已。

唐制,天子衣服,有大裘之冕、衮冕、鷩冕、毳冕、绣冕、玄冕、通天冠、武弁、黑介帻、白纱帽、平巾帻、白帢,凡十二等。

大裘冕,无旒,广八寸,长一尺六寸,玄裘纁里,已下广狭准此。金饰,玉簪导,以组为缨,色如其绶。裘以黑羔皮为之。玄领、褾、襟缘。朱裳,白纱中单,皂领,青褾、襈、裾。革带,玉钩䚢,大带,素带朱里,绀其外,上以朱,下以绿,纽用组也。蔽膝随裳。鹿卢玉具剑,火珠镖首。白玉双佩,玄组双大绶,六彩,玄、黄、赤、白、缥、绿,红玄质,长二丈四尺,五百首,广一尺。小双绶长二尺一寸,色同大绶而首半之,间施三玉环。朱袜,赤舄。祀天神地祇则服之。

衮冕,金饰,垂白珠十二旒,以组为缨,色如其绶,黈纩充耳,玉簪导。玄衣,纁裳,十二章,八章在衣,日、月、星、龙、山、华虫、火、宗彝,四章在裳,藻、粉米、黼、黻。衣褾、领为升龙,织成为之也。各为六等,龙、山以下,每章一行,十二。白纱中单,黼领,青黻、襈、裾,黻。如龙、山、火三章,余同上。革带、大带、剑、佩、绶与上同。舄加金饰。诸祭祀及庙、遣上将、征还、饮至、践阼、加元服、纳后、若元日受朝,则服之。

鷩冕,服七章,三章在衣,华虫、火、宗彝,四章在裳,藻、粉米、黼、黻。余同衮冕,有事远主则服之。

毳冕,服五章,三章在衣,宗彝、藻、粉米,二章在裳,黼、黻也。余同鷩冕,祭海岳则服之。

绣冕,服三章,一章在衣,粉米,二章在裳,黼、黻。余同毳冕,祭社稷、帝社则服之。

玄冕服,衣无章,裳刺黼、黻一章。余同绣冕,蜡祭百神、朝日夕月则服之。

通天冠,加金博山,附蝉十二首,施珠翠,黑介帻,发缨翠緌,玉若犀簪导。绛纱里,白纱中单,领、襈,饰以织成。朱襮、裾,白裙,白裾襦,亦裙衫也。绛纱蔽膝,白假带,方心曲领。其革带、佩、剑、绶、袜、舄与上同。若未加元服,则双童髻,空顶黑介帻,双玉导,加宝饰。诸祭还及冬至朔日受朝、临轩拜王公、元会、冬会则服之。

武弁,金附蝉,平巾帻,余同前服。讲武、出征、四时搜狩、大射、祃、禷、宜社、赏祖、罚社、纂严则服之。

弁服,弁以粗皮为也。十有二琪,琪以白玉珠为之。玉簪导,绛纱衣,素裳,革带,白玉双珮,鞶龙,小绶,白韈,乌皮履,朔日受朝则服之。

黑介帻,白纱单衣,白裙襦,革带,素韈,乌皮履,拜陵则服之。

白纱帽,亦乌纱也。白裙襦,亦裙衫也。白韈,乌皮履,视朝听讼及宴见宾客则服之。

平巾帻,金宝饰。导簪冠文皆以玉,紫褶,亦白褶。白裤,玉具装,真珠宝钿带,乘马则服之。

白帢,临大臣丧则服之。

太宗又制翼善冠,朔望视朝,以常服及帛练裙襦通著之。若服裤褶,又与平巾帻通用。著于令。

其常服。赤黄袍衫,折上头巾,九环带,六合靴,皆起自魏、周,便于戎事。自贞观已后,非元日冬至受朝及大祭祀,皆常服而已。

显庆元年九月，太尉长孙无忌与修礼官等奏曰：

准武德初撰《衣服令》，天子祀天地，服大裘冕，无旒。臣无忌、志宁、敬宗等谨按《郊特牲》云："周之始郊，日以至。""被衮以象天，戴冕藻十有二旒，则天数也。"而此二礼，俱说周郊，衮与大裘，事乃有异。按《月令》："孟冬，天子始裘。"明以御寒，理非当暑，若启蛰祈谷，冬至报天，行事服裘，义归通允。至于季夏迎气，龙见而雩，炎炽方隆，如何可服？谨寻历代，唯服衮章，与《郊特牲》义旨相协。按周迁《舆服志》云，汉明帝永平二年，制采《周官》、《礼记》，始制祀天地服，天子备十二章。沈约《宋书志》云："魏、晋郊天，亦皆服衮。"又王智深《宋纪》曰："明帝制云，以大冕纯玉藻、玄衣、黄裳郊祀天地。"后魏、周、齐，迄于隋氏，勘其礼令，祭服悉同。斯则百王通典，炎凉无妨，复与礼经事无乖舛。今请宪章故实，郊祀天地，皆服衮冕，其大裘请停，仍改礼令。又检《新礼》，皇帝祭社稷服绣冕，四旒，三章。祭日月服玄冕，三旒，衣无章。谨按令文是四品五品之服，此则三公亚献，皆服衮衣，孤卿助祭，服毳及鷩，斯乃乘舆章数，同于大夫，君少臣多，殊为不可。据《周礼》云："祀昊天上帝，则服大裘而冕，五帝亦如之。享先王则衮冕，享先公则鷩冕，祀四望山川则毳冕，祭社稷五祀则绤冕，诸小祀则玄冕。"又云："公侯伯子男孤卿大夫之服，衮冕以下，皆如王之服。"所以《三礼义宗》，遂有二释。一云公卿大夫助祭之日，所著之服，降王一等。又云悉与王同。求其折衷，俱未通允。但名位不同，礼亦异数。天子以十二为节，义在法天，岂有四旒三章，翻为御服。若诸臣助祭，冕与王同，便是贵贱无分，君臣不别。如其降王一等，则王著玄冕之时，君臣次服爵弁，既屈天子，又贬公卿。《周礼》此文，久不施用。亦犹祭祀之立户侑，君亲之拜臣子，覆巢设晢蔟之官，去蛙置蝈氏之职，唯施周代，事不通行。是故汉、魏以来，下迄隋代，相承旧事，唯用衮冕。今《新礼》亲祭日月，仍服五品之服，临事施行，极不稳便。请遵历代故实，诸祭并用衮冕。

制可之。

无忌等又奏曰："皇帝为诸臣及五服亲举哀，依礼著素服。今令乃云白帢，礼令乖舛，须归一涂。且白帢出自近代，事非稽古，虽著令文，不可行用。请改从素服，以会礼文。"制从之。自是鷩冕已下，乘舆更不服之，白帢遂废，而令文因循，竟不改削。

开元十一年冬，玄宗将有事于南郊，中书令张说又奏称："准令皇帝祭昊天上帝，服大裘之冕，事出《周礼》，取其质也。永徽二年，高宗亲享南郊用之。明庆年修礼，改用衮冕，事出《郊特牲》，取其文也。自则天已来用之。若遵古制，则应用大裘，若便于时，则衮冕为美。"令所司造二冕呈进，上以大裘朴略，冕又无旒，既不可通用于寒暑，乃废不用之。自是元正朝会依礼令用衮冕及通天冠，大祭祀依《郊特牲》亦用衮冕，自余诸服，虽在于令文，不复施用。十七年，朝拜五陵，但素服而已。朔望常朝，亦用常服，其翼善冠亦废。

《武德令》，皇太子衣服，有衮冕、具服远游三梁冠、公服远游冠、乌纱帽、平巾帻五等。贞观已后，又加弁服、进德冠之制。

衮冕，白珠九旒，以组为缨，色如其绶，青纩充耳，犀簪导。玄衣，𫄸裳，九章。五章在衣，龙、山、华虫、火、宗彝，四章在裳，藻、粉米、黼、黻，织成为之。白纱中单，黼领，青褾、襈、裾。革带，金钩䩞，大带，素带朱里，亦纰以朱绿，纽用组。黻，随裳色，火、山二章也。玉具剑，金宝饰也。玉镖首，瑜玉双佩，朱组双大绶，四彩，赤、白、缥、绀，红朱质，长一丈八尺，三百二十首，广九寸。小双绶长二尺六寸，色同大绶而首半之，施三玉环也。朱袜，赤舄。舄加金饰。侍从皇帝祭祀及谒庙、加元服、纳妃则服之。

具服远游三梁冠，加金附蝉九首，施珠翠，黑介帻，发缨翠绥，犀簪导。绛纱抱，白纱中单，皂领、褾、襈、裾，白裙襦，白假带，方心曲领，绛纱蔽膝。其革带、剑、佩、绶、韈、舄与上同。后改用白韈、黑舄。未冠则双童髻，空顶黑介帻，双玉导，加宝饰。谒庙还宫、元日冬至朔日入朝、释奠则服之。

公服远游冠，簪导以下并同前也。绛纱单衣，白裙襦，革带，金钩𩩲，假带，方心，纷，鞶囊，长六尺四寸，广二寸四分，色同大绶。白韈，乌皮履，五日常服，元日、冬至受朝则服之。

乌纱帽，白裙襦，白袜，乌皮履，视事及宴见宾客则服之。

平巾帻，紫褶，白裤，宝钿起梁带，乘马则服之。

弁服，弁以鹿皮为也。犀簪导，组缨，玉琪九，绛纱衣，素裳，革带，鞶囊，小绶，侯佩，白袜，乌皮履，朔望及视事则兼服之。

进德冠，九琪，加金饰，其常服及白练裙襦通著之。若服裤褶，则与平巾帻通著。

自永徽已后，唯服衮冕、具服、公服而已。若乘马裤褶，则著进德冠，自余并废。若宴服、常服，紫衫袍与诸王同。

开元二十六年，肃宗升为皇太子，受册，太常所撰仪注有服绛纱袍之文。太子以为与皇帝所称同，上表辞不敢当，请有以易之。玄宗令百官详议。尚书左丞相裴耀卿、太子太师萧嵩等奏曰："谨按《衣服令》，皇太子具服，有远游冠，三梁，加金附蝉九首，施珠翠，黑介帻，发翠绥，犀簪导，绛纱袍，白纱中单，皂领、襈、裾，白裙襦，方心曲领，绛纱蔽膝，革带，剑，佩，绶等，谒庙还宫、元日、冬至、朔日入朝、释奠则服之。其绛纱袍则是冠衣之内一物之数，与裙襦、剑、佩等无别。至于贵贱之差，尊卑之异，则冠为首饰，名制有殊，并珠旒及裳彩章之数，多少有别，自外不可事事差异。亦有上下通服，名制是同，礼重则具服，礼轻则从省。今以至敬之情，有所未敢，衣服不可减省，称谓须更变名。望所撰仪注，不以绛纱袍为称，但称为具服，则尊卑有差，谦光成德。"议奏上，手敕改为朱明服，下所司行用焉。

《武德令》，侍臣服有衮、鷩、毳、绣、玄冕，及爵弁，远游、进贤冠，武弁，獬豸冠，凡十等。

衮冕，垂青珠九旒，以组为缨，色如其绶，以下旒、缨皆如之也。青纩充耳，簪导。青衣，纁裳，服九章。五章在衣，龙、山、华虫、火、宗彝，为五等。四章在裳，藻、粉米、黼、黻。皆绛为绣，遍衣而已，下皆如之。白纱中单，黼领，绣冕以下，中单青领。青褾、襈、裾、革带，剑镖，大带，三品已上，素带朱里，皆纰其外，上以绿。五品带，纰其垂，外以玄黄。纽皆用青组之。黻，凡黻皆随裳色。毳冕以上，山、火二章，绣冕山一章，玄冕无章。剑，佩，绶，朱韈，赤舄，第一品服之。

鷩冕，七旒，服七章，三章在衣，华虫、火、宗彝，四章在裳，藻、粉米、黼、黻也。余同衮冕，第二品服之。

毳冕，五旒，服五章，三章在衣，宗彝、藻、粉米，二章在裳，黼、黻也。余同鷩冕，第三品服之。

绣冕，四旒，服三章，一章在衣，粉米，二章在裳，黼、黻。余并同毳冕，第四品服之。

玄冕，衣无章，裳刻绣一章，余同肃冕，第五品服之。

爵弁，色同爵，无旒无章。玄缨，簪导，青衣，𫄸裳，白纱中单，青领、褾、裾、革带，钩镖，大带，练带，纰其垂，内外以绣，纽约用青组。爵韠，袜，赤履，九品已上服之。

凡冕服，助祭及亲迎若私家祭祀皆服之，爵弁亦同。凡冕，制皆以罗为之，其服以绸。爵弁用绸为之，其服用缯。

远游三梁冠，黑介帻，青绥，凡文官皆青绥，以下准此也。皆诸王服之，亲王则加金附蝉。

进贤冠，三品以上三梁，五品以上两梁，九品以上一梁。皆三公、太子三师三少、五等爵、尚书省、秘书省、诸寺监学、太子詹事府、三寺及散官，亲王师友、文学、国官，若诸州县关津岳渎等流内九品以上服之。

武弁，平巾帻，侍中、中书令则加貂蝉，侍左者左珥，侍右者右珥。皆武官及门下、中书、殿中、内侍省、天策上将府、诸卫领军武候监门、领左右太子诸坊诸率及镇戍流内九品已上服之。其亲王府佐九品以上，亦准此。

法冠，一名獬豸冠，以铁为柱，其上施珠两枚，为獬豸之形，左右御史台流内九品以上服之。

高山冠，右内侍省内谒者及亲王下司阁谒者若司阁等服之。

却非冠，右亭长、门仆服之。

诸应冠而未冠者，并双童髻，空顶帻。五品已上双玉导，金饰，三品以上加宝饰，六品以下无饰。

朝服，亦名具服。冠，帻，缨，簪导，绛纱单衣，白纱中单，皂领、襈、裾，白裙襦，亦裙衫也。革带，钩䚢，假带，曲领方心，绛纱蔽膝，袜，舄，剑，珮，绶，一品已下，五品以上，陪祭、朝飨、拜表大事则服之。七品已上，去剑、佩、绶，余并同。

公服，亦名从省服。冠，帻，缨，簪导，绛纱单衣，白裾襦，亦裙衫也。革带，钩䚢，假带，方心，袜，履，纷，鞶囊，一品以下，五品以上，谒见东宫及余公事则服之。其六品以下，去纷、鞶囊，余并同。

诸佩绶者，皆双绶。亲王纁朱绶，四彩，赤、黄、缥、绀，纯朱质，纁文织，长一丈八尺，二百四十首，广九寸。一品绿绶绶，四彩，紫、黄、赤、红，绿质，长一丈八尺，二百四十首，广九寸。二品、三品紫绶，三彩，紫、黄、赤，纯紫质，长一丈六尺，一百八十首，广八寸。四品青绶，三彩，青、白、红，青质，长一丈四尺，一百四十首，广七寸。五品黑绶，二采，青、绀，纯绀质，长一丈二尺，一百首，广六寸。自王公以下皆有小双绶，长二尺六寸，色同大绶，而首半之。正第一品佩二玉环，自外不合也。有绶者则有纷，皆长六尺四寸，广二尺四分，各随绶色。诸鞶囊，二品以上金镂，三品金银镂，四品银镂，五品彩镂。诸佩，一品佩山玄玉，二品以下、五品以上，佩水苍玉。

诸文官七品以上朝服者，簪白笔，武官及爵则不簪。诸舄履并乌色，舄重皮底，履单皮底。别注色者，不用此色。

诸勋官及爵任职事官者，散官、散号将军同职事。王衣本服，自外各从职事服。诸致仕及以理去官，被召谒见，皆服前官从省服。

平巾帻，簪箄导，冠之，五品以上紫褶，六品以下绯褶，加两裆螣蛇，并白袴，起梁带。五品以上，金玉杂钿。六品以下，金饰隐起。靴，武官及卫官陪立大仗则服之。若文官乘马，亦通服之，去两裆螣蛇。诸视品府佐，武弁，平巾帻。国官，进贤一梁冠，黑介帻，簪导。其服各准正品，其流外官，亦依正品流外之例。参朝则服之。若谒见府公，府佐平巾黑帻，国官黑介帻，皆白纱单衣，乌皮履。

诸流外官行署，三品以上黑介帻，绛公服，用绯为之，制同绛纱单衣。方心、革带、钩䚢，假带、韈，乌皮履。九品以上绛褠衣，制同绛公服，袖狭，形直如沟，不垂。去方心、假带，余同绛公服。其非行署者，太常寺谒者、卜博士、医助教、祝史、赞引，鸿胪寺掌仪、诸典书、典学，内侍省内典引，太子门下坊典仪、内坊导客舍人、诸赞者，王公以下舍人，公主谒者等，各准行署，依品服。自外及民任杂掌无官品者，皆平巾帻，绯衫，大口袴，朝集从事则服之。诸典谒，武弁，绛公服。其斋郎，介帻，绛褠衣。自外品子任杂掌者，皆平巾帻，绯衫，大口袴，朝集从事则服之。

黑介帻，簪导，深衣，青襈、领，革带，乌皮履。未冠则双童髻，空顶黑介帻，去革带。国子、太学、四门学生参见则服之。书算学生、州县学生，则乌纱帽，白裙襦，青领。诸外官拜表受诏皆服。本品无朝服者则服之。其余公事及初上，并公服。诸州大中正，进贤一梁冠，绛纱公服，若有本品者，依本品参朝服之。诸州县佐史、乡正、里正、岳渎祝史、斋郎，并介帻，绛褠衣。

平巾帻，绯褶，大口袴，紫附褠，尚食局主食，典膳局主食、太官署食官署掌膳服之。平巾绿帻，青布袴褶，尚食局主膳、典膳局典食、太官署食官署供膳服之。平巾五辮髻，青袴褶，青耳屏，羊车小史服之。总角髻，青袴褶，漏刻生、漏童服之。

龙朔二年九月戊寅，司礼少常伯孙茂道奏称："诸臣九章服，君臣冕服，章数虽殊，饰龙名衮，尊卑相乱。望诸臣九章衣以云及麟代龙，昇山为上，仍改冕。"当时纷议不定。仪凤年，太常博士苏知机又上表，以公卿已下冕服，请别立节文。敕下有司详议。崇文馆学士校书郎杨炯奏议曰：

　　古者太昊庖牺氏，仰以观象，俯以察法，造书契而文籍生。次有黄帝轩辕氏，长而敦敏，成而聪明，垂衣裳而天下理。其后数迁五德，君非一姓。体国经野，建邦设都，文质所以再而复，正朔所以三而改。夫改正朔者，谓夏后氏建寅，殷人建丑，周人建子。至于以日系月，以月系时，以时系年，此则三王相袭之道也。夫易服色者，谓夏后氏尚黑，殷人尚白，周人尚赤。至于山、龙、华虫、宗彝、藻、火、粉米、黼、黻，此又百代可知之道也。谨按《虞书》曰："予欲观古人之象，日、月、星辰、山、龙、华虫作绘，宗彝、藻、火、粉米、黼、黻绨绣。"由此言之，则其所从来者尚矣。

夫日月星辰者，明光照下土也。山者，布散云雨，象圣王泽沾下人也。龙者，变化无方，象圣王应机布教也。华虫者，雉也，身被五彩，象圣王体兼文明也。宗彝者，武蜼也，以刚猛制物，象圣王神武定乱也。藻者，逐水上下，象圣王随代而应也。火者，陶冶烹饪，象圣王至德日新也。米者，人恃以生，象圣王物之所赖也。黼能断割，象圣王临事能决也。黻者，两己相背，象君臣可否相济也。逮有周氏，乃以日月星辰为旌旗之饰，又登龙于山，登火于宗彝，于是乎制衮冕以祀先王也。九章者，法于阳数也。以龙为首章者，衮者卷也，龙德神异，应潜见，表圣王深沉远智，卷舒神化也。又制鷩冕以祭先公也，鷩者雉也，有耿介之志，表公有贤才，能守耿介之节。又制毳冕以祭四望也，四望者，岳渎之神也。武蜼者，山林所生也，明其象也。制绨冕以祭社稷也，社稷，土谷之神也，粉米由之成也，象其功也。又制玄冕以祭群小祀也，百神异形，难可遍拟，但取黻之相背异名也。夫以周公之多才也，故化定制礼，功成作乐。夫以孔宣之将圣也，故行夏之时，服周之冕。先王之法服，乃此之自出矣；天下之能事，又于是乎毕矣。

今表状"请制大明冕十二章，乘舆服之"者。谨按，日月星辰者，已施旌旗矣；龙武山火者，又不逾于古矣。而云麟凤有四灵之名，玄龟有负图之应，云有纪官之号，水有感德之祥，此盖别表休征，终是无余比象。然则皇王受命，天地兴符，仰观则璧合连珠，俯察则银黄玉紫。尽南宫之粉壁，不足写其形状；馨东观之铅黄,无以纪其名实。固不可毕陈于法服也。云也者,从龙之气也,水也者,藻之自生也,又不假别为章目也。此盖不经之甚也。

又"鹜冕八章,三公之服"者,太平之瑞也,非三公之德也。鹰鹯者,鸷鸟也,适可以辨详刑之职也。熊黑者,猛兽也,适可以旌武臣之力也。又称藻为水草,无所法象,引张衡赋云,"蒂倒茄于藻井,披江蓖之狒猎。"谓为莲花,取其文彩者。夫茄者莲也,若以莲花代藻,变古从今,既不知草木之名,亦未达文章之意。此又不经之甚也。

又"毳冕六章,三品服之"者。按此王者祀四望服之名也。今三品乃得同王之毳冕,而三公不得同王之衮名。岂惟颠倒衣裳,抑亦自相矛盾。此又不经之甚也。

又"黼冕四章,五品服之"。考之于古,则无其名;验之于今,则非章首。此又不经之甚也。

若夫礼惟从俗,则命为制,令为诏,乃秦皇之故事,犹可以适于今矣。若乃义取随时,则出称警,入称跸,乃汉国之旧仪,犹可以行于代矣。亦何取于变周公之轨物,改宣尼之法度者哉!

由是竟寝知机所请。

景龙二年七月,皇太子将亲释奠于国学,有司草仪注,令从臣皆乘马著衣冠。太子左庶子刘子玄进议曰:

古者自大夫已上皆乘车,而以马为骖服。魏、晋已降,迄于隋代,朝士又驾牛车,历代经史,具有其事,不可一二言也。至如李广北征,解鞍憩息;马援南伐,据鞍顾盼。斯则鞍马之设,行于军旅,戎服所乘,贵于便习者也。案江左官至尚书郎而辄轻乘马,则为御史所弹。又颜延之罢官后,好骑马出入闾里,当代称其放诞。此则专车凭轼,可摄朝衣;单马御鞍,宜从亵服。求之近古,灼然之明验矣。

自皇家抚运,沿革随时。至如陵庙巡幸,王公册命,则盛服冠履,乘彼辂车。其士庶有衣冠亲迎者,亦时以服箱充驭。在于他事,无复乘车,贵贱所通,鞍马而已。臣伏见比者銮舆出幸,法驾首途,左右侍臣皆以朝服乘马。夫冠履而出,止可配车而行,今乘车既停,而冠履不易,可谓唯知其一而未知其二。何者? 褒衣博带,革履高冠,本非马上所施,自是车中之服。必也鞯而升镫,跣以乘鞍,非惟不师古道,亦自取惊今俗,求诸折中,进退无可。且长裙广袖,襜如翼如,鸣珮纡组,锵锵弈弈,驰骤于风尘之内,出入于旌棨之间,倘马有惊逸,人从颠坠,遂使属车之右,遗履不收,清道之傍,绋骖相续,固以受嗤行路,有损威仪。

今议者皆云秘阁有《梁武帝南郊图》,多有衣冠乘马者,此则近代故事,不得谓无其文。臣案此图是后人所为,非当时所撰。且观当今有古今图画者多矣,如张僧繇画《群公祖二疏》,而兵士有著芒屩者;阎立本画《昭君入匈奴》,而妇人有著帷帽者。夫芒屩出于水乡,非京华所有;帷帽创于隋代,非汉宫所作。议者岂可征此二画以为故实者乎! 由斯而言,则《梁武南郊之图》,义同于此。又传称因俗,礼贵缘情。殷辂周冕,规模不一;秦冠汉珮,用舍无恒。况我国家道轶百王,功高万古,事有不便,资于变通。其乘马衣冠,窃谓宜从省废。臣此异议,其来自久,日不暇给,未及榷扬。今属殿下亲从齿胄,将临国学,凡有衣冠乘马,皆惮此行,所以辄进狂言,用申鄙见。

皇太子手令付外宣行,仍编入令,以为恒式。

燕服,盖古之亵服也,今亦谓之常服。江南则以巾褐裙襦,北朝则杂以戎夷之制。爰至北齐,有长帽短靴,合袴袄子,朱紫玄黄,各任所好。虽谒见君上,出入省寺,若非元正大会,一切通用。高氏诸帝,常服绯袍。隋代帝王贵臣,多服黄文绫袍,乌纱帽,九环带,乌皮六合靴。百官常服,同于匹庶,皆著黄袍,出入殿省。天子朝服亦如之,惟带加十三环以为差异,盖取于便事。其乌纱帽渐废,贵贱通服折上巾,其制周武帝建德年所造也。晋公宇文护始命袍加下襕。

及大业元年，炀帝始制诏吏部尚书牛弘、工部尚书宇文恺、兼内史侍郎虞世基、给事郎许善心、仪曹郎袁朗等宪章古则，创造衣冠，自天子逮于胥吏，章服皆有等差。始令五品以上，通服朱紫。是后师旅务殷，车驾多行幸，百官行从，虽服袴褶，而军间不便。六年，复诏从驾涉远者，文武官等皆戎衣，贵贱异等，杂用五色。五品已上，通著紫袍，六品已下，兼用绯绿。胥吏以青，庶人以白，屠商以皂，士卒以黄。

武德初，因隋旧制，天子宴服，亦名常服，唯以黄袍及衫，后渐用赤黄，遂禁士庶不得以赤黄为衣服杂饰。四年八月敕："三品已上大，科䌷绫及罗，其色紫，饰用玉。五品已上，小科䌷绫及罗，其色朱，饰用金。六品已上，服丝布，杂小绫，交梭，双䌷，其色黄。六品、七品饰银。八品、九品输石。流外及庶人服䌷、绝、布，其色通用黄，饰用铜铁。"五品已上执象笏。三品已下前挫后直，五品已上前挫后屈。自有唐已来，一例上圆下方，曾不分别。六品已下，执竹木为笏，上挫下方。其折上巾，乌皮六合靴，贵贱通用。

贞观四年又制，三品已上服紫，五品已上服绯，六品、七品服绿，八品、九品服以青，带以输石。妇人从夫色。虽有令，仍许通著黄。五年七月敕，七品已上，服龟甲双巨十花绫，其色绿。九品已上，服丝布及杂小绫，其色青。十一月，赐诸卫将军紫袍，锦为褾袖。八年五月，太宗初服翼善冠，贵臣服进德冠。

龙朔二年，司礼少常伯孙茂道奏称："旧令六品、七品着绿，八品、九品着青，深青乱紫，非卑品所服。望请改八品、九品着碧，朝参之处，听兼服黄。"从之。总章元年，始一切不许着黄。上元元年八月又制："一品已下带手巾、算袋，仍佩刀子、磨石，武官欲带者听之。文武三品已上服紫，金玉带。四品服深绯，五品服浅绯，并金带。六品服深绿，七品服浅绿，并银带。八品服深青，九品服浅青，并输石带。庶人并铜铁带。"

文明元年七月甲寅诏："旗帜皆从金色，饰之以紫，画以杂文。八品已下旧服者，并改以碧。京文官五品已上，六品已下，七品清官,每日入朝,常服袴褶。诸州县长官在公衙,亦准此。"

景云中又制,令依上元故事,一品已下带手巾、算袋,其刀子、砺石等许不佩。武官五品已上佩跕蹀七事,七谓佩刀、刀子、磨石、契苾真、哕厥计简、火石袋等也。至开元初复罢之。

则天天授二年二月,朝集使刺史赐绣袍,各于背上绣成八字铭。长寿三年四月,敕赐岳牧金字银字铭袍。延载元年五月,则天内出绯紫单罗铭襟背衫,赐文武三品已上。左右监门卫将军等饰以对师子,左右卫饰以麒麟,左右武威卫饰以对虎,左右豹韬卫饰以豹,左右鹰扬卫饰以鹰,左右玉钤卫饰以对鹘,左右金吾卫饰以对豸,诸王饰以盘龙及鹿,宰相饰以凤池,尚书饰以对雁。

武德已来,始有巾子,文官名流,上平头小样者。则天朝,贵臣内赐高头巾子,呼为武家诸王样。中宗景龙四年三月,因内宴赐宰臣已下内样巾子。开元已来,文官士伍多以紫皂官绝为头巾、平头巾子,相效为雅制。玄宗开元十九年十月,赐供奉官及诸司长官罗头巾及官样巾子,迄今服之也。

天宝十载五月,改诸卫旗幡队仗,先用绯色,并用赤黄色,以符土德。

高祖武德元年九月,改银菟符为银鱼符。高宗永徽二年五月,开府仪同三司及京官文武职事四品、五品,并给随身鱼。咸亨三年五月,五品已上赐新鱼袋,并饰以银,三品已上各赐金装刀子砺石壹具。垂拱二年正月,诸州都督刺史,并准京官带鱼袋。天授元年九月,改内外所佩鱼并作龟。久视元年十月,职事三品已上龟袋,宜用金饰,四品用银饰,五品用铜饰,上守下行,皆从官给。神龙元年二月,内外官五品已上依旧佩鱼袋。六月,郡王、嗣王特许佩金鱼袋。景龙三年八月,令特进佩鱼。散职佩鱼,自此始也。自武德已来,皆正员带阙官始佩鱼袋,员外、判试、检校自则天、中宗后始有之,皆不佩鱼。虽正员官得佩,亦去任及致仕即解去鱼袋。至开元九年,张嘉贞为中书令,奏诸致仕许终身佩鱼,以为荣宠,以理去任,亦听佩鱼袋。自后恩制赐赏绯紫,例兼鱼袋,谓之章服,因之佩鱼袋、服朱紫者众矣。

梁制云,袴褶,近代服以从戎,今缵严则文武百官咸服之。车驾亲戎,则缚袴不舒散也。中官紫褶,外官绛褶,乌用皮。服冠衣朱者,紫衣用赤乌,乌衣用乌乌。唯褶服以靴,靴,胡履也,取便于事,施于戎服。

旧制,乘舆案褥、床褥、床帷,皆以紫为饰。天宝六载,礼仪使太常卿韦绦奏请依御袍色,以赤黄为饰。从之。

《武德令》,皇后服有袆衣、鞠衣、钿钗礼衣三等。

袆衣,首饰花十二树,并两博鬓,其衣以深青织成为之,文为翚翟之形。素质,五色,十二等。素纱中单,黼领,罗縠褾、襈,褾、襈皆用朱色也。蔽膝,随裳色,以缄为领,用翟为章,三等。大带,随衣色,朱里,纰其外,上以朱锦,下以绿锦,纽约用青组。以青衣,革带,青韈、舄,舄加金饰。白玉双珮,玄组双大绶。章彩尺寸与乘舆同。受册、助祭、朝会诸大事则服之。

鞠衣,黄罗为之,其蔽膝、大带及衣革带、舄随衣色。余与袆衣同,唯无雉也。亲蚕则服之。

钿钗礼衣,十二钿,服通用杂色,制与上同,唯无雉及珮绶,去舄,加履。宴见宾客则服之。

皇太子妃服,首饰花九树,小花如大花之数,并两博鬓也。褕翟,青织成为之,文为摇翟之形,青质、五色、九等也。素纱中单,黼领,罗縠褾、襈,褾、襈皆用朱也。蔽膝,随裳色,用缄为领绿,以摇翟为章,二等也。大带,随衣色,朱里,纰其外,上以朱锦,下以绿锦,纽用青组。以青衣,革带,青韈、舄,舄加金饰。瑜玉珮,红朱双大绶。章彩尺寸与皇太子同。受册、助祭、朝会诸大事则服之。鞠衣,黄罗为之,其蔽膝、大带及衣革带随衣色。余褕翟用,唯无雉也。从蚕则服之。钿钗礼衣,九钿,服通用杂色,制与上同,唯无雉及珮、绶,去舄,加履。宴见宾客则服之。

内外命妇服花钗，施两博鬓，宝钿饰也。翟衣青质，罗为之，绣为雉，编次于衣及裳，重为九等而下。第一品花钿九树，宝钿准花数，以下准此也。翟九等。第二品花钗八树，翟八等。第三品花钿七树，惟七等。第四品花钿六树，翟六等。第五品花钿五树，翟五等。并素纱中单，黼领，朱襦、襈，亦通用罗縠也。蔽膝，随裳色，以緅为领缘，加以文绣，重雉为章二事，一品已下皆同也。大带，随衣色，绯其外，上以朱锦，下以绿锦，纽同青组。青衣，革带，青韤、舄，珮，绶。内命妇受册、从蚕、朝会则服之；其外命妇嫁及受册、从蚕、大朝会亦准此。钿钗礼衣，通用杂色，制与上同，唯无雉及珮绶。去舄，加履。第一品九钿，第二品八钿，第三品七钿，第四品六钿，第五品五钿。内命妇寻常参见，外命妇朝参辞见及礼会则服之。六尚、宝林、御女、采女、女官等服，礼衣通用杂色，制与上同，惟无首饰。七品已上，有大事服之，寻常供奉则公服。公服去中单、蔽膝、大带。九品已上，大事及寻常供奉，并公服。东宫准此。女史则半袖裙襦。诸公主、王妃珮绶同，诸王县主、内命妇准品。外命妇五品已上，皆准夫、子，即非因夫、子别加邑号者，亦准品。妇人宴服，准令各依夫色，上得兼下，下不得僭上。既不在公庭，而风俗奢靡，不依格令，绮罗锦绣，随所好尚。上自宫掖，下至匹庶，递相仿效，贵贱无别。

武德、贞观之时，宫人骑马者，依齐、隋旧制，多著羃䍦。虽发自戎夷，而全身障蔽，不欲途路窥之。王公之家，亦同此制。永徽之后，皆用帷帽，拖裙到颈，渐为浅露。寻下敕禁断，初虽暂息，旋又仍旧。咸亨二年又下敕曰："百官家口，咸预士流，至于衢路之间，岂可全无障蔽。比来多著帷帽，遂弃羃䍦，曾不乘车，别坐檐子。递相仿效，浸成风俗，过为轻率，深失礼容。前者已令渐改，如闻犹未止息。又命妇朝谒，或将驰驾车，既入禁门，有亏肃敬。此并乖于仪式，理须禁断，自今已后，勿使更然。"则天之后，帷帽大行，羃䍦渐息。中宗即位，宫禁宽弛，公私妇人，无复羃䍦之制。

开元初，从驾宫人骑马者，皆著胡帽，靓妆露面，无复障蔽。士庶之家，又相仿效，帷帽之制，绝不行用。俄又露髻驰骋，或有著丈夫衣服靴衫，而尊卑内外，斯一贯矣。

奚、契丹塞外用之，开元、天宝中渐至京城。兜笼，巴蜀妇人所用，今乾元已来，蕃将多著勋于朝，兜笼易于担负，京城奚车、兜笼，代于车舆矣。武德来，妇人著履，规制亦重，又有线靴。开元来，女人例著线鞋，取轻妙便于事，侍儿乃著履。臧获贱伍者皆服襕衫。太常乐尚胡曲，贵人御馔，尽供胡食，士女皆竞衣胡服，故有范阳羯胡之乱，兆于好尚远矣。

太极元年，左司郎中唐绍上疏曰：

臣闻王公已下，送终明器等物，具标甲令，品秩高下，各有节文。孔子曰，明器者，备物而不可用，以刍灵者善，为俑者不仁。传曰，俑者，谓有面目机发，似于生人也。以此而葬，殆将于殉，故曰不仁。近者王公百官，竞为厚葬，偶人像马，雕饰如生，徒以眩耀路人，本不因心致礼。更相扇慕，破产倾资，风俗流行，遂下兼士庶。若无禁制，奢侈日增。望诸王公已下，送葬明器，皆依令式，并陈于墓所，不得衢路行。

又士庶亲迎之仪，备诸六礼，所以承宗庙，事舅姑，当须昏以为期，诘朝谒见。往者下俚庸鄙，时有障车，邀其酒食，以为戏乐。近日此风转盛，上及王公，及广奏音乐，多集徒侣，遮拥道路，留滞淹时，邀致财物，动逾万计。遂使障车礼贶，过于聘财，歌舞喧哗，殊非助感。既亏名教，实蠹风猷，违紊礼经，须加节制。望请婚姻家障车者，并须禁断。其有犯者，有荫家请准犯名教例附簿，无荫人决杖六十，仍各科本罪。

制从之。

旧唐书卷四六

志第二六

经籍上

夫龟文成象，肇八卦于庖牺；鸟迹分形，创六书于苍颉。圣作明述，同源异流。《坟》、《典》起之于前，《诗》、《书》继之于后，先王陈迹，后王准绳。《易》曰："人文以化成天下。"《礼》曰："君子如欲化民成俗，其必由学乎！"学者非他，方策之谓也。琢玉成器，观古知今，历代哲王，莫不崇尚。自仲尼没而微言绝，七十子丧而大义乖。嬴氏坑焚，以愚黔首。汉兴学校，复创石渠。雄、向校雠于前，马、郑讨论于后，两京载籍，由是粲然。及汉末还都，焚溺过半。爰自魏、晋，迄于周、隋，而好事之君，慕古之士，亦未尝不以图籍为意也。然河北江南，未能混一，偏方购辑，卷帙未弘。而荀勖、李充、王俭、任昉、祖暅，皆达学多闻，历世整比，群分类聚，递相祖述。或为七录，或为四部，言其部类，多有所遗。及隋氏建邦，寰区一统，炀皇好学，喜聚逸书，而隋世简编，最为博洽。及大业之季，丧失者多。贞观中，令狐德棻、魏徵相次为秘书监，上言经籍亡逸，请行购募，并奏引学士校定，群书大备。

开元三年，左散骑常侍褚无量、马怀素侍宴，言及经籍。玄宗曰："内库皆是太宗、高宗先代旧书，常令宫人主掌，所有残缺，未遑补缉，篇卷错乱，难于检阅。卿试为朕整比之。"至七年，诏公卿士庶之家，所有异书，官借缮写。及四部书成，上令百官入乾元殿东廊观之，无不骇其广。九年十一月，殷践猷、王惬、韦述、余钦、毋煚、刘彦

真、王湾、刘仲等重修成《群书四部录》二百卷,右散骑常侍元行冲
奏上之。自后毋煚又略为四十卷,名为《古今书录》,大凡五万一千
八百五十二卷。禄山之乱,两都覆没,乾元旧籍,亡散殆尽。肃宗、
代宗崇重儒术,屡诏购募。文宗时,郑覃侍讲禁中,以经籍道丧,屡
以为言。诏令秘阁搜访遗文,日令添写。开成初,四部书至五万六
千四百七十六卷。及广明初,黄巢干纪,再陷两京,宫庙寺署,焚荡
殆尽,曩时遗籍,尺简无存。及行在朝诸儒购辑,所传无几。昭宗即
位,志弘文雅。秘书省奏曰:"常省元掌四部御书十二库,共七万余
卷。广明之乱,一时散失。后来省司购募,尚及二万余卷。及先朝
再幸山南,尚存一万八千卷。窃知京城制置使孙惟晟收在本军,其
御书秘阁见充教坊及诸军人占住。伏以典籍国之大经,秘府校雠之
地,其书籍并望付当省校其残缺,渐令补辑。乐人乞移他所。"并从
之。及迁都洛阳,又丧其半。平时载籍,世莫得闻。今录开元盛时
四部诸书,以表艺文之盛。

四部者,甲、乙、丙、丁之次也。

甲部为经,其类十二:一曰《易》,以纪阴阳变化。二曰《书》,以
纪帝王遗范。三曰《诗》,以纪兴衰诵叹。四曰《礼》,以纪文物体制。
五曰《乐》,以纪声容律度。六曰《春秋》,以纪行事褒贬。七曰《孝
经》,以纪天经地义。八曰《论语》,以纪先圣微言。九曰图纬,以纪
六经谶候。十曰经解,以纪六经谶候。十一曰诂训,以纪六经谶候。
十二曰小学,以纪字体声韵。

乙部为史,其类十有三:曰正史,以纪传表志。二曰古史,以纪
编年系事。三曰杂史,以纪异体杂纪。四曰霸史,以纪伪朝国史。五
曰起居注,以纪人君言动。六曰旧事,以纪朝廷政令。七曰职官,以
纪班序品秩。八曰仪注,以纪吉凶行事。九曰刑法,以纪律令格式。
十曰杂传,以纪先圣人物。十一曰地理,以纪山川郡国。十二曰谱
系,以纪世族继序。十三曰略录,以纪史策条目。

丙部为子,其类一十有四:一曰儒家,以纪仁义教化。二曰道
家,以纪清净无为。三曰法家,以纪刑法典制。四曰名家,以纪循名

责实。五曰墨家,以纪强本节用。六曰纵横家,以纪辩说诡诈。七曰杂家,以纪兼叙众说。八曰农家,以纪播植种艺。九曰小说家,以纪刍辞舆诵。十曰兵法,以纪权谋制度。十一曰天文,以纪星辰象纬。十二曰历数,以纪推步气朔。十三曰五行,以纪卜筮占候。十四曰医方,以纪药饵针灸。

丁部为集,其类有三:一曰楚词,以纪骚人怨刺。二曰别集,以纪词赋杂论。三曰总集,以纪文章事类。

暟等撰集,依班固《艺文志》体例,诸书随部皆有小序,发明其指。近史官撰《隋书·经籍志》,其例亦然。窃以纪录简编异题,卷部相沿,序述无出前修。今之杀青,亦所不取,但纪部帙而已。而暟等所序四部都录以明新修之旨,今略载之:

> 窃以经坟浩广,史图纷博,寻览者莫之能遍,司总者常苦其多,何暇重屋复床,更繁其说?若先王有阙典,上圣有遗事,邦政所急,儒训是先,宜垂教以作程,当阐规而开典,则不遑启处,何获宴宁。曩之所修,诚惟此义,然礼有未惬,追怨良深。于时秘书省经书,实多亡阙,诸司坟籍,不暇讨论。此则事有未周,一也。其后周览人间,颇睹,又新集记贞观之前,永徽已来不取;近书采长安之上,神龙已来未录。此则理有未弘,二也。书阅不遍,事复未周,或不详名氏,或未知部伍。此则体有未通,三也。书多阙目,空张第数,既无篇题,实乖标榜。此则例有所亏,四也。所用书序,咸取魏文贞;所分书类,皆据《隋经籍志》。理有未允,体有不通。此则事实未安,五也。昔马谈作《史记》,班彪作《汉书》,皆两叶而仅成;刘歆作《七略》,王俭作《七志》,逾二纪而方就。孰有四万卷目,二千部书,名目首尾,三年便令终竟,欲求精悉,不其难乎?所以常有遗恨,窃思追雪。乃与类同契,积思潜心,审正旧疑,详开新制。永徽新集,神龙近书,则释而附也;未详名氏,不知部伍,则论而补也。空张之目,则检获便增;未允之序,则详宜别作。纰缪咸正,混杂必刊。改旧传之失者,三百余条;加新书之目者,六千余卷。凡

经录十二家,五百七十五部,六千二百四十一卷。史录十三家,
八百四十部,一万七千九百四十六卷。子录十七家,七百五十
三部,一万五千六百三十七卷。集录三家,八百九十二部,一万
二千二十八卷。凡四部之录四十五家,都管三千六十部,五万
一千八百五十二卷。成《书录》四十卷。其外有释氏经律论疏,
道家经戒符箓,凡二千五百余部,九千五百余卷。亦具翻释名
氏,序述指归,又勒成目录十卷,名曰《开元内外经录》。若夫先
王秘传,列代奥文,自古之粹籍灵符,绝域之神经怪牒,尽载于
此二书矣。

　　夫经籍者,开物成务,垂教作程,圣哲之能事,帝王之达
典。而去圣已久,开凿遂多,苟不剖判条源,甄明科部,则先贤
遗事,有卒代而不闻,大国经书,遂终年而空泯。使学者孤舟泳
海,弱羽凭天,衔石填溟,倚杖追日,莫闻名目,岂详家代?不亦
劳乎!不亦弊乎!将使书千帙于掌眸,披万函于年祀,览录而
知旨,观目而悉词,经坟之精术尽探,贤哲之睿思咸识,不见古
人之面,而见古人之心,以传后来,不愈其已!

其序如此。

　　暧等《四部目》及《释道目》,并有小序及注撰人姓氏,卷轴繁
多,今并略之,但纪篇部,以表我朝文物之大。其《释道录目》附本
书,今亦不取,据开元经篇为之志。天宝已后,名公各著文章,儒者
多有撰述,或记礼法之沿革,或裁国史之繁略,皆张部类,其徒实
繁。臣以后出之书,在开元四部之外,不欲杂其本部,今据所闻,附
撰人等传。其诸公文集,亦见本传,此并不录。四部区分,详之于下。

　　甲部经录,十二家,五百七十五部,六千二百四十一卷。

《易》类一	《书》类二	《诗》类三
《礼》类四	《乐》类五	《春秋》类六
《孝经》类七	《论语》类八	谶纬类九
经解类十	诂训类十一	小学类十二

易类一

《归藏》十三卷殷易，司马膺撰。

《周易》二卷卜商传。

《周易》十卷孟喜章句。

又十卷京房章句。

又四卷费直章句。

又十卷马融章句。

又九卷郑玄注。

又十卷荀爽章句。

又五卷刘表注。

又十卷王肃注。

又十卷董遇注。

又十卷宋衷注。

又七卷王弼注。

又九卷虞翻注。

又十三卷陆绩注。

又十卷荀氏九家集解。

又十卷马、郑、二王集解。

又十卷姚信注。

又十卷王弼、韩康伯注。

又十卷二王集注。

又十卷荀晖注。

又十卷蜀才注。

又十卷张璠集解。

又十卷王廙注。

又十卷干宝注。

又十卷黄颖注。

又十卷崔觐注。

又十三卷崔觐注。

又十卷何胤注。

又十卷卢氏注。

又十四卷傅氏注。

又十卷王玄度注。

又十卷王又玄注。

又十卷王希古注。

又十卷王凯冲注。

《周易发挥》五卷王勃撰。

《周易系辞》二卷谢万注。

又二卷桓玄注。

又二卷荀谅注

又二卷宋褰注。

《周易义疏》二十卷宋明帝注。

《宋群臣讲易疏》二十卷张该等注。

《周易大义》二十卷梁武帝撰。

《周易讲疏》三十五卷梁武帝撰。

《周易发题义》一卷

《周易几义》一卷萧伟撰。

《周易大义疑问》二十卷梁武帝撰。

《周易义疏》十四卷萧子政撰。

《周易讲疏》三十卷张讥注。

又十三卷何安撰。

又十六卷褚仲都撰。

《周易正义》十四卷孔颖达撰。

《周易新论》十卷阴弘道。

《周易文句义疏》二十四卷陆德明撰。

《周易文外大义》二卷陆德明撰。

《周易新注本义》十四卷薛仁贵撰。

《周易开题论序》十卷

《周易文句义疏》二十卷已上卷梁武撰。

《周易大衍论》三卷玄宗撰。

《周易》四卷钟会撰。

《周易大演论》一卷王弼撰。

《周易论》一卷应吉甫撰。

《周易统略论》三卷邹湛撰。

《周易略论》一卷张璠撰。

《周易论》二卷暨长成难，暨仲容答。

《易论》一卷宋睿宗撰。

《通易象论》一卷宣驶撰。

又一卷栾永初撰。

《周易系辞义》二卷刘向撰。

《周易乾坤义疏》一卷刘瓛撰。

《周易略谱》一卷沈能撰。

《周易文义》一卷干宝撰。

《周易卦序论》一卷杨乂撰。

《周易谱》一卷袁宏撰。

《周易论》四卷范氏撰。

《周易杂音》三卷

《周易释序义》三卷梁蕃注撰。

　　　右《易》七十八部，凡六百七十三卷。

《古文尚书》十三卷孔安国撰。

又十卷孔安国传，范宁注。

又十卷李颙集注。

又十卷姜道盛集注。

又十卷马融注。

又九卷郑玄注。

《古文尚书》十卷王肃注。

《尚书》十三卷谢沈注。

《尚书畅训》三卷伏胜注。

《尚书洪范五行传》十一卷刘向撰。

《尚书答问》三卷王肃问。

《尚书释驳》五卷王肃撰。

《尚书释问》四卷郑玄注，王粲问，田琼。

《尚书义注》三卷吕文优撰。

《尚书释义》四卷伊说撰。

《尚书要略》二卷

《尚书新释》二卷

《尚书百问》一卷顾欢撰。

《尚书义疏》十卷巢猗撰。

《尚书百释》三卷巢猗撰。

《尚书义疏》十卷费甝撰。

《古文尚书大义》二十卷任孝恭撰。

《尚书义疏》三十卷蔡大宝撰。

《尚书文外义》三十卷顾彪撰。

《尚书义疏》二十卷刘焯撰。

《尚书述义》二十卷刘炫撰。

《尚书正义》二十卷孔颖达撰。

《古文尚书音义》五卷顾彪撰。

《尚书音义》四卷王俭撰。

　　　右《尚书》二十九部，凡二百七十二卷。

《韩诗》二十卷卜商序，韩婴撰。

《韩诗外传》十卷韩婴撰。

《毛诗》十卷毛苌撰。

《毛诗诂训》二十卷郑玄笺。

《毛诗》二十卷王肃注。

《业诗》二十卷叶遵注。

《集注毛诗》二十四卷崔灵恩集注。

《韩诗翼要》十卷卜商撰。

《毛诗谱》二卷郑玄撰。

《毛诗集序》二卷卜商撰。

《毛诗义注》五卷

《毛诗杂义驳》八卷王肃撰。

《毛诗问难》二卷王肃撰。

《毛诗驳》五卷王伯兴撰。

《毛诗义问》十卷刘 撰。

《毛诗杂答问》五卷

《毛诗杂义难》十卷

《毛诗异同评》十卷孙毓撰。

《毛诗释义》十卷谢沈撰。

《毛诗辩》三卷杨乂撰。

《毛诗序义》一卷刘氏志撰。

《毛诗表隐》二卷

《毛诗义疏》五卷张氏撰。

《毛诗谊府》三卷元延明撰。

《毛诗草木鸟兽鱼虫疏》二卷陆机撰。

《毛诗述义》三十卷刘炫撰。

《毛诗正义》四十卷孔颖达撰。

《毛诗音义》二卷鱼达撰。

《毛诗诸家音》十五卷郑玄等注。

《难孙氏诗评》四卷陈统撰。

　　　右《诗》三十部，凡三百十三卷。

《周官》十二卷马融传。

《周官礼》十三卷郑玄注。

又十卷伊说撰。

又十二卷王肃注。

又十二卷于宝注。

《周官论评》十二卷陈邵驳，傅玄评。

《周官宁朔新书》八卷司马伷序，王懋约注。

《周官驳难》五卷孙略问，干宝答。

《周礼义疏》四十卷沈重撰。

《周礼疏》五十卷贾公彦撰。

《周礼义决》三卷王玄度撰。

《周官音》三卷郑玄撰。

《仪礼》十七卷郑玄注。

又十七卷王肃注。

《仪礼音》二卷

《丧服纪》一卷马融注。

又一卷郑玄注。

又一卷袁准注。

又一卷

又一卷陈铨注。

又二卷蔡超宗注。

又二卷田僧绍注。

《丧服变除》一卷戴至德撰。

《丧服要纪》一卷王肃注。

《丧服要集议》三卷杜预撰。

《丧服要纪》五卷贺循撰，谢微注。

《仪礼疏》五十卷贾彦撰。

《丧服变除》一卷郑玄撰。

《丧服要纪》十卷贺循撰，庾蔚之注。

《丧服古今集记》三卷王俭撰。

《丧服五代行要记》十卷王逡之志。

《丧服经传义疏》四卷沈文阿撰。

《丧服发题》二卷沈文阿撰。

《丧服文句义》十卷皇侃撰。

《丧服天子诸侯图》二卷谢慈撰。

《丧服图》一卷崔游撰。

《丧服谱》一卷蔡谟撰。

《丧服谱》一卷贺循撰。

《丧服要难》一卷赵成问，仇祈答。

《大戴礼记》十三卷戴德撰。

《小戴礼记》二十卷戴胜撰，郑玄注。

《礼记》二十卷虞植注。

又三十卷王肃注。

又三十卷孙炎注。

又十二卷叶遵注。

《礼记宁朔新书》二十卷司马伷序，王懋约注。

《次礼记》二十卷魏征撰。

《月令章句》十二卷戴颙撰。

《礼记中庸传》二卷戴颙撰。

《礼记义记》四卷郑小同撰。

《礼记要钞》六卷缪氏撰。

《礼记音》二卷郑玄注，曹耽撰。

又二卷谢慈撰。

又二卷李轨撰。

又二卷尹毅撰。

又三卷徐逊撰。

又二卷徐爰撰。

《礼记隐》二十六卷

《礼记略解》十卷庾蔚之撰。

《礼记讲疏》一百卷皇侃撰。

《礼记义疏》五十卷皇侃撰。

《礼记义疏》四十卷沈重撰。

《礼记义疏》四十卷熊安生撰。

《礼记义证》十卷刘方撰。

《礼记类聚》十卷

《礼记正义》二十卷孔颖达撰。

《礼记疏》八十卷贾公彦撰。

《礼论》三百七卷何承天撰。

《礼义》二十卷戴胜等撰。

《三礼目礼》一卷郑玄注。

《问礼俗》十卷董勋撰。

《礼记评》十卷刘隽撰。

《礼仪问答》十卷王俭撰。

《杂礼义》十一卷吴商等撰。

《礼义杂记故事》十一卷

《礼问》九卷范宁撰。

《礼论答问》九卷范宁撰。

《礼论问答》九卷徐广撰。

《杂礼仪问答》四卷戚寿撰。

《礼论降议》三卷颜延之撰。

《礼论条牒》十卷任预撰。

《礼论帖》三卷任预撰。

《礼论抄》六十六卷任预撰。

《礼论抄》二十卷庾蔚之撰。

《礼仪答问》十卷王俭撰。

《礼杂抄略》二卷荀万秋撰。

《礼议》一卷傅伯祚撰。

《礼统郊祀》六卷

《礼论要抄》十三卷

《礼记区分》十卷

《礼论抄略》十三卷

《礼大义》十卷梁武帝撰。

《礼疑义》五十卷周舍撰。

《礼记义》十卷何佟之撰。

《礼答问》十卷何佟之撰。

《三礼义宗》三十卷崔灵恩撰。

《礼论要抄》一百卷贺瑒撰。

《礼统》十三卷贺述撰。

《三礼宗略》二十卷元延明撰。

《三礼图》十二卷夏侯伏朗撰。

《江都集礼》一百二十卷潘徽等撰。

《大唐新礼》一百卷房玄龄等撰。

《紫宸礼要》十卷大圣天后撰。

　　右《礼》一百四部,《周礼》十三家,《仪礼》、《丧服》二十八家,礼论答问三十五家,凡一千九百四十五卷。

《乐书》九卷信都芳彤注。

《管弦记》十二卷留进录,凌秀注。

《钟磬志》二卷公孙崇撰。

《乐社大义》十卷梁武帝撰。

《乐论》三卷梁武帝撰。

《钟律》五卷沈重撰。

《古今乐篆》十三卷释智丘撰。

《乐府声调》六卷郑译撰。

《乐谱集解》二十卷萧吉撰。

《乐志》十卷苏夔撰。

《乐经》三十卷季玄楚撰。

《乐书要录》十卷大圣天后撰。

《乐略》四卷

《声律指归》一卷元愻撰。

《乐元起》二卷

《琴操》二卷桓谭撰。

《琴操》三卷孔衍撰。

《琴谱》四卷刘氏,周氏等撰。

《琴叙谱》九卷赵耶律撰。

《琴谱》二十一卷陈怀撰。

《琴集历头拍簿》一卷

《外国伎曲》三卷

《论乐事》二卷

《外国伎曲名》一卷

《历代曲名》一卷

《推七音》一卷

《十二律谱义》一卷

《鼓吹乐章》一章

《古今乐记》八卷李守真撰。

　　右《乐》二十九部,凡一百九十五卷。

《春秋三家经诂训》十二卷贾逵撰。

《春秋经》十一卷士燮撰。

《春秋传》十卷王朗注。

《春秋左氏长经章句》三十卷贾逵撰。

《春秋左氏传解诂》三十卷贾逵撰。

《春秋左氏传解谊》三十卷服虔注。

《春秋左氏经传章句》三十卷董遇注。

《春秋左氏传》三十卷王肃注。

《春秋左氏传》三十卷杜预注。

《春秋左氏传义注》三十卷孙毓注。

《春秋左氏传音》三卷高贵乡公撰。

《春秋左氏音》四卷曹耽、荀讷撰。

《春秋左氏音隐》一卷服虔撰。

《春秋左氏传音》三卷杜预注。

又三卷李弘范撰。

又三卷_{孙邈撰。}

又三卷_{王元规撰。}

又十二卷

《春秋左氏传条例》二十卷_{刘歆撰。}

《春秋左氏传条例章句》九卷_{郑众。}

《春秋左氏传例》七卷

又十五卷_{杜预撰。}

《春秋左氏条例》十卷_{刘寔撰。}

《春秋左氏经例》十卷_{方范撰。}

《春秋左氏膏肓》十卷_{何休撰，郑玄箴。}

《春秋成长说》七卷_{服虔撰。}

《春秋左氏膏肓释痾》五卷

《春秋达长义》一卷_{王玢撰。}

《春秋左氏传说要》十卷_{糜信撰。}

《春秋塞难》三卷_{服虔撰。}

《春秋左氏传贾服异同略》五卷_{孙毓撰。}

《春秋左氏传例苑》十八卷_{梁简文帝撰。}

《春秋义函传》十六卷_{干宝撰。}

《春秋左氏释滞》十卷_{殷兴撰。}

《春秋序论》一卷_{干宝撰。}

《春秋左氏区分》十二卷_{何始贞撰。}

《春秋左氏义略》三十卷_{张冲撰。}

《春秋左氏抄》十卷

《左氏杜预评》二卷

《春秋图》七卷_{严彭祖撰。}

《春秋辞苑》五卷

《春秋经传诡例疑隐》一卷_{吴略撰。}

《春秋杂义》五卷

《春秋土地名》三卷

《春秋旨通》十卷王延之撰。

《春秋大夫谱》十一卷顾启期撰。

《春秋丛林》十二卷李谧撰。

《春秋立义》十卷崔灵恩撰。

《春秋申先儒传例》十卷崔灵恩撰。

《春秋经解》六卷沈宏撰。

《春秋文苑》六卷沈宏撰。

《春秋嘉语》六卷沈宏撰。

《春秋义略》二十七卷沈文阿撰。

《春秋攻昧》十二卷刘炫撰。

《春秋规过》三卷刘炫撰。

《春秋述议》三十七卷刘炫撰。

《春秋正义》三十七卷孔颖达撰。

《春秋公羊传》五卷公羊高传，严彭祖述。

《春秋公羊经传》十三卷何休注。

《春秋公羊经传集解》十四卷孔氏注。

《春秋公羊》十二卷王彦期撰。

《春秋公羊传记》十二卷高襄注。

《何氏春秋汉记》十一卷何休撰，郑玄驳、糜信注。

《何氏春秋汉记》十一卷服虔注。

《春秋公羊条传》一卷何休注。

《春秋公羊墨守》二本何休撰，郑玄发。

《春秋公羊答问》五卷荀爽问，徐钦答。

《春秋公羊音》二卷王俭撰。

《春秋公羊违义》三卷刘晏撰。

《春秋公羊论》二卷翼康难，王彦期答。

《春秋谷梁传》十三卷段氏注。

《春秋谷梁传章句》十五卷谷梁俶解，尹更始注。

《春秋谷梁传》十二卷唐固注。

又十二卷糜信注。

又十一卷张靖集解。

《春秋公羊违义》三卷刘晏注。

《春秋谷梁经传》一十六卷程阐集注。

《春秋谷梁传》一十三卷孔衍训注。

又十二卷范宁集注。

又十三卷徐乾注。

《春秋谷梁》十二卷徐邈注。

《春秋谷梁经集解》十卷沈仲义注。

《春秋谷梁废疾》三卷何休作,郑玄释,张靖成。

《谷梁传义》三卷萧邕注。

《春秋谷梁传义》十二卷徐邈注。

《春秋谷梁音》一卷徐邈注。

《春秋谷梁传疏》十三卷杨士勋撰。

《春秋公羊谷梁左氏集解》十一卷刘兆撰。

《春秋三传论》十卷韩益撰。

《春秋三传经解》十一卷胡讷集撰。

《春秋三传评》十卷胡讷撰。

《春秋公羊谷梁二传评》三卷江熙撰。

《春秋繁露》十七卷董仲舒撰。

《春秋辩证明经论》六卷

《春秋二传》

《异同》十一卷李铉撰。

《春秋合三传通论》十卷潘叔度注。

《春秋成集》十卷潘叔度注。

《春秋外传国语》二十卷左丘明撰。

《春秋外传国语章句》二十二卷王肃注。

《春秋外传国语》二十一卷虞翻撰。

又二十一卷韦昭注。

又二十一卷

又二十一卷唐固注。

　　右《春秋》一百二部，一千一百八十四卷。

《古文孝经》一卷孔子说，曾参受，孔安国传。

《孝经》一卷王肃注。

又一卷郑玄注。

《古文孝经》一卷刘邵注。

《孝经》一卷韦昭注。

《孝经》一卷孙熙注。

又一卷苏林注。

《孝经默注》二卷徐整注。

又一卷谢万注。

又一卷虞盘佐注。

又一卷孔光注。

又一卷殷仲文注。

又一卷殷叔道注。

又一卷魏克己注。

又一卷玄宗注。

《讲孝经义》四卷车胤等注。

《讲孝经集解》一卷荀勖撰。

《孝经义疏》三卷皇侃撰。

《大明中皇太子讲孝经义疏》一卷何约之执经。

《孝经疏》十八卷梁武帝撰。

《孝经发题》四卷太史叔明撰。

《孝经述义》五卷刘炫撰。

《孝经疏》五卷贾公彦撰。

《越王孝经新义》十卷任希古撰。

《孝经应瑞图》一卷

《演孝经》十二卷张士儒撰。

《孝经疏》三卷元行冲撰。

《论语》十卷何晏集解。

又十卷郑玄注，虞喜赞。

又十卷王肃注。

又十卷郑玄注。

又十卷宋明帝撰，卫瓘注。

又十卷李充注。

又十卷孙绰集解。

又十卷梁凯注。

《论语集义》十卷盈氏撰。

《论语》九卷孟螯注。

《论语》十卷袁乔注。

又十卷尹毅注。

又十卷江熙集解。

又十卷孙氏注。

《次论语》五卷王勃撰。

《论语音》二卷徐邈撰。

《古论语义注谱》一卷徐氏撰。

《论语释义》十卷郑玄注。

《论语义注》十卷畅惠明。

《论语义注隐》三卷

《论语篇目弟子》一卷郑玄注。

《论语释疑》二卷王弼撰。

《论语释》十卷

《论语驳》二卷栾肇撰。

《论语大义解》十卷崔豹撰。

《论语旨序》二卷缪播撰。

《论语体略》二卷郭象撰。

《论语杂义》十三卷

《论语剔义》十卷

《论语疏》十卷皇侃撰。

《论语述义》二十卷戴诜撰。

《论语章句》二十卷刘炫撰。

《论语疏》十五卷贾公彦撰志。

《论语讲疏》十卷褚仲都撰。

《孔子家语》十卷王肃撰。

《孔丛子》七卷孔鲋撰。

　　右六十三部,《孝经》二十七家,《论语》三十六家,凡三百八十七卷。

《易纬》九卷宋均注。

《书纬》三卷郑玄注。

《诗纬》三卷郑玄注。

又十卷宋均注。

《礼纬》三卷宋均注。

《乐纬》三卷宋均注。

《春秋纬》三十八宋均注。

《论语纬》十卷宋均注。

《六经纬》五卷宋均注。

《白虎通》六卷汉章帝撰。

《五经杂义》七卷刘向撰。

《五经要义》五卷刘向撰。

《五经异义》十卷许慎撰,郑玄驳。

《六艺论》一卷郑玄注。

《郑志》九卷

《郑记》六卷

《圣证论》十一卷

《五经然否论》五卷谯周撰。

《五经钩深》十卷杨方撰。

《五经咨疑》八卷杨思撰。

《孔子正言》二十卷梁武帝撰。

《长春秋义记》一百卷梁简文撰。

《经典大义》十卷沈文阿撰。

《五经宗略》四十卷元延明撰。

《七经义纲略论》三十卷樊文深撰。

《质疑》五卷樊文深撰。

《游玄桂林》二十卷张讥撰。

《五经正名》十五卷刘炫注。

《经典释文》三十卷陆德明撰。

《谥法》三卷荀顗演，刘熙注。

又《谥例》十卷沈约撰。

《谥法》三卷贺琛撰。

《匡谬正俗》八卷颜师古撰。

《集天名称》三卷

　　　右三十六部，经纬九家，七经杂解二十七家，凡四百七十四卷。

《尔雅》三卷李巡注。

《尔雅》六卷樊光注。

又六卷孙炎注。

又三卷郭璞注。

《集注尔雅》十卷沈璇注。

《尔雅音义》一卷郭璞注。

又二卷曹宪撰。

《尔雅图》一卷郭璞注。

《尔雅图赞》二卷江灌注。

《尔雅音》六卷江灌注。

《续尔雅》一百卷刘伯庄撰。

《别国方言》十三卷

《释名》八卷刘熙撰。

《广雅》四卷张揖撰。

《博雅》十卷曹宪撰。

《小尔雅》一卷李轨撰。

《篆文》三卷何承天撰。

《篆要》六卷颜延之撰。

《三苍》三卷李斯等撰，郭璞解。

《苍颉训诂》二卷杜林撰。

《三苍训诂》二卷张揖撰。

《埤苍》三卷张揖撰。

《广苍》一卷樊恭撰。

《说文解字》十五卷许慎撰。

《说文意隐》四卷

《字林》十卷吕忱撰。

《字统》二十卷杨承庆撰。

《玉篇》三十卷顾野王撰。

《字海》一百卷天圣太后撰。

《文字释训》三十卷释宝志撰。

《括字苑》十三卷冯干撰。

《字属篇》一卷贾鲂撰。

《古文奇字》二卷郭训撰。

《字旨篇》一卷郭玄撰。

《古文字诂》二卷张揖撰。

《诏定古文官书》一卷卫宏撰。

《解字文》七卷周成撰。

《杂文字音》七卷王延撰。

《文字要说》一卷王氏注。

《字书》十卷

《古今八体、六文书法》一卷

《四体书势》一卷卫恒撰。

《要用字苑》一卷葛洪撰。

《难要字》三卷

《文字集略》一卷阮孝绪撰。

《辩嫌音》二卷杨休之撰。

《文字指归》四卷曹宪撰。

《证俗音略》二卷颜愍楚撰。

《叙同音》三卷

《览字知源》三卷

《文字辩嫌》一卷彭立撰。

《声类》十卷李登撰。

《韵集》五卷吕静撰。

《韵略》一卷杨休之撰。

《四声韵略》十三卷夏侯咏撰。

《四声部》三十卷张谅撰。

《韵篇》十二卷赵氏撰。

《切韵》五卷陆慈撰。

《桂苑珠丛》一百卷诸葛颖撰。

《桂苑珠丛略要》二十卷

《急就章》一卷史游传,曹寿解。

《急就章注》一卷颜之推撰。

又一卷颜师古撰。

《凡将篇》一卷司马相如撰。

《飞龙篇篆草势》合三卷崔瑗撰。

《在昔篇》一卷班固撰。

《太甲篇》一卷班固撰。

《圣草章》一卷蔡邕撰。

《劝学篇》一卷蔡邕撰。

《黄初章》一卷

《吴章》一卷

《初学篇》一卷朱嗣卿撰。

《始学篇》十二卷项峻撰。

《少学集》十卷杨方撰。

《小学篇》一卷王羲之作。

《续通俗文》二卷李虔撰。

《启疑》三卷顾凯之撰。

《诂幼文》三卷颜延之撰。

《辩字》一卷戴规撰。

《俗语难字》一卷李少通撰。

《文字志》三卷王愔撰。

《五十二体书》一卷萧子云撰。

《古来篆隶诂训》《名录》一卷

《书品》一卷庾肩吾撰。

《书后品》一卷李嗣贞撰。

《笔墨法》一卷

《鹿纸笔墨疏》一卷

《千字文》一卷萧子范撰。

又一卷周兴嗣撰。

《篆书千字文》一卷

《演千字文》五卷

《今字石经易篆》三卷

《今字石经尚书》五卷

《今字石经郑玄尚书》八卷

《三字石经尚书古篆》三卷

《今字石经毛诗》三卷

《今字石经仪礼》四卷

《三字石经左传古篆书》十三卷

《今字石经左传经》十卷

《今字石经公羊传》九卷

《今字石经论语》二卷蔡邕注。

《杂字书》八卷释正度作。

　　　右小学一百五部,《尔雅》、《广雅》十八家,偏傍音韵杂字八十六家,凡七百九十七卷。

乙部史录,十三家,八百四十四部,一万七千九百四十六卷。

　　　正史类一　编年类二　伪史类三　杂史类四　起居注类五

　　　故事类六　职官类七　杂传类八　仪注类九

　　　刑法类十

　　　目录类十一　谱牒类十二　地理类十三

《史记》一百三十卷司马迁作。

《史记》八十卷裴駰集解。

又一百三十卷许子儒注。

《史记音义》十三卷徐广撰。

《史记音义》三卷邹诞生撰。

又三十卷刘伯庄撰。

《汉书》一百十五卷班固作。

又一百二十卷颜师古注。

《御铨定汉书》八十一卷郝处俊等撰。

《汉书音训》一卷服虔撰。

《汉书集解音义》二十四卷应劭撰。

《汉书叙传》五卷项岱撰。

《汉书音义》九卷孟康撰。

《汉书集注》十四卷晋灼注。

《汉书音义》七卷韩韦撰。

《汉书驳义》二卷刘宝撰。

《汉书新注》一卷陆澄撰。

《孔氏汉书音义抄》二卷孔文详撰。

《汉书续训》二卷韦稜撰。

《汉书训纂》三十卷姚察撰。

《汉书音义》二十六卷刘嗣等撰。

《汉书》二卷夏侯泳撰。

又十二卷包恺撰。

又十二卷萧该撰。

《汉书决疑》十二卷颜延年撰。

《汉书古今集义》二十卷顾胤撰。

《汉书正义》三十卷释务静撰。

《汉书正名氏义》十三卷

《汉书辩惑》三十卷李善撰。

《汉书律历志音义》二卷阴景伦作。

《汉书英华》八卷

《东观汉记》一百二十七卷刘珍撰。

《后汉书》一百三十三卷谢承撰。

《后汉记》一百卷薛莹作。

《后汉书》八十三司马彪撰。

又五十八卷刘义庆撰。

《后汉书》三十一卷华峤作。

又一百二卷谢沈撰。

《后汉书外传》十卷谢沈撰。

《汉南纪》五十八卷张莹撰。

《后汉书》一百二卷袁山松作。

又九十二卷范晔撰。

《后汉书论赞》五卷范晔撰。

《后汉书》五十八卷刘昭补注。

又一百卷皇太子贤注。

《后汉书音》三卷萧该作。

又三卷臧兢撰。

《后汉书音义》二十七卷韦机撰。

《魏书》四十四卷王沈撰。

《魏略》三十八卷鱼豢撰。

《魏国志》三十卷陈寿撰，裴松之注。

《晋书》八十九卷王隐撰。

又五十八卷虞预撰。

又十四卷朱凤撰。

又三十五卷谢灵运撰。

《晋中兴书》八十卷何法盛撰。

《晋书》一百一十卷臧荣绪撰。

又九卷萧子云撰。

又一百三十卷许敬宗等撰。

《宋书》四十二卷徐爰撰。

又四十六卷孙严撰。

又一百卷沈约撰。

《后魏书》一百三十卷魏收撰。

《魏书》一百七卷张大素撰。

又一百卷张大素撰。

《后周书》五十卷令狐德棻撰。

《隋书》八十五卷魏徵等撰。

又三十二卷张大素撰。

《齐书》五十九卷萧子显撰。

又八卷刘陟撰。

《梁书》三十四卷谢昊、姚察等撰。

又五十卷姚思廉撰。

《陈书》三卷顾野王撰。

又三卷傅绰撰。

又三十六卷姚思廉撰。

《北齐末修书》二十四卷_{李德林撰。}

《北齐书》五十卷_{李百药撰。}

又二十卷_{张大素撰。}

《通史》六百二卷_{梁武帝撰。}

《南史》八十卷_{李延寿撰。}

《北史》一百卷_{李延寿撰。}

　　右八十一部，《史记》六家，前汉二十五家，后汉十七家，魏三家，晋八家，宋三家，后魏三家，后周一家，隋二家，齐二家，梁二家，陈三家，北齐三家，都史三家，凡四千四百四十三卷。

《纪年》十四卷

《汉纪》三十卷_{荀悦撰。}

《汉纪音义》三卷_{崔浩撰。}

《汉皇德纪》三十卷_{侯瑾撰。}

《后汉纪》三十卷_{张璠撰。}

又三十卷_{袁宏撰。}

《汉晋阳春秋》五十四卷_{习凿齿撰。}

《汉灵献二帝纪》六卷_{刘艾撰。}

《汉献帝春秋》十卷_{袁晔撰。}

《山阳义纪》_{乐资撰。}

《魏武本纪》三卷

《魏武春秋》二十卷_{孙盛撰。}

《魏记》十二卷_{魏澹撰。}

《国纪》十卷_{梁祚撰。}

《吴纪》十卷_{环济撰。}

《晋帝纪》四卷_{陆机撰。}

《晋录》五卷

《晋记》二十二卷_{干宝作。}

又六十卷_{干宝撰，刘协注。}

《晋阳秋》二十卷_{檀道鸾注。}

《晋纪》二十卷刘谦之撰。

又十卷曹嘉之撰。

又四十五卷徐广撰。

《晋阳春秋》二十二卷邓粲撰。

《晋史草》三十卷萧景畅撰。

《晋纪》十一卷邓粲撰。

《战国春秋》二十卷李概撰。

《崇安记》二卷周祇撰。

又十卷王韶之撰。

《晋续记》五卷郭秀彦撰。

《三十国春秋》三十卷萧方撰。

又一百卷武敏之撰。

《晋春秋略》二十卷杜延业撰。

《宋纪》三十卷王智深撰。

《宋略》二十卷裴子野撰。

《宋春秋》二十卷鲍衡卿撰。

《齐纪》二十卷沈约撰。

《齐春秋》三卷吴均撰。

《乘舆龙飞记》二卷鲍衡卿撰。

《梁典》三十卷刘璠撰。

又三十卷何元之撰。

《梁太清纪》十卷萧韶撰。

《皇帝纪》七卷

《梁撮要》三十卷阴僧仁撰。

《淮海乱离志》四卷萧大圆撰。

《栖凤春秋》五卷臧严撰。

《梁昭后略》十卷姚最撰。

《天启记》十卷守节先生撰。

《梁末代记》一卷

《后梁春秋》十卷蔡允恭撰。

《北齐记》二十卷

《北齐志》十七卷王劭撰。

《邺洛鼎峙记》十卷

《隋大业略记》三卷赵毅撰。

《隋后略》十卷张大素撰。

《蜀国志》十五卷陈寿撰。

《吴国志》二十一卷陈寿撰，裴松之注。

《吴书》五十五卷韦昭撰。

《华阳国志》三卷常璩撰。

《蜀李书》九卷常璩撰。

《汉赵记》十卷和包撰。

《赵石记》二十卷田融撰。

《二石记》二十卷田融撰。

《二石伪事》六卷王度、隋翙等撰。

《燕书》二十卷范亨撰。

《秦记》十一卷裴景仁撰，杜惠明注。

《凉记》十卷张证撰。

《西河记》二卷段龟龙撰。

《南燕录》六卷王景暄撰。

《南燕书》五卷张铨撰。

《拓跋凉录》十卷

《燕志》十卷

《十六国春秋》一百二十卷崔鸿。

　　右七十五部，编年五十五家，杂伪国史二十家，凡一千四百十卷。

《周书》八卷孔晁注。

《古文锁语》四卷

《春秋前传》十卷何承天撰。

《春秋前传杂语》十卷何承天撰。

《周载》三十卷孟仪注。

《春秋国语》十卷孔衍撰。

《越绝书》十六卷子贡撰。

《吴越春秋》十二卷赵晔撰。

《吴越春秋削烦》五卷杨方撰。

《吴越春秋传》十卷皇甫遵撰。

《吴越记》六卷

《春秋后传》三十卷乐资撰。

《战国策》三十二卷刘向撰。

《战国策论》一卷延笃撰。

《战国策》三十二卷高诱注。

《鲁后春秋》二十卷刘允济撰。

《楚汉春秋》二十卷陆贾撰。

《汉尚书》十卷孔衍撰。

《汉春秋》十卷孔衍撰。

《后汉尚书》六卷孔衍撰。

《后汉春秋》六卷孔衍撰。

《后魏尚书》十四卷张温撰。

《后魏春秋》九卷孔衍撰。

《典略》五十卷鱼豢撰。

《三史要略》三十卷张温撰。

《正史削繁》十四卷阮孝绪撰。

《东殿新书》二百卷高宗大帝撰。

《史记要传》十卷卫飒撰。

《古史考》二十五卷谯周撰。

《史记正传》九卷张莹撰。

《史要》三十八卷王延秀撰。

《合史》二十卷

《史汉要集》二卷王蔑撰。

《后汉书抄》三十卷葛洪撰。

《后汉书略》二十五卷张缅撰。

《后汉书缵》十三卷范晔撰。

《后汉文武释论》二十卷王越客撰。

《三国评》三卷徐众撰。

《晋书钞》三十卷张缅撰。

《代谱》四百八十卷周武帝敕撰。

《汉书英雄记》十卷王粲等撰。

《九州春秋》九卷司马彪撰。

《魏阳秋异同》八卷孙寿撰。

《魏武本纪年历》五卷

《汉表》十卷袁希之撰。

《删补蜀记》七卷王隐撰。

《吴录》三十卷张勃撰。

《魏记》三十三卷卢彦卿撰。

《关东风俗传》六十三卷宋孝王撰。

《隋书》八十卷王劭撰。

《王业历》二卷赵弘礼撰。

《隋开业平陈记》十二卷裴矩撰。

《古今注》八卷伏无忌撰。

《帝王本纪》十卷来奥撰。

《拾遗录》三卷王嘉撰。

《王子拾遗记》十卷萧绮录。

《帝王略要》十二卷环济撰。

《先圣本纪》十卷刘滔撰。

《华夷帝王记》三十七卷杨晔撰。

《后汉杂事》十卷

《汉魏晋帝要记》三卷贾匪之撰。

《魏晋代语》十卷郭颁撰。

《吴朝人士品秩状》八卷胡冲撰。

《吴士人行状名品》二卷虞尚撰。

《江表传》五卷虞溥撰。

《晋诸公赞》二十二卷傅畅撰。

《晋后略记》五卷荀绰撰。

《宋拾遗录》十卷谢绰撰。

《宋齐语录》十卷孔思尚撰。

《帝王略论》五卷虞世南撰。

《十世兴王论》十卷朱敬则撰。

《洞历记》九卷周树撰。

《帝系谱》二卷张愔等撰。

《洞记》九卷韦昭撰。

《三五历记》二卷徐整撰。

《通历》二卷徐整撰。

《杂历》五卷徐整撰。

《国志历》五卷孔衍撰。

《帝王代记》十卷皇甫谧撰。

《年历》六卷皇甫谧撰。

《续帝王代记》十卷何集撰。

《十五代略》十卷吉文甫撰。

《吴历》六卷胡冲撰。

《晋历》二卷

《帝王代纪》十六卷

《年历帝纪》二十六卷姚恭撰。

《帝录》十卷诸葛忱撰。

《长历》十四卷

《历代记》三十卷庾和之撰。

《千年历》二卷

《千岁历》三卷谢氏志作。

《十代记》十卷熊襄撰。

《帝王年历》五卷陶弘景撰。

《分王年表》八卷羊瑗撰。

《历纪》十卷

《通历》七卷李仁实撰。

《帝王编年录》五十一卷卢元福撰。

《共和已来甲乙纪年》二卷卢元福撰。

《帝王纪录》三卷

　　右杂史一百二部,凡二千五百五十九卷。

《穆天子传》六卷郭璞撰。

《汉献帝起居注》五卷

《晋太始起居注》二十卷李轨撰。

《晋愍帝起居注》三十卷李轨撰。

《晋太康起居注》二十二卷李轨撰。

《晋永平起居注》八卷李轨撰。

《晋建武大兴永昌起居注》二十二卷

《晋咸和起居注》十八卷李轨撰。

《晋咸康起居注》二十二卷李轨撰。

《晋建元起居注》四卷

《晋永和起居注》二十四卷

《晋永平起居注》十卷

《晋崇和兴宁起居注》五卷

《晋太和起居注》六卷

《晋咸安起居注》三卷

《晋宁康起居注》六卷

《晋太元起居注》五十二卷

《晋崇宁起居注》十卷

《晋元兴起居注》九卷

《晋义熙起居注》三十四卷

《晋元熙起居注》二卷

《晋起注》三百二十卷刘道会撰。

《宋永初起居注》六卷

《宋景平起居注》三卷

《宋元嘉起居注》六十卷

《宋太明起居》八卷

《梁皇帝实录》三卷周兴嗣撰。

又五卷

《梁太清实录》八卷

《后魏起居注》二百七十六卷

《陈起居注》四十一卷

《大唐创业起居注》三卷温大雅撰。

《高祖实录》二十卷房玄龄撰。

《太宗实录》二十卷房玄龄撰。

《太宗实录》四十卷长孙无忌撰。

《高宗实录》三十卷许敬宗撰。

《述圣记》一卷大圣天后撰。

《高祖实录》一百卷大圣天后撰。

《圣母神皇实录》十八卷宗泰容撰。

《中宗皇帝实录》二十卷吴兢志。

《汉武故事》二卷

《西京杂记》一卷葛洪撰。

《三辅旧事》一卷韦氏撰。

《秦汉已来旧事》八卷

《汉魏吴蜀旧事》八卷

《晋书杂诏书》一百卷

又二十八卷

《晋杂诏书》六十六卷

《晋诏书黄素制》五卷

《晋定品制》一卷

《晋太元副诏》二十一卷

《晋崇安元兴大亨副诏》八卷

《晋义熙诏》二十二卷

《晋故事》四十三卷

《晋诸杂故事》二十二卷

《尚书大义》二十一卷

《晋太始康故事》五卷

《晋建武咸和咸康故事》四卷孔愉撰。

《晋建武已来故事》三卷

《修复山林故事》五卷车灌撰。

《先朝故事》二十卷刘道会撰。

《东宫旧事》十一卷张敞撰。

《交州杂故事》九卷

《四王起居》四卷卢綝撰。

《晋八王故事》十二卷卢綝撰。

《晋故事》三卷

《晋朝杂事》二卷

《江南故事》三卷

《大司马陶公故事》三卷

《郗太尉为尚书令故事》二卷

《桓公伪事》二卷应德担志。

《救襄阳上都督府事》一卷王愆期撰。

《荆江杨山州迁代记》四卷

《宋永初诏》六卷

《宋元嘉诏》二十一卷

《晋宋旧事》一百三十卷

《中兴代逆事》二卷

《东宫仪记》二十二卷张镜撰。

《东宫典记》七十卷宇文礼等志。

《春坊要录》四卷杜正伦撰。

《春坊旧事》三卷

《汉官仪》十卷应劭志。

《公卿故事》二卷王方庆撰。

《汉官解故事》三卷

《魏官仪》一卷荀攸撰。

《晋公卿礼秩》九卷傅畅撰。

《百官名》四十卷

《晋魏帝百官名》三卷陆机撰。

《晋官属名》四卷

《晋过江人士目》一卷

《晋永嘉流》十三卷卫禹撰。

《登城三战簿》三卷

《百官阶次》一卷沈晔撰。

《宋百官阶次》三卷荀钦明撰。

《百官春秋》十三卷王道秀撰。

《齐职仪》五十卷范晔撰。

《职官要录》三十卷陶藻撰。

《梁迁簿》三卷徐勉撰。

《陈将军簿》一卷

《职员令百官古今注》十卷郭演之撰。

《大建十一年百官簿状》二卷

《职员旧事》三十卷

　　　右一百四部,列代起居注四十一家,列代故事四十二家,列代职官二十一家,凡二千二百三十三卷。

《三辅史录》七卷赵政撰,挚虞注。

《海内先贤传》四卷魏明帝撰。

《海内先贤行状》三卷李氏撰。

《海内士品录》二卷魏文帝撰。

《四海耆旧传》一卷李氏撰。

《庐江七贤传》一卷

《陈留耆传》三卷苏林撰。

《陈留先贤像赞》一卷陈英志。

《陈留志》十五卷江征撰。

《汝南先贤传》三卷周裴撰。

《广州先贤传》七卷陆胤撰。

《诸国先贤传》一卷

《豫章旧志》八卷徐整撰。

《济北先贤传》一卷

《广陵列士传》一卷华隔撰。

《桂阳先贤画赞》五卷张胜撰。

《会稽记》四卷朱育撰。

《会稽典录》二十四卷虞预撰。

《会稽先贤传》五卷谢承撰。

《会稽后贤传》三卷钟离岫撰。

《会稽先贤像赞》四卷贺氏撰。

《会稽太守像赞》二卷贺氏撰。

《吴国先贤赞》三卷

《益部耆旧传》十四卷陈寿撰。

《鲁国先贤志》十四卷白褒撰。

《楚国先贤志》十二卷杨方撰。

《荆州先贤传》三卷高范撰。

《兖州山阳先贤赞》一卷仲长统撰。

《交州先贤传》四卷范瑗撰。

《襄阳耆旧传》五卷习凿齿撰。

《零陵先贤传》一卷

《徐州先贤传》一卷

《长沙旧邦传赞》三卷刘戚撰。

《徐州先贤传》九卷

《敦煌实录》二十卷刘延明撰。

《武昌先贤传》三卷郭延生撰。

《海岱志》十卷崔蔚祖撰。

《吴郡钱塘先贤传》五卷吴均撰。

《幽州古今人物志》十三卷阳休之撰。

《孝子传》十五卷萧广济撰。

又八卷师觉授撰。

《孝子传》十五卷王韶之撰。

《孝子传》十卷宗躬撰。

《杂孝子传》二卷

《孝子传》一卷虞盘佐撰。

又三卷徐广撰。

《孝子传赞》十卷郑缉之撰。

《孝德传》三十卷梁元帝撰。

《孝友传》八卷梁元帝撰。

《忠臣传》三十卷梁元帝撰。

《显忠录》二十卷元怿撰。

《忠孝图传赞》二十卷李袭誉撰。

《英藩可录事》二卷殷系撰。

《自古诸侯王善恶录》二卷魏征撰。

《列藩正论》三十卷章怀太子撰。

《良史传》十三卷钟屼撰。

《丹阳尹传》十卷梁元帝撰。

《高士传》三卷嵇康撰。

《上古以来圣贤高士传赞》三卷周续之撰。

《高士传》七卷皇甫谧传。

《续高士传》八卷周弘让撰。

《逸人传》三卷张显撰。

《逸人高士传》八卷习凿齿撰。

《名士传》三卷袁尚撰。

《竹林七贤论》二卷戴筵撰。

《真隐传》二卷袁淑撰。

《高士传》二卷虞盘佐撰。

《高隐传》二卷阮孝绪撰。

《七贤传》七卷孟仲晖撰。

《高才不遇传》四卷刘昼撰。

《列女传》二卷刘向撰。

《阴德传》二卷范晏撰。

《止足传》十卷王子良。

《同姓名录》一卷梁元帝撰。

《全德志》一卷梁元帝撰。

《高僧传》六卷虞孝敬撰。

《悼善列传》四卷

《幼童传》十卷刘昭撰。

《知己传》一卷卢思道撰。

《交游传》二卷郑世翼撰。

《秘录》二百七十卷元晖等撰。

《画赞》五十卷汉明帝撰。

《春秋列国名臣传》九卷孙敏撰。

《四科传赞》四卷姚澹撰。

《七国叙赞》十卷

《益州文翁学堂图》一卷

《孔子弟子传》五卷

《先儒传》五卷

《杂传》六十五卷

又九卷

又四十卷

《集记》一百卷王孝恭撰。

《东方朔传》八卷

《李固别传》七卷

《梁冀传》二卷

《何颙传》一卷

《曹瞒传》一卷吴人作。

《毋丘俭记》三卷

《管辂传》二卷管辰撰。

《诸葛亮隐没五事》一卷郭冲撰。

《玄晏春秋》二卷皇甫谧撰。

《薛常侍传》二卷荀伯子撰。

《桓玄传》二卷

《文林馆记》十卷郑忱撰。

《文士传》五十卷张骘撰。

《文馆词林文人传》一百卷许敬宗撰。

《列仙传赞》二卷刘向撰。

《神仙传》十卷葛洪撰。

《洞仙传》十卷见素子撰。

《高士老君内传》三卷尹喜、张林亭撰。

《孝子传》一卷

《关令尹喜传》一卷鬼谷先生撰，四皓注。

《王乔传》一卷

《茅君内传》一卷

《汉武帝传》二卷

《清虚真人王君内传》一卷

《苏君记》一卷周季通撰。

《灵人辛玄子自序》一卷辛玄子撰。

《三天法师张君内传》一卷王昺撰。

《太极左仙公葛君内传》一卷吕先生注。

《紫阳真人周君传》一卷华峤撰。

《仙人马君阴君内传》一卷赵升撰。

《清虚真君内传》一卷郑子云撰。

《紫虚元君南岳夫人内传》一卷范邈撰。

《九华真妃内记》一卷

《许先生传》一卷王羲之撰。

《养性传》二卷

《周氏冥通记》一卷陶弘景撰。

《学道传》二十卷马枢撰。

《嵩高少室寇天师传》三卷宋都能撰。

《华阳子自序》一卷茅处玄撰。

《汉别国洞冥记》四卷郭宪撰。

《名僧传》三十卷释宝唱撰。

《比丘尼传》四卷释宝唱撰。

《高僧传》十四卷释惠皎撰。

《续高僧传》二十卷释道宣撰。

《续高僧传》三十卷释道宣撰。

《西域永法高僧传》二卷释义净撰。

《名僧录》十五卷裴子野撰。

《萨婆多部传》四卷释僧佑撰。

《草堂法师传》一卷陶弘景撰。

《草堂法师传》一卷萧理撰。

《稠禅师传》一卷

《列异传》三卷张华撰。

《甄异传》三卷戴异撰。

《征应集》二卷

《杂传》十卷

《搜神记》三十卷干宝撰。

《志怪》四卷祖台之撰。

《志怪》四卷孔氏撰。

《灵鬼志》三卷荀氏撰。

《鬼神列传》二卷谢氏撰。

《幽明录》三十卷刘义庆撰。

《齐谐记》七卷东阳无疑撰。

《续齐谐记》一卷吴均撰。

《石异得》三卷袁玉寿撰。

《述异记》十卷祖冲之撰。

《感应传》八卷王延秀撰。

《冥详记》十卷王琰撰。

《续冥详记》十一卷王曼撰。

《系应验记》一卷陆果撰。

《神录》五卷刘之道撰。

《妍神记》十卷梁元帝撰。

《因果记》十卷刘泳撰。

《近异录》二卷刘质撰。

《冤魂志》三卷颜之推撰。

《集灵记》十卷颜之推撰。

《旌异记》十五卷侯君集撰。

《冥报记》二卷唐临撰。

《列女传》六卷皇甫谧撰。

《列女后传》十卷颜原撰。

《列女传》七卷綦毋邃撰。

《女记》十卷杜预撰。

《列女传序赞》一卷孙夫人撰。

《后妃记》四卷虞道之撰。

《列女传》一百卷大圣天后撰。

《古今内范记》一百卷

《内范要略》十卷

《保傅乳母传》一卷大圣天后撰。

《鲁国先贤志》二卷白杂撰。

右杂传一百九十四部，褒先贤耆旧三十九家，孝友十家，忠节三家，列藩三家，良史二家，高逸十八家，杂传五家，科录一家，杂传十一家，文士三家，仙灵二十六家，高僧十家，鬼神二十六家，列女十六家，凡一千九百七十八卷。

《汉书仪》四卷卫宏撰。

《舆服志》一卷董巴撰。

《甲辰仪注》五卷

《晋尚书仪曹新定仪注》四十一卷徐广撰。

《司徒仪注》五卷干宝撰。

《车服杂注》一卷徐广撰。

《冠婚仪》四卷

《大驾卤簿》一卷

《晋仪注》三十九卷

《晋杂仪注》二十一卷

《宋仪注》三十六卷

《诸王国杂仪》十卷

《杂府州郡仪》十卷范注撰。

《杂仪注》一百八卷

《古今舆服杂事》十卷周迁撰。

《晋尚仪曹吉礼仪注》三卷

《宋仪注》二卷

《梁祭地祇阴阳仪注》二卷沈约撰。

《梁吉礼仪注》十卷

《梁吉礼》十八卷明山等撰。

《陈吉礼仪注》五十卷杂撰。

《北齐吉礼》七十二卷赵彦琛撰。

《隋吉礼》五十四卷高颎等撰。

《梁皇帝崩凶仪》十一卷严植之撰。

《梁凶礼天子丧礼》七卷

《梁凶礼天子丧礼》五卷严植之撰。

《梁太子妃薨凶仪注》九卷

《梁王侯已下凶礼》九卷严植之撰。

《梁诸侯世子凶仪注》九卷

《北齐王太子丧礼》十卷赵彦琛撰。

《隋书礼》七卷高颎等撰。

《梁宾礼》一卷贺锡等撰。

《陈宾礼仪注》六卷张彦志。

《梁嘉礼》三十五卷司马聚撰。

《梁嘉礼仪注》二十一卷司马聚撰。

《梁军礼》四卷陆琏撰。

《梁仪注》十卷沈约撰。

《梁尚书仪注》十八卷杂撰。

《陈尚书曹仪注》二十卷杂志。

《梁陈大行皇帝崩》仪注八卷

《梁大行皇后崩仪注》一卷

《陈诸帝后崩仪注》五卷

《陈杂吉仪志》三十卷

《陈杂仪注凶仪》十三卷

《陈皇太子妃薨仪注》五卷仪曹志。

《陈杂仪注》六卷

《陈皇太后崩仪注》四卷仪曹撰。

《理礼仪注》九卷何点撰。

《后魏仪注》三十二卷常景撰。

《魏明帝谥议》二卷何晏撰。

《晋谥议》八卷

《晋简文谥议》四卷

《魏氏郊丘》三卷

《魏台杂访仪》三卷 高崇撰。

《晋明堂郊社议》三卷 孔朝等撰。

《晋七庙议》三卷 蔡谟撰。

《杂议》五卷 于宝撰。

《晋杂议》十卷 荀凯等撰。

《要典》三十九卷 王景之撰。

《齐典》四卷 王逸志。

《皇典》五卷 丘孝仲撰。

《太宗文皇皇帝政典》三卷，李延寿撰。

《吊答书仪》十卷 王俭撰。

《书笔仪》二十卷 谢朓撰。

《杂仪》三十卷 鲍昶撰。

《皇室书仪》十三卷 鲍行卿撰。

《妇人书仪》八卷 唐瑾撰。

《童悟》十三卷

《大唐书仪》十卷 裴矩撰。

《皇帝封禅仪》六卷 令狐德棻撰。

《封禅录》十卷 孟利贞撰。

《神岳封禅仪注》十卷 裴子贞撰。

《玉玺谱》一卷 僧约贞撰。

《传国玺》十卷 姚察撰。

《玉玺正录》一卷 徐令信撰。

《明堂义》一卷 张大瓒撰。

《大享明堂仪注》二卷 郭仙晖撰。

《亲享大庙仪》三卷 郭仙晖撰。

《明堂仪注》七卷 姚璠等撰。

《皇太子方岳亚献仪》二卷

　　　　右仪注八十四部,凡一千一百四十六部。

《开元前格》十卷姚崇等撰。

《开元后格》九卷宋璟等撰。

《令》三十卷

《式》二十卷姚崇等撰。

《永徽散行天下格中本》七卷

《永徽留本司行中本》十八卷源直心等撰。

《永徽令》三十卷

《永徽留本司格后本》十一卷刘仁轨撰。

《永徽成式》十四卷

《永徽散颁天下格》七卷

《永徽留本司行格》十八卷长孙无忌撰。

《永徽中式本》四卷

《垂拱式》二十卷

《垂拱格》二卷

《垂拱留司格》六卷裴居道撰。

《刑法律本》二十一卷贾充等撰。

《律解》二十一卷张裴撰。

《汉建武律令故事》三卷

《律略论》五卷刘邵撰。

《汉朝驳义》三十卷应邵撰。

《汉名臣奏》三十卷陈寿撰。

又二十九卷

《廷尉决事》二十卷

《廷尉驳事》十一卷

《廷尉杂诏书》二十六卷

《晋令》四十卷贾充等撰。

《南台奏事》二十二卷

《晋驳事》四卷

《晋弹事》九卷

《齐永明律》八卷宋躬撰。

《梁律》二十卷蔡法度撰。

《梁令》三十卷蔡法度撰。

《梁科》二卷蔡法度撰。

《陈令》三十卷范泉等撰。

《陈科》三十卷范泉志。

《北齐律》二十卷赵邵,王献撰。

《北齐令》八卷

《周大律》二十五卷赵肃等撰。

《隋律》十二卷高颖等撰。

《隋大业律》十八卷

《隋开皇令》三十卷裴正等撰。

《法例》二卷崔知悌等撰。

《令律》十二卷裴寂撰。

《律疏》三十卷长孙无忌撰。

《武德令》三十一卷裴寂等撰。

《贞观格》十八卷房玄龄撰。

　　右刑法五十一部,凡八百一十四部。

《七略别录》二十卷刘向撰。

《七略》七卷刘歆撰。

《今书七志》七十卷王俭撰,贺纵补。

《七录》十二卷阮孝绪撰。

《中书簿》十四卷荀勖撰。

《永徽元年书目》四卷王俭撰。

《梁天监四年书目》四卷丘宾卿撰。

《陈天嘉四部书目》四卷

《隋开皇四年书目》四卷牛弘撰。

《隋开皇二十年书目》四卷王邵撰。

《史目》三卷扬公珍撰。

《文章志》四卷挚虞撰。

《新撰文章家集》五卷荀勗撰。

《续文章志》二卷傅亮撰。

《义熙已来杂集目录》三卷丘深之撰。

《名手画录》一卷

《法书目录》六卷虞和撰。

《郡书四录》二百卷元行冲撰。

　　右杂四部,书目十八部,凡二百一十七卷。

《世本》四卷宋表撰。

《世本别录》一卷

《帝谱世本》七卷宋均撰。

《世本谱》二卷

《汉氏帝王谱》二卷

《司马氏世家》二卷

《百家集谱》十卷王俭撰。

《百家谱》三十卷王僧儒撰。

《氏族要状》十五卷贾希景撰。

《永和中表簿》六卷

《姓氏英贤谱》一百卷贾执撰。

《百家谱》五卷贾执撰。

《国亲皇太子亲传》四卷贾冠撰。

《太同四年中表簿》三卷

《齐梁宗簿》三卷

《后魏辩宗录》二卷元晖业撰。

《姓苑》十卷何承天撰。

《后魏谱》二卷

《后魏方司格》一卷

《十八州谱》七百一十二卷王僧孺撰。

《冀州谱》七卷

《洪州谱》九卷

《袁州谱》七卷

《大唐氏族志》一百卷高士廉撰。

《姓氏谱》二卷许敬宗撰。

《著姓略记》十卷路敬淳撰。

《衣冠谱》六十卷路敬淳撰。

《大唐姓族系录》二百卷柳中撰。

《褚氏家传》一卷褚结撰，诸陶注。

《殷氏家传》三卷殷敬等撰。

《桂氏世传》七卷崔项撰。

《邵氏家传》十卷

《杨氏谱》一卷

《苏氏谱》一卷

《韦氏家传》三卷皇甫谧撰。

《王氏家传》二十一卷

《江氏家传》七卷江统撰。

《暨氏家传》一卷

《虞氏家传》五卷虞览撰。

《裴氏家记》三卷裴松之撰。

《孙氏谱记》十五卷

《诸葛传》五卷

《曹氏家传》一卷曹毗撰。

《荀氏家传》十卷荀伯子撰。

《诸王传》一卷

《陆史》十五卷陆煦撰。

《明氏世录》五卷明粲撰。

《庾氏家传》三卷庾守业撰。

《韦氏谱》十卷韦鼎等撰。

《尔朱氏家传》二卷王邵撰。

《何妥家传》二卷

《令狐家传》一卷令狐德棻撰。

《裴若弼家传》一卷

《敦煌张氏家传》二十卷张太素撰。

《裴氏家谍》二十卷裴守贞撰。

　　右杂谱谍五十五部，凡一千六百九十一卷。

《山海经》十八卷郭璞撰。

《山海经图赞》二卷郭璞撰。

《山海经音》二卷

《水经》二卷郭璞撰。

又四十卷郦道元注。

《三辅黄图》一卷

《汉宫阁簿》三卷

《洛阳宫殿簿》三卷

《关中记》一卷潘岳撰。

《洛阳记》一卷陆机撰。

《西京杂记》一卷葛洪撰。

《洛阳图》一卷杨佺期撰。

《洛阳记》一卷戴延之撰。

《庙记》一卷

《洛阳伽蓝记》五卷杨衒之撰。

《西京记》三卷薛冥志。

《东都记》三十卷邓行俨撰。

《分吴会丹阳三郡记》三卷

《陈留风俗传》三卷阙称撰。

《风土记》十卷周处撰。

《吴地记》一卷张勃撰。

《南雍州记》三卷 郭仲彦撰。

《南徐州记》二卷 山谦之撰。

《东阳记》一卷 郑缉之撰。

《京口记》二卷 刘损之撰。

《湘州图记》一卷

《徐地录》一卷 刘芳撰。

《齐州记》四卷 李叔布撰。

《中岳颍川志》五卷 樊文深撰。

《润州图经》二十卷 孙处玄撰。

《地记》五卷 太康三年撰。

《州郡县名》五卷 太康三年撰。

《十三州志》十四卷 阚骃撰。

《魏诸州记》二十卷

《地理书》一百五十卷 陆澄撰。

《地记》二百五十二卷 任昉撰。

《杂志记》十二卷

《杂地记》五卷

《国郡城记》九卷 周明帝撰。

《舆地志》三十卷 顾野王撰。

《周地图》九十卷

《隋国经集记》一百卷 郎蔚之撰。

《区宇图》一百二十八卷 虞茂撰。

《括地志序略》五卷 魏王泰撰。

《交州异物志》一卷 杨孚撰。

《畅异物志》一卷 陈祈撰。

《南州异物志》一卷 万震撰。

《扶南异物志》一卷 朱应撰。

《临海水土异物志》一卷 沈莹撰。

《江记》五卷 庾仲雍撰。

《汉水记》五卷庾仲雍撰。

《寻江源记》五卷庾仲雍撰。

又一卷

《四海百川水记》一卷释道安撰。

《西征记》一卷戴祚撰。

《述征记》二卷郭象撰。

《隋王入沔记》十卷沈怀文撰。

《舆驾东幸记》一卷薛泰撰。

《述行记》二卷姚最撰。

《魏聘使行记》五卷

《巡总杨州记》七卷诸葛颖撰。

《诸郡土俗物产记》十九卷

《京兆郡方物志》三十卷

《十洲记》一卷东方朔撰。

《神异经》二卷东方朔撰。

《蜀王本纪》一卷杨雄撰。

《三巴记》一卷谯周撰。

《外国传》一卷释智猛撰。

《历国传》二卷释法盛撰。

《南越志》五卷沈怀远撰。

《日南传》一卷

《职贡图》一卷梁元帝撰。

《林邑国记》一卷

《真腊国事》一卷

《魏国西十一国事》一卷宋云撰。

《交州已来外国传》一卷

《奉使高丽记》一卷

《西域道理记》三卷

《赤土国记》二卷常骏等撰。

《高丽风俗》一卷裴矩撰。

《中天竺国行记》十卷王玄策撰。

《西南蛮入朝首领记》一卷

《职方记》十六卷

《长安四年十道图》十三卷

《开元三年十道图》十卷

《剑南地图》二卷

　　右地理九十三部，凡一千七百八十二卷。

旧唐书卷四七
志第二七

经籍下

丙部子录，十七家，七百五十三部，书一万五千六百三十七卷。

儒家类一　道家类二法家类三　名家类四

墨家类五　纵横家类六　杂家类七　农家类八

小说类九　天文类十　历算类十一　兵书类十二

五行类十三　杂艺术类十四　事类十五　经脉类十六

医术类十七

《曾子》二卷曾参撰。

《晏子春秋》七卷晏婴撰。

《子思子》八卷孔伋撰。

《公孙尼子》一卷公孙尼撰。

《孟子》十四卷孟轲撰，赵岐注。

又七卷刘熙注。

又七卷郑玄注。

又七卷綦毋邃注。

《孙卿子》十二卷荀况撰。

《董子》二卷董无心撰。

《鲁连子》五卷鲁仲连撰。

《新语》二卷陆贾撰。

《贾子》九卷贾谊撰。

《盐铁论》十卷桓宽撰。

《新序》三十卷刘向撰。

《说苑》三十卷刘向撰。

《杨子法言》六卷杨雄撰。

又十卷宋衷注。

又十三卷李轨注。

《杨子太玄经》十二卷杨雄撰，陆绩注。

又十四卷虞翻注。

又十二卷范望注。

又一十卷蔡文邵注。

《桓子新论》十七卷桓谭撰。

《潜夫论》十卷王符撰。

《申鉴》五卷荀悦撰。

《魏子》三卷魏朗撰。

《典论》五卷魏文帝撰。

《徐氏中论》六卷徐干撰。

《去伐论集》三卷王粲撰。

《杜氏体论》四卷杜恕撰。

《顾子新语》五卷顾谭撰。

《通语》十卷文礼撰，殷奥续。

《集诚》二卷诸葛亮撰。

《典训》十卷陆景撰。

《谯子法训》八卷谯周撰。

《古今通论》三卷王婴撰。

《周生烈子》五卷周生子志。

《谯子五教》五卷谯周撰。

《袁子正论》二十卷袁准撰。

《袁子正书》二十五卷袁准撰。

《孙氏成败志》三卷孙毓撰。

《新论》十卷夏侯湛撰。

《物理论》十六卷杨泉撰。

《太元经》十四卷杨泉撰,刘绩注。

《新论》十卷华谭撰。

《志林新书》二十卷虞喜撰。

《后林新书》十卷虞喜撰。

《顾子义训》十卷顾夷撰。

《清化经》十卷蔡洪撰。

《正言》十卷干宝撰。

《要览》五卷吕竦撰。

《立言》十卷干宝撰。

《正览》六卷周舍撰。

《缺文》十卷陆澄撰。

《鲁史欹器图》一卷刘徽撰。

《诫林》三卷綦毋氏撰。

《家训》七卷颜之推撰。

《典言》四卷李若等撰。

《坟典》三十卷卢辩撰。

《中说》五卷王通撰。

《读书记》三十二卷王邵撰。

《正训》二十卷辛德源志。

《太宗序志》卷太宗撰。

《帝范》四卷太宗撰,贾行注。

《天训》四卷高宗天皇大帝撰。

《紫枢要录》十卷大圣天后撰。

《青宫记要》三十卷天后撰。

《少阳正范》三十卷太后撰。

《臣轨》二卷太后撰。

《百僚新诫》四卷天后撰。

《春宫要录》十卷

《君臣相发起事》三卷

《修身要录》十卷并章怀太子撰。

《百里昌言》二卷王旁撰。

《崔子至言》六卷崔灵撰。

《平台童百一寓言》三卷张大素撰。

《女诫》一卷曹大家撰。

《内训》二十卷辛德源、王邵等撰。

《女则要录》十卷文德皇后撰。

《凤楼新诚》二十卷张后撰。

　　右儒家二十八部,凡七百七十六卷。

《老子》二卷老子撰。

《老子》二卷河上公注。

《老子章句》二卷安丘望之撰。

《老子道德经指趣》四卷安丘望之撰。

《老子》二卷湘注。

《玄言新记道德》二卷王弼注。

《老子》二卷钟会注。

《老子》二卷羊祜注。

《老子》二卷程韶集注。

《老子》二卷王尚注。

《老子》二卷蜀才注。

《老子》二卷孙登注。

《老子》二卷袁真注。

《老子》二卷张凭注。

《老子》二卷鸠摩罗什注。

《老子》二卷释惠严注。

《老子》四卷陶弘景注。

《老子道德经品》四卷梁旷注。

《老子》二卷树钟山注。

《老子》二卷傅奕注。

《老子》二卷杨上善注。

《老子集注》四卷张道相集注。

《老子》二卷辟间仁谞注。

《老子》二卷成玄英注。

《老子》二卷李允愿注。

《老子》二卷陈嗣古注。

《老子》二卷释义盈注。

《老子道德经集解》四卷任真子注。

《老子节解》二卷

《老子指归》十四卷严遵志。

《老子指归》十三卷冯廓撰。

《老子道德经序诀》二卷葛洪撰。

《老子道德简要义》五卷玄景先生注。

《太上玄元皇帝道德经》二卷杨上器撰。

《太上老君玄元皇帝圣纪》十卷尹父操撰。

《老子章门老子玄旨》八卷韩庄撰。

《老子玄谱》一卷刘道人撰。

《老子道德论》二卷何晏撰。

《老子指例略》二卷

《老子道德经义疏》四卷顾欢撰。

《老子解释》四卷羊祜撰。

《老子义疏理纲》一卷

《老子讲疏》六卷梁武帝撰。

《老子私记》十卷梁简文帝撰。

《老子讲疏》四卷

《老子义疏》四卷孟智周撰。

《老子述义》十卷贾大隐撰。

《老子道德指略论》二卷杨上善撰。

《道德经》三卷

《略论》三卷杨上善撰。

《老子西升经》一卷

《老子黄庭经》一卷

《老子探真经》一卷

《老君科律》一卷

《老子宣时诫》一卷

《老子入室经》一卷

《老子华盖观天诀》一卷

《老子消水经》一卷

《老子神策》百二十条经一卷

《庄子》十卷崔譔注。

又十卷郭象注。

又二十卷向秀注。

又二十一卷司马彪注。

《庄子集解》二十卷李颐集解。

又二十卷王玄古撰。

《庄子》十卷杨上善撰。

《庄子讲疏》三十卷梁简文撰。

《庄子疏》七卷

《南华仙人庄子论》三十卷梁旷撰。

《释庄子论》二卷李充撰。

《南华真人道德论》三卷

《庄子疏》十卷王穆撰。

《庄子音》一卷王穆撰。

《庄子文句义》二十卷陆德明撰。

《庄子古今正义》十卷冯廓撰。

《庄子疏》十二卷成玄英撰。

《文子》十二卷

《鹖冠子》三卷鹖冠子撰。

《列子》八卷列御冠撰，张湛注。

《广成子》十二卷商洛公撰。

《任子道论》十卷任嘏撰。

《浑舆经》一卷姬威撰。

《唐子》十卷唐滂撰。

《苏子》七卷苏彦撰。

《宣子》二卷宣聘撰。

《陆子》十卷陆云撰。

《抱朴子内篇》二十卷葛洪撰。

《孙子》十二卷孙绰撰。

《顾道士论》二卷顾谷撰。

《幽求子》三十卷杜夷撰。

《符子》三十卷符朗撰。

《贺子》十卷贺道养撰。

《真诰》十卷陶弘景撰。

《无名子》一卷张太衡撰。

《养生要集》十卷张湛撰。

《无上秘要》七十二卷

《玄书通义》十卷张机撰。

《道要》三十卷

《登真隐诀》二十五卷陶弘景撰。

《同光子》八卷刘无待撰，侯偘注。

《牟子》二卷牟融撰。

《净住子》二十卷萧子良撰，王融颂。

《统略净住子》二卷释道宣撰。

《法苑》十五卷释僧祐撰。

《内典博要》三十卷虞孝景撰。

《真言要集》十卷释贤明撰。

《历代三宝记》三卷

《修多罗法门》二十卷郭瑜撰。

《集古今佛道论衡》四卷释道宣撰。

《六趣论》六卷杨上善撰。

《十门辩惑论》二卷释复礼志。

《经论纂要》十卷骆子义撰。

《通惑决疑录》二卷释道宣撰。

《夷夏论》二卷顾欢撰。

《笑道论》三卷甄鸾撰。

《齐三教论》七卷卫元嵩撰。

《辩正论》八卷释法琳撰。

《破邪论》三卷释法琳撰。

《三教诠衡》十卷杨上善撰。

《甄正论》三卷杜乂撰。

《心镜论》十卷李思慎撰。

《崇正论》六卷释彦琮撰。

　　右道家一百二十五部,《老子》六十一家,《庄子》十七家,道释诸说四十七家,凡九百六十卷。

《管子》十八卷管夷吾撰。

《商子》五卷商鞅撰。

《慎子》十卷慎到撰,滕辅注。

《申子》三卷申不害撰。

《韩子》二十卷韩非撰。

《晁氏新书》三卷晁错撰。

《崔氏政论》五卷崔寔撰。

《刘氏法言》十卷刘邵撰。

《刘氏正论》五卷刘廙撰。

《阮子正论》五卷阮武撰。

《桓氏代要论》十卷桓范撰。

《陈子要言》十四卷陈融撰。

《治道集》十卷李文博撰。

《春秋决狱》十卷董仲舒撰。

《五经析疑》三十卷邯郸绰撰。

　　　右法家十五部，凡一百五十八卷。

《邓析子》一卷邓析撰。

《尹文子》二卷尹文子撰。

《公孙龙子》三卷公孙龙撰。

又一卷贾大隐注。

又一卷陈嗣古注。

《人物志》三卷刘邵撰。

又三卷刘邵撰，刘炳注。

《士纬》十卷姚信撰。

《士操》一卷魏文帝撰。

《九州人士论》一卷卢毓撰。

《兼名苑》十卷释远年撰。

《辩名苑》十卷范谥撰。

　　　右名家十二部，凡五十六卷。

《墨子》十五卷墨翟撰。

《胡非子》一卷胡非子撰。

　　　右墨家二部，凡一十六卷。

《鬼谷子》二卷苏秦撰。

又三卷乐台撰。

又三卷尹知章注。

《补阙子》十卷梁元帝撰。

　　　右纵横家四部，凡十八卷。

《尸子》二十卷尸佼撰。

《尉缭子》六卷尉缭子撰。

《吕氏春秋》二十六卷吕不韦撰。

《淮南商诂》二十一卷刘安撰。

《淮南子注解》二十一卷高诱撰。

《淮南鸿烈音》二卷高诱撰。

《三将军论》一卷严尤撰。

《论衡》三十卷王充撰。

《风俗通义》三十卷应邵撰。

《仲长子昌言》十卷仲长统撰。

《万机论》八卷蒋济撰。

《笃论》四卷杜恕撰。

《刍荛论》五卷钟会撰。

《傅子》一百二十卷傅玄撰。

《默记》三卷张俨撰。

《新言》五卷裴玄撰。

《新义》十八卷刘钦撰。

《秦子》三卷秦菁撰。

《誓论》三十卷张俨撰。

《说林》五卷孔衍撰。

又二十卷张大素撰。

《抱朴子外篇》五十卷葛洪撰。

《时务论》十二卷杨伟撰。

《古今善言》三十卷范泰撰。

《记闻》三卷徐益寿撰。

《何子》五卷何楷撰。

《刘子》十卷刘勰撰。

《金楼子》十卷梁元帝撰。

《语丽》十卷朱澹远撰。

《袖中记》一卷

《要览》三卷陆士衡撰。

《古今注》五卷崔豹撰。

《采璧记》三卷庾肩吾撰。

《新略》十卷韦道孙撰。

《名数》十卷徐陵撰。

《典坟数》十卷范谧撰。

《荆楚岁时记》十卷宗凛撰。

又二卷杜公瞻撰。

《玉烛宝典》十二卷杜台卿撰。

《四时录》十二卷王氏撰。

《物始》十卷谢昊撰。

《事始》三卷刘孝孙撰。

《古今辩作录》三卷

《文章始》一卷任昉撰，张绩补。

《续文章始》一卷姚察撰。

《戚苑纂要》十卷刘杨名撰。

《张掖郡玄石图》一卷孟众撰。

《瑞应图记》二卷孙柔之撰。

《张掖郡玄石图》一卷卷高堂撰。

《瑞应图赞》三卷熊理撰。

《祥瑞图》十卷

《符瑞图》十卷顾野王撰。

《皇隋灵感志》十卷王邵撰。

《皇隋瑞文》十四卷许善心撰。

《谏林》十卷何望之撰。

《善谏》二卷虞通之撰。

《谏事》五卷魏征撰。

《谏苑》三十卷于志宁撰。

《子林》二十卷孟仪撰。

《子钞》三十卷沈约撰。

又三十卷庚子容撰。

《子林》三十卷薛克构撰。

《述正论》十三卷陆澄撰。

《博览》十五卷

《文府》七卷徐陵撰，宗道宁注。

《翰墨林》十卷

《群书理要》五十卷魏征撰。

《麟阁词英》六十卷高宗敕撰。

《四部言心》十卷刘守敬撰。

　　右杂家七十一部，凡九百八十二卷。

《氾胜之书》二卷氾胜之撰。

《四人月令》一卷崔寔撰。

《齐人要术》十卷贾思协撰。

《竹谱》一卷戴凯之撰。

《钱谱》一卷顾烜撰。

《禁苑实录》一卷

《种植法》七十七卷诸葛颖撰。

《兆人本业》三卷太后撰。

《相鹤经》一卷浮丘公撰。

《鸷击录》二十卷尧须跋撰。

《鹰经》一卷

《蚕经》一卷

《相鹤经》一卷伯鸾撰。

又三卷

又二卷徐成等撰。

《相马经》六十卷诸葛颖等撰。

《相牛经》一卷宁戚撰。

《相贝经》一卷

《养鱼经》一卷范蠡撰。

右农家二十部,凡一百九十二卷。

《鬻子》一卷鬻熊撰。

《燕丹子》三卷燕太子撰。

《笑林》三卷邯郸淳撰。

《博物志》十卷张华撰。

《郭子》三卷郭澄之撰,贾泉注。

《世说》八卷刘义庆撰。

《续世说》十卷刘孝标撰。

《小说》十卷刘义庆撰。

《小说》十卷殷芸撰。

《释俗语》八卷刘齐撰。

《辨林》二十卷萧贲撰。

《酒孝经》一卷刘炫定撰。

《座右方》三卷庚元威撰。

《启颜录》十卷侯白撰。

右小说家十三部,凡九十卷。

《周髀》一卷赵婴注。

又一卷甄鸾注。

又二卷李淳风撰。

《灵宪图》一卷张衡撰。

《浑天仪》一卷张衡撰。

《浑天象注》一卷王蕃撰。

《昕天论》一卷姚信撰。

《石氏星经簿赞》一卷石申甫撰。

《安天论》一卷虞喜撰。

《甘氏四七法》一卷甘德撰。

《论二十八宿度数》一卷

《荆州星占》二卷刘表撰。

又二十卷刘睿。

《天文集占》七卷陈卓撰。

《四方星占》一卷陈卓撰。

《五星占》二卷陈卓撰。

《天文集占》三卷

《天文录》三十卷祖暅之撰。

《天文横图》一卷高文洪撰。

《天文杂占》一卷吴云撰。

《星占》三十三卷孙僧化撰。

《十二次二十八宿星占》十二卷史崇撰。

《乙巳占》十卷李淳风撰。

《灵台秘苑》一百二十卷庾季才撰。

《玄机内事》七卷逢行圭撰。

  右天文二十六家，凡二百六十卷。

《三统历》一卷刘歆撰。

《乾象历》三卷阚泽注，阚洋撰。

《魏景初历》三卷杨伟撰。

《四分历》一卷

《乾象历术》三卷刘洪撰。

《乾象历》三卷

《宋元嘉历》二卷何承天撰。

《梁大同历》一卷虞𠛬撰。

《后魏永安历》一卷孙僧化撰。

《后魏武定历》一卷

《北齐天保历》一卷宋景业撰。

《周天象历》二卷王琛撰。

《隋开皇历》一卷刘孝孙撰。

又一卷李德林撰。

《隋大业历》一卷张胄玄撰。

《皇极历》一卷刘焯撰。

又一卷李淳风撰。

《河西壬辰元历》一卷赵㪍撰。

《河西甲寅元历》一卷李淳风撰。

《大唐麟德历》一卷

《大唐光宅历草》十卷

《周甲子元历》一卷

《齐甲子历》一卷

《大唐甲子元辰历》一卷瞿昙撰。

《大唐戊寅历》一卷

《陈七曜历》五卷吴伯善撰。

《七曜本起历》二卷

《七曜历算》二卷甄鸾撰。

《七曜杂术》二卷刘孝孙撰。

《七曜历疏》三卷张胄玄撰。

《历疏》一卷崔浩撰。

《历术》一卷甄鸾撰。

《玄历术》一卷张胄玄撰。

《刻漏经》一卷何承天撰。

又一卷朱史撰。

又一卷宋景撰。

《大唐刻漏经》一卷

《九章算经》一卷徐岳撰。

《九章重差》一卷刘向撰。

《九章重差图》一卷刘徽撰。

《九章算经》九卷甄鸾撰。

《九章杂算文》二卷刘祐撰。

《九章术疏》九章宋泉之撰。

《五曹算经》五卷甄鸾撰。

《孙子算经》三卷甄鸾撰注。

《海岛算经》一卷刘征撰。

《张徽丘建算经》一卷甄鸾撰。

《夏侯阳算经》三卷甄鸾注。

《数术记遗》一卷徐岳撰，甄鸾注。

《三等数》一卷董泉撰，甄氏注。

《算经要用百法》一卷徐岳撰。

《缀术》五卷祖冲之撰，李淳风注。

《五曹算经》三卷甄鸾撰。

《七经算术通义》七卷阴景愉撰。

《缉古算术》四卷王孝通撰，李淳风撰。

《算经表序》一卷

　　右历算五十八部，凡一百六十七卷。

《黄帝问玄女法》三卷玄女撰。

《太公阴谋》三卷

《太公金匮》二卷

《太公六韬》六卷

《司马法》三卷田穰苴撰。

《孙子兵法》十三卷孙武撰，魏武帝注。

又二卷孟氏解。

又二卷沈友注。

《黄石公三略》三卷

《三略训》三卷

《张良经》一卷张良撰。

《杂兵法》二十四卷

《兵书接要》七卷魏武帝撰。

《兵书要略》十卷魏文帝撰。

《兵记》十二卷司马彪撰。

《兵林》六卷孔衍撰。

《玉韬》十卷梁元帝撰。

《真人水镜》十卷陶弘景撰。

《握镜》一卷陶弘景撰。

《兵书要略》十卷宇文宪撰。

《太一兵法》一卷

《太公阴谋三十六用》一卷

《伍子胥兵法》一卷

《吴孙子三十二垒经》一卷

《玉帐经》一卷

《黄石公阴谋乘斗魁刚行军秘》一卷

《武德图五兵八阵法要》一卷

《三阴图》一卷

《黄帝太公三宫法要诀》一卷

《张氏七篇》七卷张良撰。

《承神兵书》八卷

《兵机》十五卷

《兵书要略》一卷

《新授兵书》三十卷隋高祖撰。

《六军镜》三卷李靖撰。

《用兵撮要》二卷

《兵春秋》一卷

《许子新书军胜》十卷

《金海》四十七卷萧吉撰。

《王佐秘珠》五卷乐产撰。

《金韬》十卷刘祐撰。

《悬镜》十卷李淳风撰。

《龙武玄兵图》二卷解忠鲠撰。

《临戎孝经》二卷员半千撰。

　　　右兵书四十五部，凡二百八十九卷。

《焦氏周易林》十六卷焦赣撰。

《京氏周易四时候》二卷

《京氏周易飞候》六卷

《京氏周易混沌》四卷

《京氏周易错卦》八卷京房撰。

《费氏周易林》二卷费直撰。

《崔氏周易林》十六卷

《许氏周易杂占》七卷许峻撰。

《周易参同契》二卷魏伯阳撰。

《周易五相类》一卷魏伯阳撰。

《周易林》四卷管辂撰。

《周易杂占》八卷尚广撰。

《徐氏周易筮占》二十四卷徐苗撰。

《周易立成占》六卷

《武氏周易杂占》八卷武氏撰。

《周易集林》十二卷伏曼容撰。

又一卷伏氏撰。

《连山》三十卷梁元帝撰。

《易林》十四卷

《新易林占》三卷杜氏撰。

《周易杂占筮决文》二卷梁运撰。

《周易新林》一卷

《周易林》七卷张满撰。

《易律历》一卷

《周易服药法》一卷

《周易洞林解》三百卷郭璞撰。

《洞林》三卷梁元帝撰。

《易三备》三卷

又一卷

《易髓》一卷

《易脑》一卷郭氏撰。

《孝经元辰》二卷

《推元辰厄命》一卷

《元辰章》三卷

《六甲周天历》一卷孙僧化作。

《风角要候》一卷翼奉撰。

《风角六情诀》一卷王琛撰。

《风角》十卷

《风角鸟情》二卷刘孝恭撰。

《鸟情占》一卷

《鸟情逆占》一卷管辂撰。

《九宫经解》二卷

《九宫行棋经》三卷郑玄撰。

《九宫行棋立成》一卷王琛撰。

《逆刺》三卷京房撰。

《婚嫁书》二卷

《推产妇何时产法》一卷王琛撰。

《产图》一卷崔知悌撰。

《登坛经》一卷

《太一大游历》二卷

《大游太一历》一卷

《曜灵经》一卷

《七政历》一卷

《六壬历》一卷

《灵宝登图》

《推二十四气历》一卷

《太一历》一卷

《式经》一卷宋珉撰。

《九旗飞变》一卷郑玄撰，李淳风注。

《太史公万岁历》一卷司马谈撰。

《万岁历祠》二卷

《千岁历祠》二卷任氏撰。

《黄帝飞鸟历》一卷张衡撰。

《太乙飞鸟历》一卷

《堪舆历注》二卷

《黄帝四序堪舆》二卷殷绍撰。

《遁甲经》一卷

《遁甲文》一卷伍子胥撰。

《遁甲囊中经》一卷

《三元遁甲图》三卷葛洪撰。

《遁甲万一诀》三卷

《遁甲立成图》二卷

《遁甲立成法》三卷

《遁甲九宫八门图》一卷

《遁甲开山图》一卷王琛撰。

又二卷荣氏撰。

《白泽图》一卷

《武王须臾》二卷

《师旷占书》一卷

《东方朔占书》一卷

《范子问计然》十五卷范蠡问，计然答。

《淮南王万毕术》一卷刘安撰。

《神枢灵辖》十卷乐产撰。

《禄命书》二十卷刘孝恭撰。

又二卷王琛撰。

《五行记》五卷萧吉撰。

《五姓宅经》二卷

《阴阳书》五十卷吕才撰。

《青鸟子》三卷

《葬经》八卷

又十卷

又二卷萧吉撰。

《葬书地脉经》一卷

《墓书五阴》一卷

《杂墓图》一卷

《墓图立成》一卷

《六甲冢名杂忌要诀》二卷

《五姓墓图要诀》五卷孙氏撰。

《坛中伏尸》一卷

《玄女弹五音法相冢经》一卷胡君撰。

《新撰阴阳书》三十卷王粲撰。

《龟经》三卷柳彦询撰。

又一卷刘宝真撰。

又一卷王弘礼撰。

又一卷庄道名撰。

又一卷孙思邈撰。

《百怪书》一卷

《祠灶经》一卷

《解文》一卷

《占梦书》二卷

又三卷周宣撰。

《玄悟经》三卷李淳风撰。

　　右五行一百一十三部，凡四百八十五卷。

《投壶经》一卷郝冲、虞谭法撰。

《大小博法》二卷

《皇博经》一卷魏文帝撰。

《太博经碁行棋戏法》二卷

《小博经》一卷鲍宏撰。

《博塞经》一卷鲍宏撰。

《二仪　簿经》一卷隋炀帝撰。

《大博经》二卷吕才撰。

《棋势》六卷

《棋品》五卷范汪等注。

《围棋后九品序录》一卷

《竹苑仙棋图》一卷

《棋评》一卷梁武帝撰。

《象经》一卷周武帝撰。

又一卷何妥撰。

又一卷王裕撰。

《今古术艺》十五卷

　　右杂艺术一十八部，凡四十四卷。

《皇览》一百二十二卷何承天撰。

又八十四卷徐爰并合。

《类苑》一百二十卷刘孝标撰。

《寿光书苑》二百卷刘香撰。

《华林编略》六百卷徐勉撰。

《修文殿御览》三百六十卷

《长洲玉镜》一百三十八卷虞绰等撰。

《艺文类聚》一百卷欧阳询等撰。

《书抄》一百七十三卷虞世南撰。

《要录》六十卷

《书图泉海》七十卷张氏撰。

《检事书》一百六十卷

《帝王要览》二十卷

《玉藻琼林》一百卷孟利贞撰。

《玄览》一百卷天后撰。

《累璧》四百卷许敬宗撰。

《碧玉芳林》四百五十卷孟利贞撰。

《策府》五百八十二卷张大素撰。

《玄门宝海》一百二十卷诸葛颖撰。

《文思博要并目》一千二百一十二卷张大素撰。

《三教珠英并目》一千三百一十三卷张昌宗等撰。

右类事二十二部，凡七千八十四卷。

《黄帝三部针经》十三卷皇甫谧撰。

《黄帝八十一难经》一卷秦越人撰。

《赤乌神针经》一卷张子存撰。

《黄帝明堂经》三卷

《黄帝针灸经》十二卷

《明堂图》三卷秦承祖撰。

《龙衔素针经并孔穴虾蟆图》三卷

《黄帝素问》八卷

《黄帝内经明堂》十三卷

《黄帝杂注针经》一卷

《黄帝十二经脉明堂五藏图》一卷

《黄帝十二经明堂偃侧人图》十二卷

《黄帝针经》十卷

《黄帝明堂》三卷

《黄帝九灵经》十二卷灵宝注。

《玉匮针经》十二卷

《黄帝内经太素》三十卷杨上善撰。

《三部四时五藏辨候诊色脉经》一卷

《黄帝内经明堂类成》十三卷杨上善撰。

《黄帝明堂经》三卷杨玄孙撰注。

《灸经》一卷

《铃和子》十卷贾和光撰。

《脉经诀》三卷徐氏撰。

《脉经》二卷

《五藏诀》一卷

《五藏论》一卷

　　右明堂经脉二十六家，凡一百七十三卷。

《神农本草》三卷

《桐君药录》三卷桐君撰。

《雷公药对》二卷

《药类》二卷

《本草用药要妙》二卷

《本草病源合药节度》五卷

《本草要术》三卷

《本草药性》三卷甄立言撰。

《疗痈疽耳眼本草要妙》五卷

《种芝经》九卷

《芝草图》一卷

《吴氏本草因》六卷吴普撰。

《李氏本草》三卷

《名医别录》三卷

《药目要用》二卷

《本草集经》七卷陶弘景撰。

《灵秀本草图》六卷原平仲撰。

《诸药异名》十卷释行智撰。

《四时采取诸药及合和》四卷

《本草图经》七卷苏敬撰。

《新修本草》二十一卷苏敬撰。

《新修本草图》一十六卷苏敬等撰。

《本草音》三卷苏敬等撰。

《本草音义》二卷殷子严撰。

《太清神丹中经》三卷

《太清神仙服食经》五卷

又一卷抱朴子撰。

《太清璇玑文》七卷冲和子撰。

《金匮仙药录》三卷京里先生撰。

《神仙服食经》十二卷京里先生撰。

《太清诸丹要录集》四卷

《神仙药食经》一卷

《神仙服食方》十卷

《神仙服食药方》十卷

《服玉法并禁忌》一卷

《太清诸草木方集要》三卷

《太清玉石丹药要集》三卷陶弘景撰。

《太一铁胤神丹方》三卷苏游撰。

《养生要集》十卷张湛撰。

《补养方》三卷孟诜撰。

《诸病源候论》五十卷吴景撰。

《四海类聚单方》十六卷隋炀帝撰。

《太官食法》一卷

《太官食方》十九卷

《食经》九卷崔浩撰。

又十卷

又四卷竺暄撰。

《四时食法》一卷赵氏撰。

《淮南王食经》一百二十卷诸葛颖撰。

《淮南王食目》十卷

《淮南王食经音》十三卷诸葛颖撰。

《食经》三卷卢仁宗撰。

《张仲景药方》十五卷王叔和撰。

《华氏药方》十卷华佗方，吴普集。

《肘后救卒方》四卷葛洪撰。

《补肘后救卒备急方》六卷陶弘景撰。

《阮河南方》十六卷阮炳撰。

《杂药方》一百七十卷范汪方，尹穆撰。

《胡居士方》三卷胡洽撰。

《刘涓子男方》十卷龚庆宣撰。

《疗痈疽金疮要方》十四卷甘濬之撰。

《杂疗方》二十卷徐叔和撰。

《体疗杂病方》六卷徐叔和撰。

《脚弱方》八卷徐叔向撰。

《药方》十七卷秦承祖撰。

《疗痈疽金疮要方》十二卷甘伯齐撰。

《杂药方》十二卷褚澄撰。

《效验方》十卷陶弘景撰。

《百病膏方》十卷

《杂汤方》八卷

《疗目方》五卷

《杂药方》十卷陈山提撰。

又六卷

《杂丸方》一卷

《调气方》一卷释鸾撰。

《黄素方》十五卷

《杂汤丸散方》五十七卷孝思撰。

《僧深集方》三十卷释僧深撰。

《删繁方》十二卷谢士太撰。

《徐王八代效验方》十卷徐之才撰。

《徐氏落年方》三卷徐嗣伯撰。

《杂病论》一卷徐嗣伯撰。

《徐氏家秘方》二卷徐之才撰。

《集验方》十卷姚僧垣撰。

《小品方》十二卷陈延之撰。

《经心方》八卷宋侠撰。

《名医集验方》三卷

《古今录验方》五十卷甄权。

《崔氏纂要方》十卷崔知悌撰。

《孟氏必效方》十卷孟诜撰。

《延年秘录》十二卷

《玄感传尸方》一卷苏游撰。

《骨蒸病灸方》一卷崔知悌撰。

《寒食散方并消息节度》二卷

《解寒食散方》十三卷徐叔和撰。

《妇人方》十卷

又二十卷

《少小方》十卷

《少小杂方》二十卷

《少小节疗方》一卷俞宝撰。

《狐子杂诀》三卷

《狐子方金诀》二卷葛仙公撰。

《陵阳子秘诀》一卷明月公撰。

《神临药秘经》一卷黄公撰。

《黄白秘法》一卷

又二十卷

《玉房秘术》一卷葛氏撰。

《房秘录诀》八卷冲和子撰。

《类众方》二千六百卷

　　右医术本草二十五家，养生十六家，病源单方二家，食经十家，杂经方五十八家，类聚方一家，共一百一十家，凡三千七百八十九卷。

丁部集录三类,共八百九十部,书一万二千二十八卷。

《楚词》类一 别集类二 总集类三

《楚词》十六卷王逸注。

《楚词》十卷郭璞注。

《楚词九悼》一卷杨穆撰。

《离骚草木虫鱼疏》一卷刘杳撰。

《楚词音》一卷孟奥撰。

《楚词音》一卷徐邈撰。

《楚词音》一卷释道骞撰。

《汉武帝集》二十卷

《魏武帝集》三十卷

《魏文帝集》十卷

《魏明帝集》十卷

《魏高贵乡公集》二卷

《晋宣帝集》十卷

《晋文帝集》一卷

《晋明帝集》五卷

《晋简文帝集》五卷

《宋武帝集》二十卷

《宋文帝集》十卷

《梁文帝集》十八卷

《梁武帝集》十卷

《梁简文帝集》八十卷

《梁元帝集》五十卷

《梁元帝集》十卷

《后魏明帝集》一卷

《后魏文帝集》四十卷

《后周明帝集》一卷

《陈后主集》五十卷

《隋炀帝集》三十卷

《太宗文皇帝集》三十卷

《高宗大帝集》八十六卷

《中宗皇帝集》四十卷

《睿宗皇帝集》十卷

《垂拱集》一百卷

《金轮集》十卷大后撰。

《梁昭明太子集》二十卷

《汉淮南王集》二卷

《汉东平王集》二卷

《魏陈思王集》二十卷

《魏陈思王集》三十卷

《晋齐王集》二卷

《晋会稽王集》八卷

《晋彭城王集》八卷

《晋谯王集》三卷

《宋长沙王集》十卷

《宋临川王集》八卷

《宋衡阳王集》十卷

《宋江夏王集》十三卷

《宋南平王集》五卷

《宋建平王集》十卷

《宋建平王小集》十五卷

《齐竞陵王集》三十卷

《梁邵平王集》四卷

《梁武陵王集》八卷

《后周赵王集》十卷

《后周滕王集》十二卷

《赵荀况集》二卷

《楚宋玉集》二卷

《前汉贾谊集》二卷

《枚乘集》二卷

《司马迁集》二卷

《东方朔集》二卷

《董仲舒集》二卷

《李陵集》二卷

《司马相如集》二卷

《孔臧集》二卷

《魏相集》二卷

《张敞集》二卷

《韦玄成集》二卷

《刘向集》五卷

《王褒集》五卷

《谷永集》五卷

《杜邺集》五卷

《师丹集》五卷

《息夫躬集》五卷

《刘歆集》五卷

《杨雄集》五卷

《崔篆集》一卷

《后汉桓谭集》二卷

《史岑集》二卷

《王文山集》二卷

《朱勃集》二卷

《梁鸿集》二卷

《黄香集》二卷

《冯衍集》五卷

《班彪集》二卷

《杜笃集》五卷

《傅毅集》五卷

《班固集》十卷

《崔骃集》十卷

《贾逵集》二卷

《刘駒骁集》二卷

《崔瑗集》五卷

《苏顺集》二卷

《窦章集》二卷

《胡广集》二卷

《高彪集》二卷

《王逸集》二卷

《桓驎集》二卷

《边韶集》二卷

《皇甫规集》五卷

《张奂集》二卷

《朱穆集》二卷

《赵壹集》二卷

《张升集》二卷

《侯瑾集》二卷

《郦炎集》二卷

《卢桓集》二卷

《刘珍集》二卷

《张衡集》十卷

《葛龚集》五卷

《李固集》十卷

《马融集》五卷

《崔琦集》二卷

《延笃集》二卷

《刘陶集》二卷

《荀爽集》二卷

《刘梁集》二卷

《郑玄集》二卷

《蔡邕集》二十卷

《应劭集》四卷

《士孙瑞集》二卷

《张邵集》五卷

《祢衡集》二卷

《孔融集》十卷

《虞翻集》三卷

《潘勖集》二卷

《阮瑀集》五卷

《陈琳集》十卷

《张纮集》一卷

《繁钦集》十卷

《杨修集》二卷

《王粲集》十卷

《魏华歆集》二十卷

《王朗集》三十卷

《邯郸淳集》二卷

《袁涣集》五卷

《应玚集》二卷

《徐干集》五卷

《刘祯集》二卷

《路粹集》二卷

《丁仪集》二卷

《丁廙集》二卷

《吴质集》五卷

《刘廙集》二卷

《孟逮集》三卷

《陈群集》三卷

《王修集》三卷

《管宁集》二卷

《刘邵集》二卷

《麋元集》五卷

《李康集》二卷

《孙该集》二卷

《卞兰集》二卷

《傅巽集》二卷

《高堂隆集》十卷

《缪袭集》五卷

《殷褒集》二卷

《韦诞集》三卷

《曹羲集》五卷

《傅嘏集》二卷

《桓范集》二卷

《夏侯霸集》二卷

《钟毓集》五卷

《江奉集》二卷

《夏侯惠集》二卷

《毌丘俭集》二卷

《王弼集》五卷

《吕安集》二卷

《王昶集》五卷

《王肃集》五卷

《何晏集》十卷

《应瑗集》十卷

《杜挚集》一卷

《夏侯玄集》二卷

《程晓集》二卷

《阮籍集》五卷

《嵇康集》十五卷

《钟会集》十卷

《蜀许靖集》二卷

《诸葛亮集》二十四卷

《吴张温集》五卷

《士燮集》五卷

《骆统集》十卷

《暨艳集》二卷

《谢承集》四卷

《姚信集》十卷

《杨厚集》二卷

《华核集》三卷

《胡综集》二卷

《薛综集》二卷

《张俨集》二卷

《韦昭集》二卷

《纪陟集》三卷

《晋王沉集》五卷

《郑袤集》二卷

《应贞集》五卷

《嵇喜集》二卷

《傅玄集》五十卷

《成公绥集》十卷

《裴秀集》三卷

《何祯集》五卷

《袁准集》二卷

《山涛集》五卷

《向秀集》二卷

《阮冲集》二卷

《阮侃集》五卷

《羊祜集》二卷

《贾充集》二卷

《荀勖集》二十卷

《杜预集》二十卷

《王濬集》二卷

《皇甫谧集》二卷

《程咸集》二卷

《刘毅集》二卷

《庾峻集》三卷

《郄正集》一卷

《薛莹集》二卷

《杨泉集》二卷

《陶濬集》三卷

《宣聘集》三卷

《曹志集》二卷

《邹湛集》四卷

《孙毓集》二卷

《王浑集》五卷

《王深集》四卷

《江伟集》五卷

《闵鸿集》二卷

《裴楷集》二卷

《何劭集》二卷

《刘颂集》三卷

《刘寔集》二卷

《裴頠集》十卷

《许孟集》二卷

《王祜集》二卷

《王济集》二卷

《华峤集》一卷

《庾儵集》三卷

《谢衡集》二卷

《傅咸集》三十卷

《枣据集》二卷

《刘宝集》三卷

《孙楚集》十卷

《王赞集》三卷

《夏侯湛集》十卷

《夏侯淳集》十卷

《张敏集》二卷

《刘讦集》二卷

《李重集》二卷

《乐广集》二卷

《阮浑集》二卷

《杨乂集》三卷

《张华集》十卷

《李虔集》十卷

《石崇集》五卷

《潘岳集》十卷

《潘尼集》十卷

《欧阳建集》二卷

《嵇绍集》二卷

《卫展集》四十卷

《卢播集》二卷

《栾肇集》二卷

《应亨集》二卷

《司马彪集》三卷

《杜育集》二卷

《挚虞集》二卷

《缪征集》二卷

《左思集》五卷

《夏侯靖集》二卷

《郑丰集》二卷

《陈略集》二卷

《张翰集》二卷

《陆机集》十五卷

《陆云集》十卷

《陆冲集》二卷

《孙极集》二卷

《张载集》三卷

《张协集》二卷

《束皙集》五卷

《华谭集》二卷

《曹摅集》二卷

《江统集》十卷

《胡济集》五卷

《卞粹集》二卷

《闻丘冲集》二卷

《庾敳集》二卷

《阮瞻集》二卷

《阮循集》二卷

《裴邈集》二卷

《郭象集》五卷

《嵇合集》十卷

《孙惠集》十卷

《蔡洪集》三卷

《牵秀集》五卷

《蔡克集》二卷

《索靖集》二卷

《阎纂集》二卷

《张辅集》二卷

《殷巨集》二卷

《陶佐集》五卷

《仲长敖集》二卷

《虞溥集》二卷

《吴商集》五卷

《刘弘集》三卷

《山简集》二卷

《宗岱集》三卷

《王旷集》五卷

《王峻集》二卷

《枣腆集》二卷

《枣嵩集》二卷

《刘琨集》十卷

《卢谋集》十卷

《傅畅集》五卷

《东晋顾荣集》二卷

《荀组集》二卷

《周颛集》二卷

《周嵩集》三卷

《王道集》十卷

《荀遂集》二卷

《王敦集》五卷

《谢鲲集》二卷

《张抗集》二卷

《贾霖集》三卷

《刘隗集》三卷

《应詹集》三卷

《陶侃集》二卷

《王洽集》三卷

《傅毅集》五卷

《张闿集》三卷

《卞壶集》二卷

《刘超集》二卷

《杨方集》二卷

《傅纯集》二卷

《郄鉴集》十卷

《温峤集》十卷

《孔坦集》五卷

《王涛集》五卷

《王篯集》五卷

《甄述集》五卷

《戴邈集》五卷

《贺循集》二十卷

《张悛集》二卷

《曾璄集》五卷

《熊远集》五卷

《郭璞集》十卷

《王鉴集》五卷

《庾亮集》二十卷

《虞预集》十卷

《顾和集》五卷

《范宣集》十卷

《张虞集》五卷

《庾冰集》二十卷

《庾翼集》二十卷

《何充集》五卷

《诸葛恢集》五卷

《祖台之集》十五卷

《李充集》十四卷

《蔡谟集》十卷

《谢艾集》八卷

《范汪集》八卷

《范宁集》十五卷

《阮放集》五卷

《王廙集》十卷

《王彪之集》二十卷

《谢安集》五卷

《谢万集》十卷

《王羲之集》五卷

《于宝集》四卷

《殷融集》十卷

《刘遐集》五卷

《殷浩集》五卷

《刘恢集》二卷

《王濛集》五卷

《谢尚集》五卷

《张冯集》五卷

《张望集》三卷

《韩康伯集》五卷

《王胡之集》五卷

《江霖集》五卷

《范宣集》五卷

《江淳集》五卷

《王述集》五卷

《郝默集》五卷

《黄整集》十卷

《王浃集》二卷

《王度集》五卷

《刘系之集》五卷

《刘恢集》五卷

《范起集》五卷

《殷康集》五卷

《孙嗣集》三卷

《王坦之集》五卷

《桓温集》二十卷

《郗超集》十五卷

《谢朗集》五卷

《谢玄集》十卷

《王珣集》十卷

《许询集》三卷

《孙统集》五卷

《孙绰集》十五卷

《孔严集》五卷

《江逌集》五卷

《车灌集》五卷

《丁纂集》二卷

《曹毗集》十五卷

《蔡系集》二卷

《李颙集》十卷

《顾夷集》五卷

《袁乔集》五卷

《谢沉集》五卷

《庾阐集》十卷

《王隐集》十卷

《殷允集》十卷

《徐邈集》八卷

《殷仲湛集》十卷

《殷叔献集》三卷

《伏滔集》五卷

《桓嗣集》五卷

《习凿齿集》五卷

《钮滔集》五卷

《邵毅集》五卷

《孙盛集》十卷

《袁质集》二卷

《袁宏集》二十卷

《袁绍集》三卷

《罗含集》三卷

《孙放集》十五卷

《辛昞集》四卷

《庾统集》二卷

《郭愔集》五卷

《滕辅集》五卷

《庾龢集》二卷

《庾轨集》二卷

《庾蓇集》二卷

《庾肃之集》十卷

《王修集》二卷

《戴逵集》十卷

《桓玄集》二十卷

《殷仲文集》七卷

《卞湛集》五卷

《苏彦集》十卷

《袁豹集》十卷

《王谧集》十卷

《周祗集》十卷

《梅陶集》十卷

《湛方生集》十卷

《刘瑾集》八卷

《羊徽集》一卷

《卞裕集》十四卷

《王愆期集》十卷

《孔璠之集》二卷

《王茂略集》四卷

《薄肃之集》十卷

《滕演集》一卷

《宋刘义宗集》十五卷

《谢瞻集》二卷

《孔琳之集》十卷

《王叔之集》十卷

《孔琳之集》十卷

《徐广集》十五卷

《孔宁子集》十五卷

《蔡廓集》十卷

《傅亮集》十卷

《孙康集》十卷

《郑鲜之集》二十卷

《陶渊明集》五卷

《范泰集》二十卷

《王弘集》二十卷

《谢灵运集》十五卷

《荀昶集》十四卷

《孔欣集》八卷

《卞伯玉集》五卷

《王昙百集》二卷

《谢弘微集》二卷

《王韶之集》二十四

《沈林子集》七卷

《姚涛之集》二十卷

《贺道养集》十卷

《卫令元集》八卷

《褚诠之集》八卷

《荀钦明集》六卷

《殷淳集》三卷

《刘瑀集》七卷

《刘绲集》五卷

《雷次宗集》三十卷

《宗炳集》十五卷

《伍缉之集》十一卷

《荀雍集》十卷

《袁淑集》十卷

《颜延之集》三十卷

《王微集》十卷

《王僧达集》十卷

《张畅集》十四卷

《何偃集》八卷

《沈怀文集》十三卷

《江智泉集》十卷

《谢庄集》十五卷

《殷琰集》八卷

《颜竣集》十三卷

《何承天集》三十卷

《裴松之集》三十卷

《卞瑾集》十卷

《丘泉之集》六卷

《颜测集》十一卷

《汤惠休集》三卷

《沈勃集》十五卷

《徐爰集》十卷

《鲍照集》十卷

《庾蔚之集》十一卷

《虞通之集》五卷

《刘憺集》十卷

《孙缅集》十卷

《袁伯文集》十卷

《袁粲集》十卷

《齐褚彦回集》十五卷

《王俭集》六十卷

《周颙集》二十卷

《徐孝嗣集》十二卷

《王融集》十卷

《谢朓集》十卷

《孔稚珪集》十卷

《陆厥集》十卷

《虞羲集》十一卷

《宗躬集》十二卷

《江㲋集》十一卷

《张融玉海集》六十卷

《梁范云集》十二卷

《江淹前集》十卷

《江淹后集》十卷

《任昉集》三十四卷

《宗史集》十卷

《王暕集》二十卷

《魏道微集》三卷

《司马褧集》九卷

《沈约集》一百卷

《沈约集略》三十卷

《傅昭集》十卷

《袁昂集》二十卷

《徐勉前集》二十五卷

《徐勉后集》十六卷

《陶弘景集》三十卷

《周舍集》二十卷

《何逊集》八卷

《谢琛集》五卷

《谢郁集》五卷

《王僧孺集》三十卷

《张率集》三十卷

《杨朓集》十卷

《鲍畿集》八卷

《周兴嗣集》十卷

《萧洽集》二卷

《裴子野集》十四卷

《庾景兴集》十卷

《陆倕集》二十卷

《刘之遴前集》十卷

《刘之遴集》三十卷

《虞𬭎集》六卷

《王冏集》三卷

《刘孝绰集》十一卷

《刘孝仪集》二十卷

《刘孝威前集》十卷

《刘孝威后集》十卷

《丘迟集》十卷

《王锡集》七卷

《萧子范集》三卷

《萧子云集》二十卷

《萧子晖集》十一卷

《江革集》十卷

《吴均集》二十卷

《庾肩吾集》十卷

《王筠洗马集》十卷

《王筠中庶子集》十卷

《王筠左右集》十卷

《王筠临海集》十卷

《王筠中书集》十卷

《王筠尚书集》十一卷

《鲍昶集》一卷

《谢璃集》十卷

《任孝恭集》十卷

《张缵集》十卷

《陆云公集》四卷

《张绾集》十集

《甄玄成集》十卷

《萧欣集》十卷

《沈君攸集》十二卷

《后魏高允集》二十卷

《宗钦集》二卷

《李诸集》十卷

《韩宗集》五卷

《袁跃集》九卷

《薛孝通集》六卷

《温子升集》二十五卷

《卢元明集》六卷

《阳固集》三卷

《魏孝景集》一卷

《北齐杨休之集》二十卷

《邢子才集》三十卷

《魏收集》七十卷

《刘逖集》四十卷

《后周宗懔集》三十卷

《王褒集》三十卷

《萧㧑集》十卷

《庾信集》二十卷

《王衡集》三卷

《陈沈炯前集》六卷

《沈炯后集》十三卷

《周弘正集》二十卷

《徐陵集》三十卷

《张正见集》四卷

《陆珍集》五卷

《陆瑜集》十卷

《沈不害集》十卷

《张式集》十三卷

《褚介集》十卷

《顾越集》二卷

《顾览集》五卷

《姚察集》二十卷

《隋卢思道集》二十卷

《李元操集》二十二卷

《辛德源集》三十卷

《李德林集》十卷

《牛弘集》十二卷

《薛道衡集》三十卷

《何妥集》十卷

《柳顾言集》十卷

《江总集》二十卷

《殷英童集》三十卷

《萧悫集》九卷

《魏澹集》四卷

《尹式集》五卷

《诸葛颖集》十四卷

《王胄集》十卷

《虞茂代集》五卷

《刘兴宗集》三卷

《李播集》三卷

《唐陈叔达集》五卷

《褚亮集》二十卷

《虞世南集》三十卷

《萧瑀集》一卷

《沈齐家集》十卷

《薛收集》十卷

《杨师道集》十卷

《庾抱集》六卷

《孔颖达集》五卷

《王绩集》五卷

《郎楚之集》十卷

《魏征集》二十卷

《许敬宗集》六十卷

《于志宁集》四十卷

《上官仪集》三十卷

《李义府集》三十九卷

《颜师古集》四十卷

《岑文本集》六十卷

《刘子翼集》十卷

《殷闻礼集》十卷

《陆士季集》十卷

《刘孝孙集》三十卷

《郑代翼集》八卷

《崔君实集》十卷

《李伯药集》三十卷

《孔绍安集》三卷

《高季辅集》二卷

《温彦博集》二十卷

《李玄道集》十卷

《谢偃集》十集

《沈叔安集》二十卷

《陆楷集》十卷

《曹宪集》三十卷

《萧德言集》三十卷

《潘求仁集》三卷

《殷芊集》三卷

《萧钧集》三十卷

《袁朗集》四卷

《杨续集》十卷

《玉约集》一卷

《任希古集》五卷

《凌敬集》十四卷

《王德俭集》十卷

《徐孝德集》十卷

《杜之松集》十卷

《宋令文集》十卷

《陈子良集》十卷

《颜颐集》十卷

《刘颖集》十卷

《司马金集》十卷

《郑秀集》十二卷

《耿义褒集》七卷

《杨元亨集》五卷

《刘纲集》三卷

《王归一集》十卷

《马周集》十卷

《薛元超集》三十卷

《高智周集》五卷

《褚遂良集》二十卷

《刘祎之集》五十卷

《郝处俊集》十卷

《崔知悌集》五卷

《李安期集》二十卷

《唐观集》五卷

《张大素集》十卷

《邓玄梃集》十卷

《刘允济集》二十卷

《骆宾王集》十卷

《卢照邻》二十卷

《杨炯集》三十卷

《王勃集》三十卷

《狄仁杰集》十集

《李怀远集》八卷

《卢受采集》十卷

《王适集》二十卷

《乔知之集》二十卷

《苏味道集》十五卷

《薛曜集》二十卷

《郎余庆集》十卷

《卢光容集》五卷

《崔融集》四十卷

《阎镜机集》十卷

《李峤集》三十卷

《乔备集》六卷

《陈子昂集》十卷

《元希声集》十卷

《李适集》二十卷

《沈佺期集》十卷

《徐彦伯前集》十卷

《后集》十卷

《宋之问集》十卷

《杜审言集》十卷

《谷倚集》十卷

《富嘉谟集》十卷

《吴少微集》十卷

《刘希夷集》三卷

《张柬之集》十卷

《桓彦范集》三卷

《韦承庆集》六十卷

《阎丘均集》三十卷

《郭元振集》二十卷

《魏知古集》二十卷

《阎朝隐集》五卷

《苏瓌集》十卷

《员半千集》十卷

《李乂集》五卷

《姚崇集》十卷

《丘悦集》十卷

《刘子玄集》十卷

《卢藏用集》二十卷

《道士江旻集》三十卷

《沙门昙谛集》六卷

《沙门惠远集》十五卷

《沙门惠琳集》五卷

《沙门昙瑗集》六卷

《沙门亡名集》十卷

《沙门灵裕集》二卷

《沙门支遁集》十卷

《曹大家集》二卷

《钟夫人集》二卷

《刘臻妻陈氏集》五卷

《九嫔集》一卷

《临安公主集》三卷

《范靖妻沈满愿集》五卷

《徐悱妻刘氏集》六卷

《文章流别集》三十卷挚虞撰。

《善文》四十九卷杜预撰。

《名文集》四十卷谢沈撰。

《文苑》一百卷孔逭撰。

《文选》三十卷梁昭明太子撰。

《文选》六十卷李善注。

又六十卷公孙罗注。

《文选音》十卷萧该撰。

又十卷公孙罗撰。

《文选音义》十卷释道淹撰。

《小词林》五十三卷

《集古今帝王正位文章》九十卷

《文海集》三十六卷萧圆撰。

《词苑丽则》二十卷康明贞撰。

《芳林要览》三百卷许敬宗撰。

《类文三百士馆词林》一千卷许敬宗撰。

《赋集》四十卷宋明帝撰。

《皇帝瑞应颂集》十卷

《五都赋》五卷

《献赋集》十卷卞铄撰。

《上林赋》一卷司马相如撰。

《幽通赋》一卷班固撰，曹大家注。

又一卷项岱撰。

《二京赋》二卷张衡撰。

《二京赋音》二卷薛综撰。

《三都赋》三卷

《齐都赋》一卷左太冲撰。

《齐都赋音》一卷李轨撰。

《百赋音》一卷褚令之撰。

《赋音》二卷郭微之撰。

《三京赋音》一卷綦毋邃撰。

《木连理颂》二卷

《靖恭堂颂》一卷李嵩撰。

《诸郡碑》一百六十六卷

《杂碑文集》二十卷

《翰林论》二卷李充撰。

《杂论》九十五卷殷仲堪撰。

《设论集》三卷刘楷撰。

又五卷谢灵运撰。

《连珠集》五卷谢灵运撰。

《制旨连珠》四卷梁武帝撰。

又十一卷陆缅撰。

《赞集》五卷谢庄撰。

《七国叙赞》十卷

《吴国先贤赞论》三卷

《会稽先贤赞》四卷贺氏撰。

《会稽太守像赞》二卷贺氏撰。

《列女传叙赞》二卷孙夫人撰。

《古今箴铭集》十三卷张湛撰。

《众贤诫集》十五卷

《杂诫箴》二十四卷

《诏集图别》二十七卷宋干撰。

《霸朝杂集》五卷李德林撰。

《古今诏集》三十卷温彦博撰。

又一百卷李义府撰。

《圣朝诏集》三十卷薛尧撰。

《书集》八十卷王履撰。

《书林》六卷夏赤松撰。

《山涛启事》三卷

《苑宁启事》十卷

《梁中书表集》二百五十卷

《荐文集》七卷

《宋元嘉策》五卷

《策集》六卷谢灵运撰。

《七林集》十二卷卜氏撰。

《七悟集》一卷颜延之撰。

《诽谐文》十五卷袁叔撰。

《弘明集》十四卷释僧祐撰。

《广弘明集》三十卷释道宣撰。

《陶神论》五卷释灵祐撰。

《妇人训解集》十卷徐湛之撰。

《妇人诗集》二卷颜竣撰。

《文训集》六卷

《文释》十卷江邃撰。

《文心雕龙》十卷刘勰撰。

《百志诗集》五卷于宝撰。

《百国诗集》二十九卷崔光撰。

《百一诗》八卷应璩撰。

《百一诗集》二卷李夔撰。

《清溪集》三十卷齐武帝命撰。

《晋元氏宴会游集》四卷伏滔、袁豹、谢灵运等撰。

《元嘉宴会游山诗集》五卷

《元嘉西池宴会诗集》三卷颜延之撰。

《齐释奠会诗集》二十卷

《文会诗集》四卷徐伯阳撰。

《文林诗府》六卷北齐后主作。

《西府新文》十卷萧淑撰。

《诗集新撰》三十卷宋明帝撰。

《诗集》二十卷宋明帝撰。

《诗集抄》十卷谢灵运撰。

《诗集》五十卷谢灵运撰。

《诗集》二十卷刘和撰。

又一百卷颜竣撰。

《诗例录》二卷颜竣撰。

《诗英》十卷谢灵运撰。

《古今诗苑英华集》二十卷梁昭明太子撰。

《续古今诗苑英华》二十卷释惠静撰。

《诗林英选》十一卷

《类集》一百一十三卷虞绰等撰。

《诗缵》十二卷

《又词英》八卷

《六代诗集钞》四卷徐凌撰。

《古今类序诗苑》三十卷刘孝孙撰。

《丽正文苑》二十卷许敬宗撰。

《古今诗类聚》七十九卷郭瑜撰。

《歌录集》八卷

《汉魏吴晋鼓吹曲》四卷

《乐府歌诗》十卷

《太乐杂歌词》三卷荀勖撰。

《太乐歌词》二卷

《乐府歌词》十卷

《乐府歌诗》十卷

《三调相如歌词》三卷

《新撰录乐府集》十一卷谢灵运撰。

《玉台新咏》十卷徐凌撰。

《回文诗集》一卷谢灵运撰。

《金门待诏集》十卷刘允济撰。

《集苑》六十卷谢琨撰。

《集林》二百卷刘义庆撰。

《集钞》四十卷

右集录《楚词》七家；帝王二十七家，太子诸王二十一家，七国赵、楚各一家，前汉二十家，后汉五十家，魏四十六家，蜀二家，吴十四家，西晋一百一十九家，东晋一百四十四家，宋六十家，南齐十二家，梁五十九家，陈十四家，后魏十家，北齐四家，后周五家，隋十八家，唐一百一十二家，沙门七家，妇人七家；总集一百二十四大家。凡八百九十二部，一万二千二十八卷。

三代之书，经秦燔炀殆尽。汉武帝、河间王始重儒术，于灰烬之余，拓纂亡散，篇卷仅而复存。刘更生石渠兴校之书，卷轴无几，逮歆之《七略》，在汉《艺文志》者，裁三万三千九百卷。后汉兰台、石室、东观、南宫诸儒撰集，部帙渐增。董卓迁都，载舟西上，因罹寇盗，沉之于河，存者数船而已。及魏武父子，采掇遗亡，至晋总括群书，裁二万七千九百四十五卷。及永嘉之乱，洛都覆没，靡有孑遗。江表所存官书，凡三千一十四卷。至宋谢灵运造《四部书目录》，凡四千五百八十二卷。其后王俭后复造书目，凡五千七十四卷。南齐王亮、谢朏《四部书目》，凡一万八千一十卷。齐宋兵火延烧秘阁，书籍煨烬。梁元帝克平侯景，收公私经籍归于江陵，凡七万余卷。盖佛老之书，计于其间。及周师入郢，咸自焚炀。周武保定之中，官书裁盈万卷。平齐所得，数止五千。及隋氏平陈，南北一统，秘书监牛弘奏请搜访遗逸，著定书目，凡三万余卷。炀帝写五十副本，分为三品。国家平王充，收其图籍，溯河西上，多有沉没，存者重复八万卷。自武德已后，文士既有修纂，篇卷滋多。开元时，甲乙丙丁四部书各为一部，置知书官八人分掌之。凡四部库书，两京各一本，共一十二万五千九百六十卷，皆以益州麻纸写。其集贤院御书：经库皆钿白牙轴，黄缥带，红牙签；史书库钿青牙轴，缥带，绿牙签；子库皆雕紫檀轴，紫带，碧牙签；集库皆绿牙轴，朱带，白牙签，以分别之。

旧唐书卷四八
志第二八

食货上

先王之制，度地以居人，均其沃瘠，差其贡赋，盖敛之必以道也。量入而为出，节用而爱人，度财省费，盖用之必有度也。是故既庶且富，而教化行焉。周有井田之制，秦有阡陌之法，二世发闾左而海内崩离，汉武税舟车而国用以竭。自古有国有家，兴亡盛衰，未尝不由此也。隋文帝因周氏平齐之后，府库充实，庶事节俭，未尝虚费。开皇之初，议者以比汉代文、景，有粟陈贯朽之积。炀帝即位，大纵奢靡，加以东西行幸，舆驾不息，征讨四夷，兵车屡动，西失律于沙徽，东丧师于辽、碣。数年之间，公私罄竭，财力既殚，国遂亡矣。

高祖发迹太原，因晋阳宫留守库物，以供军用。既平京城，先封府库；赏赐给用，皆有节制；征敛赋役，务在宽简；未及逾年，遂成帝业。其后掌财赋者，世有人焉。开元已前事归尚书省，开元已后，权移他官，由是有转运使、租庸使、盐铁使、度支盐铁转运使、常平铸钱盐铁使、租庸青苗使、水陆运盐铁租庸使、两税使，随事立名，沿革不一。设官分职，选贤任能，得其人则有益于国家，非其才则贻患于黎庶，此又不可不知也。如裴耀卿、刘晏、李巽数君子，便时利物，富国安民，足为世法者也。

开元中，有御史宇文融献策，括籍外剩田、色役伪滥，及逃户许归首，免五年征赋。每丁量税一千五百钱，置摄御史，分路检括隐审,得户八十余万,田亦称是,得钱数百万贯。玄宗以为能,数年间拔为御史中丞、户部侍郎。融又画策开河北王莽河,溉田数千顷,以营稻田。事未果而融败。时又杨崇礼为太府卿,清严善勾剥,分寸锱铢,躬亲不厌。转输纳欠,折估溃损,必令征送。天下州县征财帛,四时不止。及老病致仕,以其子慎矜为御史,专知太府出纳,其弟慎名又专知京仓,皆以苛刻害人,承主恩而征责。又有韦坚,规宇文融、杨慎矜之迹,乃请于江淮转运租米,取州县义仓粟,转市轻货,差富户押舡,若迟留损坏,皆征舡户。关中漕渠,凿广运潭以挽山东之粟,岁四百万石。帝以为能,又至贵盛。又王铁进计,奋身自为户口色役使,征剥财货,每岁进钱百亿,宝货称是。云非正额租庸,便入百宝大盈库,以供人主宴私赏赐之用。玄宗日益眷之,数年间亦为御史大夫、京兆尹,带二十余使。又杨国忠藉椒房之势,承恩幸,带四十余使。云经其听览,必数倍弘益,又见宠贵。太平既久,天下至安,人不愿乱。而此数人,设诡计以侵扰之,凡二十五人,同为剥丧,而人无敢言之者。

及安禄山反于范阳,两京仓库盈溢而不可名。杨国忠设计,称不可耗正库之物,乃使御史崔众于河东纳钱度僧尼道士,旬日间得钱百万。玄宗幸巴蜀,郑昉使剑南,请于江陵税盐麻以资国,官置吏以督之。肃宗建号于灵武,后用云间郑叔清为御史,于江淮间豪族富商率贷及卖官爵,以裨国用。

德宗朝讨河朔及李希烈,物力耗竭。赵赞司国计,纤琐刻剥,以为国用不足,宜赋取于下,以资军蓄。与谏官陈京等更陈计策,赞请税京师居人屋宅,据其间架差等计入,陈京又请籍列肆商贾资产,以分数借之。宰相同为欺罔,遂行其计。中外沸腾,人怀怨望。时又配王公已下及尝在方镇之家出家僮及马以助征行,公私器然矣。后又张滂、裴延龄、王涯等,剥下媚上,此皆足为世戒者也。

先是兴元克复京师后,府藏尽虚,诸道初有进奉,以资经费,复时有宣索。其后诸贼既平,朝廷无事,常赋之外,进奉不息。韦皋剑南有日进,李兼江西有月进,杜亚扬州、刘赞宣州、王纬李锜浙西,皆竞为进奉,以固恩泽。贡入之奏,皆曰臣于王税外方圆,亦曰羡余。节度使或托言密旨,乘此盗贸官物。诸道有谪罚官吏入其财者,刻禄廪,通津达道者税之,蒔蔬艺果者税之,死亡者税之。节度观察交代,或先期税入以为进奉。然十献其二三耳,其余没入,不可胜纪。此节度使进奉也。其后裴肃为常州刺史,乃鬻货薪炭按牍,百贾之上,皆规利焉。岁余又进奉。无几,迁浙东观察使。天下刺史进奉,自肃始也。刘赞死于宣州,严绶为判官,倾军府资用进奉。无几,拜刑部员外郎。天下判官进奉,自绶始也。习以为常,流宕忘返。

大抵有唐之御天下也,有两税焉,有盐铁焉,有漕运焉,有仓廪焉,有杂税焉。今考其本末,叙其否臧,以为《食货志》云。

武德七年,始定律令。以度田之制:五尺为步,步二百四十为亩,亩百为顷。丁男、中男给一顷,笃疾、废疾给四十亩,寡妻妾三十亩。若为户者加二十亩。所授之田,十分之二为世业,八为口分。世业之田,身死则承户者便授之;口分,则收入官,更以给人。赋役之法:每丁岁入租粟二石。调则随乡土所产,绫绢绝各二丈,布加五分之一。输绫绢绝者,兼调绵三两;输布者,麻三斤。凡丁,岁役二旬。若不役,则收其佣,每日三尺。有事而加役者,旬有五日免其调,三旬则租调俱免。通正役,并不过五十日。若岭南诸州则税米,上户一石二斗,次户八斗,下户六斗。若夷獠之户,皆从半输。蕃胡内附者,上户丁税钱十文,次户五文,下户免之。附经二年者,上户丁输羊二口,次户一口,下三户共一口。凡水旱虫霜为灾,十分损四已上免租,损六已上免调,损七已上课役俱免。

凡天下人户,量其资产,定为九等。每三年,县司注定,州司覆之。百户为里,五里为乡。四家为邻,五家为保。在邑居者为坊,在田野者为村。村坊邻里,递相督察。士农工商,四人各业。食禄之家,不得与下人争利。工商杂类,不得预于士伍。男女始生者为黄,四岁为小,十六为中,二十一为丁,六十为老。每岁一造计帐,三年一造户籍。州县留五比,尚书省留三比。神龙元年,韦庶人为皇后,务欲求媚于人,上表请以二十二为丁,五十八为老,制从之。及韦氏诛,复旧。至天宝三年,又降优制,以十八为中男,二十二为丁。天下籍始造四本,京师及东京尚书省、户部各贮一本,以备车驾行幸,省于载运之费焉。

凡权衡度量之制:度,以北方秬黍中者八黍之广为分,十分为寸,十寸为尺,十尺为丈。量,以秬黍中者容一千二百为龠,二龠为合,十合为升,十升为斗;三升为大升,三斗为大斗,十大斗为斛。权衡,以秬黍中者百黍之重为铢,二十四铢为两,三两为大两,十六两为斤。调钟律,测晷景,合汤药及冠冕,制用小升小两,自余公私用大升大两。又山东诸州,以一尺二寸为大尺,人间行用之。其量制,公私又不用龠,合内之分,则有抄撮之细。

天宝九载二月,敕:"车轴长七尺二寸,面三斤四两,盐斗,量除陌钱每贯二十文。"

先是,开元八年正月,敕:"顷者以庸调无凭,好恶须准,故遣作样以颁诸州,令其好不得过精,恶不得至滥,任土作贡,防源斯在。而诸州送物,作巧生端,苟欲副于斤两,遂则加其丈尺,至有五丈为匹者,理甚不然。阔一尺八寸,长四丈,同文共轨,其事久行,立样之时,亦载此数。若求两而加尺,甚暮四而朝三。宜令所司简阅,有逾于比年常例,丈尺过多,奏闻。"

二十二年五月,敕:"定户口之时,百姓非商户郭外居宅及每丁一牛,不得将入货财数。其杂匠及幕士并诸色同类,有蕃役合免征行者,一户之内,四丁已上,任此色役不得过两人,三丁已上,不得过一人。"其年七月十八日,敕:"自今已后,京兆府关内诸州,应征庸调及资课,并限十月三十日毕。"至天宝三载二月二十五日赦文:"每载庸调八月征,以农功未毕,恐难济办。自今已后,延至九月三十日为限。"

二十五年三月,敕:"关辅庸调,所税非少,既寡蚕桑,皆资菽粟,常贱粜贵买,损费逾深。又江淮等苦变造之劳,河路增转输之弊,每计其运脚,数倍加钱。今岁属和平,庶物穰贱,南亩有十千之获,京师同水火之饶,均其余以减远费,顺其便使农无伤。自今已后,关内诸州庸调资课,并宜准时价变粟取米,送至京逐要支用。其路远处不可运送者,宜所在收贮,便充随近军粮。其河南、河北有不通水利,宜折租造绢,以代关中调课。所司仍明为条件,称朕意焉。"

天宝元年正月一日赦文:"如闻百姓之内,有户高丁多,苟为规避,父母见在,乃别籍异居。宜令州县勘会。其一家之中,有十丁已上者,放两丁征行赋役;五丁已上,放一丁。即令同籍共居,以敦风教。其侍丁孝假,免差科。"

广德元年七月,诏:"一户之中,三丁放一丁。庸调地税,依旧每亩税二升。天下男子,宜二十三成丁,五十八为老。"

永泰元年五月,京兆麦大稔,京兆尹弟五琦奏请每十亩官税一亩,效古什一之税。从之。

二年五月,诸道税地钱使、殿中侍御史韦光裔等自诸道使还,得钱四百九十万贯。乾元以来,属天下用兵,京师百僚俸钱减耗。上即位,推恩庶僚,下议公卿。或以税亩有苗者,公私咸济。乃分遣宪官,税天下地青苗钱,以充百司课料。至是,仍以御史大夫为税地钱物使,岁以为常,均给百官。

大历四年正月十八日,敕有司:"定天下百姓及王公已下每年税钱,分为九等:上上户四千文,上中户三千五百文,上下户三千文;中上户二千五百文,中中户二千文,中下户一千五百文;下上户一千文,下中户七百文,下下户五百文。其见官,一品准上上户,九品准下下户,余品并准依此户等税。若一户数处任官,亦每处依品纳税。其内外官,仍据正员及占额内阙者税。其试及同正员文武官,不在税限。其百姓有邸店行铺及炉冶,应准式合加本户二等税者,依此税数勘责征纳。其寄庄户,准旧例从八等户税,寄住户从九等户税,比类百姓,事恐不均,宜各递加一等税。其诸色浮客及权时寄住田等,无问有官无官,各所在为两等收税。稍殷有者准八等户,余准九等户。如数处有庄田,亦每处税。诸道将士庄田,既缘防御勤劳,不可同百姓例,并一切从九等输税。"

其年十二月,敕:"今关辅垦田渐广,江淮转漕常加,计一年之储,有太半之助,其于税地,固可从轻。其京兆来秋税,宜分作两等,上下各半,上等每亩税一斗,下等每亩税六升。其荒田如能佃者,宜准今年十月二十九日敕,一切每亩税二升。仍委京兆尹及令长一一存抚,令知朕意。"

五年三月,优诏定京兆府百姓税。夏税,上田亩税六升,下田亩税四升。秋税,上田亩税五升,下田亩税三升。荒田开佃者,亩率二升。

八年正月二十五日,敕:"青苗地头钱,天下每亩率十五文。以京师烦剧,先加至三十文,自今已后,宜准诸州,每亩十五文。"

建中元年二月,遣黜陟使分行天下,其诏略曰:"户无主客,以见居为簿。人无丁中,以贫富为差。行商者,在郡县税三十之居一人之税,秋夏两征之。各有不便者,三之。余征赋悉罢,而丁额不废。其田亩之税,率以大历十四年垦数为准。征夏税无过六月,秋税无过十一月。违者进退长吏。令黜陟使各量风土所宜、人户多少均之,定其赋,尚书度支总统焉。"

三年五月,淮南节度使陈少游请于本道两税钱每千增二百,因诏他州悉如之。

八年四月,剑南西川观察使韦皋奏请加税什二,以增给官吏,从之。

元和十五年八月,中书门下奏:"伏准今年闰正月十七日敕,令百僚议钱货轻重者。今据群官杨于陵等议,'伏请天下两税榷盐酒利等,悉以布帛丝绵,任土所产物充税,并不征见钱,则物渐重,钱渐轻,农人见免贱卖匹帛'者。伏以群臣所议,事皆至当,深利公私。请商量付度支,据诸州府应征两税,供上都及留州留使旧额,起元和十六年已后,并改配端匹斤两之物为税额,如大历已前租庸课调,不计钱,令其折纳。使人知定制,供办有常。仍约元和十五年征纳布帛等估价。其旧纳虚估物,与依虚估物回计,如旧纳实估物并见钱,即于端匹斤两上量加估价回计。变法在长其物价,价长则永利公私，初虽微有加饶，法行即当就实，比旧给用，固利而不害。仍作条件处置，编入旨符。其盐利酒利，本以榷率计钱，有殊两税之名，不可除去钱额。中有令纳见钱者，亦请令折纳时估匹段。上既不专以钱为税，人得以所产输官，钱货必均其重轻，陇亩自广于蚕织，便时惠下，庶得其宜。其土乏丝麻，或地连边塞，风俗更异，赋入不同，亦请商量委所司裁酌，随便宜处置。"诏从之。

大和四年五月，剑南西川宣抚使、谏议大夫崔戎奏："准诏旨制置西川事条。今与郭钊商量，两税钱数内三分，二分纳见钱，一分折纳匹段，每二贯加饶百姓五百文，计一十三万四千二百四十三贯文。依此晓谕百姓讫。经贼州县，准诏三分减放一分，计减钱六万七千六百二十贯文。不经贼处，先征见钱，今三分一分折纳杂物，计优饶百姓一十三万贯。旧有税姜芋之类，每亩至七八百，征敛不时，今并省税名，尽依诸处为四限等第，先给户帖，余一切名目勒停。"

高祖即位，仍用隋之五铢钱。武德四年七月，废五铢钱，行开元通宝钱，径八分，重二铢四累，积十文重一两，一千文重六斤四两。仍置钱监于洛、并、幽、益等州。秦王、齐王各赐三炉铸钱，右仆射裴寂赐一炉。敢有盗铸者身死，家口配没。

五年五月，又于桂州置监。议者以新钱轻重大小最为折衷，远近甚便之。后盗铸渐起，而所在用钱滥恶。

显庆五年九月，敕以恶钱转多，令所在官私为市取，以五恶钱酬一好钱。百姓以恶钱价贱，私自藏之，以候官禁之弛。高宗又令以好钱一文买恶钱两文，弊仍不息。

至乾封元年封岳之后，又改造新钱，文曰乾封泉宝，径一寸，重二铢六分。仍与旧钱并行，新钱一文当旧钱之十。周年之后，旧钱并废。

初，开元钱之文，给事中欧阳询制词及书，时称其工。其字含八分及隶体，其词先上后下，次左后右读之。自上及左回环读之，其义亦通，流俗谓之开通元宝钱。及铸新钱，乃同流俗，"乾"字直上，

"封"字在左。寻寤钱文之误，又缘改铸，商贾不通，米帛增价，乃议却用旧钱。

二年正月，下诏曰："泉布之兴，其来自久。实古今之要重，为公私之宝用。年月既深，伪滥斯起，所以采乾封之号，改铸新钱。静而思之，将为未可。高祖拨乱返正，爰创轨模。太宗立极承天，无所改作。今废旧造新，恐乖先旨。其开元通宝，宜依旧施行，为万代之法。乾封新铸之钱，令所司贮纳，更不须铸。仍令天下置炉之处，并铸开元通宝钱。"既而私铸更多，钱复滥恶。

高宗尝临轩谓侍臣曰："钱之为用，行之已久，公私要便，莫甚于斯。比为州县不存检校，私铸过多。如闻荆、潭、宣、衡，犯法尤甚，遂有将船栿宿于江中，所部官人，不能觉察。自今严加禁断，所在追纳恶钱，一二年间使尽。"当时虽有约敕，而奸滥不息。

仪凤四年四月，令东都出远年糙米及粟，就市给粜，斗别纳恶钱百文。其恶钱令少府司农相知，即令铸破。其厚重径合斤两者，任将行用。时米粟渐贵，议者以为铸钱渐多，所以钱贱而物贵。于是权停少府监铸钱，寻而复旧。

则天长安中，又令悬样于市，令百姓依样用钱。俄又简择艰难，交易留滞，又降敕非铁锡、铜荡、穿穴者，并许行用。其有熟铜、排斗、沙涩、厚大者，皆不许简。自是盗铸蜂起，滥恶益众。江淮之南，盗铸者或就陂湖、巨海、深山之中，波涛险峻，人迹罕到，州县莫能禁约。以至神龙、先天之际，两京用钱尤滥。其郴、衡私铸小钱，才有轮郭，及铁锡五铢之属，亦堪行用。乃有买锡熔销，以铁模夹之，斯须则盈千百，便赍用之。

开元五年，车驾往东都，宋璟知政事，奏请一切禁断恶钱。六年正月，又切断天下恶钱，行二铢四累钱。不堪行用者，并销破覆铸。至二月又敕曰："古者聚万方之货，设九府之法，以通天下，以便生人。若轻重得中，则利可知矣，若真伪相杂，则官失其守。顷者用钱，不论此道。深恐贫窭日困，奸豪岁滋。所以申明旧章，县设诸样，欲其人安俗阜，禁止令行。"时江淮钱尤滥恶，有官炉、偏炉、稜钱、时钱等数色。璟乃遣监察御史萧隐之充江淮使。隐之乃令率户出钱，务加督责。百姓乃以上青钱充恶钱纳之，其小恶者或沉之于江湖，以免罪戾。于是市井不通，物价腾起，流闻京师。隐之贬官，璟因之罢相，乃以张嘉贞知政事。嘉贞乃弛其禁，人乃安之。

开元二十二年，中书侍郎张九龄初知政事，奏请不禁铸钱，玄宗令百官详议。黄门侍郎裴耀卿、李林甫、河南少尹萧炅等皆曰："钱者通货，有国之权，是以历代禁之，以绝奸滥。今若一启此门，但恐小人弃农逐利，而滥恶更甚，于事不便。"左监门录事参军刘秩上议曰：

伏奉今月二十一日敕，欲不禁铸钱，令百僚详议可否者。夫钱之兴，其来尚矣，将以平轻重而权本末，齐桓得其术而国以霸，周景失其道而人用弊。考诸载籍，国之兴衰，实系于是。陛下思变古以济今，欲反经以合道，而不即改作，询之刍荛，臣虽蠢愚，敢不荐其闻见。古者以珠玉为上币，黄金为中币，刀布为下币。管仲曰："夫三币，握之则非有补于煖也，舍之则非有损于饱也。先王以守财物，以御人事，而平天下也。"是以命之曰衡。衡者，使物一高一下，不得有常。故与之在君，夺之在君，贫之在君，富之在君。是以人戴君如日月，亲君如父母，用此术也，是为人主之权。

今之钱，即古之下币也。陛下若舍之任人，则上无以御下，下无以事上，其不可一也。夫物贱则伤农，钱轻则伤贾。故善为国者，观物之贵贱，钱之轻重。夫物重则钱轻，钱轻由乎物多，多则作法收之使少；少则重，重则作法布之使轻。轻重之本，必由乎是，奈何而假于人？其不可二也。夫铸钱不杂以铅铁则无利，杂以铅铁则恶，恶不重禁之，不足以惩息。且方今塞其私铸之路，人犹冒死以犯之，况启其源而欲人之从令乎！是设陷井而诱之入，其不可三也。夫许人铸铁，无利则人不铸，有利则人去南亩者众。去南亩者众，则草不垦，草不垦，又邻于寒馁，其不可四也。夫人富溢则不可以赏劝，贫馁则不可以威禁，法令不行，人之不理，皆由贫富之不齐也。若许其铸铁，则贫者必不能为。臣恐贫者弥贫而服役于富室，富室乘之而益恣。昔汉文之时，吴濞，诸侯也，富埒天子；邓通，大夫也，财侔王者。此皆铸钱之所致也。必欲许其私铸，是与人利权而舍其柄，其不可五也。

　　陛下必以钱重而伤本，工费而利寡，则臣愿言其失，以效愚计。夫钱重者，犹人日滋于前，而炉不加于旧。又公钱重，与铜之价颇等，故盗铸者破重钱以为轻钱。钱轻，禁宽则行，禁严则止，止则弃矣，此钱之所以少也。夫铸钱用不赡者，在乎铜贵？铜贵，在采用者众。夫铜，以为兵则不如铁，以为器则不如漆，禁之无害，陛下何不禁于人？禁于人，则铜无所用，铜益贱，则钱之用给矣。夫铜不布下，则盗铸者无因而铸，则公钱不破，人不犯死刑，钱又日增，末复利矣。是一举而四美兼也，惟陛下熟察之。

时公卿群官，皆建议以为不便。事既不行，但敕郡县严断恶钱而已。

至天宝之初，两京用钱稍好，米粟丰贱。数载之后，渐又滥恶，府县不许好者加价回博，好恶通用。富商奸人，渐收好钱，潜将往江淮之南，每钱货得私铸恶者五文，假托官钱，将入京私用。京城钱日加碎恶，鹅眼、铁锡、古文、缒环之类，每贯重不过三四斤。

十一载二月，下敕曰："泉货之用，所以通有无；轻重之权，所以禁逾越。故周立九府之法，汉备三官之制。永言适便，必在从宜。如闻京师行用之钱，颇多滥恶，所资惩革，绝其讹谬。然安人在于存养，化俗期于变通，法若从宽，事堪持久。宜令所司即出钱三数十万贯，分于两市，百姓间应交易所用钱不堪久行用者，官为换取，仍限一月日内使尽。庶单贫无患，商旅必通。其过限辄违犯者，一事已上，并作条件处分。"是时京城百姓，久用恶钱，制下之后，颇相惊扰。时又令于龙兴观南街开场，出左藏库内排斗钱，许市人博换，贫弱者又争次不得。俄又宣敕，除铁锡、铜沙、穿穴、古文，余并许依旧行用，久之乃定。乾元元年七月，诏曰："泉货之兴，其来久矣，代有沿革，时为重轻。周兴九府，实启流泉之利；汉造五铢，亦弘改铸之法。必令小大兼适，母子相权，事有益于公私，理宜循于通变。但以干戈未息，帑藏犹虚，卜式献助军之诚，弘羊兴富国之算，静言立法，谅在便人。御史中丞弟五琦奏请改钱，以一当十，别为新铸，不废旧钱，冀实三官之资，用收十倍之利，所谓于人不扰，从古有经。宜听于诸监别铸一当十钱，文曰乾元重宝。其开通元宝者依旧行用。所请采铸捉搦处置。即条件闻奏。"

二年三月，琦入为相，又请更铸重轮乾元钱，一当五十，二十斤成贯。诏可之。于是新钱与乾元、开通元宝钱三品并行。寻而谷价腾贵，米斗至七千，饿死者相枕于道。乃抬旧开元钱以一当十，减乾元钱以一当三十，缘人厌钱价不定，人间抬加价钱为虚钱。长安城中，竞为盗铸，寺观钟及铜像，多坏为钱。奸人豪族，犯禁者不绝。京兆尹郑叔清擒捕之，少不容纵，数月间榜死者八百余人，人益无聊矣。

上元元年六月，诏曰："因时立制，顷议新钱，且是从权，知非经久。如闻官炉之外，私铸颇多，吞并小钱，逾滥成弊。抵罪虽众，禁奸未绝。况物价益起，人心不安。事藉变通，期于折衷。其重稜五十价钱，宜减作三十文行用。其开元旧时钱，宜一当十文行用。其乾元十当钱，宜依前行用。仍令中京及畿县内依此处分，诸州待进止。"七月敕："重稜五十价钱，先令畿内减至三十价行，其天下诸州，并宜准此。"

宝应元年四月，改行乾元钱，一以当三，乾元重稜小钱，亦以一当二；重稜大钱，一以当三。寻又改行乾元大小钱，并以一当一。其私铸重稜大钱，不在行用之限。

大历四年正月，关内道铸钱等使、户部侍郎弟五琦上言，请于绛州汾阳、铜原两监，增置五炉铸钱，许之。

建中元年九月，户部侍郎韩洄上言："江淮钱监，岁共铸钱四万五千贯，输于京师，度工用转送之费，每贯计钱二千，是本倍利也。

今商州有红崖冶出铜益多，又有洛源监，久废不理。请增工凿山以取铜，兴洛源钱监，置十炉铸之，岁计出钱七万二千贯，度工用转送之费，贯计钱九百，则利浮本也。其江淮七监，请皆停罢。”从之。

贞元九年正月，张滂奏：“诸州府公私诸色铸造铜器杂物等。伏以国家钱少，损失多门。兴贩之徒，潜将销铸，钱一千为铜六斤，造写器物，则斤直六百余。有利既厚，销铸遂多，江淮之间，钱实减耗。伏请准从前敕文，除铸钱外，一切禁断。”

元和三年五月，盐铁使李巽上言：“得湖南院申，郴州平阳、高亭两县界，有平阳冶及马迹、曲木等古铜坑，约二百八十余井，差官检覆，实有铜锡。今请于郴州旧桂阳监置炉两所，采铜铸钱，每日约二十贯，计一年铸成七千贯，有益于人。”从之。

其年六月，诏曰：“泉货之法，义在通流。若钱有所壅，货当益贱。故藏钱者得乘人之急，居货者必损己之资。今欲著钱令以出滞藏，加鼓铸以资流布，使商旅知禁，农桑获安，义切救时，情非欲利。若革之无渐，恐人或相惊。应天下商贾先蓄见钱者，委所在长吏，令收市货物，官中不得辄有程限，逼迫商人，任其货易，以求便利。计周岁之后，此法遍行，朕当别立新规，设蓄钱之禁。所以先有告示，许有方圆，意在他时行法不贷。又天下有银之山，必有铜矿。铜者，可资于鼓铸，银者，无益于生人，权其重轻，使务专一。其天下自五岭以北，见采银坑，并宜禁断。恐所在坑户，不免失业，各委本州府长吏劝课，令其采铜，助官中铸作。仍委盐铁使条流闻奏。”

四年闰三月，京城时用钱每贯头除二十文、陌内欠钱及有铅锡钱等，准贞元九年三月二十六日敕：“陌内欠钱，法当禁断，虑因捉搦，或亦生奸，使人易从，切于不扰。自今已后，有因交关用欠陌钱者，宜但令本行头及居停主人牙人等检察送官。如有容隐，兼许卖物领钱人纠告，其行头主人牙人，重加科罪。府县所由祗承人等，并不须干扰。若非因买卖，自将钱于街衢行者，一切勿问。”

其年六月，敕：“五岭已北，所有银坑，依前任百姓开采，禁见钱出岭。”

六年二月，制："公私交易，十贯钱已上，即须兼用匹段。委度支盐铁使及京兆尹即具作分数，条流闻奏。茶商等公私便换见钱，并须禁断。"

其年三月，河东节度使王锷奏请于当管蔚州界加置炉铸铜钱，废管内锡钱。许之，仍令加至五炉。

七年五月，户部王绍、度支卢坦、盐铁王播等奏："伏以京都时用多重见钱，官中支计，近日殊少。盖缘比来不许商人便换，因兹家有滞藏，所以物价转高，钱多不出。臣等今商量，伏请许令商人于三司任便换见钱，一切依旧禁约。伏以比来诸司诸使等，或有便商人，钱多留城中，逐时收贮，积藏私室，无复通流。伏请自今已后，严加禁约。"从之。

八年四月，敕："以钱重货轻，出内库钱五十万贯，令两市收市布帛，每端匹估加十之一。"

十二年正月，敕："泉货之设，故有常规，将使重轻得宜，是资敛散有节，必通其变，以利于人。今缯帛转贱，公私俱弊。宜出见钱五十万贯，令京兆府拣择更便处开场，依市价交易，选清强官吏，切加勾当。仍各委本司，先作处置条件闻奏。必使事堪经久，法可通行。"又敕："近日布帛转轻，见钱渐少，皆缘所在壅塞，不得通流。宜令京城内自文武官僚，不问品秩高下，并公郡县主、中使等，下至士庶、商旅、寺观、坊市，所有私贮见钱，并不得过五千贯。如有过此，许从敕出后，限一月内任将市别物收贮。如钱数较多，处置未了，任于限内于地界州县陈状，更请限。纵有此色，亦不得过两个月。若一家内别有宅舍店铺等，所贮钱并须计用在此数。其兄弟本来异居曾经分析者，不在此限。如限满后有违犯者，白身人等，宜付所司，决痛杖一顿处死。其文武官及公主等，并委有司闻奏，当重科贬。戚属中使，亦具名衔闻奏。其剩贮钱，不限多少，并勒纳官。数内五分取一分充赏钱，止于五千贯。此外察获，及有人论告，亦重科处分，并量给告者。"时京师里闾区肆所积，多方镇钱，王锷、韩弘、李惟简，少者不下五十万贯。于是竞买第屋以变其钱，多者竟里巷佣僦以归其直。而高赀大贾者，多依倚左右军官钱为名，府县不得穷验，法竟不行。

十四年六月，敕："应属诸军诸使，更有犯时用钱每贯除二十文、足陌内欠钱及有铅锡钱者，宜令京兆府枷项收禁，牒报本军本使府司，差人就军及看决二十。如情状难容，复有违拒者，仍令府司闻奏。"

十五年八月，中书门下奏："伏准群官所议铸钱，或请收市人间铜物，令州郡铸钱。当开元以前，未置盐铁使，亦令州郡勾当铸造。今若两税尽纳匹段，或虑兼要通用见钱。欲令诸道公私铜器，各纳所在节度、团练、防御、经略使，便据元敕给与价直，并折两税。仍令本处军人熔铸。其铸本，请以留州留使年支未用物充，所铸钱便充军府州县公用。当处军人，自有粮赐，亦较省本，所资众力，并收众铜，天下并功，速济时用。待一年后铸器物尽，则停。其州府有出铜铅可以开炉处，具申有司，便令同诸监冶例，每年与本充铸。其收市铜器期限，并禁铸造买卖铜物等，待议定便令有司条流闻奏。其上都铸钱及收铜器，续处分。将欲颁行，尚资周虑，请令中书门下两省、御史台并诸司长官商量，重议闻奏。"从之。

长庆元年九月，敕："泉货之义，所贵通流。如闻比来用钱，所在除陌不一。与其禁人之必犯，未若从俗之所宜，交易往来，务令可守。其内外公私给用钱，从今以后，宜每贯一例除垫八十，以九百二十文成贯，不得更有加除及陌内欠少。"

大和三年六月，中书门下奏："准元和四年闰三月敕，应有铅锡钱，并合纳官，如有人纠得一钱，赏百钱者。当时敕条，贵在峻切，今详事实，必不可行。只如告一钱赏百钱，则有人告一百贯锡钱，须赏一万贯铜钱，执此而行，是无畔际。今请以铅锡钱交易者，一贯已下，以州府常行决脊杖二十；十贯已下，决六十，徒三年；过十贯已上，所在集众决杀。其受铅锡钱交易者，亦准此处分。其用铅锡钱，仍纳官。其能纠告者，每一贯赏五千文，不满贯者，准此计赏，累至三百千，仍且取当处官钱给付。其所犯人罪不死者，征纳家资，充填赏钱。"可之。

四年十一月,敕:"应私贮见钱家,除合贮数外,一万贯至十万贯,限一周年内处置毕;十万贯至二十万贯以下者,限二周年处置毕。如有不守期限,安然蓄积,过本限,即任人纠告,及所由觉察。其所犯家钱,并准元和十二年敕纳官,据数五分取一分充赏。纠告人赏钱数,止于五千贯。应犯钱法人色目决断科贬,并准元和十二年敕处分。其所由觉察,亦量赏一半。"事竟不行。

五年二月,盐铁使奏:"湖南管内诸州百姓私铸造到钱。伏缘衡、道数州,连接岭南,山洞深邃,百姓依模监司钱样,竞铸造到脆恶奸钱,转将贱价博易,与好钱相和行用。其江西、鄂岳、桂管铸滥钱,并请委本道观察使条流禁绝。"敕旨宜依。

会昌六年二月,敕:"缘诸道鼓铸佛像钟磬等新钱,已有次第,须令旧钱流布,绢帛价稍增。文武百僚俸料,宜起三月一日,并给见钱。其一半先给虚估匹段,对估价支给。"敕:"比缘钱重币轻,生人转困,今加鼓铸,必在流行,通变救时,莫切于此。宜申先甲之令,以诚居货之徒。京城及诸道,起今年十月以后,公私行用,并取新钱,其旧钱权停三数年。如有违犯,同用铅锡恶钱例科断,其旧钱并纳官。"事竟不行。

开元元年十一月,河中尹姜师度以安邑盐池渐涸,师度开拓疏决水道,置为盐屯,公私大收其利。

其年十一月五日,左拾遗刘彤上表曰:"臣闻汉孝武为政,厩马三十万,后宫数万人,外讨戎夷,内兴宫室,殚费之甚,实百当今,而古费多而货有余,今用少而财不足,何也?岂非古取山泽,而今取贫民哉!取山泽,则公利厚而人归于农;取贫民,则公利薄而人去其业。故先王作法也,山海有官,虞衡有职,轻重有术,禁发有时,一则专农,二则饶国,济人盛事也。臣实谓今疑之。夫煮海为盐,采山铸钱,伐木为室,农余之辈。寒而无衣,饥而无食,佣贫自资者,穷苦之流也。若能以山海厚利,资农之余人,厚敛重徭,免穷苦之子,所谓损有余而益不足，帝王之道，可不谓然乎？臣愿陛下诏盐铁木等官收兴利，贸迁于人，则不及数年，府有余储矣。然后下宽贷之令，蠲穷独之徭，可以惠群生，可以柔荒服。虽戎狄猾夏，尧汤水旱，无足虞也。奉天适变，惟在陛下行之。"上令宰臣议其可否，咸以盐铁之利，甚益国用，遂令将作大匠姜师度、户部侍郎强循俱摄御史中丞，与诸道按察使检责海内盐铁之课。"比令使人勾当，除此外更无别求。在外不细委知，如闻称有侵刻，宜令本州刺史上佐一人检校，依令式收税。如有落帐欺没，仍委按察使纠觉奏闻。其姜师度除蒲州盐池以外，州自余处更不须巡检。"

贞元十六年十二月，史牟奏："泽、潞、郑等州，多是末盐，请禁断。"从之。

元和五年正月，度支奏："廊州、邠州、泾原诸将士，请同当处百姓例，食乌、白两池盐。"

六年闰十二月，度支卢坦奏："河中两池颗盐，敕文只许于京畿、凤翔、陕、虢、河中、泽潞、河南许汝等十五州界内粜货。比来因循，兼越兴、凤、文、成等六州。臣移牒勘责，得山南西道观察使报，其果、阆两州盐，本土户人及巴南诸郡市粜，又供当军士马，尚有悬欠，若兼数州，自然阙绝。又得兴元府诸耆老状申诉。臣今商量，河中盐请放入六州界粜货。"从之。

十年七月，度支使皇甫镈奏，加峡内四监、剑南东西川、山南西道盐估，以利供军。从之。

十三年，盐铁使程异奏："应诸州府先请置茶盐店收税。伏准今年正月一日赦文，其诸州府因用兵已来，或虑有权置职名，及擅加科配，事非常制，一切禁断者。伏以榷税茶盐，本资财赋，赡济军镇，盖是从权。昨兵罢，自合便停，事久实为重敛。其诸道先所置店及收诸色钱物等，虽非擅加，且异常制，伏请准赦文勒停。"从之。

十四年三月，郓、青、兖三州各置榷盐院。

长庆元年三月，敕："河朔初平，人希德泽，且务宽泰，使之获安。其河北榷盐法且权停。仍令度支与镇冀、魏博等道节度审察商量,如能约计课利钱数,分付榷盐院,亦任稳便。"自天宝末兵兴以来,河北盐法,羁縻而已。暨元和中,皇甫镈奏置税盐院,同江、淮两池榷利,人苦犯禁,戎镇亦频上诉,故有是命。

其月,盐铁使王播奏:"扬州、白沙两处纳榷场,请依旧为院。"又奏:"诸道盐院粜盐付商人,请每斗加五十,通旧三百文价;诸处煎盐停场,置小铺粜盐,每斗加二十文,通旧一百九十文价。"又奏:"应管煎盐户及盐商,并诸监院停场官吏所由等,前后制敕,除两税外,不许差役追扰。今请更有违越者,县令、刺史贬黜罚俸。"从之。

二年五月,诏曰:"兵革初宁,亦资榷管,闾阎重困,则可蠲除。如闻淄青、兖、郓三道,往来粜盐价钱,近取七十万贯,军资给费,优赡有余。自盐铁使收管已来,军府顿绝其利。遂使经行阵者有停粮之怨,服陇亩者有加税之嗟,犯盐禁者困鞭挞之刑,理生业者乏蚕酱之具。虽县官受利,而郡府益空,俾人获安宁,我因节用。其盐铁先于淄青、兖、郓等道管内置小铺粜盐,巡院纳榷,起今年五月一日已后,一切并停。仍各委本道约校比来节度使自收管充军府逐急用度,及均减管内贫下百姓两税钱数。至年终,各具粜盐所得钱,并均减两税,奏闻。"

安邑、解县两池,旧置榷盐使,仍各别置院官。元和三年七月,复以安邑、解县两池留后为榷盐使。先是,两池盐务隶度支,其职视诸道巡院。贞元十六年,史牟以金部郎中主池务,耻同诸院,遂奏置使额。二十一年,盐铁、度支合为一使,以杜佑兼领。估以度支既称使,其所管不宜更有使名,遂与东渭桥使同奏罢之。至是,裴均主池务,职转繁剧,复有是请。

大和三年四月,敕安邑、解县两池榷课,以实钱一百万贯为定额。至大中二年正月,敕但取匹段精好,不必计旧额钱数。及大中年,度支奏纳榷利一百二十一万五千余贯。

女盐池在解县,朝邑小池在同州,卤池在京兆府奉先县,并禁断不榷。

乌池在盐州,旧置榷税使。长庆元年三月,敕乌池每年粜盐收博榷米,以一十五万石为定额。

温池,大中四年三月因收复河陇,敕令度支收管,温池盐仍差灵州分巡院官勾当。至六年三月,敕令割属威州,置榷税使。缘新制置,未立榷课定额。

胡落池在丰州界,河东供军使收管。每年采盐约一万四千余石,供振武、天德两军及营田水运官健。自大中四年党项叛扰,馈运不通,供军使请权市河东白池盐供食。其白池属河东节度使,不系度支。

初,玄宗已前,亦有盐池使。景云四年三月,蒲州刺史充关内盐池使。先天二年九月,强循除幽州刺史,充盐池使,此即盐州池也。开元十五年五月,兵部尚书萧嵩除关内盐池使,此是朔方节度常带盐池使也。

旧唐书卷四九
志第二九

食货下

武德八年十二月,水部郎中姜行本请于陇州开五节堰,引水通运,许之。

永徽元年,薛大鼎为沧州刺史,界内有无棣河,隋末填废。大鼎奏开之,引鱼盐于海。百姓歌之曰:"新河得通舟楫利,直达沧海鱼盐至。昔日徒行今骋驷,美哉薛公德滂被!"

咸亨三年,关中饥,监察御史王师顺奏请运晋、绛州仓粟以赡之,上委以运职。河、渭之间,舟楫相继,会于渭南,自师顺始之也。

大足元年六月,于东都立德坊南穿新潭,安置诸州租船。

神龙三年,沧州刺史姜师度于蓟州之北,涨水为沟,以备奚、契丹之寇。又约旧渠,傍海穿漕,号为平虏渠,以避海难运粮。

开元二年,河南尹李杰奏,汴州东有梁公堰,年久堰破,江淮漕运不通。发汴、郑丁夫以浚之,省功速就,公私深以为利。

十五年正月,令将作大匠范安及检行郑州河口斗门。先是,洛阳人刘宗器上言,请塞汜水旧汴河口,于下流荥泽界开梁公堰,置斗门,以通淮、汴,擢拜左卫率府胄曹。至是,新漕塞,行舟不通,贬宗器焉。安及遂发河南府、怀、郑、汴、滑三万人疏决兼旧河口,旬日而毕。

十八年,宣州刺史裴耀卿上便宜事条曰:"江南户口稍广,仓库所资,惟出租庸,更无征防。缘水陆遥远,转运艰辛,功力虽劳,仓储不益。窃见每州所送租及庸调等,本州正二月上道,至扬州入斗门,即逢水浅,已有阻碍,须留一月已上。至四月已后,始渡淮入汴,多属汴河干浅,又般运停留,至六七月始至河口,即逢黄河水涨,不得入河。又须停一两月,待河水小,始得上河。入洛即漕路干浅,船艘隘闹,般载停滞,备极艰辛。计从江南至东都,停滞日多,得行日少,粮食既皆不足,欠折因此而生。又江南百姓不习河水,皆转顾河师水手,更为损费。伏见国家旧法,往代成规,择制便宜,以垂长久。河口元置武牢仓,江南船不入黄河,即于仓内便贮。巩县置洛口仓,从黄河不入漕洛,即于仓内安置。爰及河阳仓、柏崖仓、太原仓、永丰仓、渭南仓,节级取便,例皆如此。水通则随近运转,不通即且纳在仓,不滞远船,不忧久耗,比于旷年长运,利便一倍有余。今若且置武牢、洛口等仓,江南船至河口,即却还本州,更得其船充运。并取所减脚钱,更运江淮变造义仓,每年剩得一二百万石。即望数年之外,仓廪转加。其江淮义仓,下湿不堪久贮,若无船可运,三两年色变,即给贷费散,公私无益。"疏奏不省。

　　至二十一年,耀卿为京兆尹,京师雨水害稼,谷价踊贵,玄宗以问耀卿,奏称"昔贞观、永徽之际,禄廪未广,每岁转运,不过二十万石便足。今国用渐广,漕运数倍,犹不能支。从都至陕,河路艰险,既用陆运,无由广school。若能兼河漕,变陆为水,则所支有余,动盈万计。且江南租船,候水始进,吴人不便漕輓,由是所在停留,日月既淹,遂生窃盗。臣望于河口置一仓,纳江东租米,便放船归。从河口即分入河、洛,官自雇船载运。三门之东,置一仓。三门既水险,即于河岸开山,车运十数里。三门之西,又置一仓,每运至仓,即般下贮纳。水通即运,水细便止。自太原仓溯河,更无停留,所省巨万。前汉都关中,年月稍久,及隋亦在京师,缘河皆有旧仓,所以国用常赡。"上深然其言。

　　至二十二年八月,置河阴县及河阴仓、河西柏崖仓、三门东集津仓、三门西盐仓。开三门山十八里,以避湍险。自江淮而溯鸿沟,悉纳河阴仓。自河阴送纳含嘉仓,又送纳太原仓,谓之北运。自太原仓浮于渭，以实关中。上大悦。寻以耀卿为黄门侍郎、同中书门下平章事，充江淮、河南转运都使；以郑州刺史崔希逸、河南少尹萧炅为副。凡三年，运七百万石，省陆运之佣四十万贯。旧制，东都含嘉仓积江淮之米，载以大舆而西，至于陕三百里，率两斛计佣钱十，此耀卿所省之数也。明年，耀卿拜侍中，而萧炅代焉。二十五年，运米一百万石。

二十九年，陕郡太守李齐物，凿三门山以通运，辟三门巅，输岩险之地，俾负索引舰，升于安流，自齐物始也。

天宝三载，韦坚代萧炅，以浐水作广运潭于望春之东，而藏舟焉。是年，杨钊以殿中侍御史为水陆运使，以代韦坚。先是，米至京师，或砂砾糠粃，杂乎其间。开元初，诏使扬掷而较其虚实，"扬掷"之名，自此始也。

十四载八月，诏水陆运宜停一半。

天宝以来，杨国忠、王𬭎皆兼重使以权天下。肃宗初，弟五琦始以钱谷得见。请于江、淮分置租庸使，市轻货以救军食，遂拜监察御史，为之使。乾元元年，加度支郎中，寻兼中丞，为盐铁使。于是始大盐法，就山海井灶，收榷其盐，立监院官吏。其旧业户洎浮人欲以盐为业者，免其杂役，隶盐铁使。常户自租庸外无横赋，人不益税，而国用以饶。明年，琦以户部侍郎同平章事，诏兵部侍郎吕𬤇代之。

宝应元年五月，元载以中书侍郎代吕𬤇。是时淮、河阻兵，飞挽路绝，盐铁租赋，皆溯汉而上。以侍御史穆宁为河南道转运租庸盐铁使，寻加户部员外，迁鄂州刺史，以总东南贡赋。是时朝议以寇盗未戢，关东漕运，宜有倚办，遂以通州刺史刘晏为户部侍郎、京兆尹、度支盐铁转运使。盐铁兼漕运，自晏始也。

二年，拜吏部尚书、同平章事，依前充使。晏始以盐利为漕佣，自江淮至渭桥，率十万斛佣七千缗，补纲吏督之。不发丁男，不劳郡县，盖自古未之有也。自此岁运米数千万石，自淮北列置巡院，搜择能吏以主之，广牢盆以来商贾。凡所制置，皆自晏始。广德二年正月，复以弟五琦专判度支铸钱盐铁事。而晏以检校户部尚书为河南及江淮已来转运使，及与河南副元帅计会开决汴河。永泰二年，晏为东道转运常平铸钱盐铁使，琦为关内、河东、剑南三川转运常平铸钱盐铁使。大历五年，诏停关内、河东、三川转运常平盐铁使，自此晏与户部侍郎韩滉分领关内、河东、山剑租庸青苗使。至十四年，天下财赋，皆以晏掌之。

　　建中初，宰相杨炎用事，尤恶刘晏，炎乃夺其权。诏曰："朕友征税多门，郡邑凋耗，听于群议，思有变更，将致时雍，宜遵古制。其江淮米准旨转运入京者，及诸军粮储，宜令库部郎中崔河图权领之。今年夏税以前，诸道财赋多输京者，及盐铁财货，委江州刺史包佶权领之。天下钱谷，皆归金部、仓部，委中书门下简两司郎官，准格式条理。"寻贬晏为忠州刺史。晏既罢黜，天下钱谷归尚书省。既而出纳无所统，乃复置使领之。

　　其年三月，以韩洄为户部侍郎，判度支；金部郎中杜佑权勾当江淮水陆运使。炎寻杀晏于忠州。自兵兴已来，凶荒相属，京师米斛万钱，官厨无兼时之食，百姓在畿甸者，拔谷捋穗，以供禁军。泊晏掌国计，复江淮转运之制，岁入米数十万斛以济关中。代弟五琦领盐务，其法益密。初年入，钱六十万，季年则十倍其初。大历末，通天下之财，而计其所入，总一千二百万贯，而盐利过半。李灵耀之乱，河南皆为盗据，不奉法制，赋税不上供，州县益减。晏以羡余相补，人不加赋，所入仍旧，议者称之。其相与商榷财用之术者，必一时之选，故晏没后二十年，韩洄、元琇、裴腜、包佶、卢贞、李衡相继分掌财赋，出晏门下。属吏在千里外，奉教如目前。四方水旱，及军府纤芥，莫不先知焉。

　　其年诏曰："天下山泽之利，当归王者，宜总榷盐铁使。"

　　三年，以包佶为左庶子、汴东水陆运盐铁租庸使，崔纵为右庶子、汴西水陆运盐铁租庸使。

　　四年，度支侍郎赵赞议常平事，竹木茶漆尽税之。茶之有税，肇于此矣。

　　贞元元年，元琇以御史大夫为盐铁水陆运使。其年七月，以尚书右仆射韩滉统之。滉殁,宰相窦参代之。

五年十二月,度支转运盐铁奏:"比年自扬子运米,皆分配缘路观察使差长纲发遣,运路既远,实谓劳人。今请当使诸院,自差纲节级般运,以救边食。"从之。

八年,诏:东南两税财赋,自河南、江淮、岭南、剑南东道至于渭桥,以户部侍郎张滂主之;河东、剑南、山南西道,以户部尚书度支使班宏主之。今户部所领三川盐铁转运,自此始也。其后宏、滂互有短长,宰相赵憬、陆贽以其事上闻,由是遵大历故事,如刘晏、韩滉所分焉。

九年,张滂奏立税茶法。自后裴延龄专判度支,与盐铁益殊涂而理矣。

十年,润州刺史王纬代之,理于朱方。数年而李锜代之,盐院津堰,改张侵剥,不知纪极。私路小堰,厚敛行人,多自锜始。时盐铁转运有上都留后,以副使潘孟阳主之。王叔文权倾朝野,亦以盐铁副使兼学士为留后。

顺宗即位,有司重奏盐法,以杜佑判盐铁转运使,理于扬州。元和二年三月,以李巽代之。先是,李锜判使,天下榷酤漕运,由其操割,专事贡献,牢其宠渥。中朝柄事者悉以利积于私室,而国用日耗。巽既为盐铁使,大正其事。其堰埭先隶浙西观察使者,悉归之;因循权置者,尽罢之;增置河阴敖仓;置桂阳监,铸平阳铜山为钱。又奏:"江淮、河南、峡内、兖郓、岭南盐法监院,去年收盐价缗钱七百二十七万,比旧法张其估一千七百八十余万,非实数也。今请以其数,除煮之外,付度支收其数。"盐铁使煮盐利系度支,自此始也。又以程异为扬子留后。四月五日,巽卒。自榷管之兴,惟刘晏得其术,而巽次之。然初年之利,类晏之季年,季年之利,则三倍于晏矣。旧制,每岁运江淮米五十万斛,至河阴留十万,四十万送渭仓。晏殁,久不登其数,惟巽秉使三载,无升斗之阙焉。六月,以河东节度使李鄘代之。

五年,李鄘为淮南节度使,以宣州观察使卢坦代之。

六年，坦奏，每年江淮运糙米四十万石到渭桥，近日欠阙太半，请旋收籴，递年贮备。从之。坦改户部侍郎，以京兆尹王播代之。播遂奏："元和五年，江淮、河南、岭南、峡中、兖郓等盐利钱六百九十八万贯。比量改法已前旧盐利，时价四倍虚估，即此钱为一千七百四十余万贯矣，请付度支收管。"从之。

其年诏曰："两税之法，悉委郡国，初极便人。但缘约法之时，不定物估。今度支盐铁，泉货是司，各有分巡，置于都会。爰命帖职，周视四方，简而易从，庶叶权便。政有所弊，事有所宜，皆得举闻，副我忧寄。以杨子盐铁留后为江淮已南两税使，江陵留后为荆衡汉沔东界、彭蠡已南两税使，度支山南西道分巡院官充三川两税使，峡内煎盐五监先属盐铁使，今宜割属度支，便委山南西道两税使兼知粜卖。"峡内盐属度支，自此始也。

七年，王播奏去年盐利除割峡内盐，收钱六百八十五万，从实估也。又奏，商人于户部、度支、盐铁三司飞钱，谓之"便换"。

八年，以崔俊为扬子留后、淮岭已来两税使；崔祝为江陵留后，为荆南已来两税使。

十三年正月，播又奏："以军兴之时，财用是切。顷者刘晏领使，皆自按置租庸，至于州县否臧，钱谷利病之物，虚实皆得而知。今臣守务在城，不得自往。请令臣副使程异出巡江淮，具州府上供钱谷，一切勘问。"从之。闰五月，异至江淮，得钱一百八十五万贯以进。其年，以播守礼部尚书，以卫尉卿程异代之。十四年，异卒，以刑部侍郎柳公绰代之。

长庆初，王播复代公绰。四年，王涯以户部侍郎代播。敬宗初，播复以盐铁使为扬州节度使。文宗即位，入觐，以宰相判使。其后，王涯复判二使，表请使茶山之人移植根本，旧有贮积，皆使焚弃。天下怨之。九年，涯以事诛，而令狐楚以户部尚书右仆射主之，以是年茶法大坏，奏请付州县而入其租于户部，人人悦焉。

开成元年，李石以中书侍郎判收茶法，复贞元之制也。

三年，以户部尚书同平章事杨嗣复主之，多革前监院之陈事。

　　开成三年至大中壬申，凡一十五年，多任以元臣，以集其务。崔琪自刑部尚书拜，杜悰以淮南节度领之，既而皆践公台。薛元赏、李执方、卢弘正、马植、敬晦五人，于九年之中，相踵理之，植亦自是居相位。

　　太中五年二月，以户部侍郎裴休为盐铁转运使。明年八月，以本官平章事，依前判使。始者，漕米岁四十万斛，其能至渭仓者，十不三四。漕吏狡蠹，败溺百端，官舟之沉，多者岁至七十余支。缘河奸犯，大紊晏法。休使僚属按之，委河次县令董之。自江津达渭，以四十万斛之佣，计缗二十八万，悉使归诸漕吏。巡院胥吏，无得侵牟。举之为法，凡十事，奏之。六年五月，又立税茶之法，凡十二条，陈奏，上大悦。诏曰："裴休兴利除害，深见奉公。"尽可其奏。由是三岁漕米至渭滨，积一百二十万斛，无升合沉弃焉。

　　武德元年九月四日，置社仓。其月二十二日诏曰："特建农圃，本督耕耘，思俾齐民，既康且富。钟庾之量，冀同水火。宜置常平监官，以均天下之货。市肆腾踊，则减价而出；田稼丰羡，则增籴而收。庶使公私俱济，家给人足，抑止兼并，宣通拥滞。"至五年十二月，废常平监官。

　　贞观二年四月，尚书左丞戴胄上言曰："水旱凶灾，前圣之所不免。国无九年储畜，《礼经》之所明诫。今丧乱之后，户口凋残，每岁纳租，未实仓廪。随时出给，才供当年，若有凶灾，将何赈恤？故隋开皇立制，天下之人，节级输粟，多为社仓，终于文皇，得无饥馑。及大业中年，国用不足，并贷社仓之物，以充官费，故至末涂，无以支给。今请自王公已下，爰及众庶，计所垦田稼穑顷亩，至秋熟，准其见在苗以理劝课，尽令出粟。稻麦之乡，亦同此税。各纳所在，为立义仓。若年谷不登，百姓饥馑，当所州县，随便取给。"太宗曰："既为百姓预作储贮，官为举掌，以备凶年，非朕所须，横生赋敛。利人之事，深是可嘉。宜下所司，议立条制。"户部尚书韩仲良奏："王公已下垦田，亩纳二升。其粟麦粳稻之属，各依土地。贮之州县，以备凶年。"可之。自是天下州县,始置义仓,每有饥馑,则开仓赈给。以至高宗、则天,数十年间,义仓不许杂用。其后公私窘迫,渐贷义仓支用。自中宗神龙之后,天下义仓费用向尽。

高宗永徽二年六月,敕:"义仓据地收税,实是劳烦。宜令率户出粟,上上户五石,余各有差。"

六年,京东西二市置常平仓。明庆二年十二月,京常平仓置常平署官员。

开元二年九月,敕:"天下诸州,今年稍熟,谷价全贱,或虑伤家。常平之法,行之自古,宜令诸州加时价三两钱籴,不得抑敛。仍交相付领,勿许悬欠。蚕麦时熟,谷米必贵,即令灭减价出粜。豆谷等堪贮者,熟亦准此。以时出入,务在利人。其常平所须钱物,宜令所司支料奏闻。"

四年五月二十一日,诏:"诸州县义仓,本备饥年赈给。近年已来,每三年一度,以百姓养仓糙米,远近京纳,仍勒百姓私出脚钱。自今已后,更不得义仓变造。"

七年六月,敕:"关内、陇右、河南、河北五道,及荆、扬、襄、夔、绵、益、彭、蜀、汉、剑、茂等州,并置常平仓。其本上州三千贯,中州二千贯,下州一千贯。"

十六年十月,敕:"自今岁普熟,谷价至贱,必恐伤农。加钱收籴,以实仓廪,纵逢水旱,不虑阻饥,公私之间,或亦为便。宜令所在以常平本钱及当处物,各于时价上量加三钱,百姓有粜易者,为收籴。事须两和,不得限数。配籴讫,具所用钱物及所籴物数,申所司。仍令上佐上人专勾当。"

天宝六载三月,太府少卿张瑄奏:"准四载五月并五载三月敕节文,至贵时贱价出粜,贱时加价收籴。若百姓未办钱物者,任准开元二十年七月敕,量事赊粜,至粟麦熟时征纳。臣使司商量,且粜旧籴新,不同别用。其赊粜者,至纳钱日若粟麦杂种等时价甚贱,恐更回易艰辛,请加价便与折纳。"

广德二年正月,弟五琦奏:"每州常平仓及库使司,商量置本钱,随当处米物时价,贱则加价收籴,贵则减价粜卖。"

建中元年七月,敕:"夫常平者,常使谷价如一,大丰不为之减,大俭不为之加,虽遇灾荒,人无菜色。自今已后,忽米价贵时,宜量出官米十万石,麦十万石,每日量付两市行人下价粜货。"

三年九月,户部侍郎赵赞上言曰:"伏以旧制,置仓储粟,名曰常平。军兴已来,此事阙废,或因凶荒流散,饿死相食者,不可胜纪。古者平准之法,使万室之邑,必有万钟之藏,千室之邑,必有千钟之藏,春以奉耕,夏以奉耘,虽有大贾富家,不得豪夺吾人者,盖谓能行轻重之法也。自陛下登极以来,许京城两市置常平,官籴盐米,虽经频年少雨,米价腾贵,此乃即目明验,实要推而广之。当兴军之时,与承平或异,事须兼储布帛,以备时须。臣今商量,请于两都并江陵、东都、扬、汴、苏、洪等州府,各置常平,轻重本钱,上至百万贯,下至数十万贯,随其所宜,量定多少。唯贮斛斗匹段丝麻等,候物贵则下价出卖,物贱则加价收籴,权其轻重,以利疲人。"从之。赞于是条奏诸道要都会之所,皆置吏,阅商人财货。计钱每贯税二十,天下所出竹、木、茶、漆,皆十一税之,以充常平本。时国用稍广,常赋不足,所税亦随时而尽,终不能为常平本。

贞元八年十月,敕:"诸军镇和籴贮备,共三十三万石,价之外,更量与优饶。其粟及麻,据米数准折虚价,直委度支,以停江淮运脚钱充,并支绫绢䌷绵,勿令折估。所籴粟等,委本道节度使监军同勾当别贮,非承特敕,不得给用。"

十四年六月,诏以米价稍贵,令度支出官米十万石,于两街贱粜。其年九月,以岁饥,出太仓粟三十万石出粜。是岁冬,河南府谷贵人流,令以含嘉仓粟七万石出粜。十五年二月,以久旱岁饥,出太仓粟十八万石,于诸县贱粜。

元和元年正月,制:"岁时有丰歉,谷价有重轻,将备水旱之虞,在权聚敛之术。应天下州府每年所税地子数内,宜十分取二分,均充常平仓及义仓,仍各逐稳便收贮,以时出粜,务在救人,赈贷所宜,速奏。"

六年二月,制:"如闻京畿之内,旧谷已尽,宿麦未登,宜以常平、义仓粟二十四万石贷借百姓。诸道州府有乏少粮种处,亦委所在官长,用常平、义仓米借贷。淮南、浙西、宣歙等道,元和二年四月赈贷,并且停征,容至丰年,然后填纳。"

九年四月,诏出太仓粟七十万石,开六场粜之,并赈贷外县百姓。至秋熟征纳,便于外县收贮,以防水旱。

十二年四月,诏出粟二十五万石,分两街降估出粜。其年九月,诏诸道应遭水州府,河中、泽潞、河东、幽州、江陵府等管内,及郑、滑、沧、景、易、定、陈、许、晋、隰、苏、襄、复、台、越、唐、随、邓等州人户,宜令本州厚加优恤。仍各以当处义仓斛斗,据所损多少,量事赈给。

十三年正月,户部侍郎孟简奏:"天下州府常平、义仓等斛斗,请准旧例减估出粜,但以石数奏申,有司更不收,管内州县得专达以利百姓。"从之。

长庆四年二月,敕出太仓陈粟三十万石,于两街出粜。其年三月制曰:"义仓之制,其来日久。近岁所在盗用没入,致使小有水旱,生人坐委沟壑。永言其弊,职此之由。宜令诸州录事参军,专主当苟。为长吏迫制,即许驿表上闻。考满之日,户部差官交割。如无欠负,与减一选。如欠少者,量加一选。欠数过多,户部奏闻,节级科处。"大和四年八月,敕:"今年秋稼似熟,宜于关内七州府及凤翔府和籴一百万石。"

大中六年四月,户部奏:"诸州府常平、义仓斛斗,本防水旱,赈贷百姓。其有灾沴州府地远,申奏往复,已至流亡。自今已后,诸道遭灾旱,请委所在长吏,差清强官审勘,如实有水旱处,便任先从贫下不支济户给贷。"从之。

建中四年六月,户部侍郎赵赞请置大田:天下田计其顷亩,官收十分之一。择其上腴,树桑环之,曰公桑。自王公至于匹庶,差借其力,得谷丝以给国用。诏从其说。赞熟计之,自以为非便,皆寝不下。复请行常平税茶之法。又以军须迫蹙,常平利不时集,乃请税屋间架、等除陌钱。间架法：凡屋两架为一间，屋有贵贱，约价三等，上价间出钱二千，中价一千，下价五百。所由吏秉算执筹，入人之庐舍而计其数。衣冠士族，或贫无他财，独守故业，坐多屋出算者，动数十万，人不胜其苦。凡没一间者，杖六十，告者赏钱五十贯，取于其家。除陌法：天下公私给与货易，率一贯旧算二十，益加算为五十。给与他物或两换者，约钱为率算之。市牙各给印纸，人有买卖，随自署记，翌日合算之。有自贸易不用市牙者，给其私簿，无私簿者，投状自集。其有隐钱百者没入，二千杖六十，告者赏十千，取其家资。法既行，而主人市牙得专其柄，率多隐盗。公家所入，曾不得半，而怨讟之声，嚣然满于天下。至兴元二年正月一日赦，悉停罢。

贞元九年正月，初税茶。先是，诸道盐铁使张滂奏曰："伏以去岁水灾，诏令减税。今之国用，须有供储。伏请于出茶州县，及茶山外商人要路，委所由定三等时估，每十税一，充所放两税。其明年已后所得税，外贮之。若诸州遭水旱，赋税不办，以此代之。"诏可之，仍委滂具处置条奏。自此每岁得钱四十万贯。然税无虚岁，遭水旱处亦未尝以钱拯赡。

元和七年，御史台奏："伏准大和三年十一月十八日赦文，天下除两税外，不得妄有科配，其擅加杂榷率，一切宜停，令御史台严加察访者。臣昨因岭南道擅置竹练场，税法至重，害人颇深。伏请起今已后，应诸道自大和三年准赦文所停两税外科配杂榷率等复却置者，仰敕至后十日内，具却置事由闻奏，仍申台司。每有出使，郎官御史便令严加察访，苟有此色，本判官重加惩责，长吏奏听进止。"从之。

九年十二月，左仆射令狐楚奏新置榷茶使额："伏以江淮间数年以来，水旱疾疫，凋伤颇甚，愁叹未平。今夏及秋，稍校丰稔。方须惠恤，各使安存。昨者忽奏榷茶，实为蠹政。盖是王涯破灭将至，怨怒合归。岂有令百姓移茶树就官场中栽，摘茶叶于官场中造，有同儿戏，不近人情。方有恩权，无敢沮议，朝班相顾而失色，道路以目而吞声。今宗社降灵，奸凶尽戮，圣明垂祐，黎庶各安。微臣伏蒙天恩，兼授使务，官衔之内，犹带此名，俯仰若惊，夙宵知愧。伏乞特回圣听，下鉴愚诚，速委宰臣，除此使额。缘国家之用或阙，山泽之利有遗，许臣条流，续具闻。奏采造欲及，妨废为虞。前月二十一日内殿奏对之次，郑覃与臣同陈论讫。伏望圣慈早赐处分，一依旧法，不用新条。惟纳榷之时，须节级加价，商人转抬，必校稍贵，即是钱出万国，利归有司，既无害茶商，又不扰茶户，上以彰陛下爱人之德，下以竭微臣忧国之心，远近传闻，必当咸悦。"诏可之。先是，盐铁使王涯表请使茶山之人，移植根本，旧有贮积，皆使焚弃，天下怨之。及是楚主之，胡奏罢焉。

开成二年十二月，武宁军节度使薛元赏奏："泗口税场，应是经过衣冠商客金银、羊马、斛斗、见钱、茶盐、绫绢等，一物已上并税。今商量，其杂税并请停绝。"诏许之。

大中六年正月，盐铁转运使裴休奏："诸道节度、观察使，置店停上茶商，每斤收搨地钱，并税经过商人，颇乖法理。今请厘革横税，以通舟船，商旅既安，课利自厚。今又正税茶商，多被私贩茶人侵夺宜利。今请强干官吏，先于出茶山口，及庐、寿、淮南界内，布置把捉，晓谕招收，量加半税，给陈首帖子，令其所在公行，从此通流，更无苛夺。所冀招恤穷困，下绝奸欺，使私贩者免犯法之忧，正税者无失利之叹。欲寻究根本，须举纲条。"敕旨依奏。其年四月，淮南及天平军节度使，并浙西观察使，皆奏军用困竭，伏乞且赐依旧税茶。敕旨："裴休条流茶法，事极精详，制置之初，理须画一，并宜准今年正月二十六日敕处分。"

建中三年，初榷酒，天下悉令官酿。斛收直三千，米虽贱，不得减二千。委州县综领。醨薄私酿，罪有差。以京师王者都，特免其榷。

元和六年六月，京兆府奏："榷酒钱除出正酒户外，一切随两税青苗据贯均率。"从之。

　　会昌六年九月敕:"杨州等八道州府,置榷麴,并置官店沽酒,代百姓纳榷酒钱,并充资助军用,各有榷许限,杨州、陈许、汴州、襄州、河东五处榷麴,浙西、浙东、鄂岳三处置官沽酒。如闻禁止私酤,过闻严酷,一人违犯,连累数家,间里之间,不免咨怨。宜从今以后,如有人私沽酒及置私麴者,但许罪止一身,并所由容纵,任据罪处分。乡井之内,如不知情,并不得追扰。其所犯之人,任用重典,兼不得没入家产。"

旧唐书卷五○

志第三○

刑 法

　　古之圣人，为人父母，莫不制礼以崇敬，立刑以明威，防闲于未然，惧争心之将作也。故有轻重三典之异，宫墨五刑之差，度时而施宜，因事以议制，大则陈之原野，小则肆诸市朝以御奸宄，用惩祸乱。兴邦致理，罔有弗由于此者也。暨淳朴既消，浇伪斯起，刑增为九，章积三千，虽有凝脂次骨之峻，而锥刀之末，尽争之矣。

　　自汉迄隋，世有增损，而罕能折衷。隋文帝参用周、齐旧政，以定律令，除苛惨之法，务在宽平。比及晚年，渐亦滋虐。炀帝忌刻，法令尤峻，人不堪命，遂至于亡。

　　高祖初起义师于太原，即布宽大之令。百姓苦隋苛政，竞来归附。旬月之间，遂成帝业。既平京城，约法为十二条。惟制杀人、劫盗、背军、叛逆者死，余并蠲除之。及受禅，诏纳言刘文静与当朝通识之士，因开皇律令而损益之，尽削大业所由烦峻之法。又制五十三条格，务在宽简，取便于时。寻又敕尚书左仆射裴寂、尚书右仆射萧瑀及大理卿崔善为、给事中王敬业、中书舍人刘林甫、颜师古、王孝远、泾州别驾靖延、太常丞丁孝乌、隋大理丞房轴、上将府参军李桐客、太常博士徐上机等，撰定律令，大略以开皇为准。于时诸事始定，边方尚梗，救时之弊，有所未暇，惟正五十三条格，入于新律，余无所改。至武德七年五月奏上，乃下诏曰：

　　古不云乎，“万邦之君，有典有则。”故九畴之叙，兴于夏世，两观之法，大备隆周。所以禁暴惩奸，弘风阐化，安民立政，莫此为先。自战国纷扰，恃诈任力，苛制烦刑，于兹竞起。秦并天下，隳灭礼教，恣行酷烈，害虐蒸民，宇内骚然，遂以颠覆。汉氏拨乱，思易前轨，虽复务从约法，蠲削严刑，尚行菹醢之诛，犹设锱铢之禁。字民之道，实有未弘，刑措之风，以兹莫致。爰及魏、晋，流弊相沿，宽猛乖方，纲维失序。下凌上替，政散民凋，皆由法令湮讹，条章混谬。自斯以后，宇县瓜分，戎马交驰，未遑典制。有隋之世，虽云厘革，然而损益不定，疏舛尚多，品式章程，罕能甄备。加以微文曲致，览者惑其浅深，异例同科，用者殊其轻重，遂使奸吏巧诋，任情与夺，愚民妄触，动陷罗网，屡闻厘革，卒以无成。

朕膺期受箓，宁济区宇，永言至治，兴寐为劳。补千年之坠典，拯百王之余弊，思所以正本澄源，式清流末，永垂宪则，贻范后昆。爰命群才，修定科律。但今古异务，文质不同，丧乱之后，事殊曩代，应机适变，救弊斯在。是以斟酌繁省，取合时宜，矫正差遗，务从体要。迄兹历稔，撰次始毕，宜下四方，即令颁用。庶使吏曹简肃，无取悬石之多；奏谳平允，靡竞锥刀之末。胜残去杀，此焉非远。

于是颁行天下。

及太宗即位，又命长孙无忌、房玄龄与学士法官，更加厘改。戴胄、魏征又言旧律令重，于是议绞刑之属五十条，免死罪，断其右趾。应死者多蒙全活。太宗寻又愍其受刑之苦，谓侍臣曰："前代不行肉刑久矣，今忽断人右趾，意甚不忍。"谏议大夫王珪对曰："古行肉刑，以为轻罪。今陛下矜死刑之多，设断趾之法，格本合死，今而获生，刑者幸得全命，岂惮去其一足？且人之见者，甚足惩诫。"上曰："本以为宽，故行之。然每闻恻怆，不能忘怀。"又谓萧瑀、陈叔达等曰："朕以死者不可再生，思有矜愍，故简死罪五十条，从断右趾。朕复念其受痛，极所不忍。"叔达等咸曰："古之肉刑，乃在死刑之外。陛下于死刑之内，改从断趾，便是以生易死，足为宽法。"上曰：

"朕意以为如此,故欲行之。又有上书言此非便,公可更思之。"其后蜀王法曹参军裴弘献又驳律令不便于时者四十余事,太宗令参掌删改之。弘献于是与玄龄等建议,以为古者五刑,刖居其一。及肉刑废,制为死、流、徒、杖、笞,凡五等,以备五刑。今复设刖足,是为六刑。减死在于宽弘,加刑又加烦峻。乃与八座定议奏闻,于是又除断趾法,改为加役流三千里,居作二年。

又旧条流,兄弟分后,荫不相及,连坐俱死,祖孙配没。会有同州人房强,弟任统军于岷州,以谋反伏诛,强当从坐。太宗尝录囚徒,悯其将死,为之动容,顾谓侍臣曰:"刑典仍用,盖风化未洽之咎。愚人何罪,而肆重刑乎?更彰朕之不德也。用刑之道,当审事理之轻重,然后加之以刑罚。何者有不察其本而一概加诛,非所以恤刑重人命也。然则反逆有二:一为兴师动众,一为恶言犯法。轻重有差,而连坐皆死,岂朕情之所安哉?"更令百僚详议。于是玄龄等复定议曰:"案礼,孙为王父尸。案令,祖有荫孙之义。然则孙重而兄弟属轻,荫重反流,合轻翻死,据礼论情,深为未惬。今定律,祖孙与兄弟缘坐,俱配没。其以恶言犯法不能为害者,情状稍轻,兄弟免死,配流为允。"从之。自是比古死刑,殆除其半。

玄龄等遂与法司定律五百条,分为十二卷:一曰名例,二曰卫禁,三曰职制,四曰户婚,五曰厩库,六曰擅兴,七曰贼盗,八曰斗讼,九曰诈伪,十曰杂律,十一曰捕亡,十二曰断狱。有笞、杖、徒、流、死,为五刑。笞刑五条,自笞十至五十;杖刑五条,自杖六十至杖一百;徒刑五条,自徒一年,递加半年,至三年;流刑三条,自流二千里,递加五百里,至三千里;死刑二条:绞、斩。大凡二十等。又有议请减赎当免之法八:一曰议亲,二曰议故,三曰议贤,四曰议能,五曰议功,六曰议贵,七曰议宾,八曰议勋,八议者,犯死罪者皆条所坐及应议之状奏请,议定奏裁;流罪已下,减一等。若官爵五品已上,及皇太子妃大功已上亲,应议者周以上亲,犯死罪者上请;流罪已下,亦减一等。若七品已上官、爵得请者之祖父母、兄弟、姊妹、妻、子孙,犯流罪已下,各减一等。若应议请减及九品已上官,若官品得减者之祖父母、父母、妻、子孙,犯流罪已下,听赎。其赎法:笞十,赎铜一斤,递加一斤,至杖一百,则赎铜十斤。自此已上,递加十斤,至徒三年,则赎铜六十斤。流二千里者,赎铜八十斤;流二千五百里者,赎铜九十斤;流三千里者,赎铜一百二十斤。又许以官当罪。以官当徒者,五品已上犯罪者,一官当徒二年;九品已上,一官当徒一年。若犯公罪者,各加一年。以官当流者,三流同比徒四年,仍各解见任。除名者,比徒三年。免官者,比徒二年。免所居官者,比徒一年。又有十恶之条:一曰谋反,二曰谋大逆,三曰谋叛,四曰谋恶逆,五曰不道,六曰大不敬,七曰不孝,八曰不睦,九曰不义,十曰内乱。其犯十恶者,不得依议请之例。年七十以上、十五以下及废疾,犯流罪以下,亦听赎。八十已上、十岁以下及笃疾,犯反逆杀人应死者,上请,盗及伤人,亦收赎,余皆勿论。九十以上、七岁已下,虽有死罪,不加刑。比隋代旧律,减大辟者九十二条,减流入徒者七十一条。其当徒之法,唯夺一官,除名之人,仍同士伍。凡削烦去蠹,变重为轻者,不可胜纪。

又定令一千五百九十条,为三十卷。贞观十一年正月,颁下之。又删武德、贞观已来敕格三千余件,定留七百条,以为格十八卷,留本司施行。斟酌今古,除烦去弊,甚为宽简,便于人者。以尚书省诸曹为之目,初为七卷。其曹之常务,但留本司者,别为《留司格》一卷。盖编录当时制敕,永为法则,以为故事。《贞观格》十八卷,房玄龄等删定。《永徽留司格》十八卷,《散颁格》七卷,长孙无忌等删定,永徽中,又令源直心等删定,惟改易官号曹局之名,不易篇目。《永徽留司格后本》,刘仁轨等删定。《垂拱留司格》六卷,《散颁格》三卷,裴居道删定。《太极格》十卷,岑羲等删定。《开元前格》十卷,姚崇等删定。《开元后格》十卷,宋璟等删定。皆以尚书省二十四司为篇目。凡式三十有三篇,亦以尚书省列曹及秘书、太常、司农、光禄、太仆、太府、少府及监门、宿卫、计帐名其篇目,为二十卷。《永徽式》十四卷,《垂拱》、《神龙》、《开元式》并二十卷,其删定格令同。

太宗又制在京见禁囚,刑部每月一奏,从立春至秋分,不得奏决死刑。其大祭祀及致斋、朔望、上下弦、二十四气、雨未晴、夜未明、断屠日月及假日，并不得奏决死刑。其有赦之日，武库令设金鸡及鼓于宫城门外之右，勒集囚徒于阙前，挝鼓千声讫，宣诏而释之。其赦书颁诸州，用绢写行下。

又系囚之具，有枷、杻、钳、锁，皆有长短广狭之制，量罪轻重，节级用之。其杖皆削去节目，长三尺五寸。讯囚杖，大头径三分二厘，小头二分二厘。常行杖，大头二分七厘，小头一分七厘。笞杖，大头二分，小头一分半。其决笞者，腿分受。决杖者，背、腿、臀分受。及须数等拷讯者，亦同。其拷囚不过三度，总数不得过二百。杖罪已下，不得过所犯之数。

诸断罪而无正条，其应出罪者，则举重以明轻；其应入罪者，则举轻以明重。称加者，就重次；称减者，就轻次。惟二死三流，同为一减，不得加至于死。断狱而失于出入者，以其罪罪之。失入者，各减三等；失出者，各减五等。

初，太宗以古者断狱，必讯于三槐九棘之官，乃诏大辟罪中书、门下五品已上及尚书等议之。其后河内人李好德，风疾瞀乱，有妖妄之言，诏按其事。大理丞张蕴古奏，好德癫病有征，法不当坐。治书侍御史权万纪，劾蕴古贯相州，好德之兄厚德，为其刺史，情在阿纵，奏事不实。太宗曰："吾常禁囚于狱内，蕴古与之弈棋，今复阿纵好德，是乱吾法也。"遂斩于东市，既而悔之。又交州都督卢祖尚，以忤旨斩于朝堂，帝亦追悔。下制，凡决死刑，虽令即杀，仍三覆奏。寻谓侍臣曰："人命至重，一死不可再生。昔世充杀郑颋，既而悔之，追止不及。今春府史取财不多，朕怒杀之，后亦寻悔，皆由思不审也。比来决囚，虽三覆奏，须臾之间，三奏便讫，都未得思，三奏何益？自今已后，宜二日中五覆奏，下诸州三覆奏。又古者行刑，君为彻乐减膳。朕今庭无常设之乐，莫知何彻，然对食即不啖酒肉。自今已后，令与尚食相知，刑人日勿进酒肉。内教坊及太常，并宜停教。且曹司断狱，多据律文，虽情在可矜，而不敢违法，守文定罪，或恐有冤。自今门下覆理，有据法合死而情可宥者，宜录状奏。"自是全活者甚众。其五覆奏,以决前一日、二日覆奏,决日又三覆奏。惟犯恶逆者,一覆奏而已,著之于令。

太宗既诛张蕴古之后,法官以出罪为诫,时有失入者,又不加罪焉,由是刑网颇密。帝尝问大理卿刘德威曰:"近来刑尝稍密,何也?"德威对曰:"律文失入减三等,失出减五等。今失入则无辜,失出则便获大罪,所由吏皆深文。"太宗然其言。由是失于出入者,令依律文,断狱者渐为平允。十四年,又制流罪三等,不限以里数,量配边恶之州。其后虽存宽典,而犯者渐少。

高宗即位,遵贞观故事,务在恤刑。尝问大理卿唐临在狱系之数,临对曰:"见囚五十余人,惟二人合死。"帝以囚数全少,怡然形于颜色。永徽初,敕太尉长孙无忌、司空李勣、左仆射于志宁、右仆射张行成、侍中高季辅、黄门侍郎宇文节、柳奭,右丞段宝玄、太常少卿令狐德棻、吏部侍郎高敬言、刑部侍郎刘燕客、给事中赵文恪、中书舍人李友益、少府丞张行实、大理丞元绍、太府丞王文端、刑部郎中贾敏行等,共撰定律令格式。旧制不便者,皆随删改。遂分格为两部:曹司常务为《留司格》,天下所共者为《散颁格》。其《散颁格》下州县,《留司格》但留本司行用焉。三年,诏曰:"律学未有定疏,每年所举明法,遂无凭准。宜广召解律人条义疏奏闻,仍使中书、门下监定。"于是太尉赵国公无忌、司空英国公勣、尚书左仆射兼太子少师监修国史燕国公志宁、银青光禄大夫刑部尚书唐临、太中大夫守大理卿段宝玄、朝议大夫守尚书右丞刘燕客、朝议大夫守御史中丞贾敏行等,参撰《律疏》,成三十卷,四年十月奏之,颁于天下。自是断狱者皆引疏分析之。

永徽五年五月,上谓侍臣曰:"狱讼繁多,皆由刑罚枉滥,故曰刑者成也,一成而不可变。末代断狱之人,皆以苛刻为明,是以秦氏网密秋荼,而获罪者众。今天下无事,四海乂安,欲与公等共行宽政。今日刑罚,得无枉滥乎?"无忌对曰:"陛下欲得刑法宽平,臣下犹不识圣意。此法弊来已久,非止今日。若情在体国,即共号痴人,意在深文,便称好吏。所以罪虽合杖,必欲遣徒,理有可生,务入于死,非憎前人,陷于死刑。陛下矜而令放,法司亦宜固请,但陛下喜怒不妄加于人,刑罚自然适中。"上以为然。永徽六年七月,上谓侍臣曰:"律通比附,条例太多。"左仆射志宁等对:"旧律多比附断事,乃稍难解。科条极众,数至三千。隋日再定,惟留五百。以事类相似者,比附科断。今日所停,即是参取隋律修易。条章既少,极成省便。"

龙朔二年,改易官号,因敕司刑太常伯源直心、少常伯李敬玄、司刑大夫李文礼等重定格式,惟改曹局之名,而不易篇第。麟德二年奏上。至仪凤中,官号复旧,又敕左仆射刘仁轨、右仆射戴至德、侍中张文瓘、中书令李敬玄、右庶子郝处俊、黄门侍郎来恒、左庶子高智周、右庶子李义琰、吏部侍郎裴行俭、马戴、兵部侍郎萧德昭、裴炎、工部侍郎李义琛、刑部侍郎张楚、金部郎中卢律师等,删缉格式。仪凤二年二月九日,撰定奏上。先是详刑少卿赵仁本撰《法例》三卷,引以断狱,时议亦为折衷。后高宗览之,以为烦文不便,因谓侍臣曰:"律令格式,天下通规,非朕庸虚所能创制。并是武德之际,贞观已来,或取定宸衷,参详众议,条章备举,轨躅昭然,临事遵行,自不能尽。何为更须作例,致使触绪多疑。计此因循,非适今日,速宜改辙,不得更然。"自是,《法例》遂废不用。

则天临朝,初欲大收人望。垂拱初年,令熔铜为匦,四面置门,各依方色,共为一室。东面名曰延恩匦,上赋颂及许求官爵者封表投之。南面曰招谏匦,有言时政得失及直言谏诤者投之。西面曰申冤匦,有得罪冤滥者投之。北面曰通玄匦,有玄象灾变及军谋秘策者投之。每日置之于朝堂,以收天下表疏。既出之后,不逞之徒,或至攻讦阴私,谤讪朝政者。后乃令中书、门下官一人,专监其所投之状,仍责识官,然后许进封,行之至今焉。则天又敕内史裴居道、夏官尚书岑长倩、凤阁侍郎韦方质与删定官袁智弘等十余人,删改格式,加计帐及勾帐式,通旧式成二十卷。又以武德已来、垂拱已后诏敕便于时者,编为《新格》二卷,则天自制序。其二卷之外,别编六卷,堪为当司行用,为《垂拱留司格》。时韦方质详练法理,又委其事于咸阳尉王守慎，又有经理之才，故《垂拱格》、《式》，议者称为详密。其律令惟改二十四条，文有不便者，大抵依旧。

然则天严于用刑，属徐敬业作乱，及豫、博兵起之后，恐人心动摇，欲以威制天下，渐引酷吏，务令深文，以案刑狱。长寿年有上封事言岭表流人有阴谋逆者，乃遣司刑评事万国俊摄监察御史就案之，若得反状，斩决。国俊至广州，遍召流人，拥之水曲，以次加戮，三百余人，一时并命，然后锻炼曲成反状。乃更诬奏云："诸道流人，忽有怨望。若不推究，为变不遥。"则天深然其言，又命摄监察御史刘光业、刘德寿、鲍思恭、王大贞、屈贞筠等，分往剑南、黔中、安南、岭南等六道，按鞫流人。光业所在杀戮，光业诛九百人，德寿诛七百人，其余少者不减数百。亦有杂犯及远年流人，亦枉及祸焉。

时周兴、来俊臣等，相次受制，推究大狱。乃于都城丽景门内，别置推事使院，时人谓之"新开狱"。俊臣又与侍御史侯思止、王弘义、郭霸、李敬仁，评事康暐、卫遂忠等，招集告事数百人，共为罗织，以陷良善。前后枉遭杀害者，不可胜数。又造《告密罗织经》一卷，其意旨皆网罗前人，织成反状。俊臣每鞫囚，无问轻重，多以醋灌鼻。禁地牢中，或盛之于瓮，以火圜绕炙之。兼绝其粮饷，至有抽衣絮以啖之者。其所作大枷，凡有十号：一曰定百脉，二曰喘不得，三曰突地吼，四曰著即承，五曰失魂胆，六曰实同反，七曰反是实，八曰死猪愁，九曰求即死，十曰求破家。又令寝处粪秽，备诸苦毒。每有制书宽宥囚徒，俊臣必先遣狱卒，尽杀重罪，然后宣示。是时海内慑惧，道路以目。麟台正字陈子昂上书曰：

臣闻古之御天下者，其政有三：王者化之，用仁义也；霸者威之，任权智也；强国胁之，务刑罚也。是以化之不足，然后威之，威之不足，然后刑之。故至于刑，则非王者之所贵矣。况欲光宅天下，追功上皇，专任刑杀以为威断，可谓策之失者也。

臣伏睹陛下圣德聪明，游心太古，将制静宇宙，保乂黎民，发号施令，出于诚慷。天下苍生，莫不悬望圣风，冀见神化，道德为政，将待于陛下矣。臣闻之，圣人出，必有驱除，盖天人之

符，应休命也。日者东南微孽，敢谋乱常。陛下顺天行诛，罪恶
咸伏，岂非天意欲彰陛下威武之功哉！而执事者不察天心，以
为人意，恶其首乱唱祸，法合诛屠，将息奸源，穷其党与。遂使
陛下大开诏狱，重设严刑，冀以惩奸，观于天下。逆党亲属及其
交游，有涉嫌疑，辞相连及，莫不穷捕考校，枝叶蟠挐，大忽流
血，小御魑魅。至有奸人荧惑，乘险相诬，纠告疑似，冀图爵赏，
叫于阙下者，日有数矣。于时朝廷徨徨，莫能自固，海内倾听，
以相惊恐。赖陛下仁慈，悯其危惧，赐以恩诏，许其大功已上，
一切勿论，人时获泰，谓生再造。愚臣窃以忻然，贺陛下圣明，
得天之机也。不谓议者异见，又执前图，比者刑狱，纷纷复起。
陛下不深思天意，以顺休期，尚以督察为理，威刑为务，使前者
之诏，不信于人，愚臣昧焉，窃恐非五帝、三王伐罪吊人之意
也。

　　臣窃观当今天下百姓，思安久矣。曩属北胡侵塞，西戎寇
边，兵革相屠，向历十载。关、河自北，转输幽、燕，秦、蜀之西，
驰骛湟、海。当时天下疲极矣！重以大兵之后，属遭凶年，流离
饥饿，死丧略半。幸赖陛下以至圣之德，抚宁兆人，边境获安，
中国无事，阴阳大顺，年谷累登，天下父子，始得相养矣。扬州
构祸，殆有五旬，而海中晏然，纤尘不动，岂非天下烝庶厌凶乱
哉？臣以此卜之，百姓思安久矣。今陛下不务玄默，以救疲民，
而又任威刑以失其望，欲以察察为政，肃理寰区。愚臣暗昧，窃
有大惑。且臣闻刑者，政之末节也。先王以禁暴厘乱，不得已
而用之。今天下幸安，万物思泰，陛下乃以末节之法，察理平
人，愚臣以为非适变随时之养也。顷年以来，伏见诸方告密，囚
累百千辈。大抵所告，皆以扬州为名，及其穷竟，百无一实。陛
下仁恕，又屈法容之，傍讦他事，亦为推劾。遂使奸臣之党，快
意相仇，睚眦之嫌，即称有密，一人被告，百人满狱，使者推捕，
冠盖如市。或谓陛下爱一人而害百人，天下喁喁，莫知宁所。

　　臣闻自非圣人，不有外患，必有内忧，物理之然也。臣不敢

以古远言之，请指隋而说。臣闻长老云：隋之末世，天下犹平。炀帝不恭，穷毒威武，厌居皇极，自总元戎，以百万之师，观兵辽海，天下始骚然矣。遂使杨玄感挟不臣之势，有大盗之心，欲因人谋，以窃皇业。乃称兵中夏，将据洛阳，哮虓之势，倾宇宙矣。然乱未逾月，而头足异处。何者？天下之弊，未有土崩，烝人之心，犹望乐业。炀帝不悟，暗忽人机，自以为元恶既诛，天下无巨猾也，皇极之任，可以刑罚理之。遂使兵部尚书樊子盖专行屠戮，大穷党与，海内豪士，无不罹殃。遂至杀人如麻，流血成泽，天下靡然思为乱矣。于是萧铣、朱粲起于荆南，李密、窦建德乱于河北。四海云摇，遂并起而亡隋族矣。岂不哀哉！长老至今谈之，委曲如是。

观三代夏、殷兴亡，已下至秦、汉、魏、晋理乱，莫不皆以毒刑而致败坏也。夫大狱一起，不能无滥。何者？刀笔之吏，寡识大方，断狱能者，名在急刻，文深网密，则共称至公，爰及人主，亦谓其奉法。于是利在杀人，害在平恕，故狱吏相诫，以杀为词。非憎于人也，而利在己。故上以希人主之旨，以图荣身之利。徇利既多，则不能无滥，滥及良善，则淫刑逞矣。夫人情莫不自爱其身，陛下以此察之，岂非无滥矣！冤人吁嗟，感伤和气；和气悖乱，群生疠疫；水旱随之，则有凶年。人既失业，则祸乱之心怵然而生矣。顷来亢阳愆候，云而不雨，农夫失末，瞻望嗷嗷，岂不犹陛下之有圣德而不降泽于人也？悗旱遂过春，废于时种，今年稼穑，必有损矣。陛下可不敬承天意，以泽恤人。臣闻古者明王重慎刑罚，盖惧此也。《书》不云乎，"其杀不辜，宁失不经。"陛下奈何以堂堂之圣，犹务强国之威。愚臣窃为陛下不取。

且愚人安则乐生，危则思变。故事有招祸，法有起奸。倘大狱未休，支党日广，天下疑惑，相恐无辜，人情之变，不可不察。昔汉武帝时巫蛊狱起，江充行诈，作乱京师，至使太子奔走，兵交宫阙，无辜被害者以万千数。当时刘宗几覆灭矣，赖武帝得壶关三老上书，廓然感悟，夷江充三族，余狱不论，天下少以安耳。臣读书至此，未尝不为戾太子流涕也。古人云："前事不忘，后事之师。"伏愿陛下念之。今臣不避汤镬之罪，以蝼蚁之命，轻触宸严。臣非不恶死而贪生也，诚以负陛下恩遇，以微命蔽塞聪明，亦非敢欲陛下顿息严刑，望在恤刑耳。乞与三事大夫，图其可否。夫往者不可谏，来者犹可追，无以臣微而忽其奏，天下幸甚。

疏奏不省。

时司刑少卿徐有功常驳酷吏所奏，每日与之廷争得失，以雪冤滥，因此全济者亦不可胜数，语在《有功传》。及俊臣、弘义等伏诛，刑狱稍息。前后宰相王及善、姚元崇、朱敬则等，皆言垂拱已来身死破家者，皆是枉滥。则天颇亦觉悟，于是监察御史魏靖上言曰：

臣闻国之纲纪，在乎生杀。其周兴、来俊臣、丘神勣、万国俊、王弘义、侯思止、郭弘霸、李敬仁、彭先觉、王德寿、张知默者，即尧年四凶矣。恣骋愚暴，纵虐含毒，仇嫉在位，安忍朝臣，罪逐情加，刑随意改。当其时也，囹圄如市，朝廷以目。既而素虚不昧，冤魂有托，行恶其报，祸淫可惩，具严天刑，以惩乱首。切见来俊臣身处极法者，以其罗织良善，屠陷忠贤，籍没以劝将来，显戮以谢天下。臣又闻之道路，上至圣主，傍洎贵臣，明明知有罗织之事矣。俊臣既死，推者获功，胡元礼超迁，裴谈显授，中外称庆，朝廷载安。破其党者，既能赏不逾时；被其陷者，岂可淹之累岁。且称反徒，须得反状。惟据臣辩，即请行刑，拷楚妄加，款答何限。故徐有功以宽平而见忌，斛瑟罗以妓女而受拘，中外具知，枉直斯在，借以为喻，其余可详。臣又闻之，郭弘霸自刺而唱快，万国俊被遮而遽亡。霍献可临终，膝拳于项；李敬仁将死，舌至于脐。皆众鬼满庭，群妖横道，惟征集应，若响随声。备在人谣，不为虚说，伯有昼见，殆无以过。此亦罗织之一变也。臣以至愚，不识大体，倘使平反者数人，众共详覆来俊臣等所推大狱，庶邓艾获申于今日，孝妇不滥于昔时，恩涣一流，天下幸甚。

疏奏，制令录来俊臣、丘神勣等所推鞫人身死籍没者，令三司重推勘，有冤滥者，并皆雪免。

中宗神龙元年，制以故司仆少卿徐有功，执法平恕，追赠越州都督，特受一子官。又以丘神勣、来子珣、万国俊、周兴、来俊臣、鱼承晔、王景昭、索元礼、傅游艺、王弘义、张知默、裴籍、焦仁亶、侯思止、郭霸、李敬仁、皇甫文备、陈嘉言、刘光业、王德寿、王处贞、屈贞筠、鲍思恭二十三人，自垂拱已来，并枉滥杀人，所有官爵，并令追夺。天下称庆。时既改易，制尽依贞观、永徽故事。敕中书令韦安石、礼部侍郎祝钦明、尚书右丞苏瓌、兵部郎中狄光嗣等，删定《垂拱格》后至神龙元年已来制敕，为《散颁格》七卷。又删补旧式，为二十卷，颁于天下。

景云初，睿宗又敕户部尚书岑羲、中书侍郎陆象先、右散骑常侍徐坚、右司郎中唐绍、刑部员外郎邵知与、删定官大理寺丞陈义海、右卫长史张处斌、大理评事张名播、左卫率府仓曹参军罗思贞、刑部主事阎义颛凡十人，删定格式律令。太极元年二月奏上，名为《太极格》。

开元初，玄宗敕黄门监卢怀慎、紫微侍郎兼刑部尚书李乂、紫微侍郎苏颋、紫微舍人吕延祚、给事中魏奉古、大理评事高智静、同州韩城县丞侯郢琎、瀛州司法参军阎义颛等，删定格式令，至三年三月奏上，名为《开元格》。六年，玄宗又敕吏部侍郎兼侍中宋璟、中书侍郎苏颋、尚书左丞卢从愿、吏部侍郎裴漼慕容珣、户部侍郎杨滔、中书舍人刘令植、大理司直高智静、幽州司功参军侯郢琎等九人，删定律令格式，至七年三月奏上，律令式仍旧名，格曰《开元格》。十九年，侍中裴光庭、中书令萧嵩，又以格后制敕行用之后，颇与格文相违，于事非便，奏令所司删撰《格后长行敕》六卷，颁于天下。

二十二年，户部尚书李林甫又受诏改修格令。林甫迁中书令，乃与侍中牛仙客、御史中丞王敬从，与明法之官前左武卫胄曹参军崔见、卫州司户参军直中书陈承信、酸枣尉直刑部俞元杞等，共加删缉旧格式律令及救，总七千二十六条。其一千三百二十四条于事非要，并删之。二千一百八十条随文损益，三千五百九十四条仍旧不改，总成十一卷，《律疏》三十卷，《令》三十卷，《式》二十卷，《开元新格》十卷。又撰《格式律令事类》四十卷，以类相从，便于省览。二十五年九月奏上，救于尚书都省写五十本，发使散于天下。其年刑部断狱，天下死罪惟有五十八人。大理少卿徐峤上言：大理狱院，由来相传杀气太盛，鸟雀不栖，至是有鹊巢其树。于是百僚以几至刑措，上表陈贺。玄宗以宰相变理、法官平允之功，封仙客为邠国公，林甫为晋国公，刑部大理官共赐帛二千匹。

自明庆至先天六十年间，高宗宽仁，政归宫闱。则天女主猜忌，果于杀戮，宗枝大臣，锻于酷吏，至于移易宗社，几亡李氏。神龙之后，后族干政。景云继立，归妹怙权。开元之际，刑政赏罚，断于宸极，四十余年，可谓太平矣。及家臣怀邪，边将内侮，乘舆幸于巴、蜀，储副立于朔方。曾未逾年，载收京邑，书契以来，未有克复宗社若斯之速也。而两京衣冠，多被胁从，至是相率待罪阙下。而执事者务欲峻刑以取威，尽诛其族，以令天下。议久不定，竟置三司使，以御史大夫兼京兆尹李岘、兵部侍郎吕谭、户部侍郎兼御史中丞崔器、刑部侍郎兼御史中丞韩择木、大理卿严向等五人为之。

初，西京文武官陆大钧等陷贼来归，崔器草仪，尽令免冠徒跣，抚膺号泣，以金吾府县人吏围之，于朝谢罪，收付大理京兆府狱系之。及陈希烈等大臣至者数百人，又令朝堂徒跣如初，令宰相苗晋卿、崔圆、李麟等百僚同视，以为弃辱，宣诏以责之。朝廷又以负罪者众，狱中不容，乃赐杨国忠宅鞫之。器、谭多希旨深刻，而择木无所是非，独李岘力争之，乃定所推之罪为六等，集百僚尚书省议之。肃宗方用刑名，公卿但唯唯署名而已。于是河南尹达奚珣等三十九人，以为罪重，与众共弃。珣等十一人，于子城西伏诛。陈希烈、张垍、郭纳、独孤朗等七人，于大理寺狱赐自尽。达奚挚、张岯、李有孚、刘子英、冉大华二十一人，于京兆府门决重杖死。大理卿张均引至独柳树下刑人处,免死配流合浦郡。而达奚珣、韦恒乃至腰斩。

先是,庆绪至相州,史思明、高秀岩等皆送款请命,肃宗各令复位,便领所管,至是惧不自安,各率其党叛。其后三司用刑,连年不定,流贬相继。及王玙为相,素闻物议,请下诏自今已后,三司推勘未毕者,一切放免,大收人望。后萧华拔魏州归国,尝话于朝云:"初河北官闻国家宣诏放陈希烈等胁从官一切不问,各令复位,闻者悔归国之晚,举措自失。及后闻希烈等死,皆相贺得计,无敢归者。于是河北将吏,人人益坚,大兵不解。"

后有毛若虚、敬羽之流,皆深酷割剥,骤求权柄,杀人以逞刑,厚敛以资国。六七年间,大狱相继,州县之内,多是贬降人。肃宗复闻三司多滥,尝悔云:"朕为三司所误,深恨之。"及弥留之际,以元载为相,乃诏天下流降人等一切放归。

代宗宝应元年,回纥与史朝义战,胜,擒其将士妻子老幼四百八十人。上以妇人虽为贼家口,皆是良家子女,被贼逼略,恻然愍之,令万年县于胜业佛寺安置,给粮料。若有亲属认者,任还之;如无亲族者,任其所适,仍给粮递过。于是人情莫不感戴欣悦。

大历十四年六月一日,德宗御丹凤楼大赦。赦书节文:"律令格式条目有未折衷者,委中书门下简择理识通明官共删定。自至德已来制敕,或因人奏请,或临事颁行,差互不同,使人疑惑。中书门下与删定官详决,取堪久长行用者,编入格条。"三司使,准式以御史中丞、中书舍人、给事中各一人为之,每日于朝堂受词,推勘处分。建中二年,罢删定格令使并三司使。先是,以中书门下充删定格令使,又以给事中、中书舍人、御史中丞为三司使。至是中书门下奏请复旧,以刑部、御史台、大理寺为之,其格令委刑部删定。

元和四年九月敕:"刑部大理决断系囚,过为淹迟,是长奸幸。自今已后,大理寺检断,不得过二十日,刑部覆下,不得过十日。如刑部覆有异同,寺司重加不得过十五日,省司量覆不得过七日。如有牒外州府节目及京城内勘,本推即日以报。牒到后计日数,被勘司却报不得过五日。仍令刑部具遣牒及报牒月日,牒报都省及分察使,各准敕文勾举纠访。"

六年九月,富平县人梁悦,为父杀仇人秦果,投县请罪。敕:"复仇杀人,固有彝典。以其申冤请罪,视死如归,自诣公门,发于天性。志在徇节,本无求生之心,宁失不经,特从减死之法。宜决一百,配流循州。"职方员外郎韩愈献议曰:

> 伏奉今月五日敕:复仇,据礼经则义不同天,征法令则杀人者死。礼法二事,皆王教之端,有此异同,必资论辩,宜令都省集议闻奏者。伏以子复父仇,见于《春秋》,见于《礼记》,又见于《周官》,又见于诸子史,不可胜数,未有非而罪之者也。最宜详于律,而律无其条,非阙文也。盖以为不许复仇,则伤孝子之心,而乖先王之训;许复仇,则人将倚法专杀,无以禁止其端矣。夫律虽本于圣人,然执而行之者,有司也。经之所明者,制有司也。丁宁其义于经,而深没其文于律者,其意将使法吏一断于法,而经术之士,得引经而议也。《周官》曰:"凡杀人而义者,令勿仇;仇之则死。"义,宜也,明杀人而不得其宜者,子得复仇也。此百姓之相仇者也。《公羊传》曰:"父不受诛,子复仇可也。"不受诛者,罪不当诛也。又《周官》曰:"凡报仇雠者,书于士,杀之无罪。"言将复仇,必先言于官,则无罪也。今陛下垂意典章,思立定制。惜有司之守,怜孝子之心,示不自专,访议群下。臣愚以为复仇之名虽同,而其事各异。或百姓相仇,如《周官》所称,可议于今者;或为官吏所诛,如《公羊》所称,不可行于今者。又《周官》所称,将复仇,先告于士则无罪者,若孤稚羸弱,抱微志而伺敌人之便,恐不能自言于官,未可以为断于今也。然则杀之与赦,不可一例。宜定其制曰:"凡有复父仇者,事发,具其事由,下尚书省集议奏闻。酌其宜而处之,则经律无失其指矣。

元和十三年八月,凤翔节度使郑余庆等详定《格后敕》三十卷,右司郎中崔郾等六人修上。其年,刑部侍郎许孟容、蒋乂等奉诏删定,复勒成三十卷。刑部侍郎刘伯刍等考定,如其旧卷。

　　长庆元年五月，御史中丞牛僧孺奏："天下刑狱，苦于淹滞，请立程限。大事，大理寺限三十五日详断毕，申刑部，限三十日闻奏；中事，大理寺三十日，刑部二十五日；小事，大理寺二十五日，刑部二十日。一状所犯十人以上，所断罪二十件以上，为大；所犯六人以上，所断罪十件以上，为中；所犯五人以下，所断罪十件以下，为小。其或所抵罪状并所结刑名并同者，则虽人数甚多，亦同一人之例。违者，罪有差。"

　　二年四月，刑部员外郎孙革奏："京兆府云阳县人张莅，欠羽林官骑康宪钱米。宪征之，莅承醉拉宪，气息将绝。宪男买得，年十四，将救其父。以莅角觝力人，不敢挥解，遂持木锸击莅之首见血，后三日致死者。准律，父为人所殴，子往救，击其人折伤，减凡斗三等，至死者，依常律。即买得救父难是性孝，非暴；击张莅是切，非凶。以髫龀之岁，正父子之亲，若非圣化所加，童子安能及此？《王制》称五刑之理，必原父子之亲以权之，慎测浅深之量以别之。《春秋》之义，原心定罪。周书所训，诸罚有权。今买得生被皇风，幼符至孝，哀矜之宥，伏在圣慈。臣职当谳刑，合分善恶。"敕："康买得尚在童年，能知子道，虽杀人当死，而为父可哀。若从沉命之科，恐失原情之义，宜付法司，减死罪一等。"

　　大和七年十二月，刑部奏："先奉敕详定前大理丞谢登《新编格后敕》六十卷者。臣等据谢登所进，详诸理例，参以格式，或事非久要，恩出一时，或前后差殊，或书写错误，并已落下及改正讫。去繁举要，列司分门，都为五十卷。伏请宣下施行。"可之。

　　八年四月，诏应犯轻罪人，除情状巨蠹，法所难原者，其他过误因惩，及寻常公事违犯，不得鞭背，遵太宗之故事也。俄而京兆尹韦长奏："京师浩穰，奸豪所聚。终日惩罚，抵犯犹多，小有宽容，即难禁戢。若恭守敕旨，则无以肃清；若临事用刑，则有违诏命。伏望许依前据轻重处置。"从之。

　　开成四年，两省详定《刑法格》一十卷，敕令施行。

　　会昌元年九月，库部郎中、知制诰纥干泉等奏："准刑部奏，犯赃官五品已上,合抵死刑,请准狱官令赐死于家者,伏请永为定格。"从之。

大中五年四月,刑部侍郎刘琢等奉敕修《大中刑法总要格后敕》六十卷,起贞观二年六月二十日,至大中五年四月十三日凡二百二十四年杂敕,都计六百四十六门,二千一百六十五条。七年五月,左卫率仓曹参军张戣进《大中刑法统类》一十二卷,敕刑部详定奏行之。